한국 민주주의의 미래와 과제

이 도서의 국립중앙도서관 출판예정도서목록(CIP)은 서지정보유통지원시스템 홈페이지(http://seoji.nl.go.kr)
와 국가자료공동목록시스템(http://www.nl.go.kr/kolisnet)에서 이용하실 수 있습니다.
CIP제어번호: CIP2017023900(양장), CIP2017023888(반양장)

한국 민주주의의 미래와 과제

The Future and Challenge of Korean Democracy

민주화운동기념사업회 기획 ∣ 이삼열 · 이정우 · 강원택 엮음

한울
아카데미

민주주의는 일회적인 사건이 아니라 지속적인 실천을 통해 발전하는 것임을 입증하듯이, 시민들은 촛불시민혁명을 통해 훼손된 민주주의를 다시 정상 궤도에 올려놓았다. 1987년 6월항쟁 이후 발전하던 한국의 민주주의는 보수정권하에서 거듭된 퇴행 끝에 정보기관의 선거 개입, 문화계 블랙리스트와 같이 형식적 수준조차 위협받는 상황에 직면했다. 위기에 처한 민주주의를 구한 것은 30년 전 6월항쟁으로 민주주의를 쟁취한 국민들이었다. 주권자로서 시민들은 혹여나 자신들에게 후폭풍이 불까 탄핵에 주저하던 정치권을 대통령 탄핵으로 이끌었고 스스로의 힘으로 민주주의를 회복시켰다.

촛불시민혁명은 국민들이 6월항쟁으로 쟁취한 민주주의가 비단 대통령을 국민이 직접 뽑는다는 '대통령 직선제'에 국한된 것이 아니라, 국민들이 위임을 철회하고 '진퇴'를 명령할 수 있다는 국민주권의 완성을 보여주었다. 촛불시민혁명의 결과 국정농단 세력이 법적 처벌을 받고, 정치권력을 담당한 세력이 바뀌었다. 촛불시민들의 요구는 단순히 집권 세력을 바꾸는 것에 그치는 것이 아니라 권력을 한층 더 민주적으로 통제하는 것, 정치뿐만 아니라 사회·경제 시스템을 민주화하는 것을 포함하고 있다. 따라서 주권자 혁명으로서 촛불집회는 시민들이 요구했던 다양한 민주적 현안을 어떻게 해결하고 제도화할 것인가 하는 과제를 남겼다.

불과 몇 달 사이에 혁명이라 불릴 정도로 많은 시민이 촛불집회에 참석했고, 그 결과 민주주의를 중요한 가치로 삼는 새로운 정부를 탄생시킨 것을 보면 한국 사회를 예견한다는 것은 불가능에 가까운 일일 것이다. 하지만 미래를 내다보는 작업이 우리가 나아가고자 하는 방향을 설정하는 작업이라면, 이러한 변화의 시기가 오히려 한국 민주주의의 미래를 고민하는 가장 적합한 시기가 될 것이다. 특히 다양한 논쟁과 실천 끝에 사회가 변화한 것이 아니라 정치권력만 먼저 바뀐 오늘날의 한국 민주주의에 대한 성찰 속에서 미래의 방향과 과제를 논의하는 것은 시민들이 민주주의에 지속적으로 관심을 갖고 참여하는 데 필수적인 과정이다.

『한국 민주주의의 미래와 과제』는 6월항쟁과 촛불시민혁명이라는 30년을 넘나드는 민주주의 실천의 바탕 위에서 한국 민주주의가 나가갈 방향과 과제를 제시하고자 했다. 이를 위해 먼저 한국의 민주화운동을 되돌아보고, 또 세계사적 차원에서 그것을 살펴보는 연구를 진행했다. 이 두 연구의 결과는 2016년 『한국의 민주화와 민주화 운동』, 『민주화운동의 세계사적 배경』으로 각각 출간되었다.

이 책이 간행되기까지 여러 분들의 진심 어린 노력과 협조가 있었다. 이삼열 유네스코 한국위원회 전 사무총장, 이정우 경북대학교 명예교수, 강원택 서울대학교 교수, 한국민주주의연구소의 신형식 소장과 이영제 연구원이 기획위원회를 구성하여 전체 연구를 진행했다. 이삼열 교수는 대표 필자이자 사회 분야 총괄자로서 여러 분야에 대한 의견을 제시해주고 연구의 중심을 잡아 주었다. 이정우 교수는 경제 분야, 강원택 교수는 정치 분야를 총괄해 방향을 제시하고 연구진을 구성해주었다. 집필에 참여한 필자들은 여러 번에 걸친 토론과 수정 작업에 성

심성의껏 참여해주었다

　바쁜 일정에도 불구하고 한울엠플러스에서 기꺼이 출판을 맡아주었다. 지면을 빌어 김종수 대표와 진행을 맡은 윤순현 님, 그리고 이 책의 편집 작업을 도맡아 더할 나위 없이 꼼꼼하게 편집해준 김다정 님께 감사의 마음을 전한다.

2017년 10월

민주화운동기념사업회 이사장

지선

차례

책을 펴내면서 _ 5

서장 | **촛불시민혁명과 민주화의 과제** / 이삼열

1. 서론   12
2. 촛불시민들의 함성과 대통령 탄핵   15
3. 적폐 청산과 국가 개혁의 과제   26
4. 한국 민주주의의 발전 과제   39
5. 결론   65

| 1부 |

민의가 반영되는 통합의 정치

1장 | **헌법과 권력구조: 제왕적 대통령을 넘어서** / 강원택

1. 서론   69
2. 왜 바꾸려고 할까   71
3. 무엇으로 바꿔야 하나   81
4. 결론: 어떻게 바꿀 것인가   92

2장 | **정당과 선거: 개혁의 이슈와 과제들** / 박원호

1. 서론: 성취와 결여   97
2. 정당 개혁의 과제들   99
3. 선거 개혁의 과제들   108
4. 결론   117

3장 | **한국의 행정 개혁: 행정부와 입법부의 협치 강화** / 한정훈

1. 서론   122
2. 행정부와 국회의 책임과 권한 불균형   125
3. 행정부와 국회의 협치   132
4. 결론: 행정부와 국회의 협치 강화 방안   140

4장 | **국회 개혁: 대표 기능, 입법 기능, 심의 기능 강화를 중심으로** / 가상준

1. 서론   148
2. 의회 현실과 이에 대한 연구   151
3. 국회 역할 미비에 따른 현상   156
4. 국회 개혁 방안 논의   163
5. 결론   181

5장 | **정치 참여의 변화와 과제: 촛불집회와 참여민주주의** / 임성학

1. 서론   187
2. 정치 참여의 개념, 유형, 이론과 이론적 틀   189
3. 정치 참여와 새로운 정치적·경제적·사회적 환경   198
4. 한국의 새로운 정치 참여의 양태   209
5. 결론: 민주주의의 과제와 미래상   215

| 2부 |

혁신과 배려의 경제

6장 | **성장·분배 논쟁과 경제민주화** / 이정우

1. 서론   223
2. 성장·분배 논쟁   230
3. 성장·분배의 역U자 가설   236
4. 성장·분배에 대한 최근의 연구 경향   242
5. 왜 한국은 복지국가가 못 되었나   247
6. 성장·분배 논쟁의 한국판   251
7. 결론: 세계 보편의 질서로 가자   256

7장 | **뉴 노멀 시대의 재벌 개혁, 그 전략과 과제** / 김상조

    1. 서론: "재벌도 공범이다"   260

    2. 무너지는 재벌 체제: 경쟁력과 지배구조의 동시 위기   262

    3. 재벌 개혁의 성공을 위한 전략   272

    4. 재벌 개혁의 과제와 수단   281

    5. 결론: '죄수의 딜레마'와 '안나 카레니나 법칙'   295

8장 | **한국의 노동, 진단과 과제** / 김유선

    1. 서론   297

    2. 현황과 추이   298

    3. 진단   308

    4. 과제   318

    4. 결론   328

9장 | **사회혁신과 사회적경제** / 정태인

    1. 사회적경제와 공동생산   331

    2. 한국의 사회적경제: 역사와 현황   339

    3. 결론: 발전 전망과 의미   352

| 3부 |

공존과 살핌의 사회

10장 | **한국 시민사회의 발전 전망** / 이시재

    1. 1987년 6월 민주항쟁과 한국의 시민운동   361

    2. 2000년대의 사회변동   367

    3. 2000년 이후의 한국의 시민사회와 시민운동의 변화   376

    4. 촛불집회와 '시민'의 탄생   380

    5. 2016~2017년 촛불집회의 의미   384

    6. 미래전망: 한국 시민사회의 발전 방향   391

    7. 결론   397

11장 | 민주화의 맥락에서 본 한국 교육의 미래 / 이종태

1. 서론   400
2. 교육과 민주주의, 그 내재적 연관성   402
3. 한국 교육의 민주화 과정   412
4. 미래 교육의 과제와 추진 전략   421
5. 결론   435

12장 | 문화예술의 의의와 진흥 정책 / 김문환

1. 서론   439
2. 6·29 이후 30년   442
3. 문화정책의 진로   472
4. 결론: 국가의 품격   492

13장 | 언론의 미래: 저널리즘 가치의 재발견과 민주적 소통 / 김서중

1. 민주화에서 또 다시 민주화로   496
2. 언론민주화를 향한 투쟁   498
3. 민주정권의 언론 개혁   503
4. 이명박 정권의 미디어 관련 법 개악과 새로운 언론 질서   508
5. 새로운 미디어 플랫폼의 등장과 소통 구조의 변화   516
6. 저널리즘 가치의 회복과 민주적 소통 강화를 위해   527

14장 | 글로벌 시대의 여성과 미래 / 정현백

1. 서론: 페미니즘과 민주주의   534
2. 글로벌 시대의 여성 현실   538
3. 여성의 미래와 대안 찾기   553
4. 결론: 끝나지 않는 의식 혁명   563

촛불시민혁명과 민주화의 과제

이삼열 | 유네스코 한국위원회 전 사무총장

1. 서론

민주화운동기념사업회 한국민주주의연구소에서는 1987년 6월항쟁의 30주년을 맞이하면서 지난 30년 동안의 민주주의 발전상과 문제점을 돌아보고 앞으로 더 나아가기 위한 과제들을 내다보는 연구 프로젝트를 기획했다.

한국 민주주의 발전의 긴 역사에서 보면 1987년 민주화 이후 지난 30년은 비교적 민주주의가 안정하고 심화하며 공고화되는 토대를 이룬 시기였다고 볼 수 있다. 반면, 1948년 대한민국 정부 수립 이후 1987년까지의 40년 동안은 민주주의가 정착되지 못하고, 시련과 굴곡을 겪으며 자라난 시기였다고 할 수 있다.

일제에서 해방된 후 민주공화국을 세우려는 국민들의 의지와 목표는 있었지만, 오랜 봉건주의 시대의 낙후성과 군국주의 일제시대의 잔재가 그대로 있는 풍토에서 서구식 자유민주주의가 제대로 뿌리를 내리기는 어려웠다. 게다가 미소 양대 진영에 의한 분단과 1950년 한국

전쟁을 동시에 겪으며 남북 양쪽의 독재와 권위주의가 강화되면서 민주주의는 싹을 틔울 수 있는 환경이 아니었다.

부정부패와 관권, 고무신, 부정선거로 물든 1950년대의 이승만 독재와 타락한 한국 정치를 비웃으면서 영국의 한 신문은 "한국에서 민주주의가 자라기를 기대하는 것은 쓰레기통에서 장미꽃이 피기를 기대하는 것과 같다"고 비꼬았는데 이 말이 한국 민주주의를 비웃는 자조적 경구로 당시의 지식인들 사이에 많이 회자되었다.

그러나 1960년 4월 학생혁명으로 한국 민주주의는 쓰레기통과 같은 독재와 탄압, 부패의 사슬을 끊고 장미꽃의 싹을 틔울 수 있었는데, 그나마 1년을 못 버티고 5·16군사쿠데타로 다시금 숨 막히는 수렁에 빠지게 되었다.

반공을 국시로 내세우며 부정부패를 일소하겠다던 군부독재자 박정희는 자기가 만든 헌정질서마저 파괴하고 3선 개헌과 유신독재체제 수립으로 영구 집권의 틀을 짜서 정보정치와 폭압정치로 유지해갔으나 학생, 종교인, 지식인, 언론인들의 강렬한 저항과 시위는 18년 군부독재에 종말을 고했다.

유신체제가 끝나며 1980년 서울의 봄이 오는가 했더니, 5·18광주학살 사태가 일어나며 다시금 전두환 군부독재체제가 수립되었다. 그러나 오랜 세월 탄압과 질곡 속에서도 학생과 지식인을 앞세우며 민주화운동은 꾸준히 자랐다. 12·12쿠데타에 이어 광주민주화운동을 총칼로 학살한 뒤 제5공화국 독재체제를 만들고, 체육관 선거로 대통령이 된 전두환 군부독재도 중산층 시민운동으로 폭넓게 확장된 민주 세력의 6월항쟁에 더 이상 버티지 못하고 6·29선언으로 항복하고 말았다.

이승만 독재 12년, 박정희 독재 18년, 전두환 독재 9년을 합산하면 1948년 정부 수립 후 1987년 민주화에 이르기까지 40년 동안은 4·19혁명 후의 민주당 정권 1년을 제한 39년이 독재 시대였고, 한국 민주주의는 그동안 온갖 탄압과 시련, 숨 막히는 질곡 속에서 비판과 저항운동으로 겨우 명맥을 유지해왔다.

1987년 대통령 직선제 개헌으로 이룩한 소위 제6공화국 체제는 군부독재 세력과 민주화운동 세력 간의 타협으로 이루어진 산물이었다. 그러나 한국 민주화운동사에서 1987년은 오랜 군부독재와 민주화운동 탄압의 시대를 청산하고, 민주주의가 정착되고 흔들림 없이 공고화되는 시대의 출발점이라는 이정표의 의미를 지닌다.

그러나 87년체제가 유지된 지난 30년은 형식적 민주주의, 절차적 민주주의가 정착된 시대였지만, 자유·평등·인권의 가치가 실현되는 내용적 민주주의, 실질적 민주주의라는 면에서는 아직 너무나 빈약하고 후진성을 면치 못한 시대였다. 즉, 지난 30년은 선거를 통한 정권 교체가 실현된 형식적 민주주의 시대였지만 경제민주화나 민생 복지, 국민의 사회적 권리가 보장되는 실질적 민주주의 시대와는 거리가 멀었다.

'한국 민주주의의 미래와 과제' 연구 프로젝트는 87년체제 이후 오늘날까지 여섯 정권을 거치는 동안 이룩한 민주주의의 발전과 성과를 진단하는 한편, 실패의 원인도 분석하며 앞으로 더 추구해야 할 민주화의 과제와 실천 방안을 모색하고 전망하는 기획이다. 한국민주주의연구소는 2016년 초에 이삼열을 대표 연구자이자 사회 분야의 연구 기획자로, 강원택을 정치 분야의 연구 기획자로, 이정우를 경제 분야의 연구 기획자로 선정하고 분야별로 4~5개의 핵심 주제를 택해 연구팀을 구성해 논문을 집필하도록 의뢰했다.

이 책에 수록된 논문들은 이러한 기획에 따라 약 1년 동안 여러 차례 토론을 거치면서 세 분야별로 가장 중요하게 생각되는 과제들을 테마로 연구한 결과물들이다. 과거 30년을 토대로 미래를 전망해보려는 거시적(macro) 틀의 시도였다. 따라서 학문적 엄밀성보다는 대략적 흐름의 파악과 방향 모색에 중점을 두었다.

그런데 연구가 한창 진행되던 2016년 가을에 놀랍게도 박근혜·최순실 게이트가 터지면서 적폐 청산과 나라 전체의 대개혁을 외치는 촛불시민들의 함성이 시작되었다. 제왕적 대통령제의 폐단, 정경 유착 비리, 재벌 경제의 모순, 국회와 정당의 무능과 무책임, 대학·언론·문화예술계의 부정과 블랙리스트, 청년 실업과 헬조선, 금수저와 흙수저 등등 촛불시민들이 폭로하고 개혁을 요구한 분야와 주제들은 곧 한국 민주주의의 병리를 진단하고 발전 과제를 전망하는 데 커다란 자극과 도움을 주었다.

정치·경제·사회 분야에서 민주화의 방향을 모색하고 실천 과제를 살피려는 연구자들에게 촛불시민들의 구호와 함성은 민주주의 발전의 새 아침을 여는 계명성과 같은 것이었다.

2. 촛불시민들의 함성과 대통령 탄핵

2017년은 한국 정치 발전사와 민주주의 역사에 또 하나의 이정표를 세우는 역사적인 해가 될 것이 분명하다. 이 해는 제5공화국과 전두환 군부독재체제를 물리치며 6월항쟁의 승리를 이룩한 1987년 민주화가 30주년을 맞는 해이면서, 박근혜 대통령의 국정 파탄과 정경 유착, 권력 남용을 질타한 촛불시민들의 명예로운 혁명이 탄핵과 정권 교체를 이루고 민주주의 발전과 국가 대개혁의 과업을 출범시킨 위대한 해로 기록될 것이기 때문이다. 한국사의 대변혁을 일으켰던 3·1운동 100주년을 2년 앞둔 해이기도 한 2017년이 한국의 정치·경제·사회 전반에 커다란 변혁의 해가 되어야 한다는 국민들의 기대가 자못 높다.

원래 한국 정치계와 시민사회의 관심은 2017년 12월에 치러질 제19대 대통령 선거에 있었고, 민주정치를 퇴보하게 하고 남북 관계를 어둡게 만든 박근혜 정부를 대체할 민주적이며 평화 지향적인 정부를 어떻게 세울 것인가에 초점이 모아져 있었다.

그런데 2016년 4월 13일에 실시된 제20대 국회의원 총선거에서 사전 여론조사나 예상과 달리 여당인 새누리당이 참패하고 야권이 압승을 거두어 박근혜 정부에 대한 국민적 불신과 규탄의 뜻이 노골적으로 표출되었다. 연초에 야당인 새정치민주연합이 더불어민주당과 국민의 당으로 분열되면서 호기를 맞게 된 여당 새누리당은 180~200석 이상, 3분의 2 개헌선까지 내다보며 압승을 기대했다. 그러나 국민들은 오히려 야 3당에 170석 이상의 과반석을 허락했고, 여당은 120석을 얻는 데 그쳐 국민들에게 철퇴를 맞으며 응징을 당한 꼴이 되었다.

그 결정적 원인은 박근혜 대통령의 불통과 독주, 친박과 비박 세력의 분파적 갈등, 이한구 공천위원장에 의한 친박 세력의 공천 독주와 유승민 등 비판 세력에 대한 공천 배제가 종편 TV 방송을 통해 낱낱이 알려지며 여권 지지층에게서도 비난의 화살과 몰매를 맞게 된 것이다.

야당과 시민사회는 박근혜 정권의 공권력 남발과 독단적 조치들을 맹렬히 공격했고, 헌법이 보장한 국민의 권리와 삼권분립의 원칙을 짓밟아 민주공화국의 정상 궤도를 이탈했다고 비난했다. 친북좌파 세력으로 몰아 압살한 전교조(전국교직원노동조합)와 통진당(통합진보당)의 해체, 5·16군사쿠데타와 유신독재체제를 미화하려던 국정교과서의 강제 추진, 국회의 동의나 협의도 없이 국가 안보를 빙자해 강행한 개성공단 폐쇄, 사드(Thaad)의 성주군 배치, 전시작전권의 무기한 이양 등은 여당이나 행정 관료와의 협의마저 없이 대통령의 독단으로 추진되어서 마치 유신독재 시절의 망령이 부활하는 것 같았기 때문이다.

여당이 참패하고 야권이 승리한 2016년 4월 총선 이후 박 대통령의 독재적 조치들에 대한 국민적 비판과 저항운동은 더욱 거세게 일어났다. 세월호 침몰의 진상과 소재 파악이 안 된 박 대통령의 7시간의 행적을 밝히라는 시위, 사드 배치를 반대하는 성주 군민과 종교인, 평화운동단체들의 시위, 국정교과서의 제작과 배급을 반대하는 역사학자들과 교사, 학부모, 교육감들의 연대 시위가 연이어 일어나 광장에서 촛불을 밝히며 함성을 외치는 시위 군중의 숫자는 날이 갈수록 늘어났다.

여기에 기름을 부은 것이 2016년 10월에 터진 최순실의 국정농단과 대통령 권력을 남용한 부정과 비리의 폭로 사태였다. 최순실의 태블릿PC의 내용이 종합편성채널인 JTBC에 의해 폭로되면서 분노한 시민들이 주말인 10월 29일부터 자발적으로 광화문과 청계천 광장에 모여서 규탄과 비난의 함성을 지르기 시작했다.

2016년 11월 5일 경찰의 물대포를 맞고 사망한 백남기 농민의 장례식이 광화문광장에서 집행되면서 전국 각지에서 몰려온 시위 군중, 농민, 노동자, 중산층 시민, 청년 학생들까지 수십만 명이 함께 박근혜 대통령의 하야와 퇴진을 외치는 촛불시위가 대규모로 일어났다. 가톨릭농민회를 이끌었던 백남기 농민이 물대포에 압살당한 것에 항의하는 호남지역 농민 1000여 명은 목포에서부터 트랙터와 경운기를 몰고 시위가 일어나는 서울 광화문광장으로 올라오다 과천에서 경찰차에 막히자 도로를 점령하고 쌀값 파동, 저곡가 정책 등에 항의하는 시위를 며칠간 계속하기도 했다.

최순실의 딸 정유라가 승마 특기자로 이화여대에 부정 입학했고, 담당 교수의 리포트 조작으로 출석도 하지 않은 수업과 세미나의 성적을 받은 사실이 밝혀지면서 시민들과 청년 학생들의 분노와 규탄의 목소리가 극도로 높아졌다. 대통령의 권력을 등에 업은 최순실이 이화여대 총장과 학장에게 로비해 딸을 부정하게 입학시켰을 뿐 아니라, 교육부를 통해 55억 원의 학술연구비를 특혜 지원하고, 재벌 기업 삼성을 로비해 정유라의 말 구입과 승마 훈련에 수십억 원을 지원하도록 했다는 사실이 알려지면서 박근혜 대통령의 권력 남용과 최순실의 국정농단,

부패, 비리에 대한 전 국민적 분노와 항거는 하늘을 찌를 듯 높아졌다.

항거의 물결은 전국 각 도시로 확산되었고, 광화문광장의 촛불시민은 드디어 100만을 넘기면서 지방 도시에도 수만 명씩 모이는 촛불시위가 매주 토요일마다 계속되었다. 친박계 김진태 의원은 "촛불은 바람이 불면 꺼진다"라고 비난했지만 시민들은 LED 등을 켜면서 "촛불은 꺼지지 않고 횃불이 된다"라고 맞받아쳤다.

최순실의 국정농단과 박근혜 대통령의 이권 개입, 권력 남용으로 미르재단과 K스포츠재단을 설립하고 재벌 기업들에게 774억 원의 지원을 강요해 사유화하려 한 사실이 알려지면서 촛불시민들의 함성은 하야와 퇴진운동으로 번지게 되었다.

창조경제와 문화융성은 원래 박근혜 대통령 국정 목표의 핵심이었고 국민들에게 어필(appeal)할 수 있는 구호였다. 그런데 최순실은 대통령의 정책조정수석비서관 안종범을 시켜 전경련(전국경제인연합회)을 움직였고 기업별로 액수를 할당해 문화융성사업이라는 명분으로 수십억, 수백억씩 돈을 거두었다. 이렇게 거둔 돈으로 설립한 국가정책적 두 재단의 운영과 실무를 최순실 개인의 친구였던 고영태, 차은택 등과 최순실이 다니던 마사지센터의 소장에게 맡겨, 미르재단·K스포츠재단 사건은 전대미문의 스캔들과 정경 유착 비리로 낙인찍혔다.

이제 촛불시민들이 펼친 하야와 퇴진운동은 정치권의 대통령 탄핵운동으로 발전하게 되었고 드디어 12월 9일 국회는 야 3당이 발의한 탄핵안의 표결에 들어가 찬성 234표, 반대 56표로 찬성이 전체의 3분의 2를 넘어 탄핵을 가결했다. 국회는 이미 12월 초부터 최순실 국정농단 사태를 조사하기 위한 '특검법'을 통과시켜 최순실, 안종범, 차은택, 장시호 등과 이화여대 총장, 학장과 교수들을 박영수 특검에서 구속 수사하고 있었다. 박영수 특검은 압수 수색을 통해 확보한 증거물, 통화 기록, 차명 폰, 녹취물과 메모 등을 근거로 정유라의 독일 승마 훈련비 수십억 원을 지원한 재벌 삼성의 뇌물 의혹을 밝혀냈고 삼성물산과 제일모직의 합병을 묵인해 국민연금에 수천억 원의 손실을 입힌 문형표 전 보건복지부 장관과 이재용 삼성 부회장을 구속했다. 또한 문화예술인 블랙리스트를 만들어 지원에서 배제하고, 문화체육부의 불공정·부당 인사를 자행한 김기춘 전 비서실장과 김종덕, 조윤선 전 문화체육관광부 장관 등도 구속했다. 최순실 사태는 대통령 권력을 남용한 정경유착, 인사 비리, 부정 입학, 뇌물 공여, 부정 축재 등등 꼬리를 물고 확대되었고 이를 규탄하는 촛불시민들은 "이게 나라냐?"라고 외치며, 온갖 비리와 부정부패의 적폐 청산과 국가 대개혁, 주권자 국민의 권리를 부르짖었다.

헌법재판소는 3개월간의 심의 끝에 2017년 3월 10일, 박근혜의 탄핵을 인용했고 대통령직에서 파면한다는 선고를 내렸다. 탄핵을 반대하는 시민들의 태극기 시위도 수십만 명을 동원하고 수개월 동안 계속되었지만, 연인원 1700만 명이 참가해 대통령 탄핵과 구속, 적폐 청산과 대개혁을 외친 촛불시민들은 4개월, 20차례 시위 끝에 박근혜 대통령을 퇴진시켰다.

한국 민주주의의 미래가 어떻게 될 것인가, 또한 해결해야 할 과제들이 무엇인가를 물었을 때 우리는 놀라운 변화를 일으키고 있는 2017년의 역사적 현장을 면밀히 살펴보면서 변화의 의미와 방향, 또한 잠재적 역량(potential)을 파악하지 않으면 안 된다고 생각한다.

수백만 촛불시민들의 광장 회집, 함성과 시위만으로 폭력 없이 한 정권을 붕괴시킨 거사를 명예혁명으로 호칭하려는 시도들이 벌써 나타나고 있다. 단순히 대통령의 하야나 탄핵을 성사시킨 것만으로 혁명의 칭호를 부여할 수는 없을 것이다. 1960년 4·19가 혁명이냐, 의거이냐를 두고 논쟁하듯이 앞으로 2017년의 정치적·사회적 변화를 혁명으로 부를지, 아니면 평화적 정권 교체 정도로 부르게 될지는 퇴진운동 과정에 나타난 국민들의 혁명적 요구와 변혁의 목표들이 얼마만큼, 어떻게 달성되느냐에 달린 것으로 보인다.

분명한 것은 이렇게 많은 시민이 수개월 동안 촛불광장에 모여 함성을 지른 것은 비리, 불통, 무능으로 점철된 박근혜 대통령의 퇴진과 최순실의 국정농단을 처벌하기 위한 것만이 아니라는 사실이다. 대통령과 가까운 무명의 여인 한 사람이 국정 전반을 휘두르고 다니며 장관, 대사, 관공서의 인사에 개입하고 재벌 기업 총수들에게 수백억 원의 뇌물성 헌금을 바치게 만들며, 대학의 총장, 학장, 교수들이 권력에 아부해 정유라를 부정 입학시키고, 수업 출석도 안한 과목의 학점을 가짜 리포트로 부여해주는 웃지 못할 연극들을 보게 되면서 제왕적 대통령 권력의 비리와 모순, 재벌·장차관·검찰·총장·학장 등 권력기관들의 유착과 적폐를 청산하지 않고는 나라가 망할 수밖에 없으며 희망이 없다는 분노와 위기의식이 발동한 것이다.

정경 유착과 권력기관의 비리, 모순은 1987년 민주화 이후에도 모든 대통령과 정부 권력기관에서 줄곧 사라지지 않았고, 퇴임 후 아들이나 친인척이 비리와 부정부패로 구속되어 형벌을 받지 않은 대통령이 없었다. 이제 국민들은 대통령과 친인척의 비리, 부패가 사람이나 개인이 부도덕해서라기보다는 통제받지 않는 제왕적 권력 자체의 제도와 구조에서 나온 문제라는 것을 알게 되었고, 절대 권력의 분할과 통제를 제도적으로 개선하지 않고서는 개인의 도덕성만으로 해결될 수 없다는 것도 깨닫게 되었다.

재벌들이 권력자에게 돈을 갖다 바치는 비리도 불공정한 경제구조와 금융·무역·노동·세금 제도에서의 특혜와 정경 유착이라는 부패의 고리에 기인한다는 것을 국민들이 인식하게 되어 촛불시민광장에서는 "재벌 개혁", "재벌 구속"이라는 함성이 멈추지 않았고 드디어 이재용 삼성 재벌 총수의 구속에까지 영향을 미쳤다.

박근혜 대통령의 탄핵은 곧 박근혜 정권의 붕괴를 의미했다. 박근혜 대통령의 국민 지지율이 5% 미만까지 내려갔고, 여당인 새누리당의 지지율도 함께 추락했으며 결국 분당에 이르러 비박계는 '바른정당'으로 친박계는 '자유한국당'으로 개칭해 '새누리당'은 소멸하고 말았다. 박 대통령과 여당이 독단적으로 밀어붙였던 정책들, 국정교과서 강행, 일본군 위안부 문제의 굴욕적 외교, 일방적인 사드 배치, 한일 군사정보보호협정, 세월호 특조위 활동 중단 등의 정책도 무너질 위기에 봉착했다. 이렇게 단시간에 박근혜 정권을 붕괴시키는 데 주도적이고 결정적 역할을 한 촛불시민광장의 힘은 어디서 왔으며, 그 정체는 무엇이고, 어디로 향해 갈 것인가? 한국 민주주의의 현재와 미래를 바르게 진단하려면, 이제는 정당과 국회 등 정치권의 동향만이 아니라, 촛불시민광장의 힘을 발휘했던 국민들의 요구와 이를 조직하는 시민사회의 운동을 면밀히 주목할 필요가 있다.

촛불시민광장에서는 노동자, 농민, 대학생, 시민사회단체 등 조직된 시민들만이 아니라, 교복을 입은 중고등 학생, 어린아이들의 손을 잡거나 유모차를 끌고 나온 학부모들, 손자를 데리고 나온 노인들, 목사와 신부, 승복을 입은 종교인들, 각계각층의 다양한 국민이 자발적으로 모여서 촛불을 들었다.

2016년 11월 5일, 참가자가 30만여 명에 이르는 대규모 촛불시위가 광화문광장에서 열렸을 때 필자의 가슴을 울린 가장 감동적 연설은 세종문화회관 근처 한 모퉁이에서 열린 '박근혜 하야를 외치는 중고등 학생들의 집회'에서였다. '전국 중고등학교 총학생회 연합', '중고생 혁명지도부', '중고생 연대' 등의 명칭이 적힌 현수막과 팻말을 든 중고생 500여 명이 "중고등 학생들이여, 함께 뭉쳐 사회를 바꾸자"고 함성을 올렸다. 이들은 "이런 나라에서 공부를 해도 아무런 희망이 없다"며, "우리가 배운 민주주의는 어디로 갔고, 어른들은 나라를 이 꼴로 만들어놓고 우리더러 공부나 잘하고 있으라고 하느냐"고 어른들을 꾸짖었다. 소녀상을 폐기한다고 하고, 세월호 침몰에 아무런 손도 못쓴 채 300여 명의 사람들을 수장시켰고, 교육 개혁을 외치며 역사 교과서 국정화로 학생들을 기만했고, 학교의 비리와 부정은 곳곳에 있는데 박근혜만 물러가고 최순실만 처벌한다고 이 나라의 비리와 모순이 해결되겠는가? 언제 어떻게 조직되었는지 모르겠으나 마이크를 잡고 조리 있게 규탄 연설을 한 중고생들은 서울과 수도권만이 아니라 전남 부안, 전북 전주·완주, 경기 남양주, 강원 춘천 등 전국 각지에서 왔고, 중고생 연대를 더 확대해 중고생 선거권을 확보하고 학생 인권을 보장하며 교육제도를 개선하면서 사회의 비리를 척결하는 데 나서자고 열변을 토했다. 어떤 학생은 "고삼(高三)인데 연필 대신 횃불을 들었습니다"라는 팻말을 들고 나왔다.

그중에 서울예고 3학년 여학생 세 명이 나와 어른들에게 한 호소는 많은 청중과 필자 자신에게 충격을 주었다. 이들은 먼저 학교 내에서 문제의식을 가진 동료 학생 80여 명과 여러 시간 토의한 끝에 요점을 적어 와서 발표한다고 서두를 꺼냈다. 먼저 한 여학생이 "우리는 최순실에게 오히려 감사해야 합니다. 이렇게 사회가 병들었어도 아무도 고칠 생각을 못했는데, 정유라의 부정 입학이 터지게 되어 우리 중고생들까지 광장에 나와 박근혜 하야와 부패 일소를 외치게 되었습니다. 그런데 정유라는 이화여대에만 있지 않고 우리 주변에도 있습니다. 철저히 조사해 학원 비리부터 뿌리 뽑아야 합니다"라고 힘주어 말했다.

두 번째 여학생의 연설은 꽤 철학적이었다. "우리는 예술고등학교에서 예술가가 되기 위해 예술을 전공하는 학생들입니다. 예술이란 무엇입니까? 왜 예술을 전공합니까? 예술을 통해 역사를 바꾸는 위대한 일을 할 수도 있습니다. 르네상스의 화가들은 미술을 통해 세계사를 바꾸는 일을 해냈습니다. 우리는 이런 예술을 배우고 창작하려고 하는데 이

나라에서 이런 예술 하는 사람들은 모두 블랙리스트에 오르게 됩니다. 사회를 비판하는 예술가들을 탄압하고 소외시키는 나라에서 문화예술이 제대로 발전하겠습니까?" 사회철학 교수 생활을 오래했던 필자 자신도 여고생의 날카로운 비판 연설에 신선한 충격을 받았다.

세 번째 여학생은 결론적으로 대통령 하야와 최순실 구속으로 끝낼 일이 아니라 나라 곳곳의 비리와 모순을 끝까지 척결하고, 새로운 나라로 개조할 때까지 촛불을 끄면 안 되고, 그것을 광장에서만 외쳐서도 안 되며, 학교와 직장에 돌아가서도 계속해야 한다고 부르짖었다.

광화문광장에서 2016년 11월부터 20여 차례나 매주 토요일 촛불시민들의 집회와 시위를 주도한 주체는 '박근혜정권퇴진 비상국민행동(퇴진행동)'이라는 매우 느슨한 연대 조직체였다. 처음엔 민노총, 전교조 등 민중운동 진영과 참여연대, 환경연합, 시민단체협의회 등 시민운동 진영의 수백 개 단체들이 연합해 '퇴진행동'을 이끌어갔다. 그러나 차차 전국의 많은 단체가 가담해 나중엔 2300개 이상의 단체·그룹이 가입하게 되었다고 한다. '퇴진행동'의 내부 체계는 50여 명으로 이루어진 운영위원회와 실무 담당 팀 등으로 매우 느슨한 조직이었고, 어느 개인이나 단체도 주도할 수 없는 다원적이며 다양한 형태의 지도부로 운영되었다.

그러나 소수의 운영위원들도 무대를 설치하고 마이크를 달며 시위를 하는 방식 등에만 관여했지 발언 내용이나 구호들은 다양한 발언자들과 여러 단체의 대표자들에 의해 산발적으로 체계 없이 구성되었다. 촛불광장은 누구에 의해서도 주도되지 않는 자발성과 자율성을 특징과 장점으로 삼았다. 발언자들도 정치인이나 유명 인사들이 아니었고 노동자, 농민, 비정규직, 학생, 장애인, 해고자, 세월호 사망자 가족, 사드 배치 반대자, 평범한 시민들이 대부분이었다.

광장에 모여든 시민은 누구나 자발적으로 현수막이나 구호판을 만들어 목이나 등 뒤에 걸거나 손에 들고 다녔으며, 자율적으로 인쇄물이나 선전지를 만들어 돌리고 서명을 받기도 했다. 구석구석에 해고 노동자들이 억울함을 호소하는 작은 무대, 못된 업주나 재벌들의 비리를 폭로하는 상황판, 운동단체별 선전물이 널려 있어, 여러 음식 판매소와 함께 시장이 선 것 같은 분위기였다.

광장의 무대에서 초기에는 최순실의 농단과 비리를 폭로하고 박근혜 정권을 규탄하는 것이 주 테마였으나 날이 갈수록 정경 유착, 재벌기업의 비리, 빈부 격차, 해고자, 비정규직, 학원, 언론, 문화예술계 문제 등 온갖 사회의 비리와 모순이 폭로되었다. 나라를 이 꼴로 만든 정부와 국회 여야 정당들에 대한 신랄한 비판과 함께 주권자 국민이 주인이 되는 참된 민주공화국을 세우자는 목소리들이 계속 울려 퍼졌다. 유명 인기 가수들의 공연이 어우러져 촛불광장은 축제의 분위기를 이어갔다.

2016~2017년의 촛불시민광장이 한국 민주주의를 발전시키는 거대한 동력이 될 것이라는 견해는 아무도 부정하지 못한다. 현직 대통령을 탄핵하고, 재벌 총수를 구속시키며 여당이던 새누리당을 해체시킨 성과만 놓고 보더라도 대의민주주의의 실패와 무능을 직접민주주의가 극복한, 유례가 드문 역사적 사건이었다. 혹자는 세계사적으로도 유례가 없는 시민명예혁명이라고 부르기도 하지만 이 점은 앞으로 많은 기록과 자료를 검토하며 전문 학자들의 연구와 토론을 거쳐 정의되어야 할 문제이다.

그러나 현 단계의 논의와 발표만 보더라도 한국의 민주주의가 대단히 성숙했고, 특히 시민사회와 시민의식이 놀라울 정도로 성장했음을 이번 촛불시민광장이 당당하게 보여주었다. 시민들의 항거와 물리적 힘이 정치질서를 바꾸고 변혁을 일으킨 역사는 현대사에서도 몇 차례 있었다. 1960년 4월 학생혁명이 그랬고, 1987년 6월 시민항쟁이 또한 그랬다. 그러나 두 사례는 모두 독재정권을 물리치고 헌법을 개정해 정권 교체를 하는 데는 성공했지만 국민의 삶과 권리를 실질적으로 향상시키거나 민주주의 정치를 공고하게 만드는 데는 성과를 내지 못했다.

오히려 반민주 5·16군사쿠데타로 역습을 당했고, 야당과 민주 인사들의 분열로 군부와 기득권 세력의 지배를 연장시키는 실패를 경험했다. 시민사회가 미숙했고 국민들의 주권의식과 참여가 미약했기 때문이었다. 정당은 국민적 뿌리가 없이 정치지도자 개인의 사당에 머물렀고, 선거는 지역주의·연고주의에 매몰되어, 여야 두 개의 정당이 나누어 먹는 형국이었다. 선거 때 내놓은 공약(公約)은 당선 후 휴지장이 되는 공약(空約)이었고, 민주주의는 형식과 허울에 그칠 뿐, 자유·평등·참여의 가치 실현을 목표로 하는 내용 있는 실질적(substantive) 민주주의의 발전은 기대해볼 수 없었다.

물론 1987년 민주화 이후 여섯 번의 대통령 선거와 정권 교체는 그것을 치르는 동안 시민사회와 국민의식이 크게 성장했고, 민주정치 발전에도 많은 기여를 했다. 특히 김영삼 정부의 금융실명제, 군부 세력 하나회의 숙청이나, 김대중 정부의 남북 화해와 공존, 국민 의료 복지 등의 제도화, 노무현 정부의 검찰·국정원 개혁, 정당투표제, 비례대표 여성할당제 도입 등은 많은 시민운동이 일어나 정치적 영향력을 발휘한 결과였다.

민주주의가 발전하는 세계사적 과정을 보면 프랑스 시민혁명이 전형적 모델이겠지만, 국민들이 정치질서와 통치자를 선택하는 정치적 민주화를 우선 달성해야 하고, 그 후에 국민들의 의식주 생활과 복지 문제를 해결하는 경제적 민주화를 목표로 추구하며, 점차 직업교육, 여성·장애인·아동의 권리를 향상시키는 사회적 민주화로 발전하는 것이 대체로 보편적이다. 이 과정이 반드시 순차적으로 이루어진다고 볼 수는 없지만 일반적으로 정치적 민주화를 달성하지 않고 경제적·사회적 민주화를 실현하는 것은 불가능하다는 것이 상식이다.

1987년의 민주화로 대통령 직선제를 회복하고 국민의 권리가 신장되고 지방자치제가 실현되는 등 정치적 민주화, 형식적 민주주의는 어느 정도 달성되었는데, 경제적·사회적 민주화, 실질적·내용적 민주주의의 실현은 아직 요원한 과제로 남아 있다. 이것이 2012년 대통령 선거에서 경제민주화가 큰 화두로 등장하게 된 이유이며, 또한 2017년 대선에서도 선거공약이나 투표 행태에 큰 영향을 미치게 되었다.

촛불시민광장의 목소리도 국민이 삶의 권리, 경제적·사회적 권리와 혜택을 누릴 수 없게 만든 권력구조와 기득권 세력의 횡포를 탄핵하고 징벌하는 데 집중되었다. 박근혜 대통령 파면의 핵심적 근거는 헌법재판소의 판결문대로 대통령 권력을 재벌 기업의 특수 이익이나 최순실 일당의 사적 이익을 추구하는 데 남용한 것이 모든 국민의 보편적 권익에 봉사해야 하는 대통령 권력의 헌법적 정신을 위배했다는 것이었다.

과거 여러 대통령은 같은 범죄를 저질렀어도 국민들이 모르거나 눈감아 주었기 때문에 문제조차 제기되지 않았지만, 이제는 촛불시민 수백만의 함성이 힘을 얻게 되어 대통령 권력도 탄핵할 수 있게 되고, 민주주의를 한 걸음 발전시킬 수 있게 된 것이다.

3. 적폐 청산과 국가 개혁의 과제

한국 민주주의의 미래와 과제를 모색하는 데 촛불시민광장이라는 현장을 주의 깊게 살펴보아야 한다는 필자의 생각은 단순히 광장에서의 함성이나 구호, 발언만을 주목해서가 아니다. 촛불시민광장의 항거가 진행되는 4~5개월 동안 퇴진운동에 직간접적으로 참여한 시민단체들과 학술연구단체들은 끊임없이 탄핵 이후 새로운 나라를 세우기 위한 과제와 대안을 모색하는 담론의 마당을 열었다. 촛불시민광장의 목소리와 요구들을 분석하는 일부터, 제기된 적폐 청산과 개혁의 과제들을 어떻게 수행해갈 것인가에 대해서도 많은 토론과 주장이 제기되었고 그 내용들은 언론과 매스컴, SNS 매체를 통해 많은 시민에게 전달되었다.

광장에서 시민들의 행동과 학자나 연구자들의 토론 마당이 병행해서 진행되며 서로 영향을 주고받는 모습이 과거 4·19나 6월항쟁 때와는 다른 성숙된 모습이었으며, 2016~2017년 민주화운동에서의 새로운 성과였다고 필자는 평가하고 싶다. 주말인 토요일에 차가운 거리에서 촛불을 들고 함성을 지른 시민들은 주중에는 직장에서, 친구나 동창들과의 모임에서 열띤 토론과 논쟁을 벌였다. 신문과 종편 TV, SNS에는 수많은 주장과 논평, "이게 나라냐"는 비난들이 오가며, 어떻게 잘못된 나라를 고치고, 범법자들을 처단하고, 새로운 제도와 방안을 찾을 것인가에 대해 수많은 논쟁과 이야기가 전개되었다.

시민단체와 학술연구단체들이 공개적인 토론회와 세미나를 개최하여 촛불광장에서 제기된 적폐 청산과 개혁 과제에 대해 다양한 모습과 내용의 발표와 토론을 내놓았는데, 이 부분을 수집·정리하고 분석·평가하는 학술적 작업은 매우 중요하며, 앞으로 체계적으로 연구되고 논의될 것이라고 생각한다.

단지 여기서는 필자가 직접 참여해본 토론회와 세미나의 자료들을 중심으로 새로운 대한민국을 세우자며 주장되었던 적폐 청산과 개혁 과제의 내용들을 살펴보고 한국 민주주의 발전의 방향과 과업들을 성찰해보고자 한다.

2016년 12월 22일에 열린 '2017 민주평화포럼' 주최 '탄핵 이후 무엇을 할 것인가?'라는 토론회에서 사회학자 김동춘은 "박근혜 정권의 붕괴는 1987년 6월항쟁 이후 직선제 개헌으로 수립된 제6공화국 시스템이 한계를 드러내면서 국가와 시장과 사회가 모두 실패한 상태를 드러낸 것"이라고 진단했다. 민주적 행정 관리와 법질서가 제대로 작동하지 않고, 재벌 주도의 불공정 경제와 정경 유착으로 신자유주의적 시장경제가 위기에 직면했으며, 대학 입학과 체육 특기자 훈련 등 교육·문화예술·언론·의료 각 분야에서 비리와 부정 메커니즘이 작동한, 사회의 실패가 드러난 국가시스템의 총체적 붕괴를 의미한다고 보았다. 또, "박근혜 정권의 붕괴는 지난 30년의 민주화, 50년의 개발 독재와 성장주의 패러다임, 70년 동안의 반공·반북, 친미 패러다임의 청산을 요청하며, 더 거슬러 올라가 식민지 근대화, 수동적·방어적 근대화의 한 세기의 역사를 청산하는 전환점이 되어야 한다"고 말했다. 박근혜 정권의 붕괴는 따라서 새로운 국가 건설의 필요성을 제기하고 있고, 국민의 정치적 대표성이 높은 새로운 정치 세력, 새로운 정당정치를 요청한다고 보았다. 촛불시민혁명은 국가, 정당, 시민사회가 모두 재조직되어야 완수될 수 있고 단순한 정권 교체나 개헌이 아니라 민주공화국의 가치나 이념에 부합하는 주권자들의 좀 더 심층적인 혁명이 되어야 한다는 당위론을 폈다.

그러나 이러한 혁명적 목표는 장기적 투쟁과 세력의 확장을 통해서만 이루어질 수 있으며, 현 단계 시민사회 진영의 과제는 박근혜 정권의 퇴진과 잘못된 정책의 폐기, 수많은 적폐의 청산과 함께 제왕적 대통령제·검찰·언론·재벌의 개혁을 실천하고, 토론과 학습을 통해 촛불시민과 온 국민의 정치교육을 실시하는 데 있다고 주장했다. 국정교과서, 노동 개혁, 한일 위안부 협상, 사드 배치 등 박근혜 대통령의 정책들을 폐기하고, 검찰·재벌·언론·국정원과 여러 법률을 개혁하기 위해서는 '퇴진행동' 본부와 지역의 비상시국회의가 주도해서 국가 정상화를 위한 주요 개혁 과제를 구체화하고 온라인과 오프라인에서 국민적 논의를 진행해야 한다고 말했다. 촛불시위를 주도하는 '퇴진행동'과 '비상시국회의'가 있으므로 지금 시민의회 같은 것을 조직할 필요는 없지만, 앞으로 정치권에 민의를 전달하고 개혁안을 제기하기 위해서는 창구의 역할을 할 수 있는 시민 대표 기구가 필요하다고도 보았다.

김동춘은 또한 정권이 바뀌어도 바뀌지 않는 관료 체제에 변화를 가져오기 위해서 행정고시제 폐지, 개방직 확대, 내부고발자 보호, 위원회 제도의 활성화 등 관료제도 개선책이 실천되어야 하며 예산편성권을 국회에 귀속시키고 사정 기관도 국회에 두는 등 국회의 권한을 획기적으로 강화시키되, 국회의원의 특권은 축소하고 국민들이 감시할 수 있는 시민의회를 만들자고 주장했다. 또한 대의민주주의의 단점을 보완하고 직접민주주의의 요소를 도입하기 위해 국민소환제, 국민발안제, 국민적 헌법개정안 마련 등을 새로운 헌법 개정에 포함시켜야 한다고 주장했다.

세미나에서는 한층 더 근본적인 체제 개혁과 권력구조의 혁신을 주장하는 진보적인 견해와, 좀 더 실현 가능한 제도 개혁과 국민들의 참여 과정을 강조하는 현실론적 제안들이 함께 표출되었다.

퇴진운동의 주요 세력이었던 민주노총 정책실장 이창근은 '일하는 사람들의 평등사회를 위한 청산 과제와 개혁 과제'라는 발표에서 재벌경제와 노동 탄압 문제를 신랄하게 비판했다. 그는 "탄핵 이후 조기 대선에 이르는 과정에서 진보·민중 세력은 보수 세력의 반동을 미연에 차단하는 동시에 대선이 단순한 정권 교체가 아니라 체제 교체의 계기가 되도록 만들어야 한다"고 주장했다. 따라서 민주노총은 "박근혜 체제 청산과 대안사회의 전망을 총체적·입체적으로 제시하면서 중장기 세력구도 재편을 위한 사회적 힘을 구축해야 한다"는 판단을 하고 있다고 했다. 물론 민주노총이 주장하는 대안사회의 전망은 "일하는 사람들의 평등사회 건설"과 모든 국민이 주권과 기본적 권리들을 평등하게 누릴 수 있고, 생애주기 전반에 걸쳐 실업·해고·산재·노후 빈곤 등 불안에서 벗어나 행복한 삶을 누릴 수 있는 민주사회, 공평한 사회를 건설하는 데 있다.

그러나 이렇게 근원적이며 원대한 대안사회 건설의 목표를 실현하자면 구체적이고 현실적인 대안정책이 있어야 하고, 또한 현재의 잘못된 현실과 정책을 개혁할 수 있는 방안과 힘이 있어야 한다. 여기에 대한 민주노총 정책실장의 입장을 발표문에 따라 정리해보면 우리 사회의 진보적 성향의 노동운동이 지향하는 민주사회의 체제와 모습을 대강 짚어볼 수 있다.

우선 이창근은 박근혜 정권의 탄핵과 함께 청산되어야 할 비리와 적폐로서 정권과 재벌 기업 사이의 공고한 정경 유착과 그 결과로 나타난 노동 탄압, 노동자들의 권익 침해를 들고 있다. 재벌들이 미르재단과 K스포츠재단에 거액의 출연금을 내면서 재벌 기업 상속이나 기업 총수 석방, 면세점 특허권 등의 대가를 받은 뿌리 깊은 정경 유착의 고리를 끊어야 한다는 것이다.

2015년 7월 박근혜 대통령은 청와대로 재벌 총수 17명을 초대해 미르재단 등에 출연을 요구했고 그 뒤로 노동 개악이 일사천리로 진행되었으며, 9월에 노사정 협의에 따른 정부와 여당의 노동 개악 5개 법안이 발의되었다는 것이다. 박 대통령은 10월 말 미르재단에 입금이 완료되자 국회에서 '경제 활성화법'과 '기업규제 완화법', '서비스산업 발전법' 등 노동 개악과 친재벌 법안 5개의 통과를 촉구했다고 한다. 그는 노동 개악 입법은 제19대 국회에서 무산되었으나 정부가 공공기관과 금융 부문에 불법적인 성과연봉제 지침을 강제로 도입했다고 비판했다.

이창근은 2014년 6~12월에 대통령 비서실장 김기춘의 개입으로 전교조와 전공노(전국공무원노조)를 법외노조로 규정해 불법화시킨 것을 노조 탄압의 실례로 지적했다. 불법화된 전교조는 노조 전임자의 직권

면직, 단체협약권 해지, 사무실 퇴거 등의 불이익과 탄압을 감수해야 했다는 것이다.

민노총 측은 적폐로 생각하는 박 정권의 친재벌, 노동 탄압 정책으로 이 밖에도 의료·철도·에너지 등 공공기업의 민영화, 법인세 감면, 사회복지 예산 감축 정책, 대기업 구조조정을 통한 비정규직 양산과 하청 사업 확대, 비정규직 노동자 남용과 조합권 박탈 등을 지적하며 일대 개혁을 주장했다.

10대 재벌의 노동자 130만 명 가운데 비정규직이 49만 명(37.7%)이며, 이 가운데 직접 고용 기간제 비정규직이 9만 명(7.0%)이고 사내 하청 등 간접 고용 비정규직은 40만 명(30.7%)에 달한다고 한다. 재벌 대기업이 간접 고용과 비정규직의 온상이자 주범이라는 점에서 재벌 대기업에서부터 비정규직 남용을 억제하고 상시적 지속 업무들은 정규직으로 전환해야 한다는 것이다. 즉, 재벌 계열사의 사내 하청 일자리부터 정규직화해야 한다고 주장했다.

재벌 개혁 정책으로는 감세 정책을 철회하고 법인세의 정상화를 주장했다. 즉 '법인세법'을 개정해 100억 초과 구간의 최고 세율을 25%로 인상하고, 과세표준 1000억 초과 구간을 신설해 27% 부과를 제안했다. 이 밖에도 초과 이윤과 사내유보금의 과세, 재벌 총수 일가의 불법·편법 이익 환수, 부자 증세안 등을 내놓았다. 재벌들에게 특혜를 주는 불공평한 법률의 폐기와 개혁을 민주노총은 강력히 주장했다.

재벌의 경영권을 강화해 경영 세습을 유리하게 만드는 '원샷법(기업활력제고 특별법)'으로 알려진 선제적 구조조정과 사업 재편에 관한 법률을, 재벌들은 그룹 차원의 지배력 승계와 일감 몰아주기에 활용하고 있다는 것이다. 2.7%에 불과한 총수 일가 지분율에도 불구하고 재벌들은 계열사 간 순환 출자를 부의 편법적이고 위법적인 상속·증여·세습의 수단으로 악용하고 있다고 비판했다.

'노동자가 행복한 평등 사회'라는 정책에는 최저임금 1만 원의 실현과 비정규직의 정규직화, 노동조합의 권리 보장이 우선 과제였다. 전체 노동자의 4분의 1이 저임금 노동자인데 상위 10%에 비하면 5분의 1의 임금 비율을 보여 임금 불평등이 심각하다고 한다. 2016년의 시급 6030원은 주 40시간 기준으로 월 소득 126만 270원에 해당한다. 이 금액은 2014년 미혼 단신 노동자의 실태 생계비에도 81% 수준에 불과한 저임금이다. 최저임금을 인상해야 여성, 학생, 고령자, 단순 노무직, 비정규직 시간제 근로자, 임시직, 일용직 등 가장 취약한 사회적 약자들의 일자리와 최소한의 생활 임금을 보장할 수 있다는 주장이다.

촛불시민광장에서 박근혜 정권 퇴진운동이 일어난 직접적인 계기가 최순실의 국정농단, 재벌들의 미르재단 기금 출연과 정유라 지원으로 드러난 정경 유착에 있었기 때문에 적폐 청산과 개혁 과제의 우선순위는 재벌 개혁과 경제민주화에 있었다. 촛불을 들고 거리에 몰려온 분노한 시민들 가운데는 생산비에 못 미치는 쌀값 폭락을 규탄하며 트랙터를 몰고 올라온 농민들, 대기업의 구조조정으로 생존권을 잃은 해고 노동자들, 저임금의 비정규직 노동자들, '헬조선'을 외치며 일자리를 요구하는 청년 실업자들, 개성공단 폐쇄로 파산한 업주들, 사드 배치로 생계를 위협받는 성주 군민들, 세월호 침몰로 자녀를 잃은 단원고 학부모들이 있다. 이들은 대부분 신자유주의적 친재벌 정책과 기업주 특혜의 구조조정, 사회 안전망의 해체 등으로 빈부 격차와 양극화의 사회구조 속에서 피해를 입고 불이익과 생활고를 겪어야 하는 서민·빈민층이다. 광장에 울려 퍼진 우선적인 요청은 자연히 재벌과 특권층의 이익에 매달린 불공정한 사회구조를 개편해달라는 절규일 수밖에 없었다.

그러나 최순실·정유라와 재벌 기업들이 얽힌 정경 유착의 적폐는 재벌 개혁이나 노동자와 서민들의 임금·소득 향상만으로 해결될 수 있는 문제가 아니다. 대통령의 친인척이나 측근들의 불법적인 요구마저도 재벌들이나 총장·학장들이 순종하며 부정과 비리를 저지르면서까지 호응해야 하는 대통령의 절대 권력이 문제이다. 국회도 여당도 견제하지 못하는 제왕적 절대 권력, 장차관도 검찰도 방송·언론도 대통령의 시녀로 전락시키는 권위주의 대통령제하에서는 공권력의 남용과 사유화를 막을 수 있는 장치가 없어서 한국 정치사에서 대통령의 친인척과 측근의 비리, 부정부패는 그치지 않았다.

이제 촛불시민들의 관심은 통제받지 않고 무한 권력을 행사하는 제왕적 대통령제를 어떻게 개혁하며, 빼앗기고 침해당한 주권자 국민들의 권리를 어떻게 되찾아올 것인가에 놓이게 되었다. 국민의 주권을 위탁받은 국회나 정당들이 대통령의 불통과 독선, 측근 비리와 부정부패를 비판하지도 막아내지도 못한다면, 주권자 국민들이 직접 나서서 참정권을 행사해 척결하고 개혁해야겠다는 각성과 분위기가 촛불광장에서 일어났다.

그래서 촛불광장에서 가장 많이 들린 보편적 구호는 "국민이 주인이다", "대한민국은 민주공화국이다", "모든 권력은 국민으로부터 나온다"라는 헌법 제1조의 구절이었다. 이미 노래까지 생겨 이 가사는 촛불시민학교의 교가처럼 되었다. 이 노래와 함께 시민들의 분노와 비난의 화살은 박근혜 대통령과 최순실만이 아니라, 여당인 새누리당과 국회의원들에게로 향했고 "새누리당도 공범이다", "야당에게도 책임이 있다"라는 함성이 울려 퍼졌다. 대의민주주의의 타락한 현실을 규탄하며 시민들은 직접민주주의적 참여 활동을 시도하려는 것 같았다.

2017년 1월 17일 국회 헌정기념관에서 열린 시국 국민 대토론회에서는 '국가 개조와 정치 개혁 어떻게 할 것인가?'를 주제로 촛불시민들의 요구에 부응하는 국가 개조의 틀과 원칙, 선거제도와 정당 개혁에 관한 발표와 토론이 있었다. 여기서 임혁백은 "한국 역사상 최대 규모의 시민사회의 분출이라는 전대미문의 상황을 맞이해 광화문광장에서 나온 국가 대개조의 요구는, 부정부패와 인권유린의 적폐를 개혁하고, 국가의 틀과 조직을 근본적으로 개조하며, 새 정부가 들어선 뒤 국민적 합의를 통해 공화주의적·분권적·권력공유적·합의주의적 새 헌법을 만드는 일"이라고 했다. 새 헌법엔 시민의 자유를 확고히 보장하고 독일식 권역별 비례대표제를 명기해 다양한 정체성을 가진 다중의 이익이 비례적으로 대표될 수 있는 선거제도와 연립정부 지향의 정당제도를 유도해가야 한다고 했다. 또한 검찰의 수사독립권을 폐지하고 국정원을 개혁해 국내 정치에 개입할 소지를 없애야 하며, 대통령과 국회의원 선거에서 결선투표제를 도입해야 한다고 했다.

토론에서 김만흠은 "촛불시민의 가장 직접적인 과제는 비정상적인 박근혜 대통령을 퇴출시키고 견제받지 않는 대통령 권력, 국민의 요구에 반응하지 않는 대통령 권력구조를 개혁하는 것이다. 그리고 이를 온존 시켜온 정치체제도 개혁되어야 한다. 30년 전 민주화의 과제였던 대통령 직선제의 차원을 넘어 통제되지 않는 무책임한 제왕적 대통령의 문제를 과제로 던지고 있다. 대통령제만 아니라 대의기구 전반에 걸쳐 국회, 정당, 검찰, 국정원이 모두 개혁되어야 한다"라고 했다.

이제 촛불광장의 시민들은 어떻게 해야 주권자 국민들의 뜻과 권리를 존중하며 지켜낼 수 있는 제도와 법률을 만들고 실천해갈 수 있을 것인가에 관심을 모으게 되었다. 국민의 권리를 지키고 확대하기 위한 제도의 개혁은 헌법과 법률의 개정을 통해서만 달성될 수 있기 때문에 개헌의 방향과 국민의 참정권에 관련된 법률, 즉 '선거법'이나 '정당법', '지방자치법' 등의 개정에 관한 논의가 필요하게 되었다.

'2017 민주평화포럼'이 2월에 주최한 '천만 촛불과 참정권 확대' 세미나에서는 국회와 정당, 지방자치를 국민의 의사를 바르게 반영하는 구조로 개혁하기 위해서 '선거법' 개정에 관한 논의가 심도 있게 진행되었다. 포럼의 국민주권위원장 연성수는 "2017년 2월, 국민들은 더 이상

자신의 주권을 대신 행사해줄 대표자를 원치 않는다. 국민들은 이제 우매하지 않고, 미디어 환경의 변화로 다양한 창구를 통해서 지식을 얻고, 국회의원이나 공무원들에게 SNS 등을 통해 압력을 가할 수도 있다. 이제 대통령이 국민을 이끌고 가는 시대는 끝났고 대통령과 국민이 함께 나라를 다스리는 협치의 시대가 되었다"라고 했다. 사실 촛불광장에서는 "내가 나를 대표 한다"라는 팻말을 들고 시위하는 시민들도 여럿 있었다. 그는 국민주권 시대가 열리기 위해서는 참정권 확대를 위한 개혁 입법이 전제되어야 하는데 우선 선거법을 개정해 선거권을 18세 청소년들에게도 확대하고, 사표 방지를 위해 결선투표제를 도입해야 하며, 선거운동 제한을 폐지해 자유화해야 한다고 했다. '선거법' 이외에도 국민소환제, 국민청원법, 국민투표법, 주민발의제 등을 개정해서 국민의 참정권을 확대할 수 있다고 보았다.

최병모는 특히 국회의원 선거에서 정당명부 비례대표제를 도입해야 사표를 방지하며 다양한 국민의 정치적 의사를 반영할 수 있고 소수 의견도 존중될 수 있다고 강조했다. 이를 통해 소수파 정당이 원내에 진출한 수 있는 길을 열고 다당제 국회로 모습이 바뀌면 합의제 민주주의가 실현될 가능성이 생긴다고 말했다. 그는 여러 나라의 비례대표 선출 방식을 비교하고 설명하면서 독일식 연동형 비례대표제가 대한민국 실정에 적합하다고 선호했다. 이 제도는 ① 의원 정수 중 일부를 비례대표제 의석으로, 나머지를 소선거구별 1인 대표제 의석으로 설정한 뒤, ② 1인 2표 방식으로 지역 대표에 대한 투표와 함께 지지 정당에 대한 투표를 하게 하며, ③ 먼저 각 정당에 배정할 의석은 전체 의석을 기준으로 각 정당의 정당 득표율에 비례해 배정하고, ④ 정당에 배정된 총 의석수에서 그 당의 지역 대표로 당선된 의석수를 공제한 나머지 의석을 비례대표 의석으로 채워주는 방식이다.

이렇게 하면 모든 정당이 최종적으로 정당 득표율에 비례하는 의석수를 획득하게 되어서 소수 정당을 살리고 다당제에 의한 연립정부의 가능성을 열면서 주권자의 의지와 표심을 살리는 민주주의가 실현될 수 있다는 것이다. 이것은 2017년 현재 독일과 뉴질랜드가 시행하는 제도이기도 하다.

최병모는 2016년 2월에 중앙선거관리위원회가 제안했던 6개 권역별 독일식 연동형 비례대표제(지역구 200석, 비례대표 100석)를 그대로 실천하면 좋겠지만, 현재 지역구가 240석이므로 지역구 의원들의 동의를 얻기 위해서는 지역별 소선거구를 250석으로 하고 비례대표 의석을 150석으로 해서 400명으로 국회의원 수를 정해도 좋겠다는 제안을 했다. 개헌과 관련해서는 많은 학자와 정치인들이 주장하듯이 87년체제가 한계를 드러냈기 때문에 의원내각제나 가능한 한 대통령의 권한을 제한하고 내각과의 사이에 치밀한 권력 분점과 견제 장치를 갖춘 분권형 대통령제를 택하는 방향으로 가야 한다고 주장했다.

현재 국내에서 시행하는 다수대표 선거제는 지역 소선거구에서 1등을 한 자만이 의원이 되는 승자 독식 제도로서 민주주의 원칙에도 부합하지 않으며, 행사한 표의 등가성이 보장되어야 하는 평등선거 원칙에도 부합하지 않는다. 이것이 한국에서 정책 대결이 아닌 지역 대결 정치구도를 만들어낸 장본이라고 윤재만은 주장했다. 따라서 그 역시 전체적으로는 비례대표 선거제도이면서도 부분적으로 다수대표제를 취하는 선거제도인 독일식 비례대표제가 바람직한 선거제도라고 했다.

그러나 아무리 정당명부식 비례대표제가 채택된다 하더라도 정당이 민주화되지 못해 부패한 상태이고, 그런 정당이 과거처럼 돈을 받고 비민주적으로 비례대표를 공천한다면 주권자의 뜻과 표심을 제대로 반영하려는 선거제도는 공염불이 되고 만다. 이러한 면이 특히 국내에서 오랫동안 정당과 국회, 삼권분립의 민주정치가 실패해온 주 원인이었다고 생각한다. 이 점에서 윤재만은 독일식 비례대표 선거제가 한국에서도 성공하기 위해서는 무엇보다 지역구 후보자와 정당명부 후보자들의 공천(公薦)이 당권을 잡고 있는 당수나 당 지도부에 의해 독단적으로 사천(私薦)되어서는 안 되며, 진성 당원들에 의해 민주적으로 선출되어야 한다는 점을 강조했다. 진성 당원들이 후보자를 선출해야 하는 이유는 현행 지역구 대의원이라는 자들이 대부분 당 지도부가 임명하는 명칭만 대의원, 당비를 대납해준 동원된 대의원이기 때문이라고 했다.

정당의 민주화와 정당 개혁이 대의민주주의 선거와 정치의 성패에 열쇠가 된다는 이유가 여기에 있다. 촛불민심은 우리에게 대의민주주의의 핵심적 기제(메커니즘)인 정당의 역할과 기능에 대해 근본적으로 고민하게 하고, 개선할 필요성을 인식하게 한 계기를 만들어주었다고 박명호는 주장했다. 그는 결국 촛불민심의 완성은 정당의 몫이며, 정당이 공공성과 책임성, 반응성을 제고하며 정책능력이 있는 책임정당이 되는 데 있다고 했다.

정당의 민주화를 위해 공천권을 국민에게, 혹은 당원들에게 돌려주어야 한다는 목소리가 높다. 이것은 한국의 정당 현실이 이제까지 보스(당 총재 혹은 대표) 중심의 운영과 결정 체제를 유지해왔고, 특히 비례대표의 경우 전적으로 당 총재나 실권자의 독단적 공천으로 끝나 보스 정치, 계파 정치의 모순을 극복하지 못했기 때문에, 당내 민주주의 실현을 위해서는 당연한 요구이면서 해결책이었다.

그러나 아직 진성 당원이 없고, 서류상 등록만 한 선거 동원용 '종이 당원'이 대부분인 현실에서는 당원들의 투표에 의한 공천도 '민주적 공천'이라는 명분으로 겉치레만 하는 것이 될 수 있다. 그래서 보완책으로 '국민경선제', '오픈 프라이머리(open primary)'가 제기되었다. 혹은 '책임 당원'이나 '권리 당원'의 투표를 50%로 하고, 당원이 아닌 일반 국민을 대상으로 한 여론조사를 50%로 하는 혼합 방법론도 나왔다. 그러나 여론조사의 조작 가능성이 있고, 역선택의 위험도 있어서 얼마나 신뢰할 수 있느냐의 문제가 있다. 결국은 정당이 소수이더라도 정책과 진성 당원이 일관되게 존재하는 정책정당이 되고, 당내 민주화가 이루어져 공직 선거의 후보들이 공정하고 민주적으로 선출될 때, 정당과 국회, 대의민주주의의 기제가 정상적으로 작동할 수 있다는 주장과 토론들이 전개되었다.

이를 위해서는 '정당법'의 개정 또한 중요하다는 주장들도 있었다. 현행 '정당법'은 너무나 제약이 많고, 정당 활동을 할 수 있는 국민의 숫자를 제한하고 있다. 공무원도 교사도 군인도, 법적으로 정당인이 될 수 없게 규제하고, 회사나 종교, 사회단체에서 정치 활동을 금지하는 내규를 만들고 있어, 한국에서 정당 활동을 할 수 있는 자격은 자영업자나 실업자들에게만 주어져 있다는 비판이 나오고 있다.

"국민이 주인이다", "모든 권력은 국민으로부터 나온다", "내가 나를 대표한다"라는 촛불시민광장의 함성과 요구를 담아내는 적폐 청산과 개혁의 과제는 엄청나게 쏟아져 나왔다. 여기서는 가장 민감하게 제기된 재벌 개혁, 노동자의 권리, 제왕적 대통령의 권력과 무력한 국회, 정당 구조를 어떻게 개혁하는가에 대한 주장과 토론들만 단편적으로 살펴보았다. 이 밖에도 국민주권과 모든 사람의 인권을 지키고 옹호하기 위해서는 검찰, 국정원, 언론기관의 횡포와 남용을 막기 위한 법률의 제정과 개혁이 필수적으로 요청되며, 이에 대한 연구 모임과 토론회도 많이 열렸다.

물론 시민사회나 학계, 노동계에서도 일치된 견해나 방안이 만들어지기는 쉽지 않다. 여기에도 보수와 진보의 이념적 차이가 있고, 다양한 계층별·지역별·세대별로 이해득실의 계산이 다르기 때문에 합의에 이르기 위한 많은 논쟁과 담론, 역지사지의 정신과 타협이 필요할 것이다. 그래서 촛불광장의 혁명적 요구들을 수용하고 해석하면서 주권자 국민들이 모여 격의 없는 토론과 주장들을 교환할 수 있는 아고라

(Agora) 같은 광장이 설치되어야 한다는 의견이 꾸준히 제기되었다.

4. 한국 민주주의의 발전 과제

그러면 87년체제의 민주주의를 30년간 겪어오면서, 특히 실패의 경험들을 반성하면서 그려보는 한국 민주주의의 미래상과 발전 과제는 무엇일까? 무엇보다 박근혜 정부 4년 만에 드러난 최순실 게이트와 촛불시위, 그리고 대통령 탄핵이라는 초유의 역사적 체험을 겪은 주권자 국민들이 바라는 개혁과 민주주의 발전의 방향은 어디에 있을까?

앞서 촛불시민광장의 목소리와 시민운동단체들이 긴급히 조직한 토론회에서 제기된 적폐 청산과 개혁의 과제들을 살펴보았지만 학술적인 체계와 숙의를 갖춘 논의는 아니었고 운동성을 강하게 띤 주장들이 많았다. 여기에 비해 우리 프로젝트의 작업은 좀 더 객관적으로 주제별 논쟁사를 살피면서 조심스럽게 미래의 과제를 전망하는 전문적·학술적 논문이라고 하겠다. 물론 얼마나 논리적 객관성과 엄밀한 학문성을 갖춘 논문인가는 독자들의 평가에 따라 다르겠지만, 필자는 한국 민주주의의 발전 방향과 과제를 거시적으로 진단하는 데 크게 도움이 되며 매우 타당한 담론들을 이끌어낸 논술들이라고 자신 있게 말한다.

이 연구 프로젝트를 구상과 기획에 따라 '정치적 민주화의 과제', '경제적 민주화의 과제', '사회적 민주화의 과제'라는 세 분야별로 점묘해 본다.

1) 정치적 민주화의 과제

정치적 민주화 부분의 기획자인 강원택은 가장 중요하며 시급한 개혁과 발전의 과제가 권력구조와 권력을 행사라는 기관들의 혁신이라고 보았고, '헌법과 권력구조의 혁신'(강원택), '정당과 선거의 개혁'(박원호), '행정 개혁과 협치'(한정훈), '국회 개혁'(가상준), '국민의 정치 참여'(임성학)라는 다섯 가지 주제를 선정해 연구를 진행했다. 정치 분야의 연구자들은 권력구조의 면에서 대체로 대통령의 권한과 삼권분립이 균형과 견제의 구조를 유지하게 하는 것, 그러면서 부단히 개혁해나가는 것을 핵심적 과제로 판단했다.

강원택은 먼저 87년체제하에서 30년 동안 한국 정치는 절차적 민주주의 측면에서는 상당한 진전이 있었다고 보았다. 1997년과 2007년, 두 차례의 정권 교체가 이루어진 뒤 독재체제의 등장이나 장기 집권의 음모가 없었고, 과거와 같은 노골적인 관권 개입이나 금권 선거가 사라졌다는 점에서 제도적 민주주의는 공고해졌다고 평가했다.

그러나 최근에 헌법 개정과 권력구조 개편에 대한 국민적 요구가 높아진 것은 박근혜 대통령의 실정과 무능, 권위주의적이며 폐쇄적인 통치 방식에 대한 국민적 저항에도 기인하지만, 사실은 1987년 이래 유지되어온 절차적 민주주의를 넘어서 실질적 민주주의의 심화와 새로운 정치 시스템을 모색하자는 시대적 요구가 더 중요한 동기였다고 주장했다.

개헌의 필요성에 공감하는 국민이 2016년 12월의 여론조사에서 76.2%로 나타났는데 가장 중요한 원인이 현행 대통령제에 대한 실망과 불신에 있음이 드러났다. 대통령 개인의 무능과 부패도 문제이지만 이를 견제해야 할 국회와 정당의 무기력, 검찰과 언론, 감시기관의 무능이 더 큰 문제인데 결국은 대통령 1인에게 과도하게 많은 권력이 집중되는 '제왕적 대통령제'가 핵심 원인이 된다고 분석했다.

한국의 대통령이 제왕적이라고 불리는 것은 대통령이 공천권·정치 자금·지역주의를 기반으로 여당을 장악하고 있고, 인사권을 통해 검찰·국세청·국정원·경찰 등 권력기관을 통제하며 심지어 언론·교육·문화 등 사회 권력까지 지배할 수 있는 막강한 권력을 혼자서 가지고 있기 때문이다. 박근혜 대통령은 한국의 대통령제가 제왕적일 수 있음을 분명하게 보여준 사례였다.

강원택은 87년체제 개혁의 다른 과제는 지역주의 정당정치구조라고 했다. 지역주의 정당정치는 유권자의 요구에 민감하게 반응하지 않고, 정치적 실수나 잘못에 책임을 지지 않는 무반응성·무책임성이 심각한 문제라고 지적했다. 따라서 87년체제의 극복은 제왕적 대통령제와 같은 권력구조를 바꾸는 데 그쳐서는 안 되고 지역주의에 기초해 독과점적이고 폐쇄적인 형태로 이루어진 정당정치, 의회정치를 변혁해야 한다는 것이다.

'무엇을 어떻게 바꿀 것인가'라는 과제에 대해서는 권력구조 개편에서 미국식 4년 중임형 대통령제, 프랑스형의 이원 정부제, 독일·영국과 같은 의원내각제, 오스트리아의 직선 대통령과 의회제의 결합 등 다양한 방식의 대안들을 검토하면서 바람직한 변화의 방향을 논의했다. 어떤 제도와 모델에서도 장단점은 다 있으며, 한국 정치가 어떤 구조와 모델을 선택할 것인가에 대해서는 아직 충분한 검토와 사회적 합의가 이루어지지 않았다고 했다. 그러나 대체로 정치권에서 합의된 개헌의 방향은 대통령 1인이 모든 것을 결정하는 정치 시스템을 좀 더 분권화된 형태로 바꾸어야 한다는 것이며, 수평적으로는 총리와 내각과 권한을 나누고 수직적으로는 지방정부와 권한을 나누는 형태로 가야 한다고 주장했다. 또, 대통령과 총리가 관할하는 정책 영역을 외치와 내치 등으로 나누는 것은 적절한 방식이 아니라고 했다. 분산된 권력의 다툼으로 정치제도가 안정적으로 유지되기 어렵다고 보기 때문이다. 개헌을 위한 왕도는 없기 때문에 사회적 공론화를 통해 대안에 대한 공감대를 넓혀가는 것이 필요하며 변화의 방향에 대한 국민의 뜻을 모아가야 한다고 주장했다.

박원호는 민주화 이후 30년이 지났지만, 대의민주주의가 제 기능을 발휘하지 못하고 제왕적 대통령의 독재나 비리를 견제하지 못하는 구조적 원인이 국회와 정당의 무능에 있으며 해결책은 정당과 선거의 개혁을 통해 대의 민주정치를 정상화하는 데 있다고 주장했다.

한국의 정당은 유권자들의 일상과 무관한 조직으로, 정체성도 애매하고 정치적 연속성도 상실해, 선거 때마다 이름이 바뀌는 선거캠프 정도의 조직에 불과한 실패한 정당이다. 이렇게 정당이 제 구실을 못하게 된 책임은 정당을 국민의 뜻을 수렴해 정책을 만들어내는 공적 기구가 아니라 집권자의 권력 유지를 위한 선거용 도구로 만든 정치 지도자들에게 있지만, 국민들의 자유로운 정당 활동과 정당 민주화를 억제하고, 당원들을 소외시킨 '정당법'과 정당 운영에 더 근본적인 원인이 있다.

정당이 선거용 일시 정당이 아니라 정책을 만들어내고 실천해가는 일상적 정당이 되기 위해서는 '정당법'의 개정을 통해 지구당을 부활시켜야 하며, 상시적인 정규 당원들이 있는 지구당을 통해, 각 지역에서 정책 수립과 관련된 정당 활동이 일어나도록 정당의 조직과 구조가 개혁되어야 한다. 따라서 당원 조직의 재정비, 유권자의 뜻을 반영하는 공천 과정의 제도화, 중앙 지도부의 민주적 선출, 정당 지도부의 활동 기한과 권한을 규정하는 법과 제도의 정비 등 정당 민주화가 필수적 과제이다.

의회 내에 들어간 정당들이 정책정당으로서 구실을 하기 위해서는 정책 기능을 강화해야 하며 국고보조금을 정책 개발을 위한 연구원이나 싱크탱크에 활용해야 한다. 또한 공약 실천과 정책 프로그램 개발을 위해 행정 부처나 국회 상임위원회와 상시적 교류와 소통을 유지해야 한다.

87년체제하에서 구성된 정당의 현황은 지역주의적 선거를 통해 득세한 거대 양당이 독점적 지위를 누리며 새로운 정당의 출현이나 활동을 막는 카르텔적 양당제일 뿐이다. 유권자들의 요구에 따라 새로운 이슈와 실천 목표를 가지는 군소 정당의 출현은 매우 어렵고, 지역주의적 소선거구제가 의회 진출을 막고 있다. 따라서 '정당법' 개혁과 함께 '선거법' 개혁, 선거제도 개선이 이루어져야 정당과 의회가 바른 기능을 할 수 있게 된다.

현재의 카르텔적 양당제하에서는 대통령 선거에서도 50%가 반대하는 대통령이 선출될 수 있으므로 결선투표제를 도입해 다수의 지지를 받는 대통령을 선출해야 한다. 그리고 국회의원 선거에서 소선거구제는 비례대표제 확대를 통해 개선되어야 한다. 또한 선거운동과 캠페인을 지나치게 제한하는 '선거법'이 개선되어야 민의가 제대로 반영될 수 있다.

정치적 민주화의 과제를 행정부의 독주와 폐해를 개혁하는 데서 살펴본 한정훈은 행정부의 책임을 강화하고 국회에 더 많은 권한을 부여하며, 행정부와 입법부의 협치를 확대해야 한다고 주장한다. 그는 87년 헌정체제가 제도적으로 행정부와 국회의 권한을 불균등하게 분배하는 계기가 되었다고 보았다.

'대통령 직선제'라는 목표를 성취하기 위해 민주화 세력과 권위주의 보수 세력이 정치적으로 타협한 결과로 이루어진 1987년 헌정체제는 '보수적 민주화'에 초점이 맞추어졌으며, 행정부에 대한 국회의 통제 기능을 강화시키지 못했다. 권위주의 정부하에서 광범위한 인사권과 관리·감독 기구를 통해 행정 관료를 통제했던 대통령의 권한마저 직선제와 5년 단임제로 축소되었다. 이로써 행정부는 대통령과 국회의 통제, 영향력에서 벗어난 독립성을 띠게 되었고, 이에 따라 관료 주도의 정치와 폐해 또한 발생했다는 것이다.

1987년 민주화 이후 대통령들은 하나같이 작은 정부를 위한 행정 개혁을 시도했으나 정권 말기에 이르면 그 목표는 상실되고 어김없이 관료 조직이 확대되어갔다. 실패한 정책에 대한 부처 간의 관할권 논쟁이나 책임 전가는 다반사였으며, '관피아'·'모피아' 같은 부처 이기주의와 정보 독점으로 인한 각종 폐해가 드러나곤 했다. 지난 30년 동안의 행정 개혁과 같은 방식으로는 행정 관료의 월권과 도덕적 해이를 극복할 수 없다고 한정훈은 보고 있다.

그리고 행정부와 국회의 불균등한 책임과 권한을 보여주는 대표적인 사례가 입법 과정에 나타난다고 보았다. 법률안 발의권은 헌법 제52조에 따라 국회와 정부에게 주어졌지만 한국 정치에서는 정부가 법률안 발의를 주도하고 있다. 2000년 제16대 국회에 들어와서야 국회와 정부가 발의한 법률안 수가 비슷해졌지만, 통계를 살펴보면 가결률은 2017년 현재까지도 행정부가 발의한 법률안이 월등히 높은 것으로 나타난다.

행정 부처가 발의하는 법률안은 국회의 심의 과정에서 주민공청회나 관계 기관과의 협의를 통해 사회적 요구나 선호를 충실하게 반영해야 한다. 그러나 행정부는 유권자의 요구나 선호를 적절히 반영하는 기구가 아니며, 유권자들은 국회에 대한 낮은 신뢰도 때문에 국회의 심의 과정에도 참여하지 않아, 특수 집단의 이익을 위주로 법률안이 발의되고 통과되는 폐단이 생기게 된다.

법률안의 발의 과정과 시행 과정에서 정부의 권한이 국회의 권한보다 강할 뿐 아니라, 정부의 법률안 발의 과정에 국회가 참여할 수 없다는 점이 행정부의 민주화에 장애 요소가 된다는 것이다.

법률안이 통과되어 시행에 들어갔을 때에도 행정부에 대한 국회의 통제권은 미국이나 영국에 비해 매우 미약하다. 국회는 행정부에 대한 일상적 통제권이나 예산 조정권을 행사하지 못하고 있으며, 특정 사안에 대한 국정조사나 일정한 기간 내에서 이루어지는 국정감사를 통해 매우 제한된 통제권을 행사할 뿐이다. 따라서 선진국에서 보는 행정부와 의회의 상호 견제와 협치를 우리는 어떻게 실현하는가가 한국 민주주의 발전의 미래 과제이며 제도적 개혁의 목표가 된다.

행정부와 국회의 불균등한 권한 분배를 해결하는 것이 행정 개혁의 주 목표라고 본 한정훈은 현 체제에서 가능한 개선책이 당정협의제를 강화하는 데 있다고 보았다. 그러나 그동안 한국 정치에서 실시되는 당정협의제는 여당의 대표와 국무총리가 중심이 되는 제도로, 청와대와 야당의 참여가 배제되어 불완전하며 결핍된 협의제라고 비판받았다.

행정부와 국회의 협치를 강화하는 제도적 개선 방안으로 한정훈은 국회의원들의 입법지원기구를 강화해야 한다고 주장했다. 행정부에 대한 국회의 권한, 즉 통제권이나 예산권을 강화하자는 데 대한 비판과 반론에는 행정 관료들에 비해 국회의원들의 전문성이 떨어진다는 이유가 따르고 있다. 이 주장이 다 옳지는 않더라도 국회의 전문성 강화는 필요하며, 이를 위해 국회 입법조사처의 기능 강화나 정책전문지원기구의 신설이 요청된다고 보았다.

행정부에 대한 국회의 권한과 기능 강화가 행정 개혁의 필수적 요건이 되는 것은 사실이지만 행정의 민주화를 위해서는, 시민들의 감시와 참여의 증대나 공무원의 교육과 자질 향상 등의 방안도 심각히 논의되어야 한다고 필자는 주장한다.

정치적 민주주의가 바르게 작동하며 기능을 다하는가를 살펴볼 수 있는 가장 중요한 기관이 입법부인 국회이다. 내각책임제가 아닌 대통령책임제하에서도 국민의 뜻을 대변하는 정당과 선출된 의원들의 역동적인 활동이 이루어지고 민의가 전달되는 곳이 바로 의회이기 때문이다. 그런데 한국의 국회에 대한 국민의 신뢰도는 대단히 낮으며, 민의가 충실히 반영되는 입법 행위, 사회적 갈등을 합리적으로 해소하는 국민 통합을 이루어내는 국회가 되지 못하고 있다. 그 원인이 어디에 있으며 해결책은 무엇인지 가상준은 한국 국회의 현실과 개혁 과제에 대해 연구를 수행했다.

의원들의 의정 활동을 크게 입법 활동, 선심성사업 유치활동, 민원 활동으로 나누어볼 수 있는데, 재선에 관심이 많은 한국 국회의원들은 비가시적인 입법 활동보다는 가시적인 지역구 선심성사업 유치 활동에 좀 더 많은 관심과 노력을 들인다는 것이다. 입법 활동을 관료들에게 위탁하는 경우 선출되지 않은 관료들에 의해 법률이 생산되기 때문에 국민들의 수요와 정부의 정책 공급이 맞지 않게 되고 행정 관료의 힘이 비대해져 대의민주주의는 정체되거나 위기에 빠지게 된다. 또한 의원들은 공천권을 가지고 있는 정당 지도부를 위한 활동을 통해 재선이라는 목표를 달성하려 하기 때문에 국회 본연의 사명인 입법 활동이나 행정부 감시 활동에 소홀해진다는 것이다.

이렇게 파행적 국회의 모습은 잘못된 정당정치구조와 선거제도에서 산출된다고 볼 수 있다. 여야를 불문하고 지역주의와 할거주의에 매몰된 한국의 정당들은 공천권을 잡기 위한 당내 계파 간의 갈등이 심각하며, 의원들은 재선을 위해 계파별 경쟁과 싸움에 매달릴 수밖에 없게 되고 있다. 한국 국회와 정당의 특징인 잦은 분당과 창당, 정당 명칭의 개명은 바로 정당과 국회가 당파와 계파의 갈등과 분쟁에 휘말려 있음을 명백히 보여주는 사례이다.

지역 할거주의에 따라 여야의 공천권이 정당의 보스에 의해 독점되고 전횡되는 비민주적 의회와 정당을 개혁하기 위해서는 다양한 의견과 세력이 국회에 반영될 수 있도록 선거제도와 '정당법'이 개혁되어야 한다고 가상준은 주장한다. 구체적으로는 비례대표 의원을 확대해서 소수 정당의 의회 진출을 가능하게 함으로써 다양한 민의가 국회에 반영될 수 있다. 또한 다양한 계층의 목소리를 대변할 수 있는 정당의 창당을 어렵게 하는 현행 '정당법'을 개정해서 다양한 정당이 출현할 수 있게 해야 한다. 지배적인 양당 구조 속에서 새로운 정당의 출현을 막는 선거제도, 교섭단체를 규정하는 '국회법'이 개정되어야 한다는 것이다. 가상준은 비례대표 의원의 수를 늘리기 위해서는 의원 정수를 300명 이상으로 늘려서라도 최소 100명의 비례대표 의원 수를 확보해, 다양한 계층의 목소리가 국회에 입성할 수 있어야 하며, 지역구 의원의 수를 줄이고 양원제를 실시해 지역 대표성 문제를 해결하는 방안도 논의해볼 필요가 있다고 주장한다. 또한, 양원제의 설치는 지방분권의 촉진, 수도권 집중의 완화, 지역 갈등 해소와 균형 발전, 앞으로의 통일 대비를 위해서도 헌법 개정을 통해 실시할 필요가 있다고 역설했다.

그리고 국회의 심의 기능을 강화하고 사회적 요구에 호응하는 정책 입안을 위해서 '국회법'을 개정해 정책 결정 구조를 분권화, 전문화해야 하며 정당 지도부에 의한 국회 운영 방식을 상임위원회와 소위원회 중심으로 개혁해야 한다고 했다. 무엇보다 충분한 공청회와 청문회가 이루어지고 상시국회제도를 실시해야 한다고 강조했다.

민주주의가 발전하고 공고화되는 데 가장 중요한 동력은 각성된 국민들의 정치 참여라는 것이 만고의 불변하는 진리이다. 한국 민주주의 발전사 70년을 살펴보더라도 4·19혁명, 10·26사태, 5·18민주화운동, 6·29선언, 2016년 촛불시위에 이르기까지 위기에 빠진 민주주의를 구출하고 새롭게 혁신한 동력은 국민들의 저항운동과 선거 등을 통한 정치 참여였다. 부정부패와 타락한 권력층, 권위주의 정부에 항거한 시민들의 정치 참여로 한국의 민주주의는 한 걸음, 한 걸음 발전해왔고 공고하게 되었다.

임성학은 한국 민주주의를 발전시키는 데 중요한 역할을 해온 정치 참여의 행태와 경향을 분석하면서, 미래의 과제를 진단했다. 먼저 그는 한국에서 시민의 정치 참여가 두드러지게 나타난 경우는 대의민주주의가 위기에 봉착했을 때였다고 말한다. 정치권이 국민의 의사를 외면 혹은 왜곡하거나 특정 의사만 대표하는 현상이 만연할 때, 선거를 통해 정권을 획득한 정부가 공공선이나 공약을 실현하지 못할 때 대의민주주의는 위기에 빠지게 되고, 선거와 같은 관례적 정치 참여보다 시위나 집단행동 같은 비관례적 정치 참여가 늘어나게 되는 것이 보편적 사례이다.

특히 한국 민주화의 과정에서 비관례적 정치 참여가 고조된 때는 1980년 광주민주화운동과 1987년 6월항쟁이었다고 할 수 있다. 이 당시의 정치 참여는 독재정권에 대한 반정부 저항운동이었으며 인권과 민주주의를 수호하려는 운동으로 대학생들이 주도했다. 한국의 민주화운동은 강도와 지속성에서 세계적인 평가를 받을 만하며 테러나 게릴라전 같은 무장투쟁을 전개하지 않았다는 점에서 상대적인 비폭력 저항운동이라 하겠다. 민주화 이후에는 노동운동과 시민운동이 활성화되며 학생의 주도성은 약화되었다.

권위주의 정부를 물리친 민주화운동이 성공하고 난 뒤의 정치 참여는 관례적 정치 참여인 선거 참여와 투표율에서 나타나는데 민주화 이전 시기와는 다른 양상을 보인다고 임성학은 평가했다. 민주화 초기에는 권위주의 시절의 동원 효과와 더불어 국민이 직접 선출한다는 명분 때문에 높은 투표율을 보여 대선의 경우 80% 이상, 총선의 경우 70% 이상이었다. 그런데 1990년대 중반부터는 거의 모든 선거의 투표율이 하락해 대의민주주의의 위기라는 우려마저 나오게 되었다. 그러나 최근 2016년 제20대 총선 투표율은 상승했고, 2017년 제19대 대선에서도 77.2%로 높은 투표율을 보였다. 민주화 시대에도 국민들의 정치적 관심을 끌 수 있는 정치적 쟁점이 나타나면 투표율은 상승할 수 있다고 본다.

또한 권위주의가 끝난 민주화 시대에도 비관례적 정치 참여인 시위가 확산되고 분화되는 모습을 볼 수 있다고 한다. 권위주의 시대처럼 반정부 저항운동이 아니라, 집회나 시위의 자유를 누리며, 특정 집단의 권익을 추구하는 시위, 약자인 농민·노동자를 중심으로 한 시위가 더 많이 나타나고 있다는 것이다. 또한 경제적·물질적 이익을 추구하는 집단의 시위뿐 아니라 인권이나 평화, 환경 같은 비물질적 가치와 공익을 추구하는 시위와 정치 참여 활동이 늘어나는 현상도 나타나고 있다.

이런 흐름에서 2016~2017년 촛불시위는 젊은 층이 주도했지만 남녀노소 모든 계층과 세대가 참여한 대규모 시위였고, 물리적 충돌이 없는 성숙한 시민의식을 보여주었으며, 폭력과 무질서의 염려를 불식시킨 새로운 정치 참여의 방식을 자리매김했다고 임성학은 분석, 평가했다. 탈물질적인 가치를 추구한 평화적이며 진보적인 시위, 온라인과 오프라인의 융합으로 이루어진 정보 전달과 집회의 성격, 조직 동원과 개인의 참여가 어우러진 수요자 중심의 참여, 유희와 놀이가 섞인 시위 등 촛불시위의 특징과 성과를 다각도에서 분석하고 평가하는 것이 한국 민주주의 발전을 위해 중대한 의미를 갖게 될 것으로 판단된다.

특히 SNS를 통한 엄청난 동원력과 디지털 정치 참여의 효과는 한국 민주주의의 미래를 진단하는 데 결정적인 요인이 될 것으로 보인다. 앞으로 '정당법', '선거법'의 개정으로 도입될 비례대표제가 확대되거나 열린 정당제도가 실시될 때에는 국민들의 정치 참여가 더 활성화되고 다원화하리라고 예측할 수 있다.

2) 경제적 민주화의 과제

경제적 민주화 부분의 기획을 총괄한 이정우는 핵심적 과제로 성장과 분배의 균형적 발전(이정우), 재벌 개혁(김상조), 노동시장과 노동관계의 개혁(김유선), 사회적경제 발전(정태인) 등 네 가지 주제를 설정하고 논의한 뒤 분야별 논문을 써서 경제민주화 과제를 조명키로 했다.

이정우는 「성장·분배 논쟁과 경제민주화」에서 한국 경제의 민주적 발전의 길이 성장 지상주의를 극복하고 성장과 분배의 병행과 복지 예산의 확대를 통해 양극화를 극복하는 데 있다고 주장했다.

그는 경제민주화의 개념을 엄밀하게 정의한다는 것은 쉬운 일이 아니라고 하면서, 경제학계에서도 논자에 따라 조금씩 다르게 해석되고 있는 개념이지만, 경제민주화는 두 가지 최대공약수를 갖는다고 정의했다. 하나는 경제적 불평등의 축소이고 다른 하나는 경제적 의사결정의 민주화이다.

경제적 의사결정의 민주화는 다시금 세 가지 차원에서 볼 수 있는데 재벌 개혁, 노동의 민주화, 사회적경제의 발전이라는 면에서 다루어야 한다고 했다. 이 연구 프로젝트의 경제민주화 부분을 총괄한 이정우는 '재벌 개혁'(김상조), '노동의 민주화'(김유선), '사회적경제'(정태인)를 다른 연구자들에게 맡기고, 지나친 경제적 불평등을 축소하고 모든 사람에게 최소한 인간다운 생활을 보장해야 한다는 복지국가론에 집중해서 논의를 전개했다.

한국 경제는 1960년대 이후 1997년 IMF 사태에 이르기까지 괄목할 만한 고도성장을 이룩했다. 그 과정에서 성장과 함께 일자리가 대량으로 만들어져 분배와 복지가 함께 이루어지기도 했다. '세계은행'이 1993년에 한국을 성장과 분배를 조화시킨 성공적 나라로 소개한 것은 과장이 아니었다고 이정우는 인정한다.

그러나 한국인들의 소득 불평등은 특히 1997년 외환위기 이후 증가 추세를 보이며, 양극화 현상으로 치닫게 된다. 양극화 현상은 소득 불평등에서뿐 아니라, 산업·기업·계층·지역 간에 보편적으로 나타나게 되었다. 노동자 사이에도 양극화 문제는 심각해져 정규직은 안정된 일자리와 소득이 보장되지만 비정규직은 차별에 시달리며 언제라도 해고될 수 있는 불안한 나날을 보내게 된다. 비정규직 규모는 노동자 전체의 3분의 1 수준이라고 정부는 주장하지만 이정우는 실상을 반영하는 개념으로 판단할 때 절반에 가깝다고 보았다. 비정규직 노동자 중에도 60% 정도가 한시적 노동자라는 데 더 큰 문제가 있다.

이제 한국은 근거 없는 성장 지상주의를 반성하고 저성장과 양극화라는 이중고를 해결하기 위해서도 복지국가 건설에 매진해야 한다. 현재 한국의 1인당 소득은 3만 달러에 이르지만 복지지출 수준은 다른 나라의 1만 달러 시대 수준에 머물고 있다. 선진국들은 복지 예산이 50~60%이며 경제 예산이 10% 내외인데, 1960년대부터 경제성장을 우선시하고 분배와 복지를 무시한 한국은 반대로 복지 예산이 10%대에 머물다가 참여정부에 와서야 초기에는 20%, 말기에는 28%로 상승했다고 한다. 선성장·후분배라는 성장 만능주의, 성장 지상주의가 지배해 온 한국 경제의 구조적 문제는 복지 정책의 무시 내지 빈곤으로 OECD 국가 중 최하위 복지국가로 평가되었고, 선진국에 비해 공공 부문의 일자리 수가 적고 자영업자 비율이 높으며, 저출산·고령화 시대에 젊은 이들의 출산 파업과 노인 자살률 최고라는 심각한 모순을 낳고 있다. 이제는 낮은 복지지출을 늘리고, 최저임금을 인상하며, 비정규직을 정규직으로 전환하고, 중소기업과 영세 자영업을 살려서 양극화와 저성장을 해결해야 경제민주화와 복지국가라는 목표에 가까이 갈 수 있다고 이정우는 피력했다.

경제민주화의 핵심 과제가 소유나 소득의 불평등 구조를 개선하고 점차 심각해지는 양극화를 극복하는 데 있다면, 복지와 분배의 확대와 함께 재벌 개혁이 전제되어야 한다는 것은 아무도 부정할 수 없다. 그러나 '재벌 개혁을 어떻게 해야 하는가' 하는 방안에 대해서는 일치된 이론과 견해를 찾기가 쉽지 않다. 그것은 한국 경제의 성장과 발전에 막대한 공헌과 영향을 끼친 재벌 기업들의 생산과 수출, 고용의 능력을 살리면서, 노동자와 중소기업, 소비자의 소득과 위상을 높이는 상생의 과제가 되어야 하기 때문이다.

이 점에서 「뉴 노멀 시대의 재벌 개혁, 그 전략과 과제」를 쓴 김상조는 재래의 재벌 개혁론을 글로벌위기 시대에 재검토하면서 매우 신중한 전략과 구체적 방안들을 제시했다. 경제민주화와 재벌 개혁 전략들의 진위와 효능을 평가하는 일은 필자의 능력이나 전문성의 범위를 넘어서는 문제이기에 독자와 전문가들에게 맡기기로 하고 김상조가 제시한 전략의 요지를 파악해본다.

우선 그는 한국 경제가 1960년부터 30년 동안 고도성장을 이루면서 소득분배도 개선되었으나, 1990년대 후반부터 20여 년 동안은 성장 동력이 소진했고 양극화도 심화되었으며, 특히 2008년 글로벌 금융위기 이후에는 저성장과 불확실성을 특징으로 하는 뉴 노멀(New Normal) 시대가 도래했다고 진단했다.

따라서 경제민주화나 재벌 개혁의 전략도 실효성을 거두려면 한국 경제의 실상과 환경 변화에 민감해야 하며, 뉴 노멀 시대에 적합한 것이어야 한다. 87년체제 때는 고도성장기였으며 호황을 누렸으나, 2008년 글로벌위기 이후 경제성장은 멈추고 재벌은 부실에 빠지게 되었다. 그러므로 재벌들이 돈을 많이 벌던 경제 호황기에 제기되었던 재벌 개혁의 시책들인 상호출자 금지, 출자총액 제한과 같이 기업결합이나 경제력 집중의 억제에 매달린 행정 규제들의 일반적 적용은 재고되어야 한다는 것이다.

재벌들도 규모, 업종, 조직 형태 면에서 매우 다양하며 차별적이기 때문에 하나의 기준으로 규제하는 것은 난센스일 수 있다. 김상조는 재벌 개혁의 목표도 경제력 집중 억제, 지배구조의 개선, 불공정 거래 방지, 사익 편취 방지, 정보 공시 강화 등으로 다양하기 때문에 재벌의 특성과 개혁의 목표에 따라 규제 수단을 유연하게 조정, 결합해서 효과를 최적화하도록 접근해야 한다고 신중론을 주장했다. 또한 저성장·불확실성의 뉴 노멀 상황에서는 최선을 추구하기보다 실현 가능한 차선을 선택하는 유연성을 갖추어야 성공할 수 있는 재벌 개혁이 된다고 충고했다. 재벌 개혁은 개혁의 명분으로 단기간에 조급하게 밀어붙일 것이 아니라, 장기간의 일관된 노력으로 진화해야 할 과제라고 말한 것이다.

그는 대내외 경제 환경이 날로 악화하고 진영 논리에 따른 국민 분열의 제약 속에서 실현 가능한 재벌 개혁의 과제를 단기적·중기적·장기적 안목에서 구분해 제안했다. 그리고 마지막으로 재벌 개혁은 혁명(revolution)이 아닌 진화(evolution)여야 하고 일관성과 인내심이 요구되는 지난한 과정이며, 저성장 불확실성의 뉴 노멀 시대에는 더욱 신중한 전략이 필요하다고 강조했다.

경제민주화와 개혁의 핵심이 불평등과 차별, 양극화의 극복에 있다면 재벌 개혁과 함께, 일하는 사람들인 노동자의 소득과 지위 향상을 도모하는 노동 개혁이 필수적 과제라는 것은 두말할 필요도 없다. 그러나 노동자의 삶과 권리를 향상시키기 위해 경제 분배의 구조를 어떻게 개선하고, 노동 3권과 조합의 권익을 어떻게 보장하는가의 과제와 전략을 알아내는 것은 쉬운 일이 아니다. 수천만 노동자의 형편과 조건은 다양하고, 조직 노동자와 비조직 노동자, 정규직과 비정규직 등 노동 내부의 차별과 갈등도 크기 때문에 철저한 현황과 조건의 분석을 토대로 개선책을 마련하지 않으면 구두선이 되기 쉽다.

노동 문제의 오랜 연구자 김유선은 1987년 이후에 활성화된 노동운동과 삶의 질 개선, 1997년 외환위기 이후의 노동시장 유연화와 구조 조정으로 인한 노동의 위기와 분배구조의 악화, 특히 지난 보수정부 9년 동안 진행된 정치적 민주주의의 후퇴에 따른 노동 탄압, 전교조·전공노의 불법화 등 지난 30년 동안 노동 문제의 흐름과 전개 과정을 통계와 함께 상세히 분석했다.

재벌 개혁 문제와 마찬가지로 노동 개혁도 입장과 이념, 가치관에 따라 다양하며 모순된 전략과 방안이 제시될 수 있어 객관적인 평가는 전문가들의 논의에 맡기면서 주장의 요지를 살펴본다.

　김유선은 1987년의 민주화와 노동운동의 발전으로 노동자들의 실질임금은 인상되고 노동시간은 단축되어 삶의 질이 개선되었을 뿐만 아니라 노동 기본권을 보장하는 '노동법'도 개선되어 민주노총과 산별노조가 건설된 성과를 인정했다. 그러나 점차 거세진 세계화의 신자유주의적 파고와 함께 1997년 외환위기가 닥친 후 시장 근본주의, 성장 제일주의가 지배하면서 노동시장의 유연화와 구조조정으로 인해 분배구조가 악화되고 노동자의 삶이 피폐해졌다는 것이다. 하청 업체와 비정규직의 급증, 고용의 질 하락, 청년 실업, '헬조선' 등으로 노동의 위기가 도래했다. 통계적으로 실증되는 고용률 하락, 실업률 상승, 임금 상승 없는 성장, 노동자의 소득분배율 하락, 임금 불평등 확대, 11%에 멈춘 노조 조직률 등은 노동자 소외 현상과 위기를 잘 보여준다. 역대 정부의 노동정책 오류들도 체계적으로 지적되었다. 김영삼 정부에서 김대중, 노무현, 이명박 정부까지 신자유주의의 단골 메뉴인 노동시장의 유연화가 지배적 담론으로 자리 잡았고 결국 고용 불안정, 소득 불평등, 노동시장 양극화라는 부정적 폐해가 점차 확대되어갔다고 보았다.

　박근혜 대통령은 대선 구호로 경제민주화, 복지국가, 재벌 개혁, 골목상권 보호, 고용률 70%, 노동시간 단축, 최저임금 개선, 정규직 고용 관행, 근로 감독 강화, 정리해고의 요건과 절차 강화 등 좋은 구호는 다 가져다 썼지만, 당선 후엔 거의 모든 공약이 휴지장이 되고 말았고 노동시장 유연화와 해고를 쉽게 하는 '노동법' 개정에만 열을 올렸다. 결과는 비정규직·저임금의 일자리 증가, 생활난 가중, 분배구조 악화, 소비 부진, 내수 기반 잠식, 가계 부채 증가가 노사 갈등, 사회적 불안, 출산율 저하, 자살자 급등 등의 문제로 비화하고 있다.

　노동의 위기를 극복하고 노동자의 삶을 개선하기 위한 과제와 전략에 대해 김유선은 사람을 중시하는 경영 전략, 양질의 일자리 창출, 임금 불평등 해소, 비정규직의 조직화, 산별노조의 확대 등을 제시했다. 비정규직이 전체 노동자의 절반을 넘고, 노동자의 90%가 미조직된 상태에서 노동인권을 어떻게 신장할 것인가를 노동자와 기업가, 정부와 시민사회가 함께 고민해야 한다.

경제민주화의 핵심 내용이 경제적 불평등과 양극화 극복과 함께 경제적 의사결정과 소유 구조의 민주화에 있다고 본다면 기업 경영의 민주화를 지향하는 협동조합이나 사회적기업과 같은 사회적경제(social economy)가 큰 역할을 할 수 있을 것이다.

정태인은 서구에서 경제민주화를 실천하기 위해 태동한 사회적경제의 이론과 경험을 분석하면서 한국 사회에서도 1997년 경제위기 이후 발족되기 시작한 여러 형태의 사회적경제운동을 조망했다. 한국에서 사회적기업들은 외환위기 시절에 빈곤과 실업을 극복하기 위해 일자리 창출을 목적으로 한 자활 공동체로 출발했는데 2006년 '사회적기업육성법'의 제정으로 사회적경제의 모습을 띠게 되었다. 지역자활센터가 조직한 자활기업, 대안기업, 신나는조합, 사회연대은행 등이 정부의 다양한 지원 정책과 함께 사회적기업으로 발전하게 된 것이다.

2008년 금융위기에 대응하기 위해 정부 부처들이 경쟁적으로 사회적경제기업들을 만들어내어 마을기업, 농촌공동체회사 등이 생겼고, 시민사회와 결합해서 사회적 서비스를 제공하는 사회적기업들도 늘어났다. 환경 관련 기업인 햇빛발전소, 문화예술인들이 결합한 문화기업, 공정무역, 공정여행, 로컬푸드 등이 사회적경제기업으로 탄생했다.

2012년 12월 '협동조합기본법'의 시행으로 사회적기업은 비영리 기관이지만 협동조합이라는 법적 지위를 가질 수 있게 되어 비약적으로 증가하게 된다. 2007년에 55개이던 사회적기업이 2015년에 2914개로, 고용 인원은 2500명에서 4만 7500명으로 급증한 발전상을 볼 수 있다.

취약한 복지와 공동체 위기의 대책으로 발전된 사회적경제기업들이 몬 드라곤이나 에밀리아 로마냐처럼 경제민주화에 기여할 수 있을지는 모르지만, 정태인은 희망적 전망을 내비쳤다.

3) 사회적 민주화의 과제

정치적 민주화의 열매는 당연히 경제에서뿐 아니라 사회 각 분야에서도 잇따라 열리게 마련이다. 국민 전체가 정치적 자유와 참여의 권리를 획득하게 되면 사회적 권리와 혜택을 누리는 데서도 진전을 보게 되는 것이 세계 민주주의 역사에 나타난 보편적 과정이기 때문이다.

그러나 정치적 민주화가 사회 각 분야의 민주화를 동시적으로 골고루 진행시키는 것은 아니다. 교육·문화·언론·건강·환경·아동·여성·장애인 등 사회 각 분야에서 대중적 각성과 요구와 함께 시민운동이 일어나지 않으면 민주적 권리와 혜택은 그냥 쉽게 얻어지지는 않는다. 따라서 사회의 민주화는 시민사회의 성장과 분야별 시민운동의 발전 여하에 따라 다르게 전개된다.

사회적 민주화 부문의 기획을 맡은 이삼열은 1987년 민주화 이후 커다란 변화와 개혁이 일어났거나, 앞으로의 대개혁이 요구되는 분야를 시민사회운동(이시재), 교육(이종태), 문화(김문환), 여성(정현백), 언론(김서중) 등 다섯 부문으로 정하고 워크숍을 거쳐 각기 분야별 현황 분석과 개혁 과제 그리고 미래의 전망에 관한 논문을 쓰기로 했다.

민주주의는 어느 나라에서나 국가권력에서 독립된 국민들의 자유로운 활동, 곧 시민사회의 성립 없이는 성장하거나 발전할 수 없다. 통치권력에 복종하는 국민들만 있으면 군주국가나 봉건국가이지 민주국가일 수 없다. 1960년대와 1970년대에 학생과 지식인들의 항거로 독재정권을 무너뜨린 역사가 있었지만(4·19와 10·26) 민주화를 이룩하지 못하고 다시금 군부독재로 넘어가게 된 것은 한국의 시민사회가 성숙하지 못했기 때문이었다. 1987년의 민주화는 사실상 시민 대중들이 참여한 6월항쟁의 승리로 이루어진 성과였고 이때부터 한국의 시민사회는 괄목할 만한 성장과 발전을 보이게 되었다.

이시재는 1987년 민주체제 이후에 급격히 성장한 시민운동의 양상과 정치·경제·사회 발전에 미친 영향들을 일별하면서 2000년대 이후의 분열과 위축 현상과 함께, 인터넷·SNS 등 정보 통신의 혁명과 시민운동의 발전 양상을 분석하고 검토했다.

1987년 6월항쟁의 성과로 얻어낸 6·29선언은 대통령 직선제뿐 아니라 기본 인권의 신장, 자유 언론의 보장, 지방자치와 교육자치의 실시, 정당 활동의 보장 등이 포함되어서 곧바로 억눌렸던 노동자와 시민들의 요구가 분출되었고, 파업과 조직 운동이 일어났다. 노동조합의 결성뿐 아니라 여성단체연합, 빈민연합, 환경운동연합, 경실련, 참여연대, 민변, 한겨레신문 등 다양한 시민단체와 운동들이 봇물처럼 쏟아져 나왔다. 2000년대까지 전국에는 2만여 개의 각종 시민단체와 지방 민간 조직들이 생겨나 시민사회는 크게 성장했다. 물론 이 가운데는 비정부, 비영리, 자발성, 공익 추구를 특징으로 하는 시민사회단체뿐 아니라 다양한 이익집단, 관변단체, 직능단체, 문화단체들이 망라되어 있지만, 노동·농민·여성·언론·환경·빈민 등 사회 각 분야에서 민권을 신장시키고, 차별 철폐와 권익 옹호를 위한 시민사회단체(Civil Society Organization: CSO)들의 활약과 성과는 대단한 것이었다.

그러나 2000년대 이후엔 시민사회운동의 환경이 여러 가지로 변하면서 어려움을 겪게 되었다. 금융위기와 세계화의 불안, 신자유주의의 범람으로 빈부 격차가 양극화하며 시민운동권에도 이념적·정치적 불화가 일어나고, 관변 측 운동과의 좌우 대립도 생기게 되었다. 총선 전략에서의 대립, 정부나 기업으로부터 받는 지원금의 차별, 회원 수와 회비의 감퇴 등으로 자생력과 조직력에 따라 시민운동단체들 사이에도 많은 차이와 다변화가 이루어졌다. 여기에 인터넷 보급 등으로 시민단체를 매개로 하지 않는 비조직 시민운동과 개인화가 확산되어 시민운동의 형태와 방법은 극히 다양한 모습을 띠게 되었다.

2016~2017년의 촛불시민광장에서 나타난 시민사회운동은 이제까지의 시민사회의 경험과 역량이 축적된 가운데 새로운 힘과 가능성을 보여주었다. 우선 인터넷과 SNS 등 무선통신기술과 정보화가 초연결(hyper-connectivity)을 가능케 한 상태에서 동원과 소통은 온라인과 오프라인을 연결하는 하이브리드 네트워크 방식을 활용했다. 이러한 소통 방식은 온라인 공간과 오프라인 공간의 상호작용으로 시민 대중을 광장이라는 도시 공간에 모이게 하고, 광장에서도 온라인으로 소통하며 상승 작용을 일으켰다.

이러한 광장과 소통 혁명의 경험은 자유롭게 행동하고 조직에 매이지 않으면서도 규범과 목적을 공유하는 새로운 퍼블릭(public)을 등장시키며, 유동사회(liquid society)와 같은 새로운 사회를 만들어낼 수 있는 가능성을 보게 한다고 이시재는 주장한다. 직접민주주의를 실현하는 매개로서도 유연한 시민단체와 유동사회는 중요한 역할을 하게 될 것으로 전망했다.

교육이 발전하고 성공하려면 교육의 민주화가 우선적 과제인가, 교육자의 권위와 교육훈련(discipline)의 강화가 우선인가의 문제는 예로부터 지금까지 늘 대립과 갈등의 논쟁점이었다. 학자와 시기마다 이론과 주장이 엇갈리지만 1987년 민주화 이후 한국의 교육계는 전통적 권위의 유지와 민주적 개혁이라는 갈림길에서 갈팡질팡하면서 중용의 길을 모색해왔지만 아직도 정도에 이르거나 합의를 찾지는 못한 것 같다. 한국 교육의 건전한 발전을 위해 여러 가지 이론과 경험, 견해를 참고해야겠지만, 우리의 연구 프로젝트에서는 한국 교육의 민주화를 가장 중요한 가치와 목표로 보고 있는 이종태의 이론과 주장을 살펴보기로 했다.

이종태는 우선 교육과 민주주의의 연관성에 관한 철학적인 논쟁들을 살펴보았다. '교육은 본질적으로 민주주의 원칙이 적용되기 어려운 영역'이라는 피터스(Richard Stanley Peters)의 주장과, '교육의 주체인 학생이 교육자와의 상호작용을 통해 능동적으로 학습하는 것이 참 교육'이라고 본 듀이(John Dewey)의 주장을 대비시키며, 민주교육론의 철학적 토대를 세워보려고 했다.

이종태는 서머힐(Summerhill)을 세운 대안교육운동가 닐(Alexander Sutherland Neil)의 주장에 동조하며 민주적 교육이란 교육자들의 가르침(teaching) 중심에서 학생들의 배움(learning) 중심으로 전환하는 것이라고 주장한다. 교육계에서는 이를 교육주의와 학습주의로 나누어 보고 있다. 많은 대안교육자의 주장처럼 무엇을 가르치고 배울 것인가의 기준을 학생의 관심과 흥미에 따라 새롭게 선정해야 한다는 것이다. 교육 민주화란 '학생들이 스스로의 권리를 키워가며, 억압적 현실에 문제를 제기하고 인간의 기본적 권리를 찾아 향유하려는 노력의 과정'이라고 정의했다.

이종태는 교육 민주화란 '교육이 민주화되는 과정'이며 '억압과 폭력체계를 해체하는 일'이라고 주장하면서, 네 가지 지배구조에서 교육을 해방시켜야 한다고 주장했다. 해체시켜야 할 지배구조는 첫째, 국가권력의 지배, 둘째, 교사권력의 지배, 셋째, 교육 내용을 결정해온 지식권력의 지배, 넷째, 수직적 의사결정 운영체제의 지배라고 설정했다. 국가권력의 지배에서 벗어나기 위한 교육 민주화 선언(1986), 전교조의 결성, 교육자치제, 학교운영위원회, 교사들의 시민권 확립 등의 과제는 부분적으로 성취된 반쪽 교육 민주화였지만 계승되어야 한다. 교사권력을 해체하기 위해 학생들의 인권조례운동, 학생복지운동이 일어났고, 두발 제한 반대, 체벌 반대, 종교 자유, 운영위에 학생 참여, 고교 등급제 반대 등의 요구가 부분적이나마 성취되었다고 평가했다.

1987년 민주화 이후 문화 발전을 위한 정책들은 어떻게 달라졌으며, 어떤 업적과 성과들이 있었고, 앞으로 실천되어야 할 문화의 민주화와 민주적 문화 발전의 과제는 무엇인가에 관해 김문환은 시대별 평가와 미래의 전망을 시도했다.

군사독재 시절인 유신시대에도 '문화예술진흥법'(1972)을 제정하고 문화예술진흥원을 설립했으며, 제5공화국 때에도 예술의 전당을 설립하는 등 업적은 있었으나 민주적 문화 발전의 시동은 역시 1987년 민주화가 일어나면서 걸리게 되었다고 김문환은 보았다. 그전까지 문화공보부라는 명칭으로 공보정책의 수단처럼 되었던 부서가 1990년에 문화정책을 전담하는 문화부로 독립한 것은 획기적인 사건이었다. 월북 작가의 도서와 예술 작품이 판금에서 해제된 것도 민주화의 성과였다.

그러나 문민정부 시절 '역사 바로 세우기' 정책으로 조선총독부를 헐고 경복궁을 복원해 국립중앙박물관을 신설한 것, 국민의 정부 시절 경제 난국을 타개하기 위해 문화체육부를 문화관광부로 개칭하고 경제발전에 기여하는 문화정책을 시도한 점, 참여정부에서 한류 문화의 확산과 진흥에 중점을 둔 점 등의 특징이 있지만, 대체로 문화를 경제의 종속 변수로 보는 정책에서 벗어나지 못했다는 평가이다.

이명박 정부의 좌파 척결 문화정책이나 박근혜 정부의 문화예술인 블랙리스트 정책은 민주 문화 발전을 저해한 정책으로 독재시대의 회귀라는 부정적 평가를 면치 못했다. 문화융성과 창조경제 정책이 최순실 게이트로 사욕 충족과 국정농단의 수단으로 전락하고 만 것은 커다란 수치였다.

이러한 역사적 평가 위에서 김문환은 앞으로의 문화정책이 문화예술의 가치와 효능을 바르게 인식하는 철학적 토대 위에서 경제적 종속에서 벗어나야 하며 정신문화와 인간 전체의 발전에 기여하는 문화정책이 되어야 한다고 역설했다.

문화 발전과 민주주의의 역학 관계를 김문환은 두 가지 면에서 관찰하며 강조했다. 하나는 문화의 민주화(democratization of culture)로 문화예술의 혜택이 좀 더 많은 사람들에게 돌아가도록 하는 정책을 말한다. 문화적 향유권의 확대나 지방 순회공연, 문화 전시시설 확대 등이다. 다른 하나는 문화민주주의(cultural democracy)인데 문화 내부에서 주도적인 문화의 득세뿐 아니라 하위문화나 여러 계층의 문화를 골고루 발전시키는 문화 내용의 민주화를 말한다. 김문환은 미래 사회를 전망하며, 주체성과 세계성의 조화, 융합문화, 문화복지, 통일문화 등 다양한 정책 과제들을 제시했다.

민주화의 과정에서 언론의 자유와 민주화가 필수적 조건이며 핵심적 요소가 된다는 것은 지난 반세기 동안 한국의 경험에서 충분히 실증되었다. 독재 권력은 항상 권력 유지와 강화를 위해 언론을 장악·통제·어용화해 왔고, 언론의 자유와 민주화를 위한 저항과 투쟁 없이 민주주의는 쟁취될 수 없었다. 김서중은 1987년 민주화를 전후한 언론탄압의 현실과 언론민주화 투쟁의 역사를 서술하면서 아직도 너무나 왜곡된 언론을 민주화하기 위한 개혁의 과제를 제시함과 동시에 새로운 미디어 환경에서 언론의 본래적 기능을 다하기 위한 방안을 찾아보았다.

한국 언론의 역사는 민주주의의 운명처럼 통제와 저항의 역사였다. 1987년 이전인 유신시대와 5공 시절에는 독재의 희생양이었고 언론인 강제 해직, 언론 통폐합, 보도지침 하달이 언론 탄압의 일상적 수단이었다.

그런데 1987년 6월항쟁과 7~8월 노동자 투쟁의 열기 속에서 언론노조 결성 운동이 일어났고, 기자·PD·아나운서의 직능단체 결성과 노조 결성이 이루어졌다. 결성된 언론노조는 어용사장의 퇴진, 해직기자의 복직, 기관원의 사내출입금지 투쟁을 벌이면서 편집권·편성권의 독립 등 언론자유화운동을 전개했다. 87년체제하의 언론자유화운동은 제도 언론 속에서 합법적인 언론운동의 공간을 마련했고, 편집권 독립을 쟁취하는 등 어느 정도 성과를 확보했다.

김대중, 노무현의 민주정권하에서는 대대적인 언론 개혁이 일어나 독재 권력으로부터의 언론자유화라는 성과를 어느 정도 거두었지만, 재벌 기업과 자본의 언론 독과점으로 인해 언론은 다시금 자본의 지배와 통제 속에 들어가 편파 보도나 상업화를 막아내지 못했다. 조선·중앙·동아(조중동)에 맞서는 국민 주식을 통한 한겨레의 창립, 언론개혁 시민연대, 방송개혁위원회 등 언론 개혁을 위한 시도와 성과가 있었지만 언론자유와 방송의 독립성을 보장할 수 있는 제도화는 실현되지 못했다.

민주정권들의 불완전한 개혁에 이어서 이명박 정권은 미디어 관련 법들을 개악했고, 공영방송을 장악해 국정 홍보 방송으로 전락시켰으며, 수구 보수 신문인 조중동과 매경에 네 개의 종편(종합편성채널) 방송까지 넘겨주어서 자본·정치권력·언론의 기득권 삼각 동맹을 완성했다고 김서중은 평가했다. 언론의 진정한 민주화를 위해서는 언론을 특정 자본과 정치권력의 지배에서 독립시켜야 하며, 삼각 동맹구도를 해체시켜야 한다고 강조했다.

새로운 미디어, 인터넷과 SNS 플랫폼의 확산으로 변화된 소통 구조를 상업성과 가짜 뉴스로 왜곡시키지 않도록 저널리즘의 가치를 살리며, 민주적 소통을 강화하는 언론 개혁이 시급하게 되었다.

민주화는 여성의 지위와 삶을 어떻게 향상시켰으며, 한국 민주주의의 미래에는 인구의 절반인 여성의 역할과 대접이 어떻게 달라질 것인가의 문제는 빼놓을 수 없는 물음이다. 서구의 민주주의 발전사에서도 시민 계층의 해방과 노동 계층의 해방운동 다음에야 여성해방운동이 일어났고, 투표권이나 참정권이 여성에게 완전히 부여된 것도 20세기에 와서야 가능했다. 19세기 후반 마르크스(Karl Marx)마저도 여성해방운동을 하는 엘리트 여성들에게 당신의 남자들을 먼저 해방시킨 뒤에 여성해방을 하라고 충고했다. 그러나 한국 민주주의 운동사에서 계급 해방이 먼저인가, 성해방이 먼저인가의 논쟁은 이미 골동품이 되었고, 1970년대 이후 급성장한 한국의 여성운동은 사회의 민주화 각 영역에서 평등한 위상을 넘어서 주도적 역할을 해가는 모습도 보이고 있다. 여성의 발전 없이 사회 발전은 기대하기 어렵게 되었다.

1987년 민주체제 수립 이후 활발하게 일어난 여성 지위 향상 운동과 차별 철폐 운동은 어떤 성과를 가져왔으며, 1990년대 세계화와 신자유주의 시대에 경제위기를 겪으며 여성들의 삶의 질과 조건은 어떻게 달라지고 있는지, 그리고 글로벌 시대에 급변하는 산업구조와 가족제도 속에서 여성 운동의 미래와 과제는 무엇인가에 관해 정현백은 매우 포괄적인 논의와 논쟁점을 부각시켰다.

1987년에 민주화가 되면서 여성들은 주도적으로 '남녀고용 평등법'(1988), '영유아 보육법'(1991), '성폭력 특별법'(1993), '가정폭력 방지법'(1996)을 재빠르게 통과시켰고, '성매매 방지법'(2004)과 '호주제 폐지법'(2005)까지 제정해 성차별 방지와 여성의 권익 보호에 막대한 제도적·법적 힘을 얻게 되었다. 이것은 1970~1980년대 유신·군부 독재에 저항한 민주화운동에서 단련된 여성 활동가들이 민주정부 속에 참여하며 여성 정책을 실현시킨 성과였다.

그러나 이러한 제도적 개선이 여성의 삶과 사회적 지위를 얼마나 향상시켰는가? 87년 민주체제가 30년이 지난 오늘날 보는 여성의 현실은 아직 '젠더 없는 민주주의'를 나타내고 있다고 정현백은 비판했다. 세계경제포럼이 2013년에 밝힌 성 격차 지수(Gender Gap Index)에서 한국이 136개 조사국 중 111위를 차지했다는 사실이 정치·경제·사회·문화 등 각 분야에서 여성의 참여도나 성차별 수준이 아직은 후진국의 위상을 넘지 못한 증거라고 보았다.

특히 1990년대 신자유주의 물결과 1997년 경제위기를 맞으며 여성들이 대규모 해고를 당하고 파트타임 등 비정규직 일자리로 몰리면서 여성들의 노동과 삶이 힘들어지고 있다. 이제는 전체 경제활동인구의 절반 가까이를 여성 인력이 차지하고 있고, 취업 여성 중 기혼 여성의 비율이 74%(2004년 기준)나 되어, 가사노동의 짐과 영유아 보호, 출산 휴직제 등 여성 보호법과 복지 문제가 경제·사회 발전의 핵심적 과제가 되고 있다.

아직도 여성의 일차적 책임이 가정과 육아에 있다고 보는 사회에서 가사노동을 거의 전담해야 하는 주부들의 이중의 짐은 고학력 여성의 전문직 진출을 막고 있고, 생산직 여성들의 평균임금은 남성의 64%에 머물러 여성의 빈곤율을 높이고 있다. 성차별주의는 사회 곳곳에 상존하고 있어 성평등의 실현은 아직 요원하다는 것이다.

핵가족과 맞벌이라는 포스트 근대적 가족제도 속에서도 가부장적 문화는 뿌리가 깊어 90%의 직장 여성들이 하루 5.48시간의 가사노동을 거의 전담하고 있는 것이 현실이다. 미혼 여성의 증가, 이혼율의 증가와 출산율 저하는 불가피한 결과이며 전통적 가족의 해체 현상마저 나타나고 있다.

양성평등의 교육과 정책이 실시되고 있지만 성 역할 고정관념에 변화는 없으며 성폭력·성희롱·성매매의 범람은 근절되지 않고, 성형 수술·화장·다이어트·몸매교정 등 미용 산업의 흥성은 여성의 몸마저 억압하고 식민화하고 있다고 정현백은 꼬집었다. 몸이 계급이 되고 자본화하는 가부장적 자본주의 사회에서 여성의 자아정체성은 타자화하며 삶이 포획당하고 있다는 것이다.

이러한 현실 분석하에 사회의 민주화가 지향해야 할 성평등과 여성 해방의 과제는 분명하며 여성 운동과 페미니즘은 더욱 심화·발전해야 한다고 주장한다. 4차 산업 혁명과 UN의 지속가능발전의 목표가 새로운 패러다임을 제시하는 글로벌 시대에 페미니즘은 선제적 의제를 개발할 필요가 있으며 여성주의적 권력 형성으로 정치적 젠더 구성의 변화를 시도해야 한다고 내다보았다.

그러나 제도적·법적 개선만으로 포괄적인 성평등의 문제를 해결할 수 없기에 성평등 사회를 만들어가기 위해서는 좀 더 구조적이고 거시적인 의식 혁명이 있어야 하며, 이를 위한 양성평등 교육과 민주시민 교육이 대규모로 실시되고, 페미니즘 운동이 청년 세대를 통해 강력히 추진되어야 한다고 결론을 맺었다.

5. 결론

1987년 민주체제가 수립된 후 2017년까지 30년 동안 한국의 민주주의는 절차적으로나 실질적으로 괄목할 발전을 이룩했다. 그러나 아직 정치·경제·사회 모든 면에서 차별·불평등·부자유 등 왜곡된 현실은 널려 있고, 많은 문제점과 개혁 과제를 안고 정체되어 있는 것도 사실이다. 위에서 요약해본 열네 편의 연구 논문은 앞으로 무엇이 어떻게 개혁되어야 민주주의가 실질적으로 발전할 수 있는지를 충실하게 보여주었다고 생각된다. 1987년 이후 민주화의 성과는 대단한 것이지만 아직 넘어야 할 험난한 고개와 어려운 과제는 너무나 높이 쌓여 있다는 것이 공통된 결론이다.

이번 연구 프로젝트에서 다루지 못한 중요한 문제가 민주주의와 남북한의 분단 체제와의 관련성 문제였다. 70여 년간 지속된 분단 체제,

평화적 해결을 보지 못한 정전협정 체제, 긴장과 무력시위, 전쟁 연습이 지속되는 대결 체제의 남북한에서 국민의 자유와 권리는 무참히 짓밟혔고, 독재 권력의 탄압과 횡포는 극심했다. 민주주의가 왜곡되지 않고 제대로 자랄 수가 없었고, 아직도 참 민주주의 발전을 가로막는 요소들이 분단 구조 속에 박혀 있다. 분단의 극복 없이는 민주주의도 평화도 바른 모습을 기대할 수 없다는 것을 우리는 충분히 체감했다. 사실상 한국 민주주의의 미래와 과제는 남북 관계의 개선이나, 평화적 교류 협력, 혹은 통일 과정 여하에 따라 크게 달라질 수밖에 없다는 것은 아무도 부정할 수 없는 사실이다.

마침 이 연구 프로젝트를 진행하는 동안 촛불시민들의 항거로 박근혜 대통령이 탄핵되고, 조기 선거를 통해 문재인 대통령과 더불어민주당이 이끄는 정부가 선출되었다. 적폐 청산과 민주 대개혁을 약속하고 등장한 새 정부에서 해야 할 과제는 엄청나게 많지만 진정한 민주주의 발전을 위해서는 남북 관계의 개선과 평화 체제의 실현을 우선 과제로 삼아야 하리라 생각된다. 적대적 분단과 대결, 전쟁 위협을 극복하고 화해와 교류 협력을 통한 신뢰 구축과 평화 체제가 수립되어야 남북한 양측에 실질적 민주주의가 진전될 것이며, 평화적 통일의 길도 열릴 수 있을 것이다.

이 책에 수록된 연구 논문들이 87년체제를 극복하고 내용적 민주주의를 공고하게 심화시키는 헌법 개정과 새 정부의 개혁 작업에 크게 기여할 수 있기를 바라면서 지원해준 민주화운동기념사업회에 감사와 기쁨을 드린다.

1부

민의가 반영되는
통합의 정치

1장

헌법과 권력구조:
제왕적 대통령을 넘어서

강원택 | 서울대학교

1. 서론

1987년 6월항쟁의 결과로 쟁취한 6·29선언은 당시 국민이 요구한 대통령 직선제 개헌과 공정한 선거를 수용했고, 이는 '87년 헌법'으로 제도화되었다. 1987년 10월 27일 실시된 헌법 개정 국민투표는 78.2% 의 높은 투표율을 기록했고, 투표 참여자 가운데 무려 94.5%라는 압도적인 지지를 받아 헌법 개정이 결정되었다. 그리고 이른바 '87년체제' 하에서 30년의 세월이 흘렀다.

'87년체제'하에서의 30년 동안 한국 정치는 절차적 민주주의라는 관점에서 상당한 진전을 보였다. 한국의 민주화는 애당초 권위주의 세력과 민주화운동 세력 간의 '타협'적인 형태로 이뤄졌기 때문에(임혁백, 1995), 처음에는 다소 불안정한 출발이었다. 민주화운동 세력의 저항은 강력했지만 권위주의 체제의 몰락을 가져올 만큼 강하지 못했고, 권위주의 세력 역시 민주화운동의 저항을 억누를 만큼 강하지 못했다. 그 결과 대통령 직선제, 공정한 선거라고 하는 게임 규칙의 변경에 두 세력이 합의하면서 새로운 정치질서로 넘어가게 되었고 그것이 한국 민주화의 출발점이었다. 지난 30년 동안 여섯 명의 대통령이 대체로 적법한 절차를 거쳐 당선되었고, 1997년과 2007년 그리고 2017년, 세 차례 정권 교체도 이뤄졌다. 과거와 같은 독재체제의 등장이나 장기 집권은 생각하기 어렵게 되었고 노골적인 관권 개입이나 금권 선거도 사라졌다. 국회의 권한 강화, 사법부의 독립성 강화, 시민사회나 언론의 자율성 증대 등 대통령에 대한 제도적 견제 방안도 강화되었다. 지난 10년간 나타난 민주주의의 퇴행적 조짐에도 불구하고 제도로서의 한국 민주주의는 나름대로 공고화되었다.[1]

이러한 민주적 진전에도 불구하고 흥미롭게도 헌법 규정과 정치 개혁에 대한 요구가 최근 들어 오히려 높아졌다. 이러한 정치 변화에 대한 요구는 일차적으로는 이른바 '박근혜·최순실 게이트'를 통해 폭로된 박근혜 대통령의 실정과 무능에 대한 반발에서 비롯된 것으로 볼 수 있을 것이다. 2016년 후반 박근혜 대통령을 둘러싼 스캔들이 터져 나왔다. 이 스캔들은 결국 2016년 12월 9일 국회에서 박근혜 대통령에 대한 탄핵소추로 이어졌으며, 2017년 3월 10일 헌법재판소는 국회의 탄핵소추를 인용해 박근혜 대통령을 파면했다. 박 대통령은 국정 운영에서 이른바 '비선실세'에 의존했고 이로 인해 공적 시스템이 제대로 작동하지 않았으며 국정은 한 민간인 여성에 의해 농단되었다. 더욱이 박 대통령의 권위주의적이고 폐쇄적인 통치 방식이 오랫동안 지속되었지만, 청와대도, 집권당도, 국회도, 언론도 효과적으로 이에 대응하지 못했다. 정치적 변화에 대한 국민의 높은 요구는 이와 같은 상황과 긴밀하게 관

---

1 영국의 시사 주간지인 ≪이코노미스트(Economist)≫가 해마다 측정하는 민주주의 지수 (democracy index)에서는 5개 항목에 걸쳐 평균 8.0이 넘으면 '완전한 민주주의(full democracy)'로 규정하고 있다. 한국은 2015년 7.97, 2016년 7.92로 '결점 있는 민주주의 (flawed democracy)'군으로 하락했다. 한국은 2008년 이래 2014년까지 '완전한 민주주의' 군에 포함되어 있었다(Economist Intelligence Unit. 2017).

련되어 있다. 하지만 또 한편으로는 민주화 30주년을 맞아 한국 정치, 한국 민주주의의 또 다른 도약을 위해서는 현재의 정치체제를 넘어서는 새로운 정치 시스템의 마련이 필요하다는 시대적인 변화의 요구 역시 중요한 영향을 미쳤다. 절차적 민주주의를 넘어서 한 단계 심화된 민주주의로 나아가기 위해서는 권력구조 개편을 포함한 헌법 개정이 필요하다는 것이다.

이 글은 '87년체제'가 지난 30년 동안 비교적 안정적으로 유지되어오면서 한국 민주주의의 공고화, 절차적 민주주의의 확립이라는 성과를 이뤄냈음에도 불구하고, 여전히 '제왕적'으로 불리는 대통령제가 지속되어왔다는 점에 주목한다. 좀 더 구체적으로 이 글에서는 30년 만에 국민들 사이에서 어떤 이유로 헌법 개정에 대한 공감대가 높아졌는지 그 원인에 대해 살펴보고, 어떤 방향으로 권력구조가 변화하는 것이 바람직한지에 대해 논의하고자 한다.

2. 왜 바꾸려고 할까

1987년 헌법은 지금까지 9차례 개정된 헌법 가운데 가장 오랜 기간 동안 지속되고 있다. 그것은 현행 헌법이 민주화운동의 열망을 담았고 또 국민투표 참여자의 무려 94.5%라는 절대적 지지로 결정되었기 때문일 것이다. 이 때문에 그동안 개헌에 대한 논의가 정치적으로 매우 심각하게 제기된 적은 거의 없었다. 물론 그동안 학계나 시민사회에서는 개헌에 대한 주장이 심심치 않게 제기되었지만 국민 대다수가 개헌의 필요성에 대해 공감을 나타내는 경우는 거의 없었다. 개헌 문제가 사회적으로 큰 관심을 끈 유일한 예외는 2007년 초 노무현 대통령이 이른바 '원포인트 개헌'을 제안했을 때이다. 노 대통령은 '원포인트 개헌'을 통해 5년 단임 대통령제를 4년 연임 대통령제로 바꾸자고 제안했다. 이에 대한 당시 ≪한겨레신문≫의 여론조사[2] 결과를 살펴보면, 개헌에 대한 지지가 그다지 높지 않다는 점을 알 수 있다. 노무현 대통령이 제안한 대로 '4년 연임 대통령제 개헌'에 찬성하느냐는 질문에 대해, 43%가 찬성이라고 응답했고, 반대가 43.5%, 모름/무응답이 13.5%로 나타났다. 대체로 찬반이 비슷한 비율로 나타났다. 그러나 개헌의 시기에 대해서는 개헌을 당장의 시급한 일로 받아들이지 않는 것으로 나타났다. '개헌한다면 언제가 적절한 시기이냐'는 질문에 대해, 노 대통령 임기 중에 해야 한다는 응답이 19.8%, 다음 대통령 임기 중에 해야 한다는 응답이 52.3%, 다음 대통령 임기 후에 해야 한다는 응답이 17.7%, 모름/무응답이 10.2%였다. 결국 80%의 응답자는 당장 개헌해야 한다는 데 공감하지 않았던 셈이다. '원포인트 개헌'에 대한 찬반 응답 비율은 조사기관마다 조금씩 차이가 있었지만, 개헌 시기와 관련해서는 거의 대부분의 조사에서 60~70%의 응답자가 차기 정부 이후라고 답했다.[3] 그만큼 당시에는 개헌을 시급한 문제로 보지 않았던 것이다.

개헌과 관련된 이러한 여론의 흐름은 그 뒤에도 비슷하게 유지되었다. 예를 들면, 한국 갤럽에서 2014년 10월에 실시한 개헌 관련 여론조사[4]의 결과도 그 이전과 크게 다르지 않음을 알 수 있다. 대통령제를 바꾸는 개헌에 대한 관심 여부를 물은 질문에 대해, 관심 있다는 응답이 46%, 관심 없다는 응답이 48%, 모름/무응답이 6%로 나타났다. 개

2   "개헌 여론 찬반 팽팽…시기는 70%가 '다음정권 이후에'", ≪한겨레신문≫, 2007년 1월 9일 자, http://www.hani.co.kr/arti/politics/bluehouse/183202.html

3   "'노 대통령 임기 중 개헌' 70%가 반대…여론조사 여·야 모두 놀랐다", ≪중앙일보≫, 2007년 1월 11일 자, http://news.joins.com/article/2562680

4   2014년 10월 21~23일 한국 갤럽의 여론조사 결과로 1032명을 대상으로 했다. 한국갤럽조사연구소, "개헌에 대한 의견", ≪한국갤럽 데일리 오피니언≫, 136호, http://www.gallup.co.kr/gallupdb/reportContent.asp?seqNo=587

헌을 왜 해야 하는지 물은 질문에 대해서도 '현행 대통령제가 문제이므로 개헌해야 한다'는 응답이 42%, '제도보다 운영상의 문제이므로 개헌이 필요 없다'는 응답이 46%, 모름/무응답이 12%였다. 전반적으로 개헌 자체에 대해서는 찬반 여부가 비슷한 비율로 갈리지만, 개헌의 시급성이나 절박함이 느껴지지는 않는다.

　하지만 '박근혜·최순실 게이트'가 터지고 이 사건이 대규모 촛불집회와 대통령 탄핵소추로까지 이어지면서 개헌에 대한 여론의 태도가 변했다. 한국정치학회와 KBS가 2016년 12월에 실시한 여론조사[5]에서는 개헌에 대한 여론의 지지가 예외적으로 매우 높게 나타났다. 여론조사 결과 76.2%의 응답자가 개헌의 필요성에 공감을 나타냈다. 응답자 4명 중 3명이 개헌의 필요성에 대해 공감을 나타낸 것이다. 〈표 1-1〉에서 보듯이, 연령이나 이념, 지지 정당, 거주 지역과 무관하게 개헌의 필요성에 대해 전반적으로 매우 높은 비율로 긍정의 답이 나타났다. 연령별로 보면, 40대가 80.1%, 50대가 79.3%로 가장 높았고, 19~29세 집단이 70.9%로 가장 낮았지만, 전반적으로 연령 구분과 무관하게 개헌의 필요성을 크게 느끼고 있다고 할 수 있다. 한편, 이념에 따라서도 큰 차이를 보이지 않았다. 진보이념집단이 78.1%, 보수이념집단이 77.6%, 중도집단이 75.0%로 나타나 이념집단별로 거의 차이를 보이지 않았다. 지지 정당에 따른 구분에서도 별다른 차이가 나타나지 않았다. 국민의당 지지층에서 84.8%로 개헌 필요성에 대한 응답이 가장 높았고, 새누리당 지지자들은 77.9%, 민주당 지지층은 72.5%였다. 국민의당 지지층이 상대적으로 개헌 필요성을 크게 느끼고 있지만, 새누리당, 민주당

5　이 데이터는 한국정치학회와 KBS가 한국리서치에 의뢰하여 실시한 조사 결과이다. 전국 만 19세 이상 성인 남녀 3000명을 대상으로 2016년 12월 20일부터 23일까지 전화 면접 조사한 결과이다. 지역별·성별·연령별 비례할당 추출방식을 사용했으며 오차 범위는 95% 신뢰 수준에서 ±1.8%p이다.

▌표 1-1▌ 개헌의 필요성 (단위: %)

응답 대상		매우 필요하다	대체로 필요하다	별로 필요하지 않다	전혀 필요하지 않다	모름/무응답
연령	19~29세	28.6	42.3	20.2	6.9	2.0
	30~39세	38.2	36.8	16.1	6.1	2.8
	40~49세	38.8	41.3	12.1	4.6	3.2
	50~59세	46.7	32.6	13.8	4.1	2.8
	60세 이상	43.0	32.2	13.4	3.4	8.0
이념	진보	40.2	37.9	14.4	5.0	2.5
	중도	35.6	39.4	16.7	4.7	3.6
	보수	44.0	33.6	13.1	5.1	4.2
20대 총선 비례 투표 정당	새누리당	43.9	34.0	12.5	3.8	5.8
	더불어민주당	32.6	39.9	18.7	5.7	3.1
	국민의당	51.7	33.1	10.7	3.1	1.4
	정의당	30.7	43.0	16.0	7.8	2.5
	다른 정당	36.6	35.3	22.2	4.4	1.4
	기권·무응답	38.8	36.1	14.4	5.1	5.7
거주 지역	서울	36.2	38.8	16.1	5.0	3.9
	경기·인천	39.0	34.9	16.0	5.6	4.5
	대전·세종·충청	44.1	33.4	14.1	3.7	4.6
	광주·전라	43.8	39.4	11.8	3.6	1.5
	대구·경북	39.4	38.0	12.1	5.5	5.0
	부산·울산·경남	39.1	36.2	15.4	5.2	4.0
	강원·제주	37.2	41.4	16.1	2.6	2.7
전체 평균		39.5	36.8	14.9	4.9	4.0

자료: 한국정치학회·KBS(2016. 12).

등 거대 정당 지지자들의 약 70%도 개헌의 필요성에 공감하는 것으로 나타났다. 거주 지역별로도 큰 차이가 없었다. 광주·전라 지역 거주자들이 83.2%로 상대적으로 다소 높기는 했지만, 대구·경북에서도 77.4%, 대전·세종·충청에서는 77.5%, 부산·울산·경남도 75.3%로 나타나 호남과 그다지 큰 차이를 보이지 않았다. 그동안 한국 정치에서 연령, 이념 혹은 정파, 그리고 거주 지역은 정치적 사안에 대해 매우 큰 시각의 차이를 보여왔다. 그러나 〈표 1-1〉에서 보듯이 개헌과 관련해서는 정파적 지지, 이념적 태도와 무관하게 그 필요성에 대한 인식이 매우 높다는 것을 알 수 있다. 이러한 분위기에서 국회는 2016년 12월 30일 본회의에서 헌법개정 특별위원회 구성을 의결하고, 1월 5일 개헌 특위 구성을 완료해 활동을 시작했다. 이와 함께 개헌에 대해 자문해줄 자문위원회도 각계 인사 50여 명으로 구성했다.

87년체제 출범 이후 30년 만에 이처럼 거의 대다수 국민이 개헌에 공감하게 된 것은 무슨 이유에서일까? 가장 직접적이고 강력한 원인은 박근혜·최순실 게이트로 인한 현행 대통령제에 대한 실망과 불신 때문일 것이다. 〈표 1-2〉는 현재 혼란스러운 정치 상황의 근본적 원인에 대한 응답을 정리한 것이다. 여섯 항목 가운데 대통령 개인의 무능과 부패라는 응답이 20.8%로 나타났고, 제왕적 대통령제 때문이라는 응답이 7.8%, 언론 및 검찰 등 감시기관의 무능 때문이라는 응답이 17.9%였다. 그런데 이 세 가지 항목은 모두 사실상 대통령 1인에게 과도하게 권한이 부여되어 있다는 데서 비롯된 결과라고 할 수 있다. 이 세 가지 응답을 합치면 46.5%에 달한다. 현행 대통령제에 문제가 있다고 느끼는 응답자가 거의 절반에 달하는 셈이다. 한편, 정치권 일반의 무능과 부패라는 응답도 45.3%로 매우 높게 나타났다. 다시 말해, 국민들이 보기에 현재의 혼란스러운 정치 상황의 근본적 원인은 지나치게 많은 권한이 부여되지만 무능하고 부패한 대통령과 제 역할을 못하는 정치권 때문이라는 것이다.

이처럼 개헌을 통해 정치질서를 바꿔야 한다는 데 대한 국민의 요구는 두 가지 요소를 동시에 담고 있다고 할 수 있다. 첫째는 이른바 '제왕적 대통령제'로부터의 탈피이다. 민주화 이후 30년 동안 과거 권위주의 체제의 문제점을 교정하기 위한 많은 노력이 있었지만, 한국의 대통령은 여전히 '제왕적'이라는 평가를 받는다. 한국의 대통령이 '제왕적'

▮표 1-2▮ 현재의 혼란스러운 정치 상황의 근본적 원인 (단위: %)

응답 대상	대통령 개인의 무능과 부패	정치권 일반의 무능과 부패	제왕적 대통령제	국민들의 의식 수준	언론·검찰 등 감시기관의 무능	모름/ 무응답
일반 국민	20.8	45.3	7.8	7.0	17.9	1.1

자료: 한국정치학회·KBS(2016. 12).

으로 불리는 것은 제도적으로 그런 권한이 부여되었다기보다는 권력의 운영 과정에서 찾아볼 수 있다(이하 정준표, 2004: 260). 한국의 대통령이 제왕적으로 불리는 첫 번째 이유는 여당을 장악하기 때문이다. 대표적으로 김영삼, 김대중 대통령은 강력한 카리스마와 지역주의적 투표 성향, 공천권, 정치자금을 기반으로 해 여당을 장악했다. 따라서 여소야대의 상황이 아니라면, 대통령에 대한 국회의 견제는 제대로 이뤄질 수 없었다. 둘째는 검찰·국세청·국정원·경찰 등 이른바 권력기관에 대한 통제력을 갖기 때문이다. 이들에 대한 국회의 인사청문회가 도입되었지만, 인사권을 지닌 대통령의 영향력하에서 이들 기관이 독립적이거나 자율적이기는 어려웠다.

박근혜 대통령 역시 이런 점에서 '제왕적'이라고 할 만한 권력을 휘둘렀다. 2016년 국회의원 선거를 앞두고 새누리당에서 이른바 친박·비박 간 공천을 둘러싸고 심각한 내홍을 겪었던 것도 박근혜 대통령이 공천에 사실상 개입했기 때문이었다. 더욱이 2015년 6월 '국회법' 개정안 처리에 대해 박근혜 대통령이 당시 새누리당 원내대표였던 유승민 의원을 '배신의 정치'라고 노골적으로 비판했고, 이로 인해 유승민 의원은 결국 원내대표직에서 물러나야 했다. 여당 의원들이 의원총회를 통해 선출한 원내대표가 '평당원'인 대통령의 비난으로 인해 사임해야 했던 것이다. 또한 자신과 가깝지 않은 김무성 당대표와도 매우 불편한 관계를 유지했다. 이처럼 박근혜 대통령은, 과거 3김 시대처럼 집권당을 '장악'했다고까지는 아니더라도, 집권당을 자기의 뜻대로 움직이고 자신의 영향력하에 두고자 했음을 알 수 있다. 이와 함께 박근혜 대통령은 이른바 권력기관을 활용해 정치적 반대자는 물론 집권당 의원들까지 압박했다. 이 과정에서 청와대 민정수석실은 대통령과 이들 권력기관을 연결하는 주된 연결 고리 역할을 했다. 이러한 권력기관의 활용은 국회는 물론, 언론과 시민사회 등 대통령을 감시하고 견제해야 할 제도적 장치가 제대로 작동하지 못하게 했고, 결국 이러한 문제점이 부패와 권력 남용으로 이어지게 되었다. 박근혜 대통령은 한국의 대통령제가 '제왕적'일 수 있음을 매우 분명하게 보여준 사례이다.

그러나 '87년체제'하의 대통령은 제왕적 대통령이면서 또 한편으로는, 그동안 보아온 대로, 매우 무기력한 대통령이기도 하다. 〈표 1-2〉에서 '대통령 개인의 무능과 부패'에 대한 응답이 20.8%로 비교적 높게 나타났는데, 이러한 응답은 물론 박근혜 개인에 대한 평가와 좀 더 긴밀히 관련되어 있는 것이지만, 제도로서의 한국 대통령제에서도 그 원인을 찾을 수 있다. 5년 임기라고 해도 마지막 해는 차기 대통령을 선출하는 선거운동이 진행되기 때문에 현직 대통령에 대한 관심은 줄어들고 권위나 리더십 역시 약화될 수밖에 없다. 5년 차가 아니더라도 임기 후반으로 갈수록 급격한 권력의 약화로 레임덕 신세로 전락하기 쉽다. 또한 대부분의 대통령은 임기 중에 국회의원 선거나 지방선거를 치르게 되는데, 이러한 선거는 대체로 현직 대통령에 대한 중간 평가의 의미를 갖는 것이 일반적이다. 그런데 이런 선거에서 집권당이 패배하게 되면 대통령의 통치력은 크게 약화될 수밖에 없다. 더욱이 국회의원 선거에서 집권당이 과반 의석 획득에 실패해 여소야대의 국회가 만들어지게 되면, 대통령의 국정 운영의 힘은 더욱더 급격히 약화된다. 분점정부가 출현하면 그로 인해 대통령의 통치력이 약화되고 국회와 대통령 간의 제도적 갈등이 빈번해지고 또 장기화하는 모습을 보이게 된다. 분점정부하에서는 정국 운영과 관련해 대통령도, 의회도 주도권을 갖지 못한 채 정국의 교착과 파행으로 이어지게 되고, 이는 또 다시 정치적 리더십의 약화로 이어져 왔다(강원택, 2005: 355~356). 이외에도 임기 중반에 대통령의 측근이나 인척이 연루된 스캔들이 발생하면 대통령의 리더십과 권위는 큰 타격을 입는다.

통치 행태가 '제왕적'이라던 박근혜 대통령 역시 정책적으로는 매우 취약했다. 특히 2016년 국회의원 선거에서 새누리당이 제2당으로 추락하면서 정책 추진력은 급속히 약화되었다. 박근혜 정부는 노동·교육·금융·공공 분야의 4대 구조 개혁을 추진했지만, 여소야대하에서 어느 것 하나 제대로 이뤄낼 수 없었다. 즉 집권당이나 야당 등 정치권과의 관계에서는 권력기관의 장악으로 인해 '제왕적'인 것처럼 보일 수 있지만, 정책의 추진과 집행에서는 매우 무기력해질 수 있는 대통령제인 것이다. 개헌에 대한 국민의 요구가 높은 것은 한편으로는 제왕처럼 군림하려는 권위주의적이고 폐쇄적인 대통령에 대한 거부이기도 하지만, 제대로 일을 해내지 못하는 무기력한 대통령에 대한 변화 요구이기도 한 것이다.

한편, 개헌이 이른바 '87년체제'의 극복을 의미하는 것이라면, 그것은 대통령과 관련된 데 그치지 않는다. 5년 단임 대통령제와 함께 '87년체제'의 또 다른 중요한 축은 지역주의 정치이다. 물론 이는 1987년 당시에는 의도하지 않았던 정치적 결과이다. 그 이전 시기까지의 구조적 요인에 더해 당시 정국을 이끌었던 노태우, 김영삼, 김대중, 김종필이 정치적 이해관계를 위해 지역주의를 동원한 결과 지역주의 정당 구도가 만들어졌다. 그러나 그 뒤 30년 동안 지역주의 정치는, 1990년 3당 합당이 외형적 변화를 가져왔지만, 근본적으로 변화하지 않은 채 오늘날까지 계속 이어져 왔다. 지역주의 정당정치는 폐쇄적이고 실질적인 경쟁이 없는 정치가 되었다. 무엇보다 지역주의 정당정치는 정치의 반응성(responsiveness)과 책임성(accountability)이라는 측면에서 매우 심각한 문제점을 낳고 있다. 즉 우리 정당정치는 유권자의 요구에 민감하게 반응하지 않으며, 정치적·정책적 실수나 잘못을 저지르더라도 그에 대한 책임을 지지 않는다는 것이다. 그 까닭은 중앙 정치에서는 다수의 정당이 경쟁하는 것으로 보이지만, 실제 선거가 치러지는 지역 수준으로 가면 그 지역의 패권정당 이외에는 당선되지 못하는 사실상 1당 지배 체제가 장기간 지속되어왔기 때문이다. 새로운 정치질서의 수립을 위해서는 지역주의 정당 체계의 변혁을 수반하는 정당정치의 구조적 변화가 함께 이뤄져야 하는 것이다.

앞의 〈표 1-2〉에서 볼 수 있듯이, 45.3%의 응답자가 정치권 일반의 무능과 부패가 현재의 혼란스러운 정치 상황의 근본적 원인이라고 답했다. 이처럼 '정치권 일반의 무능과 부패'를 원인으로 꼽는 응답이 매우 많은 것은 정치권에 대한 깊은 불신과 불만 때문이다. 이런 광범위한 정치 불신은 다른 조사 항목에서도 찾아볼 수 있다. 오늘날 한국 민주주의의 수준이 어느 정도라고 생각하는지를 묻는 질문에서, 응답자의 44.3%가 '수준이 낮다'고 답했다. 현 정치 상황이 만족스럽지 않은 것이다. 이외에 37.8%가 '중간 정도', 그리고 단지 17%만이 '민주주의 수준이 높다'고 응답했다. 한편, 우리 사회가 얼마나 공정하다고 생각하는지 묻는 질문에 대해서는 전체 응답자 중 76.2%가 '공정성의 수준이 낮다'고 응답했다. 응답자 4명 중 3명 이상이 우리 사회의 공정성에 대한 우려를 표한 것이다. 공정성에 대해 '중간 정도이다'라고 답한 비율이 19.3%였고 '공정성의 수준이 높다'고 응답한 비율은 겨우 3.5%에 불과했다. 한국 민주주의가 효과적으로 작동하고 있다는 데 대한 믿음이나 만족감이 상당히 낮을 뿐만 아니라, 정치가 주어진 역할을 제대로 수행하지 못한다는 부정적 평가가 매우 높다는 사실을 알 수 있다. 이런 점에서 개헌 과정에서는 정부 형태에 관한 것뿐만 아니라, 국회와 정당정치를 개혁할 수 있는 정치 개혁 역시 중요하게 다뤄져야 하는 것

‖ 표 1-3 ‖ 제19대 대선의 가장 중요한 쟁점 (단위: %)

경제성장·고용창출	남북 관계 개선·통일 안보	복지확대·지역균형	사교육 문제 해결·교육 개혁	부정부패 척결·정치 개혁	환경보호·에너지 정책	기타	모름·무응답
28.0	5.0	9.6	3.4	50.6	1.7	0.7	1.0

자료: 한국정치학회·KBS(2016. 12).

이다.

〈표 1-3〉에서도 이런 국민의 요구를 확인해볼 수 있다. 주요 선거에서 예상되는 쟁점은 그 당시 대다수 국민이 다음 정부에서는 꼭 이뤄졌으면 하는 가장 소망하는 사안을 담고 있다. 〈표 1-3〉은 2017년으로 예정된 차기 대선의 가장 중요한 쟁점이 무엇이 될 것이냐는 데 대한 응답을 정리한 것이다. 일반적으로 대통령 선거를 비롯한 주요 선거에서 가장 먼저 손꼽는 항목은 경제적인 것이다. 그러나 〈표 1-3〉에서 보듯이, 절반이 넘는 50.6%의 응답자들이 부정부패 척결과 정치 개혁을 차기 대선에서 가장 중요한 쟁점으로 들었다. 경제성장과 고용창출은 28.0%에 불과했다. 이러한 응답의 패턴은 매우 예외적이다. 부정부패 척결과 정치 개혁을 가장 심각한 문제점으로 생각하는 까닭은 일차적으로는 박근혜·최순실 게이트를 통해 드러난 정경 유착의 구조, 권력형 부패 때문일 것이다. 그러나 동시에 '정치권 전반의 부패와 무능'을 척결하기 위한 정치 개혁이 반드시 수반되어야 한다는 요구가 매우 폭넓게 깔려 있다는 사실을 알 수 있다.

이상의 논의를 요약하면, 1987년 이후 30년 만에 헌정 구조를 바꿔야 한다는 데 대한 사회적 요구가 매우 높아졌다는 것을 알 수 있다. 이는 박근혜·최순실 게이트로 인한 대통령제의 폐해에 대한 인식 때문이기도 하지만, 동시에 '87년체제'하에서 지난 30년간 여러 가지 정치적 시행착오를 겪고 난 이후에 이루어진 시대적 합의이기도 하다. 그러나 '87년체제'의 극복은 단지 5년 단임 대통령제 같은 권력구조를 바꾸는

데 그쳐서는 안 되며, 그동안 지역주의에 기반을 두고 독과점적이고 폐쇄적인 형태로 이뤄져 온 정당정치, 의회정치를 변혁해야 하는 것이다.

3. 무엇으로 바꿔야 하나

헌법 개정이 필요하다는 국민적 여망은 높지만, 구체적으로 어떤 형태의 권력구조로 가야 하는지에 대해서는 아직까지 상대적으로 사회적 합의가 약한 편이다. 개헌 논의 과정에서는 여러 가지 대안이 제시되고 있다. 미국과 같은 4년 중임형 대통령제, 프랑스형의 이원정부제, 독일 혹은 영국과 같은 방식의 의회제, 또는 오스트리아와 같은 직선 대통령과 의회제의 결합 등 다양한 방안이 제시되고 있다. 또한 현행 5년 단임 대통령제를 그대로 두고, 국회 등 견제 기관의 권한을 강화하는 방향으로 변화를 제시하기도 한다. 이러한 여러 대안은 각기 권력구조 운영의 어떤 측면을 강조하느냐에 따라 장단점이 서로 달라질 수 있다. 그러나 여기서는 정부 형태에 대한 특정한 '모델'을 설정하는 대신, 현행 대통령제에서 나타난 문제점을 개선하고 또한 향후 한국 민주주의의 발전을 모색한다는 차원에서 바람직한 변화의 방향에 대해서 논의하기로 한다.

첫째, 새로운 권력구조의 선택은 무엇보다 현행 '제왕적' 대통령제로부터 벗어나야 한다는 데서 출발해야 한다. 2017년 박근혜 대통령의 탄핵은 기존의 한국 대통령제의 한계와 실패를 가장 극명하게 드러내 보인 것이다. 박근혜가 보여준 것처럼, 대통령에게 모든 권력이 집중되어 있는 상황에서는 보좌 기능도, 견제 기능도 효과적으로 작동할 수 없다. 청와대이든 행정부이든 집권당이든 모두 대통령 1인을 중심으로 작동하는 것이다. 이런 상황에서 국회, 언론, 시민사회 역시 효과적으로 대통령을 견제할 수 없다.

더욱이 역량이 뛰어난 위대한 정치 지도자가 있다고 해도 오늘날처럼 복잡다기한 환경 속에서 혼자서 모든 일을 다 해결할 수는 없다. 이제는 한 인물 개인의 특출한 역량에 대한 의존, 믿음보다는 통치 시스템을 효과적으로 운영할 수 있는 자질과 능력을 가진 인물의 중요성이 더욱 부각되는 것이다(강원택, 2012: 207). 이제 우리에게 혼자가 아니라 다수가 서로 협력하고 토의하면서 집단적으로 끌고 가는 리더십이 좀 더 바람직한 상황이 된 것이다. 아래의 글 역시 이러한 점을 잘 지적하고 있다.

> 이제 우리 사회가 '영웅적 능력'을 가진 사람을 대통령으로 뽑아야 한다는 강박관념과 집착에서 해방되었으면 좋겠다. 나라의 운명이 대통령 한 사람의 개인적 리더십으로 좌우되던 시대는 지나갔다[6]

그런 점에서 대통령 한 사람이 모든 권한을 독점하고 혼자서 모든 일을 결정하고 처리하는 방식의 대통령제는 이제는 지양해야 할 제도가 되었다. 사실 현행 대통령제를 유지하면서 국회의 견제 권한을 강화하는 방향으로의 변화를 선호하는 주장도 있다. 그러나 대통령제는 기본적으로 승자 독식의 원칙에 기초해 있으며 따라서 제로섬의 정치를 불가피하게 한다. 대통령 선거에서는 오직 한 후보자, 한 정파만이 승리할 수 있고, 선거에서 패배한 후보와 정파는 전적으로 배제된다. 그런 점에서 대통령제에서 합의와 타협의 정치가 이뤄질 가능성은 크다고 보기 어렵다. 실제로 대통령제는 합의보다 다수 지배로 가는 경향이 크다. 대통령제의 권력분립 원칙에도 불구하고 전반적으로 대통령의 독

---

6   이윤재, "세상읽기: 대통령은 제도인가, 사람인가", ≪한겨레신문≫, 2006년 1월 12일 자.

주를 초래할 우려가 적지 않다는 것이다. 이것은 대통령에게로의 권력 집중, 대통령 정당의 단독 내각 구성, 정당체제의 단순화가 권력분립의 효과를 상쇄하거나 압도하기 때문이다. 다수 지배를 관철해 쟁점을 해결하는 것이 합의 형성에 의해 그렇게 하는 것보다 갈등과 교착을 초래할 가능성이 더 크다는 것이다(박찬욱, 2004: 203). 따라서 대통령 중심제가 유지되면서 분권적인 형태의 통치를 기대하기는 어렵다. 한때 제기되었던 책임총리제 역시 근본적으로는 대통령이 권한을 위임해준 범위 내에서 총리가 권한을 행사할 수 있는 것이기 때문에, 총리 권한의 자율성이나 독립성은 보장될 수 없다. 즉, 대통령이 일방적으로 총리를 지명하는 시스템하에서는 총리와 내각의 자율성은 보장되기 어렵다. 대통령제하에서는 '책임총리', '책임내각'의 시스템이 제대로 작동하기 어려운 것이다. 그런 점에서 총리와 내각은 대통령과 다른 독자적인 권력 기반 위에 서 있어야만 자율성과 독립성을 갖고 정책을 추진할 수 있는 것이다.

박근혜·최순실 게이트를 겪으면서, 대통령의 권한을 약화시키거나 분산시켜야 한다는 데에 사회적인 합의가 마련된 것으로 보인다. 대통령에게 집중된 권한을 분산시키고, 실제로 업무를 담당하는 총리와 내각이 제 역할을 할 수 있도록 해야 한다는 것이다. 이와 함께 각 기관의 자율성, 독립성이 보장되어야 한다는 점이다. 이른바 박근혜·최순실 게이트에서 가장 자주 지적된 문제점 중 하나가 대통령의 권한 행사가 적절하게 견제받지 못한다는 점이다. 청와대 민정수석을 통해 검찰 등을 비롯한 이른바 권력기관이 사실상 대통령의 영향력하에 놓이게 되었고 각 기관의 자율성은 사라졌다. 제도적으로 주어져 있는 역할을 적절하게 행사하지 못했던 것이다. 따라서 검찰·경찰·국세청·국정원 등을 비롯한 각 기관의 독립성과 중립성의 확고한 보장이 무엇보다 필요하다. 그런데 사실 이 두 가지는 긴밀하게 연결되어 있다. 대통령에게 집중된 권한이 각 기관의 자율성 확립을 어렵게 하고 있기 때문이다.

사실 그동안에도 정치권 등에서 개헌에 대한 주장이 제기될 때마다 분권적인 형태의 대통령제의 필요성은 자주 제기되어왔다. 그런데 여기서 논의가 필요한 점은 어떻게 대통령의 권한을 나눌 것인가 하는 부분이다. 그동안의 '분권형 대통령제' 논의에서 자주 제기되어온 방안 중 하나는 이원정부적 형태의 대통령이다. 대통령에게 외교·국방·안보·통일 분야의 권한을 부여하고, 그 이외의 '내치(內治)'는 총리를 중심으로 하는 내각에게 맡긴다는 것이다. 2014년 국회의장 직속 국회 헌법개정 자문위원회안 역시 이런 방식을 취하고 있다. 제안된 권력구조를 보면, 행정부는 대통령과 국무총리로 이원화한다. 대통령은 6년 단임으로 국민들이 직접 선출하며 외교·국방·통일·안보의 권한을 갖도록 했다. 좀 더 구체적으로 외교·국방·통일·안보 정책 심의 기구를 설치하고 이 기구의 의장직을 대통령이, 부의장직을 국무총리가 맡도록 했다. 국무총리는 대통령으로부터 독립해 독자적으로 내정을 총괄하며 국무위원, 행정 각부 장관에 대한 통솔권을 갖도록 했다. 또한 대통령은 당적을 이탈해야 하고 국무총리는 국회에서 선출하며, 대통령은 국무총리의 제청에 따라 국회 해산권을 갖도록 했다.

그러나 이러한 권한 배분은 대통령 권한의 약화라는 원래의 취지와도 잘 맞지 않을 뿐만 아니라 더욱 심각한 문제를 발생시킬 수 있다. 대통령과 총리가 권한을 나눈다고 하지만 둘 사이 권력의 경계나 관계가 애매해질 수 있다. 외교·국방·통일·안보에 한해 대통령이 권한을 담당한다고 하지만 현실적으로는 총리와의 역할 경계가 명확하지 않은 경우가 많다. 예컨대, 북한과의 개성공단 사업이나 금강산 관광 혹은 나진·선봉 개발과 같은 정책에 대해서는 대통령과 총리 중 누가 책임을 져야 할까. 사안의 속성으로는 북한과 관련된 것이므로 외교·국방·통일·안보의 영역에 놓인다고 할 수 있겠지만, 본질적으로 중요한 것은 경제 협력이므로 총리가 이를 담당하는 게 더 적절하다고 볼 수도 있다(강원택, 2015: 168~169). 이처럼 정책 간 영역을 구분 짓는 것은 현실에서는 매우 어려운 일이다. 이런 상황이면 대통령이나 총리가 서로 자신의 영역으로 간주하고 정책의 결정권을 가지려고 다투는 일이 발생할 수도 있다. 그런데 여기서 한 걸음 더 나아가 만약 대통령과 총리의 견해가 완전히 상반되는 경우도 생각해볼 수 있다. 예컨대, 대통령은 개성공단을 폐쇄하고 싶어 하고, 총리는 반대로 개성공단을 더욱 확장하려고 생각한다면 둘 간의 갈등은 더욱 고조될 것이다. 또한 앞의 헌법개정 자문위원회안에 따르면, 대통령이 외교·국방·안보·통일 분야를 담당하지만 이 부서의 장관은 국무총리가 임명한다. 이 분야의 장관들이 총리와 뜻을 같이하면 대통령과 맞서게 되는 것이고, 대통령과 뜻을 같이한다면 총리와 마찰을 빚게 될 것이다. 총리로서는 자신과 뜻을 달리하는 장관들을 임명하려고 하지 않거나 혹은 해임시키려고 할 것이다. 어떤 경우이든 내각의 안정성에 도움이 되지 않는다. 더욱이 그동안 한국 정치에서 외교·국방·통일·안보 분야는 이념적으로나 정파적으로 매우 대립과 갈등이 심했던 정책 분야였다. 다시 말해 이들 정책 분야는 이른바 '남남 갈등'의 핵심적 영역이었다. 그런데 이러한 영역이 분권이라는 명분하에 대통령에게 부여하는 별도의 정책 영역이 된다면 통치 세력 내에서 심각한 정치적 갈등이 생겨날 수 있고 이는 체제의 위기로 이어질 수 있다.

더욱이 총리와 내각이 대통령에게 예속되지 않도록 하기 위해 국회가 총리와 내각 구성의 권한을 갖게 된다면 대통령과 총리는 서로 다른 정당 소속이 될 수도 있다. 그와 같은 동거정부하에서 어정쩡한 정책 영역의 배분은 정치적으로 매우 위험한 상황을 초래할 수 있다. 과거 바이마르 공화국의 붕괴는 대통령과 의회 간의 갈등으로 인해 빚어졌다. 대한민국 제2공화국은 내각제로 설계되었지만, 대통령이 총리를 정치적 경쟁자로 생각했고 현실 정치에 개입하면서 체제 수호자로서의 역할을 제대로 해내지 못했다. 이러한 대통령과 총리의 갈등은 결국 체제 붕괴로 이어졌다(강원택, 2009). 따라서 분권적인 대통령제가 바람직한 제도 개정의 방향이라고 하더라도, 정책의 영역을 나누는 형태의 분권형 대통령제가 그 대안이 된다고 보기는 어렵다.

　대통령과 총리 간 관할하는 정책 영역을 나누는 대표적인 국가로 프랑스를 드는 경우가 있는데, 이는 프랑스 정치제도에 대한 오해에서 비롯된다. 프랑스는 대통령이 최고의 권위를 지닌 강력한 대통령제 국가이다. 프랑스에서 총리의 역할이 부각되는 경우는 하원의 다수 의석을 야당(들)이 장악하는 경우이다. 의회가 총리 불신임의 권한을 갖고 있기 때문에 이 경우에는 야당의 리더가 총리가 되고 내각을 구성한다. 즉 동거정부가 생겨나는 것이다. 동거정부가 등장하면 대통령의 권한은 크게 축소되고 사실상 내각제와 유사하게 국정이 운영된다. 그러나 대통령을 지지하는 정파가 하원의 과반을 차지하고 있다면 프랑스에서는 드골이 의도했던 대로 강력한 대통령제가 구현되는 것이다.

　물론 대통령과 총리 간 정책의 관할권을 이분화하는 방식을 주장하는 이들은 대통령과 총리 간의 협력과 타협이 가능하고, 합리적으로 서로의 입장을 조정할 수 있는 인격이나 리더십을 염두에 둔 것일 수도 있다. 실제로 여기에서 의구심을 제기한 문제가 현실적으로는 발생하지 않을 수도 있다. 하지만 권력구조와 같은 매우 중요한 정치제도를 디자인할 때는 최선의 상황보다는 최악의 경우를 염두에 두는 것이 필요하다. 그런 점에서 미국 헌법을 디자인한 이들이 가졌던 인간의 권력 욕구에 대한 합리적 의심에 주목할 필요가 있다. 다음은 『연방주의자 논고』, 51번(*Federalist Paper*, No. 51)에 실린 글이다.

　야심은 또 다른 야심에 의해 대응될 수 있도록 해야만 한다. …… 만약 사람들이 천사라면, 어떠한 정부도 필요하지 않을 것이다. 만약 천사들이 사람들은 통치해야 한다면, 외부적이거나 내부적인 정부 통제는 필요하지 않을 것이다. 사람들에 대해 사람들이 운영해야 하는 정부를 구성하는 데 있어서 가장 큰 어려움은 바로 여기에 놓인다. 우선 정부가 피치자를 통제할 수 있어야 한다, 그리고 그 다음으로는 정부가 정부 스스로를 통제해야만 한다.[7]

매디슨(James Madison)은 이러한 관점에서 권력은 분립되어 서로 견제하고 균형을 이루도록 해야 한다고 보았다. 이원정부제에서 대통령과 총리의 권한 배분이 이들 간 '선의'에 따른 역할 분담이 이뤄질 것으로 전제하는 것은 이와 같은 관점에서 보면 더욱 받아들이기 어렵다. 매디슨이 말한 대로, 사람은 천사가 아니기 때문이다. 더욱이 과거 우리 정치사를 보면, 권력의 분점과 역할의 구분이 얼마나 어려운 것인지 잘 알 수 있다. 제헌헌법에서는 대통령, 국무총리, 국무위원으로 구성되는 합의체로서의 국무원을 두도록 했으며, 대통령의 권한에 속한 중요 국책을 여기서 결의하도록 했고, 국무회의에서의 의결은 과반수로 정하도록 했다(서희경, 2012: 258). 그러나 이승만이 대통령으로 당선된 후, 이런 규정은 모두 지켜지지 않았다. 내각제였던 제2공화국 헌법에서 대통령은 국가의 원수로서 국가를 대표하며, 행정권은 국무총리가 이끄는 국무원에 두었다. 앞에서도 언급했지만, 윤보선 대통령은 상징적이고 중립적인 국가원수의 역할보다는 실제로 정치적 영향력 행사를 원하는 현역 정치인으로 행동했다(강원택, 2006: 207). 그리고 이와 같은 총리와 대통령 간의 경쟁과 불화는 제2공화국 몰락의 중요한 한 원인

---

7   James Madison, 1788, *Federalist Paper*, No. 51, https://www.ourdocuments.gov/doc. php?flash=false&doc=10&page=transcript (검색일: 2017.2.20).

으로 작용했다. 따라서 대통령의 권한을 총리와 나눌 때 정책의 영역을 중심으로 분권화하는 것은 매우 위험하다. 대통령과 총리 간의 영역 다툼과 정책 입장의 차이로 인해 갈등이 생겨날 경우 정치체제 전반에 부담을 주고 체제의 위기로 이어질 수도 있다. 따라서 정책 분야는 영역의 구분 없이 총리를 중심으로 한 내각이 전적으로 담당하는 것이 옳다.

그렇다면 대통령에게는 어떤 권한이 부여되어야 할까? 내각제 형태였던 제2공화국을 보면, 총리 지명권, 조약 비준, 선전포고, 외교사절 신임 접수, 국군 통수권, 계엄 선포권, 훈포장 수여권 등이 부여되었다. 국회에 나가 발언하거나 서면으로 의사를 표명할 수 있는 권한도 부여되었다. 한편, 대통령을 직선으로 선출하지만, 총리와 내각이 정책 집행의 권한을 갖는 오스트리아의 경우에는 대통령에게 포괄적인 권한이 부여되어 있다(이하 김종갑·이정진, 2017). 오스트리아 대통령은 총리와 각료 임명권을 비롯해 의회 해산권, 연방군 통수권, 긴급 명령권, 연방 헌법재판소장 임명권 등의 권한이 부여되어 있다. 그러나 이러한 권한 보유에도 불구하고 실제 권한 행사에서는 매우 소극적이거나 유보적인 행태를 보인다. 그 까닭은 대통령의 권한 행사에 수반되는 조건과 단서 때문이다. 예컨대, 대통령이 총리와 내각의 각료 임명권을 갖는다고 해도 의회가 총리와 내각 불신임권을 갖고 있기 때문에 대통령의 권한을 무력화시킬 수 있다. 의회 해산권 역시 총리의 제청이 있어야 가능하며, 최고 재판소 판사나 연방공무원의 임명도 관련 기관의 제청이 있어야 한다. 따라서 총리를 중심으로 한 국정 운영에 적극 개입하거나 그로 인해 갈등이 빚어지는 경우도 드물다고 할 수 있다. 오스트리아의 사례는 대통령과 총리 간 '역할 분담의 선명성'을 최대한 높여야 분권형 대통령제를 견인하는 행정부의 두 주체가 합의제 민주주의를 착근시키는 데 기여할 수 있다는 점을 알려주고 있다(김종갑·이정진, 2017).

오랫동안 민간 차원에서 개헌 논의를 이끌어온 대화문화아카데미의 헌법개정안(김문현 외, 2016)에서는 실질적인 행정 집행권은 총리와 내각에게 부여하고 있지만, 대통령에게 상당한 권한을 부여하고 있다. 대통령은 법안 거부권을 가지며, 법률에서 위임받은 사항과 법률 집행을 위한 대통령령을 발할 수 있도록 했다. 또한 외교·국방·통일·경제·사회·환경에 관한 중요 정책에 대해 국민투표에 부칠 수 있는 권한을 부여했으며, 대통령 직속으로 생태·환경, 평화·통일, 교육, 문화·예술, 방송·통신에 관한 위원회를 둘 수 있도록 했다. 법률안 위헌 제소권도 대통령에게 부여했다. 이외에 대외적으로 국가를 대표하며 사면권, 훈장 및 영전 수여권, 조약 비준 및 외교 사절 신임·접수·파견의 권한도 부여했다. 여기서의 대통령 권한은 정책 분야를 담당하는 것은 아니지만, 총리 중심의 국정 운영에 '개입'할 수 있는 권한이 충분히 부여되어 있다. 법률안을 거부할 수 있고, 대통령령을 발할 수도 있다. 국회에서 갈등을 빚은 쟁점 사안이 있다면 국민투표에 부쳐 해결할 수도 있고, 법률안을 위헌 제소할 권한도 있다. 총리와 내각, 혹은 국회 다수당의 정책 추진에 일정하게 개입할 수 있는 권한이 부여되어 있는 셈이다.

그동안의 우리 대통령제가 대통령에게 강한 권한을 부여하고 대통령의 권한에 대해 의회가 견제 역할을 하는 것이었다면, 여기서는 이를 역으로 적용하는 것이다. 대통령의 권한 배분과 관련해 이런 접근 방식이 바람직해 보인다. 대통령이 직접 정책 운영에 간여하는 것은 바람직해 보이지 않지만, 국가원수로서 정치적 갈등을 풀거나 장기적인 관점에서 국가 계획을 구상하는 것은 가능하도록 하는 권한이 부여될 필요가 있다. 대화문화아카데미안이 생태·환경, 평화·통일, 교육, 문화·예술, 방송·통신에 관한 위원회 설치의 권한을 부여한 것은 그런 차원에서 이해될 수 있다. 하지만 어떤 경우라도 대통령과 총리가 정책 집행이나 권한을 두고 서로 갈등을 빚는 경우는 발생하지 않도록 제도적 디자인을 하는 것이 대단히 중요하다.

이런 상황이라면 각 기관의 자율성과 독립성을 보장하는 것도 그리 어렵지 않게 된다. 그동안 법정 임기에도 불구하고 검찰·국정원·국세청 등 권력기관의 장이 정권이 바뀔 때마다 교체된 것은 대통령이 '입맛에 맞는' 인물을 그 자리에 앉히고 그에 따라 자신의 영향력을 행사하려고 했기 때문이다. 그러나 대통령의 권한이 이처럼 분산된다면 각 기관의 독립성과 자율성은 확립될 수 있을 것이다.

대통령의 권한 축소와 관련해 중요한 또 다른 측면은 수직적 차원에서 대통령에게 집중된 권한이 분산될 수 있어야 한다는 것이다. 다시 말해 대통령을 정점으로 한, 중앙정부에게 집중된 권한이 지방자치단체에 적절하게 분산될 수 있어야 한다는 것이다. 지방자치제도가 재도입된 지 오랜 세월이 지났지만 여전히 실질적인 권한은 모두 대통령을 중심으로 한 중앙정부가 장악하고 있다. 이 때문에 지방적인 사안이라도 중앙정부와 연관 지어 해결하려는 경향이 강하게 나타나고 있다. 헨더슨(Gregory Henderson, 1968)이 말한, 어떠한 사건이나 일도 결국에는 서울의 중앙정부로 귀결되는 소용돌이의 정치(politics of vortex)는 오늘날에도 여전히 나타나고 있다. 지방자치가 시행된 지 이미 오랜 세월이 흘렀음에도 불구하고 여전히 지방이 중앙에 종속적인 위치에 놓여 있게 된 것은 현행 지방자치가 중앙의 행정적 기능을 제한적으로 위임하는 데 그쳐 있기 때문이다. 권한의 불평등 역시 바뀌지 않았으며 지방은 중앙의 개입에서 자유롭지 못하다. 재정이나 법령을 통한 중앙정부의 통제 역시 여전하다. 민주화 이후 국회와 사법부의 권한과 자율성 강화 등 대통령의 권한을 견제하기 위한 수평적 차원에서의 분권화에는 어느 정도 진전이 있었지만, 중앙과 지방 간 수직적 차원에서의 분권은 별다른 진전을 이뤄내지 못했다(강원택, 2014: 23). 따라서 대통령의 권한 축소와 관련해 중요한 또 다른 고려사항은 중앙정부의 권한을 대폭 지방정부에 이양해, 지방의 사안은 지방에서 해결될 수 있도록 만들어야 한다는 것이다. 이는 오늘날 나타나고 있는 지방과 서울(혹은 수도권)과의 심각한 격차 문제를 해결하는 데도 도움을 주며, 인구의 지나친 수도권 편중 현상을 해결하는 데도 도움을 줄 것이다.

대통령의 권한 축소와 함께 고려되어야 할 점은 정치적 책임성(ac-countability)과 반응성(responsiveness)을 확립할 수 있어야 한다는 것이다. 현행 단임 대통령제에서는 대통령 선거를 통해 일단 당선되고 나면 대통령은 다시 표를 얻기 위해 애를 쓸 필요가 없다. 따라서 대통령으로 집무하는 기간 동안 국민들 사이에서 아무리 인기가 없는 정책을 펼치거나 혹은 정책적 실수나 문제가 발생하더라도 다시 표를 달라고 할 필요가 없는 만큼 대통령으로서는 국민의 반응에 크게 신경 쓸 필요가 없다. 만약 다시 선거에 나서야 하는 상황이었다면 세월호 참사 이후 박근혜 대통령이 그렇게 오랜 시간 반응하지 않거나 무관심하게 방치해두지는 않았을 것이다. 따라서 집권기의 정책 수행에 대한 평가가 선거를 통해 상벌의 메커니즘으로 이어질 수 있도록 하는 것은 정치적 책임성과 반응성을 구현하는 데 있어 매우 중요한 일이다.

미국과 같은 대통령 중임제 방식은 적어도 한 차례 다시 선거에 나설 수 있기 때문에 현행 단임제보다는 이런 점에서 나을 수 있지만, 재선되고 나면 지금과 마찬가지 상황이라는 점에서 근본적인 해결책으로 보기는 어렵다. 더욱이 대통령의 권한을 분산시키는 방향으로 권력구조 개편을 염두에 둔다면 미국과 같은 중임 대통령제가 아니라도 어떤 형태의 대통령제도 대안이 되기는 어렵다.

정리하면, 현재와 같이 대통령 1인이 모든 것을 결정하는 정치 시스템은 좀 더 분권화된 형태로 바꿔야 한다. 수평적으로는 총리와 내각과 권한을 나누고, 수직적으로는 지방정부와 권한을 나눠야 한다. 그러나 대통령과 총리가 관할하는 정책 영역을 나누는 것은 적절한 방식이라고 할 수 없다. 분권 못지않게 중요한 것은 정치제도가 안정적으로 유지될 수 있어야 한다는 것이다.

4. 결론: 어떻게 바꿀 것인가

민주화 이후 지난 30년 동안 한국 정치는 절차적 민주주의라는 관점에서 볼 때 나름대로 의미 있는 진전을 거두었다. 그러나 또 한편으로는 민주화의 진전에도 불구하고 여전히 한국 대통령제에서는 권위주의 시대의 특성이 종종 나타나기도 한다. 이른바 박근혜·최순실 게이트에 대한 수사 과정에서 밝혀진 1인 중심적 통치 구조, 그로 인한 폐쇄성과 비민주성, 그리고 권력형 부패는 한국 민주주의가 아직도 극복해야 할 부정적 유산이 적지 않다는 것을 잘 보여주고 있다. 이러한 문제의식은 개헌의 필요성에 대한 사회적인 높은 공감대로 이어지고 있다.

개헌의 방향은 무엇보다 권위주의적이고 1인 중심적인 제왕적 대통령제로부터 벗어나 다수가 함께 통치 과정에 참여해 협력과 타협에 의해 통치하는 방식이 되어야 할 것이다. 또한 재임 중 국민의 요구에 민감하게 반응하고 또 정책 수행에 대한 정치적 책임도 물을 수 있어야 한다. 이런 점에서 모든 권한이 한 사람에게 집중된 대통령 중심제로부터의 변화가 필요하다. 총리 및 내각과 대통령의 권한을 분리한 분권적인 형태의 권력구조가 바람직해 보인다. 그러나 권력의 분산이 대통령과 총리 간 업무 영역의 갈등이나 관할권 다툼, 더 나아가 권력투쟁으로 이어질 가능성은 원천적으로 배제해야 한다. 그런 점에서 여기서는 이원정부적 방식보다는, 직선 대통령과 의회에 책임을 지는 총리와 내각의 결합 방식을 제시했다. 대통령에게는 대외적으로 국가를 대표하고, 대내적으로 국민 통합을 상징할 뿐만 아니라, 정치적 갈등이 고조될 때 이를 해소할 수 있는 권한이 부여되는 것이 바람직해 보인다. 또 한편으로는 수평적 차원의 분권화 이외에도 그동안 대통령과 중앙정부에 집중되었던 권한을 지방에 과감하게 이양하는 수직적 분권화도 이루어져야 한다.

그런데 앞에서 살펴본 대로 대통령의 권력을 축소하고, 총리와 내각의 자율성을 높이는 시스템에서는 궁극적으로 국회와 정당의 역할과 책임이 중요하게 되는 것이다. 국회의 역할과 임무가 막중해지는 데 비해 정당·국회 등 정치권 전반에 대한 국민의 불만·불신은 매우 높았다. 앞의 〈표 1-2〉에서도, 정치권 전반에 대한 무능과 부패에 대한 비판이 높았다. 다시 말하면, 대통령의 권한을 줄이고 총리와 내각에게 권한을 주자고 했을 때, 반드시 제기되는 의문은 '국회를 믿을 수 있느냐?' 하는 것이다. 이 문제를 해결하지 않으면 대통령의 권한을 분산하는 방식으로 권력구조 개편을 행할 수 없다. 따라서 권력구조를 개편하기 위해서는 정당정치와 의회정치에 대한 국민의 신뢰도를 높이기 위한 정치 개혁이 반드시 동반되어야 한다.

앞에서도 언급한 대로, 87년체제의 중요한 한 축은 지역주의 정당체제이다. 한국의 주요 정당들은 지난 30년 동안 지역주의에 기반한 폐쇄적인 정당 구도를 유지해왔다. 현재의 정치적 구조하에서는 선거에서 기존 정당을 위협하거나 대체할 수 있는 새로운 정당의 출현은 기대하기 어렵다. 지역주의로 인해 그 지역 지배 정당의 공천이 곧 당선이 되는 상황에서, 정당정치가 유권자의 요구에 민감하게 반응할 필요도 없고 정치적으로 잘못이나 실수를 저지르더라도 그에 대한 책임도 물을 수 없게 되는 것이다. 정치인들로서는 유권자는 제쳐두고 당내에서 공천을 받는 데에 유리한 상황을 만들기 위해 애쓰는 것이다.

정당정치를 변화시키기 위해서 가장 중요한 점은 정당이 유권자의 평가와 반응에 민감할 수 있게 만드는 것이다. 유권자의 평가와 반응에 민감해진다는 것은 두 가지 의미를 지닐 수 있다. 하나는 유권자의 평가가 그대로 정당의 의석으로 전환되어야 한다는 것이다. 30%의 지지를 얻었으면 그만큼의 의석을 차지해야 하고, 60%의 득표를 했다면 그만큼의 의석을 차지해야 한다는 것이다. 이렇게 된다면 유권자의 한표, 한 표가 귀중해지고, 현재처럼 정치적으로 취약한 지역은 포기해버리는 일은 일어나지 않을 것이다. 또 다른 의미는 경쟁자의 출현이 가능해져야 한다는 것이다. 한 정당이 잘 못하면 다른 정당을 지지할수 있어야 한다. 그러나 현재는 지역주의 정치로 인해 지역 유권자들은 그 지역 패권정당 이외에 실질적인 대안을 갖지 못했다. 사실상 선택이 제한된 선거를 치러야 했던 것이다. 선거의 경쟁성(competitiveness)을 복원시켜야 하는 것이다. 이는 결국 좀 더 비례성이 높은 선거제도를 도입하고 '정당법', '선거법' 등에 규정된 각종 규제를 대폭 풀어야 하는 것이다. 개헌을 위해서는 정치적 신뢰를 높일 수 있는 정치 개혁이 반드시 동반되어야 한다.

개헌의 필요성에 대해 공감하는 이들이 많지만, 과연 현실적으로 개헌이 가능할 것인가에 대해서는 회의적인 견해도 적지 않은 듯하다. 여기에는 두 가지 이유를 들 수 있다. 하나는 헌법 개정의 구체적 방안에 대해 아직까지 사회적으로 많은 논의가 이뤄지지 않았고, 이로 인해 변화 방향에 대한 충분한 합의가 이뤄지지 못했다는 점이다. 이에 따라 개헌 때 바람직하다고 생각하는 정부 형태에 대해 여론조사마다 그 결과가 다르게 나타나고 있다. 그렇게 된 것은 지금까지의 논의를 대체로 정치권을 중심으로 한 정치 엘리트들이 주도해왔다는 사실과 깊은 관련이 있다. 하지만 국민 다수의 지지를 받지 못한다면 개헌 논의의 동력은 곧 약해질 수밖에 없다. 따라서 개헌의 구체적 내용에 대해 사회적인 공론화의 과정을 거칠 필요가 있다. 왜 바꿔야 하는지 그 원인에서부터, 어떤 방향으로의 변화가 바람직한지, 구체적으로 어떤 제도적 대안이 있는지 등에 대해 폭넓은 논의가 사회적으로 이뤄져야 한다. 개헌이 아무리 시급한 과제하고 해도 이러한 사회적 공론화의 과정은 필수적이다.

또 다른 문제점은 정치권과 관련되어 있다. 새로이 당선된 대통령은 자신의 임기를 축소하고 싶어 하지 않는다. 대통령이 추진하지 않으면 현실적으로 이를 강제할 수 있는 방안은 마땅치 않다. 하지만 개헌에 대한 사회적 합의가 존재한다면 이는 대통령으로서도 상당한 정치적 압박으로 작용할 수 있으며, 정치적 상황의 전개에 따라서는 본격적인 개헌의 추진이 대통령이 국정을 운영하는 데 효과적인 수단으로 활용될 수도 있다.

요컨대, 개헌 필요성에 대한 공감대가 이처럼 넓게 형성된 것은 30년 만에 처음이다. 문제는 이것을 어떻게 구현할 것인가 하는 점이다. 단기적인 관점에서 정략적으로 개헌을 논의하는 것은 바람직하지도 않고 또 이런 경우 실현되기도 매우 어렵다. 이보다는 장기적인 관점에서 사회적 공론화를 통해 대안에 대한 공감대를 넓혀가는 것이 무엇보다 중요하다. 개헌을 위한 왕도는 없다. 결국에는 변화의 방향에 대해 국민의 뜻을 모아가야 하는 것이다.

참 고 문 헌

강원택. 2015. 『어떻게 바꿀 것인가: 비정상 정치의 정상화를 위한 첫 질문』. 이와우.
_____. 2014. 「총론: 지방자치를 보는 새로운 시각」. 강원택 엮음. 『한국지방자치의 현실과 개혁 과제: 지방 없는 지방자치를 넘어서』, 13~39쪽. 사회평론.
_____. 2012. 「성공하는 리더십의 조건」. 류상영·박철희·강원택·서문기 엮음. 『한국의 오늘과 내일을 말하다』, 204~215쪽. 동아시아재단.
_____. 2009. 「제2공화국 내각제의 불안정에 대한 정치제도적 평가」. ≪한국정치외교사 논총≫,

30집 2호, 45~70쪽.

_____. 2006. 『대통령제, 내각제와 이원정부제: 통치의 형태와 운영의 원리』. 인간사랑.

_____. 2005. 『한국의 정치개혁과 민주주의』. 인간사랑.

김문현·김선택·김재원·박명림·박은정·박찬욱·이기우. 2016. 『대화문화아카데미 2016 새헌법안』. 대화문화아카데미.

김종갑·이정진. 2017. 「오스트리아 모델로 본 분권형 대통령제의 도입 방향」. ≪이슈와 논점≫, 1270호. 국회 입법조사처.

박찬욱. 2004. 「대통령제의 정상적 작동을 위한 개헌론」. 진영재 엮음. 『한국 권력구조의 이해』, 171~223쪽. 나남.

서희경. 2012. 『대한민국 헌법의 탄생: 한국 헌정사, 만민공동회에서 제헌까지』. 창비.

이윤재. 2006.1.12. "세상읽기: 대통령은 제도인가, 사람인가". ≪한겨레신문≫.

임혁백. 1995. 『시장, 국가, 민주주의: 한국 민주화와 정치경제이론』. 나남.

정준표. 2004. 「정당, 선거제도와 권력구조의 선택」. 진영재 엮음. 『한국권력구조의 이해』, 255~294쪽. 나남.

≪중앙일보≫. 2007.1.11. "'노 대통령 임기 중 개헌' 70%가 반대…여론조사 여·야 모두 놀랐다". http://news.joins.com/article/2562680

≪한겨레신문≫. 2007.1.9. "개헌 여론 찬반 팽팽…시기는 70%가 '다음정권 이후에'". http://www.hani.co.kr/arti/politics/bluehouse/183202.html

한국갤럽조사연구소. "개헌에 대한 의견". ≪한국갤럽 데일리 오피니언≫, 136호. http://www.gallup.co.kr/gallupdb/reportContent.asp?seqNo=587

Economist Intelligence Unit(EIU). 2017. "Democracy Index 2016." www.eiu.com/topic/democracy-index

Henderson, Gregory. 1968. *Korea: The Politics of the Vortex*. Cambridge, Mass: Harvard University Press.

Madison, James. 1788. *Federalist Paper*, No. 51. https://www.ourdocuments.gov/doc.php?flash=false&doc=10&page=transcript

Economist Intelligence Unit(EIU). 2017. "Democracy Index 2016." www.eiu.com/topic/democracy-index

2장

정당과 선거:
개혁의 이슈와 과제들

박원호 | 서울대학교

1. 서론: 성취와 결여

한국의 민주주의가 1987년 6월항쟁으로 형식적 민주제의 최소 요건을 '성취'했다면, 동시에 이후 30년은 당시 이룩하지 못했던 민주주의의 '결여'가 그대로 남아서 한국 정치를 지배했던 시기이기도 하다. 한국 정치가 민주주의를 향해 결정적 걸음을 내디딘 시점에서 성취한 것은 무엇이고 이룩하지 못한 과제로 박제된 것은 무엇이었는지에 대해서는 관점에 따라 다른 평가가 가능하겠지만, 적어도 민주화의 성취와 결여의 내용을 채우는 중핵에 선거와 정당이 있음을 부인할 수는 없다.

우리가 1987년에 성취한 것을 민주주의의 형식적·절차적 최소 요건으로 정의한다면, 그것은 우리가 비로소 주기적이고 안정적[1]인 선거와 자유로운 경쟁이 보장되는 정당체제를 가질 수 있게 되었다는 의미였

---

1   한국 권위주의 정권 시기의 주요한 특징 중의 하나는 선거를 언제 치를 것인가에 대한 스케줄링 파워(scheduling power)가 대통령에게 있었다는 점이다. 선거일 결정이 권위주의 정권의 '공고주의'에서 '법정주의'로 변한 것은 '공직선거법'의 제정과 함께 마침내 이뤄졌다.

다. 그러나 동시에 그 이후 30년 동안 진행된 한국 민주주의의 실천이란 것은 우리의 선거와 정당이 '제대로' 작동하고 있는가라는 민주주의의 핵심 내용에 대한 끊임없는 물음이기도 했다. 한국의 선거와 정당에 대한 비평이 거시적인 학술적 논의에서 미시적인 저널리스틱한 논평에 이르기까지 일관되게 가리키고 있는 바는, 그것이 '제대로' 기능하지 않고 있다는 비판이며, 이것은 곧 우리의 대의(representation) 시스템이 작동하지 않고 있다는 의미이기도 하다.

이러한 대의의 실패가 추상적이고 규범적인 차원의 비평에서 머물지 않고 현실의 문제로 매우 드라마틱하게 드러난 것이 바로 박근혜 정부를 파국적 종말로 이끈 '국정농단 사태'라고 할 수 있을 것이다. 물론, 이를 대통령 개인의 매우 독특한 통치 스타일과 특별한 조건들의 조합으로 평가할 수 있는 여지는 분명히 존재한다. 그러나 동시에 박근혜 정부에서 벌어지고 나중에 발견되었던 문제점들은 때로는 정당론과 선거론의 프리즘을 통해서 들여다보면 한국 정치의 문제점들을 응축하고 있는 바이기도 했다.

더 나아가 정당과 선거에 대한 우리의 고전적 이해와 기대 자체가 매우 서구적인 의미에서 근대의 산물이며, 정보화와 세계화, 그리고 통일의 문제까지 포함한 새로운 도전들을 생각한다면, 오늘의 과제는 단순히 87년체제의 유산을 극복하는 것을 넘어 새로운 민주주의의 모델에 적실한 정당과 선거, 나아가 대의제를 고민할 것을 우리에게 요구하는 셈이다.

이 글은 민주화 30년의 정당과 선거를 종합적·거시적으로 평가하고 이에 따른 나름의 미래적 개혁 대안을 제시하려는 시도이다. 물론 한국의 정당과 선거에 대한 비평이 거시적인 학술적 논의에서부터 일화적인 저널리스틱한 논평까지 매우 넓은 스펙트럼에 분포해왔고, 다양한 형태의 대안적 모색이 있었던 것은 사실이다. 조금 과장되게 말하자면,

한국 정치의 모든 문제점은 제대로 기능하지 않는 우리의 정당과 의회의 문제로 환원될 수 있는 것이기도 했다.

카르텔적 양당제와 지역주의에 기반을 둔 선거가 '87년체제'를 규정하는 핵심 요소들이라면, 이러한 우리의 '현재'를 잘 서술하고 그것을 극복하는 방법을 찾아보는 것이 미래적 과제일 수밖에 없다. 특히 한국의 정당체제가 기존 거대 정당들이 독점적 지위를 향유하고 새로운 정파와 생각의 진입을 막는 카르텔적 정당체제였다면, 이를 구조적으로 떠받치고 있는 것은 지역주의적 정서와 연관된 선거제도였다. 2절에서는 우선 한국 정당의 '실패'를 체계적으로 진단하고, 이에 대한 극복 과제들을 제안할 것이다. 3절에서는 한국 선거제도의 문제점들을 서술하고 또한 개혁의 가능성들을 제시할 것이다. 마지막으로 4절에서는 미래적 과제에 대한 토론과 함께 결론을 맺는다.

2. 정당 개혁의 과제들

정치학자 키(V. O. Key, Jr, 1964)는 정당의 '존재 방식'을 세 가지 차원으로 나누어 규정했다. 정당은 매우 여러 곳에 다양한 방식으로 위치하지만 그것은 첫째, 스스로를 운영하는 조직으로 존재하며(party-in-the-organization), 둘째, 정부를 구성해(party-in-the-government) 의회에서의 입법과 행정에서의 정책 구현을 실현하며, 셋째, 유권자들의 인식 속에 존재하면서(party-in-the-electorate) 이들에게 선택의 구조를 제공해준다는 것이다. 키의 이러한 구분은 정당이 '어디에' 존재하는지에 대한 물음뿐 아니라 정당이 수행해야 할 역할이 무엇인지에 대한 해답이기도 하다. 한국의 정당이 실패한 것은 이러한 세 가지 영역에서 동시에 실패한 것이며, 정당정치의 복원이라는 것 또한 이러한 세 개의 영역에서 이뤄져야 할 것이다.

1) 조직으로서의 정당(party-in-the-organization)

한국에서 조직으로서의 정당이 지닌 가장 핵심적인 문제점은 다음의 몇 가지로 요약할 수 있다. 첫째, 한국의 정당은 레이블(정당명이 의미하는 브랜드)의 연속성을 상실했다. 둘째, 한국의 정당은 상시성을 상실하고 선거만을 위한 조직으로 변질되었다. 따라서 셋째, 한국의 정당은 정체성을 상실했다. 이하에서는 이를 하나하나 상술하고자 한다.

첫째, 한국의 정당이 조직으로서의 연속성을 상실했다는 것은 이중의 의미를 갖는데, 그것은 잘 알려진 것처럼 명목적인 수준에서 정당명이 매우 자주 변화를 겪었다는 점과 함께 정책적 내용 면에서 연속성을 상실했다는 점을 지적할 수 있을 것이다.

한국에서 나타나는 정당명의 변화는 매우 독특한 현상이다. 정당의 이름이 상품의 브랜드라면 그것을 끊임없이 변화시키고 새로 창출하는 것은 마케팅의 관점에서 보았을 때 매우 비합리적이기 때문이다. 그러나 한국의 정당들은 개명(改名)하는 데에 전혀 부담이 없는 것으로 보이며, 2017년 대통령 선거에 후보를 공천한 정당들은 모두 2013년 이후 개칭되거나 창당된 정당들이었다. 유권자들은 정당의 이름을 제대로 기억하지 못하는 것[2]으로 나타나지만, 정당들이 선택한 것은 연속성보다는 새로운 이미지였다.

둘째, 이러한 연속성의 상실은 한국의 정당이 상시적으로 존재하는 것이 아니라 선거만을 위한 임시적이고 가설적(假設敵)인 조직으로 존

---

2   한 조사에 따르면 2012년 총선 직전인 2월, 제1야당의 이름을 제대로 아는 유권자는 69.8%에 불과했다(리얼미터, 2012년 2월 21일 조사).

재했다는 데 있다. 예컨대 한국의 정당은 실질적으로는 연이은 선거캠프, 혹은 비대위(비상대책위원회) 형태로 존재했으며, 그것은 정당의 인적·정책적 구성의 끊임없는 부유성(浮游性)을 야기했다.

한국의 정당에 대한 흥미로운 사실은 특히 대통령 선거와 관련해, 집권 시 정부조직을 구성하고 장악하는 역할이 정당이 아닌 선거캠프에 집중적으로 주어져 있다는 점이다. 예컨대 이명박 정부와 박근혜 정부를 공천하고 낳은 정당은 같은 정당[3]이었지만 두 정부를 구성하는 인적 구성에는 거의 공통점이 없었다. 다시 말해, 다음 절에서 보겠지만, 행정부를 구성하는 과정에서 충원(recruitment)의 중심에 있었던 것은 정당이 아니라 후보자의 '가정교사'들로 이루어진 선거캠프였다.

셋째, 이러한 정당들은 결국 정체성의 위기를 피할 수 없다. 유권자들에게 선택 대안들의 구조를 제공하는 것이 정당의 가장 핵심적인 기능 중의 하나라면, 정당이 어떤 정책적 지향과 인적 연속성을 지니는지가 매우 의심스러운 상황에서 정당이 하나의 정체성을 구성하기 어려운 것은 당연한 결과로 보인다.

한국 정당들이, 적어도 '87년체제'하에서, 특정 이념이나 정강·정책에 얽매이거나 치우치지 않는 포괄정당(catch-all party)의 모습을 보였던 것이 일반적인 모습[4]이라면, 그 원인은 정당이 선거를 위한 임시조직으로 비상설화된 양상을 띠었기 때문이며, 선거캠프 조직이 후보자 득표의 단기적 유불리에 좌우되는 방식으로 당론(黨論)조차 쉽사리 바꿀 수 있었기 때문이다.

---

3   물론 이명박 정부는 한나라당이, 박근혜 정부는 새누리당이 공천한 후보자들이기는 하지만, 이 양 정당의 뿌리가 같다는 점은 부인할 수 없는 사실이다.

4   2017년 제19대 대통령 선거는 그런 의미에서 매우 예외적인 선거였다. 대통령의 탄핵으로 인한 급작스러운 선거, 그리고 다당제적 경쟁이 하나의 이유였겠지만, 보수정당인 자유한국당의 홍준표 후보는 이전 새누리당이나 한나라당이 지니고 있던 거대 정당으로서의 '포괄성'을 매우 과감하게 벗어버리고 오히려 정당 정체성을 강조한 바가 있다.

이러한 한국 정당이 처한 위기와 조직으로서의 정당(party-in-the-organization)이 겪는 위기를 극복하게 해줄 과제는 무엇인가? 그것은 한마디로 제도화의 노력이 필요하다는 말로 요약할 수 있으며, 무엇보다도 조직을 상시화시키고 당원과 공천제도를 재정비할 필요가 있다는 제안으로 귀결된다. 이를 요약하자면 다음과 같다.

첫째, 지구당이 폐지된 현행 '정당법'에서 지구당을 부활시켜야 한다. 한국의 정당이 대중조직 기반을 상실하고 유권자들의 일상으로부터 멀어진 결정적인 계기는 지구당이 '고비용·저효율 정치'의 주범으로 지목되면서 '정당법'의 개정과 함께 2004년 폐지된 장면이었다(전진영 2009; 모슬러, 2013).

학계 내외에서 '원내정당론'과 '대중정당론'에 대한 논쟁이 있었지만 (정진민, 2005; 박찬표, 2007 등), 이러한 논쟁의 승패나 평가와는 무관하게 현실의 결과로서 받아든 것은 지구당 활동이 전면적으로 '금지'되었다는 점이었으며, 이것이 우리의 정치생활에 미친 영향은 매우 크고 깊었다.

둘째, 정당의 당원 조직을 재정비해야 하며, 정당의 공천 과정을 제도화해야 한다. 현재 한국의 주요 정당들은 대통령 선거부터 각급 지방선거에 이르기까지 공천을 결정하는 룰이 미리 정해지지 않아, 게임의 당사자들인 후보자들이 게임의 규칙을 협상하거나 영향을 미치는 일이 매우 빈번하다.

후보자 공천 문제는 정당의 명운을 결정하는 핵심적인 문제이기도 하지만, 동시에 매우 결정적인 딜레마 상황이기도 하다. '중앙지도부'의 전략적 고려와 '지역 민의(民意)'를 어떻게 조화시킬 것인가, 당원과 일반 유권자들(여론조사)을 어떻게 동시에 잘 고려해 후보자를 선정할 것인가 하는 문제는 정답이 없는 질문들이기 때문이다. 전체(중앙당)와 부분(지역), 정당 정체성(당원)과 본선 경쟁력(일반 유권자)은 그 어느 것도 정당이 명시적으로 포기할 수 없는 가치들이기 때문에 양자 사이에 화해의 균형점을 미리 정하고 제도화시키는 것이 시급해 보인다.

셋째, 원내외 정당 지도부와 관련해서 그 임기와 권한의 제도화가 시급하다. 정강에 적시되어 있다고 해서 제도화가 완성된 것은 아니며, 정당 지도부가 수행해야 할 역할이 선거운동 지원보다 상시적인 운영이라는 사실을 이해해야 한다. 지도부 총사퇴와 비대위 체제의 상설화는 한국의 정당들이 조직적으로 실패했다는 것을 보여주는 결과인 동시에 그 문제를 악화시키는 원인이기도 하다.

2) 정부로서의 정당(party-in-the-government)

어떤 의미에서 정당의 가장 핵심적인 역할은 (행정과 입법 영역을 포괄하는 의미에서의) 정부를 구성하는 일이다. 각급 선거에서 승리한 정당이 해당 정부 운영의 책임을 맡고, 다음 선거에서 이에 대한 책임을 지는 책임정당제(responsible party government) 모델이 그것이다. 한국 정당의 문제점은 이러한 책임정당제가 구현되기 어려운 환경에 있었다. 책임정당제의 구현과 관련된 한국 정당의 문제점들은 다음과 같다.

첫째, 한국의 정당은 전문 관료들과의 경쟁에서 실패했다. 개발 독재와 과대 성장의 경로를 밟아온 한국의 경우, 국가가 시민사회를 압도하는 관료 조직과 전문성으로 무장한 것은 주지의 사실이다. 민주화 이후 한국 정당정치의 핵심 과제는 이러한 관료적 전문성을 어떻게 선출된 권력이 통제하고 제어할 것인가에 있었다.[5]

권위주의 정권에서라면 전혀 문제가 되지 않았을 이러한 문제가 대

---

5   관료적 전문성과 선출된 권력의 대립을 직업적 공무원('늘공')과 정무직 공무원('어공')의 대비로 기술하기도 한다. 어느 경우이건 이러한 모순을 해결해줄 수 있는 것은 정당의 역할이다.

두한 이유는 (대통령 선거와 국회의원 선거를 막론하고) 선거에서의 승리라는 정당의 정무적 고려를 관료 조직이 전체로서 공유하지 않기 때문이며, 발전국가의 경로에서 비대화된 관료 조직 자체의 논리를 대의제적 원칙이 투과할 수 없었기 때문이다. 이를 정당이나 대통령이 확실하게 관철시킬 수 있는 유일한 방법은 내각을 직접 청와대 비서실에서 구성하거나 사선(私線)적 라인을 통하는 것이었다.[6] 민주화 이후 모든 대통령의 측근들이 비리로 구속되는 과정에는 이러한 배경이 있었던 셈이다.

둘째, 정당이 의회와 행정부 사이의 가교 역할을 제대로 하지 못했다. 정당은 대통령 후보를 공천하고 당선시켜 행정부 운영의 주체가 될 뿐만 아니라 의회에 자당 의원들을 진출시켜 입법 역할을 수행하게 된다. 여기서 핵심적인 부분은 의회와 행정부 사이에 매우 근본적으로 존재하는 긴장과 갈등 관계를 생산적인 방향으로 해결할 수 있는 역할이 책임정당제하에서의 정당에 맡겨져 있다는 사실이다.

수평적 조직과 합의와 다수결을 근본 원리로 움직이는 의회는 근본적으로 비효율적인데 반해, 위계적 조직 체계를 갖추고 있는 행정부는 효율적이다. 4년마다 선거에 의해 교체되고, 주기적으로 상임위가 교체되는 의원들은 비전문적일 수밖에 없는 반면, 업무의 세분화와 최소한의 연속성이 보장되는 행정부 관료들은 전문적이라 평가할 수 있다. 지역구민들의 선호와 각종 이익집단의 영향을 무시할 수 없는 의원들이 지역구의 특수 이익에 노출되어 있다면 행정부는 상대적으로 전체적인 조망을 할 수 있는 이점이 있을 것이다. 행정부가 현실과 결과를 고려한다면 입법부는 이에 못지않게 원칙과 절차를 중시할 수밖에 없

---

6   그런 의미에서 한국의 대통령 비서실의 비대화를 이해할 수 있으며, 정도의 차이는 있지만 '비선(秘線)'이 일상적으로 필요했던 이유도 생각해볼 수 있다.

을 것이다.

여기서의 핵심은 행정부와 입법부 중 어느 하나가 더 우월하다거나 대의(代議) 과정에서 선차적이라는 말을 하려는 것이 아니라, 이 양자 사이의 매우 중요한 가교 역할을 해야 할 기관이 정당이라는 점이며, 지난 30년 동안의 한국 정당은 이러한 역할에 실패했다는 점이다. 당정청(黨政靑) 협의회라는 행정부와 원내 여당 사이의 협력 고리가 유명무실해지거나 전자에 의한 후자의 지배라는 양상이 드러났고, 특히 2015년 6월의 '행정입법 파동'으로 정당의 이러한 중재 기능이 전적으로 마비된 것이 매우 드라마틱하게 드러났다.

셋째, 양당제적 대결에서 우리의 정당은 정책 개발과 경쟁 기능이 약화되었다. 단기적 대안들만이 가능하고 장기적 비전이나 전망은 구성하지 못하는 상황이 지속되어오고 있다. 해외 정당들은 상당한 싱크탱크를 보유하고 운영하며, 국내 '정당법'은 국고보조금의 30%를 정책연구소 운영에 사용하도록 정하고 있지만, 현재 한국 정당들이 스스로 정책적 내용을 생산하는 데에는 한계가 있는 것으로 보인다.

이러한 책임정당제의 원칙을 적절하게 수행하고 잘 운용할 수 있는 개혁의 방안들은 다음과 같다.

첫째, 의회 상임위원회와 행정 부처 간의 입법교류 프로그램을 운영할 수 있을 것이다. 정부입법과 의원입법이 형식적으로 완전히 다른 트랙으로 구분되어 있는 현행 헌법이지만, 여전히 정부 부처에서 의원에게 '청부 입법'을 하는 사례나, 입법 과정에서 의원이 직간접적으로 해당 부처의 도움이나 자문을 구하는 일도 많다. 이런 관계를 오히려 공식화시키고 여타 학계나 시민사회 등의 참여도 유도한다면 '입법 네트워크'를 구성하고 이를 상시화시키는 효과가 있을 것이다(강동완 2008).

둘째, 정당이 운영하는 정책연구소의 기능을 강화해야 할 것이다. 가장 주요하게는 정당 지도부로부터 조직적 자율성을 보장해야 할 것이고, 재정적으로도 일정한 자립[7]을 보장해주어야 할 것이다. 또한, 현재 여론조사와 선거전략 개발에 머무르고 있는 정책연구소들의 역할을 적극적인 정책 개발 영역으로 확장시켜줄 수 있어야 할 것이다.

3) 유권자 정당(party-in-the-electorate)

유권자들의 마음속에 인식과 지지의 대상으로서의 정당이 존재한다는 관점은 유권자들이 내면적으로 구조화한 정당에 대한 애착심 혹은 정당 일체감의 크기와 강도에 대한 이야기이기도 하다. 한국의 유권자들은, 앞서 살펴본 것처럼 그것이 정당명의 잦은 변경으로 인한 것이었건 정당이 유권자들과 직접적인 상호작용을 하는 데 서툴러서 그런 것이었건, 서구 유권자들이 지닌 정당에 대한 애착심과는 상당히 다른 양상을 보인다는 점은 분명해 보인다. 이를 요약하자면 다음과 같다.

첫째, 한국 유권자들이 서구에서 흔히 관찰되는 정당에 대한 안정적이고 지속되는 당파심을 지니고 있지 않다는 점은 비교적 분명해 보이며, 가장 주요하게는 무당파(independents)의 비율이 매우 높다. 이러한 무당파들은 예전 투표 행태 문헌이 이해하던 정치적 무관심층이라기보다는 오히려 정당에 대한 애착은 약하지만 정책적 관심은 높을 수 있는 새로운 형태의 무당파이다(Dalton, 2014; 박원호·송정민, 2012).

둘째, 지지하는 정당이 있는 유권자들 또한 그 어느 정당에게도 안정적이고 구조화된 지지층을 보장해주지 않는다. 예컨대 2016년 제20대 총선에서 신생 정당인 국민의당이 느닷없이 비례투표에서 전국적으로 2위에 해당하는 득표를 올린 것이 그러한 예 중의 하나이며, 탄핵과 촛

---

[7] 현재 정책연구소들은 수입의 80% 이상을 정당을 통해 들어온 국고보조금에 의존하는 것으로 알려져 있다(이정진·임채진, 2015).

불 정국을 거치며 전통적인 보수정당에 대한 지지가 25%에도 못 미치는 정도의 수준으로 하락한 것이 다른 예라 하겠다. 요컨대, 현재는 한국의 정당체계가 87년체제의 지역주의에 기반을 둔 양당제에서 다당제적 질서로 옮겨갈 것을 요구하는 수요가 존재한다.

셋째, 한국의 정당은 유권자들을 정책이나 비전으로 견인할 대상으로 보기보다는 단기적 공천 과정 등을 통해 지지를 이끌어내야 하는 존재로 생각해왔다. 그런 반면, 해외 정당들에서 통상적으로 볼 수 있는 지지 유권자들에 대한 정치 참여로의 동원이나 인도 과정은 부재한 것으로 보인다. 요컨대, 정당의 일상적 활동에서 당원이나 유권자들이 배제되어 있었던 것이다.

한국의 정당이 정치의 중심적 위치를 복원하려면 아마도 가장 시급한 일 중의 하나는 유권자들이 생각하는 정당(party-in-the-electorate)을 새롭게 구성하고 업데이트하는 일일 것이다. 이를 위한 개혁 방안은 다음과 같다.

첫째, 무엇보다도 정당과 유권자와의 일상적인 스킨십을 강화해야 할 것이다. 앞서 본 지구당의 부활과도 관련된 논점이지만 정당이 시민교육이나 정책적 소통 등 일상적 영역에서 유권자들과 직접적으로 교류하는 활동에 상당한 시간과 노력을 투자하지 않으면 언제라도 유권자들에 의해 버려질 수 있다는 점을 확인해야 할 것이다.

둘째, 기존 거대 '포괄정당(catch-all party)'들이 환경·젠더·성소수자 문제 등 개별적이고 주변화되었던 이슈들에 대한 입장을 표명하지 못했던 반면, 적어도 지난 2017년 대통령 선거는 이러한 이슈들을 정당들이 본격적으로 논의하고 이를 통해 새로운 균열 구조를 창출해야 한다는 사실을 인식한 선거이기도 했다. 요컨대, 정당들이 전통적인 경제나 안보 등의 '큰 이슈'뿐 아니라 생활 속 이슈들을 발굴하고 동원하는 노력이 필요할 것으로 보인다.

셋째, 현행 '정당법'은 중앙당 중심의 매우 전국적이고 공식화된 과정으로서 정당의 창당과 유지를 규정하고 있다. 그러나 세부적이고 '주변적'인 이슈들, 지역적으로 구체적인 이슈들을 현재의 거대 정당들이 본격적으로 다룰 수 있을 것으로 보이지는 않는다. 이러한 유권자들의 수요에 맞추는 '정당법'의 변화 또한 기대해볼 수 있을 것이다.

3. 선거 개혁의 과제들

1987년 6월항쟁이 '대통령 직선제 쟁취'라는 의제와 맞닿아 있었던 것처럼 선거제도 개혁은 민주화의 핵심적 의제였다. 선거는 그 절차적 공정성과 합리성이 민주제에서 정당성의 원천이기도 하지만 그 세부 사항이 정치 그 자체의 성격을 규정짓기도 하기 때문이다. 그런 의미에서 어떤 선거제도를 채택하는가의 문제는 사실 헌법의 권력구조만큼이나 한 국가의 운영 체계를 규정하는 일이기도 하다.

'87년체제'는 대통령 중심제의 시기였던 동시에, 소선구제로 치러진 1988년의 제13대 국회의원 선거에서 나타났던 지역주의적 정당들이 지배한 시기이기도 했으며, 우여곡절 끝에 치른 1991년 지방의회 선거를 필두로 지방정치가 본격적으로 시작된 시기이기도 했다. 요컨대, 선거제도는 해당 정치체제의 성격과 운명을 결정한다는 말이 과장은 아닐 것이다.

민주화 30년을 맞은 지금, 그리고 헌법과 우리의 정치체제를 돌이켜 보는 자리에서 얼마나 근본적인 선거제도의 변화가 가능한지는 사실 의문이다. 대통령제에서 내각제에 이르기까지 개헌과 정치체제 변화를 염두에 둔 논의가 뜨겁기는 하지만 그것이 얼마나 지속될지, 그리고 실현 가능할지는 닥쳐봐야 알 수 있는 문제이기 때문이다. 그러나 우리

선거제도 개혁에 대한 문제는 이제 더 이상 피할 수 없는 숙제로 다가 와 있으며, '정치관계법' 개혁이라는 의제 아래 '선거법', '정당법', '정치 자금법' 등에 대한 일괄적인 재검토가 예전에도 진행되었고, 현 국회에 서도 진행되고 있는 것으로 알려져 있다.

선거제도 개혁은 헌법 개정 과정에서 권력구조에 대한 논의 못지않 게 우리 정치에 크나큰 파장을 불러올 것이며, 이에 대한 여러 정당·정 파 간 합의점을 찾기는 쉽지 않을 것이다.

이 절에서 논의할 내용은 주로 선거제도에 집중할 것이다. '87년체 제'라고 부르는 현 정치체제가 포함하고 있는 대통령, 국회의원 선거에 서 결선투표제와 소선거구제, 그리고 비례대표제에 대해 그 현실적 함 의를 검토하고 개혁의 가능성을 타진할 것이다.

1) 대통령 결선투표제

현행 대통령 선거와 관련된 문제 제기는 다른 무엇보다도 결선투표 와 관련된 문제라고 할 수 있다. 한 번에 승자를 결정하는 것이 아니라 다수의 후보자 중 특정 순위 이하(보통은 3위 이하)의 후보를 제외한 후, 최종 승자를 결정하는 결선투표제는 세계적으로 보았을 때 유럽(프랑 스, 오스트리아, 체코, 핀란드, 포르투갈, 폴란드, 불가리아 등)이나 남미(아 르헨티나, 브라질, 우루과이, 콜롬비아, 도미니카, 에콰도르, 페루 등)의 직선 대통령제와 상당히 친화성이 지니고 있는 것을 알 수 있다. 아마 대통 령이 유권자 과반수의 지지를 얻고 탄생할 수 있는 결선 투표의 장점은 무시하기 힘들 것이다.

유권자들로 하여금 가장 선호하는 후보는 아니지만 차선의 당선 가 능성이 있는 후보에게 전략적으로 투표하도록 유도하는 단순다수제에 반해, 결선투표제는 유권자들에게 첫 번째 라운드에서 진심투표(sincere voting)를 할 공간을 열어준다는 의미에서 적어도 1차 투표는 좀 더 다당제적이고 분절적인 선거가 될 가능성이 높다. 1차 선거가 이렇게 분절적인 선거가 될 가능성이 높은 반면, 2차 투표는 오히려 후보자들이 탈락 후보의 지지를 모으기 위해서 좀 더 넓은 연합의 가능성을 모색할 확률이 높을 것이다. 요컨대, 결선투표제는 분절과 연합의 가능성이 공존하는 시스템이다.

대통령 결선투표제와 관련해 비교적 최근 논쟁이 되었던 사항은 우리의 현행 헌법이 과연 단순다수제를 적시하고 있는가 하는 질문이었다. 현행 헌법은 대통령제 선출 과정을 상세히 적시하고 있지는 않지만 최고 득표자가 2인 이상인 때는 국회에서 선출하도록 한 점(제67조 2항)이나 단독 출마인 경우 선거권자의 3분의 1 이상을 득표해야 당선으로 인정된다는 점(제67조 3항)으로 미루어 보았을 때 단순다수제를 염두에 두고 있음은 부인할 수 없다. 만약 결선투표제가 있는 경우 복수의 최고 득표자가 있는 경우는 국회가 아니라 결선투표에서 결정될 것이기 때문이다. 또한 결선투표가 통상 '과반'을 기준으로 삼는 데 비해, '3분의 1 득표' 조항이 이에 잘 들어맞지 않는다는 사실도 부인할 수 없다.

물론 법 자구만으로 보았을 때, 현행 헌법의 해당 조항들이 반드시 결선투표제와 직접적으로 충돌하는 것은 아니라고 해석하는 것도 가능하다. '최고득표자가 2인 이상' 즉 정확하게 동일한 수의 득표를 한 복수의 후보자가 있을 가능성이 없기 때문에, 혹은 있더라도 그 경우에만 국회에서 선출하는 것으로 하고, 그 이외의 경우에는 결선투표에 의해서 결정하면 될 것이기 때문이다. 물론, 이러한 부분은 개헌 과정에서 염두에 두어야 할 내용으로 생각된다.

결선투표제가 반드시 현행 단순다수제보다 나은 시스템이라고 단언하기는 쉽지 않다. 결선투표가 있는 경우, 하위권 후보자들이 연합해 1차 1등 후보자를 결선에서 이기는 것이 가능할 뿐 아니라 해외 사례들에서 매우 빈번하다는 것을 보았을 때, 결선투표가 모든 정통성의 문제를 해결해주지는 않을 것임을 알 수 있다. 두 번의 선거를 치르기 위한 여러 재정적·사회적 비용 또한 만만치 않을 것이다. 그러나 연합을 '강제하는' 시스템, 연합하지 않으면 생존하지 못하는 시스템의 장점을 무시하기는 어려울 것이라 생각한다.

2) 국회의원 선거 소선거구제

87년체제가 우리에게 남긴 의외로 핵심적인 유산 중 대통령 직선제만큼이나 우리 정치를 결정적으로 정의하게 된 것은 국회의원 소선거구제였다. 특히 지난 30년은 한국 정치사에서 소선거구제가 한국의 지역주의 패권정당의 굳건한 보루임을 보여준 기간이기도 하다. 그것이 처음 출현했던 1988년의 제13대 국회의원 선거부터 최근 제20대 국회의원 선거까지 끊이지 않고 보이는 것은 소선거구제가 유권자들의 새로운 수요나 열망을 충족시키는 데에는 매우 둔감한 시스템이라는 점이다.

소선거구제에 대한 이론적 비판은 그것이 유권자들의 선호를 의석으로 전환하는 데 매우 불비례적이라는 사실이다. 〈표 2-1〉에서 보이는 것처럼 전국적인 평균 지지도는 B정당이 가장 높지만, 의석을 실지로 배분받는 것은 오히려 지역적으로 집중적인 지지를 받는 A정당과 C정당이다. 만약 이러한 비슷한 패턴이 전국에 걸쳐 만들어진다면 평균적으로 2등을 많이 배출한 B정당은 상당한 유권자 지지를 받았음에도 불구하고 의원들을 충분히 의회에 진출시키지 못할 것이다.

이상이 소선거구제가 지니고 있는 불비례성의 '기계적 효과'라면, 소선거구제가 지니는 문제점을 인지하고 있는 유권자들이 당선 가능한 정당과 후보에게 전략적인 투표를 하는 '심리적 효과'의 문제 또한 지

	A정당	B정당	C정당
가 지역구	51%	49%	0%
나 지역구	0%	49%	51%
총득표율	25.5%	49%	25.5%
총의석수	1	0	1

적하지 않을 수 없다(Lijphart, 1990). 한국적 맥락에서 이야기하자면, 한국 선거의 문제는 전국적으로 고른 득표를 얻는 '2등 정당'이 지역구 의석을 차지할 수 없는 문제도 있지만 동시에 유권자들이 지역구에서 당선 가능성이 떨어지는 후보자들을 애초에 고려 대상으로 생각하지도 않을 좋은 이유가 있다는 사실이다. 지역주의 정당에 도전하는 후보들의 노력이 대부분 수포로 돌아간 이유는 그것이 '지역주의의 벽'에 가로막혔다고 묘사되었지만, 그 지역주의의 벽을 구성하는 것은 지역주의 정서 못지않게 소선거구제라는 '제도의 벽'이었던 셈이다.

그런 의미에서 소선거구제가 결과적으로는 영호남지역 패권정당의 카르텔을 공고하게 지키는 요새였고, 따라서 소선거구제를 지키는 것에는 여야 정당들의 이해관계가 일치해왔다고 보아야 할 것이다. 이후에 언급하겠지만, 이상과 같은 소선거구제의 문제점들을 보완할 수 있는 것으로 알려진 비례대표 의석이 점차적으로 그 비율이 줄어든 이유는 현직 국회의원들과 여야 정당들이 포기하기 힘든 기득권과 관련되기 때문이다.

소선거구제를 전격적으로 폐지하고 중·대 선거구제로 바꾸는 것이 바람직하다고 말하기는 어렵다. 중·대 선거구제 또한 나름의 단점이 있으며, 한국 정치사의 맥락에서 유신 시기와 제5공화국 시기에 채택되었던 중선거구제가 지녔던 '동반 당선'의 여당 프리미엄에 대한 기억이 아직 존재하기 때문이다. 또한 현역 의원들의 이해관계와 직결되는 현존 선거구를 재구성(redistricting)하는 일은 정치적 타결이 쉬워 보이지 않는다. 현재로서 가능할 것으로 보이는 부분은 비례대표제로 이를 보완하는 것이며, 비례대표제에 대한 논의는 다음 항으로 미룬다.

3) 비례대표제

비례대표제(Proportional Representation System: PR)는 단순다수제에 비해 일반적으로 군소 정당이나 후보자에게 더 유리한 제도로 알려져 있다. 〈표 2-1〉의 극단적 상황에서 보았을 때, 단순다수제에서 한 석도 얻지 못했던 B정당이 비례대표제에서는 거의 과반에 이르는 의석을 얻게 될 것이기 때문이다.

물론 비례대표제에 대한 반론도 만만치 않다. 우선 한국 정치사를 돌아본다면, '전국구'로도 불리던 비례대표제의 역사는 굴곡진 한국 정치사를 반영한다. 5·16과 민정 이양 후 처음 실시되었던 1963년 제6대 국회의원 선거에서 유권자들은 지역구의 3분의 1에 이르는 '전국구'를 처음으로 선출하게 되었다. 그러나 지역구 제1정당이 전국구의 과반 이상을 가져가게 한 제도적 설정[8]이나 아마도 정치 경험이 전무한 군인 출신들의 정치적 교두보로 유용했을 애초의 제도 도입 동기를 생각한다면 이를 마냥 찬양할 수만은 없다.

'비례대표' 혹은 '전국구'로 분류하는 것이 맞는지 의문의 여지가 있기는 하지만, 특히 유신 시기에는 '유정회'라는 이름으로 국회의원 총수의 3분의 1에 이르는 의원을 대통령이 직접 임명하는 제도가 있었고, 제5공화국에서는 전국구 의원의 3분의 2를 제1정당이 독식하는 '선거

---

[8] 제1정당의 전국 득표율이 과반에 못 미치는 경우 비례대표 의석의 절반을 획득하게 되어 있었으며, 그 이상인 경우에는 전국 득표율에 따른 배분을 받았다. 다만 전국구 의석의 3분의 2를 초과하지 못하는 것으로 제한되었다('국회의원선거법' 제125조).

법'도 있었다. 이런 과거를 되돌아보면, 한국에서 전국구는 '비례대표'라기보다는 '불비례대표'라고 불려야 할 정도로 의원 선출 과정에서 여당에게 프리미엄을 제공하는 기제에 가까웠다(안승국, 2010).

한국의 비례대표제가 본격적인 '비례선거'의 모습을 띤 것은 2001년의 헌법재판소 판결과 2004년 제17대 국회의원 선거에서 도입된 '1인 2표제'의 구현에 이르러서였다. 유권자들이 비로소 지역구 선거와 분리된 전국구 선거를 생각할 수 있는 길이 열린 것이다. 그러나 현 체제의 문제점은 유권자들이 던지는 두 표 중의 하나인 비례대표제를 통해 선출되는 국회의원 정수가 전체의 6분의 1에 불과한 47석으로 줄어들어 있다는 점이다. 앞서 살핀 것처럼 지역구 소선거구제에 의회의 무게중심을 두는 것에 여야 정당의 이해관계가 일치한 것이다.

비례대표제가 물론 모든 문제의 해결책이 될 수는 없다. 그러나 적어도 분화되고 전문화된 현대 사회의 각종 다양하고 복잡한 문제들을 국가와 법이 어떻게 따라가는가 하는 문제는 현대 국가의 일반적 고민이며, 이곳에서 의회가 책임져야 할 막중한 역할을 수행하기 위해서 의회가 지녀야할 최소한의 전문성과 다양성이 필수적인 것이다. 비례대표제가 소선거구제에서는 당선되기 힘든 정책 영역의 전문가들을 충원하는 주요 경로가 되어왔던 것도 주지의 사실이다.

국회의 인적 구성이 평균적 유권자들과 최대한 닮아야 한다는 대표성의 주장도 있을 것이다. 50~60대 법률가 출신 남성들이 압도적으로 과대 대표되고 있는 국회가 절반의 여성과 과반의 청장년층, 나아가 소수자들을 대표하는 기구가 되려면 그 인적 구성 또한 완전히 유권자들을 표집한 듯한 소우주(microcosm)가 되지는 못하겠지만 이를 조금이라도 닮기 위한 노력이 필요할 것이다.

사실 이러한 관점들은 이미 우리 비례대표제에 상당히 구현되어 있다고 할 수 있다. 예컨대, 우리 '공직선거법'은 정당들이 제출하는 비례대표 후보 공천 명부에서 여성을 '매 홀수 순번'에 배치하도록 규정하고 있다(제47조 3항). 그러나 유권자 구성과 의원 구성을 닮도록 하겠다는 이상을 의원정수 6분의 1에 불과한 47석으로 실현시키기는 어려울 것이다.

따라서 선거제도 개혁의 가장 핵심적 과제는 비례대표 의석의 비중을 늘리거나 그 정치적 중요성을 높이는 것을 벗어나서는 생각하기 힘들다. 그것을 통해서 현 소선거구제의 문제와 함께 전문성과 대표성의 문제를 해결할 수 있을 것이기 때문이다. 국회의원 선거에서 유권자들이 두 표를 행사하는 것은 헌법재판소의 결정인 동시에 책임정당제가 우리 의회의 근간임을 확인하는 매우 중요한 제도적 요소인데 반해, 현재 정당 비례투표의 의미는 매우 제한적인 수의 비례대표를 선출하는 데 그쳐서 그 정치적 유의미성이나 이에 대한 유권자들의 효능감이 떨어져 있는 상태라고 할 수 있다.

현재 논의되고 독일식 연동제도 이러한 정당투표의 중요성을 강화하는 연장선상에서 생각할 수 있을 것인데, 그 경우에는 오히려 지역구 투표보다 비례대표 정당투표의 의미가 전국적 수준의 정치 구도에서는 더 중요한 투표가 될 것이기 때문이다. 물론 이것이 지니는 문제점도 무시할 수 없다. 가장 주요하게는, 정당이 선거에서 핵심적 매개자 역할을 하는 것, 혹은 정당의 공천이 실질적으로 국회의원들의 당락을 결정하는 상황이 정당의 뿌리와 정당성의 근거가 약한 한국에서 얼마나 설득력을 가지는지가 사라지지 않는 핵심적인 질문으로 남을 것이기 때문이다.

만약 비례대표 의원 정수를 더 늘리거나 정당투표의 중요성을 강화한다면, 현재 정당들의 비례대표 공천 과정의 형식과 절차 또한 새롭게 생각해보아야 할 것이다. 물론 이것은 단순히 '선거법' 수준의 문제뿐 아니라 그보다 미시적이고 세부적인 정당 공천 차원의 문제일 수도 있다.

첫째, '성 할당'을 '선거법'에 적시하는 현재의 형식이 적절한지에 대한 동의 여부와는 무관하게, 성별뿐 아니라 연령·지역·직업 등의 기능적 대표가 살아날 수 있는 비례대표 공천을 정당들이 성공적으로 수행할 수 있는 제도가 무엇인지를 심각하게 고민해야 할 것이다. 우리 공동체가 민주화의 다음 단계에서 마주치게 될 문제는 내용적 민주주의, 혹은 우리 정치체제가 소수자들에게 얼마나 정치적으로 열려 있는 체제인가라는 질문이 될 것이기 때문이다. 반드시 '선거법'에 특정 인구집단의 비율을 적시하는 것만이 해결책이 아니라 오히려 정당들이 대표성의 문제를 고민하며 스스로의 정치적 생존을 위해 필수불가결한 유인구조가 무엇일지를 생각할 필요가 있다. 예컨대 정당명부에 성별·연령별·지역별·직업별 안배가 어떻게 고려되었는지를 적시하게 하는 등의 가능성이 있을 것이다.

둘째, 비례대표 공천과 선거 과정에서 추천 후보들이 앞으로 어떤 상임위원회에 배분될 것이며 정당 정책의 어떤 영역에서 일하게 될 것인지를 적시하는 방안도 고려해볼 필요가 있다. 비례대표제가 행정부에 대응하는 최소한의 전문성을 위해 수립된 제도라면 그 후보자들의 선정 과정, 공천 과정부터 이것을 공개적으로 진행하는 것이 오히려 유권자들의 지지를 모으는 데 효율적일뿐 아니라 원칙적으로 더 맞기 때문이다. 물론 이것이 국회 운영에서 암묵적으로 관철되는 상임위원회 배분 규칙 등과 충돌한다는 점은 주지의 사실이다.

셋째, 정당명부가 상당히 복잡한 공천 과정의 결과이고 매우 많은 정보를 포함하고 있다면, 이에 반해서 유권자 측에서 여러 정당 중 하나의 정당에게만 투표하는 것은 너무 단순한 투표일 수 있다. 비용이나 한국의 선거 전통에서 그 실현 가능성이 높지는 않겠지만 생각해볼 수 있는 것은 투표 과정 자체에 상당한 양의 정보를 수록하게 하는 투표 방식이다. 예컨대 정당 비례대표 투표에서 현행 단기 비이양식(single non-transferable)을 변경해 유권자들에게 선호 순서를 적게 하는 이양식 선호 순서 투표, 두 개 이상의 정당을 기록하게 하는 연기식 투표 등을 시행하는 호주나 아일랜드 등의 제도도 참고해볼 만하다. 선거 이후 비례대표 의원을 정당에 할당할 때 유권자들이 기록한 복수의 정당에 대한 선호를 통해 사표를 방지하고 전략적 투표가 줄어드는 효과가 있는 것으로 알려져 있다. 특히 이는 국민들의 좀 더 세밀한 선호를 알게 된다는 점에서 그 집계 결과 역시 중요한 이벤트가 될 수 있을 것이다.

4. 결론

87년체제가 30년을 맞는 지금, 그것으로 정의되는 한국의 정치와 제도는 '낡았다'는 평가를 듣게 되곤 한다. 그러나 정치와 제도가 단순히 시간의 풍화작용에 의해 낡게 되는 것은 아닐 것이다. 문제는 결국 우리의 정치와 제도가 시간의 흐름에 따라 새롭게 제기되는 문제와 요구들을 얼마나 효과적이고 성공적으로 유연하게 대처해왔고 또 앞으로 대처할 수 있겠는가 하는 질문이 아닐까 생각한다. 우리가 30년 전에 이룩한 최소한의 절차적 민주주의가 변화하는 정치적 환경에서 충분히 뿌리를 내리고 성장했는지, 그리고 더 주요하게는 미래로 가꾸어나가야 할 우리 공동체의 전망을 현재의 정치와 제도가 떠받칠 수 있을 것인지 하는 질문들은 지속적으로 던져야 할 문제가 아닌가 생각한다.

고전적 민주주의론에서 강조하는 것처럼 정당이 제도와 법의 지배를 완성하는 사회적 기제로서 작동했는지를 평가하는 작업은 쉬운 작업이 아니지만 미래 정당의 모습이 어떠해야 하는지를 가늠하기 위해서는 반드시 필요한 작업일 것이다. 정당이 애초에 고안되었던 바, 유권자의 선호와 이익을 집약하는 기제, 자기 발로 서 있는 조직, 그리고 궁극적으로 민주적인 정부를 구성하는 역할에 이르기까지 정당이 민주주의적 대의제에서 수행해야 하는 역할은 무겁고도 중하다. 한국의 정당이 지난 30년 동안 이러한 역할을 제대로 수행했는지에 대한 평가는 대체로 부정적이다.

다른 무엇보다도 한국의 정당은 조직으로서의 정체성과 연속성을 지니는 데 실패했고 그 결과로서 유권자들과 기본적인 연계성을 수립하는 데 실패했다. 행정부와 의회를 통해 관료를 통제하고 선거로 위임받은 대의를 관철하는 데 실패했으며 정책적 대안들을 개발하고 구현하는 데에도 실패했다. 한국 정당 개혁의 과제들은 이러한 고전적인 모델들의 관점에서 볼 때, 기존의 실패를 거울삼아 정당이 스스로 국민들과 정부를 매개하는 역할을 구체적으로 고민하는 일에서 시작해야 할 것이다.

정당에 대한 새로운 관점들이 존재하는 것도 사실이다. 정당이 계급적인 이익을 대변하는 대중정당(mass party) 모델이나 정당 자체가 다양한 이익들의 경합장으로서 기능할 수 있는 포괄정당(catch-all party) 모델에서 벗어나 노동·환경·분배·젠더 등의 단일 이슈에 천착하는 이슈정당 모델에 대해 고민할 필요가 있어 보인다. 단적으로 말한다면, 한국에서 치러진 최근의 선거들은 이념의 양분법으로 사고되던 정당 간의 대립이 유권자들의 다양한 요구를 수렴하기에는 너무 단순하고 낡았다는 점을 보여주고 있다고 평가할 수 있을 것이다. 요약하자면, 한국의 정당이 지난 시기에 가장 중심적으로 고민하고 해결해야 했던 과제가 제도화의 문제였다면, 내일의 정당에게는 개별적이고 구체적인 생활 이슈들을 정책적으로 해결하는 과정을 통해 정당의 역할과 입지를 모색할 과제가 추가되는 셈이다.

한국의 선거제도 또한 새로운 전환기를 맞고 있다. 1987년 민주화 과정의 중핵이 대통령 직선제 쟁취 등의 선거제도 개혁을 중심으로 진행되었던 만큼 그 이후의 30년은 해당 시기의 합의된 제도가 현재의 지역주의적 패권정당을 중심으로 고착화된 정치질서를 유지하는 양상을 띠고 있었다. 정확하게 30년이 지난 후, 2017년의 촛불혁명이 가리키는 방향이 있었다면 그것은 기존의 정치질서, 정확하게는 우리의 선거와 정당제도가 유권자들의 다양한 요구를 대의하는 데 실패했다는 진단이었다. 그런 의미에서 이제부터 논의되기 시작할 개헌과 더불어 선거제도 개혁은 한국의 미래 정치가 나아갈 방향을 결정할 하나의 중요한 가늠자가 될 것이다.

한국의 87년체제가 합의한 선거제도의 핵심은 대통령 직선제와 소선거구제, 비례대표제가 혼합된 의회로 요약될 수 있으며, 이것은 유권자들의 선호를 매우 단순한 양당제적 경합으로 '압축'시키는 강력한 제도적 설정으로 규정할 수 있다. 그러나 앞서 밝힌 것처럼 한국의 유권자들이 최근의 몇 선거에서 끊임없이 보내는 신호는 이러한 양당제적 정치가 이들의 다양한 수요와 선호를 담아내기에는 지나치게 제한적인 시스템이라는 불만이었다. 현재 한국의 선거제도 개혁에 대한 논의는, 기존 거대 정당들이 자신들의 생존을 위해서라도 한국의 변화하는 유권자들의 다당제적 요구와 수요를 담아내는 선거제와 정당제의 그릇을 고안하고 만들어내는 일이라고 할 수 있을 것이며, 그 핵심은 소선거구제의 지혜로운 극복과 비례대표제의 적극적인 확산이 될 것이다.

마지막으로, 선거제도와 정당제도의 개혁에 대해 논의하는 이 글의 주제와 관련해, 권력구조에 대한 이야기를 언급하지 않을 수 없다. 지난 30년 동안 한국 정치를 조직화했던 헌정질서는 대통령 중심제였으며, 이러한 거시적인 권력구조 자체에 대한 논의가 이루어지는 결정적인 전환기를 우리는 통과하고 있다. 어떻게 보면, 대통령제를 채택할 것인지, 의원내각제를 채택할 것인지, 단원제를 채택할 것인지 아니면 양원제를 채택할 것인지 등의 권력구조에 대한 논의에 비해 선거와 정당의 운용 과정과 원칙에 대한 논의는 매우 지엽적인 것에 지나지 않을지 모른다. 특히나 미래의 정치에 대해 고민하고 통일 정부의 모습이 어떠해야 할 것인지에 대한 현실적인 논의에까지 이르게 되면 정당과 선거에 대한 이 글의 내용은 매우 원칙적인 토론으로 비춰질 수도 있을 것이다. 그러나 권력구조가 어떠한 모습을 띠건, 어떤 새로운 현실적인 변화와 도전이 존재하건, 민주주의의 핵심 문제는 국민의 대의과정이 어떻게 정부로 전달되고 구현될 것인지의 문제이며, 그 핵심에는 선거와 정당의 문제가 항상 놓여 있게 될 것이다. 그런 의미에서 이 글에서 논의된 내용은 지난 30년의 민주주의를 평가하고 앞으로 다가올 미래의 한국 민주주의의 모습이 어떠해야 하는지에 대한 거친 스케치라고 부를 수 있을 것이다.

참고문헌

강동완. 2008. 「정책네트워크 분석(Policy-Network Analysis)을 통한 대북지원정책 거버넌스 연구」. ≪국제정치논총≫, 48집 1호, 293~323쪽.
리얼미터. 2012.3.2. "유권자 30%, 민주통합당, 통합진보당 구분 못해"(2012년 2월 21일 조사).
모슬러, 하네스 B(Hannes B. Mosler). 2013. 『사라진 지구당 공전하는 정당개혁』. 인간사랑.
박원호·송정민. 2012. 「정당은 유권자에게 얼마나 유의미한가?: 한국의 무당파층과 국회의원 총선거」. ≪한국정치연구≫, 21권 2호, 115~143쪽.
박찬표. 2007. 「전문가정당 정치론 대 대중정당 정치론」. 최장집·박찬표·박상훈. 『어떤 민주주의인가』, 197~229쪽. 후마니타스.
안승국. 2010. 「국회의원 선거제도의 변화와 정치적 효과」. ≪한국정치외교사논총≫, 32집 1호, 259~288쪽.
이정진·임채진. 2015. 「정당 정책연구소의 현황과 개선과제」. ≪이슈와 논점≫, 1072호.
전진영. 2009. 「지구당 폐지의 문제점과 부활을 둘러싼 쟁점 검토」. ≪현대정치연구≫, 2권 2호, 173~196쪽.
정진민. 2005. 「17대 국회와 새로운 정당정치: 지구당 폐지 이후의 새로운 정당구조와 당원중심

정당운영의 범위」. ≪의정연구≫, 19권, 5~27쪽.

Dalton, Russell J. 2014. *Citizen Politics: Public Opinion and Political Parties in Advanced Industrial Democracies*, 6th ed. Washington DC: CQ Press.

Lijphart, Arend. 1990. "The Political Consequences of Electoral Laws, 1945~1985." *The American Political Science Review*, Vol. 84, No. 2, pp. 481~496.

Key, Valdimer Orlando, Jr. 1964. *Politics, Parties, and Pressure Groups*. New York: Ty Crowell Co.

3장

한국의 행정 개혁:
행정부와 입법부의 협치 강화

한정훈 | 서울대학교

1. 서론

이 글은 행정 개혁을 통한 행정부와 입법부의 협치가 한국 민주주의의 지속적인 발전을 위한 새로운 추진력이 될 수 있음을 보이고자 한다. 특히 공공정책을 수립하는 과정에서 행정부의 책임을 강화하고, 국회에게는 더욱 많은 권한을 부여하는 것이 협치의 유인을 강화하는 길임을 주장하고자 한다. 그리고 이러한 개혁을 위한 구체적인 조치로서 당정 협의회의 기능을 정상화하고 확대할 필요가 있음을 제기하고자 한다.

한국 사회 내 행정부와 입법부의 협치가 필요한 이유는 두 가지 측면에서 찾아볼 수 있다. 첫째, 1987년 민주화 과정을 통해 등장한 헌정체제의 문제점을 해소하기 위한 것이다. 87년 헌정체제에 대한 기존 연구는 '대통령 직선제'라는 목표를 실현하는 과정에서 이루어진 '보수적 민주화'에 초점이 맞추어져 왔다(김대영, 2006; 장훈, 2003; 최장집, 2002). 87년 헌정체제는 '대통령 직선제'를 성취하기 위해 민주화 세력과 권위주의 보수 세력이 정치적으로 타협한 결과이며, 그로 인해 자유를 포함한 사회적 가치의 증진 및 경제적 분배의 평등을 실현하는 실질적 민주주의를 진전시키는 데는 한계가 있었다는 것이다. 그러나 그동안 87년 헌정체제에 대한 논의에서 간과되어온 특징 가운데 하나는 87년 헌정체제가 제도적으로도 행정부와 국회에게 불균등한 권한과 책임을 분배하는 계기였다는 점이다. 권위주의 정부하에서 광범위한 인사권 및 각종 관리·감독 기구를 통해 행정 관료를 통제할 수 있었던 대통령의 권한은 직선제와 함께 축소되었다. 또한 권위주의 정부 정책의 거수기에 머물렀던 국회의 역할 및 행정부에 대한 통제 기능은 87년 헌정질서를 통해서 개선되지 않았다. 이는 87년 헌정체제가 대통령과 국회의 통제 및 영향력으로부터 독립성이 강한 행정부를 규정했음을 의미한다. 그리고 이와 같은 강한 행정부의 존재는 민주화 이후 한국 사회의 특징 가운데 하나인 관료 주도의 정치와 그에 따른 폐해에 밀접히 관련된다.

행정부와 입법부의 협치를 강조하고자 하는 두 번째 이유는 과거 행정 개혁의 지속적인 실패를 개선하기 위해서이다. 민주화 이후 대통령들은 하나같이 작은 정부를 위한 행정 개혁을 시도했다. 그러나 행정 개혁이 지향한 초기의 목표는 시간이 지나면서 대부분 상실되고 정권 말기가 되면 어김없이 관료 조직이 확대되는 경향이 관찰되었다(강원택, 2014). 또한 각 부처 내부적으로도 공공의 책무보다 내부의 위계에 복종하는 경향은 개선되지 않았을 뿐 아니라 부처 간에도 실패한 정책의 관할권 논쟁이나 책임의 전가와 같은 수동적이며 소극적인 관계 이상의 혁신적 발전이 이루어지고 있지 않다. 더구나 '관피아', '모피아'와 같은 부처 이기주의 및 행정 부처가 업무상 관련된 기업 및 각종 협회와 밀착되면서 나타나는 폐해가 끊이지 않고, 정보 독점과 정책 과정에 대한 조작 등으로 인한 국회와의 충돌 사례 등도 빈번하다. 이러한 현상은 지난 30년 동안의 행정 개혁과 동일한 방식의 행정 개혁으로는 한국 사회 내 관료의 도덕적 해이(moral hazard) 현상을 극복하는 데 한계가 있음을 함의한다.

　이 글은 위와 같은 인식을 바탕으로 미래의 한국 민주주의 발전을 위한 행정 개혁은 87년 헌정체제를 통해 강화된 행정 관료의 권한을 정상화하는 데 초점을 맞춰야 함을 지적하고자 한다. 이론적으로 행정부와 의회는 현대 민주주의를 지탱하는 가장 중요한 정치기구일 뿐 아니라 이들의 역할 및 관계에 따라 그 운영의 질적 수준이 달라진다. 특히 한국과 같은 대통령제 국가는 이 두 정부기관이 권력분립을 통해 견제와 균형을 꾀하고자 한다. 따라서 강한 행정부와 약한 의회라는 불균형을 해소하고 한국 국회가 행정 관료를 통제할 수 있는 제도적 방안을 마련하는 것은 대통령제의 근간이 되는 권력분립에 따른 견제와 균형의 원리를 정상화하는 조치라고 할 수 있다. 이를 위해 경험적으로 헌법 개정은 국가 운영의 원리를 정상화하거나 변경하는 가장 빠른 조치에 해당한다. 그러나 개헌은 국민적 합의가 이루어지기까지 상당한 시간이 필요할 뿐 아니라 사회 내 혼란을 야기하지 않기 위해 매우 신중히 이루어질 필요가 있다. 따라서 이 글은 대안적으로 현행 제도적 틀 내에서 행정부와 국회 사이에 책임과 권한이 불균등하게 분배된 문제를 해소할 수 있는 방안을 모색한다. 그리고 현행 당정협의제도의 정상화와 기능의 확대를 통해 행정부와 국회의 협치를 강화하는 것이 하나의 방안임을 제시한다.

　이러한 논의를 위해 본 연구는 우선 현 단계에서 한국 사회의 행정부와 국회가 어떠한 관계에 놓여 있으며, 어떠한 측면이 문제인지를 구체적으로 살펴보고자 한다. 다음으로, 그러한 문제를 해소하는 방안으로서 행정부와 국회가 협치를 발전시켜야 할 필요성에 대해 논의한다. 마지막으로 행정부와 국회의 협치를 달성할 수 있는 구체적인 제도적 개선 방안을 모색하는 것으로 결론을 대신한다.

2. 행정부와 국회의 책임과 권한 불균형

한국 사회와 같은 대통령제의 운영 원리는 정부기구가 권력분립을 통해 상호 견제와 균형을 추구하는 것이다. 이는 권력이 특정 기구에 집중되는 것을 방지하고, 다양한 정책적 선호를 반영하기 위한 것이다. 따라서 한국의 민주주의는 특정 정부기구가 과다한 권한을 지니고 정책 결정 과정에서 정책적 편향을 보일수록 위기에 빠질 가능성이 높다. 반면, 정부기구 간 충분한 견제가 이루어질 수 있는 권력의 균등한 분배가 민주주의의 진전에 기여할 것으로 보인다.

그러나 87년 헌정체제는 대통령제 정부 형태를 선택했음에도 불구하고 정부기구의 권한을 불균등하게 배분한 한계를 지닌다. 우선 과거 권위주의 체제와는 달리 대통령이 직접적으로 행정 관료를 통제할 수 있는 권한은 약화되었다. 강원택(2014: 70~71)에 따르면, 박정희 정부 시기에 대통령은 관료를 통제하기 위해 관기확립위원회, 감사원, 중앙기강위원회, 청와대 민정반, 중앙행정 특별감사반 등 감찰기구를 총동원했다. 그러나 민주화와 직선제로 선출된 대통령은 충성 인사 및 감찰기구를 통해 관료를 효과적으로 통제하기는 어려워진 것이다. 더구나 5년 단임제로 인해 임기 말 대통령은 이른바 레임덕 현상이라고 불리는 대통령의 상대적 권한 약화를 경험하기 때문에 대통령에 의한 관료 통제는 그만큼 더 약화된다.

둘째, 국민의 대표 기구인 국회가 행정 관료를 통제할 수 있는 기능이 약했던 권위주의 시기의 문제점이 개선되지 않았다. 87년체제는 대통령 직선제를 성취하는 과정에서 행정부와 국회의 견제와 균형의 원리를 강화할 수 있는 구체적인 제도적 개혁이 간과되었다. 거시적인 목표를 성취하기 위해 미시적인 사안들에 대한 충분한 검토가 이루어지지 않은 것이다. 그 결과 한국 국회는 민주화 이후 상당 기간 절차적 대표성을 보장한다는 상징적 기능 이외에 국회 본연의 기능인 입법권을 포함한 실질적인 권한이 미비한 기구로 유지되었다. 결국 87년 헌정체제를 통해 행정부는 대통령으로부터도, 국회로부터도 효과적으로 통제되지 않는 독립성이 강한 정부조직이라는 위상을 지니게 된다. 행정부와 국회와의 관계를 중심으로 한 이러한 행정부의 위상 변화는 국회가 지녀야 할 상당 부분의 권한이 민주화 과정을 통해 국회로 이전되지 않고 행정부에 남았음을 의미한다.

행정부와 국회가 불균등한 책임과 권한을 지닌다는 사실은 대표적으로 입법 과정을 통해 명확히 확인할 수 있다. 우선 한국 사회는 대통령제 정부 형태를 취하고 있음에도 불구하고 행정부에게 법률안 발의권을 부여하고 있다. 대한민국 헌법 제52조는 "국회의원과 정부는 법률안을 제출할 수 있다"라고 규정하고 있다. 규정에 따르면, 국회의원이 정부보다 앞서 언급되고 있다는 점에서 입법이라는 의회 본연의 기능이 국회에게 우선적으로 부여되고 있는 것으로 해석이 가능하다. 그러나 그동안 한국의 법률안 제출 현황은 이러한 해석과는 정반대의 현실을 보여준다. 〈표 3-1〉은 1987년 민주화 이후 지금까지 구성된 국회별로 법률안 발의 현황을 발의 주체에 따라 구분하고, 발의된 법률안의 가결 결과를 정리한 자료이다. 국회 내 의안 발의 가운데 '대안 반영 폐기'와 같이 개별 국회의원의 발의안이 소관 상임위원장 대안에 반영된 후 폐기된 경우는 각각 하나의 의원 발의안으로 간주한 수치가 제시되었다.

법률안 발의 및 가결과 관련된 〈표 3-1〉의 자료는 두 가지 흥미로운 점을 보여준다. 하나는 법률안 발의안의 양적인 측면에서 한국 사회는 민주화 이후에도 한동안 정부가 법률안 발의를 주도했다는 점이다. 행정부와 국회 사이에 발의안의 양적인 변화가 발생한 시점은 2000년 제16대 국회에 들어와서이다. 그 이전 시점까지는 국회와 행정부가 발의

┃표 3-1┃ 행위자별 법안 발의 및 가결률

회기	발의자	법률 반영	법률 미반영	가결률
제20대	의원	1,174	108	91.6
	정부	193	0	100
	합계	1,367	108	92.7
제19대	의원	6,626	10,102	39.6
	정부	803	290	73.5
	합계	7,429	10,392	41.7
제18대	의원	4,890	7,330	40.0
	정부	1,288	405	76.1
	합계	6,178	7,735	44.4
제17대	의원	2,893	3,494	45.3
	정부	880	222	79.9
	합계	3,773	3,716	50.4
제16대	의원	1,028	884	53.8
	정부	551	44	92.6
	합계	1,579	928	63.0
제15대	의원	687	457	60.1
	정부	737	70	91.3
	합계	1,424	527	73.0
제14대	의원	167	154	52.0
	정부	561	20	96.6
	합계	728	174	80.7
제13대	의원	352	218	61.8
	정부	355	13	96.5
	합계	707	231	75.4

주: 제20대 국회의 경우 2017년 8월 14일까지의 처리 결과에 해당함.
자료: 국회 의안정보시스템(http://likms.assembly.go.kr/bill/main.do).

한 법률안 수가 거의 비슷하거나 오히려 정부가 발의한 법률안 수가 많다는 점을 알 수 있다. 다른 하나는 제16대 국회 이후 양적으로 증가한 국회의 발의안 수가 국회의 입법 기능의 정상화를 의미하기에 한계가 있다는 점이다. 행정부가 발의한 법률안과 의원이 발의한 법률안의 가결률을 살펴보면 현재까지도 행정부가 발의한 법률안의 가결률이 월등히 높다.

〈표 3-1〉의 결과는 행정부가 국회에 비해 상대적으로 강력한 입법 권한을 지니고 있음을 함의한다. 최근 들어 가결률의 상대적 격차가 낮아진 이유는 국회의 입법 권한을 강화하기 위한 여러 차례의 제도 개혁, 그리고 국회의원에 대한 시민단체의 평가로 인한 국회의원 활동의 정상화 등을 들 수 있을 것 같다. 그럼에도 불구하고 여전히 행정부가 발의한 법률안의 가결률이 높다는 점은 법률안 발의 및 심의 과정에서 국회가 행정부와 대등한 수준의 권한에 이르지 못하고 있음을 함의한다. 이와 같은 법률안 발의에 나타나는 행정부와 국회의 입법 권한의 불균형은 가결된 법률안의 내용을 통해서도 알 수 있다. 행정부가 발의한 법률안이 상대적으로 한국 사회 내에 심각한 선호의 갈등을 유발하거나 국민들의 생활에 중요한 영향을 미치는 법률안에 해당하기 때문이다. 예를 들어, 법인세의 인상, 인사, 주한미군 공여구역 주변지역 개발 등 국민 전체 또는 일부에 대한 사회적 자원 배분과 관련된 법안은 주로 행정부가 발의한 법률안이다. 이에 비해 국회의원 발의안의 상당수는 기존 법안의 체계 정비 또는 자구 수정 등 매우 소소한 개정과 관련되는 경향이 강하다. 특히 한국 국회의원들이 임기 말 선거를 앞두고 자신의 업적 홍보를 위해 선전용 법률안 발의 행태가 상당하다는 점은 이와 같은 평가의 신뢰성을 강화한다.

행정부와 국회가 불균등한 책임과 권한을 지고 있다는 또 다른 측면은 한국 유권자들의 국회에 대한 신뢰도를 통해서도 확인이 가능하다. 특히 〈표 3-1〉의 결과가 법률안 발의 과정에서 행정부가 국회에 비해 상대적으로 강력한 권한을 지닌다는 사실을 보여준다면, 한국 유권자들의 국회에 대한 신뢰도는 국회가 행정부에 비해 상대적으로 강한 책임에 노출되고 있다는 점을 보여준다. 이에 대해 우선 국회의 신뢰도 변화를 살펴보자. 〈그림 3-1〉은 아시안 바로미터(Asian Barometer) 자료를 통해 드러난 2000년대 한국 유권자들의 행정부, 입법부, 사법부에

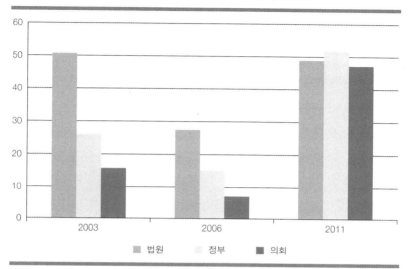

자료: 아시안 바로미터(Asian Barometer, http://www.asianbarometer.org)

대한 상대적 신뢰 수준을 보여준다. 2003년, 2006년, 2011년 세 시기에 걸쳐 조사된 자료는 각 시기별 정치적·사회적 환경을 반영하기 때문에 시기별 비교에는 적합하지 않다. 다만 각 시기마다 세 개의 주요 정부 기관에 대한 유권자들의 상대적 신뢰 수준을 비교하는 것은 가능하다. 〈그림 3-1〉에 따르면 한국 국회는 상대적으로 가장 신뢰도가 낮은 정부기구에 해당한다. 2011년에 들어와 국회의 신뢰 수준이 행정부나 사법부의 신뢰 수준과 비교할 때 격차가 감소했음에도 불구하고 여전히 다른 정부기구에 비해 낮다는 점은 지속되고 있다.

다음으로 이와 같은 낮은 신뢰의 원인은 무엇이며, 낮은 신뢰가 국회의 책임과는 어떻게 연관되어 있는가? 국회의 신뢰가 낮은 원인 가운데 가장 대표적으로 지적되는 것은 한국 국회의원들의 비생산적인 대결과 대립의 정치이다(이현우, 2006; 조진만·임성학, 2008; 이곤수·정한울, 2013). 국회 내 입법 과정에서 발생하는 정당 간, 국회의원 간 언어적·

물리적 폭력 사태뿐만 아니라 법률안 통과가 지연되는 현상을 목격한 한국 유권자들은 국회의원 및 국회에 대해 높은 신뢰를 발전시키기 어렵다는 것이다. 그러나 중요 정책을 결정하는 과정에서 다양한 사회적 선호를 반영해야 하는 국회 내에서 정당 간 갈등과 논의 과정은 매우 자연스러운 것이다. 또한 민주주의를 발전시키기 위한 공론의 장으로서 기능을 성실히 수행하는 당연한 현상이라고도 할 수 있다(이현우, 2006).

특히 국회 내 정당 간 대결의 정치는 국회 내적인 세력 갈등에서만 발생하는 것이 아니다. 오히려 대부분의 국회 내 정당 간 대립은 행정부가 발의한 법안 가운데 사회적 여파가 크고 중요도가 높은 법안을 두고 발생한다. 물론 소위 쟁점 법안과 비쟁점 법안의 구분이 되는 중요도가 객관적이지 않은 기준일 수 있으며, 때때로 쟁점 법안의 통과 여부를 두고 발생한 갈등으로 인해 국민들의 생활의 편의와 관련된 법안들이 계류되는 문제점이 있는 것도 사실이다. 그럼에도 불구하고 국회 내에서 정당 간 갈등이 야기되는 법안은 국회가 발의한 법안이 아니고 행정부가 발의한 법안을 두고 이루어진다는 점에 주목할 필요가 있다. 다시 말해, 국회 내 갈등을 유발한 법안의 내용을 책임져야 할 대상은 해당 법안을 발의한 행정부임에도 불구하고, 해당 법안의 내용을 두고 벌어지는 국회 내 갈등으로 인해 오히려 국회가 책임을 지는 현상이 발생하고 있다. 그리고 이러한 국회 내 갈등을 목격한 유권자는 그러한 갈등에 대해 부정적인 시각을 지닐 뿐 아니라 그에 따른 비효율적인 국회 운영의 문제로 인해 국회에 대해 낮은 신뢰를 보내고 있는 것이다. 결국 한국 유권자가 국회에 대해 낮은 신뢰도를 형성하고 있는 책임의 일부분은 국회가 아닌 행정부가 부담할 필요가 있다.

이러한 논의에 근거할 때 한국 사회 내에서 행정부와 국회가 불균등한 책임과 권한을 지니고 있다는 사실은 다음과 같은 측면에서 한국 민주주의 발전에 장애 요인으로 작용할 것으로 보인다. 첫째, 정부 정책이 충분한 논의를 거쳐 사회 내 다양한 선호를 반영하지 못하는 경향이다. 각 행정 부처는 법률안을 발의하는 과정에서 주민공청회 또는 관계기관과의 협의 과정을 통해 사회적 선호를 반영하기 위해 노력한다. 그러나 정책의 집행기관으로서 행정부는 유권자의 선호를 적절히 반영하기 위해 충분한 노력을 기울일 수 있는 정부기구가 아닐 뿐 아니라 그러한 환경도 미비하다. 국회 내 심의 과정에서 심각한 갈등을 유발하는 법률안들은 행정부가 일부 유권자의 선호나 정책 관련 특수 집단의 선호를 중심으로 법률안을 발의하는 경향이 있음을 드러낸다.

둘째, 행정부가 발의한 법률안에 대한 국회 내 심의 과정이 국민의 대표기관인 국회에 대한 신뢰를 감소시키고 그 결과 민주주의의 위기를 가져온다는 점이다. 최근 최순실 사건에서 목격되듯이 국회에 대한 낮은 신뢰는 한국 유권자들을 거리의 정치로 이끄는 결과를 가져온다. 거리의 정치는 사실 한편에서는 국회 또는 국회의원의 행태에 대한 실망이 원인이었을 수 있고, 다른 한편에서는 국회 기능의 한계에 대한 유권자의 인식이 작용했을 수 있다. 어느 편이든 정부 정책 및 국가 발전에 대한 논의가 국회를 중심으로 진행되지 못하고 거리의 정치에 의존한다는 사실은 민주화 이후 발전해온 한국 사회 내 절차적 민주주의에 대한 믿음이 훼손되고 있음을 의미한다.

마지막으로 민주화 이후 지금까지의 행정 개혁이 행정부와 국회의 불균등한 책임과 권한 분배의 문제점을 간과하고 행정 부처의 축소 및 개편에만 초점을 맞춤으로써 행정 개혁의 목표를 달성하는 데 실패하는 경향이 강하다는 점이다. 행정 개혁은 행정체제를 바람직한 상태로 변화시키기 위한 인위적인 노력에 해당한다. 이는 행정조직 내 문제점의 개선 이외에도 관료제에 대한 의존성의 축소나 주민대표성이 증가된 공공관료제의 발전과 같이 행정 관료와 유권자 또는 국가기구 간 권한 배분의 문제 등 더욱 포괄적인 목표와 내용을 포함한다(Caiden, 1994). 그러나 한국의 행정 개혁에 관한 기존 논의를 종합한 김태룡 (2013: 376~377)의 연구에 따르면, 한국의 행정 개혁은 개혁의 성공 요 인이나 전제 조건, 개혁 과정에 대한 평가, 개혁 방향에 대한 다양한 이 론적 모색, 기구별 개혁의 효과, 마지막으로 개혁의 저항 요인과 같은 다섯 가지 주제 영역에 국한된다. 행정 개혁에 관한 대부분의 논의가 행정부 내적인 측면에 초점을 맞추고 있을 뿐 행정부와 정부 내 다른 기구 및 유권자와의 관계에 대한 논의를 간과하고 있는 것이다. 한국 사회의 행정 개혁을 이와 같이 매우 협소한 영역에 제한하고 있는 지금 까지의 관행은 87년 헌정체제 이후 지속되어온 한국 사회 내 행정 관료 의 과도한 영향력이 가져오는 문제점에 대한 근본적인 해결책이 되기 어려울 것으로 보인다.

3. 행정부와 국회의 협치

그러면 행정부와 입법부의 불균등한 책임과 권한의 분배가 한국 민 주주의 발전에 하나의 걸림돌이 되고 있는 현상을 어떻게 타개할 것인 가? 일견 제도적 개혁을 통해 행정부와 입법부의 책임과 권한을 재분 배함으로써 쉽게 해결될 것으로 보이는 이와 같은 문제는 사실 그렇게 간단한 문제는 아니다. 우선 권력분립에 따른 견제와 균형의 운영 원리 를 미래 한국 민주주의가 지속적으로 의존해야 할 원리로 삼을 것인가 의 문제가 제기될 수 있다. 이는 헌법 개정과 관련된 문제에 해당한다. 권력분립에 따른 견제와 균형은 대통령제 정부 형태의 운영 원리에 해 당하는 데 반해, 내각제의 경우 권력분립보다는 권력의 융합과 정부기 구의 상호 협력과 조율의 운영 원리를 더욱 중시하기 때문이다. 예를 들어, 의원내각제로의 개헌이 이루어진다면, 현재 정부의 법률안 발의권은 크게 문제가 되지 않을 수 있다. 오히려 국회 내 다수당에 의해 내각이 구성되면서 다수당을 중심으로 한 내각과 국회의 협력의 정치 또는 책임정치가 실현되는 데 필요한 제도가 될 것이다. 그러나 개헌에 관한 논의는 행정부와 국회의 권한 배분과 같은 사안보다 더욱 추상성이 높을 뿐 아니라 미래 한국 사회의 민주주의가 어떤 원리를 따라 발전해나갈 것인가에 대해 더욱 깊은 고민이 필요한 문제이다. 이와 같은 개헌의 어려움을 고려할 때, 행정부와 국회의 새로운 관계를 개헌과 연계해 모색하는 경우 오히려 개선의 가능성이 낮아질 수 있음도 주의해야겠다.

다음으로 현행 대통령제를 유지한다고 가정할 때, 행정부의 권한을 축소하고 국회의 권한을 늘리는 것이 현실적으로 가능한가의 문제를 생각해볼 필요가 있다. 기존 논의는 대의제 민주주의하에서 법은 의회에서 생산될 필요가 있다는 점에 초점을 맞춰 국회가 행정입법에 적극적으로 관여할 것을 주장한다(김선택, 2015). 그러나 대한민국 헌법이 국회와 정부 양자 모두에게 법률안 발의권을 보장하고 있는 상황에서 행정부가 자신들의 법률안 발의 과정에 국회를 적극적으로 참여시켜야 할 필요성 또는 유인이 약하다. 국회의원들 역시 정부 부처의 개입으로 발의가 더욱 복잡해지는 것을 선호하지 않는 경향이 강하다. 또한 다수의 엘리트 정치인들은 국회의원의 전문성 및 국회의 능력을 고려할 때 법률안 발의에 관한 권한을 전적으로 국회에만 부여하는 것이 바람직한 것인가에 대한 문제를 제기하기도 한다. 결국 행정부와 국회 양자 모두에서 개선의 유인이 낮을 뿐 아니라 국회의원의 자질에 대한 신뢰가 강하지 않다는 사실은 현재의 권력 배분의 불균형 현상을 해소하는 것이 쉽지 않을 가능성이 높다는 점을 보여준다.

행정부와 의회의 관계를 중심으로 한 위와 같은 사실은 비단 한국 사회의 경험에만 국한되지는 않을 것이다. 따라서 발전된 민주주의 국가에서 행정부와 의회의 관계를 어떻게 설정하고 있는지를 살펴보는 것은 한국 사회 내에서 행정부와 국회의 불균등한 권한과 책임의 분배가 야기하는 문제를 해결할 수 있는 단초를 찾는 데 도움이 될 것으로 보인다. 특히 입법 과정에서 관찰되는 당정협력을 통한 행정부와 의회의 협치 사례는 대통령제를 시행하는 한국 사회에서 과도한 행정부의 권한이 견제될 수 있는 방안을 모색하는 데 기여할 것 같다.

당정협조제도는 정부와 정당이 협의를 통해 국가정책의 효율성과 대국민 책임성을 동시에 제고하기 위한 제도이다(최항순, 2007: 300). 이는 일반적으로 정부와 정당의 주요 인사(appointments), 정책 결정(policy making), 상호 후원(patronage)의 세 가지 차원에서 살펴볼 수 있다 (Blondel, 1995: 130~131). 여기서는 정책 결정의 차원에 초점을 맞추고자 한다. 이는 입법이라는 국회 본연의 기능을 중심으로 행정부와 입법부의 관계를 살펴보기 위해서이다. 또한 당정협조제도는 다양한 요인의 영향을 받으면서 달라질 수 있다(권찬호, 1999; 김영민, 2000; 최항순, 2007). 그러나 당정협조제도의 발전을 규정하는 기본적인 정치제도적 측면을 비교함으로써 추후 당정협조제도에 관한 더욱 엄밀한 논의를 위한 출발선을 제시하고자 한다.

〈표 3-2〉는 입법 과정에서 당정협력에 관한 미국과 영국, 한국의 사례를 비교한 것이다. 먼저 법률안 발의 주체는 대통령제인 미국과 의원내각제인 영국의 차이를 확연히 보여준다. 미국은 국민의 대표기관인 의회 이외의 행위자에게는 법률안을 발의할 수 있는 자격을 부여하지 않는다. 반면, 의회 내 다수당이 내각을 구성하는 의원내각제는 의회의원 이외에 정부도 입법에 참여할 수 있도록 허용하고 있다.

대한민국 헌법은 국회의원과 정부 모두에 법률안 발의권을 부여한다는 점에서 때때로 이 두 정부 형태의 혼합적 성격을 지닌 것으로 간

법률안 절차	미국	영국	한국
법률안 발의 주체	의회의원	의회의원, 정부	의회의원, 정부
법률안 초안 작성	의회 주도, 대중 공청회	정부 주도, 의회 및 대중 의견의 실질적 수렴 절차 존재	정부 및 의회 주도, 정부 발의안의 경우 의회 및 대중 의견 수렴 절차의 상징성
법률안 세부 내용	정부가 입법 이후 규정	정부가 초안 작성 과정에서 규정	정부가 초안 작성 과정에서 규정
법률안 시행 이후	예산 삭감 방식을 통한 의회의 행정부 통제	의회 내 위원회에 의한 행정부의 일상적 감독과 통제	국정감사, 국정조사를 통한 단발적·사안별 통제

주되어왔다. 그러나 법률안의 초안 작성 과정, 세부 내용 규정 과정, 법률안 시행 이후의 과정을 살펴보면 한국 사회의 입법 과정은 단순히 의원내각제적 성격과 대통령제의 성격을 혼합한 것으로 이해하기 힘들다. 오히려 두 유형의 정부 형태에서 관찰되지 않는 특성이 두드러진다. 법률안에 대한 정부의 권한이 국회의 권한에 비해 상대적으로 강할 뿐 아니라 국회가 정부의 법률안 발의 과정에 참여할 수 없다는 점은 한국의 특수한 사례에 해당한다. 이를 구체적으로 살펴보면, 첫째, 정부가 주도해 법률안 초안을 작성하는 영국의 사례와 비교할 때, 한국은 정부 주도로 법률안이 작성된다는 유사성을 지님에도 불구하고 정부의 법률안 작성 과정에서 그 내용에 대해 국회가 실질적인 의견을 개진할 수 있는 기회가 부여되지 않는다. 영국 정부의 입법 절차에 따르면, 정부가 초안을 작성하는 과정에서 정부는 의회 내 소관 위원회와의 논의 과정을 실질적으로 운영한다. 또한 의회 내 소관 위원회는 정부가 작성한 초안에 대해 자료를 수집하거나(take evidence), 초안 수정을 위해 정부에 직접적인 조언을 제시한다.[1] 한국은 이와 대조적으로 정부의

---

[1] 영국의 입법 절차에 관한 구체적인 내용은 다음의 웹페이지를 참조하기 바란다. https://

법률안 작성 과정에 국회의 개입이 차단되어 있어 법률안의 내용 수정을 위한 의견을 제시할 수 있는 권한을 지니지 않는다.

둘째, 법률안이 시행된 이후 한국 국회의 역할은 미국과 영국에 비해 현격히 제한적이다. 의회가 입법과 예산에 대해 강한 권한을 지닌 미국은 법률안이 시행된 이후에도 해당 법률안의 시행과 관련된 정부 부처의 예산 삭감을 통해 정부를 통제할 수 있는 권한을 보유한다. 영국도 의회 내 소관 위원회가 행정부의 법률안 집행에 관한 사항을 일상적으로 감독하거나 통제하는 권한을 지니고 있다. 이와 달리 한국 국회는 특정 사안에 대한 국정조사 또는 일정 기간 내에 이루어지는 국정감사를 통해 단발적 통제나 사안별 통제의 권한에 제한된다.

행정부와 의회가 입법 과정에서 맺고 있는 관계에 대한 위와 같은 삼국의 비교로부터 도출되는 결론은 한국 국회의 권한이 현저히 떨어진다는 점이다. 또한 미국과 영국에서는 법률안의 발의부터 법률안 시행 이후의 과정을 통해 전반적으로 행정부와 의회가 협력하고 상호 견제하는 것이 일반적인데 반해 한국은 입법 전 과정을 통해서 국회의 권한이 상징적이거나 매우 미약하다. 이러한 특징은 한국 사회의 미래 민주주의 발전을 위해서 행정부와 국회의 불균등한 책임과 권한을 해소하고 두 기구가 협치를 발전시켜나갈 수 있는 제도적 개혁을 달성할 필요성을 제기한다. 사실 한국 사회는 이와 같은 행정부와 국회의 협치를 가능하게 하는 제도적 기반이 이미 존재한다. 문제는 이러한 제도가 효과적으로 활용되지 못하고 있다는 점이다.

한국 사회에서 행정부와 국회의 협치를 가능하게 하는 제도적 근거인 당정협의제도는 과거 권위주의 시기 박정희 전 대통령에 의해 국회 내 여당의 권한을 강화하기 위해 발전했다. 그러나 제도의 실질적 운영

---

www.gov.uk/guidance/legislative-process-taking-a-bill-through-parliament

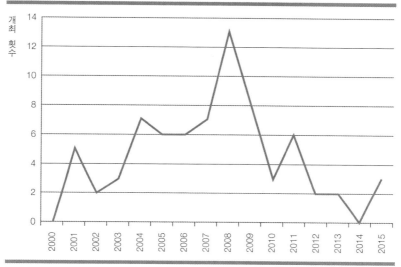

┃그림 3-2┃ 고위당정협의회 개최 연도별 추세

자료: 고위당정협의회 관련 자료(2000~2015), 국무총리실 정보공개 청구 자료.

은 대통령 개인의 선호와 정치적 환경에 따라 매우 상이하다. 〈그림 3-2〉는 제15대 대통령 김대중 정부 시기인 2000년부터 제18대 대통령 박근혜 정부 시기인 2015년까지 16년 동안의 고위당정협의회 개최 횟수의 연도별 변화상을 나타낸 것이다. 〈그림 3-2〉에 따르면, 고위당정협의회는 전체적으로 총 16년 동안 73회 개최되었다. 평균적으로 매년 4.6회의 고위당정협의회가 개최된 것이다. 민주화 이후 선출된 대통령 개개인의 선호가 다르고, 매해 발생하는 다양한 정치 환경적 요인이 다르기 때문에 평균 개최 횟수가 지닌 함의는 크지 않을 것으로 보인다. 그럼에도 불구하고, 평균적으로 분기별 1회 정도의 고위당정협의회가 개최되었다는 사실은 한국 사회의 정책 결정 과정에서 행정부와 입법부의 협치가 일반화되지 않았음을 의미한다. 다시 말해 한국 사회의 입법 과정은 행정부가 주도하고 있는 반면, 행정부 주도의 정책 결정에 대해 입법부가 견제할 수 있는 기회가 매우 협소하다는 특징을 보이고 있는 것이다.

〈그림 3-2〉에서 개최 빈도와 관련해 또 한 가지 특기할 점은 이명박 정부 초기에 해당하는 2008~2009년에 고위당정협의회의 개최 횟수가 가장 많았다는 점이다. 2008년에 13차 회의, 2009년에는 8차 회의가 개최되어 매해 평균보다 2배 또는 3배에 해당하는 빈도를 보였다. 이와 같은 고위당정협의회 개최 횟수의 급격한 증가는 행정부의 측면에서 한미 FTA 비준과 그와 관련된 쇠고기 협상 등 국내 현안에 대한 국회의 협조가 매우 절실했기 때문이라고 판단된다. 2008년 13차례의 회의 가운데 회의 안건에 직접적으로 '한미 FTA' 또는 '소고기'라는 용어가 제시된 회의만 6차례에 해당했으며, 그 외에도 '파업' 및 '국내 현안' 등과 같은 용어로 간접적으로 제시된 회의를 고려하면 1년 내내 한미 FTA와 관련한 고위당정협의회가 이루어졌다고 할 수 있다. 이는 이전 시기 한 해에 동일한 안건을 두 번 이상 다루는 경우가 거의 없었다는 점을 고려하면 매우 주목할 만하다. 이와 같은 특징은 또한 2009년의 회의 내용을 살펴볼 때 행정부의 필요라는 점을 더욱 분명히 보여준다. 다시 말해 2009년 개최된 8차례의 회의 역시 고위당정협의회가 상대적으로 매우 빈번히 개최되었음을 보여줌에도 불구하고 회의의 안건은 예산안 또는 세제안 및 대북 문제가 대부분을 차지하고 있다. 이러한 안건은 고위당정협의회의 일반적인 안건의 일부에 해당한다. 따라서 2009년의 개최 빈도는 2008년의 급격히 증가된 고위당정협의회 개최 빈도의 영향력이 시기적으로 잠시 지속된 것이 아닐까라는 생각을 할 수 있게 한다. 2009년의 개최 횟수는 행정부가 국회의 협조가 필요한 한미 FTA와 같은 주요 현안이 해결되고, 그로 인해 고위당정협의회를 빈번히 개최할 필요성이 떨어진 상황에서 회의 횟수를 점차적으로 줄여가는 중간 단계를 보여주는 것이라 할 수 있다.

결국, 2000년 이후 고위당정협의회의 운영 상황은 한국 사회에서 행정부와 국회의 협치가 거의 이루어지지 않는다는 점을 다시 한번 확인하게 한다. 한미 FTA와 같이 국회의 비준이 필수적인 안건이 제시되지 않는 한 행정부가 국회의 협조를 구하려는 유인은 낮아진다. 또한 이와 같이 국회의 직접적인 행동이 필요한 안건이 제기되지 않는 상황에서는 고위당정협의회의 개최 횟수가 급격히 감소한다는 사실은 행정부가 고위당정협의회의 실효성을 높이 평가하지 않고 있다는 점을 함의하는 것으로 보인다. 따라서 한국 사회의 고위당정협의회는 형식적으로 운영되는 경향이 강할 뿐 아니라 국회의 역할이 특별히 요구되는 현안이 발생하지 않는 한 행정부가 개최의 필요성을 심각하게 고려하지 않은 제도에 해당한다고 평가할 수 있다.

그러나 당정협의제도의 개혁 과정은 위와 같은 상징적 운영과 달리 당정협의제도가 중요하고 실질적인 기능을 수행해야 할 필요성을 반영하고 있다. 고위당정협의회의 개최 빈도에 관한 규정의 개혁은 그에 대한 대표적인 사례라고 할 수 있다. 2005년 4월 6일 국무총리훈령 제465호는 고위당정협의회가 정례화되지 못했던 기존의 한계를 개선하기 위해 고위당정협의회(당시는 고위당정 정책조정회의)를 '분기별 1회' 개최하도록 하고 '긴급한 현안이 있는 경우'는 이러한 규정과 상관없이 고위당정협의회를 개최할 수 있도록 했다. 또한 2008년 3월 18일 국무총리훈령 제506호를 통해 개최 빈도를 '월1회'로 상향 조정했다.

물론 다른 한편에서는 당정협의제도가 형식적으로 운영되기 때문에 나타나는 제도 개혁의 비일관성이 관찰되기도 한다. 예를 들어, 2007년 5월 14일 국무총리훈령 제493호는 이전에 비해 고위당정협의회에 참석해야 하는 정부 측 인사를 대폭 축소했다. 또한 2008년 국무총리훈령 제506호는 '월 1회' 개최를 원칙으로 하면서도 '개최할 사유가 없는' 경우 그러한 원칙을 지키지 않아도 된다는 부수 조항을 추가했다.

이와 같이 제도적으로도 한국 사회의 행정부와 국회의 협치 가능성은 일관된 목표를 제시하고 있지 못하다. 다음에서는 이에 대한 개선을 통해 한국 민주주의의 실질적 발전에 기여할 수 있는 제도적 방안을 모색해보도록 하겠다.

4. 결론: 행정부와 국회의 협치 강화 방안

이 글은 행정 부처의 개편 및 업무의 효율성 향상에 초점을 맞춘 한국 행정 개혁은 한국 민주주의 발전에 기여하는 데 한계가 있다는 인식에서 출발했다. 반면, 87년 이후 헌정질서의 특징 가운데 하나는 행정부와 국회의 불균등한 책임과 권한의 분배라는 점을 밝히고, 그로부터 야기되는 문제를 해결하는 것이 향후 행정 개혁의 목표가 되어야 함을 주장했다. 여기서는 결론에 대신해 행정부와 국회가 불균등하게 책임과 권한을 배분하고 있는 현상을 해결할 수 있는 방안을 논의하고자 한다. 특히 현재의 대통령제 정부 형태가 향후 지속될 것이라는 가정하에서 논의를 전개하도록 하겠다.

우선 모든 개혁의 출발점은 개혁의 원칙과 목표를 설정하는 데 있어야 할 것이다. 개혁의 원칙과 목표는 지난 시절에 대한 반성을 통해 설정될 수 있다. 따라서 미래 한국 민주주의 발전을 위한 행정 개혁의 원칙과 목표는 현재의 행정부와 국회의 불균등한 책임과 권한의 분배가 실질적으로 부정적인 결과를 낳고 있다는 인식에서 출발해야 할 것이다. 그리고 그와 같은 불균등한 책임과 권한의 분배를 개선하는 것을 목표로 하고, 그를 위한 원칙을 설정해야 할 것이다. 이와 관련해 이 글은 한국 사회 내 행정 개혁에 관한 두 가지 원칙을 제시하고자 한다. 하나는 권력분립을 통한 견제와 균형의 원리를 정상화하기 위한 개혁이 되어야 한다는 점이다. 대통령제 정부 형태가 효과적으로 운영되기 위해서는 대통령을 중심으로 행정부와 의회가 상호 효과적으로 견제할 수 있어야 한다. 한국 사회의 대통령제가 이와 같은 원리를 만족시키지 못하게 된 이유는 1987년 민주화 과정에서 정치체제의 상위 조직에 해당하는 정부 형태만을 대통령 직선제로 수정한 반면, 그에 따라 일관성 있게 하위 조직을 개혁하는 조치를 취하지 않은 데 있다. 현재 한국 사회는 이와 같은 역사적 오류를 개선할 시점에 있다고 할 수 있으며 이를 위해 대통령제 본연의 견제와 균형의 원리를 정상화하는 것을 개혁의 원칙으로 삼아야 할 것으로 보인다. 다른 하나의 원칙은 행정부와 국회의 업무 투명성이다. 현 단계 행정부와 국회의 불균등한 책임과 권한의 분배는 '누가 책임을 져야 하는지'를 밝힐 수 있는 전제 조건에 해당하는 '누가 무엇을 했는지'에 대한 정보가 부족하기 때문에 발생한다. 한국 사회 내 심각한 갈등을 유발하는 상당수의 법률안에 대해 실제 해당 법률안을 만든 행정 부처는 책임에서 면제되고, 그것을 통과시키는 과정에서 발생하는 갈등으로 인해 국회가 책임을 지는 현상이 나타난다. 만일 법률안을 만드는 과정에서 해당 법률안의 내용 및 예측 효과 등에 대한 충분한 사회적 논의와 검토가 이루어지는, 법률안 발의 과정의 투명성이 강화된다면 국회 내에서 통과 여부를 두고 발생하는 갈등을 완화할 수 있을 뿐 아니라 갈등이 발생하더라도 그러한 갈등과 조정의 과정을 사회적으로 필요한 것으로 인식할 수 있을 것이다. 그리고 유권자들이 그와 같은 인식을 발전시킬 수 있을 때 행정부와 국회의 불균등한 책임과 권한의 배분이 완화될 수 있을 것으로 보인다.

행정부와 국회의 협치를 강화하기 위한 구체적인 행정 개혁의 방안으로는 세 가지 사항을 제시하고자 한다. 첫째, 당정협의회의 정상화와 확대이다. 이는 행정부와 국회가 협치할 수 있는 기회를 마련해둔 기존의 제도를 활용함으로써 현재의 문제를 타개하고자 하는 방안이다. 당정협의회의 정상화는 두 가지 측면에서 생각해볼 수 있다. 하나는 정기적인 당정협의회의 개최 규정을 강화하는 것이다. 현재 고위당정협의회는 월 1회 개최를 원칙으로 하고 있다. 그러나 이러한 원칙이 지켜지지 않아도 되는 근거를 제시하고 있는 부수 조항으로 인해 2010년 이후로는 분기별 1회도 개최되지 않는 해가 빈번하다. 따라서 국무총리 훈령 제601호 7조 고위당정협의회의 운영에 관한 조항 가운데 5항의 "다만, 회의를 개최할 사유가 없거나 긴급한 현안이 있는 경우에는 그러하지 아니하다"라는 부수 조항을 완전히 삭제하거나 또는 "다만 긴급한 현안이 있는 경우에는 그러하지 아니하다"라는 조항만을 유지하는 개정이 이루어질 필요가 있다. 그리고 그러한 개정을 통해 월 1회 개최 원칙이 준수되고 긴급 현안이 발생하는 경우 그보다 더 빈번한 당정협의회가 개최될 수 있도록 당정협의회의 운영을 정상화할 필요가 있다. 당정협의회를 정상화하기 위한 또 다른 측면은 당정협의회에서 논의될 사안을 사전에 충분한 시간을 두고 공개하는 것이다. 고위당정협의회가 월 1회 개최 원칙이 지켜지지 않고 정부의 필요에 따라 개최되기 때문에 고위당정협의회에서 논의되는 사안이 회의 이전의 충분한 시점에 국회 측 참석자들에게 공유되지 않는다. 또한 보통 행정부가 하루 전, 심지어 고위당정협의회가 개최되는 당일, 회의 자료를 국회에 전달하는 경우도 다수인 것으로 알려졌다(정광모, 2007; 권찬호, 2011). 이는 고위당정협의회에서 국회의 참여와 선호는 매우 상징적인 역할만을 지닌다는 점을 함의한다. 따라서 고위당정협의회에서 논의되는 사안이 실질적으로 정당과 정부의 의견 교환과 협의의 장이 되도록 할 뿐 아니라 그러한 논의가 정부 정책에 반영될 수 있도록 고위당정협의회에서 논의되는 사안이 투명하게 공개되고, 협의회 이전의 충분한 시점에 정부 측 이외의 참석자들에게 공유되어야 할 것으로 보인다.

고위당정협의회의 기능 확대는 참석자의 측면과 안건 처리의 측면에서 논의해볼 수 있다. 전통적으로 한국 사회의 당정협조제도는 담당 기구 및 참여자의 범위 그리고 정책적 대상 범위가 축소되어온 경향이 있다고 알려졌다(최항순, 2007: 299). 또한 고위당정협의회의 참석자에 대한 규정은 당정 관계자의 직위를 명시하던 방식에서 점차적으로 국무총리와 당대표에게 참석자의 선정 권한을 부여하는 방식으로 변화했다. 따라서 현재의 고위당정협의회에서는 안건에 따라 정부 측은 국무총리가, 정당 측은 여당 대표가 참석자의 규모를 결정할 수 있다. 이러한 참석자 범위의 설정은 두 가지 측면에서 개선이 필요할 것으로 보인다. 하나는 정부 측 참석자 가운데 청와대 관계자의 참여가 의무화되지 않았다는 점이다. 한국과 같은 대통령제 국가에서 대통령과 행정부의 의견 조율은 필수적이다. 이러한 의견 조율이 당정협의와 같은 공식적인 통로를 거치지 않거나 당정협의제가 부차적으로 이용될 경우 행정부와 국회의 협력만으로는 적절한 협치가 이루어지기 힘들다. 따라서 고위당정협의회에 대통령 측 관계자가 참석해 대통령·행정부·국회 간 의견을 조율하고 정책 방향에 대해 협력할 필요성이 높다. 또 다른 하나는 국회의 참석자 가운데 야당이 배제된 상태라는 점이다. 여당 대표에 의해 고위당정협의회의 국회 측 참석자가 결정되기 때문에 국회 측 의견은 대체적으로 여당 쪽 의견만을 반영할 수밖에 없는 구조이다. 행정부가 발의한 법률안에 대해 때때로 여당과 야당의 대립이 심각해지고 그러한 갈등이 한국 민주주의 발전의 저해 요인이 된다는 점을 고려할 때, 정부 정책의 방향을 결정하고 구체적인 법률안을 논의하는 시점에서 야당이 참여할 수 있고 선호를 개진할 수 있는 기회를 갖는 것이 바람직할 것으로 보인다. 또한 고위당정협의회에서 논의되는 안건 및 의제와 관련해서도 국회의 역할이 보강되어야 할 것으로 보인다. 지금까지 고위당정협의회의 의제는 주로 정부가 제시하고 여당은 제시된 의제를 검토한 후 그 결과를 통보하는 수동적인 역할만을 수행하고 있다. 그러나 의제 자체가 국회에 전달되는 시점이 고위당정협의회가 열리는 시점에 매우 근접하다는 점에서 여당이 실질적으로 의제의 변경 및 추가, 삭제 등을 제안하기는 어려운 실정이다. 특히 여당이 먼저 의제를 제기하거나 회의 개회를 요구하는 경우도 매우 드물다. 권찬호(2011: 47)가 주장한 대로 고위당정협의회를 통해 정부가 제안한 의제에 대해 국회가 당파적 거부권자(partisan veto player) 기능을 수행하기 위해서는 고위당정협의회의 의제 선정에 대한 국회의 적극적인 역할이 보장되어야 할 것이다.

행정부와 국회의 협치를 강화하기 위한 두 번째 제도적 개선 방안은 국회의원 입법지원기구의 강화이다. 행정부의 법률안 발의권을 제한하자거나, 예산 결정에 관한 국회의 권한을 강화하자는 주장에 대해 가장 많이 제기되는 비판은 '국회의원들이 능력이 없지 않냐'는 것이다. 행정 관료들은 자신의 분야에 전문성이 높은 반면, 국회의원들은 전문성이 떨어지기 때문에 전문성이 떨어지는 국회에 더 많은 권한을 부여하는 것은 오히려 현행 법률안이나 예산 결정보다 더 뒤처진 결과를 가져올 가능성이 높다는 것이다. 그러나 이러한 주장이 전적으로 옳다고 보기는 어렵다. 우선 법률안이나 예산안을 마련하는 과정의 전문성을 생각해보면, 한국의 행정 관료들 역시 순환보직 등을 통해 자신의 전문성을 향상할 수 있는 제도적 기반이 충분하지 않다. 오히려 행정 관료의 전문성은 각 부처에 소속된 다수의 하급 공무원들과 이들로부터 얻게 되는 정책 집행 과정 및 관련 시민사회의 선호에 대한 정보에서 기인한 것으로 볼 수 있다. 행정 관료의 약화된 전문성으로 인해 순환보직제도 등의 개정이 이루어지는 것은 이러한 점을 뒷받침한다. 결국 국회의 전문성 역시 개별 의원들의 전문적인 지식과 능력이 중요하다기보다는 개별 의원들의 전문성을 향상시킬 수 있는 비서진 또는 입법보조기구의 역할이 중요할 것으로 보인다.

이러한 인식에 근거할 때, 필자는 국회의 전문성 강화를 위해 국회 입법조사처의 기능을 강화하거나 정책전문지원기구를 신설할 필요가 있을 것으로 생각한다. 국회 입법조사처는 2006년에 기구 신설과 관련된 법안이 국회를 통과하고, 2007년에 조직이 형성된 기구이다. 또한 2007년 최초의 조직 운영 이후 그 기능을 점차적으로 확대하고 있다. 그럼에도 불구하고 여전히 인원 부족 및 행정 부처와의 협업의 어려움 등으로 국회의원의 의정 활동 지원이라는 목표를 실현하기에는 상당히 제약이 많다(박명호·조한유, 2011). 따라서 국회 입법조사처의 기능을 확대함으로써 법률안 발의 등과 관련된 국회의 전문성을 강화하고, 그를 통해 행정부와의 협치를 위한 기틀을 마련할 필요가 있다. 국회 내에 새로운 정책전문지원기구를 신설하는 것도 고려해볼 만한 것이다. 특히 국회의원이 발의한 법안의 문구 및 체계 등의 오류로 인해 법률안에 대한 행정부와 국회 간 전문성에 대한 논쟁이 빈번하다는 점에서 국회가 반영하고자 하는 유권자의 선호가 법제화되는 과정에서 발생하는 절차적·형식적 문제 등을 해소하는 데 도움을 줄 수 있는 정책전문기구가 필요한 것이다.

셋째, 행정부 발의 법률안이 복수로 경쟁할 수 있는 구도를 마련하는 것이다. 민주주의 사회는 다양한 의견이 개진되고 그에 대해 논의될 수 있는 구조를 마련하는 것이 필요하다. 달(Robert Dahl, 2000: 39~40)은 이를 민주주의 구성요소 가운데 사회 구성원들이 계몽된 이해(enlightened understanding)를 지니기 위해 필요한 것으로 간주한다. 정부가 정책을 마련하고 시행하는 과정은 다양한 의견을 수렴하는 것 이외에 효율적이고 효과적인 정책 집행이라는 목표가 제시된다. 그리고 현대 민주주의 사회에서 대부분의 국가는 이러한 효율성을 증대시키기 위해 복수의 대안을 두고 경쟁시키기보다는 하나의 일관성 있는 대안을 만들어가는 경향이 강하다. 그러나 한국의 경우 행정부가 과도한 권한을 지니고 있다는 점에서 이와 같이 단수의 정책을 통해 효율성을 증대하려는 목표가 오히려 부작용을 초래할 가능성이 높다. 단수의 정부 정책은 의회나 기타 시민사회단체의 선호를 충분히 반영할 수 있거나, 그러한 기회가 보장된 제도적 기반이 마련되어 있는 경우 효과적일 수 있다. 그러나 한국 사회는 그와 같은 기회나 제도적 기반이 마련되어 있지 않을뿐더러 행정부에 대한 국회의 견제 기능이 지나치게 약하다는 특수성을 지닌다. 따라서 정부의 정책안을 복수로 만드는 것은 행정부 스스로 복수안의 경쟁 과정에서 국회 및 기타 시민사회의 동의를 구하고자 하는 유인을 증대시킬 수 있고, 그러한 유인은 궁극적으로 행정부와 국회의 협치를 강화하는 기제를 낳을 것으로 생각된다.

해방 이후 한국 사회의 발전은 명백한 목표를 실현하기 위한 효율성과 집약된 노력에 초점을 맞춘 결과라 할 수 있다. 특히 과거 권위주의 시대의 발전국가적 특성은 이를 상징적으로 보여주는 사례이다. 그러나 민주화의 진전과 함께 한국 사회는 더 이상 과거 발전국가적 특성을 유지할 수 없을 뿐 아니라 세계화·지구화에 따른 다양한 도전을 극복해야 하는 어려움에 처해 있다. 한국 사회 내 행정 개혁 분야 역시 이러한 어려움을 극복하기 위한 큰 틀에서 논의되고 해결 방안이 모색되어야 할 것 같다. 그리고 그 첫 걸음은 행정부와 국회가 지닌 불균등한 권한과 책임을 재분배함으로써 상호 견제와 균형의 원리를 정상화하는 데 있을 것으로 보인다.

참고문헌

국회 의안정보시스템. http://likms.assembly.go.kr/bill/main.do
강원택. 2014. 「한국의 관료제와 민주주의: 어떻게 관료를 통제할 것인가」. ≪역사비평≫, 통권

108호, 65~90쪽.

권찬호. 2011. 「고위당정회의 의제 변화에 관한 연구」. ≪한국공공관리학보≫, 25권 3호, 27~51쪽.

_____. 1999. 「한국정당과 행정부의 정책협의제도 연구: 이론적 근거를 중심으로」. ≪한국행정학보≫, 33권 1호, 221~237쪽.

김대영. 2006. 「87년 개헌협상과 국민운동본부의 정치행위」. ≪정신문화연구≫, 29권 1호, 275~301쪽.

김선택. 2015. 「행정입법에 대한 국회 관여권: 수정, 변경 요구권 유보부 위임의 합헌성」. ≪공법학연구≫, 16권 4호, 95~124쪽.

김영민. 2000. 「정부와 정당 관계에 관한 시론적 연구: 개념, 유형 및 결정요인」. ≪한국사회와 행정연구≫, 11권 2호, 21~36쪽.

김태룡. 2013. 「행정개혁의 연구경향」. ≪한국사회와 행정연구≫, 제24권 제2호, 367~390쪽.

박명호·조한유. 2011. 「한국적 '국회-행정부 관계'의 모색: 행정부 견제기능 강화 방안을 중심으로」. ≪사회과학연구≫, 18권 2호, 107~126쪽.

이곤수·정한울. 2013. 「국회신뢰의 영향요인 분석: 국민인식조사를 중심으로」. ≪한국행정논집≫, 25권 2호, 359~381쪽.

이현우. 2006. 「제17대 국회에 대한 국민평가: 구조적 문제와 운영적 문제」. ≪의정연구≫, 12권 1호, 5~30쪽.

장훈. 2003. 「카르텔 정당체제의 형성과 발전: 민주화 이후 한국의 경우」. ≪한국과 국제정치≫, 19권 4호, 31~59쪽.

정광모. 2007. 「당정협의가 나라를 망친다」. ≪인물과사상≫, 2007년 2월호, 181~205쪽.

조진만·임성학. 2008. 「한국 국회의 정치불신에 영향을 미치는 정치적 요인 분석」. ≪정치·정보연구≫, 11권 2호, 213~237쪽.

최장집. 2002. 『민주화 이후의 민주주의』. 후마니타스.

최항순. 2007. 「당정협조관계의 영향요인에 관한 고찰: 역대정권별 당정협조제도 분석을 중심으로」. ≪한국공공관리학보≫, 21권 4호, 297~302쪽.

Asian Barometer. http://www.asianbarometer.org

Blondel, J. 1995. "Toward a Systemic Analysis of Government-Party Relationships." *International Political Science Review*, Vol. 16, No. 2, pp. 127~143.

Caiden, Gerald E. 1994. "*Administrative Reform: American Style.*" *Public Administration Review*, Vol. 54, No. 2, pp. 123~128.

Dahl, Robert A. 2000. *On Democracy*. New Haven, CT: Yale University Press.

국회 개혁:
대표 기능, 입법 기능, 심의 기능 강화를 중심으로

가상준 | 단국대학교

1. 서론

대한민국 국회에 대한 연구에서 발견되는 중요한 특징 중 하나는 국회에 대한 국민의 신뢰가 매우 낮다는 점이다. 다른 국가에서도 의회에 대한 신뢰가 높은 것은 아니지만 한국 국회에 대한 신뢰는 매우 낮은 편이며, 다른 정부기관(청와대, 사법부 등)과 비교해보았을 때도 매우 낮다는 점을 발견할 수 있다. 이렇게 국회에 대한 신뢰가 낮은 이유에 대해 유성진(2009)은 높아진 정치적 관심과 정치 효능감에 따라 국회에 대한 기대감도 상승했지만 국회가 이를 충족시키지 못하기 때문이라고 말한다. 또한, 국회 내 정당 간의 첨예한 대립으로 인한 파행적 운영, 장기적 교착 등의 비효율성 문제가 국회를 불필요한 정쟁기구로 인식시키고 있기 때문이다(엄기홍, 2009; 이현우, 2006; 조진만·임성학, 2008). 일반적으로 의회에 대해서 국민들은 정책 공급에 피동적이며 비반응적인 정치기구로 인식해 부정적 평가를 내린다(Farnsworth, 2003; Fenno, 1975; Parker and Davidson, 1979; Patterson and Magleby, 1992). 무엇보다 국가적 이익보다는 당파적 이익을 앞세우며, 입법을 위한 활동보다는 재선을 위한 활동에만 치중하는 의원들의 행태가 의회에 대한 신뢰를 떨어뜨린다(Fiorina, 1989).

국회의 정책 결정 과정은 다른 정부 부서와 비교해 공개적이기 때문에 국민들에게 비난받는 구조일 수밖에 없다. 그리고 국회가 사회의 다양한 대립적 이슈를 논의하며, 사회의 많은 갈등을 해결하기 위한 장이기 때문에 의원들 간 그리고 정당 간 갈등이 여과 없이 국민들에게 전달되어 국회에 대한 평가는 부정적일 수밖에 없을 것이다. 또한, 국민적으로 공감을 얻은 이슈에 대해 국민들은 신속한 제도화를 기대하지만 이슈를 둘러싼 갈등을 조정하고 다양한 의견을 청취하며 조율하는 데 많은 시간이 소요될 수밖에 없다. 그러나 이러한 어려움은 모든 의회가 공통적으로 맞닥뜨리고 있는 사안으로 한국 국회만의 어려움은 아니다. 이러한 점에서 한국 국회에 대한 불신이 상대적으로 높은 이유는 다른 곳에서 찾아야 할 것이다. 무엇보다 국회에 대한 불신이 큰 것은 국회에 대한 국민들의 기대가 현실에서 비춰지는 국회의 모습과는 커다란 차이를 보이고 있기 때문이다. 국회는 입법 기능, 갈등 해소 및 사회 통합 기능, 행정부 견제 기능 등을 수행함으로써 민의가 반영되는 국회의 모습을 보여 국민들의 기대에 부응해야 한다. 그러나 국회가 제도적으로 부여받은 기능을 제대로 수행하지 못하기 때문에 국회에 대한 불신이 높다고 말할 수 있다. 국민의 요구를 입법을 통해 신속히 해결하고, 갈등의 문제를 대화의 장을 열어 해소하게 된다면 민의가 반영되는 국회가 될 것이고 국회에 대한 신뢰도 제고될 것이다.

이 글은 현재 국회에 대한 국민들의 낮은 신뢰의 원인은 민의가 반영되지 못하고 있는 국회의 현실에서 찾아야 한다는 점을 부각하면서 민의가 반영되는 국회가 되기 위해서 필요한 조치 및 방안이 무엇인지 알아보는 것을 목적으로 한다. 한국은 민주화 이후 많은 정치적·사회적 변화를 경험했지만 국회의 입법생산성 문제, 갈등 해소 및 사회 통합 역할 부재, 의원들의 낮은 도덕성 등을 해결하지 못하고 있다. 한편, 과거보다 국회 내 정당 간 대립이 점차 고조되면서 사회문제 해결을 위한 입법은 기대하기 힘들며, 국가 위기와 갈등 상황 극복을 위한 대화의 장과 기회를 마련하기 힘든 상황이다. 이를 해결하기 위한 방안으로 여러 가지가 논의될 수 있을 것이다. 이 글에서는 국회 개혁에 초점을 맞춰 민의가 반영되는 국회가 되기 위한 방안을 논의하려 한다. 이를 위해 현재 국회의 역할과 모습에 대한 철저한 검토가 있어야 할 것이다. 이러한 이유로 2절에서는 의회에 대한 부정적 평가의 원인이 무엇인지 알아보고 한국의 상황은 어떠한지 살펴본다. 3절에서는 한국 국회의 기능 미비로 인해 발생하는 국회 불신과 갈등 상황을 기존 연구와 조사 결과를 통해 파악해본다. 4절에서는 민의가 반영되는 국회가 되기 위한 방안을 다양한 의견의 국회 내 반영, 입법생산성을 위한 심의 기능 강화, 사회 통합과 갈등 해소를 위한 역할 모색을 중심으로 알아본다.

다양하고 복잡해지는 사회의 요구와 이에 따른 이해 충돌, 급변하게 돌아가는 국제 정세, 제4차 산업혁명으로 인한 사회적·경제적 변화 속에서 정부는 필요한 정책을 공급하고, 안정된 정치 상황을 유지해야 한다. 정치 상황이 안정되지 못하면 예측 불가능한 현실로 인해 사회 구성원들의 경제활동은 영향을 받을 수밖에 없으며 중요한 정치적 결정에 영향을 미치기 위해 사회 구성원들이 직접 참여해야 하는 상황이 올 수 있다. 민의가 반영되는 정치란 사회 구성원들이 요구하는 정책이 공급되고, 경제활동을 위한 정치적 안정이 제공되는 것을 의미한다. 선거에 의해 선출된 의원들로 구성된 국회는 대의민주주의 운영의 핵심 기관으로, 필요한 정책을 공급하고 안정적 정치 상황을 유지하는 데 일차적 책임이 있다. 이를 위해 국회에 필요한 개혁은 무엇인지 논의하려 한다.

2. 의회 현실과 이에 대한 연구

1) 의원의 입법 활동

피오리나(Morris P. Fiorina, 1989)는 의회가 비생산적인 모습을 보이는데도 의원들의 재선율이 높아지는 결과의 심각성을 지적하고 있다. 그는 이를 의원들의 구분되는 활동에서 찾고 있는데 의원의 의정 활동은 크게 세 가지로 나눌 수 있다고 말한다. 첫째는 입법 활동(law-making), 두 번째는 선심성사업 유치 활동(pork-barrelling), 세 번째는 민원 활동(casework)이다. 입법 활동은 국민들이 필요로 하는 정책이 무엇인지 수요를 파악하고 이를 공급하기 위한 전반적인 활동으로 법안 발의, 표결까지도 포함한다. 입법 활동은 의회에 부여된 중요한 임무로 많은 시간과 노력이 투자된다. 의원들의 활동 두 번째는 지역구에 경제적 혜택을 가져오기 위한 것으로 이러한 활동은 의원에 대한 우호적 평가로 돌아온다. 민원 활동은 지역구 주민의 개인적 문제와 고민을 해결하기 위한 접촉으로 주민들에게 환영받으며 좋은 이미지를 남기게 된다.

피오리나는 입법 활동은 다른 두 가지 활동과 비교해 커다란 차이가 있다고 말하는데 첫째, 입법 활동은 논쟁적(controversial)이라는 점으로 의원이 추진하는 정책에 대해 찬성하는 의원과 지역구 주민도 있겠지만 이에 반대하는 의원과 지역구 주민도 있다는 것이다. 이에 비해 선심성사업 유치 활동과 민원 활동은 비논쟁적으로, 의원의 선심성사업 유치 활동에 반대하는 지역구 주민은 없으며, 선심성사업 유치 활동 때문에 다른 의원들과 대립·갈등하는 경우는 찾기 힘들다. 둘째, 입법 활동으로 나타나는 효과는 비가시적(invisible)인데 비해 선심성사업 유치 활동과 민원 활동으로 나타나는 효과는 가시적이라는 것이다. 즉, 선심성사업 유치 활동과 민원 활동은 지역구 주민에게 보여주는 효과가 있지만 입법 활동은 그렇지 않다는 점이다. 메이휴(David Mayhew, 1974)가 주장하듯이 의원의 가장 중요한 목표는 재선이다. 재선이라는 목표를 달성하려는 의원들에게 입법 활동은 매력적이지 못한 데 비해 선심성사업 유치 활동과 민원 활동은 매우 매력적이라 하겠다. 이러한 이유로 의원들은 입법 활동에는 커다란 관심이 없으며 대신 선심성사업 유치 활동과 민원 활동에는 매우 적극적이다. 그러다 보니 정책 수요에 맞춰 공급을 해야 하는 의원들의 입법 활동이 미비한데도 높은 재선율을 기록하고 있다는 것이다. 이는 많은 문제점을 자아내는데 무엇보다 입법 활동이 관료에게 위임되고 있고 선거로 선출되지 않은 관료에 의해 입법화되고 있다는 것이다. 이러한 의회의 권한 위임은 관료의 비대화를 가져오고, 무엇보다 정책과 수요와 공급이 맞지 않는 결과를 가져오며, 대의민주주의의 위기를 불러오는 장본인이다.

의회가 행정부에 비해 조직력과 전문성이 낮아 권한을 위임하고 있다는 주장도 있지만 숨은 동기 이론(ulterior motive theory)은 의회가 관료에 권한을 위임하는 진정한 이유를 능력보다는 의원들의 자발적인 의지에서 찾는다(Fiorina, 1989; Mayhew, 1974). 즉 의원들이 정책 전문성과 입안 능력을 가지고 있으면서도 권한을 위임하는 것은 그들의 주요 고객 그룹(clientele group) 및 지역구 주민을 위한 활동에 치중해, 재선이라는 정치적 목표를 달성하기 위해서라는 주장이다. 무엇보다 입법을 위해 치러야 하는 비용(cost)이 입법으로 얻을 수 있는 이득(benefit)보다 크기 때문에 의회는 관료에게 입법 권한을 위임하는 것이다. 또한 이익집단의 정치적 영향력이 커져가는 상황에서 의원들이 직접 정책 결정의 책임을 지기보다는 권한 위임을 통해 이익집단들 간의 갈등에서 벗어나려 하며, 혹시나 있을지 모르는 정책의 예기치 못한 결과가 불러오는 책임 문제에서 벗어나기 위해 권한을 위임한다. 이처럼 재선을 위한 의원 개인의 합리적 선택이 집합적으로는 비합리적 결과, 국회에 대한 불신, 비생산적 국회를 초래하고 있는 것이다.

입법 활동에 큰 관심이 없는 의원들로 인해 의회는 정책 공급에 피동적이며 비반응적인 정치기구로 인식되고 있다(Farnsworth, 2003; Fenno, 1975; Parker and Davidson, 1979; Patterson and Magleby, 1992). 헌법으로부터 중요한 임무를 부여받았음에도 의회가 현실에서는 기대에 못 미치는 역할만을 보여 부정적인 평가를 받고 있는 것이다(Kimball and Patterson, 1997). 의회에 대한 부정적 평가는 무엇보다 일반적인 현상이다. 그러나 지역구 의원에 대한 평가는 의회에 대한 평가에 비해 우호적인 편이다(가상준, 2003; 이현우·박경산, 2009; Cook, 1979; Parker and Davidson, 1979). 국민들이 지역구 의원과 의회를 구분해서 평가하고 있기 때문이다.

2) 한국 국회의 현실

한국 국회도 위에서 언급한 문제와 비슷한 상황에 놓여 있다. 의원들이 입법 활동에 관심이 많지 않으며 그들의 가장 중요한 목표는 재선이라는 점이다. 물론 의원이 발의하는 법안들이 많아지고는 있지만 생산성 면에서는 과거와 크게 다르지 않다. 또한, 국회가 보여주는 행태와 결과가 과거의 모습과 다르지 않다는 점에서 과거와 비교해 크게 다르지 않은 입법 활동임을 알 수 있다. 그러나 다른 나라와 비교했을 때 커다란 차이점은 재선을 위해 채택하는 방식이 확연히 다르다는 점이다. 즉, 다른 나라의 의원들은 지역구민에 대한 활동을 통해 재선이라는 목표를 달성하려 하지만 우리 의원들은 공천권을 가진 정당 지도부에 대한 활동을 통해 재선이라는 목표에 다가가려 하고 있다. 이러한 차이가 한국 국회를 다른 국가의 의회보다 더 비생산적이며 불신을 사는 국회로 만들고 있다.

한국은 경제적 발전과 함께 민주화를 경험하면서 사회적으로 다양한 변화가 있었는데 무엇보다도 사회적 요구가 다양해지면서 이해 충돌이 많아졌다. 신종 질병, 고령화, 다문화, 저출산 등 이전에 경험하지 못한 이슈들에 대응해야 하며 과거와 달리 개발보다는 환경, 인권 등에 대한 관심이 커지면서 이로 인해 발생하는 갈등 상황은 점점 많아지고 있다. 그러나 정치권에서 변화를 감지하기는 쉽지 않은 상황인데, 민주화 이후 정당은 안정적 발전의 모습을 보이기보다는 과거와 같이 분열과 해체, 그리고 재결합의 양상을 띠고 있다. 아직 지역주의에 기대어 지지 기반에 근거한 할거주의에 매몰된 정당들은 구태의연한 모습으로 한국 정치를 좌지우지하고 있다. 3김이 물러났지만 지역주의는 아직 한국 정치를 설명하는 주요한 변수이며, 3김 퇴장 이후 정당 내 계파 간 갈등이 불거지면서 정당 간 갈등뿐만 아니라 정당 내 갈등이 함께 증폭되는 모습을 목격하게 되었다. 이는 3김 시대에는 볼 수 없었던, 공천권을 잡기 위한 당내 경쟁이 벌어지고 있기 때문이다. 공천권에 의해 국회 운영은 커다란 영향을 받게 되었는데 첫째, 공천권을 가진 정당 지도부의 영향이 커지면서 정당을 장악하기 위한 당내 갈등이 커졌고 이는 국회에서 정당 간 합의를 어렵게 하고 있다. 즉, 공천권으로 인해 계파 간 대립이 커지면서 국회에는 정당 간 갈등과 정당 내 갈등이 함께 놓여 있는 상황이다. 정당 원내대표는 충분한 권한을 위임받지 못하고 있으며 원내대표 간 협상을 통한 합의도 당내 갈등으로 인해 파기되는 경향을 보인다. 이로 인해 국회 내 정당 간 합의는 점점 어려워지고 사회가 요구하는 원활한 정책 공급은 기대하기 힘들다.

둘째, 국회의 비생산성과 공천권을 둘러싼 계파 갈등은 국회 불신의 원인으로 작용하고 있는데 선거에서 이를 해소하고 새로운 이미지로 유권자에게 다가가기 위해 정당 지도부는 공천에서 새로운 인물을 영입하는 전략을 사용하고 있다. 새로운 인물을 영입함에 따라 기존의 국회의원들이 반발하는 양상을 보이면서 당내 갈등이 심화되는 악순환이 계속된다. 또한, 새로운 인물 영입으로 인해 국회 내 초선의원의 비율이 높은 편인데 이는 국회의 전문성을 약화시켜 국회를 더욱 비생산적인 정치기구로 만들고 있다.

셋째, 정당 내 계파 간 갈등으로 인한 분당과 창당 상황이 발생하며 불안정한 정치가 이어지고 있으며, 빈번한 분당과 창당은 국회 운영을 뒷전으로 밀리게 한다. 국회의 안정적 운영을 위해서는 정당 간 논의할 정책과 일정에 대한 합의가 필요하다. 그러나 정당 내 갈등으로 인한 분당과 창당은 이러한 논의의 장을 마련하는 것을 불가능하게 한다. 이와 같이 쳇바퀴 돌고 있는 국회의 모습에서 개혁과 변화는 찾아보기 어렵다.

한편 노무현 대통령 이후 대통령이 당 총재를 역임하는 관행은 사라졌지만 아직도 여당 지도부는 청와대에 크게 영향을 받는 구조이다. 이러한 상황은 여당 내에서 청와대의 개입에 반대하는 의원들의 반발을 불러오게 되는데, 대통령을 중심으로 한 친대통령 세력과 반대통령 세력 간 갈등을 확대시킨다. 이는 당내에 유력한 차기 대선 주자가 있을 경우 더욱 심각해지는 모습을 보인다. 청와대는 여당의 국회 활동뿐만 아니라 공천에도 개입해 영향력을 지속하려 하며, 이러한 과정 속에서 계파 간 갈등은 더욱 고조된다. 여당에 대한 청와대의 영향력 행사는 국회 운영을 마비시키는 원인으로 작용한다. 청와대에 장악된 여당은 청와대의 결정을 관철시키기 위해 야당을 설득하기보다 수적 우위의 방식을 쓰게 된다. 이로 인해 야당과는 적대적 관계를 보이게 되며 원활한 국회 운영은 기대하기 힘들다. 특히, 야당은 국회에서 수적으로 불리한 상황에 놓이게 되면 원내보다는 원외에서 국민들을 대상으로 투쟁하게 되는데 이는 국회 마비를 불러온다. 물론 '국회선진화법'으로 인해 수적 우위의 방식은 기능하지 못하지만 청와대와 여당 간 종적 관계는 여당과 야당 간 갈등을 키우는 원인으로 작용하는 것이다. 청와대 위주의 정책 결정은 국회의 의사결정 능력을 마비시키고, 국회 내 타협과 협상의 장이 들어서는 것을 막고 있다.

의원들은 비가시적이고 논쟁적인 입법 활동에는 관심이 없다. 그들은 헌법으로부터 부여받은 권한을 관료에게 위임함으로써 정책 결과에 대한 책임에서 벗어나려 하고 있다. 또한, 정당의 공천권 문제와 청와대의 여당 장악을 통한 국회 통제는 국회 운영을 어렵게 하는 요인으로 작용하고 있다. 의원들의 활동은 국가 이익보다는 정당 이익에 치중할 수밖에 없는 구조이다. 이로 인해 국회는 사회가 필요로 하는 정책을 원활히 공급하지 못하고 있으며, 공천권과 개인적 이익에 앞장서는 의원들의 행태로 인해 국민들로부터 외면받고 있다.

3. 국회 역할 미비에 따른 현상

한국 국회에 대한 국민의 신뢰와 호감도가 낮은 것은 국회가 본연의 임무를 원만하게 수행하고 있지 못하기 때문이다. 국회가 제대로 기능하지 못해 나타나는 문제점은 국회에 대한 커다란 불신과 사회의 깊은 갈등이라 하겠다. 국회 불신은 국회의 역할에 대한 전반적 평가에 따른 불만감에서 나온 인식이며, 갈등 사회는 국회의 사회 통합과 갈등 해소 기능의 미비로 인해 사회적으로 나타나는 현실이다. 국회가 선거로 선출된 대표자로 구성된 대의기관이지만 국회에 대한 국민들의 심각한 불신은 국회의 정통성(legitimacy)을 취약하게 하고, 국회가 생산한 법률의 보편적 적용을 어렵게 한다. 국회의 사회 통합과 갈등 해소 기능의 미비로 인해 나타나는 갈등이 만연한 한국 사회는 사회 구성원 간 신뢰가 떨어지고, 사회문제 해결 능력이 저하되고 있다. 또한, 갈등 해결을 위해 너무나 많은 사회적·경제적 비용을 지불해야 하며 이로 인해 사회적·경제적 발전은 기대하기 힘들다. 민의가 반영되는 통합 정치를 구현하기 위해서는 무엇보다 국회에 대한 신뢰가 있어야 한다. 또한, 통합 정치를 위해서는 국회의 사회 통합과 갈등 해소 기능이 요구된다. 이를 위해 먼저 국회에 대한 국민의 불신이 어느 정도인지 알아보고 한국 사회의 갈등 수준이 어느 정도로 심각하다고 인식되고 있는지 살펴보았다.

1) 국회 불신

국회에 대한 평가, 특히 신뢰도는 매우 낮은 편이다. 한국사회과학자료원이 2009년부터 2014년까지 실시한 공공·민간 기관별 영역의 16개 그룹에 대한 신뢰도 조사에서 국회에 대한 신뢰도는 항상 최하위였다. 〈표 4-1〉에서 보듯이 2014년 조사에서 국회를 신뢰한다('매우 신뢰'와 '다소 신뢰')고 답한 응답자는 26.4%로 다른 기관에 비해 월등히 낮은 수준이다. 특히, 2009년 조사에서는 21.7%로 여섯 번의 조사 가운데 가장 낮은 수준을 기록하기도 했다. 이후 국회에 대한 신뢰도는 점차 높아졌지만 2014년에 크게 하락했다는 점을 발견할 수 있다.

이러한 결과는 한국행정연구원의 사회통합실태조사를 통해서도 발견할 수 있다.[1] 사회통합실태조사는 주요 기관이 맡은 일을 얼마나 잘 수행하고 있다고 믿는지 조사하는데 〈표 4-2〉에서 보듯이 '국회가 일을 잘 수행한다고 믿는다('약간 믿는다'와 '매우 믿는다')'고 답한 응답자의 비율은 2016년 12.6%로 네 번의 조사에서 가장 낮을 뿐만 아니라 다른

---

[1]   한국행정연구원의 사회통합실태조사는 2013년 5000명, 2014년 7500명, 2015년 7700명, 2016년 8000명을 대상으로 실시되었다.

▌표 4-1▐ 주요 기관별 신뢰도 (단위: %)

	2009년	2010년	2011년	2012년	2013년	2014년
대법원	76.0	75.2	75.7	69.2	73.2	64.5
대기업	71.0	74.7	69.0	65.2	63.4	62.1
종교계	67.0	59.8	60.4	57.1	59.2	53.1
교육계	72.6	64.5	70.9	72.9	74.0	68.5
노동조합	59.7	56.9	62.0	59.7	64.0	56.3
신문사	58.7	62.9	65.7	60.2	64.2	55.6
방송국	74.5	73.1	73.7	69.1	70.1	57.5
의료계	85.6	84.4	84.1	84.1	84.3	79.7
중앙정부	52.3	57.8	56.1	53.9	59.4	43.8
지자체	56.2	59.8	56.2	56.0	59.9	49.3
학계	85.6	81.9	81.4	78.7	80.4	74.0
군대	83.8	76.7	74.2	75.9	81.8	58.3
금융기관	83.6	82.8	75.0	76.4	79.7	71.6
청와대	52.8	59.1	61.0	50.5	67.4	52.2
시민단체	74.6	71.3	75.4	72.3	73.9	66.4
국회	21.7	29.1	31.0	26.1	31.0	26.4

자료: 한국사회과학자료원(http://www.kossda.or.kr).

▌표 4-2▐ 기관별 신뢰도 (단위: %)

	2013년	2014년	2015년	2016년
중앙정부 부처	35.3 (2.2)	32.9 (2.2)	31.9 (2.2)	24.6 (2.0)
국회	16.7 (1.9)	18.0 (1.9)	15.3 (1.8)	12.6 (1.7)
법원	41.0 (2.3)	37.6 (2.2)	35.0 (2.2)	29.8 (2.1)
검찰	38.6 (2.3)	36.0 (2.2)	34.3 (2.2)	27.4 (2.0)
경찰	45.4 (2.4)	40.1 (2.3)	40.1 (2.3)	37.6 (2.2)
지방자치단체	44.9 (2.4)	39.9 (2.3)	42.0 (2.3)	41.6 (2.3)
군대	59.6 (2.6)	34.5 (2.2)	47.7 (2.4)	53.8 (2.4)
노동조합	42.0 (2.3)	38.4 (2.3)	36.7 (2.2)	39.5 (2.3)
시민단체	50.5 (2.5)	48.1 (2.4)	44.9 (2.4)	47.2 (2.4)
TV 방송사	48.4 (2.4)	46.9 (2.4)	44.7 (2.4)	46.4 (2.4)
신문사	45.1 (2.4)	46.3 (2.4)	42.5 (2.3)	41.9 (2.3)
교육계	55.8 (2.5)	52.7 (2.5)	48.8 (2.4)	52.9 (2.5)
의료계	58.8 (2.6)	53.2 (2.5)	52.4 (2.5)	56.9 (2.5)
대기업	33.6 (2.2)	37.8 (2.3)	33.8 (2.2)	34.3 (2.2)
종교계	44.5 (2.4)	46.5 (2.4)	44.8 (2.4)	45.1 (2.3)
금융기관	54.7 (2.5)	51.8 (2.5)	51.4 (2.5)	52.0 (2.4)

주: 괄호 안은 4점 만점의 평균임.
자료: 한국행정연구원(https://www.kipa.re.kr/site/kipa/sta/selectReList.do?seSubCode=BIZ017A001).

기관과 비교해도 항상 월등히 낮다는 점을 발견할 수 있다.

두 조사는 공통적으로 국회에 대한 국민의 낮은 신뢰도 및 추락한 국회의 위상을 보여주고 있는데 이러한 결과가 최근의 조사에서만 나타나는 것은 아니다. 2005년 서강대학교 동아연구소의 '의회의 이상과 현실 관련 국민의식조사' 결과를 살펴보면 국회를 신뢰('매우 높다'와 '높은 편이다')한다고 대답한 응답자는 6.6%로 같이 조사된 다른 기관 중 가장 낮은 신뢰도를 기록하고 있다.[2] 한편, 서강대학교 동아연구소 조사에서 국회가 기능을 잘하고 있는지 물어보았을 때 잘하고 있다('매우 잘한다'와 '잘하는 편이다')고 대답한 응답자는 5.0%로 다른 기관에 비해 가장 부정적인 평가를 받고 있었다. 주기적으로 조사되는 세계가치조사 (World Value Survey)에서도 국회에 대한 신뢰도는 다른 기관에 비해 매번 가장 낮게 나타나고 있다.

2005년 서강대학교 동아연구소의 '의회의 이상과 현실 관련 국민의식조사' 결과에 따르면 국민들은 국회의 가장 중요한 역할로 국민 의사 대표(54.9%)를 뽑고 있으며 사회 갈등 조정(23.4%)이 뒤를 잇고 있다. 법률 제정·개정은 13.6%, 행정부 견제·감시는 5.5%로 그 뒤를 잇고 있다. 국민들은 국회의 가장 중요한 역할로 국민 의사 대표를 뽑고 있지만 국회의 국민 의사 대표 기능에 대해 긍정적으로 평가하는 응답자는 5.9%뿐이었다. 2014년 갤럽이 실시한 조사는 국회에 대해 부정적으로 평가하는 이유가 '여야 합의 안 됨, 싸우기만 함, 소통 안 함'(20%), '자기 이득·기득권·특권 유지'(14%), '법안 처리 안 됨, 일 처리 느림'(10%), '국민을 생각하지 않음, 여론 안 들음'(10%), '당리·파벌 정치'(9%) 등이라는 결과를 보여주었다. 이러한 결과는 전문가들의 진단과 크게 다르

---

2 같이 조사된 기관은 대통령, 행정부 공무원, 경찰, 군대, 학교, 법원, 대기업, 언론, 시민단체, 종교단체였으며, 5점 척도(매우 높다, 높은 편이다, 보통이다, 낮은 편이다, 매우 낮다)로 측정했다.

지 않다. 유성진(2009)은 국회에 대한 불신은 빈번하게 파행되는 국회 때문이라 말하고 있으며, 이현우(2006)는 국회 내 비정상적인 정당 간 대립이 국회 불신을 초래했다고 주장하고 있다. 조진만(2009) 또한 국회의 파행적 운영에 따른 실망감이 국회 불신을 불러왔다고 지적하고 있으며, 서현진(2016)은 국회 신뢰도는 특정 정당 지지와는 상관이 없으며 국민들에게 국회가 여야 없이 싸움을 일삼는 정당들의 모임으로 인식되고 있어 불신을 일으킨다고 밝히고 있다. 이러한 결과들은 국회가 국민 의사 대표, 사회 갈등 조정, 입법 등 중요한 기능을 부여받았음에도 기대와는 차이 나는 실망스러운 모습을 보여 국민의 불신이 커졌으며 국회에 대한 낮은 신뢰가 심각한 수준임을 말해주고 있는 것이다.

2) 갈등의 한국

한국 사회의 갈등이 심각하다는 논의와 결과는 많은 연구를 통해 확인해볼 수 있다. 특히 한국의 갈등에 대한 인식을 조사하고 있는 단국대학교 분쟁해결연구센터의 9년 동안의 설문조사를 통해 자세히 알 수 있다. 〈그림 4-1〉은 한국 사회의 갈등에 대해 어떻게 인식하고 있는지 연도별 결과를 보여준다. 한국 사회의 갈등에 대해 심각하게 인식하는 국민이 매우 많다는 점을 알 수 있으며, 이러한 심각성이 점점 커지고 있음을 발견할 수 있다. 특히, 2016년은 과거 어느 때보다 갈등이 심한 해였다고 말할 수 있으며, 2014년이 그 뒤를 따르고 있다. 국민들이 한국 사회의 갈등에 대해 심각하게 인식하고 있다는 결과는 빈번하게 발생하는 갈등을 보았을 때 그리 놀랍지 않다. 대통령 산하 국민대통합위원회가 2014년 실시한 '사회 갈등 해소와 통합을 위한 국민의식조사'에서 '5년 전과 비교해볼 때 한국 사회의 집단 갈등이 어떻다고 생각하십니까?'라는 질문에 심해졌다('매우 심해졌다'와 '다소 심해졌다')고 답한 응

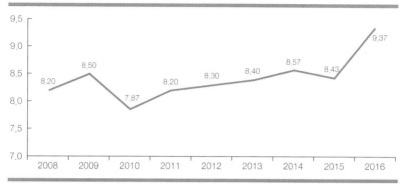

‖ 그림 4-1 ‖ 연도별 갈등인식지수

주: 갈등 인식 지수는 '전혀 갈등이 없었다'(1), '별로 갈등이 없는 편이었다'(2), '약간 갈등이 있는 편이었다'(3), '매우 갈등이 심했다'(4)의 평균값(1~4)을 0~10 스케일로 변환시켜 얻은 값임.
자료: 단국대학교 분쟁해결연구센터(http://www.ducdr.org).

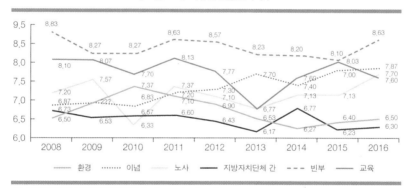

‖ 그림 4-2 ‖ 이슈별 갈등인식지수

환경   이념   노사   지방자치단체 간   빈부   교육

자료: 단국대학교 분쟁해결연구센터(http://www.ducdr.org).

답자는 69.5%로 한국 사회의 갈등은 점점 심각성을 더해가고 있다고 말할 수 있다.

갈등을 이슈별로 구분해 환경 갈등, 이념 갈등, 노사 갈등, 지방자치단체 간 갈등, 빈부(계층) 갈등, 교육 갈등의 심각성에 대한 인식을 알아보았다. 〈그림 4-2〉는 이에 대한 결과를 보여주는데 빈부(계층) 갈등이 아홉 번의 조사에서 가장 심각한 갈등으로 인식되고 있음을 알 수 있다. 다음으로 이념 갈등과 교육 갈등이 그 뒤를 따르고 있는데 한국 사회의 진보와 보수 간 갈등이 심각한 수준이라는 점을 발견할 수 있다. 이념 갈등의 심각성은 첫 조사였던 2008년에는 크지 않았지만 점차 커지고 있다. 한국행정연구원의 사회통합실태조사 또한 이념 갈등과 빈부 갈등이 가장 심각한 갈등이라는 점을 보여주고 있는데 2013년부터 2016년까지 네 번의 조사에서 모두 보수와 진보 간 갈등의 심각성이 빈곤층과 중상층 간 갈등의 심각성보다 큰 것으로 나타났다.[3] 2014년 국민대통합위원회 조사에서 가장 심각한 갈등은 여당과 여당 간 갈등이었는데 응답자 중 90.7%가 갈등이 심하다('매우 갈등이 심하다'와 '갈등이 심한 편이다')고 대답했다. 이 뒤를 보수와 진보 간(86.4%), 기업가와 노동자 간(79.7%), 부자와 가난한 사람 간(77.3%) 갈등이 잇고 있다. 사회적으로 해결해야 할 갈등이 많으며, 갈등의 심각성이 크다는 점을 보여주는 것이며, 이러한 갈등의 현실 속에서 여당과 야당 간 갈등은 한국 사회를 더욱 불안하게 하고 대립 상황으로 몰아가고 있는 것이다. 국회 내 여당과 야당 간 갈등이 크지 않으면 많은 사회 갈등은 국회를 통해 해결되었을 것이고 한국 사회 갈등의 심각성이 이렇게 크지는 않았을 것이다.

이러한 조사 결과들은 한국 사회에서 국회에 대한 불신 수준과 한국 사회의 갈등 정도가 어느 정도인지 보여주고 있다. 국회 신뢰 회복과 사회 갈등 심각성 해소는 서로 깊은 연관성을 띠고 있는 것으로 문제

---

[3] 한국행정연구원의 사회통합실태조사는 빈부 갈등, 이념 갈등이라고 묻는 대신 빈곤층과 중·상층 간 갈등, 보수와 진보 간 갈등으로 물어본다는 차이가 있다. 사회통합실태조사는 빈곤층과 중·상층, 보수와 진보, 근로자와 고용주, 수도권과 지방, 개발과 환경 보존, 노인층과 젊은 층, 남자와 여자, 종교 간 갈등에 대해 물어본다.

해결은 국회 운영의 정상화에서 찾을 수 있다. 국회 운영의 개혁이 필요한 시점이다.

4. 국회 개혁 방안 논의

민의가 반영되는 국회가 되기 위해서는 국회 내에 다양한 계층의 목소리가 반영될 수 있도록 해야 하며, 사회가 필요로 하는 정책이 무엇인지 찾고 적절하게 공급하는 입법생산적인 국회가 필요하다. 또한, 현재 한국 사회의 심각한 갈등으로 인해 발생하는 사회적·경제적 비용을 해소할 수 있는 국회가 요구된다. 이를 위해 국회 구성의 다양성을 확보해야 하며, 국회의 심의 기능 강화를 통해 정책 공급 능력을 향상시켜야 한다. 한편, 국회는 사회 다양한 갈등 해결을 위한 조정자로 활동해야 한다.

1) 다양한 의견의 국회 반영

국회 내에 민의가 잘 반영되기 위해서는 국회 내에 다양한 의견이 전달될 수 있도록 해야 한다. 이는 크게 세 가지 차원에서 논의될 수 있는데 첫 번째는 비례대표 의원 확대를 통해 다양한 의견이 국회에 반영되는 방식이다. 두 번째는 비슷한 맥락에서 현재 정당 창당에 대한 심한 규제로 인해 다양한 계층의 의견이 반영될 수 없는 문제를 해결하는 것이다. 마지막으로 헌법에서 보장하고 있는 국민의 청원권이 제대로 구현될 수 있도록 하는 방법이다.

(1) 국회 내 비례성 확대

　사회 내의 다양한 의견이 국회에 반영되기 위해서는 다양한 의견을 대변할 수 있는 국회의원들이 필요하다. 국회의 구성은 선거제도에 의해 결정되는데 한국의 선거제도는 소선거구제와 비례대표제를 혼합해 사용하고 있다. 소선거구제와 비례대표제를 혼합해 사용할 경우 비례대표제는 소선거구제가 가진 단점을 보완하는 역할을 한다. 즉, 소선구제는 많은 사표를 발생시키는데(Taagepera and Shugart, 1989) 이로 인해 소수 집단 및 계층의 다양한 목소리가 의회에 반영될 수 있는 기회를 감소시킨다. 비례대표제는 이러한 진입 장벽을 낮춤으로써 사회의 다양한 의견이 의회 내에서 전달되고 논의될 수 있는 기회의 장을 만든다. 또한, 소선거구제는 선거 결과 측면에서 보았을 때 거대 정당에는 유리하지만 소정당에는 불리한 결과를 가져온다(Farrell, 2001; Liphart, 1994; McElwain, 2008; Rae, 1967; Taagepera and Shugart, 1989). 반면, 비례대표제는 득표율에 따라 의석을 배분하므로 소정당의 의회 진출을 용이하게 한다.

　그러나 한국 비례대표제는 성별, 직업별, 연령별 국회 구성에 다양성을 가하기에는 운영에 한계가 있다. 무엇보다 국회의원 정수가 약 300명 선에서 결정되고 있는데, 비례대표 의원의 수 혹은 의석 대비 비례대표 의원의 비율이 결정되어 있지 않은 상황에서 지역구 의원의 수에 따라 비례대표 의석수가 결정되고 있기 때문이다. 매번 선거구 획정 때마다 비례대표 의원을 포함해 국회의원들은 지역구 의석수에 초미의 관심을 두고 있기에 비례대표 의석은 〈표 4-3〉에서 보듯이 점차 줄어들고 있다.

　비례대표 의석수의 감소는 사회 다양한 계층을 대변하는 의원들의 국회 입성을 어렵게 하고 있다. 여기에는 여성 의원도 포함된다. '공직선거법'에 규정한 여성 비례대표 할당제 실시로 인해 국회에서 여성 의

▌표 4-3 ▌ 비례대표 의석 변화: 제13~20대 국회

	제13대	제14대	제15대	제16대	제17대	제18대	제19대	제20대
전체 의석	299	299	299	273	299	299	300	300
지역구 의석	224	237	253	227	243	245	246	253
비례대표 의석	75	62	46	46	56	54	54	47
비례대표 비율(%)	25.08	20.74	15.38	16.85	18.73	18.06	18	15.67

자료: 중앙선거관리위원회(http://www.nec.go.kr).

원이 차지하는 비율은 과거에 비해 높아졌다.[4] 그러나 비례대표 의석의 감소로 인해 비례대표제를 통해 국회에 입성하는 여성 의원의 수도 줄어들고 있다.[5] 여성 의원 비율이 낮다는 점은 다른 국가와의 비교를 통해서 알 수 있는데 2015년 1월 기준으로 국제의회연명이 발표한 190개국 여성 의원의 평균비율은 20.2%이고, OECD 국가의 여성 의원 평균비율은 27.8%이지만 한국의 여성 의원 비율은 16.3%로 매우 낮은 편이다. 이러한 문제점은 연령대별 의원의 수를 통해서도 알 수 있는데 30대 미만의 비례대표 국회의원은 제20대 국회에서 단 1명이며, 제17대 국회부터 제19대 국회까지는 단 한 명도 없었다. 제17대 국회부터 제20대 국회까지 40세 미만 비례대표 의원도 매우 적은 편인데 40~49세 의원의 수도 줄어들고 있음을 알 수 있다. 반면 50~59세 그리고 60대 이상 비례대표 의원의 수는 점점 늘어나고 있음을 알 수 있다.

이러한 점은 직업별, 학력별로 구분해 살펴봐도 나타나는 문제로 국회의 구성이 한국 사회를 대변하지 못하고 있다. 이는 민의 반영 및 다

---

4   제16대 국회에서는 5.9%였지만 제17대 국회에서는 13%, 제18대 국회에서는 13.7%, 제19대 국회에서는 15.7%, 제20대 국회에서는 17%이다.

5   국회 여성 비례대표 의원은 제17대 국회에서는 29명, 제18대 국회에서는 27명, 제19대 국회에서는 28명, 제20대 국회에서는 25명이다.

┃표 4-4┃ 연령대별 국회의원 수

구분	30세 미만	30~39세	40~49세	50~59세	60세 이상
제17대 국회	0 (0)	0 (23)	22 (84)	26 (97)	10 (39)
제18대 국회	0 (0)	3 (4)	12 (76)	23 (119)	16 (46)
제19대 국회	0 (0)	6 (3)	14 (66)	24 (118)	10 (59)
제20대 국회	1 (0)	1 (1)	8 (42)	21 (140)	16 (70)

주: 괄호 안은 지역구 의원 수임.
자료: 중앙선거관리위원회(http://www.nec.go.kr).

양한 의견의 국회 전달을 어렵게 한다. 이를 해결하기 위해 의원의 수를 늘리고 상응해서 비례대표 의원의 수도 늘려야 한다. 2014년 헌법 재판소의 판결로 선거구별 인구 비례 허용 비율이 3대 1에서 2대 1로 바뀌면서 비례대표성보다는 지역대표성 문제 해결에 역점을 두게 되었다. 이로 인해 비례대표제는 더욱 상처 받을 수밖에 없었는데 해결 방안으로 비례대표 의원의 수를 현재보다 현격하게 늘려야 한다. 현재 비례대표 47석을 100석으로 늘려 의원 정수를 350~360명 선에서 결정되게 해야 한다. 이를 통해 다양한 계층의 비례대표가 국회에 입성하도록 하고 이에 따라 다양한 목소리와 민의가 국회에 전달될 수 있도록 해야 한다.

한편, 지방의 인구가 줄어듦에 따라 지역대표성 문제가 제기되고 있으며 앞의 방식대로 할 경우 의원의 수가 늘어나 국민 정서와는 맞지 않을 가능성이 크다. 대신 지역구 의원의 수를 줄이고 양원제를 통해 지역대표성 문제를 해결하는 방안이 논의될 필요가 있다. 물론 양원제 설치는 헌법 개정 사항이기 때문에 차원이 다른 개혁 방안이지만 지방 분권 촉진, 수도권 집중 완화와 지역 균형 발전, 지역 갈등 해소, 나아가 통일 대비를 위해 실시될 필요가 있다(안성호, 2007). 양원제는 각 지역을 대표하는 의원들에 의해 구성되는 상원의 설치로 인해 지방분권을 촉진시키는 결정을 가속화할 것이며, 정부의 재원을 각 지역에 균등하게 배정하도록 유도할 것이다(안성호, 2007). 또한, 상원은 현재 인구 격차로 인해 발생하는 수도권과 비수도권 간 국회 내 대표 문제를 해결하고 파당적 지역 할거주의에 의존하는 정당 구도를 완화시킬 것이다 (김만흠, 1999; 안성호, 2007). 양원제는 지역대표성 문제를 해결하고, 지역 균형 발전을 이루며, 한국 민주주의에 균형과 발전을 가져올 수 있다는 점에서 헌법 개정 시 개혁 과제로 반드시 다루어야 할 것이다.

(2) '정당법' 개정을 통한 민의 반영 기회 확대

대의민주주의에서 정당은 국민과 대표를 매개하는 역할을 수행하고 있는데(Sartori, 1976) 정당의 참여와 활동은 대의민주주의 운영의 핵심적 요소라 말할 수 있다. 이러한 이유로 현대 정치를 정당정치라 말하고 있는데(Schattschneider, 1942), 헌법에서 정당의 활동을 보장해주고 정당정치를 통해 책임정치를 구현하는 것이 일반적 특징이다. 정당은 다양한 의견 및 사회적 요구가 정책 결정자에게 전달될 수 있도록 하는 한편, 사회 내 다양한 갈등이 제도적 차원에서 해결될 수 있도록 하는 역할을 수행한다. 특히, 산업화로 인해 사회가 복잡해지고 다양화되는 가운데 분출되는 국민들의 의견이 선출된 대표 및 의회에 전달될 수 있도록 해야 하는데 정당은 이러한 역할을 담당하고 있다. 정당이 대표와 국민 간의 매개 역할을 제대로 수행하기 위해서는 사회의 다양한 주장과 목소리가 정책 결정이나 정치 과정에 반영되도록 해야 한다. 그러나 사회구조가 복잡해지고 다양한 이해관계가 만들어지면서 정당의 이익 집약 및 표출 기능은 현격하게 떨어지고 있다. 특히 한국의 정당들은 다양한 주장과 목소리를 대변하기보다는 지역주의에 의존하며 독점적 지위를 통해 국회 내에서 자신의 위치를 점점 확고히 하려는 경향을 보이고 있다. 정당의 자유로운 활동은 건전한 대의민주주의를 운영하는 데에 필수적 요인이라 하겠다. 그러나 현재 정당에 대한 지나친 규제로 인해 국민들의 의견이 제대로 국회에 전달되지 못하고 있다. 이는 무엇보다 다양한 계층의 목소리를 대변할 수 있는 정당의 창당을 어렵게 하는 '정당법' 때문이라 말할 수 있는데 창당의 어려움은 국회의 소수 정당 구조를 고착화하며 결과적으로는 민의가 반영되지 못하는 국회를 만들고 있는 것이다.

한국 정당의 중요한 특징 중 하나는 다양한 정당의 출현이 제한적이라는 점이다. 이는 양당 구조 속에서 새로운 정당이 출현하기 힘든 선거제도, 그리고 교섭단체를 규정하고 있는 '국회법'에도 원인이 있을 것이다. 그러나 무엇보다 '정당법'이 새로운 정당의 진출과 그에 따른 국회 진입을 어렵게 하고 있기 때문이다. '정당법'은 제3조(구성)에 "정당은 수도에 소재하는 중앙당과 특별시·광역시·도에 각각 소재하는 시·도당(이하 '시·도당')으로 구성한다"라고 규정하고, 제17조에는 "정당은 5 이상의 시·도당을 가져야 한다"라고 법정 시·도당 수를 규정하고 있다. 또한, 제18조 1항은 "시·도당은 1000인 이상의 당원을 가져야 한다"라고 규정하고 있어 새로운 정당의 출현은 현실적으로 매우 어려운 상황이다. 새로운 정당의 설립은 창당 전부터 어려운데 이는 '정당법' 제5조(창당준비위원회)와 제6조(발기인)에서 "정당의 창당 활동은 발기인으로 구성하는 창당준비위원회가 이를 한다", "창당준비위원회는 중앙당의 경우에는 200명 이상의, 시·도당의 경우에는 100명 이상의 발기인으로 구성한다"라고 규정하고 있기 때문이다.

다양한 계층의 의견과 이익이 대변되고 대표들에게 전달되어 국회에서 논의될 수 있도록 하기 위해, 그리고 지역주의에 기대고 있는 기존의 정당의 대안 세력이 출현할 수 있도록 하기 위해서는 정당의 설립을 용이하게 해야 한다. 그러나 '정당법'이 이를 어렵게 하고 있어 지역주의에 근거한 정당은 사라지지 않고 있으며, 정책정당의 출현은 기대하기 힘든 상황이다. 새로운 정당의 출현을 어렵게 하는 '정당법'에 대한 국회의 전면적 개정이 필요한 상황이다.

(3) 청원권 확대를 통한 국민 의견 반영

청원권은 국민들의 다양한 의견을 정책에 반영하기 위해 헌법에서 보장하고 있는 국민들의 권리이다. 헌법 제26조 1항은 "모든 국민은 법률이 정하는 바에 의하여 국가기관에 문서로 청원할 권리를 가진다"라고, 2항은 "국가는 청원에 대하여 심사할 의무를 진다"라고 규정해 국민의 청원권을 보장하고 있다. 청원권을 위해 '청원법'이 제정되어 있지만 청원인이 주장을 직접 제기할 수 있는 방법과 심사 과정에 대한 구체성이 떨어진다는 점에서 청원권을 일반인이 구체적으로 실현하는 것은 현실과 동떨어져 있다. 국민들의 청원은 국회를 통해서도 가능하지만 국회는 국민들의 청원권 보장에 매우 소극적이다. 이러한 점은 〈표 4-5〉에서 보듯이 국회에 접수된 청원 건이 점점 줄어들고 있을 뿐만 아니라 채택된 청원도 줄어들고 있다는 점을 통해 알 수 있다. 이는 청원의 실효성이 없다는 점을 단적으로 보여주는데, 국민의 의견을 대변하기 위해 헌법이 부여한 권한임에도 국회의 무관심이 초래한 결과라 하겠다. 특히, 국회 상임위원회는 청원심사를 위한 소위원회를 두고 있지만 소위원회 개최는 드물고 청원안에 대한 심사는 활발하지 못한 편이다. 이처럼 국민들의 국회에 대한 청원이 무시되는 것은 청원심사 기간은 무기한 연장이 가능하기 때문이다.[6] 한편 행정부에는 국민권익

---

6 이와 관련한 '국회법' 규정을 보면 제125조(청원심사·보고 등) ① 위원회는 청원심사를 위하여 청원심사소위원회를 둔다. ② 위원장은 폐회 중이거나 기타 필요한 경우 청원을 바로 청원심사소위원회에 회부하여 심사보고하게 할 수 있다. ③ 청원을 소개한 의원은 소관위원회 또는 청원심사소위원회의 요구가 있을 때에는 청원의 취지를 설명하여야 한다. ④ 위원회는 그 의결로 위원 또는 전문위원을 현장이나 관계기관 등에 파견하여 필요한 사항을

┃표 4-5┃ 국회청원 접수 및 처리 현황

국회	접수	처리					위원회 계류
		채택	본회의 불부의	철회	폐기	계	
제13대 국회	503	13	251	61	178	503	
제14대 국회	534	11	185	33	305	534	
제15대 국회	595	3	179	16	397	595	
제16대 국회	765	4	316	19	426	765	
제17대 국회	432	4	102	10	316	432	
제18대 국회	272	3	61	5	203	272	
제19대 국회	227	2	44	4	177	227	
제20대 국회	68	2	2			4	64

주: 2017년 2월 27일 현재 현황임.
자료: 국회 의안정보시스템(http://likms.assembly.go.kr/bill/main.do).

위원회와 각 부처별 민원실이 있지만 국민의 청원권을 구현하기 위한 행정조직이라기보다는 개인의 민원을 해결하기 위한 것이라고 인식되고 있다. 현재 제도하에서 국민은 정부에 민원을 제기하고 정부의 조치만을 기다려야 하는 수동적인 시민일 수밖에 없다(조승민, 2005).

대의민주주의에서 국회는 다양한 국민의 의견을 대변해야 하지만 여기에는 한계가 있다. 대의기관인 국회는 헌법에 보장된 국민들의 청원권이 잘 구현될 수 있도록 해야 함에도 그렇지 못하고 있다. 현재의

파악하여 보고하게 할 수 있으며, 필요한 경우 청원인·이해관계인 및 학식·경험이 있는 자로부터 진술을 들을 수 있다. ⑤ 위원회는 청원이 회부된 날부터 90일 이내에 심사 결과를 의장에게 보고하여야 한다. 다만, 특별한 사유로 인하여 그 기간 이내에 심사를 마치지 못하였을 때에는 위원장은 의장에게 중간보고를 하고 60일의 범위에서 한 차례만 심사 기간의 연장을 요구할 수 있다. ⑥ 제5항에도 불구하고 장기간 심사를 요하는 청원으로서 같은 항에 따른 기간 이내에 심사를 마치지 못하는 특별한 사유가 있는 경우에는 위원회의 의결로 심사 기간의 추가 연장을 요구할 수 있다. ⑦ 위원회에서 본회의에 부의하기로 결정한 청원은 의견서를 첨부하여 의장에게 보고한다. ⑧ 위원회에서 본회의에 부의할 필요가 없다고 결정한 청원은 그 처리 결과를 의장에게 보고하고, 의장은 청원인에게 통지하여야 한다. 다만, 폐회 또는 휴회 기간을 제외한 7일 이내에 의원 30인 이상의 요구가 있을 때에는 이를 본회의에 부의한다. ⑨ 청원심사에 관하여 기타 필요한 사항은 국회규칙으로 정한다.

국민의 의견이 대표와 정부에 잘 전달되고 이에 대한 정부의 반응이 나타날 수 있어야 한다. 이를 위해 먼저 '국회법'의 청원에 대한 수정이 필요한데 구체적으로는 국회의원의 소개가 있어야 청원할 수 있는 조항을 없애고, 온라인 청원이 가능하게 해야 한다. 그뿐만 아니라 온라인 청원이 접수되면 청원에 대해 지지 서명을 받을 수 있도록 하며, 지지 서명이 일정 기간 내에 일정 기준(서명 인수)을 넘기면 관련 상임위원회는 즉각 공청회를 개최하고 청원인이 의견을 진술할 수 있도록 해야 한다. 또한, 현재는 청원이 접수되면 90일 이내에 의장에게 심사 결과를 보고하게 되어 있지만 60일 범위 내에서 심사 기간 연장을 요구할 수 있고 특별한 사유가 있을 경우 위원회 의결로 심사 기간의 추가 연장이 가능하게 했는데, 일정 기준의 지지 서명이 있을 경우에는 90일 이내에 무조건 의장에게 심사 결과를 보고하도록 강제해야 한다. 청원의 국회의원 소개를 없앨 경우 너무나 많은 청원이 국회에 접수될 것이지만 헌법에서 보장한 청원권을 보장한다는 점에서 의미가 있고, 온라인 청원을 실시하고 지지 서명을 가능하게 하면 국회는 사안의 시급성 및 중요성을 판단할 수 있을 것이다.

세계적으로 온라인 청원은 점차 확대되고 있는 추세이다. 이는 대의민주주의의 운영에서 많은 문제점이 나타나고 있기 때문이다. 미국의 오바마(Barack Obama) 전 대통령은 '위 더 피플(We the People)'이라는 시민 청원 사이트를 만들어 30일 이내에 10만 명의 지지 서명이 있으면 청원에 대해 공식 반응을 내놓았다. 영국과 독일도 오래전부터 온라인 청원 제도를 실시하고 있다. 많은 지지 서명을 받은 청원들이 모두 의회나 정부에 받아들여지는 것은 아니지만 의회와 정부가 이에 대해 조사하고 반응을 보인다는 것은 국민들의 의견에 반응하고 대변한다는 점에서 대의제의 문제점을 보완하는 역할을 할 것이다. 특히, 청원에 매우 소극적인 국회가 온라인 청원을 실시해 사문화된 국민의 청원권이 확대되도록 한다면 민의가 반영되는 국회의 모습을 보이게 될 것이다.

2) 심의 기능 강화

민의가 반영되는 국회가 되기 위해서는 사회가 요구하는 정책을 원활하게 공급해야 한다. 국회는 사회에 필요한 규칙과 규정을 만듦으로써 구성원들의 어려움을 해결해야 하고, 시장경제가 원활하게 돌아갈 수 있도록 해야 한다. 이를 위해서 국회는 현재 국회의 의사결정 구조를 분권화해야 한다. 국회의 중요한 결정은 국회 내 정당 지도부의 논의와 합의에 의해서 만들어지는데 정당 지도부 간 상당한 이견이 있을 때는 합의가 어렵고 국회가 공전하는 경향을 보인다. 이로 인해 국민들의 사회 활동과 경제활동에 필요한 정책이 제대로 공급되지 못하고 있다. 이러한 문제를 해결하기 위해 현재 국회의 정책 결정 구조를 분권화하고 전문화하는 개혁이 필요하다.

(1) 분권화: 상임위원회 위주의 결정 구조

현재 국회의 의사결정 구조는 정당 간 원내대표에 의한 합의 방식이다. 주요한 정책에 대해 정당의 입장이 정해지면 원내대표 간 협상을 통해 정책 내용에 대해 합의하고 이를 원내 회의를 거쳐 승인받는 방식이다. 주요한 현안이 정당 지도부 간 협상에 의해 결정되는 구도이다. 여기에 청와대와 여당의 수직적 관계 속에서 여당은 청와대의 의중이 반영되도록 야당을 설득 혹은 압박해야 한다. 야당 지도부는 청와대 영향력하의 여당과 합의를 위해 논의하는 것 자체에 부정적 시각을 가질 수밖에 없으며, 협의를 위한 논의가 실제로 의미 없음을 알고 있다. 국회와 대통령의 관계는 '대통령과 여당 대 야당'이라는 정치적 대결 구도로 고착되어왔고 그 중심에는 청와대와 여당 간 '당정협의'라는 제도가 자리 잡고 있다. 당정협의는 여당의 위상을 약화시키고, 국회에서 여당과 야당의 논의를 통해 정책을 결정하는 것을 불가능하게 하며, 청와대에 권한을 집중시키고 있다는 점에서 새롭게 개혁되어야 한다.

대신 상임위원회 중심으로 야당이 참여하는 당정협의, 사안을 가장 잘 알고 있는 상임위원회 위원들 간 협의를 통해 정책이 결정되는 방식으로 국회의 의사결정 구조를 개혁해야 한다. 이러한 변화는 한편으로는 정당 지도부 간에 사안이 결정되는 구조를 상임위원회 위원장 및 소속 위원들이 사안을 결정하는 구조로 변화시키는 것, 즉 국회 권력의 분권화가 필요함을 주장하는 것이다. 국회가 상임위원회 중심주의를 택하고 있으며 상임위원회에서 사안이 가장 많이 다루어지고 있음에도 상임위원회 내 소속 위원들 간 심도 깊은 논의를 통해 사안이 결정되기보다는 정당 지도부가 결정한 내용이 반영되는 방식으로 현재 상임위원회는 역할을 하고 있다. 이는 상임위원회가 여야 의원들의 대화와 협상의 채널로서 가장 전문성을 지닌 위원들에 의해 좋은 정책방안이 제시될 수 있는 논의의 장임에도 그렇게 운영되고 있지 않음을 보여주는 것이다.

국회 내 정당 간 갈등만 고조시키는 현재의 방식에서 벗어나 새로운 방식의 국회 운영이 필요한데 이를 위해서는 현행 정부 제출 법률안 입법 절차에 '당정협의'를 포함하는 근거가 되고 있는 국무총리훈령 제506호를 전면 개정해 행정부가 추진하는 중요 정책에 대한 논의를 '국회법'상 입법 절차에 따르게 해야 한다(가상준·안순철, 2012). 이는 당정협의 후에 국회 내에서 정당 간 논의가 되는 현재의 2단계 구조를 국회 내에서 관련 상임위원회 위원들과 담당 정부 부처 관계자가 논의하는 단일 구조로 바꾸자는 것이다. 정부와 여당의 당정협의에 야당을 포함시키고 이를 상임위원회 차원에서 논의하자는 것으로 상임위원회가 정책을 조율하고 조정하는 논의의 장이 되고 정부가 추진하는 정책에 대해 상임위원회에서 여당과 야당 간 설득을 통해 합의할 수 있는 구조로 변화시키자는 것이다. 이를 통해 국회의 의사결정 방식을 상임위원회로 분권화해 심도 있는 논의가 전문성을 띤 상임위원회 위원들에 의해 진행되고 결정될 수 있도록 한다면 정당 간 불필요한 갈등은 줄어들고 국회의 효율성은 높아질 것이며 심의 기능은 강화될 것이다.

(2) 소위원회의 기능적 분화

국회의 심의 기능을 제고시키기 위한 또 다른 개혁은 상임위원회 내 소위원회의 기능적 분화를 통해 달성될 수 있다. '국회법' 제57조(소위원회) 1항은 "위원회는 특정한 안건의 심사를 위하여 소위원회를 둘 수 있다"라고, 2항은 "상임위원회〔정보위원회(情報委員會)를 제외한다〕는 그 소관 사항을 분담·심사하기 위하여 상설 소위원회를 둘 수 있다. 이 경우 상설 소위원회에 대해 국회규칙으로 정하는 바에 따라 필요한 인원 및 예산 등을 지원할 수 있다"라고 규정하고 있다. 그럼에도 현재 대부분의 상임위원회는 법안심사 소위원회, 청원심사 소위원회, 예산결산 소위원회만을 두고 있을 뿐이다.[7]

상임위원회 제도는 분업화와 전문화를 목적으로 하며 소위원회는 상임위원회의 목적을 달성하기 위한 제도적 보완이다(French, 1915). 특히 상임위원회 내에 소위원회를 두는 것은 전문성이라는 측면에서 봐야 한다. 프렌치(Burton French, 1915)는 상임위원회 산하 소위원회를 둘 때 업무가 지속적이며 공식적 업무인가, 업무가 과다해 분업을 필요로 하는가에 대해 고려해야 한다고 했다. 상임위원회에 세부적인 분업

---

[7] 제20대 국회 상임위원회 내 소위원회는 조금 기능적 분화를 하고 있는데 외교통일위원회는 법안심사, 예산결산·기금심사, 청원심사, 공공외교강화 소위원회를 두고 있으며, 농림축산식품해양수산위원회는 농림축산식품법안 심사, 해양수산법안 심사, 예산안 및 결산 심사, 청원심사, 세월호 관련, '부정청탁금지법' 관련 소위원회를, 산업통상자원위원회는 법률안, 예산·결산, 청원, 산업·무역, 통상·에너지, 중소기업·특허 소위원회를 두고 있다.

화와 전문화가 요구된다면 상임위원회 내에 영속성(permanent)을 띠는 소위원회를 개설해야 한다는 것이다. 프렌치(French, 1915)는 모든 상임위원회 위원들이 위원회와 관련한 모든 정보를 얻고 같이 회의할 기회를 가지지는 못하지만 소위원회로부터 보고와 정보를 통해 얻는 것이 상임위원회 전원이 모든 스케줄을 소화하면서 논의하는 것보다 더 유용하다고 말하고 있다.

미국 상임위원회는 이를 반영하듯이 소위원회를 통한 기능적 분업화를 보여주고 있다.[8] 그러나 한국 국회 상임위원회는 세부적인 분업화와 전문화가 필요함에도 기능적 분업화를 이루지 못하고 있다. 이는 의원들이 소속 상임위원회에 대해 소속감을 갖고 있지 못하기 때문이다. 과거보다 상임위원회 소속 위원들의 교체율은 낮아졌지만 일반적으로 의원들은 2년 임기 후 조금 더 좋은 상임위원회로 이동하려 한다. 또한, 다양한 경험을 위해 상임위원회를 옮기는 경우도 많다. 상임위원회 내 상설 소위원회 설치는 상임위원회 소관 사항에 대한 관심이 높고, 오랫동안 봉사한 위원들에 의해 가능하다. 상임위원회 업무에 대해 이해 및 관심이 낮은 위원은 상설 소위원회 설치를 부담스러워 한다. 이러한 이유로 국회에서 소위원회를 통한 기능적 분화는 이루어지고 있지 않은 것이다. 한국 국회가 전문화와 분업화를 통해 심의 기능을

---

8   예를 들어 미국 상원 외교위원회(Foreign Relations Committee)에는 7개의 소위원회가 있다(① Near East, South Asia, Central Asia and Counterterrorism, ② Western Hemisphere, Transnational Crime, Civilian Security, Democracy, Human Rights and Global Women's Issues, ③ Europe and Regional Security Cooperation, ④ Africa and Global Health Policy, ⑤ East Asia, The Pacific and International Cybersecurity Policy, ⑥ State Department and USAID Management, International Operations and Bilateral International Development, ⑦ Multilateral International Development, Multilateral Institutions and International Economic, Energy and Environmental Policy). 하원 군사위원회(Armed Services Committee)에도 7개의 소위원회를 두고 있다(① Emerging Threats and Capabilities, ② Military Personnel, ③ Oversight and Investigations, ④ Readiness, ⑤ Seapower and Projection Forces, ⑥ Strategic Forces, ⑦ Tactical Air and Land Forces).

강화하고 입법생산성을 늘리기 위해서는 상설 소위원회를 통한 기능적 분업화가 이루어져야 한다. 상임위원회 당 3~7개 소위원회를 설치하고[9] 1인 1상임위원회 원칙 속에 1인 2소위원회 원칙을 설정해 운영할 필요가 있다. 한편, 상설 소위원회가 위원들의 높은 참여를 통해 활발하게 운영되기 위해서는 현재 많은 특별위원회를 통해 추진되고 있는 업무들을 상임위원회 내 소위원회로 전환되게 해야 한다.

국회 상설 소위원회 설치가 미비한 가운데 현안이 발생했을 때 국회는 이 사안을 관련 상임위원회에게 맡기기보다는 새롭게 특별위원회를 설치해 담당하게 하는 모습을 보이고 있다(강원택, 2010). 특별위원회가 상황에 따라 필요하기도 하지만 중요한 사안은 특별위원회가 아닌 상임위원회 내 소위원회를 통해 논의하는 것이 사안의 전문성과 영속성 그리고 사안에 대한 대처 능력 면에서 바람직하다. 그럼에도 국회에 많은 특별위원회가 설치되어 있는 것은 강원택(2010)이 지적하듯이 상임위원회 내 소위원회를 통해 문제에 대한 접근이 가능함에도 소위원회 운영이 미비하기 때문이며 무엇보다 현안에 대한 여론을 의식해 국회 차원의 대응을 보여주기 위한 정치적 행동이 반복되고 있기 때문이다. 상임위원회 내 상설 소위원회를 통한 기능적 분업화가 이루어진다면 특별위원회의 설치에 따른 예산과 시간 소요 등 다양한 문제점은 해결될 것이며 국회의 전문화와 분업화는 더욱 촉진될 것이다.

---

9 예를 들어 외교통상위원회에 미주 소위원회, 유럽 소위원회, 중동 및 아프리카 소위원회, 아시아 소위원회, 통일 소위원회 등을 두며, 환경노동위원회에 청년·장애인고용 소위원회, 비정규직 소위원회, 임금 및 노사발전 소위원회, 소음·공해 소위원회 등을 설치하는 것이다.

3) 갈등 해결을 통한 민의 반영

현재 국회는 갈등 해결을 위한 입법기관 역할을 하기보다는 갈등을 방관하고 나아가서 제공하는 기관으로 인식되고 있다고 해도 과언이 아니다. 국회가 정책을 둘러싼 갈등, 이해관계를 둘러싼 갈등을 해소하지 못해 갈등이 시민사회로 전가되고 이에 따라 더욱 복잡해지고 확산되는 경향을 보이고 있다. 국회는 사회 갈등에 선제적으로 대처함으로써 갈등으로 인한 사회적·경제적 불안이 발생하지 않도록 해야 한다. 한국 사회를 떠들썩하게 했던 세월호 사건으로 인한 사회 혼란, 방사성 폐기물 처리장 건립을 둘러싼 갈등, 행정 수도 이전 논란, 광우병 쇠고기 파동, 미군 기지 이전을 둘러싼 갈등 등에서 알 수 있듯이 국회의 역할에 따라 갈등의 전개는 뚜렷한 차이를 보이게 된다.

국회가 사회 통합과 갈등 해소 기능을 발휘하기 위해서는 입법을 위한 논의의 장이 되어야 하고, 적극적으로 사회 갈등에 갈등 조정자 역할을 해야 한다. 입법은 갈등을 제도 차원에서 해결할 수 있는 좋은 방안이다. 국회가 통과시킨 법에 의해 불확실성과 갈등이 해결될 수 있기 때문이다. 국회가 통과시킨 법은 법안 논의 과정 속에 다양한 의견이 청취되고 반영되기에 갈등을 해소하기 위한 노력이 투영된 것이며, 국회 내 정당 간 논의와 합의에 따라 결정된 내용이기에 사회적 합의이며 정부의 약속이라 말할 수 있다. 이런 의미에서 입법은 갈등 해결, 사회 통합을 위해 무엇보다 좋은 기제이다. 앞서 언급했듯이 한국 사회의 빈부(계층) 갈등, 이념 갈등은 매우 심각한 상황이다. 계층 갈등은 소득 양극화, 고용 없는 성장, 정규직과 비정규직 차별, 중소기업과 대기업 간 격차 등에 의해 발생하고 있는데 과거 미국이 대공황을 극복하는 과정에서 경제 안정을 위해 '전국산업부흥법(National Industrial Recovery Act)', 노사관계 안정을 위해 '전국노동관계법(National Labor Relations

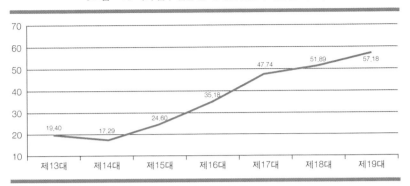

자료: 국회 의안정보시스템(http://likms.assembly.go.kr/bill/main.do).

Act)'을 제정했듯이 한국 국회도 양극화 해소, 경제민주화, 일자리 창출
등 계층 간 갈등 해결을 위한 입법을 추진할 것이 요구된다.

그러나 국회의 입법 활동은 매우 미진한 편인데 이는 국회 내 정당
간 갈등으로 인한 국회 공전 및 파행, 국회 개원의 불규칙성, 이에 따른
입법 활동 심의 시간의 부족이 이유라 하겠다. 이를 반영하듯이 국회에
접수되었지만 폐기되는 법안의 비율은 점점 늘어나고 있음을 〈그림
4-3〉을 통해 알 수 있다. 물론 국회에 접수되는 법안이 크게 늘어나서
폐기되는 법안의 비율이 높아지기도 했지만 국회는 12개월 중 5개월은
열리지 않고 있으며, 임시회가 열려도 국회가 일정을 잡지 못하고 공전
하는 경우가 많기 때문이다. 이를 해결하기 위해서 국회는 '상시청문회
법'과 상시국회제도를 도입해야 한다.

국회 내에서 사안에 대한 심도 있는 토론과 논의가 이루어지기 위해
서는 사안과 관련한 공청회와 청문회가 충분히 이루어져야 한다. 공청
회와 청문회는 안건을 심사할 때 이해관계자들이 직접 참여할 수 있는
기회를 보장하도록 하는 제도로서, 쟁점의 공론화를 통해 사회적 갈등
을 최소화하고 안건 심사의 질을 높일 수 있다(김영태, 2010). '국회법'

제64조에는 "위원회는 중요한 안건 또는 전문지식을 요하는 안건을 심사하기 위하여 그 의결 또는 재적위원 3분의 1이상의 요구로 공청회를 열고 이해관계자 또는 학식·경험이 있는 자 등(이하 '진술인')으로부터 의견을 들을 수 있다"라고 되어 있다. 제65조는 "위원회는 중요한 안건의 심사와 국정감사 및 국정조사에 필요한 경우 증인·감정인·참고인으로부터 증언·진술의 청취와 증거의 채택을 위하여 그 의결로 청문회를 열 수 있다"라고 규정하고 있다. 한편 제58조 6항에는 "위원회는 제정법률안 및 전부개정법률안에 대하여는 공청회 또는 청문회를 개최하여야 한다. 다만, 위원회의 의결로 이를 생략할 수 있다"라고 되어 있다. 공청회와 청문회가 현안 파악, 전문가 의견 청취, 그리고 정당 간 이견 조정 및 합의 도출의 수단이 될 수 있도록 현재보다 더욱 많이 개최되어야 하며 이를 통해 이해당사자의 의견을 듣고 그들의 갈등이 조정될 수 있도록 해야 한다. 이런 의미에서 제19대 국회 본회의에서 통과되었지만 대통령의 거부권으로 폐기된 상시청문회법안('국회법' 일부 개정 법률안)이 통과되어야 한다.

공청회, 청문회와 같은 논의의 장이 충분히 열리기 위해서는 상시국회제도를 도입해 현재처럼 국회 운영이 원내 교섭단체 간 협의에 의해 임의로 이루어지는 것이 아니라 정해진 계획에 따라 국회가 자동으로 열리게 해야 한다(김형준, 2015). 국회는 2·4·6월에 임시국회를 9~12월에는 정기국회를 열도록 되어 있다.[10] 1·3·5월에 교섭단체 간 협의로

---

10 이와 관련해 '국회법'을 살펴보면 다음과 같이 규정하고 있다. 제5조의 2(연간 국회운영 기본일정 등) (1) 의장은 국회의 연중 상시 운영을 위하여 각 교섭단체 대표의원과의 협의를 거쳐 매년 12월 31일까지 다음 연도의 국회운영 기본일정을 정하여야 한다. 다만, 국회의원 총선거 후 처음 구성되는 국회의 당해 연도의 국회운영 기본일정은 6월 30일까지 정하여야 한다. (2) 제1항의 연간 국회운영 기본일정은 다음 각 호의 기준에 따라 작성한다. ① 매 짝수 월(8월·10월 및 12월을 제외한다) 1일(그날이 공휴일인 때에는 그다음 날)에 임시회를 집회한다. 다만, 국회의원 총선거가 있는 월의 경우에는 그러하지 아니하다. ② 정기회의 회기는 100일로, 제1호의 규정에 의한 임시회의 회기는 30일로 한다.

임시국회를 열 수 있지만 특별한 경우를 제외하고는 열리지 않고 있다. 그렇다 보니 국회 업무의 연속성은 떨어지고 국회가 열리더라도 공전하는 경우가 많다. 미국과 같이 캘린더 의회 운영 방식을 택하면 1년 동안의 의사 일정을 미리 수립하며, 본회의와 상임위원회 개최 일정을 미리 지정하는 요일별 운영을 통해 일정에 따라 자동적으로 국회가 열리게 할 수 있다. 이는 국회 운영의 안정성·지속성·체계성을 제고할 수 있으며 국회 개원을 둘러싼 정당 간 거래 및 갈등도 해결할 수 있다 (김형준, 2015; 임성호, 1998).

앞서 언급했지만 한국 사회의 주요 갈등으로는 이념 성향을 달리하는 집단 간 이념 갈등, 빈부(계층) 갈등이 있으며 노사 갈등, 영남과 호남 갈등, 교육 갈등 등도 심각한 상황이다. 다양한 이해관계의 충돌로 인해 상대 집단에 대한 혐오감이 매우 큰 상황에서 이를 극복하기 위한 다양한 노력이 필요하지만 뚜렷한 방안이 제시되고 있지 않다. 이들 간 대립에서 국회가 해결을 위한 조정자 역할을 하기보다는 이들 세력을 등에 업고 지지 기반을 결집시키는 경향도 보이고 있다. 국회는 이들 간의 갈등을 해결하기 위해 조정자 역할을 해야 한다. 최근 들어 공공 갈등의 정치 이념화 현상이 발생하면서 이념과는 무관한 공공 갈등이 이념 간 대립으로 치닫고 있는 모습을 보이고 있다. 밀양 송전탑 설치를 둘러싼 갈등, 제주 해군기지 갈등이 대표적이며 세월호 사건은 재난으로 인한 갈등임에도 이념 갈등화된 사건이다.

사회에 끊이지 않는 갈등이 발생하고 그것이 해소되지 않고 재발 및 재생산되는 상황이 나타나고 있는데, 국회는 입법을 통해 이를 해결해야 할뿐만 아니라 조정자 역할을 해야 한다. 이해당사자 간 갈등, 정부와 이해당사자 간 갈등을 해결하기 위해 국회는 정치적 유불리에 따라 행동하지 말고 정당 간 협치를 통해 해결 가능성을 높이려고 노력해야 한다. 이를 위해서는 앞서 언급했듯이 상임위원회의 기능이 활성화되어야 하고, 상시 청문회가 가능하도록 해 상임위원회가 이해관계자의 의견을 듣고 해결을 위한 방안을 논의할 수 있는 장을 만들어야 한다. 한편, 사회적으로 갈등을 야기하는 공공 갈등이 다양해지고 규모가 커지는 만큼 국회 내에 다양한 갈등을 다루는 갈등조정위원회를 설치해 운영하는 것도 생각해보아야 한다. 이를 통해 중요한 사안에 대해서는 국회 차원에서 공론 조사를 실시하고, 이해당사자, 외부 전문가, 관련 행정 부서로부터 의견을 듣는 청문회와 공청회를 실시하며, 갈등 해결에 입법이 필요할 경우 관련 상임위원회의 협조를 구하며, 정부의 정책 소통(정책 관련 정보 제공, 주민 의견 수렴, 투명한 행정 절차 등)이 잘 이루어지는지 감시하고, 필요할 경우 직접 당사자 간 조정자로 활동해야 한다. 입법과 갈등 조정자로서 국회의 적극적인 역할만이 갈등이 만연한 한국 사회의 문제를 해결할 수 있다.

5. 결론

이 글의 목적은 민의가 반영되는 통합의 정치를 위해 필요한 국회 개혁은 무엇인지 알아보는 것이다. 일반적으로 의회에 대한 평가는 부정적이고 신뢰는 낮다. 그러나 한국 국회에 대한 평가는 다른 국가에 비해 월등히 낮은 편인데 이는 국회의 역할이 막중함에도 정당 간 첨예한 대립과 이에 따른 국회 파행으로 인해 기대와 상응하는 역할을 수행하지 못하고 있기 때문이다. 특히 청와대와 여당의 종속 관계는 여당과 야당의 관계를 갈등 구조로 만들고 있다. 또한, 공천권을 둘러싼 정당 내 계파 갈등은 정당 내 갈등을 키워 정당 간 합의를 어렵게 하고 입법 생산성을 떨어뜨리는 요인으로 작용하고 있다.

국회가 기능하지 못해서 나타나는 문제 해결은 국회 운영의 정상화와 국회 개혁에서 찾아야 한다. 민의가 반영되는 국회가 되기 위해서 이 글은 세 가지 차원에서 개혁이 필요하다고 주장한다. 첫째, 국회 내에 다양한 계층의 목소리가 반영될 수 있도록 하기 위한 조치가 필요하다. 둘째, 국회의 원활한 정책 공급을 위해 심의 기능이 강화되어야 한다. 마지막으로 국회는 한국 사회의 심각한 갈등 상황을 입법과 갈등 조정을 통해 해결해야 한다.

구체적으로 현재 국회는 다양한 계층의 의견이 들어오기에는 한계가 있다. 이는 선거제도와 '정당법'에 문제가 있기 때문이다. 한국 비례대표제는 국회 구성에 다양성을 가하기에는 운영의 한계가 있다. 현재보다 더 많은 비례대표 의석이 배정됨으로써 다양한 의견이 국회에 전달될 수 있어야 한다. 한편, 지역대표성 문제 해결을 위해 궁극적으로는 양원제 도입을 고려해야 한다. 이와 함께 다양한 계층의 의견과 이익이 대변되고 대표들에게 전달되어 지역주의를 완화하기 위해 새로운 정당의 출현을 어렵게 하는 정당법에 대한 개정이 필요하다. 국회에 민의가 잘 전달되고 반영되도록 하기 위해 현재 사문화된 청원 방식에 개혁이 필요하다. 먼저 '국회법'의 청원에 대한 수정이 필요한데 국회의원 소개가 있어야 청원할 수 있는 조항을 없애고, 온라인 청원이 가능하게 해야 한다. 그뿐만 아니라 온라인 청원이 접수되면 청원에 대해 지지 서명을 받을 수 있도록 하며, 지지 서명이 일정 기간 내에 일정 기준(서명 인수)을 넘기면 관련 상임위원회는 즉각 공청회를 개최하고 청원인이 의견을 진술할 수 있도록 해야 한다. 국회 내 다양성 확보 그리고 민의가 전달되는 통로 확대를 통해 국회의 개혁을 이끌어야 한다.

사회가 요구하는 정책을 원활하게 공급하기 위해서 국회는 현재 국회의 의사결정 구조를 분권화해야 한다. 국회 내 정당 지도부의 논의와 합의에 의해서 국회의 중요한 결정이 만들어지는 정책 결정 구조를 분권화하고 전문화하는 개혁이 필요하다. 구체적으로 정당 지도부에 의한 국회 운영 방식을 상임위원회 중심으로 개혁해야 한다. 정부와 여당의 당정협의에 야당을 포함시키고 이를 상임위원회 차원에서 논의함으로써 상임위원회가 정책을 조율하고 조정하는 논의의 장이 되어야 한다. 국회의 의사결정 방식을 상임위원회로 분권화해 심도 있는 논의가 상임위원회 위원들에 의해 논의된다면 정당 간 불필요한 갈등은 줄어들고 국회의 효율성은 높아질 것이며 심의 기능은 강화될 것이다. 국회의 심의 기능을 제고시키기 위한 또 다른 개혁은 상임위원회 소위원회의 기능적 분화를 통해 달성될 수 있다. 상임위원회에 기능적으로 분화된 3~7개 소위원회를 설치하고 1인 1상임위원회 원칙 속에 1인 2소위원회 원칙을 설정해 운영할 필요가 있다. 한편, 상설 소위원회가 위원들의 높은 참여도를 통해 활발하게 운영되기 위해서는 현재 많은 특별위원회를 통해 추진되고 있는 업무들이 상임위원회 소위원회로 전환되게 해야 한다.

마지막으로 국회는 적극적인 갈등 해결을 통해 민의가 반영되는 대의기관으로 변모해야 한다. 국회가 사회 통합과 갈등 해소 기능을 발휘하기 위해서는 입법을 위한 논의의 장이 되어야 하고, 적극적으로 사회 갈등에 갈등 조정자 역할을 해야 한다. 입법은 갈등을 제도 차원에서 해결할 수 있는 좋은 방안이다. 국회의 입법 활동이 활발해지기 위해서는 사안에 대한 심도 있는 토론과 논의가 이루어져야 하는데 사안과 관련한 공청회와 청문회가 충분히 이루어져야 한다. 이런 의미에서 상시 청문회법안이 통과되어야 하며 상시국회제도를 도입해 현재처럼 국회 운영이 원내 교섭단체 간 협의에 의해 임의로 이루어지는 것이 아니라 정해진 계획에 따라 국회가 자동으로 열리게 해야 한다. 사회적으로 갈등을 야기하는 공공 갈등이 다양해지고 규모가 커지는 만큼 국회 내 다양한 갈등을 다루는 갈등조정위원회를 설치해야 한다. 이를 통해 중요한 사안에 대해서는 국회 차원에서 공론조사를 실시하고, 청문회와 공청회를 실시하며, 갈등 해결에 입법이 필요할 경우 관련 상임위원회의 협조를 구하며, 정부의 정책 소통(정책 관련 정보 제공, 주민 의견 수렴, 투명한 행정 절차 등)이 잘 이루어지는지 감시하며, 필요할 경우 국회가 직접 당사자 간 조정자로 활동해야 한다.

국회 구성의 다양성 확보, 온라인 청원제 도입, 상임위원회와 소위원회가 중심이 되는 국회 의사결정의 분권화, 상시청문회제와 상시국회 운영제도 도입, 국회 내 갈등조정위원회 설치는 국회 운영에 커다란 변화를 가져올 것이다. 무엇보다 민의의 국회 전달과 반영이 과거와는 다르게 전개되도록 개혁할 것이다. 또한, 국회가 정당 간 정쟁과 갈등보다는 정책 공급에 집중할 수 있도록 할 것이다. 여기에 언급하지는 않았지만 예산결산위원회 상임위원회 전환, 국회 의원윤리심사 강화, 헌법 개정이 요구되는 예산법률주의 도입, 감사원 소속 변경 등 아직도 많은 개혁이 필요하다. 국회에 대한 많은 비난이 있지만 국회는 과거에 비해 점진적으로 전문화·분업화되고 있으며, 국회예산처와 입법조사처 설치를 통해 입법생산성을 향상시키고 있다.

대의민주주의에서 의회는 선거로 선출된 대표들이 국가의 중요한 정책을 결정하는 논의의 장이다. 그러나 의회에 대한 불신이 커지면서 대의민주주의는 위기에 놓여 있다. 이러한 위기를 타개하는 방법은 민의가 더욱 잘 전달되고 반영될 수 있도록 의회의 문호를 개방하는 것이며, 의회가 사회가 필요로 하는 정책을 원활하게 공급할 수 있도록 심의 기능을 강화하는 것이다. 여기서 언급한 개혁 조치들은 적어도 국회의 대의 기능, 입법 기능, 갈등 조정 기능을 강화해 국회에 대한 신뢰를 제고하는 데 일조할 것이라 생각한다. 이러한 개혁들이 모두 도입되는 데 많은 노력과 시간이 필요하겠지만 국회가 변화해온 과정을 볼 때, 개혁은 실천되어 기대하는 효과를 거둘 것이다.

참고문헌

국회 의안정보시스템. http://likms.assembly.go.kr/bill/main.do

가상준. 2003. 「미국 의회와 지역구 의원에 대한 평가에 있어 모순성과 상호 관련성」. ≪국제 정치논총≫, 43집 3호, 339~359쪽.

가상준·안순철. 2012. 「미국 의회와 지역구 의원에 대한 평가에 있어 모순성과 상호 관련성」. ≪한국정치연구≫, 21집 2호, 87~114쪽.

강원택. 2010. 「국회소위원회제도의 운영현황과 발전방안」. 국회입법조사처 선진정책국회 구현을 위한 소위원회 활성화 방안 발표논문.

김만흠. 1999. 「지방정치론과 한국지방정치의 과제」. ≪한국정치학회보≫, 32집 2호, 167~186쪽.

김영태. 2010. 「국회 전원위원회와 공청회를 통한 숙의 문화의 활성화」. ≪동북아연구≫, 15권, 127~152쪽.

김형준. 2015. 「사회 갈등 해결을 위한 국회의 역할과 과제: 국회 내 정당 양극화 해소를 중심으로」. ≪대한정치학회보≫, 21집 1호, 71~97쪽.

단국대학교 분쟁해결연구센터. http://www.ducdr.org

서현진. 2016. 「국회 갈등과 신뢰도에 관한 연구」. ≪분쟁해결연구≫, 14집 2호, 159~184쪽.

안성호. 2007. 「지역대표성 상원의 논거와 특징 및 설계구상」. ≪한국행정학보≫, 41집 3호, 117~142쪽.

엄기홍. 2009. 「국회불신과 행정부 불신의 상호 연관성」. ≪사회과학 담론과 정책≫, 2권 1호, 27~50쪽.

유성진. 2009. 「국회의 사회통합기능과 국민의 신뢰: 국회에 대한 기대와 현실의 괴리」. ≪의정 연구≫, 15권 1호, 119~144쪽.

이현우. 2006. 「17대 국회에 대한 국민평가」. ≪의정연구≫, 12권 1호, 5~30쪽.

이현우·박경산. 2009. 「의회에 대한 국민인식 비교: 한국과 미국을 대상으로」. 이갑윤·이현우 편저. 『한국 국회의 현실과 이상』. 오름.

임성호. 1998. 「한국 의회민주주의와 국회제도 개혁방안」. ≪의정연구≫, 7권, 112~137쪽.

조승민. 2005. 『로비의 제도화: 정치시장의 자유화를 위하여』. 삼성경제연구소.

조진만. 2009. 「의회의 집합적 의사결정과 신뢰: 한국 국회의 현실과 선택」. ≪의정연구≫, 15 권 1호, 93~118쪽.

조진만·임성학. 2008. 「한국 국회의 불신에 영향을 미치는 정치적 요인 분석」. ≪정치·정보연 구≫, 11권 2호, 213~237쪽.

중앙선거관리위원회. http://www.nec.go.kr

한국사회과학자료원. http://www.kossda.or.kr

한국행정연구원. "사회통합실태조사". https://www.kipa.re.kr/site/kipa/sta/selectReList.do?seSubCode=BIZ017A001

Cook, Timothy E. 1979. "Legislature vs. Legislator: A Note on the Paradox of Congressional Support." *Legislative Studies Quarterly*, Vol. 4, No. 1, pp. 43~52.

Farnsworth, Stephen J. 2003. "Congress and Citizen Discontent: Public Evaluations of the Membership and One's Own Representative." *American Politics Research*, Vol. 31, No. 1, pp. 66~80.

Farrell, David M. 2001. *Electoral Systems: A Comparative Introduction*. New York: Palgrave.

Fenno, Richard F. 1975. "If, as Ralph Nader Says, Congress is 'The Broken Branch.' How Come we Lover Our Congressmen So Much?" in Norman J. Ornstein(ed.). *Congress in Change: Evolution and Reform*. New York: Praeger.

Fiorina, Morris P. 1989. *Congress: Keystone of the Washington Establishment*, 2nd ed. New Haven: Yale University Press.

French, Burton L. 1915. "Sub-Committees of Congress." *American Political Science Review*, Vol. 9, No. 1, pp. 68~92.

Kimball, David C. and Samuel C. Patterson. 1997. "Living up to Expectations: Public Attitudes Toward Congress." *Journal of Politics*, Vol. 59, No. 3, pp. 701~728.

Liphart, Arend. 1994. *Electoral Systems and Party Systems: A Study of Twenty-Seven Democracies, 1945~1990*. New York: Oxford University Press.

Mayhew, David. 1974. *Congress: The Electoral Connection*. New Haven: Yale University Press.

McElwain, M. Kenneth. 2008. "Manipulating Electoral Rules to Manufacture Single-Party Dominance." *American Journal of Political Science*, Vol. 52, No. 1, pp. 32~47.

Parker, Glenn R. and Roger H. Davidson. 1979. "Why Do Americans Love Their Congressmen So Much More than Their Congress?" *Legislative Studies Quarterly*, Vol. 4, No. 1, pp. 53~61.

Patterson, Kelly D. and David B. Magleby. 1992. "The Polls-Poll Trends: Public Support for Congress." *Public Opinion Quarterly*, Vol. 56, No. 4, pp. 539~551.

Rae, W. Douglas. 1967. *Consequences of Electoral Laws*, revised ed. New Haven: Yale University Press.

Sartori, Giovanni. 1976. *Parties and Party System*. Cambridge: Cambridge University Press.

Schattschneider, E. E. 1942. *Party Government*. New York: Rinehart and Winston.

Taagepera, Rein and Matthew Soberg Shugart. 1989. *Seats and Votes: The Effects and Determinants of Electoral Systems*. New Haven: Yale University Press.

5장
▬

정치 참여의 변화와 과제:
촛불집회와 참여민주주의

임성학 | 서울시립대학교

1. 서론

이 글은 민주화 30주년을 맞아 한국 민주주의의 과제와 미래상을 제시하려는 기획하에 정치 분야 중 정치 참여에 관해 고찰한 글이다. 이 글의 목적은 현재 한국 민주주의에 대한 진단과 분석을 통해 미래의 대안을 모색하여 한국 민주주의의 심화 발전에 기여하는 것이다. 한국의 민주화, 민주주의 공고화 과정 속에서 다양한 방식으로 이루어진 국민들의 정치 참여는 한국 민주주의를 견인해왔다. 권위주의 독재에 맞서 인권과 민주주의를 위해 싸운 저항운동을 통해 한국은 1987년 민주화 (democratization)에 성공했고, 민주주의 이후에는 관례적인 참여인 선거와 동시에 비관례적인 참여인 촛불집회 등이 한국 민주주의를 공고화(democratic consolidation)하며 민주주의가 갈 방향을 제시해왔다.

이처럼 한국 민주주의에서 중요한 역할을 담당했던 정치 참여가 향후 새로운 정치·경제·사회적 환경 속에서 어떻게 변화하고, 민주주의의 심화(democratic deepening)에 어떤 영향을 미칠 것인가를 살펴보고자 한다. 정치 참여에 영향을 줄 수 있다고 예상되는 환경 변화는 크게 네 가지로, 대의민주주의의 위기, 정보화사회, 탈물질주의, 노령화사회로 나눠서 살펴볼 수 있다. 먼저 대의민주주의의 위기는 국민의 의사가 외면되거나 왜곡되는 '대표의 실패'와 공론의 부족으로 인한 '심의의 실패'로, 기존 정치제도나 민주주의 자체에 대한 불신이 늘어나 가장 기초적인 정치 참여 방식인 투표 참여가 줄어들면서 비관례적인 참여가 늘어나고 있는 상황이다. 두 번째인 정보화사회의 도래로 인해 사람들은 정치 지식의 생산 및 소비의 과정과 비용, 정치적 소통의 방식, 정치 인식 등 정치 참여에 영향을 미치는 많은 요소들의 변화를 경험하게 되고 이는 과거와 다른 새로운 형태의 정치 참여를 동인하고 있다. 세 번째는 탈물질주의 사회로의 전환이다. 사회적 이슈에서 대중의 삶의 질과 연관되는 문화, 자아실현, 자기 표현, 환경 등 이전에 중시되지 않았던 이슈로 정치적 관심이 이전되면서 탈물질주의에 영향을 받은 새로운 세대들은 새로운 방식의 정치 참여를 추구하고 있다. 마지막으로 살펴볼 환경 변화는 노령화사회이다. 세계적으로 65세 이상 인구의 증가세는 높아지고 있지만 한국의 노인 인구 비중과 노령화지수 증가 속도는 세계에서 가장 빠른 것으로 조사되었다. 노령층의 증가에 따른 인구 구성의 변화가 정치 참여의 방식과 형태에도 많은 영향을 줄 것으로 예상된다.

이런 변화가 한국 민주주의의 정치 참여에 어떤 영향을 줄 것이며 어떻게 하면 정치 참여가 한국 민주주의 심화에 도움을 줄 수 있는 방향으로 갈 수 있을지에 대해 이 글에서 기초적인 논의를 하고자 한다. 이를 위해 우선 정치 참여의 기존 연구를 통해 정치 참여의 개념과 이론적 틀을 살펴보고자 한다. 기존 연구를 토대로 향후 정치 참여의 변화를 알아보기 위해 한국 정치 참여의 변화 과정을 추적하고 새로운 형태의 정치 참여 방식인 촛불집회[1]를 좀 더 자세히 살펴보려고 한다. 마지막으로 결론 부분에서 정치 환경 분석과 한국 정치 참여에 대한 분석을 기초로 앞에서 제시한 이론적 틀에 근거해 정치 참여에 변화의 방향을 제시하려고 한다.

2. 정치 참여의 개념, 유형, 이론과 이론적 틀

정치 참여의 방식은 민주주의와 사회의 발전으로 매우 다양해졌다. 가장 전통적이고 기초적인 정치 참여인 투표에서부터 의원에게 편지 혹은 이메일 보내기, 청원하기, 집회 및 시위 참여하기 등 비용이 많이 드는 비관례적 정치 참여까지 매우 다양하다. 따라서 다양한 정치 참여 현상을 이해하기 위해서는 정치 참여를 개념화하고 다양한 정치 참여 를 유형화하는 작업이 필요하다. 정치 참여에 영향을 미치는 다양한 요인들을 살펴보기 위해 정치 참여 이론들을 조사하고 이를 기반으로 이론적 틀을 제시하고자 하는데, 정치 참여의 종합적인 분석 틀을 고안한 노리스(Pippa Norris, 2002)의 이론적 틀을 중심으로 소개하고자 한다.

1) 정치 참여의 개념과 유형

(1) 정치 참여의 개념

일반 국민들의 정치 참여(political participation)는 민주주의의 기본적인 요소이다. 주권자의 의사가 정치 과정에 반영되고, 이런 과정을 통해 정치권력은 정당성을 부여받게 되는 동시에 권력을 감시·통제하는

---

1   촛불집회 혹은 촛불시위 등의 용어가 혼용되는데 집회(集會)의 사전적 정의는 "여러 사람이 어떤 목적을 위하여 일시적으로 모임"이고 시위(示威)의 사전적 의미는 "위력이나 기세를 떨쳐 보임"이다. 이 글에서는 좀 더 폭넓게 사용되는 촛불집회로 통일해 쓰고자 한다.

역할을 하게 되기 때문이다. 또한 현대 대의민주주의하에서 정치 참여는 정부와 정치 엘리트들을 주권자인 국민의 의사에 반응하도록 만들어, 정부와 정치 엘리트들의 반응성과 책무성을 향상시키고, 사회적·경제적 불평등을 해소시키는 기제로서도 작동하고 있기 때문이다(이숙종·유희정, 2010: 289).

따라서 정치 참여란 주권자인 국민이 정치 현상에 관심을 가지고 정치적 영역에 참여해 정치적 의사결정에 영향력을 행사하는 것을 의미한다. 여기서 정치적 영역이란 정치 과정이나 정책 결정 과정을 의미한다. 국민의 대표를 뽑는 정치 엘리트 충원에 참여하는 투표가 가장 대표적인 공식적 정치 참여의 형태이며, 정책 결정 과정에 영향을 미치기 위한 시위, 청원 등도 정치 참여의 한 형태이다. 정치적 영역을 일상생활 정치까지 확장하면 주변 이웃과 정치적 의견을 교환하거나 자신의 정치적 주장을 펼치는 행위, 시민단체에 가입해 활동하거나 기부하는 행위 등도 정치 참여에 포함할 수 있어 광범위한 개념이 될 수도 있다. 최근 사회구조가 복잡·다변해지면서 국민의 다양한 의견이 표출되고, 표출되는 방식도 다양해지면서 새로운 형태의 정치 참여가 생겨나고 있어 이를 개념화하려는 노력도 병행되고 있다. 이런 측면에서 아들러와 고긴(Adler and Goggin, 2005)은 사적 영역과 공적 영역으로 나누고 사적 영역에서 벌어지는 참여를 시민 참여(civil participation), 공식적이고 공적인 영역에 행해지는 참여를 정치 참여(political participation)로 구분하기도 한다.

(2) 정치 참여의 유형

민주주의가 발전하고 사회가 복잡화·다변화했으며 새로운 기술들이 출현하면서, 다양한 형태의 정치 참여가 가능해졌고 정치 참여는 새로운 형태로 진화했다. 다양한 방식의 정치 참여를 좀 더 쉽게 구분해 비교 분석할 수 있도록 하는 정치 참여 유형화 작업은 지속적으로 이루어 져왔다. 정치 참여 연구의 고전이라 할 수 있는 버바와 나이(Verba and Nie, 1972: 47)의 연구에서는 관례적인 정치 참여인 선거 참여와 비선거 참여로 나누고 선거 참여는 투표와 선거운동 참여, 비선거적 참여는 협 동적 활동과 시민 주도 접촉(citizen-initiated contacts) 등으로 구분했다. 이런 버바와 나이의 정치 참여 유형화는 정치 참여에 대한 그들의 협의 의 정의에 따른 것이다. 그들은 정치 참여를 정부 공직자의 선출이나 이들의 행위에 다소간 직접적으로 영향을 주려고 하는 일반 시민들의 활동 또는 정부 공직자의 선출이나 정부의 정책에 영향을 미치려고 행 하는 일반 시민의 합법적인 행동이라고 정의하기 때문에 정부에 영향 력을 행사하려는 행위만을 포함하고 불법적 행위는 제외(Verba and Nie, 1972: 2)하는 협의의 정의 입장을 취하고 있다.

그러나 최근 민주주의 사회의 정치 참여는 다양한 방식과 형태로 나 타나고 있다. 정치 참여가 평화적이거나 폭력적이기도 하고, 합법적이 거나 불법적이기도 하고, 개별적이거나 집단적이기도 하며, 지속적이 거나 산발적이기도 하다. 또한 관례적 형태의 정치 참여를 넘어 비관례 적인 정치 참여, 즉 항의적 참여의 형태인 시위나 집회, 정치적 의사표 현인 정치적 기부 등도 일상적으로 나타나고 있어 정치 참여에 대한 좀 더 광의의 개념화와 이에 따른 새로운 유형화가 필요하게 되었다.

반스와 카아세(Barnes and Kaase, 1979)는 정치 참여를 관습적 참여와 비관습적 참여로 분류한다. 투표, 토론, 집회 참석, 정치인 접촉 등 공 식 제도를 통한 정치 참여를 관습적 참여라고, 서명운동, 공과금 납부 거부, 시위, 점거, 기물 파손, 구타 행위 등 기존 공식 제도를 벗어난 새 로운 형태의 정치 참여를 비관습적 참여라고 정의했다. 합법성과 비합 법성을 기준으로 정치 참여를 구분하는 연구(Muller, 1982)도 있었는데 불복종, 폭력 행위 등을 비합법적 참여로 분류했다. 그러나 합법성과 불법성으로 분류하는 유형화는 문화적·시대적 배경에 따라 변하기 때문에 한계가 있을 수 있다(이숙종·유희정, 2010: 289). 참여자 개인의 참여 비용과 참여에 따른 편익의 측면에서 쉬운 참여와 어려운 참여로 구분하는 유형화도 있다. 김욱(2005)은 상대적으로 개인의 비용이 적게 들어가는 쉬운 참여와 비용이 많이 들어가는 어려운 참여로 구분한다. 비용 등을 고려해 소극적 참여와 적극적 참여로 구분하기도 하는데 선거 주기에 따라 대표를 뽑는 투표 행위는 자주 참여할 기회가 없고 비용도 많이 들지 않기 때문에 소극적 참여, 거리 시위, 파업 등의 정치 참여는 비용도 많이 들고 직접적으로 의사표현을 해야 하기 때문에 적극적 참여로 구분한다(이숙종·유희정 2010: 289).

정보화사회를 반영한 유형화도 등장했다. 민희와 윤성이(2016)는 노리스의 분류에 오프라인과 온라인 활동을 추가해 분류했다. 먼저 노리스의 분류를 살펴보면 정치 참여 유형을 '제도 지향 참여'와 '운동 지향 참여'로 나누고 제도 지향 참여는 정치인에게 영향을 미치려는 활동, 운동 지향 참여는 이슈나 정책에 영향을 미치려는 활동이라고 정의하면서 선거 참여는 제외했다(Norris, 2005). 민희와 윤성이는 오프라인뿐만 아니라 온라인 정치 참여가 일상화되고 있기 때문에 제도 지향과 운동 지향 정치 참여 유형에 오프라인과 온라인의 구분이 필요하다고 주장했다. "오프라인 제도 지향 참여는 정치인에게 편지 보내기나 전화하기와 정치 후보자 혹은 정당의 자원봉사 참여하기" 등이고 "오프라인 운동 지향 참여는 길거리 시위(집회, 촛불집회 등)에 참여하기" 등이다. "온라인 제도 지향 참여는 정치인에게 이메일 보내기와 정당 소셜 네트워크 가입하기" 등이고, "마지막으로 온라인 운동 지향 참여는 카카오톡이나 소셜 미디어상에서 리본 달기 등 온라인 시위에 동참하기" 등으로 구분했다(민희·윤성이, 2016: 279). 이 외에도 개인적 방식(individual forms)의 참여와 집단적 방식(collective forms)의 참여로 구분하는 유형

	관례		비관례	
	오프라인	온라인	오프라인	온라인
개인	투표, 정치자금 기부, 정당·정치인 접촉하기	전자 투표, 정치인에게 이메일 보내기	촛불집회 등에 참여, 청원, 서명운동 참여	SNS상에서 리본 달기, 온라인상에서 정치적 의견 개진
집단	정당 가입, 단체 가입, 정치 후보 선출 참여	정당 SNS 가입하기, 온라인으로 정당 후보 선출 참여	집회 등 조직에 참여	온라인 운동·집회 등 조직이나 의제 설정에 참여

화도 나타났다(Ekman and Amnå, 2012).

이런 다양한 유형화는 새로운 정치 참여 방식을 분석에 포함시키기 위한 노력으로 새로운 연구를 가능하게도 했지만 복잡한 분류로 간결한 이론화에는 어려움을 주고 있다. 최근 정치 참여 이론들은 연구의 목적에 따라 정치 참여를 유형화하고 이를 토대로 비교 분석을 시행하는 추세이다. 이 연구에서는 세 가지 차원에서 정치 참여를 유형화하고 이런 유형화를 바탕으로 정치 참여 방식이 새로운 정치적 환경과 변화에 따라 어떻게 변화하고 있는지를 살펴보려고 한다. 먼저 관례적 (conventional)·비관례적(unconventional) 차원이다. 투표, 정치인 접촉, 정당 가입 및 활동 등 공식적인 정치제도를 통한 정치 참여를 관례적 참여로, 서명운동, 시위, 점거, 시민불복종 등 기존 공식 제도를 통하지 않는 정치 참여를 비관례적 참여로 구분한다. 일반적으로 공식적인 참여는 비용이 적게 들고 상대적으로 시간이나 돈과 같은 자원을 덜 쓰는 참여이고 비공식적 참여는 참여자의 비용이 많이 들고 상대적으로 시간이나 돈과 같은 자원을 많이 쓰는 참여이다. 두 번째 차원은 오프라인·온라인 차원이다. 정보화로 인해 오프라인뿐만 아니라 온라인 정치 참여가 혼용되고 일상화되고 있기 때문에 이에 대한 유형화가 필요하다. 마지막은 개인·집단 차원이다. 과거 조직을 통한 동원에 의한 집단적 참여와 느슨한 네트워크를 통한 개인적 참여가 모두 나타나고 있다. 세 가지 차원에서 정치 참여를 유형화해보면 〈표 5-1〉과 같다.

2) 정치 참여 이론과 이론적 틀

정치 참여 이론은 누가 정치에 참여하는가를 연구하면서부터 시작되었다. 정치 참여의 연구 초기에는 주로 관례적 정치 참여에 대한 연구가 주를 이루었다. 윌슨(Frank L. Wlinson, 1996: 96~98)은 정치 참여에 중요한 다섯 가지 요소를 정리했는데,[2] 다음과 같다. 먼저 교육이다. 교육을 많이 받은 사람일수록 정치 참여에 적극적이다. 따라서 문맹률이 낮은 선진국의 정치 참여율은 높은 반면 문맹률이 높은 제3세계의 정치 참여율은 저조하다. 교육을 많이 받은 국민은 정치적 과정을 이해하고 이런 과정에서 도출된 정치적 결과가 어떤 영향을 미칠지에 대해서도 인지하고 있으며 정치적 지식도 풍부해 정치적 토론에 참여할 가능성도 높아 정치 활동에 참여할 가능성이 높다. 이 이론은 일반적으로 근대화론의 토대에서 도출된 것으로 립셋(Seymour M. Lipset, 1960) 등의 설명이 대표적이다.

두 번째는 사회계급, 직업, 인종, 연령 등 사회적·경제적 요소들을 강조하는 이론들로 부유한 사람일수록, 남성이 여성보다, 고령층은 제외하고 나이 든 사람들이 젊은이들보다 좀 더 적극적으로 정치에 참여한다는 주장이다. 즉 개인의 사회적·경제적 요소는 정치 참여의 활동 범위와 정도에 많은 영향을 미치는 주요 변수가 된다(Verba and Nie, 1972). 개인의 정치적 자원, 즉 돈이나 시간, 지식 등을 강조하는 자원

2　정치 참여 요인에 대한 윌슨의 이론 정리를 다른 이론들과 통합해 설명하기 위해 그 순서는 변경했다.

모델(resource model)은 교육 수준과 소득 수준이 정치 참여와 밀접하다고 설명하고 있어 첫 번째 요소와 두 번째 요소의 중요성을 강조하는 이론이다(Wolfinger and Rosenstone, 1980).

세 번째는 개인의 태도, 신념 등 개인의 인성과 관련된 특성, 자신이 효과적으로 정치적 영향력을 미칠 수 있다는 신념인 정치 효능감, 대표 기관이나 대의제도에 대한 국민들의 긍정적 기대감인 정치적 신뢰, 그리고 국민으로서의 정치적 의무에 대한 인식 등의 정치 심리적 태도가 정치 참여에 많은 영향을 미친다는 이론이다. 정치적 효능감이 높을수록, 정치 참여에 대한 도덕적 의무감이 있을수록 정치에 참여할 가능성이 높다. 정치 효능감, 정치 신뢰감, 그리고 정치 참여는 상호 정적인 상관관계가 있는 것으로 조사되었다(류태건, 2010). 이런 개인의 인성과 정치 심리적 태도는 거시적으로는 정치문화를 구성한다. 일상에서 개인의 감정이 정치 참여에 중요한 역할을 한다는 주장도 있다. 일상의 시기에 개인이 정치에 대해 느끼는 부정 감정이 내적 정치 효능감과 정당 지지 요인과 상호작용하면 정치 참여를 증가시키는 효과를 발휘할 수 있다(민희·윤성이, 2016). 이와 더불어 사회적 자본을 인지적 측면과 구조적 측면으로 나누고 어떻게 정치 참여에 영향을 주는지 살펴본 연구도 있다. 연구에 따르면 개인의 사회 신뢰, 즉 인지적 차원의 사회자본은 투표 참여와 공직자 또는 정치인 접촉 등에 영향을 미쳐 결국 정치 참여를 활성화시키고, 사회적 네트워크, 즉 구조적 차원의 사회자본은 정당원 활동이나 비선거 참여에 영향을 미치는 것으로 조사되었다(이숙종·유희정, 2010).

네 번째는 정치적 상황으로, 매스미디어의 노출, 정치제도의 접근 가능성, 정치적 결정이 개인에게 미치는 영향 등이다. 개인에 대한 영향이 즉각적일 경우 참여 가능성은 매우 크고, 참여를 용이하게 하는 정치적 제도가 정착되어 있는 경우에도 참여율은 높아질 수 있다. 일반적으로 성별은 여자보다는 남자가, 연령은 증가할수록 정치 참여율이 높은 것으로 설명되며, 거주 지역의 경우 도시 규모와 지역주의가 정치 참여정도에 영향을 미치는 것으로 논의된다. 정치제도에 따라 정치 참여가 달라질 수 있는데 투표를 하기 위한 등록 절차가 까다로울수록 투표율은 낮아진다. 일반적으로 선거가 많은, 예를 들면 연방선거와 주선거가 있고 국민투표(referendum) 등이 자주 실시되는 국가의 정치 참여율(여기서는 투표율)은 낮은 편이다. 또한 단순다수적 선거보다는 비례대표제적 선거의 투표율이 높은 것으로 조사되었다(Franklin, 2002).

마지막으로 개인의 정치 신념이다. 강력한 정치 신념을 가진 국민의 경우 정치 참여의 가능성은 높아진다. 또한 정치 엘리트나 정치기구가 정치적 목적을 위해 동원하는 경우에도 이들의 참여는 높아진다.

앞서 살펴본 것과 같이 서로 다른 수준에서 정치 참여에 영향을 미치는 다양한 요인에 대한 연구가 진행되고 있지만, 한국의 정치 참여에 대한 평가·변화·예측을 위해 여러 수준과 요인을 종합적인 분석 틀로 설계한 이론을 소개하고 이를 적용해 분석하고자 한다. 노리스(2002: 19~31)는 전반적인 정치 참여, 즉 선거에 대한 참여, 정당에 대한 참여, 시민적 행동주의 등의 변화를 추적하기 위해 기존 연구를 종합한 통합적인 모델을 제시한다. 정치 참여 이론을 크게 세 가지 수준으로 나누고 각 수준에서 특징에 따라 정치 참여에 영향을 미치는 변수들을 분류했다. 먼저 거시적 수준(macro level)은 사회근대화(societal modernization)와 국가구조(structure of the State)로 구분하고, 사회근대화는 사회적·경제적 발전 수준과 정치 참여의 관계를 살펴보고 국가구조는 선거법, 정당체제, 헌법구조 등 정치구조나 제도의 차원에서 정치 참여를 살펴보는 것이다. 두 번째는 중범위 수준(meso level)으로 동원기관(mobilizing agencies)과 정치 참여의 관계를 살펴보는 것이다. 조직이론(organizational theories)은 국민의 정치 참여에서 중개기관 및 사회적

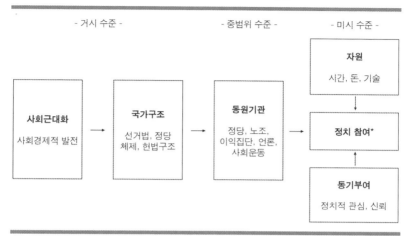

- 거시 수준 -   - 중범위 수준 -   - 미시 수준 -

자원
시간, 돈, 기술

사회근대화
사회경제적 발전

국가구조
선거법, 정당
체제, 헌법구조

동원기관
정당, 노조,
이익집단, 언론,
사회운동

정치 참여*

동기부여
정치적 관심, 신뢰

* 노리스는 정치 행동(political activism)이라고 표현했지만, 논문에서 정치 참여를 주로 다루고 있어 일관성을 위해 정치 참여로 변경했다.
자료: Norris(2002: 20).

네트워크 역할의 중요성을 강조한다. 사람들이 정치 참여를 하는 것은 그들이 누구이기 때문(사회적·경제적 요소가 중요하다는 이론)이 아니라 그들에게 제공되는 정치적 선택과 유인책(incentive)에 의해 결정된다고 주장한다. 이런 정치적 기회와 유인책은 동원기관(특히 과거에는 정당)이 제공하기 때문에 동원기관은 정치 참여와 매우 밀접한 관련이 있다. 세 번째 수준은 미시적 수준(micro level)으로 개인 차원에서 자원(resources)과 동기부여(motivation)가 정치 참여에 어떻게 영향을 미치는지 살펴보는 것이다. 시간, 돈, 시민적 기량(civic skills) 등의 자원이 개인별로 다르게 배분되어 있기 때문에 개인의 정치 참여 수준도 달라질 수 있다. 동기부여는 시민 관여(civic engagement)의 정서적 측면이며, 개인의 정치적 태도·가치·감정 등과 관련된 요소로 정치문화적 특성을 갖는다. 노리스의 정치 참여 이론 틀을 그림으로 나타내면 〈그림 5-1〉과 같다.

3. 정치 참여와 새로운 정치적·경제적·사회적 환경

기존의 민주주의하에서 정치 참여 방식과 내용은 새로운 정치적·경제적·사회적 환경에 의해 영향을 받을 수밖에 없다. 최근 벌어지고 있는 새로운 변화, 즉 대의민주주의의 위기, 정보화사회의 도래, 탈물질주의의 확산, 노령화사회 진입 등은 정치 참여에 막대한 영향을 미칠 것으로 예상된다. 이런 변화로 인해 정치 참여의 방식과 내용이 어떻게 변화될 것인지에 대해 논의하고자 한다.

1) 대의민주주의의 위기와 정치 참여

200년 이상의 역사를 가진 대의민주주의 체제가 새로운 정치 환경에 적응하기에는 한계에 이르렀고 이런 변화에 적절히 대응하지 못해 위기를 맞고 있다는 평가가 지배적이다. 서병훈(2011: 26)은 대의민주주의에 대한 비판의 논거는 크게 보아 두 가지인데, 하나는 인민의 의사가 제대로 실현되지 않는다는 소위 '대표의 실패'와 다른 하나는 공공선이 실현되지 않는다는 '심의의 실패'라고 주장한다. 대의란 국민의 의사를 취합하고 표출해야 하지만 정치권은 국민의 의사를 외면 혹은 왜곡하거나 특정 의사만 대표되는 현상이 만연되고 이에 대해 국민들이 불만을 가지게 되고 점차 무관심하게 되면서 대의민주주의는 위기에 빠지게 되었다. 심의의 실패는 선거를 통해 정권을 획득하는 민주주의에서 선거 승리를 위해 인기 영합적 공약을 내세웠지만 정권 획득 이후에 이를 실현하지 못하는 현상이 발생(Brittan, 1977)하면서 민주주의와 정부가 국민의 신뢰를 잃게 된 것을 의미한다. 1960년대에만 하더라도 미국 국민의 4분의 3이 미국 정부가 하는 일에 대체로 옳다고 생각했지만 최근에는 4분의 1만이 그렇게 생각하고 있고(나이, 2001: 21)

이런 대정부 불신은 전세계적인 현상이 되었다.

선거는 '대의민주주의의 꽃'으로 민주주의를 지탱하는 핵심 기제이지만 일반 국민들의 투표 참여는 점점 줄어들고 있다. 많은 정치학자들은 투표율 하락을 대의민주주의 위기의 증표로 보고 민주주의 쇠퇴를 우려하게 되었다. 그러나 최근 연구에 따르면 투표율 하락을 비관적으로만 볼 필요는 없다는 주장이 대두되고 있다. 먼저 노리스(Norris, 2002: 38~39)의 정치 참여 모델에서 거시 수준의 사회근대화론에 기초한 것으로, 사회적·경제적 발전이 정치 참여, 특히 투표율에 많은 영향을 미치지만 사회가 일정 수준의 근대화에 도달하게 되면 더 이상의 효과는 사라지게 되고 그 수준에서 정체하게 된다는 주장이 있다. 이를 상한 효과 (ceiling effect)라고 말하고 초등·중등 교육이 일반적인 사회는 더 이상 교육이 정치 참여를 높여줄 수 없는 상황에 도달해 투표율 정체 현상이 일어난다는 이론이다. 두 번째 이론은 시간, 돈 등 개인의 자원 사용 측면에서 투표와 같은 관례적인 정치 참여와 청원, 시위 등 비관례적 정치 참여 사이에 하나를 선택해야 하는 상황이 발생할 수 있다는 주장이다. 만약 관례적 정치 참여인 투표율이 떨어진다 하더라도 비관례적인 정치 참여가 늘어났다면 국민의 정치 참여 수준이 줄어들었다고 평가할 수 없다. 이런 현상을 이동 효과(displacement effect)라는 개념으로 설명하고 있다.

한국 민주주의도 대의민주주의 위기론의 논거에 따라 위기라는 주장이 대세를 이루고 있다. 최장집(2002)은 한국 민주주의가 위기에 처해 있다고 주장하면서 지속적으로 하락하는 투표율이 그 증거라고 주장한다. 젊은 세대가 정치에는 매우 무관심하고 참여하려는 욕구가 매우 낮은 반면 붉은 악마와 같은 비정치적 집단 활동에는 적극적으로 참여하는 모습을 보이는 현상은 한국 민주주의에 문제가 있기 때문이다. 그 원인은 한국 민주주의가 기존의 냉전·반공주의의 헤게모니와 보수 독점의 정치구조로 인해 사회에서 나타나는 다양한 갈등과 이익을 표출하고 대표하는 기능을 제대로 수행하지 못하는 것이다. 보수적 민주화로 인해 상당수의 유권자는 대표되지 못하고 보수적 유권자는 과대 대표됨에 따라 소외받은 유권자들이 정치 참여, 즉 투표를 하지 않게 되었다고 설명한다.

〈그림 5-2〉는 민주화 이후 대통령선거, 국회의원선거, 지방선거의 투표율을 연도별로 표시한 것이다. 민주화 초기 70~80%의 투표율과 달리 최근 총선거와 지방선거는 40~50%대의 투표율을 유지하고 있다. 김욱(2009)은 민주화 초기 투표율은 과거 권위주의 시절 동원된 투표 행태가 일시적으로 유지된 것으로 민주화가 안정된 후 동원 투표가 사라지고 자율적인 선거 문화가 정착된 것으로 투표율 감소가 반드시 부정적 측면만 있는 것은 아니라고 주장한다. 투표율 하락에 대한 다양한 견해와 이론이 한국 상황에 적용될 수 있지만 현재의 상황에서 사회근대화론, 상한 효과, 이동 효과, 동원 효과 등을 정확하게 파악하기는 어렵다.

최근의 투표율 상승을 보아도 기존의 이론으로 한국의 정치 참여(여기서는 투표율)를 설명하기는 어렵다. 2014년의 지방선거 투표율은 56.8%로 2010년 선거 때보다 2.3%p가 증가했고, 2016년 제20대 총선의 투표율 58.0%도 2012년에 있었던 19대 총선보다 3.8%p 증가한 수치이며, 2012년 대선 투표율은 75.8%로 2007년에 있었던 제17대 대선보다 무려 12.8%p나 증가했다. 일반적으로 젊은 세대는 투표율이 낮고 비관례적 정치 참여를 선호하는 것으로 조사되었지만 제20대 총선과 제19대 대선에서는 젊은 세대의 투표율이 늘어났다. 〈그림 5-3〉에서 제20대 총선 적극 투표층과 실제 투표율, 제19대 대선 적극 투표층에 대한 중앙일보의 설문조사 결과를 보면 제19대 대선의 경우 적극 투표층의 비율은 30대가 가장 높고 20대도 50~60대 비율보다도 높게 조

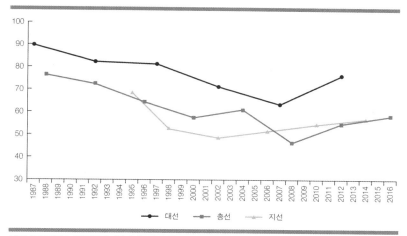

┃그림 5-2┃ 민주화 이후 대선, 총선, 지방선거 투표율

자료: 중앙선거관리위원회 선거통계시스템, 투표율 정보(http://info.nec.go.kr/main/main_previous_load.xhtml).

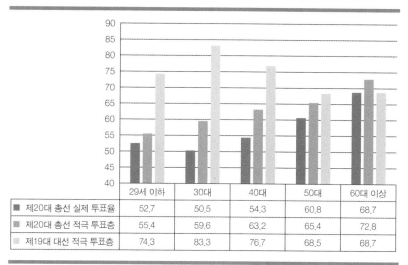

┃그림 5-3┃ 제20대총선 적극 투표층과 실제 투표율과 제19대 대선 적극 투표층

	29세 이하	30대	40대	50대	60대 이상
■ 제20대 총선 실제 투표율	52.7	50.5	54.3	60.8	68.7
■ 제20대 총선 적극 투표층	55.4	59.6	63.2	65.4	72.8
■ 제19대 대선 적극 투표층	74.3	83.3	76.7	68.5	68.7

자료: ≪중앙일보≫(2017.1.3).

사되었다. 최근 촛불집회 등 비관례적 정치 참여를 주도한 젊은 층이 관례적 정치 참여인 선거에도 적극적으로 참여할 것으로 예상되어 이런 현상이 지속된다면 이동 효과(displacement effect)보다는 관례적 참여와 비관례적 참여가 상호 영향을 주는 강화 효과(reinforcement effect)가 나타날 수도 있다고 평가할 수 있다.

2) 정보화와 정치 참여

디지털 혁명으로 인한 정보화와 정보산업의 급속한 발전은 개인, 사회, 국가, 세계를 급속하게 변화시키고 있다. 정보화로 인해 정치, 사회, 경제, 문화 등 전 분야에서 기존의 방식을 넘어 새로운 방식의 생산, 소비, 유통 등이 이루어지고 있다. 예를 들어 정치적 분야, 특히 정치적 소통의 방식에서 과거 엘리트 주도, 일방향, 하향, 고비용의 방식에서 일반 시민 주도, 쌍방향, 상향, 저비용의 방식으로 변화하고 있다. 정보화가 정치 과정 전반에 새로운 변화를 가져와 대의민주주의의 한계를 극복할 것이라는 낙관적인 전망과 함께 기존 대의민주주의의 문제가 사이버 공간에서도 비슷하게 유지되어 부수적이거나 보완적 효과만 가져올 것이라는 비관적 전망도 존재한다.

정보화와 정치 발전에 대한 낙관적인 전망은 정보화를 통해 다양한 정치 정보에 싸고 쉽게 접근이 가능해 정치에 대한 관심을 높일 수 있으며 이는 시민들의 정치 참여의 비용을 낮출 수 있기 때문에 참여도 활성화될 것으로 기대한다. 반면 부정적인 시각은 기존의 정보 불균형과 유사한 불균형 상황이 사이버 공간에서도 재현될 것으로 보는데, 그 이유는 정보화에 대한 비용을 감당할 정도로 지식이 있고 그 비용을 지불할 수 있는 집단과 그렇지 못한 집단 사이의 디지털 격차(digital divide)가 발생하기 때문이다. 이런 디지털 격차는 정당 활동에서도 나타나며(임성학, 2004) 결국 정보화가 기존의 문제를 해결하기 어렵다는 시각도 존재한다.

그러나 최근 연구에 따르면 정보화는 정치 참여에 다양한 방식으로 영향을 미치는 것으로 조사되었다. 인터넷 커뮤니케이션이 정치 가치 및 시민의식 등 정치의식에 영향을 미치고 결국 정치 참여에 직간접적으로 영향을 끼치는 것으로 조사되었다. 정보 이용은 표현의 자유를 중시하는 태도를 강화했고 정치적 정보 이용이 많아져 정치 참여에 직접적인 효과를 나타냈다(민영·노성종, 2011). 인터넷이 정치 참여에 영향을 미치지만 관례적 참여와 비관례적 참여에 다르게 영향을 미치는 것으로도 조사되었다. 인터넷과 투표는 통계적으로 유의미한 관계를 보이지 않지만 청원운동 참여, 보이콧, 시위 등 비관례적 참여는 인터넷 이용과 상관관계를 보이고 있다(정재관, 2013: 139~140).

정보화가 정치 참여에 미치는 영향을 조사한 한 연구(조진만, 2011: 290~291)에 따르면 기존의 부정적 견해, 즉 인터넷서비스 이용 수준이나 정치 정보 취득 수준이 전통적인 오프라인 영역에서 정치 참여의 실질적 제고를 가져오지는 못한다는 의견에도 불구하고, 최근의 소셜 네트워크 중심의 정보화 기제는 온라인에서 상호 관계 맺음과 커뮤니케이션 기능을 제고하며 이를 통해 오프라인 정치 참여로 이어지고 있다고 주장한다. 소셜 네트워크 서비스(SNS)는 기존의 인터넷 방식과 다른 방식으로 정보가 유통되고 정치 참여 형식에 영향을 준다는 주장도 있다. SNS 사용자 집단은 좀 더 강한 신뢰의 약한 네트워크 구조 속에서 정치 정보를 소비·생산하며, SNS는 관습적 참여보다 집회 및 시위 등의 집합행동과 같은 비관습적 참여에서 더 유용한 도구로 사용된다(송경재 외 2016). 결국 정보화는 온라인뿐만 아니라 온라인·오프라인이 연계된 형식의 정치 참여를 가져오고 관례적 참여보다는 비관례적 참여를 촉진할 것이다.

3) 탈물질주의와 정치 참여

문화적 변화, 특히 물질주의에서 탈물질주의의 변화와 정치 참여 방식에 대한 변화는 잉글하트(Ronald Inglehart, 1977)의 연구에서 시작되었다. 그는 선진 민주주의 국가의 정치적 구조 변화의 원인은 무엇인가를 살펴보면서 사회 가치관의 변화가 정치 변화의 원인이라고 주장했다. 2차 세계대전 이후 선진국에서는 경제적 풍요를 경험하면서, 기존에 중시했던 사회적 이슈인 경제적·물질적 안정의 중요성은 낮아지고, 반면 대중의 삶의 질과 연관되는 문화, 자아실현, 자기표현, 환경 등 이전에 중시되지 않았던 이슈가 중요해지면서 탈물질주의 사회가 도래했다는 것이다.

정치구조적 변화는 두 가지로 요약될 수 있는데 첫 번째는 정치 참여 방식의 변화이다. 잉글하트는 선진 민주주의에서 젊은 세대의 투표율이 떨어지는 현상은 기존의 선거가 탈물질주의 가치관을 가진 젊은 세대를 대변하지 못하기 때문이라고 주장한다. 달튼(Russell J. Dalton, 2008)은 미국의 민주주의도 선거 참여가 줄어들어 의무에 기초한 시민권(duty-based citizenship)에서 참여적 시민권(engaged citizenship)으로 변화하면서 선거에 대한 관심은 떨어졌으나 새로운 정치 참여 방식으로 변화했다고 주장한다. 탈물질주의자들은 투표가 다양한 이슈가 혼합된 것이기 때문에 투표를 상대적으로 덜 중요시하고 대신 좀 더 비용이 많이 드는 시위, 집회와 같은 비관례적 정치 참여 행위를 선호한다. 탈물질주의자들은 관례적인 정치 참여인 투표 참여가 줄었지만 비관례적 정치 참여는 늘어나고 있기 때문에 서구의 민주주의가 후퇴한 것은 아니라고 주장하고 있다. 과거 관례적 정치 참여가 엘리트 주도형이라면 탈물질주의적이고 비관례적 정치 참여는 시민 주도형이라고 할 수 있다(이숙종·유희정, 2010: 289).

두 번째는 정당체제의 변화이다. 대표적으로 독일의 녹색당(Die Grünen)과 해적당(Piratenpartei Deutschland)의 성공을 꼽을 수 있다. 독일의 2009년 이후 주(州)선거와 2013년 연방하원선거를 분석한 연구에서 일본 후쿠시마 원전 사고 이후 핵 폐기와 생태주의를 주요 정책으로 내세운 녹색당의 지지도가 높아졌고, 주(州)의회선거에서 강력한 대안 정치 세력으로 해적당이 급부상한 것은 탈물질주의에 의한 것이라고 평가할 수 있다(신두철, 2016: 75). 물론 이런 정당체제의 변화에는 정당명부식 비례대표제가 중요한 역할을 했다.

한국 정치에서 탈물질주의 경향을 조사한 연구(어수영, 2004)에 따르면 한국 사회도 탈물질주의가 점차 성장하고 있다. 시민적 관용성, 정치제도에 대한 신뢰, 사회제도에 대한 신뢰, 항의형 정치 참여 등에서 가치 변화가 가장 큰 영향력을 미치고 있으며 탈물질적 가치관이 강한 고등교육을 받은 20~30대 응답자들이 가장 시민적 관용도가 높으며, 정치·사회제도에 대해 가장 비판적이고 항의 활동에 적극적인 것으로 밝혀졌다. 서구 탈물질주의 사회와 같이 이런 가치 변화는 개인이 물질주의에서 탈물질주의로 변화하는 개인적 변화보다는 물질주의적 세대의 퇴장과 새로운 탈물질주의적 세대의 등장으로 가능하다.

한국의 탈물질주의는 20~30대에서 강하게 나타나지만 50~60대에서는 급격히 줄어든다. 물질·탈물질 가치관에 대한 세대 간의 심각한 차이가 한국 정치의 주요 갈등 요인으로 등장할 것으로 예상된다. 촛불집회를 통해 한국 시위문화의 변화를 살펴본 김욱(2010)은 사람들의 가치관이 과거 물질적·경제적인 것으로부터 여성, 인권, 환경 등 삶의 질과 관련된 것으로 옮겨감으로써 한국 사회에 탈물질주의적 가치관이 확산되었다고 평가했다. 최근 정치 참여의 한 형태인 유희적 참여(playful participation)도 탈물질주의적 사회가 도래했기 때문에 가능(민희·윤성이, 2016: 273)하고 이런 방식의 정치 참여가 늘어날 것으로 예상된다.

4) 노령화와 정치 참여

평균수명 증가와 출산율 감소에 따른 노령화는 출산율이 높은 일부 개도국을 제외하고 세계적인 현상이다. 2012년에 세계 인구는 70억 명에 도달했고 65세 이상 인구는 5억 6200만 명으로 총인구의 약 8.0%를 차지했다. 미국 통계국이 발간한 자료는 2025~2050년 전세계 인구가 34% 정도 성장할 것으로 예상했지만 65세 이상 인구는 16억 명으로 이전의 거의 두 배 이상 증가할 것으로 내다봤다(He et al., 2016). 통계청에 따르면 지난 2005년 47.3%였던 노령화지수가 2020년 119.1%, 2030년 193.0%, 2040년 288.6%로 급증할 것으로 추정되고 있다.[3] 2015년 65세 이상 인구는 전체 인구의 13.1%이며 이는 10년 전인 2005년에 비해 약 200만 명이 증가한 662만 4000명이다. 2060년에는 40%대까지 늘어날 전망이며 한국은 노인 인구 비중과 노령화지수 증가 속도가 세계에서 가장 빠른 것으로 조사되었다. 2015년 노년부양비는 생산가능인구(15~64세 인구) 5.6명이 고령자 1명을 부양하지만 2030년에는 고령자 1명을 생산가능인구 2.6명이 부양할 것으로 전망된다(통계청, 2015). 〈그림 5-4〉 연령대별 인구 구성비를 보면 2060년에는 65세 이상이 약 40%, 65세 이하가 약 60%를 차지할 것으로 보여 노령층과 비노년층의 정치 참여 방식의 차이가 향후 한국 민주주의에 큰 영향을 미칠 것으로 예상된다.

노령화사회로 진입해 노령층이 많아지면 정치 참여에는 어떤 영향이 있을까? 연령에 따른 정치 참여는 크게 두 가지 이론, 즉 연령 효과(age effect)와 세대 효과(cohort effect)로 나누어 예상해볼 수 있다. 연령

---

3 2060년 노령화지수는 394.0%로 증가할 것으로 예상된다(KOSIS, 부양비 및 노령화지수 (OECD), http://kosis.kr/statHtml/statHtml.do?orgId=101&tblId=DT_2KAA202_OECD).

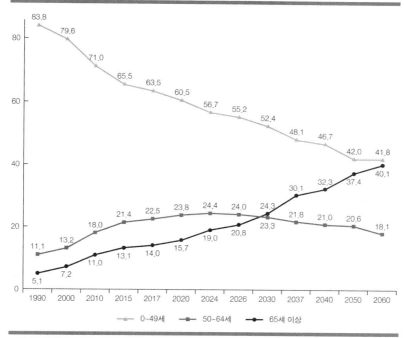

┃ 그림 5-4 ┃ 연령대별 인구구성비 (단위: %)

- 0~49세
- 50~64세
- 65세 이상

자료: 통계청 (2015: 17).

효과는 사람이 나이가 들어감에 따라 생애주기를 통한 역할과 경험으로 인해 나타나는 특성으로 특정 시대적 사건이나 특정 시점에 형성된 문화나 정체성과는 무관하게 나타나는 경향이다. 일반적으로 연령이 높아질수록 안정을 추구하는 보수 성향이 되는 경우가 많은데 이런 성향을 연령 효과라고 한다. 이와 달리 세대 효과는 동일한 시기에 출생한 사람들이 독특한 역사적 사건이나 문화적 경향으로 정체성, 행동 양식 등을 공유하는 집단을 형성하게 되고 다른 시기에 태어난 집단과는 구분되는 독특한 특성을 갖게 되어 결국 독특한 정치 이념과 정치 참여 방식을 가지는 것을 의미한다. 대표적으로 베이비붐 세대, 한국에서는 산업화 세대, 386 세대 등이 세대 효과를 보여주는 집단들이다.

　한국의 경우, 주로 투표 행태에 대한 연구에 따르면 연령과 세대 효과가 같이 나타나는 것으로 조사되었다. 한국전쟁 세대와 전후 산업화 세대인 60대 이상은 지난 10년 사이에 보수화되어 연령 효과가 강하게 나타났고, 유신 세대인 50대도 2012년을 기점으로 보수화되어 연령 효과가 나타나는 것으로 조사되었다. 그러나 소위 386 세대인 40대 중반에서 50대 초반의 경우에는 후보자 선택과 이념 성향, 무당파적 성향에서 특정한 정치적 성향을 보여주고 있어 세대 효과가 있는 것으로 나타났다(노환희·송정민·강원택, 2013). 또 다른 연구에서도 1953년 이전 출생자들은 지난 세 번의 대선에서 보수화 경향이 뚜렷하게 나타나 연령 효과가 있음을 확인했고 386세대인 1958~1967년 출생자의 경우 2002년 선거 시점을 기준으로 보면 2012년 보수화 경향이 확인되지만 일관된 선형관계를 보여주지 않고 있어 세대 효과와 연령 효과의 교호 작용을 추론할 수 있다고 주장한다(이내영·정한울, 2013).

　이런 연구들이 주로 정치 참여 중 투표 행태를 분석한 연구라 한계가 있지만 향후 한국 민주주의에 어떤 영향을 미칠지 살펴보면 두 가지 가능성이 있을 수 있다. 먼저 연령 효과에 의해 보수성이 강하고 관례적인 정치 참여에 적극 참여하는 노령층과 진보성이 강하고 비관례적인 정치 참여를 선호라는 젊은 층으로 나뉘어 대립하는 양상을 보일 수 있다. 다른 하나는 민주화세대와 탈물질세대가 노령층으로 흡수되고 이들의 세대 효과가 지속되어 노령층에서도 점차 진보적 성향이 강화되고 비관례적 정치 참여 방식이 주가 될 가능성이다. 서구 탈물질주의 사회도 개인들의 가치관 변화해서 발생했다기보다는 물질주의 세대가 퇴장하고 그 자리를 탈물질세대가 대체하면서 가능했다. 지금 상황에서 20~30년 후 한국 민주주의가 정확하게 어떻게 변화할 것이라고 예측하기는 어렵지만 연령 효과와 세대 효과가 모두 영향을 미칠 가능성이 높아 지금보다는 탈물질주의적 성향의 정치 참여가 강화되겠지만 대규모 노령층의 존재로 보수적 정치 참여도 동시에 강화될 가능성이 높다.

정치적·경제적·사회적 환경 변화에 따라 크게 두 가지 방향의 정치 참여가 주를 이룰 것이다. 탈물질주의, 정보화에 영향을 받은 비노령층에서는 비관례적 정치 참여, 온라인과 오프라인의 연계적 참여, 집단보다는 개인적 참여가 주된 정치 참여 방식이 될 것이고 노령층에서는 비용이 덜 드는 소극적이고 관례적이며 온라인보다는 익숙한 오프라인 방식의 참여로 개인과 집단적 방식이 혼용된 참여가 나타날 것이다.

4. 한국의 새로운 정치 참여의 양태

정치적·경제적·사회적 환경 변화에 따른 향후 정치 참여의 변화를 살펴보기 위해 한국 정치 참여의 변화 과정을 추적하고 새로운 형태의 정치 참여 방식으로 떠오른 촛불집회를 좀 더 자세히 살펴보려고 한다.

1) 민주화 전후 정치 참여

민주화 이전의 정치 참여는 관례적 정치 참여와 비관례적 정치 참여, 두 가지 측면에서 살펴볼 수 있는데 비민주적 권위주의하에서 관례적 정치 참여는 비경쟁적이고 동원된 참여의 성격이 강하기 때문에 진정한 정치 참여라고 보기 어렵다. 그럼에도 불구하고 1960~1970년대의 경제 발전과 근대화는 한국 국민들의 투표 행태 및 정치의식 구조가 합리화되는 과정이었다고 할 수 있다(길승흠, 1993). 실질적으로 정치 과정에 영향을 미친 것은 비관례적 정치 참여였다. 비관례적 정치 참여가 광범위하게 나타났다고 할 수는 없었으나 권위주의 정권에 대한 저항 운동 참여는 강도나 지속성 면에서 수준이 매우 높았다(박종민, 1994). 한국 민주화 과정에서 대표적 비관례적 정치 참여는 1980년 광주민주화운동과 1987년 6월항쟁이라고 할 수 있다. 이 당시의 정치 참여는 반정부 저항, 즉 인권운동과 민주화운동의 성격으로 교육 수준이 높고 연령이 적은 사람들인 대학생에 의해 주도되었다. 학생이 주도한 민주화운동은 6월항쟁 중 소위 '넥타이 부대'라는 장년 중산층이 가세하면서 시위의 성격도 상대적으로 비폭력적인 성격으로 변화하게 되었다(김욱, 2010). 이런 민주화운동을 손호철(2003: 19~21)은 전반적으로 다음과 같이 평가하고 있다. 한국의 민주화운동은 강도와 지속성에서 세계적으로 평가받을 만하고, 테러나 게릴라전과 같은 무장투쟁을 전개하지 않았다는 점에서 상대적인 비폭력적인 운동이라고 할 수 있다. 또한 학생이 운동을 주도했으며, 민주화 이후로는 노동운동 및 시민운동이 활성화되면서 학생의 주도성은 약화되었다.

민주화 시대에 들어서면서 관례적 정치 참여와 비관례적 정치 참여는 민주화 이전과 다소 다른 양상을 보이게 된다. 관례적 정치 참여의 경우 민주화 초기에는 권위주의 시절의 동원 효과와 더불어 직접 투표에 참여해 국민이 직접 선출한다는 정치적 효능감이 높아지면서 대선은 80% 이상, 총선은 70% 이상의 투표율을 보였다. 하지만 〈그림 5-2〉에서 볼 수 있듯이 1990년대 중반부터는 거의 모든 선거의 투표율이 하락했다. 대의민주주의의 위기라는 우려가 나오고 있지만 최근 제20대 총선 투표율이 상승했고, 제19대 대선에서는 국민적 관심이 매우 높아 투표율 77.2%를 기록했는데 이는 1997년 제15대 대선 이후 가장 높은 투표율이다. 투표율 하락의 원인은 다양하겠지만 권위주의 시대의 동원 효과가 줄어들고 사회근대화 효과가 한계에 다다른 측면이 있기 때문이므로 국민의 정치적 관심을 끌 수 있는 정치적 쟁점이 나타난다면 투표율은 상승할 수 있을 것으로 예상된다.

민주화 시대에는 비관례적 정치 참여, 특히 시위가 확산되고 분화되는 모습을 보이고 있다. 권위주의 시대의 집회나 시위는 권위주의 정부에 저항하는 반정부 저항운동이라고 한다면 민주화 시대의 시위는 민주주의하에서 보장받은 집회의 자유의 권리를 누리며 특정 집단의 이해관계를 표현하는 것으로 성격이 변모하게 되었다. 이런 이익집단적 이익추구형 시위는 권위주의 정부 시절 상대적으로 피해를 본 약자인 농민, 노동자를 중심으로 진행되었다(김욱, 2010). 이런 비관례적 정치 참여는 이익추구형 참여와 함께 탈물질주의적 공익 추구 참여로도 확산되었다.

2002년 한일월드컵 당시 한국 축구팀 응원을 위해 조직된 붉은 악마는 과거와는 매우 다른 형식의 대규모 집단의 모임이 가능하다는 점을 보여주었고 서울시청 앞과 광화문이 시민의 광장으로 기능할 수 있는 가능성도 보여주었다. 이후 2002년 미군 장갑차에 의한 여중생 효순·미선 압사 사건에 대한 항의 촛불집회, 2004년 노무현 대통령 탄핵에 반대하는 집회, 2008년 미국산 쇠고기 수입 반대 시위, 2016년 말부터 시작된 박근혜 대통령 탄핵 및 퇴진 촛불집회로 이어지면서 비관례적 공익추구적 집회가 중요한 정치 참여의 수단으로 발전하게 되었다. 2016~2017년 박근혜 대통령과 최순실의 국정농단으로 촉발된 촛불집회는 기존의 촛불집회와 비교했을 때 규모나 기간 면에서 과거와는 다른 차원의 집회로 진화했으므로 좀 더 자세히 살펴보고자 한다.

2) 2016~2017년 촛불집회

2016년 후반기에 시작한 촛불집회는 박근혜 대통령과 최순실의 국정농단에 대한 국민적 분노에서 출발했다. 2016년 10월 29일 "이게 나라냐"라는 자조 섞인 구호를 외치며 시작한 촛불집회가 2017년 4월 29일 개최된 23차 촛불집회를 끝으로 막을 내렸다. '박근혜정권퇴진 비상국민행동' 측의 추산에 따르면 전국적으로 약 1700만 명이 참여한 집회로 그 규모나 기간 면에서 기존의 항쟁을 넘어서는 새로운 형식의 정치참여였다. 촛불집회는 박근혜 대통령의 퇴진과 탄핵을 주요 의제로 삼아 항쟁했고 그 결과 2017년 3월 박근혜 대통령은 탄핵이 결정되어 파면되었다. 탄핵으로 인해 2017년 5월 조기 대선이 실시되었고 촛불민심인 탄핵을 주도적으로 추진한 더불어민주당의 문재인 후보가 2017년 5월 대선에서 당선되어 대통령으로 취임하게 되었다. 젊은 층이 주도했지만 남녀노소 모든 계층과 세대가 참여한 대규모 시위인데도 불구하고 물리적 충동이 없어 사상자가 발생하지도 않았고, 집회 후 쓰레기를 수거하는 등 성숙한 시민의식을 보여주며 폭력이나 무질서에 대한 우려를 불식시켜 새로운 정치 참여의 방식으로 자리를 잡아가고 있다. 2016~2017년 촛불집회의 특징을 정리하면 다음과 같다.

첫째, 탈물질주의적 가치를 중시하는 젊은 세대 중심의 정치 참여가 이루어지고 있다. 촛불집회는 민주주의가 정착된 이후의 시위로, 평화적인 분위기에서 가족들과 같이 참여할 정도로 참여자들이 시위 참여 자체를 즐기는 모습을 보였다. 평화적이고 탈물질주의적이지만 시위의 성격은 매우 진보적인데 그 이유는 탈물질주의적 가치를 추구하는 참여자들은 기존의 사회질서에 만족하지 않는 사회적 소수자일 가능성이 높아 사회변화와 정치적 진보를 선호하여 개혁 지향적인 성격을 가질 가능성이 높기 때문이다. 결국 탈물질주의자의 진보적 성향은 이들을 시위 등 저항적 정치 참여로 유도(김욱, 2010)했다고 할 수 있다.

둘째, 오프라인·온라인이 복합적으로 연계된 정치 참여이다. 임혁백(2011: 16)은 최근 정치 참여가 오프라인에서 온라인으로, 온라인에서 오프라인으로 방향 전환이 매우 빈번하게 일어나며 이뤄지고 있다고

하면서 융합화 (fusion)가 특징이라고 말한다. 온라인 네트워크가 실질적인 오프라인의 시민 결집을 지원하는 방식으로 진행되고 있다. 매주 토요일에 광화문광장에서 이루어졌던 촛불집회의 전 과정에서 온라인은 다양한 역할을 수행하며 집회의 성격과 지속에 영향을 미쳤다. 집회 이전에 집회의 "의제를 생산하고(의제 설정), 실시간 정보를 전달하고(정보 제공), 자원을 결집하며(크라우드소싱, crowdsourcing), 모바일 앱 촛불의 정보 제공, 그리고 문화적으로 즐기는(패러디와 게임) 다섯 가지 방식이 종합적으로 작동하고 있다"(조희정, 2017).

세 번째 특징은 집단적 참여보다는 개인적 참여의 성격이 강하다는 것이다. 과거 조직에 의해 동원되고, 동원된 참여자는 깃발 아래 모이는 방식에서 SNS 등을 통한 매우 느슨한 네트워크를 통해 만나 모임이 끝나면 바로 해산하는 방식으로 변하고 있다. 임혁백(2011: 16~18)은 이런 현상을 '나 홀로' 정치 참여의 개인화(individulaization), 정부·정당·정치인·NGO 등 기존의 '정치적 대표(공급자)'가 주도하는 '대의적' 정치 참여에서 유권자·네티즌(유티즌) 등 수용자(수요자)가 주도하는 '직접적·자발적' 정치 참여로 변화한 수요자 중심 참여(demand-side participation)라고 말하고 있다. 2008년 촛불집회를 분석한 연구는 촛불집회가 탈중심적·분산적·상향적 양상임에도 불구하고 대규모로 장기간 전개되는 것은 네트워크로 연결되어 있기 때문이라고 분석했다. 이 연구에서는 이런 형태의 정치 참여가 체계적이고 구조적인 사회변동을 가져오는데 한계가 있다고 지적(이항우, 2012)하지만, 2016년과 2017년의 촛불집회는 구조적인 변동을 가져올 가능성을 보여주고 있다. 이런 이유로 손호철(2017: 82)은 이번 촛불집회가 기존의 단순한 항쟁을 넘어서 한국의 기존 체제에 대한 근본적인 변화를 요구하고 있다는 점에서 '시민혁명'이라고 주장한다.

네 번째 특징은 가족들이 같이 참여할 정도로 유희적 참여의 성격이

	1987년 민주화운동	민주화 이후	촛불집회
목표	자유민주주의 쟁취	다원주의 확대	
성격	정치이념형	이익추구형	탈물질주의형
중심 세력	학생, 중산층	특정 이익집단	일반 시민
참여 방식	비관례적	관례적, 비관례적	관례적, 비관례적
동원 방식	중앙집권적, 집단적	중앙집권적, 집단적	탈중심적, 개인적

강한다는 점인데 이를 통해 문화적 경험이나 감정이 정치 참여의 중요한 자원으로 역할을 하고 있다는 것을 알 수 있다. 정치에 대해 느끼는 부정 감정이 국민들의 정치 참여에 어떠한 영향을 미치는지 살펴본 연구(민희·윤성희, 2016)에 따르면 부정 감정은 분노와 불안으로 나눌 수 있고 분노와 불안에 따라 정치 참여의 방식과 행태는 다르게 나타난다고 한다. 분노와 불안의 차이는 위협의 원인에 대한 확신이 있는 경우 분노를 느끼고 확신이 덜한 경우 불안을 느끼며, 분노는 그 상황을 통제할 수 있다고 느낄 때 발생하지만 불안의 경우 통제할 수 없다고 느낄 때 발생한다는 것이다. 따라서 분노를 느끼는 정치적 대상에 대해서는 시위 혹은 항의적 접촉 등 어려운 참여를 통해 분노를 표시할 가능성이 높지만 불안을 느끼는 경우에는 위험 회피적 정치 참여를 할 가능성이 높은데 사회적 지지 대상을 모색하거나 지인들과 관련 문제를 토의하는 등 쉬운 참여를 할 가능성이 높다. 이번 촛불집회는 정치적 대상에 대한 분노에서 시작했고, 점차 참여자들이 정치 참여를 통해 상황통제가 가능하다고 느끼면서 적극적인 참여가 지속적으로 이루어졌다. 특히 촛불집회에서 주장한 탄핵안이 국회를 통과하면서 참여자의 정치적 효능감이 높아진 것도 시위의 지속성에 영향을 주었다.

1987년 민주화운동, 민주화 이후, 최근의 촛불집회를 앞의 논의을 중심으로 비교 정리하면 〈표 5-2〉와 같다.

5. 결론: 민주주의의 과제와 미래상

이 글의 목적은 민주화 30주년을 맞아 정치 참여의 시각에서 한국 민주주의의 과제와 미래상을 제시하고 한국 민주주의의 심화 발전을 위한 정치 참여 모델을 제시하는 것이다. 지금까지 국민의 다양한 방식의 정치 참여는 한국의 민주화, 민주주의 공고화를 견인했고 최근 촛불집회에서 나타난 정치 참여는 좀 더 참여적인 민주주의로의 방향을 설정하고 있다.

새로운 정치 참여는 새로운 정치적·경제적·사회적 환경에 의해 영향을 받으면서 진화할 것이다. 대의민주주의의 위기, 정보화사회, 탈물질주의, 그리고 노령화사회 등 전반적인 환경의 변화는 정치 참여의 방식과 내용에 영향을 줄 것이다. 앞서 살펴본 것과 같이 탈물질주의, 정보화에 영향을 받은 비노령층에서는 비관례적 정치 참여, 온라인과 오프라인의 연계적 참여, 집단보다는 개인적 참여가 주된 정치 참여 방식이 될 것이고 노령층에서는 비용이 덜 드는 소극적이고 관례적인 참여, 온라인보다는 익숙한 오프라인 방식의 참여로 개인과 집단적 방식이 혼용된 참여가 나타날 것이다.

민주화 이후의 정치 참여도 이러한 환경 변화에 영향을 받고 있다. 관례적 정치 참여의 경우 전반적인 투표율 하락으로 나타나고 있고, 비관례적 정치 참여의 경우에는 확산되고 분화되는 모습을 보이고 있는데 이익집단 중심의 이익추구형 참여와 함께 탈물질주의적 공익추구형 참여도 함께 나타나고 있다. 최근 진행 중인 촛불집회는 과거의 어떤 집회보다도 규모나 지속성 면에서 새로운 정치 참여의 가능성을 보여주고 있다. 최근의 촛불집회부터는 탈물질주의적 가치를 중시하는 젊은 세대 중심의 정치 참여가 주를 이루고 온라인과 오프라인이 연계되어 온라인 네트워크가 실질적인 오프라인의 시민 결집을 지원하는 방식으로 진행되고 있다. 또한 SNS 등을 통한 매우 느슨한 네트워크에 기반을 둔 집단적 참여보다는 개인적 참여의 성격이 강하다. 이런 촛불집회를 통한 정치 참여는 앞에서 논의한 새로운 환경 변화에 대응하며 발전하는 모습을 보이고 있다.

이런 변화가 한국의 미래 민주주의에 어떤 영향을 줄 것이며 어떻게 하면 정치 참여가 한국 민주주의 심화에 도움을 줄 수 있는 방향으로 갈 수 있을지를 살펴보기 위해 앞에서 제시한 이론적 틀을 토대로 논의해보고자 한다. 먼저 거시적 수준에서 사회근대화를 제외하고 국가구조의 측면에서 살펴볼 수 있다. 선거법, 정당체제, 헌법구조 등 정치구조나 제도 차원의 국가구조는 정치 참여에 영향을 주기 때문이다. 앞서 살펴본 것과 같이 다수제적 선거제도보다는 비례대표제적 선거제도가 투표율을 높이기 때문에 한층 더 비례성이 강화된 선거제도를 도입하고, 다양한 사회적 요구를 수용할 수 있는 열린 정당체제가 정치 참여를 활성화하기 때문에 좀 더 다원적 정당체제를 가져올 수 있도록 정당제도를 바꿔야 한다. 정당체제의 변화는 두 번째 수준인 중범위 동원기관에도 영향을 미칠 것이다. 다양한 이해관계를 대표할 수 있는 정당이 존재하고 이런 국민들을 조직하고 동원할 수 있다면 좀 더 많은 사람들의 정치 참여를 이끌어 낼 수 있을 것이다. 기존의 동원기관 이외에 새로운 형태의 동원기관이 생겨났는데, 촛불집회에서 보면 SNS 등을 이용한 매우 느슨한 형태의 네트워크가 집회를 조직하고 소통을 매개하며 의제를 설정해나가고 있다. 이렇게 서로 다른 두 동원기관이 정치 참여를 독려하는 데 서로에게 자극이 되고 경쟁하는 관계가 되는 것이 바람직하며, 노년층의 관례적 참여와 비노년층의 비관례적 참여의 균형을 가져오는 역할도 수행해야 할 것이다.

마지막으로 개인 차원의 자원과 동기부여를 의미하는 미시적 수준의 경우 시민적 의무감이나 정치적 효능감이 개인의 정치 참여에 많은 영향을 주는 것으로 나타나는데 시민적 의무감과 정치적 효능감, 특히 정치에 대한 이해를 통해 효과적으로 정치에 참여할 수 있는 능력에 대한 믿음을 높이기 위해서는 민주시민교육을 활성화해 어릴 때부터 민주주의에 대한 이해를 높이고 참여의 중요성을 인식해야 한다. 정치에 관심도 없고 정치적 지식이 부족한 정치 무관심층으로 가정해버렸던 청소년들이 최근 촛불집회에 참여해 적극적인 의사표현을 하고 있다는 점에서 한국 민주주의의 미래는 밝아 보인다. 공식 선거 연령을 낮추어 이들의 정치 참여를 제도화하는 것이 필요하다.

참고문헌

길승흠. 1993. 「한국인의 정치의식구조변화: 1963~1993년」. ≪한국정치학회보≫, 26권 3호, 133~152쪽.

김영태. 2007. 「독일 녹색당의 기본강령변화와 독일의 정당경쟁구조」. ≪한국정당학회보≫, 6권 1호, 193~215쪽.

김욱. 2005. 『정치참여와 탈물질주의: 한국과 스웨덴의 비교』. 집문당.

_____. 2009. 「투표율 제고를 위한 제도적 방안」. ≪현대정치연구≫, 2권 1호, 175~196쪽.

_____. 2010. 「촛불 시위와 한국 시위문화의 변동」. ≪한국정당학회보≫, 9권 2호, 33~59쪽.

_____. 2013. 「투표참여와 다른 유형의 정치참여 간의 연계성 분석」. ≪정치정보연구≫, 16권 2호, 27~59쪽.

나이, 조지프(Joseph S. Nye). 2001(1998). 박준원 옮김. 『국민은 왜 정부를 믿지 않는가(Why People Don't Trust Governement)』. 굿인포메이션.

노환희·송정민·강원택. 2013. 「한국 선거에서의 세대 효과」. ≪한국정당학회보≫, 12권 1호, 113~140쪽.

류태건. 2010. 「정치효능, 정치신뢰, 정치참여의 이론과 현실」. ≪지방정부연구≫, 14권 2호, 243~267쪽.

민영·노성종. 2011. 「한국과 미국 청소년의 인터넷 이용, 정치의식, 그리고 정치참여」. ≪한국언론학보≫, 55권 4호 284~308쪽.

민희·윤성이. 2016. 「감정과 정치참여」. ≪한국정치학회보≫, 50권 1호, 271~294쪽.

박종민. 1994. 「한국에서 비선거적 정치참여」. ≪한국정치학회보≫, 28권 1호, 163~182쪽.

서병훈. 2011. 「대의 민주주의의 꿈과 포부, 그리고 과제」. 서병훈 외 지음. 『왜 대의민주주의
　　　인가』. 이학사.

손호철. 2003. 「민주화 운동, 민주화, 민주주의: 개념과 한국적 특성을 중심으로」. ≪한국과 국
　　　제정치≫, 19권 4호, 1~29쪽.

＿＿＿. 2017. 「6월항쟁과 11월 촛불혁명: 반복과 차이」. 민주화운동기념사업회 한국민주주의연
　　　구소 주최 6·10민주항쟁 30주년 기념 학술토론회 발표 자료(2017.6.7~8).

송경재·임정빈·장우영. 2016. 「SNS는 정치를 어떻게 변화시키는가?」. ≪한국콘텐츠학회논문
　　　지≫, 16권 7호, 154~167쪽.

신두철. 2016. 「신생정당과 정당체제 변화」. ≪한·독사회과학논총≫, 26권 3호, 59~81쪽.

어수영. 2004. 「가치변화와 민주주의 공고화」. ≪한국정치학회보≫, 38권 1호, 193~214쪽.

윌슨, 프랭크(Wlinson, Frank L.). 1996. 『비교정치학(Concepts and Issues in Comparative
　　　Politics)』. 이명남, 김왕식 옮김. 동명사.

이내영·정한울. 2013. 「세대균열의 구성 요소: 코호트 효과와 연령 효과」. ≪의정연구≫, 40권,
　　　37~83쪽.

이숙종·유희정. 2010. 「개인의 사회자본이 정치참여에 미치는 영향」. ≪한국정치학회보≫, 44
　　　권 4호, 287~313쪽.

이항우. 2012. 「네트워크 사회운동과 하향적 집합행동」. ≪경제와 사회≫, 93호, 244~274쪽.

임성학. 2004. 「대만 정보화와 정치발전 정당과 입법의원의 홈페이지 분석」. ≪사이버커뮤니케
　　　이션학보≫, 13권, 75~102쪽.

정재관. 2013. 「정보통신기술 혁명은 위기의 대의 민주주의를 구할 것인가?: 인터넷 이용의 정
　　　치참여 효과에 대한 국제비교」. ≪국제관계연구≫, 18권 2호, 137~164쪽.

조진만. 2011. 「정보화가 정치참여에 미치는 효과」. ≪한국정치학회보≫, 45권 5호, 273~296쪽.

조희정. 2017. 「한국 온라인 정치 커뮤니케이션의 의미와 영향력: 일상의 촛불집회, 온라인 참
　　　여」. ≪KISO Journal≫, 26호, 기획동향. http://journal.kiso.or.kr/?p=8003

중앙선거관리위원회 통계정보시스템, 투표율 정보. http://info.nec.go.kr/main/main_previous
　　　_load.xhtml).

≪중앙일보≫. 2017.1.3. "리셋 코리아: 여소야대 만든 20대, 올 대선 투표의향 5060 추월했
　　　다"(http://news.joins.com/article/21072331).

최장집. 2002. 『민주화 이후의 민주주의』. 후마니타스.

통계청. 2015.9.23. "2015 고령자 통계". 보도자료.

현종민. 1990. 「선거인의 재구성과 투표」. ≪한국정치학회보≫, 23권 2호, 209~226쪽.

Adler, Richard P., and Judy Goggin. 2005. What Do We Mean By "Civic Engagement"?
　　　Journal of Transformative Education, Vol. 3, No. 3, pp. 236~253.

Barnes, Samuel H. and Max Kaase. 1979. *Political Action: Mass Participation in Five Western*
　　　Democracies. Beverly Hills: Sage Publications.

Brady, Henry E., Sidney Verba and Kay Lehman Schlozman. 1995. "Beyond SES: A Resource Model of Political Participation." *American Political Science Review*, Vol. 89, No. 2, pp. 271~294.

Brittan, Samuel. 1977. *The Economic Consequences of Democracy*. Maurice Temple Smith Ltd.

Dalton, Russell J. 2008. "Citizenship Norms and the Expansion of Political Participation." *Political Studies*, Vol. 56, No. 1, pp. 76~98.

Ekman, Joakim and Erik Amnå. 2012. "Political Participation and Civic Engagement: Towards a New Typology." *Human Affairs*, Vol. 22, No. 3, pp. 283~300.

Franklin, Mark. N. 2002. "The Dynamics of Electoral Participation." *Comparing Democracies 2: New Challenges in the Study of Elections and Voting*. London: Sage Publications.

He, Wan, Daniel Goodkind, and Paul Kowal. 2016. *An Aging World: 2015 International Population Reports*. U.S. Census Bureau.

Inglehart, Ronald. 1977. *Silent Revolution: Changing Values and Political Styles among Western Politics*. Princeton: Princeton University Press.

Lipset, Seymour M. 1960. *Political Man: The Social Basis of Modern Politics*. New York: Doubleday.

Muller, Edward N. 1982. "An Explanatory Model for Differing Types of Participation." *European Journal of Political Research*, Vol. 10, pp. 1~16.

Norris, Pippa. 2002. *Democratic Phoenix: Reinventing Political Activism*. Cambridge: Cambridge University Press.

_____. 2005. "The Impact of the Internet on Political Activism: Evidence from Europe." *International Journal of Electronic Government Research*, Vol. 1, No. 1, pp. 19~39.

Verba, Sidney. and Norman H. Nie. 1972. *Participation in America*. New York: Harper & Row.

Wolfinger, Raymond E., and Steven J. Rosenstone. 1980. *Who Votes?* New Haven: Yale University Press.

2부

혁신과 배려의 경제

6장

성장·분배 논쟁과 경제민주화

이정우 | 경북대학교

1. 서론

한국 경제는 해방 후 70년 동안 상전벽해라 할 만큼 괄목할 만한 성장을 해왔다. 특히 1960년대 이후 1997년 IMF 사태에 이르기까지 한국 경제는 세계에서 유례를 찾기 어려울 정도의 고도성장을 했다. 그 과정에서 성장과 더불어 대량의 일자리가 만들어져 '최선의 복지는 일자리'라는 말 그대로 분배 문제가 저절로 해결된 측면이 있었다. 따라서 역대 정부가 오로지 성장에만 신경을 쓰고 분배와 복지 문제는 지극히 등한히 했음에도 불구하고 분배 문제는 크게 불거지지 않았고, 다른 나라에 비해 빠른 속도로 빈곤을 감소시키면서 고도성장을 달성할 수 있었다. 그러므로 한국은 다른 후진국들이 부러워하는 고도성장 성공 국가임에 틀림없었고, 세계은행이 1993년 발간한 유명한 보고서『동아시아의 기적(The East Asian Miracle)』에서 한국을 성장과 분배를 조화시킨 성공적 사례 중 한 나라로 소개한 것은 결코 과장이나 왜곡이라고 할 수 없다.

그러나 한국이 외국의 부러움을 사는 일은 그리 오래가지 않았다. 불과 몇 년 뒤인 1997년 말 아시아를 강타한 외환위기 이후 상황은 180도 달라졌다. 성장과 분배의 성공은 더 이상 성립하지 않는다. 지난 20년간 성장률은 눈에 띄게 낮아졌다. 김대중 정부 이후 노무현, 이명박, 박근혜 정부로 갈수록 성장률은 확실히 떨어졌다. 〈그림 6-1〉은 역대 정부의 평균 성장률을 보여주는데, 김대중 정부부터 박근혜 정부까지 차례대로 5%, 4%, 3%, 2%대의 성장률을 기록하며 성장률 하락 추세가 뚜렷이 나타난다.

화불단행(禍不單行)이란 말이 있듯이 이 시기는 성장률만 저조한 게 아니다. 엎친 데 덮친 격으로 양극화 현상도 심각하다. 소득 불평등을 보여주는 〈그림 6-2〉을 보자. 이 그림은 세계적 베스트셀러가 된 피케티(Thomas Piketty)의 『21세기 자본(Capital in the Twenty-First Century)』의 연구 방법에 따라 한국에 대해서 국세청의 소득세 자료를 바탕으로 김낙년 교수가 추정한 것이다(김낙년, 2012). 한국의 경우에는 자료의 한계로 중간의 수십 년간은 공백으로 남아 있으나 양쪽 끝의 기간에 대해서는 자료를 구할 수 있는데, 양쪽 끝만 보더라도 어느 정도 장기 추세를 파악할 수 있다. 이 추계 결과에 따르면 한국의 소득 불평등은 1997년 외환위기 이후 확실히 증가 추세를 보이고 있으며, 그 수준은 일본, 프랑스를 추월해서 OECD에서 가장 불평등이 심한 편에 속하는 미국에 근접해가고 있음을 알 수 있다. 그 뒤 역시 국세청 소득세 자료를 바탕으로 불평등 추이를 분석한 것이 홍민기 박사의 연구(홍민기, 2015)인데, 두 연구 사이에는 약간의 차이가 있지만 1998년 이후 불평등의 상승은 일치하고 있다.

또한 한국의 소득 불평등 곡선은 다른 나라와 마찬가지로 U자형의 모양을 취하고 있는 것으로 드러나 우연이라 하기에는 너무나 기묘한 느낌을 준다. 이들 여러 나라는 서로 다른 환경에서 서로 다른 정책을

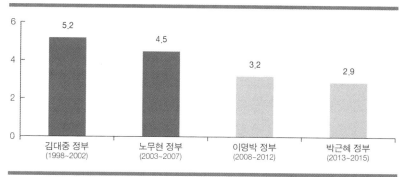

▮그림6-1▮ 역대 정부의 경제성장률 (단위: %)

김대중 정부 (1998~2002) 5.2
노무현 정부 (2003~2007) 4.5
이명박 정부 (2008~2012) 3.2
박근혜 정부 (2013~2015) 2.9

자료: 한국은행 경제통계시스템(https://ecos.bok.or.kr).

▮그림 6-2▮ 한국과 외국의 불평등(상위 1%의 소득집중도) 장기 추이 (단위: %)

미국 ── 한국 ── 일본 ── 프랑스 ----

자료: 김낙년(2012).

채택해왔음에도 불구하고 소득 불평등에 관한 한 약속이나 한 듯이 거의 일치된 움직임을 보여주고 있는 것은 참으로 놀라운 일이다. 선진국 사이에 소득 불평등의 U자형 변동이라는 공통점이 있다는 것을 발견한 것이 피케티의 공로라고 할 것 같으면, 한국에 대해서도 비슷한 시기에 비슷한 움직임을 발견한 것은 김낙년 교수의 공로이다.

이 시기 양극화 경향은 소득 불평등에서만 나타나는 게 아니다. 양극화 현상은 거의 보편적으로 나타난다. 산업·기업·계층·지역 간 양극화 현상이 심각할 뿐 아니라 줄어들 기미를 보이지 않는다. 수출은 비교적 호조인데 반해 내수는 지극히 부진하며, 대기업은 사상 초유의 큰 이익을 올리고 사내유보금으로 막대한 현금을 쌓아놓고 있지만 중소기업은 모든 지표에서 대기업과 비교가 안 될 정도로 열악하며, 그중 상당수 기업은 하루하루 연명하기가 어려울 정도이다. 지역별 양극화도 심해서 서울은 그래도 나은 편인데, 지방은 말라 죽어가고 있다고 해도 과언이 아니다. 노동자 내부에서도 양극화가 진행 중이다. 정규직은 안정된 일자리와 소득이 보장된 반면 비정규직은 차별에 시달리면서 언제 잘릴지 모르는 불안한 나날을 보내고 있다.

특히 1998년 이후 비정규직의 급증은 지극히 우려할 만한 사회현상으로 우리의 주의를 요한다. 이 시기 비정규직이 급증해 한때 전체 노동자의 과반수일 정도로 불어났고, 지금은 다소 줄어들었지만 여전히 45% 수준으로 대단히 높은 편이다. 정부는 국내 비정규직 규모가 노동자 전체의 3분의 1 수준이라고 주장하고 있지만 실제 개념 정의에서 동의하기 어려운 부분이 있고, 좀 더 실상을 제대로 반영하는 정확한 개념으로 정의한다면 비정규직 규모는 노동자의 절반에 가깝다고 봐야 할 것이다.

물론 최근 들어 노동시장의 유연화와 비정규직의 확산 경향은 세계 많은 나라에서 공통적으로 나타나고 있지만 한국은 그 규모와 증가 속도가 거의 세계 최고 수준이라는 점에 첫 번째 문제의 심각성이 있다. 다만 2007년 참여정부에서 '비정규직 보호법'을 제정한 이후 비정규직 비율은 추세적으로 아주 완만한 하강 곡선을 보여준다. 이 법은 입법 당시 미적지근한 법이라고 노동계로부터 강하게 비판받긴 했지만 그래도 약간의 비정규직 감소 효과는 가져왔다고 할 수 있다. 그렇다고 해서 이 법이 충분하다는 뜻은 아니고 앞으로 좀 더 철저한 비정규직 보호 입법이 필요하다는 것은 두말할 필요도 없다.

둘째, 비정규직의 처우는 대단히 열악하다. 유럽에서는 비정규직이라 하더라도 시간당 임금에서는 정규직과 차이가 없는 경우가 많은데, 한국에서는 동일 직장에서 동일 노동에 종사하는 경우에도 임금에 큰 차이가 난다. 은행에도 얼핏 복장으로는 구별이 안 되지만 정규직과 비정규직이 섞여서 일하고 있으며 하는 일이 비슷한데도 임금에서는 큰 차이가 난다. 자동차 공장에서도 외부인은 식별하기 어렵지만 그 내부에는 정규직과 비정규직이 섞여 있고, 비슷한 일을 하면서도 임금과 각종 처우에서 현격한 차이가 있다. 비정규직과 정규직의 전체 평균임금을 비교하면 비정규직의 임금은 정규직의 대략 50%에 불과하고, 이 차이가 노동시간의 차이라든가 일의 내용의 차이에서 오는 게 아니므로 문제는 대단히 심각하다. 임금 이외의 보상으로 사회보험 혜택을 보더라도 정규직은 대체로 사회보험(건강보험, 고용보험, 국민연금) 적용률이 80~90% 수준인데 비해 비정규직의 적용률은 30%대에 머물고 있어서 차별이 임금에만 국한되는 게 아님을 알 수 있다.

셋째, 비정규직의 구성에서도 문제가 많다. 한국 비정규직의 주종을 이루는 것은 한시적 노동자들이다. 이들이 비정규직 노동자 중 대략 60%를 차지한다. 그 대신 외국에서 비정규직의 주종을 이루는 시간제 노동자(part-time workers)는 한국에서는 원래 아주 드물었고, 최근 들어 증가 추세에 있긴 하지만 아직 12% 정도에 불과하다. 시간제 노동은 노동자 개인의 사정에 맞추어 일할 수 있기 때문에 여러 가지로 편리한 점이 많고, 많은 노동자가 원하는 노동 형태이기도 하다. 그런 점에서 시간제 노동이 주종을 이루는 선진국에서는 사실 비정규직 문제 자체가 그리 심각하지 않다. 그와는 달리 한국에서는 시간제 노동은 아주 적고, 노동자가 원하지 않는 한시적 노동이 주종을 이루고 있으므로 비정규직 문제가 그만큼 더 심각하다고 할 수 있다. 한국 노동시장은 비정규직의 규모가 방대할 뿐만 아니라 그 구성이 노동자들에게 아주 불리하게 되어 있음을 알 수 있다.

지금까지 본 바와 같이 1997년 말 한국을 강타한 소위 IMF 사태 이후 심해진 소득·노동·지역·기업규모별 양극화 현상은 줄어들지 않고 있을 뿐만 아니라, 인적자본 투자의 상당 부분을 가계가 담당하고 있는 한국의 실정에서 장기적으로 경제성장의 동력을 훼손하고 사회적 이동성을 제한하고 있어서 빈부 격차의 세대 간 고착화를 가져올 우려마저 있다.

이처럼 불평등이 심화되고 있음에도 불구하고 그것을 완화할 정책수단은 좀처럼 눈에 띄지 않는다. 한국의 국내총생산(Gross Domestic Product: GDP) 대비 사회보장 지출은 OECD 국가 평균에 비해 턱없이 낮아서 다른 나라에서 보이는 소득재분배 기능이 나타나지 않는다. 1997년 외환위기 이후 한국 정부에 대한 IMF와 미국의 입김이 강해지면서 급속히 시장 만능주의가 도입되어 도처에서 종래의 관치 경제, 발전국가 모델과 충돌해 파열음을 일으키고 있다. 최근의 저성장·양극화 문제는 우리 경제가 종래의 패러다임의 조화를 잃고 방황하는 증거가 아닌가 한다. 이제 우리는 국가 발전을 위한 패러다임을 심각하게 고민해야 하는 시점에 왔다. 더 이상 성장 지상주의, 시장 만능주의에 사로잡혀서 시행착오를 반복할 이유가 없다.

이제는 성장 지상주의 대신 성장과 복지의 조화를, 시장 만능주의 대신 시장·국가·공공의 조화를 모색해야 할 때이다. 한국의 1인당 소득은 3만 달러에 접근해 있지만 복지지출 수준은 아직 다른 나라의 1만 달러 시대 수준에 머물고 있다. 국민소득 수준을 생각하면 현재 복지지출 수준의 대략 3배는 되어야 국제 표준에 도달한다. 그런데도 국내에서는 '세계화 시대에 복지는 안 된다', '복지국가 위기론', '복지가 성장의 발목을 잡는다', '복지는 포퓰리즘이다' 등등 근거 없는 강한 주장들이 여론을 지배하고 있는 실정이다.

우리는 근거 없는 성장 지상주의를 반성하고, 저성장과 양극화라는 이중고를 해결하기 위해 복지국가 건설에 힘을 모아야 한다. 그래야만 이 땅에 경제민주주의를 정착시킬 수 있다. 경제민주주의란 개념은 국내에서도 지난 대통령 선거의 주요 쟁점이 될 정도로 관심이 많은 주제인데, 그 개념에 대해 엄밀하게 정의를 내린다는 것은 쉬운 일이 아니다. 경제학계에서도 경제민주주의는 아직 개념 정립이 되어 있지 않으며, 논자에 따라 조금씩 다르게 해석되고 있다. 그러나 대체로 여기에는 몇 가지 공통적인 내용이 들어가는 것으로 볼 수 있는데, 그중 두 가지 최대공약수를 찾는다면 첫째로는 경제적 불평등의 축소, 둘째로는 각급 수준의 경제적 의사결정의 민주화로 요약할 수 있을 것이다(한국기독교산업개발원, 1987). 의사결정의 민주화 문제는 다시 세 가지 차원으로 세분하면 재벌 개혁, 노동의 민주화, 사회적경제의 발전으로 볼 수 있다(이정우, 2013 참조). 이들 후자의 문제는 이 책의 다른 공저자들에게 맡기고 이 장에서는 경제민주주의를 협의로 해석해서 지나친 경제적 불평등의 축소, 그리고 만인에게 최소한 인간다운 생활을 보장하는 것을 의미하는 것으로 간주하고자 한다. 선진 자본주의 국가에서 그러한 좁은 의미의 경제민주주의를 달성해온 수단은 두말할 필요도 없이 복지국가의 확립이었다.

서구에서 복지국가의 출발은 19세기 후반 독일의 비스마르크(Otto von Bismarck)가 추진한 사회보험에서 찾는 것이 일반적이다. 보수파의 거두 비스마르크가 근대적 의미의 복지국가를 태동시킨 것은 자못 의미심장한데, 그 목적 중에는 당시 유럽을 뒤흔들던 노동운동을 잠재우고 노동자들을 체제 내에 편입하고자 하는 저의가 있었다. 그러나 한국은 어떤가? 21세기 한국의 보수파들은 19세기의 보수파 비스마르크를 공부할 필요가 있다. 한국에서는 아직 복지국가 확립이 요원한 단계에 있을 뿐 아니라 복지국가로 가려는 움직임에 대해 오히려 포퓰리즘 운운하면서 보수파의 반대가 극심한 상황이다.

상황이 이러하니 정치권, 학계, 언론계, 재계는 두말할 필요도 없거니와 심지어 복지국가의 수혜자가 될 서민들조차 그런 사회 분위기에 세뇌되어 복지국가 반대에 동참하는 실정이니 한국에서 복지국가 실현은 여간 어려운 게 아니다. 이런 상황을 돌파해서 복지국가로 가는 것은 그 자체로 한국의 경제민주화의 큰 걸음이 될 것이다. 그럼 다음에서는 먼저 성장과 분배에 대한 이론적 논의와 실증적 검토를 한 뒤 한국에서 왜 복지국가 발전이 저조한지, 그리고 앞으로 복지국가로 가려면 어떻게 해야 하는지를 생각해보기로 하자.

2. 성장·분배 논쟁

한국에서 적어도 박정희 정부 이래 지난 반세기 동안 역대 정부는 성장 지상주의에 빠져 있었다고 해도 지나친 말이 아니다. 성장 지상주의는 박정희 정권이 쿠데타 정권이라는 약점을 보완하기 위해 내세운 유일하고도 절대적인 국가 경영 철학이었다. 이 철학이 국민들의 머릿속에 너무 깊이 각인되어 그 뒤의 모든 정부에서, 비단 정부만이 아니고 학계, 언론계, 재계 할 것 없이 나라 전체가 분배보다는 성장을 우선시해왔다. 성장을 누가 싫어하겠는가. 성장은 그 자체 바람직한 것이지만 문제는 분배를 이야기하는 것이 금기 사항이 될 정도로 심한 고정관념에 사로잡힌 성장 지상주의적 사회 분위기, 바로 그것이다.

한국에서는 성장과 분배가 모순·상충된다는 가설이 마치 정설인 것처럼 유포되고 있으나 실제로는 경제학의 이론적 뒷받침을 받고 있지 못하다. 과거 경제학에서는 막연하게 성장과 분배는 상충하는 것, 둘 중 하나를 달성하려면 다른 하나는 포기해야 하는 것으로 가르쳤다. 즉, 성장과 분배는 두 마리의 토끼와 같아서 둘을 동시에 달성할 수는 없고, 둘 중 하나만 선택해야 한다. 둘 중 하나만 선택하려면 분배보다는 성장을 택해야 한다. 다시 말해, 오늘 당장 파이를 갈라 먹는 것보다는 우선은 참고 허리끈을 졸라매고 성장에 집중하면 장차 더 큰 파이가 돌아온다는 주장이 유행이었다.

필자가 대학을 다니던 시절을 회상해보면 그런 파이 가설, 혹은 두 마리 토끼 가설이 정설 비슷하게 자리 잡고 있었는데, 실제 그 학술적 근거는 매우 취약했다. 구태여 그 근거를 찾자면 해러드-도마 성장모형(Harrod-Domar growth model)에서 투자율이 높을수록 성장률이 높아지는데, 저축(투자)이 높아지려면 저축 성향이 높은 부자들에게 소득이 좀 더 많이 돌아가는 게 유리하다는 정도의 단순 논리였다. 이것은 곧 불평등이 심한 것은 부자들의 소득, 저축을 늘려 투자를 증가시켜 장기적으로 보면 성장을 촉진하므로 오히려 모든 사람에게 이득이 된다는 축복 가설이 된다. 그러나 이런 파이 가설은 별다른 이론적 근거가 없는 막연한 추측에 불과했다고 말하지 않을 수 없다.

경제학계에서 분배와 성장의 관계가 본격적인 이론적 검토에 들어간 것은 1990년대 이후의 일인데, 종래의 분배·성장 상충론을 제치고 분배·성장 동행론, 즉 불평등이 심할수록 성장을 저해한다는 새로운 관점이 출현한 것도 바로 이 시기이다. 새로운 관점은 세 개의 이론적 기둥 위에 서 있다.

첫째는 조세 재분배 경로이다. 어떤 나라가 소득분배가 불평등할수록 다수의 가난한 사람들이 존재하고, 이들은 정부에 대해 세금을 많이 거두어 소득재분배 정책을 펼 것을 요구하게 된다. 이는 공공선택이론에서 나오는 중위 투표자 모델(median voter model)로 쉽게 설명된다. 소득의 분포 상태는 어느 나라든 비대칭적이어서 저소득층은 다수이고, 고소득층은 소수이다. 그렇다면 선거에서 다수 유권자의 이익을 생각해야 하는 정치권에서는 부자들에게 세금을 부과해서 저소득층을 위한 소득재분배를 하는 것이 선거에서 이기기 쉽다. 그 결과 민주주의 사회에서는 필연적으로 과도한 세금, 과도한 재분배 경향을 갖게 되고, 그 결과 경제성장을 저해한다는 것이 이 이론이 함축하는 바이다.

둘째는 사회적·정치적 불안정과 관련이 있다. 어떤 나라의 소득분배가 지나치게 불평등하면 사회적·정치적 불안정이 클 것이고, 그런 나라에서는 투자가 활발히 일어날 수가 없고, 그 결과 성장은 저해된다. 사회적 불안정은 직접적으로 기업가들로 하여금 투자를 꺼리게 만들 수도 있고, 아니면 빈부 격차가 심한 사회에서 발생하기 쉬운 범죄를 예방하기 위해 과도한 비용을 지출하도록 만들어 간접적으로 투자를 저해하게 되는데, 어느 경로이든 결국 지나친 불평등이 성장을 저해한다는 것이다.

셋째, 신용시장에 정보의 비대칭성 문제가 있는 상황에서 지나친 불평등은 가난한 사람들로 하여금 교육투자를 위한 융자를 어렵게 만들고, 결국 빈민들의 교육투자를 낮춤으로써 경제성장을 저해하게 된다. 가난한 집 아이들은 비록 똑똑하더라도 불완전한 자본시장에서 학자금 마련이 어려워 학교에 다니기 어렵고, 따라서 적정 수준 이하의 인적자본 투자를 하게 되어 개인적으로 빈곤해지기 쉬울 뿐만 아니라 국민경제 전체로 보더라도 결과적으로 인적자본 투자가 부족해 경제성장을 저해하게 된다는 것이다.

이 세 가지 가설은 종래의 파이 가설과는 정반대로 지나친 불평등은 이런 저런 경로를 통해 성장을 저해한다는 주장을 편다. 그러면 실증 분석 결과는 어느 쪽 주장을 지지해주는가? 최근 10여 년간 나온 많은 실증적 분석은 대체로 분배와 성장에 관한 종래의 상충론보다는 동행론이 더 지지받는 결과를 보여주고 있다. 새로운 관점은 이제 IMF, OECD 등 보수적 국제경제기구마저 채택할 정도로 정설이 되어가고 있다.

또 다른 측면에서 이 문제를 보자면 지금까지 소위 복지국가의 '위기' 혹은 '소멸'에 대해서 수도 없이 많은 연구가 쏟아져 나왔지만 복지국가는 여전히 건재하다는 점을 지적하지 않을 수 없다. 국내에서는 보수학계와 언론이 복지국가 위기론을 열심히 설파하는 바람에 많은 사람들이 복지국가는 으레 국가경쟁력이 떨어질 것처럼 생각하는 경향이 있지만 사실은 전혀 그렇지 않다. 오히려 복지국가가 경제성장에 긍정적 효과를 미친다는 연구가 있고, 반대로 복지국가가 성장을 저해한다는 증거는 별로 존재하지 않는다는 점을 강조할 필요가 있다.

1980년대 초 이래 대처(Margaret Thatcher), 레이건(Ronald Reagan)의 요란한 시장주의 반혁명에도 불구하고, 영미형 시장주의 모델이 확실한 우위를 차지했다고 보기 어렵다는 점도 생각해볼 필요가 있다. 영미형 시장주의 모델은 여러 가지 가능한 시장 모델 중 하나일 뿐이고, 그것이 다른 모델에 비해 우월하다는 증거는 없다. 지난 30여 년간의 종합 경제 성적표를 보면 영미형 시장주의 모델보다는 그와 대척점에 서 있는 북구 모델이 오히려 우수한 성적을 보이고 있음을 알 수 있다. 북구 모델은 영미형 모델과 비교할 때 효율성, 성장에서 비슷한 성적을 올리면서도 분배의 평등, 사회적 통합성에서는 훨씬 좋은 성과를 보이고 있어서 종합적으로 평가하면 영미형 모델보다 우월하다. 리프킨(Jeremy Rifkin)이 쓴 『유러피언 드림(European Dream)』이란 책은 종래의 소위 '아메리칸 드림'은 이미 퇴색해서 더 이상 이상적 모델이 못 되며, 앞으로의 세계는 유럽 모델이 지배할 것이라는 주장을 펴고 있는

데, 리프킨의 주장은 실제 상당한 설득력이 있다.

특히 지난 몇 년 동안 유럽의 소위 PIGS(포르투갈·아일랜드·그리스·스페인) 국가의 위기 이후 과잉 복지가 남유럽 국가들의 재정위기를 가져왔다는 주장이 한국의 보수 언론에 자주 등장했고 그것은 복지국가 건설을 반대하는 유력한 근거로 제시되었지만 이런 주장 역시 사실과 거리가 멀다. 왜냐하면 남유럽 국가들은 세계 기준으로 보면 분명 복지가 발달한 나라들임에 틀림없지만 유럽 기준으로 보면 상대적으로 복지 수준이 낮은 나라들이기 때문이다. 만일 과잉 복지가 경제위기의 진정한 원인이라면 남유럽보다 훨씬 복지지출을 많이 하는 중부 유럽, 혹은 그보다 더 많은 복지지출을 하는 북유럽이 먼저 위기를 맞아야 할 것이 아닌가. 그러나 실제 북유럽이나 독일 같은 나라는 최근의 재정위기 상황에서 전혀 흔들림 없는 모습을 보여준다. 이것만 보더라도 과잉 복지로 인한 남유럽 위기설은 설득력이 없다. 남유럽 재정위기의 진정한 원인은 복지가 아니라 부패, 탈세, 부동산 투기 등에서 찾아야 한다.

세계화 논의가 전성기를 맞으면서, 복지국가가 과거 한때는 정당성이 있었을지 모르나 지금과 같은 세계화 시대에는 맞지 않는다는 가설, 즉 세계화 시대에 외국자본을 유치하려면 복지국가는 장애물에 불과하다는 주장도 자주 등장하고 있으나 이 주장도 엄밀한 검증을 통과하지는 못한다. 오히려 세계화 시대일수록 복지국가의 필요성이 더 커진다는 반론도 만만치 않다.

실제로 통계적으로 검토해보면 세계화 시대에 복지국가가 후퇴·축소한 나라가 있는가 하면 오히려 반대로 복지국가가 확대·발전된 나라도 있는데, 원래 복지가 약한 영미형 국가들이 전자에 속하고, 원래 강한 복지국가의 전통을 갖는 유럽 몇몇 나라들은 후자에 속한다. 결국 복지국가 쇠퇴 여부를 좌우하는 것은 세계화라는 새로운 현상이 아니고, 원래 각 국가가 갖는 체제적 성격이 더 중요하다는 주장이 설득력이 있다. 말하자면 강한 복지국가는 세계화의 파고에도 불구하고 복지국가가 굳건하게 유지되는 반면 원래 약한 복지국가들은 세계화의 파고 속에서 쉽게 복지를 후퇴시키는 경향이 있다는 것이다.

하버드대학의 경제학자 로드릭(Dani Rodrik, 1999)은 한 나라의 개방수준과 그 나라의 복지 수준 사이에는 밀접한 상관관계가 있을 것이라는 가설을 세우고 이것을 세계 여러 나라를 대상으로 검증해보았다. 그의 가설은 이러하다. 유럽의 개방형 소국일수록 세계의 수출 경쟁에 시달리게 되고, 거기서 패배하는 산업·기업·개인이 많이 발생할 수밖에 없는데, 이들 시장의 패배자들에게 최소한의 생존을 보장하고, 재훈련을 통해 새로운 분야에 진출할 수 있도록 하는 것이 사회 안전망(social safety net)의 기능이다. 따라서 유럽 개방형 소국들에서는 일찍부터 복지국가가 발달했다는 것이다.

실제로 통계를 보면 유럽의 수출 주도형 국가들은 복지지출이 높은 반면 미국, 일본 등 비교적 수출 비중이 낮은 내수 중심형 국가에서는 복지지출이 낮은 경향이 발견된다. 이와 같은 로드릭의 가설에 비추어 본다면 한국은 유럽의 수출 주도형 강소국들만큼 수출 비중이 높은 나라이므로 당연히 사회 안전망이 필요하고, 복지지출이 높아야 한다. 그러나 현실은 그와 정반대이다. 유럽은 수출 주도형 경제이므로 복지지출이 높다. 미국과 일본은 내수 중심형 국가이므로 복지지출이 낮다. 그러나 한국은 유럽을 능가할 정도로 수출 주도형 국가이면서 미국과 일본보다 더 낮은 복지지출 수준을 갖고 있다. 그렇다면 한국은 수출 경쟁에 최대한 노출되어 있으면서도 당연히 갖추어야 할 사회 안전망을 소홀히 해온, 말하자면 화살이 비 오듯 쏟아지는 세계 전쟁에 투구와 갑옷을 챙겨 입지 않고 출전해왔으며, 전쟁에서 부상을 당해도 제대로 치료해주지 않고 다시 전쟁터로 내모는 용감무쌍한, 다른 말로 하면 인정사정 볼 것 없는 무모한 국가인 셈이다. 그러나 세계에 보기 드문

이런 무모함을 무한정 계속할 수는 없다. 이제는 우리도 세계적 표준(global standard)을 생각해야 할 때이다.

이와 같이 복지국가를 둘러싼 복잡한 논쟁도 한국처럼 소득 수준에 비해 복지지출이 턱없이 낮은 나라에는 그대로 적용할 수 없다. 일부 복지국가의 경우에는 물론 조세를 통한 재분배와 관대한 복지제도가 과도한 측면이 있었고, 따라서 복지 과잉으로 인한 복지병이라는 실패를 교정하기 위해서 다소 복지국가를 수정·축소한 것도 사실이다. 그렇다고 해서 복지 과소의 국가로서 선진 복지국가와는 상황이 정반대인 한국에 대해서도 똑같은 것을 요구한다면 이보다 더 불합리한 주장이 없을 것이다. 한국은 소득 수준에 비해 너무 취약한 복지제도를 갖고 있으므로 복지를 확대할 필요가 있으며, 한국에 대해서 벌써부터 소위 복지병이나 영국병을 걱정한다면 그것은 기우라 하지 않을 수 없다.

3. 성장·분배의 역U자 가설

세계 각국의 소득분배 상태를 조사해보면 대체로 다음과 같은 패턴이 발견된다. ① 모든 나라의 소득분배가 불평등하되 정도의 차이가 있다. ② 과거에 체코슬로바키아·헝가리·폴란드·불가리아 등 구 사회주의권은 자본주의권보다 상대적으로 평등했다. ③ 선진국이 후진국보다 상대적으로 평등하다. ④ 후진국 중에서도 나라에 따라 소득 불평등에 큰 차이가 있다. ⑤ 소득 수준과 불평등의 관계에 대해서는 일정한 관계가 있다는 학설과 그 반대의 학설로 견해가 갈려 있다. 전자의 대표적인 가설을 쿠즈네츠(Simon Kuznets)의 역U자 가설(inverted-U hypothesis)이라고 하는데, 이 가설에 대해서도 찬반양론이 갈려 있는 실정이다.

역U자 가설은 나중에 노벨 경제학상을 수상한 하버드대학의 경제학자 쿠즈네츠가 1955년 미국경제학회 회장 취임 기념 강연에서 단순한 추측(conjecture)에 불과하다는 전제하에 조심스럽게 제시했던 하나의 가설이다. 이 가설은 성장과 불평등에 관한 경제학계 최초의 가설이라는 의의를 갖는다. 쿠즈네츠는 미국·영국·독일 세 나라의 20세기 초 이후의 소득분배 자료에서 1차 세계대전 후(아마 20세기 초부터) 소득 불평등의 감소 추세를 제시했다. 그리고 그 이전 시기에 대해서는 소득 불평등이 증가했다는 증거는 없지만 아마 증가했을 것으로 추측했다. 그렇다면 장기적 경제성장 과정에서 소득분배의 불평등이 처음에는 증가하다가 한동안은 일정한 뒤 결국 감소하는 것이 아닌가 하는 추측이 가능하다는 것이다. 쿠즈네츠는 이런 역U자 가설을 5%의 경험적 정보와 95%의 추측의 합성으로 만든 가설이라고 겸손하게 말했다.

쿠즈네츠는 약간의 통계자료에 기초해서 이런 가설을 만든 뒤 그 가설을 뒷받침할 만한 이론적 근거를 다음과 같이 제시했다. 먼저 경제성장 초기에 불평등이 증가할 것이라고 추측하는 이유는 두 가지이다. 첫째, 저축은 소수의 부유층에 집중되는 경향이 있다. 미국의 최고 부유층 5%가 개인 총저축의 3분의 2를 차지하며, 최고 부유층 10%가 저축의 거의 전부를 차지한다. 이처럼 저축의 분배는 재산 소득이나 부의 분배보다 훨씬 더 불평등하며, 이와 같은 저축의 집중은 소득 불평등을 일으키게 된다.

둘째, 인구의 농촌·도시 간 이동이다. 농촌 내부의 소득 불평등은 대체로 도시 내부의 불평등보다 낮은 경향이 있다. 그리고 농촌의 평균소득은 도시의 평균소득보다 낮다. 이 두 가지 이유로 인해 농촌에서 도시로의 인구 이동은 소득 불평등을 증가시키게 된다. 이것은 역시 노벨 경제학상을 받은 루이스(Arthur Lewis, 1954)의 모델의 분배적 함축과 결론은 같으나, 과정은 다르다. 루이스에 따르면 가난한 나라에서 임금은 생존 수준으로 일정하게 정해지고, 경제성장과 더불어 노동 수요가 증가하면 그것은 이윤 증가로 귀결된다. 따라서 경제성장 초기에는 소득 불평등이 증가하는데, 이런 경향은 잉여 노동력이 고갈되어 임금이 상승하기 시작하는 소위 루이스의 전환점(turning point)까지 계속된다. 그러나 경제가 전환점에 도달한 이후에는 노동 수요 증가가 임금 상승을 가져오므로 결국 소득 불평등이 감소함을 시사한다.

　한편 경제성장의 후기에 오면 소득 불평등을 완화하는 요인이 발생하는데, 쿠즈네츠는 네 가지 요인을 든다. 첫째, 예컨대 상속세나 자본과세처럼 저축의 집중을 제한하는 입법 또는 정치적 결정이 이루어진다는 점이다. 둘째, 인구 증가로 인해 최고 소득 5%의 인구가 50년 뒤에는 5%에 미달하게 된다는 점이다. 셋째, 개인의 치부 기회를 제공하는 동태적 경제성장이 일어난다는 점이다. 넷째, 고소득층의 상당한 부분이 서비스 소득(예를 들어 경영, 전문직)을 버는데, 이것은 재산 소득에 비해 상속 가능성이 낮다는 점이다. 이와 같은 몇 가지 이유를 들어 쿠즈네츠는 경제성장의 후기에는 소득 불평등이 하락할 것이라고 추측했다.

　따라서 경제성장 초기의 분배 악화와 후기의 분배 개선을 묶으면 역U자 가설이 된다. 쿠즈네츠의 가설이 제시된 뒤 경제학자들은 이 가설을 검증하기 위해 다양한 노력을 기울였는데, 대체적으로 연구 결과는 이 가설을 상당히 지지해준다. 즉, 경제성장과 더불어 소득 불평등이 처음에는 심화하다가 어느 단계를 지나면 결국 불평등이 축소하는 장기적 경향이 있다는 것이다. 가로축에 소득 수준을 표시하고 세로축에 소득 불평등(예컨대 지니계수)을 표시할 때 양자의 관계는 마치 U자를 거꾸로 해놓은 모양을 취하기 때문에 이것을 역U자(逆U字) 가설이라고 부른다.

　이 가설을 지지하는 증거는 예를 들어 소득분배 통계가 나와 있는 수십 개국을 모아서 가로축에 1인당 소득을 표시하고, 세로축에 어떤 불평등 지표를 나타낸다고 했을 때 양 변수 사이의 관계가 어떤지를 검증함으로써 주어질 수 있다. 대체로 지금까지 나온 이런 유형의 몇 가지 실증 연구는 역U자 모양이 나타난다고 보고 있다.

이 가설에 대한 반론으로서 유력한 것은 첫째, 발전 단계가 서로 다른 여러 나라의 횡단면 자료(cross-section data)를 가지고 어떤 한 나라의 시간에 따른 소득분배의 변동을 추리하는 것은 무리라는 지적이다. 둘째, 역U자라는 모양은 반드시 소득 수준과 불평등 사이에 어떤 관계가 있어서 나타난 결과가 아니고, 다만 불평등도가 서로 다른 몇 개 권역의 소득 수준이 우연히 거기에 위치했기 때문에 사후적으로 나타난 결과일 뿐이라는 해석이 있다. 대체로 네 가지 유형(빈국, 남미, 사회주의국, 선진 자본주의국)의 서로 다른 경제성장 패턴이 있는데 거기에 따라 불평등도가 다르게 나타난 것이고 역U자는 하나의 우연한 결과일 뿐이라고 본다. 이런 관점에 따르면 소득분배를 결정하는 중요한 것은 소득 수준 또는 경제성장 수준이 아니라 그 나라가 어떤 성장 전략 또는 정부 정책을 채택하는가에 달려 있다는 것이다.

이와 같이 횡단면 자료를 둘러싼 공방은 아주 팽팽한데, 그 뒤 역U자 가설에 대한 아주 강력한 지지가 영국과 미국의 장기적 소득분배를 연구한 윌리엄슨(Jeffrey Williamson)에 의해 제시되었다. 그는 횡단면 자료가 아니라 아주 방대한 장기 시계열 자료(time-series data)를 이용해 영국과 미국을 분석했는데, 두 나라에서 공통적으로 19세기 소득 불평등의 심화와 개선이라는 장기적 현상을 발견함으로써 역U자 가설에 아주 강력한 근거를 제공해주었다(Williamson, 1980).

그런데 최근 피케티의 책 『21세기 자본』이 나오면서 사태가 다시 역전되었다. 피케티는 여러 선진국의 장기 자료를 구해 소득 불평등의 장기 추세를 연구했는데, 그 결과 20세기 들어 소득 불평등은 역U자가 아니라 U자 모양이라는 것을 발견했다. 〈그림 6-2〉에서 보듯이, 20세기를 통틀어 소득 불평등은 U자 모양으로 변동해왔다는 것을 여러 선진국의 자료로 증명해낸 것이 피케티의 중요한 공로이다.

피케티에 따르면 20세기 초중반에 불평등이 축소된 이유는 연평균 3%의 고성장, 1차 세계대전 발발 전후의 누진소득세 도입, 전쟁으로 인한 파괴, 인플레이션 등 우발적 요인에 바탕을 두고 있다. 그러나 1980년 이후 미국의 레이거노믹스, 영국의 대처주의의 등장으로 주요국의 소득세율은 앞다투어 인하되었고, 앞으로 장기적 성장률도 1.5%를 넘기 어려울 것이므로 불평등 강화 요소를 상쇄할 힘이 없다는 것이다.

20세기 중반에 여러 나라에서 소득 불평등이 감소한 이유는 각국이 1차 세계대전 전비 조달을 목적으로 재정 수요를 충당하기 위해 보수파의 반대를 무릅쓰고 세계 최초로 누진소득세를 도입했다는 점, 그리고 뉴딜 정책과 같은 각종 진보적인 공공정책을 채택했다는 점에 기인한다. 그리하여 전후 30년간 세계 자본주의는 사상 최고의 호황과 고성장을 누리게 되는데, 이때 선진국의 경제성장률은 4%라는 전무후무한 기록을 세웠다. 이 시기를 일반적으로 '자본주의의 황금기(The Golden Age of Capitalism)'라 부르고, 특히 미국에서는 이 시기에 소득 불평등이 크게 줄어들었으므로 '대압축(The Great Compression)'의 시대라고 부르기도 한다(Krugman, 2007). 쿠즈네츠의 역U자 가설은 1950년대에 나왔기 때문에 바로 이 황금기까지를 다루고 있었고, 그래서 쿠즈네츠의 눈에는 자본주의에서 불평등은 장기적으로 축소하는 것으로 보였던 것이다.

그러나 다 알다시피 자본주의의 황금기는 오래가지 못하고 30년 만에 끝나버렸고, 1980년대부터는 미국, 영국에서 레이건, 대처에 의한 시장 만능주의 시대가 왔다. 뉴딜 정책에 의해 극대화되었던 케인즈주의 정책들이 하나둘 폐기되고 정반대의 정책들이 채택되기 시작했다.

작은 정부를 신봉하는 경제철학에 따라 감세, 규제 완화, 민영화가 추진되었고 정부의 역할이 최소한으로 줄어들었다. 그 결과는 쉽게 예측할 수 있듯이 불평등의 상승이다. 따라서 20세기 전체를 놓고 불평등의 추세를 그리면 〈그림 6-2〉에서 보듯이 역U자가 아니고, U자형의 그림이 나온다. 그래서 피케티는 쿠즈네츠가 틀렸다고 비판하는데, 쿠즈네츠로서는 1950년대에 글을 썼고, 당시 주어진 몇몇 나라의 아주 약소한 자료로 최선을 다해 추측한 것이므로 쿠즈네츠를 틀렸다고 나무랄 수는 없다. 그로부터 60년 뒤 피케티는 여러 나라의 풍부한 시계열 자료를 입수해서 이 문제를 분석할 수 있었고, 상반된 결론에 도달한 것이다.

성장과 분배의 상관관계가 U자인가 역U자인가 하는 것은 대단히 중요한 정책적 함의를 갖는다. 역U자가 맞는다면 그것은 성장 초기에는 분배가 악화하지만 그것은 시간문제일 뿐, 결국은 개선된다는 뜻이므로 정부가 적극적으로 분배 개선을 위해 노력할 필요가 별로 없다는 의미를 갖는다. 반면 U자형이 맞는다면 그것은 분배에 대한 정부의 적극적 관심과 개입을 요구하는 상황이 된다. 특히 1980년 이후 서구 여러 나라의 분배 상태의 악화는 감세, 규제 완화, 친기업·반노동의 정책이 가져온 결과이므로 불평등 문제를 해결하기 위해서는 정책과 제도의 개선이 필요하다는 결론에 도달하게 된다. 최근 한국에서 많이 읽힌 불평등 관련 서적들(Bartels, Krugman, Reich, Stiglitz)은 모두 불평등의 결정 요인으로 국가의 제도, 정책, 그리고 정치의 중요성을 강조하고 있다. 그러면 다음 절에서 최근 선진국의 분배 상태 악화가 어느 정도인지를 살펴보기로 하자.

4. 성장·분배에 대한 최근의 연구 경향

최근 세계적으로 소득 불평등이 워낙 중요한 문제로 대두되다 보니 OECD에서 3부작의 연구보고서를 발간했다(이정우, 2017 참조). 그 최초 작업은 2008년 보고서(Growing Unequal?: Income Distribution and Poverty in OECD Countries)인데, 이것은 가맹국 30개국을 대상으로 소득 불평등을 비교한 것이다(OECD, 2008). OECD는 불평등 지표로 전체 가구의 가처분소득으로 계산한 지니계수를 채택했다. 〈그림 6-3〉에서 보듯 지니계수의 평균값은 0.312로 나타났다(흥미롭게도 한국의 값도 0.312이다). 나라에 따라 지니계수의 값은 큰 차이가 있는데, 덴마크·스웨덴·룩셈부르크 등은 0.23 정도의 값을 갖는 것으로 나타났고, 스칸디나비아의 사회민주주의 국가들이 세계에서 가장 평등한 집단에 속한다는 것을 증명했다. 그 반면 불평등이 가장 심한 나라를 보면 멕시코가 지니계수 0.474를 기록해 덴마크·스웨덴의 2배 값으로 불명예스러운 1등을 차지했고, 터키·포르투갈 등이 그 뒤를 이었다. 미국과 영국이 불평등 순위에서 4위, 7위를 차지해서 영미형 시장 만능주의 국가가 비교적 불평등이 심하다는 것을 보여주었다.

한편 이 보고서에 따르면 1980년대 중반 이후 2000년대 중반에 이르기까지 20년은 OECD 각국의 소득 불평등이 대체로 증가한 시기였다. 불평등이 증가한 크기는 지니계수로 2%p 정도였다. 불평등 심화의 원인은 아주 다양해서 딱 하나를 집어낼 수는 없다. 예를 들어 단신 가구의 증가, 세계화, 기술혁신, 노동시장의 제도 변화가 불평등을 증가시키는 방향으로 작용했고 게다가 자본소득 및 자영업소득의 불평등 증가도 여기에 가세했다. 연령별로 보면 55~75세 고령층의 소득이 증가했고, 노인 빈곤은 크게 감소했으나 그 반면 아동 빈곤은 증가하는 양상을 보였다.

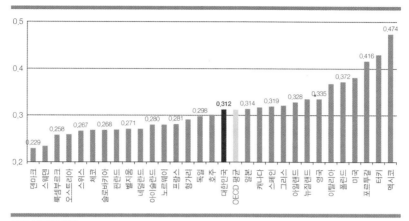

‖ 그림 6-3 ‖ OECD 소득 불평등(전가구 가처분소득 기준)

자료: OECD(2008).

　지난 20년간 소득 불평등이 증가한 것이 시대의 대세이지만 변화 양
상은 나라에 따라 크게 달라서 다수의 나라에서 지니계수가 크게 상승
했는가 하면 소수의 나라에서는 하락했다. 이런 변화를 시기별로 요약
한 것이 〈표 6-1〉이다. 20년 동안 불평등이 가장 크게 확대된 나라는
핀란드와 뉴질랜드이며, 반대로 가장 크게 불평등이 축소한 나라는 프
랑스, 아일랜드, 스페인이다. 모든 증거를 종합한 뒤 이 보고서가 내리
는 결론은 불평등 심화가 최근 20년간 시대의 대세였지만 그것이 불가
피한 현상은 아니고, 각국 정부의 정책 여하에 따라서 얼마든지 결과는
달라질 수 있다는 것이다. 그리고 미래에 반드시 불평등이 계속해서 더
욱 심화될 것이라고 볼 수도 없다는 것이다.

　그런데 OECD는 2008년 불평등 보고서를 낸 지 3년 만인 2011년, 제
2의 보고서(*Divided We Stand: Why Inequality Keeps Rising*)를 냈다. 그
만큼 불평등 문제가 최근 세계적으로 심각한 문제로 등장하고 있다는
뜻일 것이다. 이 보고서의 기조는 앞의 보고서와 유사한데, 불평등 심

	1980년대 중반 ~1990년대 중반	1990년대 중반 ~2000년대 중반	1980년대 중반 ~2000년대 중반
대폭 상승	체코, 이탈리아, 멕시코, 뉴질랜드, 포르투갈, 터키, 영국	캐나다, 핀란드, 독일	핀란드, 뉴질랜드
소폭 상승	벨기에, 핀란드, 독일, 헝가리, 일본, 룩셈부르크, 네덜란드, 노르웨이, 스웨덴, 미국	오스트리아, 덴마크, 일본, 노르웨이, 스웨덴, 미국	캐나다, 독일, 이탈리아, 일본, 노르웨이, 포르투갈, 스웨덴, 미국
불변	오스트리아, 캐나다, 덴마크, 그리스, 아일랜드	호주, 벨기에, 체코, 프랑스, 헝가리, 이탈리아, 룩셈부르크, 뉴질랜드, 포르투갈, 스페인, 스위스	오스트리아, 벨기에, 체코, 덴마크, 프랑스, 그리스, 헝가리, 아일랜드, 룩셈부르크, 멕시코, 네덜란드, 스페인, 터키, 영국
소폭 하락		그리스, 아일랜드, 네덜란드, 영국	프랑스, 아일랜드, 스페인
대폭 하락	프랑스, 스페인	멕시코, 터키	

자료: OECD(2008).

화의 심각성을 좀 더 인식하고 있다는 점과 불평등 심화의 원인을 좀 더 깊이 천착하고 있다는 점이 차이라고 할 수 있다.

보고서는 먼저 세계적으로 불평등이 커지고 있음을 보여준다. OECD 국가 중 소득분배를 시계열적으로 비교할 수 있는 자료를 갖춘 나라가 22개국인데, 그중에서 17개국에서 불평등이 커졌으며, 불평등이 불변인 나라는 세 나라(프랑스·헝가리·벨기에)밖에 없고, 불평등이 줄어든 나라는 두 나라(터키·그리스)밖에 없다. 영미형 국가에서 특히 불평등이 커졌지만 과거 평등하기로 정평이 있던 북유럽 국가들(노르웨이·스웨덴·핀란드·덴마크)에서도 불평등이 커졌고, 독일 같은 나라에서도 불평등이 커져서 우리에게 충격을 준다.

이 보고서에서는 앞의 보고서에서는 다루지 않은 신흥국(Emerging Economies)도 취급한다. 중국·인도·인도네시아·남아프리카·러시아·브라질·아르헨티나, 7개국을 분석하고 있는데, 이들 나라의 인구를 합하면 세계 인구의 절반에 해당할 정도로 비중이 큰 나라들이다. 이들 나라 중 브라질·인도네시아에서는 불평등이 감소했으나 중국·인도·러시아·남아프리카에서는 불평등이 커졌다. 세계 전체가 바야흐로 불평등 심화의 거대한 물결에 휩쓸리고 있다는 느낌을 준다.

그럼 이런 불평등 심화의 원인은 무엇인가? 이 보고서는 특히 세 가지 요인에 초점을 맞춘다. 세계화, 기술 진보, 그리고 제도적·정책적 요인이다. 세계화는 불평등을 심화시키는 요인으로 작용할 수도 있고, 반대로 불평등을 축소하는 효과도 있다. 상반된 두 효과 중에 어느 쪽이 큰가 하는 것이 문제인데, 여기서 상반된 결론을 내리는 다양한 연구가 쏟아져 나오고 있다. 일반적으로 세계화보다는 기술 진보가 불평등 심화의 원인으로 더 의심을 받고 있다. 특히 최근 몇십 년간 진행된 정보통신기술의 발전으로 지식정보사회가 도래했고, 이 거대한 물결에 동참하는 사람과 거기에 동참하지 못하는 사람 사이에 큰 격차(digital divide)를 초래하고 있다. 많은 나라에서 대학교육을 받은 사람에게 돌아가는 교육 프리미엄이 커지고 있어서 과거 장기적으로 학력 간 격차가 축소되던 추세가 최근에 와서는 반전되는 경향이 나타나고 있다.

제도적·정책적 요인이 새롭게 주목 받는 것도 최근의 경향이다. 노조의 권리, 최저임금, 복지제도, 조세를 통한 재분배 등 다양한 제도적 요인이 불평등에 꽤 큰 영향을 미친다는 것은 두말할 필요도 없는데, 다만 최근의 변화는 이들 요인에 대한 관심이 과거와는 비교가 되지 않게 커졌다는 사실이다. 미국을 대상으로 분석한 바텔스(Larry Bartels, 2008), 크루그먼(Paul Krugman, 2007), 라이시(Robert Reich, 2008), 스티글리츠(Joseph Stiglitz, 2012) 등의 최근 연구는 미국의 소득 불평등에 영향을 주는 여러 제도적 요인과 궁극적으로 거기에 영향을 미치는 양당 정치의 중요성을 강조하고 있다. 시장의 역할보다 제도와 정치를 강조하는 점이 최근 경제학계의 신경향이라고 할 수 있겠다.

불평등이 세계를 강타함에 따라 최근 여러 세계기구가 잇달아 경종을 울리는 보고서를 내고 있다. OECD는 2008년, 2011년 보고서에 이어 2015년 다시 불평등 문제를 다룬 제3의 보고서를 냈다(*In It Together: Why Less Inequality Benefits All*). OECD가 10년도 안 되는 기간에 불평등 문제를 다루는 본격적 보고서를 세 권이나 낼 정도로 불평등 문제는 세계의 골칫거리임이 확실하다. 이 보고서는 OECD 국가 중 최근 불평등이 줄어든 나라는 터키 한 나라 뿐이고 벨기에·네덜란드·프랑스·그리스, 네 나라는 불평등이 거의 불변인 반면 나머지 대부분의 나라에서는 불평등이 커졌다는 경고를 울린다. 바야흐로 불평등이 세계가 풀어야 할 중요한 숙제로 등장한 것이다. 세계적 불평등은 계속 증가할 뿐 아니라 경제위기 시기에도 증가했고, 위기가 아닌 시기에도 증가해서 더욱 심각성을 더하고 있다.

이 보고서가 OECD의 앞의 두 보고서와 차이가 있는 것은 적극적 처방을 제시했다는 점이다. 책의 제목이 시사하듯 이 보고서는 불평등 축소가 모든 사람에게 좋은 현상이라고 주장한다. 무슨 말인가 하면 지나친 불평등은 경제성장을 저해하므로 어느 누구에게도 좋지 않다는 것이다. 바꾸어 말하면 불평등을 축소하는 정책은 경제성장을 촉진하므로 빈부 가릴 것 없이 모든 사람에게 유익하다는 것이다.

지나친 불평등이 경제성장을 저해한다는 주장은 2014년 나온 IMF의 한 보고서(Ostry, Berg and Tsangarides, 2014)가 촉발했다. 이 보고서는 세계 여러 나라의 통계자료를 기초로 실증 분석을 한 뒤 지나친 불평등은 경제성장을 해치고, 불평등을 줄이는 정책은 성장에 유리하다는 결론을 내렸다. 이 보고서가 나온 이후 세상의 분위기가 확 달라졌다. 라가르드(Christine Lagarde) IMF총재는 경제성장을 촉진하기 위해서라도 불평등을 줄여야 한다는 연설을 했는데, IMF는 원래 상당히 보수적 기관으로 총재가 이런 연설을 한 것은 아주 이례적인 일이었다. 그 뒤 이주열 한국은행 총재도 비슷한 연설을 한 바 있다. 분배 문제에 무관심하거나 선성장·후분배만을 주장했던 금융기관의 장들이 연달아 재분배를 주장하고 나섰다는 것은 그만큼 세상이 달라졌다는 뜻이다.

OECD 보고서(OECD, 2015)는 불평등을 축소하기 위한 제안으로 여성의 경제활동 참가 증대, 고용 기회 확대와 좋은 일자리 확충, 노동자들의 숙련 및 교육 제고, 소득재분배를 위한 정부의 조세 및 이전지출을 주장하고 있다. 특히 정부가 소득재분배를 위해 조세 및 이전지출을 사용하는 것은 종래 보수적 경제학자들이 기피하던 정책인데, OECD가 이런 재분배정책을 옹호하고 나왔다는 것은 그만큼 세상이 달라졌다는 것을 증명한다. 최근에는 부자들의 클럽인 다보스 포럼조차 지나친 불평등은 성장을 저해하므로 분배 개선이 필요하다는 주장을 내고 있다. 세계의 조류는 최근 들어 상전벽해라 할 만큼 달라지고 있다. 안타까운 것은 국내의 보수적 학자들과 언론, 정치인들은 아직도 분배, 재분배의 중요성을 무시하고 여전히 낡은 레코드처럼 오직 성장만을 외치고 있다는 점이다.

5. 왜 한국은 복지국가가 못 되었나[1]

한국이 복지국가와는 거리가 멀고, 주어진 소득 수준을 고려하더라도 우리의 복지 수준이 너무 열악하다는 사실에 대해서는 이미 여러 학자들이 그 원인과 성격의 구명을 시도해왔다. 대체로 한국은 혈연·지연·학연 등 연(緣)이 강한 나라라는 점, 동양의 다른 나라에 비해서도 유교적 전통이 유독 강해서 국가보다는 가족과 공동체를 중심으로 구빈을 해온 문화적 배경이 있다는 점, 공업화 이후 한국의 정책 결정자

---

1   이 절은 이정우(2010)의 일부를 따온 것이다.

들이 분배 개선이나 빈곤 축소보다는 경제성장을 우위에 두는 사고방식에 기울어져 있었다는 점 등이 한국의 복지를 후진적으로 만드는 중요한 요인으로 꼽혀왔다.

이는 모두 타당한 해석이라고 생각된다. 그러나 이 논의에 덧붙여 보완할 것이 있다고 생각한다. 종래 논의되던 요인들 외에 몇 가지 추가적 요인이 더 있는 것으로 보인다. 첫째, 해방 후 역대 독재정권은 선거 자체를 무용지물로 만들 정도로 반칙을 일삼아왔기 때문에 서구에서 보듯 선거에서 다수의 노동자나 빈민의 지지를 얻을 필요를 느끼지 못했다는 점이 중요하다. 선거 자체가 별 의미를 갖지 못하는 독재정권에서는 선거공약이니 국민의 지지니 하는 것이 공허한 이야기일 뿐이었다.

미국의 빈곤을 분석한 연구(Piven and Cloward, 1972)에 따르면 미국에서 주요한 복지의 진전이 이루어진 것은 1930년대 대공황 때 나타난 뉴딜(New Deal)과 1960년대 '빈곤과의 전쟁'인데, 이는 당시 자본주의 체제 자체가 위협받을 정도로 민중, 빈민, 노동자들의 체제에 대한 불만이 팽배했고, 집단적 행동이 극렬했기 때문에 가능했다는 것이다. 이런 점에서 그들은 빈곤 대책이란 것을 기본적으로 빈민에 대한 '통제' 필요성에서 출현하는 것이라고 본다.

이런 관점을 한국에 적용한다면 한국은 지금까지 노동자, 빈민이 정치적으로 체제를 위협할 만한 강력한 세력을 형성한 적이 없었고, 연이은 극우파 정권이 헌법을 제멋대로 구겨가면서 권력을 연장하고 정권을 농단해왔기 때문에 민중에 대해서 복지국가라는 양보를 할 필요가 전혀 없었다. 그 대신 역대 독재정권은 정권의 정통성 유지, 정권에 대한 국민의 지지를 오로지 경제성장에서만 추구하는 경향이 있었다. 적어도 1960년대 박정희 정권 이후 역대 정권은 항상 경제성장을 우선시하고, 분배와 복지에 대해서는 무시하거나 그저 듣기 좋은 말로 하고는 행동은 없이 지나가기 일쑤였다.

둘째, 역대 정권의 협력자로 기능했던 관료들은 정권에 대해 정면으로 반대하는 행위는 극도로 자제하고, 테크노크라트로서의 기능에만 충실해왔는데, 여기서 경제 부처와 사회 부처 사이의 세력 관계를 면밀히 검토할 필요가 있다. 오랜 세월을 경제 부처가 우위를 점하면서 정책과 예산을 주도해왔고, 사회 부처는 뒤치다꺼리에 급급해왔다. 예산 규모에서도 경제 예산은 항상 복지 예산을 압도해왔다. 이는 흔히 역대 정부가 내건 성장 지상주의의 결과라고 해석되고 있다.

거기에 덧붙여 다른 요소도 있다. 즉, 경제 부처 예산의 주요 부분은 개발과 건설에 투입되는데, 이는 상대적으로 부패의 소지가 큰 분야이다. 이에 비해 복지 예산은 부패가 없다고는 할 수 없겠지만 상대적으로 부패의 가능성과 정도가 현저히 낮다. 우리말에 "벼룩도 낯짝이 있다"라는 말이 있고, "벼룩의 간을 빼먹는다"는 말도 있지만 고아, 장애인, 빈민들을 위한 예산을 일부 떼먹는다는 것은 불가능하지는 않지만 상대적으로 훨씬 어렵다고 봐야 할 것이다. 그렇다면 자기 몫을 챙기고 싶은 관료 집단으로서는 소위 떡고물이 떨어지는 경제 예산을 선호하는 것이 자연스런 행동으로 보인다. 서양 속담에 "사람들은 뭔가 분배할 게 있을 때, 자기를 빼놓는 법은 없다"라는 말이 있는데, 한국의 관료 역시 이 속담의 예외는 아니다.

이런 현상은 중앙정부에도 있지만 특히 지방으로 갈수록 심하다. 지방공무원의 부패 정도는 중앙을 능가하고 있으며, 이들은 토호 세력과 결탁하면서 '불로소득 추구 행위'에 몰입할 가능성이 농후하다. 이것이 한국의 예산구조를 기형적으로 경제 예산 우위로 만든 중요한 요인이 아닐까 추측할 수 있다. 선진국 예산은 대체로 복지 예산이 50~60%, 경제 예산은 10% 내외가 표준인데, 유독 한국에서는 항상 경제 예산이 복지 예산을 크게 초과해왔다. 이 비율이 역전된 것은 참여정부 때 일이다. 그런데 중앙정부 예산은 드디어 역전되었으나 지방정부로 가면 아직도 건설 예산이 복지 예산을 압도하는 구태가 반복되고 있다. 이 부분은 중요한 개혁 과제로 남아 있다.

셋째, 국내 학계·언론계에서 분배보다 성장을 중시하는 경향이 유달리 강하다는 점도 한국의 복지를 이렇게 부실하고 부족하게 만드는 데 한몫했을 것으로 보인다. 한국의 보수 세력은 성장을 인정하는 것을 넘어 거의 숭배하다시피 하는 반면 분배와 복지를 무시하는 것을 넘어 사갈시(蛇蝎視)하는 극단적 경향을 보인다. 그들은 복지를 '성장의 발목을 잡는 존재' 정도로밖에 보지 않는다. '복지'하면 곧 '좌파', '포퓰리즘' 같은 딱지를 붙이는 것이 버릇처럼 되었다.

이런 극단적 사고방식은 아마 선진국에서는 찾아보기 어려울 것이다. 비스마르크라는 보수파의 거물이 복지국가의 창설자라는 사실을 역사의 거울로 삼아 한국의 보수파들도 다시 한번 생각해봐야 할 것이다. 언제까지 복지국가를 반대하고 나라를 위기로 몰아갈 것인가.

한국에서 복지에 대한 사회적 반감이 높은 문제는 선별주의 대 보편주의 논쟁과 관련해서 생각할 필요가 있다. 한국의 소득재분배 효과는 국제적으로 비교할 때 매우 낮은데, 그것은 선별주의 때문에 발생하는 것으로 보인다. 한 나라의 정부에 의한 소득재분배 효과의 크기는 재분배 예산이 얼마나 빈민들에게 선별적으로 적용되는가(targetting) 하는 것과 재분배 예산의 크기의 곱으로 나타난다고 할 수 있다. 그런데 선별주의를 택하는 나라일수록 재분배 예산에 대한 사회적 반감이 크고, 따라서 재분배 예산 자체가 작아지는 경향이 나타난다. 즉, 정부 정책이 빈자를 위해 선별적으로 적용될수록 재분배 예산이 줄어들고 따라서 재분배 효과도 작아진다는 것이다. 이런 역설적 현상을 가리켜 코르피와 팔메(Korpi and Palme, 1998)는 '재분배의 역설'이라고 부른다. 한국이나 미국은 재분배의 역설이 성립하는 대표적인 나라라고 할 수 있다. 반대로 보편주의 복지정책을 택하는 북유럽에서는 복지 예산이 크고, 소득재분배 효과도 크다. 한국에서 인기 높은 선별주의에 대한 근본적 재고가 요구된다고 하겠다.

6. 성장·분배 논쟁의 한국판[2]

한국 경제를 둘러싼 논쟁에서 단골 메뉴로 등장하는 것이 외환위기 이후 계속되는 저투자·저성장 문제이다. 보수파에서는 흔히 참여정부가 지나치게 정치에 몰입해서, 혹은 좌파적 정책을 써서 성장 잠재력을 훼손했다고 비판한다. 그들이 제출하는 정치 몰입이나 좌파적 정책의 증거는 아주 박약한데, 기껏해야 과거사 정리, 종합부동산세 도입 등으로 별로 근거도 없는 엉뚱한 시비 걸기의 성격이 강하다. 종합부동산세는 조지(Henry George)가 주장했던 토지보유세의 일종으로서 효율과 공평의 양면에서 대단히 장점이 많은 세금인데 불행하게도 헌법재판소에서 위헌 결정을 받아 사문화되어 버렸으나 장차 명예를 회복하고 부활하는 날이 반드시 와야 할 것이다(이준구, 2016).

다시 본론으로 돌아와서, 역대 정부는 항상 경제성장의 극대화를 국정의 기본 목표로 내걸었다. 지금까지 한국의 성장률은 국제적으로 비교할 때 아주 높은 편이다. 세계 전체의 경제성장률이 1970년대, 1980년대, 1990년대에 각각 7%, 4%, 2.5%인데, 우리의 경제 성적표를 보면 박정희 정권 9.1%, 전두환 정권 8.7%, 노태우 정권 8.3%, 김영삼 정권 7.1%, 김대중 정권 5.2%, 노무현 정권 4.5%이다. 즉, 지금까지 한국의 경제성장률은 최근의 이명박, 박근혜 정권을 제외하고는 항상 세계의

---

2   이 절은 이정우(2008)에 크게 의존하고 있다.

평균을 웃돌았다. 초기일수록 성장률이 높았고, 뒤로 갈수록 성장률이 떨어진 것은 경제성장에서 발생하는 일종의 자연스런 현상으로 한국뿐만 아니라 세계 공통의 현상이다. 학계와 언론은 걸핏하면 '경제위기' 운운하며 비관론을 양산해냈지만 한국 경제의 실적은 그런 비관론을 늘 비웃어왔다.

역대 정권이 성장률 극대화에 매진해왔고, 조금만 성장률이 떨어져도 경제 장관을 문책하고 경질하면서 성장률 제고를 독려해왔기 때문에 한국의 경제성장률은 비교적 높았고, 한국 사람들의 성장률에 대한 감각 역시 기준이 매우 높은 편이다. 조금만 성장률이 낮아져도 대통령이 참지 못하고, 국민도 참지 못하는 나라가 된 것이다. 이런 국민적 조급성의 토대 위에서 '경제위기', '국정 파탄' 같은 극단적 표현이 우리에게는 조금도 낯설지 않다. 그러나 외국의 관찰자들은 걸핏 하면 찾아오는 한국 경제의 '위기론'을 좀처럼 이해하기 어려울 것이다.

우리가 50년간 성장 만능주의에 경도되어 오로지 성장만을 위해 매진해오는 바람에 소홀히 한 측면이 적지 않다. 과거에는 주로 자유, 인권, 환경, 물가, 균형 발전 등의 가치가 무시되었다면 최근에 와서는 분배가 주로 논의된다. 보수파는 항상 성장과 분배의 상충 관계(trade-off)를 전제로 해서 주장을 펴는데, 이 전제 자체가 옳지 않다는 점은 앞에서 밝혔다. 참여정부를 가리켜 분배주의, 심지어 좌파라고 공격하는 사람들은 성장 만능주의의 열렬한 신봉자들인데, 이들의 주장은 너무나 극단적이어서 조그마한 합리성도 찾아보기 어렵다. 앞에서 보았듯이 경제학의 최근 연구를 보면 얼마든지 성장과 분배가 양립하고 동행할 수 있음이 속속 밝혀지고 있다. 최근에는 IMF, OECD 같은 보수적 국제기구도 분배의 중요성을 강조하고 있다. 특히나 한국처럼 양극화가 사회 안정을 위협하고 있는 상황에서 분배를 무시하고 성장만으로 양극화를 해결할 수 있다는 보수파의 사고방식은 틀렸을 뿐 아니라 위험하기조차 하다.

한국이 오랫동안 성장 만능주의에 빠져서 얼마나 분배와 복지를 무시해 왔는가 하는 사실을 여러 가지 증거를 통해서 볼 수 있다. 첫째, 정부 예산이다. 예산을 대별해서 경제 예산과 복지 예산으로 나눌 때, 대부분의 나라에서는 복지 예산이 경제 예산보다 훨씬 크다. 그러나 유독 한국만은 오랫동안 경제 예산이 복지 예산을 압도해왔다. 그러던 것이 복지를 중시해 복지 예산을 매년 크게 늘임으로써 처음으로 경제 예산을 추월한 것이 참여정부 때의 일이었다. 참여정부 초기에는 복지 예산이 20%였는데, 임기 말에는 28%로 높였다. 그래도 복지단체나 시민단체에서는 사회복지가 턱없이 부족하다고 불평인데, 그 반대편에 있는 보수파들은 이를 호되게 비난했다. 보수 언론에서는 참여정부가 복지에 치중해 성장의 발목을 잡았다고 줄곧 비난했는데, 이는 전혀 근거 없는 주장이며 틀려도 이것만큼 틀린 이야기가 없다.

다른 나라는 어떤가? 한국이 속한 OECD 평균을 보면 복지 예산이 55% 정도, 경제 예산이 10% 정도로 양자는 아예 비교가 안 된다. 선진국 중에서 비교적 복지를 경시하는 미국의 숫자를 봐도 55 대 10이다. 세계적 추세가 그러한데, 한국만이 복지 예산보다 큰 경제 예산을 장기적으로 유지했으니 한국의 예산구조가 국제적 관점에서 볼 때 얼마나 기형적이었던가를 알 수 있다. 그리고 분배가 성장의 발목을 잡는다는 비난이 얼마나 터무니없는가를 알 수 있다. 이제는 우리도 세계 표준에 가까이 가야 한다.

둘째, 취업 구조 문제이다. 한국의 취업자 중에서 자영업자의 비중이 엄청나게 높아서 자영업자와 가족종사자를 합하면 전체 취업자 중 37%까지 올라간 적이 있는데, 최근에는 이보다 낮아져 30% 수준이긴 하나 여전히 세계 최고의 비율이다. 다른 나라에서는 이 비율이 대개 10~20% 정도이다. 왜 한국에서는 자영업자가 이렇게 많을까? 그것은 한국이 분배와 복지를 무시하고 성장 일변도의 정책을 써왔기 때문이다. 복지 예산이 부족하니 자연히 교육, 보건, 보육, 복지 등에 일자리가 없고, 이런 일자리에서 일해야 할 사람들이 각자 살 길을 찾아 몰려간 곳이 자영업이다. 그리하여 식당, 빵집, 술집, 다방, 미장원, 이발소, 택시, 게임방 등이 한 집 건너 또 한 집이 있을 정도로 무수히 많은 자영업자가 치열하게 경쟁하는 구조가 되어버렸다.

자영업자들은 경쟁자가 너무 많다 보니 다들 장사가 안 되어 울상이다. 참여정부 초기에 식당 주인들이 장사가 너무 안 된다고 솥을 들고 나와서 시위를 벌인 적도 있는데, 어디 장사 안 되는 게 식당뿐이겠는가. 손님 기다리는 택시 줄은 끝없이 길고, 골목마다 거리마다 넘쳐나는 게 자영업자이다. 그래서 모두 장사가 안 되고, 몇 달 하다가 포기하고, 그 자리에 또 다른 장사가 들어서고를 반복한다. 그러다 보니 장사가 잘되는 것은 인테리어 업자뿐이라는 자조적 이야기가 나올 정도인데, 그나마 인테리어업조차 경쟁자가 너무 많아 장사가 안 된다고 하는지경이니 더 할 말이 없다. 자영업자들의 고통은 하늘을 찌르고 있다.

선진국의 취업 구조는 우리와 크게 다르다. 소위 공공 부문에서 일하는 사람이 한국에서는 전체 취업자 중 5% 밖에 안 되는데, 스웨덴에서는 30%나 된다. 스웨덴은 사회민주주의 국가라서 한국과는 비교가안 된다고 하는 사람이 있다면 우리가 많은 점에서 추종하는 모델로 삼고 있는 미국을 보자. 미국의 공공 부문 일자리가 15%이니 한국의 공공 부문이 얼마나 작은가를 알 수 있다. 이것도 결국 우리가 추종해온극단적인 성장 만능주의, 복지 경시의 결과이다.

2017년, 사상 초유의 대통령 탄핵에 이어 조기에 진행된 제19대 대선에서 민주당의 문재인 후보가 공공 부문의 일자리를 늘리겠다는 공약을 내놓은 것은 바로 앞에서 언급한 한국의 현실을 생각해보면 아주적절한 방향이라고 생각된다. 그러나 그 공약이 나오자마자 여기저기에서 공격이 쏟아졌고, 보수정당은 물론이고 심지어 더불어민주당 내부에서조차 적지 않은 공격이 나온 사실을 보면 한국에서 취약한 공공부문에 대한 전반적 인식이 얼마나 부족한가를 잘 보여준다고 하겠다. 이 문제는 대단히 중요하며, 앞으로 획기적 개선이 요구된다는 점을 강조하고 싶다.

셋째, 복지를 무시하다 보니 애 한 명 낳아서 키우는 데 너무 비용이 많이 든다. 병원, 보육시설, 학교 등등 국가에서 별로 도와주지 않으니 개인이 호주머니에서 모든 문제를 해결해야 하고, 그러니 애 키우는 비용이 너무 많이 드는 것이다. 그 결과 나타난 것이 애 안 낳기 현상이고, 한국의 출산율은 단기간에 세계에서 유례를 찾아보기 어려울 정도로 급격히 떨어져서 이제는 합계 출산율이 1.2명으로 세계 최하가 되고 말았다. 인구를 현상 유지하는 출산율이 2.1명인데, 한국의 출산율은 1.2명이니 저출산이 여간 심각한 게 아니다. 보도에 따르면 한국의 출산율은 세계 224개국 중 220위에 위치해 있으니 확실히 꼴찌 수준이다. 현재 한국의 상황은 (다른 말로 하면) 부모들이 애 낳기가 겁나서 '출산 파업'을 벌이고 있는 셈이다.

저출산은 무엇을 의미하는가? 이는 머지않은 장래에 한국에서 한창 일할 연령대의 인구가 부족하다는 것을 의미하고, 이것이 경제성장에 치명적 장애 요인이 될 것이라는 것은 긴 설명을 요하지 않는다. 물론 저출산·고령화 현상은 현재 많은 나라에서 공통적으로 나타나고 있긴 하지만 그 속도가 한국만큼 빠른 나라는 없다. 이것이 장기적으로 한국의 경제성장 전망을 어둡게 만들고 있다. 당장 2017년부터는 생산가능인구(15~65세)가 감소할 것이고, 머지않은 장래에 고령사회, 초고령사회가 닥칠 것이며, 2050년에 가면 한국은 일본에 이어 세계 2위의 노인국가가 될 것으로 예측되고 있다.

한국이 경제성장을 계속하기 위해서도 출산율을 대폭 높여야 하며,

이를 위해서는 젊은이들이 '출산 파업'을 끝낼 수 있도록 보육, 교육, 복지 등에 대폭 투자를 확대하지 않으면 안 된다. 이미 많이 늦기 때문에 방향 전환은 한시가 급하다. 더 이상 분배와 복지가 성장의 발목을 잡는다는 틀린 이념에 빠져 자충수를 두지 말고 근본적으로 생각을 바꾸어야 한다. 이것은 국가의 존망이 달린 문제이다.

7. 결론: 세계 보편의 질서로 가자

이제야말로 50년 성장 만능주의를 반성하고, 정상적인 나라를 만들어야 할 때이다. 이번에 세계가 감탄한 수백만 시민의 평화적 촛불집회에서 시민들이 목이 메어 외친 구호가 "이게 나라냐?"였는데, 실로 그러하다. 이제는 나라의 틀을 근본적으로 바꾸지 않으면 안 된다. 그중에서도 우리가 선진국이라 부르는 나라들이 보편적으로 존중하는 중요한 가치들(인권, 자유, 환경, 복지, 평등, 연대 등)을 우리도 이제는 소중히 여기면서 시간이 지나면 성장만으로 이 모든 문제가 해결될 것이라는 막연한 낙관을 버려야 한다.

반세기 동안 우리 머리를 지배해온 '선성장·후분배'의 철학을 이제는 폐기해야 한다. 분배와 성장이 동행한다는 인식, 분배를 통한 성장이 얼마든지 가능하다는 세계 보편적 인식을 가질 때이다. 언제까지 성장에만 매달려 인류 보편의 가치들을 창고 속에 방치할 것인가? 극단적인 성장 일변도로 치달아온 대가를 우리는 이미 톡톡히 치르고 있다. 세계 최다 자영업자들의 고통과 세계 최저 출산율이 이미 경제성장의 발목을 잡고 있다. 앞서 본 OECD 보고서에서 강조하듯이 이제는 성장을 하기 위해서도 분배와 복지에 눈을 돌려야 할 때이다. 성장 만능주의가 오히려 우리를 불행하고 만들고 있는 것이 명백해진 이상 하루빨리 생각을 바꾸어야 한다. 더 이상 성장만을 부르짖을 게 아니라, 분배와 성장이 동행하는 정상적인 나라로 가야 한다. 양극화가 날로 심해지고 출산율이 떨어지는 상황에서 우리에게 남은 시간이 그리 많지 않다.

한국은 1997년 외환위기 이후 저성장과 양극화의 늪에 빠진 채 장기간 고전하고 있다. 이명박, 박근혜 정부는 마땅한 해결책을 찾지 못하고 소위 '줄푸세' 철학에 빠져 부자 감세, 규제 완화를 강조했으나 이는 근본적으로 틀린 진단이므로 약효가 있을 리 없다. 세계를 감탄시킨 비폭력 촛불혁명이 일어난 지금이야말로 50년 묵은 박정희 체제를 청산하고 그것을 뒷받침해온 성장 지상주의를 폐기해야 한다. 이제는 구시대의 낡은 사고를 반성하고 새로운 철학을 정립할 때이다.

선성장·후분배의 낡은 철학으로는 현재의 위기를 극복할 수 없다. 발상을 전환해 재분배와 복지를 통한 성장을 모색할 필요가 있다. 지나치게 낮은 복지지출을 늘리고, 최저임금을 인상하며, 비정규직을 정규직으로 전환하고, 중소기업, 영세 자영업을 살리는 등 분배와 복지를 개선하는 정책을 사용하면 양극화를 해결하고 경제민주화에 기여할 뿐만 아니라 고장 난 국민경제의 순환 구조를 재생시켜 성장을 촉진하는 효과도 나타날 것이다.

이제 반세기 동안 우리를 지배해온 낡은 성장 지상주의에 작별을 고하고, 복지를 통한 성장과 일자리 창출을 도모하자. 이것이 저성장·양극화의 덫을 벗어나는 지름길임을 인식하고 하루빨리 정책 방향을 전환해야 한다. 한국의 경제민주화를 위해 재벌 개혁, 노동의 민주화, 사회적경제의 발전 등 노력해야 할 과제가 많지만 지나친 불평등 축소와 인간다운 생활을 보장하기 위한 복지국가의 건설은 경제민주화를 위해, 그리고 위기에 빠진 나라를 건지는 시급하고도 중차대한 과제가 아닐 수 없다.

참고문헌

김낙년. 2012. 「한국의 소득 집중도 추이와 국제비교」. ≪경제분석≫, 18권 3호.

김유선. 2016. 「비정규직 규모와 실태」. ≪KLSI ISSUE PAPER≫, 9호. 한국노동사회연구소.

이정우. 2008. 「성장 만능주의는 왜 우리를 불행하게 하는가?」. ≪내일을 여는 역사≫, 34호
　　　(2008년 겨울).

_____. 2010. 「한국의 저복지: 실상과 배경」. ≪경제발전연구≫, 16권 1호(2010년 12월).

_____. 2013. 「경제민주화의 과제」. ≪내일을 여는 역사≫, 50호(2013년 봄).

_____. 2017. 『불평등의 경제학』 2판. 후마니타스.

이준구. 2016. 「부동산 관련 정책에 관한 두 가지 단상」. 한국경제학회. ≪한국경제포럼≫, 9권
　　　4호(2016 겨울).

한국기독교산업개발원 엮음. 1987. 『한국사회 민주화의 방향과 과제』. 정암사.

한국은행 경제통계시스템. https://ecos.bok.or.kr

홍민기. 2015. 「최상위 소득 비중의 장기 추세(1958~2013년)」. ≪경제발전연구≫, 2015년 12월.

_____. 2017. https://sites.google.com/site/hminki00/

Atkinson, Anthony B. 2015. *Inequality: What Can Be Done?* Cambridge, MA: Harvard
　　　University Press(앤서니 B. 앳킨슨. 2015. 『불평등을 넘어』. 장경덕 옮김. 글항아리).

Bartels, Larry M. 2008. *Unequal Democracy: The Political Economy of the New Gilded Age.*
　　　Princeton, NJ: Princeton University Press(래리 M. 바텔스. 2012. 『불평등 민주주의』.
　　　위선주 옮김. 21세기북스).

Korpi, Walter and Joakim Palme. 1998. "The Paradox of Redistribution and Strategies of
　　　Equality: Welfare State Institutions, Inequality and Poverty in the Western Countries."
　　　American Sociological Review, Vol. 63, No. 5(Oct), pp. 661~687.

Krugman, Paul. 2007. *The Conscience of a Liberal.* New York: Norton(폴 크루그먼. 2008. 『폴
　　　크루그먼, 미래를 말하다』. 예상한·한상완·유병규·박태일 옮김. 현대경제연구원).

Lewis, Arthur. 1954. "Economic Development with Unlimited Supplies of Labour."
　　　Manchester School, Vol. 22, No. 2(May), pp. 139~191.

OECD. 2008. *Growing Unequal?: Income Distribution and Poverty in OECD Countries.* Paris:
　　　OECD.

_____. 2011. *Divided We Stand: Why Inequality Keeps Rising.* Paris: OECD.

_____. 2015. *In It Together: Why Less Inequality Benefits All.* Paris: OECD.

Ostry, J., A. Berg, and C. Tsangarides. 2014. "Redistribution, Inequality, and Growth." IMF
　　　Staff Discussion Note, February 2014.

Piketty, Thomas. 2014. *Capital in the Twenty-First Century.* Cambridge, MA: Harvard

University Press(토마 피케티. 2014. 『21세기 자본』. 장경덕 옮김. 글항아리).

Piven, Frances Fox and Richard A. Cloward. 1972. *Regulating The Poor: The Functions Of Public Welfare*. New York: Vintage Press.

Reich, Robert. 2008. *Super-Capitalism: The Transformation of Business, Democracy, and Everyday Life*. New York: Random House(로버트 라이시. 2008. 『슈퍼 자본주의』. 형선호 옮김. 김영사).

Rifkin, Jeremy. 2004. *The European Dream: How Europe's Vision of the Future Is Quietly Eclipsing the American Dream*. New York: Tarcher(제러미 리프킨. 2005. 『유러피언 드림』. 이원기 옮김. 민음사).

Rodrik, Daniel. 1999. *The New Global Economy and Developing Countries: Making Openness Work*. Washington, DC: Overseas Development Council.

Stiglitz, Joseph. 2012. *The Price of Inequality*. New York: W.W.Norton(조지프 스티글리츠. 2013. 『불평등의 대가』. 이순희 옮김. 열린책들).

The World Bank. 1993. *The East Asian Miracle*. New York: Oxford University Press.

Williamson, Jeffrey. 1980. *American Inequality: A Macroeconomic History*. New York: Academic Press

7장

뉴 노멀 시대의 재벌 개혁, 그 전략과 과제✦

김상조 | 한성대학교

1. 서론: "재벌도 공범이다"

"이게 나라냐?", "재벌도 공범이다"라는 말이 촛불민심을 상징하고 있다. 비선실세와 재벌이 빚어낸 정경 유착의 참담한 현실에 대한 분노를 집약한 말이다. 촛불민심은 정상적인 사회, 공정한 사회를 요구하고 있다. 그것은 재벌, 특히 삼성도 법 앞에서는 예외적 존재가 될 수 없음을 천명한 것이고, 따라서 재벌 개혁은 그 누구도 부정할 수 없는 시대적 과제가 되었다. 물론 간단한 문제는 아니다. 재벌 개혁이 경제민주화의 모든 것이라고 할 수는 없지만, 그것은 과거 우리가 살아왔던 방식과는 다른 새로운 미래를 만드는 지난한 작업의 출발점이기 때문이다.

한국 경제는 1960년대 이래 30여 년 동안 고도성장을 이루는 동시에 소득분배 상태도 개선되는 선순환의 모습을 보여주었다. 반면, 1990년대 후반 이래의 20년 동안에는 성장 동력이 소진되면서 양극화 현상도

✦ 이 글은 김상조(2017a, 2017b)의 일부를 수정·보완한 것이다.

심화되는 악순환을 벗어나지 못하고 있다. 이러한 성공과 실패의 원인은 각각 무엇이며, 그것들은 어떤 관련성을 갖는가? 이 질문은 2008년 글로벌 금융위기 이후의 세계사적 전환기를 맞아 생존 전략을 재구성해야 하는 한국 경제에 대한 고민의 핵심에 해당한다. 역설적이게도, 전반부의 성공이 후반부의 실패 원인이 되었다는 것이 이 글의 기본적인 문제의식이다. 요컨대, 과거 눈부신 성과의 결과물인 '87년체제'가 이제는 위기의 원인이자 개혁의 대상이 되었다는 것이다.

87년체제는 고도성장기를 배경으로 이른바 산업화 세대와 민주화 세대의 타협을 통해 형성된 것이다. 1987년 헌법에 자유시장경제 조항(제119조 1항)과 경제민주화 조항(제119조 2항)이 병렬된 것이 그 단적인 증거이다. 재벌 중심의 경제 질서는 인정하되, 일정한 규제를 통해 성장의 과실이 확산되도록 유도한다는 것이다. 1987년 당시 한국 경제는 빠르게 성장했고, 재벌은 돈을 벌었다. 노동조합과 시민사회의 요구를 부분적으로나마 수용할 수 있는 물적 여유가 있었다. 그것이 낙수효과(trickle-down effect)를 현실화했고, 정부·재벌과 노동·시민사회가 일종의 암묵적 담합구조를 유지할 수 있는 토대가 되었다. 그러나 1980년대 이후 세계적 차원에서 진행된, 특히 1997년 외환위기 이후 한국에 본격 도입된 글로벌화와 정보화의 물결 속에서 87년체제의 경제적 토대에는 균열이 발생했다. 더구나 2008년 글로벌 금융위기 이후 저성장·불확실성을 특징으로 하는 뉴 노멀〔New Normal, 新常態(신창타이)〕환경에서 87년체제는 더 이상 작동하는 것 자체가 불가능해졌다.

그럼에도 불구하고, 지금 한국 사회는 '죄수의 딜레마 게임(prisoner's dilemma game)'을 계속하고 있다. 어떤 세력도 자신의 의도를 관철할 헤게모니는 갖지 못하면서, 다른 세력의 의도는 언제든지 좌절시킬 수 있는 비토 파워(veto power)만 넘치는 사회가 되었다. 이는 보수 또는 진보 어느 한쪽의 책임이 아니다. 양자 모두의 책임이다. 한편으로는

87년체제의 지속으로 이익을 얻는 기득권 세력이 보수와 진보진영에 모두 있기 때문이며, 다른 한편으로는 과거의 전략을 수정할 의지와 능력을 갖춘 새로운 세력이 보수와 진보진영 모두에 없기 때문이다. 한국 사회는 87년체제의 질곡에서 허우적거리고 있다.

이 글에서는 87년체제의 물적 토대이자 최대 수혜자였던 재벌이 경쟁력과 지배구조의 양 측면에서 심각한 위기에 봉착했음을 살펴볼 것이다. 이어서 국민경제의 정책적 자율성이 극도로 제한되는 뉴 노멀의 환경에서 재벌 개혁을 실현하기 위한 전략과 과제를 고민해보고자 한다. 이는 보수진영은 물론 진보진영 역시 과거의 낡은 인식에서 벗어날 것을 요청하는 것이다.

2. 무너지는 재벌 체제: 경쟁력과 지배구조의 동시 위기

87년체제의 결과물 중 하나는 한국을 '재벌공화국'으로 만든 것이다. 그런데 그 재벌공화국의 구조에 중대한 변화가 나타나고 있다. 우선, 재벌로의 경제력 집중이 심화되고 있는데, 그중에서도 상위 4대 재벌 내지 그로부터 계열 분리된 친족 그룹을 포함한 범4대 재벌(범삼성, 범현대, 범LG, SK 그룹 등)로의 집중이 더욱 두드러지고 있다. 이젠 '30대 재벌'을 하나의 범주로 묶어 경제 분석을 하거나 정책 대안을 구상하는 것이 별 의미가 없을 정도가 되었다. 한편, 이들 최상위 재벌들을 제외한 나머지 중견·군소 재벌들은 그 위상이 추락하는 차원을 넘어 심각한 부실(징후) 양상을 보이고 있다. 최근 일부 부실 그룹들이 연이어 구조조정 절차에 들어가는 것을 보면 1997년 재벌들의 연쇄 부도를 연상하지 않을 수 없다. 이때에 경영권 승계 작업을 진행 중인 재벌 3세들의 경우 정당성을 갖추지 못함은 물론 기업가 정신마저 상실한 모습을 보여 그룹의 미래를 장담하기 어려운 상황이다. 한마디로, 재벌 체제의 총체적 난국이다.

1) 재벌도 양극화되고 있다

〈그림 7-1〉은 재벌로의 경제력 집중 추이를 나타내는 통상적인 지표의 하나로 GDP 대비 재벌 자산총액의 비율을 나타낸 것이다. '30대 재벌'은 공정거래위원회가 매년 지정한 상호출자제한 기업집단 가운데 (공기업집단 및 민영화된 기업집단을 제외한) 민간 기업집단 중에서 비금융 계열사의 자산총액 기준 상위 30개 그룹을 의미한다. '4대 재벌'은 삼성, 현대차, SK, LG 그룹이며, '범4대 재벌'은 이들 4대 재벌로부터 계열 분리된 친족 그룹을 포함한 것을 말한다.

1990년대 들어 경제력 집중이 심화되면서 30대 재벌 자산총액의 GDP 대비 비율이 급증하다가, 1997년 외환위기를 맞아 당시의 30대 재벌 중 절반이 부도가 나면서 그 비율이 크게 하락했다. 그런데 2002년경에 외환위기에 따른 하드웨어 구조조정이 일단락되고 또한 중국이 세계무역기구(WTO)에 가입함으로써 새로운 시장이 열렸는데, 이때를 저점으로 GDP 대비 재벌의 자산총액 비율이 빠르게 상승하기 시작했고, 최근에는 1997년 수준을 상회하게 되었다.

그런데 재벌 내에서도 편차가 커졌다. 2002년과 2015년을 비교해보면, 동 기간 중 30대 재벌 자산총액의 GDP 대비 비율은 1.83배(49.5% → 90.4%) 증가했는데, 범4대 재벌은 1.96배(33.3% → 65.2%), 범삼성그룹은 2.34배(11.1% → 25.9%), 삼성그룹은 2.39배(9.4% → 22.6%) 증가했다. 30대 재벌 중에서도 범4대 재벌, 범삼성그룹 등 최상위 재벌의 자산이 더 빠르게 증가한 것을 알 수 있다. 2015년의 경우 30대 재벌의 자산총액(1409조 4000억 원)을 기준(100.00%)으로 하면, 삼성그룹이 5분의

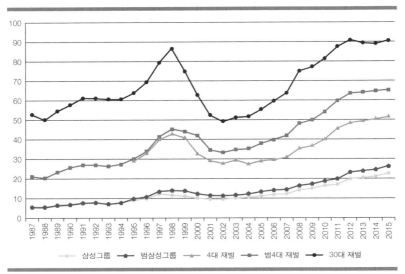

┃그림 7-1┃ GDP 대비 재벌의 자산총액 비율 추이 (단위: %)

범례: 삼성그룹 / 범삼성그룹 / 4대 재벌 / 범4대 재벌 / 30대 재벌

자료: 공정거래위원회(1987~2015).

1(22.6%), 범삼성그룹이 4분의 1(25.9%), 4대 재벌이 2분의 1(51.6%), 범4대 재벌이 3분의 2(65.2%)를 차지하고 있다. 이제 한국 경제는 30개 가문이 아니라 4개 가문 소속의 그룹들에 좌우되고 있다고 할 수 있다.

그러면 재벌들의 재무 상황은 어떠한가. 통상적으로는 각 계열사의 재무제표를 단순 합산해 그룹 전체의 재무 비율을 계산하는데, 이럴 경우 계열사 간 내부거래가 제거되지 않기 때문에 그룹의 재무 상황을 실제보다 과대평가하는 문제가 발생한다. 이에 계열사 간 출자 등의 내부거래를 제거하는 방식으로 그룹 전체의 연결부채비율과 연결이자보상배율[1]을 계산한 것이 〈표 7-1〉이다. 분석대상은 2015년 4월 공정위가

---

1 이자보상배율은 '영업이익을 이자비용으로 나눈 것'으로 정의되는데, 이것이 1배 미만이면 본업을 통해 창출한 영업이익으로 이자비용도 충당하지 못한다는 것, 즉 원리금 상환을 위해 추가로 부채를 동원해야 하는 상황을 의미한다.

지정한 자산 5조 원 이상의 61개 상호출자제한 기업집단 중에서 9개 공기업그룹, 3개 금융그룹 및 기타 1개 그룹을 제외한 48개 그룹이다. 업종별·기업별 특수 상황을 면밀히 검토해야 하지만, 통상 부채비율이 200%를 초과하고 이자보상배율이 1.00배 미만인 상황이 2~3년 이상 지속되면, 심각한 구조조정을 요하는 부실(징후)기업으로 평가된다.

2014년 말 현재 48개 그룹 전체의 (내부거래를 제거하지 않은) 단순 합산 부채비율은 88.6%인데 반해, (내부거래를 제거한) 연결부채비율의 가중평균은 131.3%로 42.7%p의 차이를 나타냄으로써, 단순 합산 부채비율이 재벌의 재무 상황을 과대평가할 소지가 있다는 사실을 확인할 수 있다. 그런데 연결부채비율의 평균값이 200%를 크게 하회하고 있기 때문에 재벌들의 재무 상태가 상당히 건전한 것으로 보일지 모르나, 개개 그룹별로 보면 그렇지 않다. 48개 그룹 중에서 거의 절반에 달하는 23개 그룹의 연결부채비율이 200%를 초과하고 있고, 이들 중 10개 그룹은 연결이자보상배율도 1배에 미달했다.

연결부채비율이 200%를 초과하는 동시에 연결이자보상배율이 1배에 미달하는 부실(징후)그룹의 수는 2007년 2개, 2008년 6개, 2009년 9개, 2010년 5개, 2011년 6개, 2012년 10개, 2013년 10개, 2014년 10개 그룹의 추이를 보이고 있다.[2] 2008년 글로벌 금융위기의 충격으로 부

---

2   각 연도마다 상호출자제한 기업집단의 범위가 다르기 때문에, 2015년 4월 기준 상호출자제한 기업집단을 대상으로 한 〈표 7-1〉에는 각 연도의 부실(징후)그룹이 모두 표시되어 있지는 않다. 각 연도의 부실(징후)그룹 명단은 다음과 같다.
2007년(2개): 동부, 삼성테스코
2008년(6개): 한진, 동부, 대한전선, 삼성테스코, 동양, 현대오일뱅크
2009년(9개): 금호아시아나, 한진, 두산, STX, 동부, 현대, 대한전선, 삼성테스코, 동양
2010년(5개): 동양, 대한전선, STX, 한진, 동부
2011년(6개): 현대, 한진, 동부, 효성, 한진중공업, 대성
2012년(10개): 현대, 한진, 두산, 동부, 효성, 한국GM, 한라, 한진중공업, 동국제강, 대성
2013년(10개): 현대, 동부, 한진, 한라, 한진중공업, 대우건설, 동국제강, 대성, 현대산업개발, 한전
2014년(10개): 현대, 동부, 한진, 한국GM, 한솔, 한화, 한진중공업, 대성, 동국제강, 대림

표 7-1 | 재벌의 연결기준 부채비율과 이자보상배율 추이 (단위: %, 배)

순위	그룹명	2014 부채비율	2014 이자보상배율	2013 부채비율	2013 이자보상배율	2012 부채비율	2012 이자보상배율	2011 부채비율	2011 이자보상배율	2010 부채비율	2010 이자보상배율	2009 부채비율	2009 이자보상배율	2008 부채비율	2008 이자보상배율	2007 부채비율	2007 이자보상배율
1	삼성	60.3	26.05	67.3	42.88	76.0	34.55	78.7	22.86	71.6	23.07	86.5	17.40	99.0	10.31	82.9	22.07
2	한국전력	201.4	2.44	204.2	0.63	186.8	-0.34	154.0	-0.48	140.1	0.97	125.1	1.08	113.7	-2.80	87.3	3.83
3	현대자동차	102.5	15.57	106.8	17.94	152.8	14.50	172.8	12.17	161.2	8.99	198.3	3.83	222.3	3.54	183.8	3.29
5	SK	145.2	5.54	150.0	4.55	155.0	2.67	152.6	4.48	181.0	3.80	177.5	2.11	205.5	2.85	153.1	4.11
6	LG	135.9	6.90	137.5	6.39	148.0	5.59	158.6	4.77	143.8	10.11	138.5	9.02	159.5	8.54	150.6	5.61
7	롯데	105.6	3.89	107.9	4.65	100.1	5.05	101.1	7.50	107.7	8.33	78.9	7.32	79.3	6.70	80.7	14.64
8	포스코	90.5	3.94	85.9	4.36	87.9	4.02	93.9	6.67	82.0	8.57	60.5	7.16	66.6	20.81	44.4	20.51
9	GS	193.5	-0.45	187.9	1.14	171.5	2.60	183.1	6.59	184.7	5.01	199.0	3.50	195.7	3.56	201.6	6.20
10	현대중공업	195.7	-11.32	160.2	2.23	155.3	4.68	160.3	15.81	196.7	20.06	183.8	31.56	503.1	90.81	305.3	52.44
13	가스공사	381.0	1.27	388.8	1.78	385.4	1.48	355.7	1.40	358.9	1.77	344.3	1.37	436.6	1.99	228.0	2.61
14	한진	863.6	0.71	725.7	-0.16	678.4	0.04	558.9	-0.02	387.9	0.50	427.9	0.14	345.8	0.49	243.2	1.60
15	한화	319.2	0.41	303.0	1.11	226.3	1.07	219.2	1.51	124.8	3.43	418.6	2.18	366.0	1.84	371.7	2.32
16	KT	163.7	-1.16	136.3	1.47	127.0	1.91	139.0	3.56	126.6	4.08	138.5	1.95	131.3	2.96	112.9	3.74
17	두산	252.8	1.43	243.7	1.50	405.4	0.89	412.3	2.04	365.9	2.09	411.8	0.71	440.7	1.24	405.3	3.65
18	신세계	117.7	4.57	117.1	4.94	111.2	5.76	101.7	7.00	93.3	5.96	139.0	4.82	166.6	5.57	153.6	5.90
20	CJ	154.3	2.99	158.5	2.41	160.4	3.06	165.5	3.94	129.1	4.53	173.2	3.11	205.5	2.49	198.2	2.18
22	LS	203.9	2.46	202.3	2.50	209.5	2.15	223.6	2.15	243.0	2.98	224.7	2.08	203.8	4.97	152.1	4.75
24	대우조선	326.0	3.34	301.4	2.21	255.7	3.11	278.3	7.36	296.8	6.37	442.1	5.81	880.4	32.48	450.1	9.53
25	금호	404.3	1.76	402.6	1.39	572.6	2.33	-	-	581.7	2.23	3341.8	0.10	125.9	1.06	138.5	2.54
26	대림	201.2	-0.43	173.8	1.66	178.2	4.17	152.0	3.20	164.5	2.45	172.5	2.92	197.6	3.84	141.4	6.23
27	부영	367.0	6.34	343.7	7.19	326.6	10.48	333.3	13.75	341.6	4.23	1916.2	9.27	1542.6	3.57	1792.5	1.15
28	동부	864.2	-0.96	484.3	-0.20	397.6	0.30	355.1	0.18	250.1	-0.12	272.0	0.04	259.6	0.20	277.6	-0.06
29	현대	879.1	-0.13	2448.2	-0.53	895.5	-1.06	473.2	-0.83	251.2	2.10	334.8	-1.86	223.8	2.92	201.4	1.83

30	현대백화점	48.5	56.14	55.0	44.52	62.6	31.82	60.3	32.28	53.8	20.62	63.8	19.03	62.2	22.58	67.4	26.12
31	OCI	187.9	0.63	164.2	-0.23	136.8	1.19	125.0	9.33	168.0	8.12	188.0	6.77	280.9	7.03	205.0	3.97
33	효성	301.1	2.69	375.0	1.95	311.4	0.82	325.6	0.69	241.6	2.12	224.7	2.69	249.8	2.34	277.1	3.29
34	대우건설	277.8	3.42	281.5	-2.05	199.9	2.06	197.0	1.21	196.7	-1.64	-	-	-	-	-	-
35	S-Oil	108.8	-6.37	122.3	7.14	132.2	9.33	152.6	28.99	120.9	30.76	130.5	3.08	125.9	9.94	138.5	6.85
36	영풍	34.3	46.20	37.0	29.37	53.4	33.45	56.3	38.39	56.4	23.49	57.5	14.88	66.4	0.36	98.0	8.36
37	KCC	52.6	6.17	57.8	4.43	56.7	3.05	63.5	4.02	55.8	4.75	66.9	5.23	64.2	4.56	59.9	11.01
39	동국제강	242.9	-0.08	246.2	0.53	227.3	-0.30	222.3	1.25	206.4	1.63	163.6	0.39	226.6	6.52	213.1	3.03
40	코오롱	234.8	1.48	254.7	1.77	245.4	1.80	249.8	4.42	217.9	2.28	291.1	2.04	402.2	1.94	350.3	1.54
41	한진중공업	316.3	-0.58	289.9	-0.58	256.1	0.26	241.6	0.42	267.8	1.01	284.4	1.45	263.8	3.22	226.0	2.04
42	한라	213.9	1.37	299.7	0.41	271.5	0.33	263.0	3.19	-	-	-	-	-	-	-	-
43	한국타이어	75.7	24.93	86.0	19.09	100.3	15.10	126.3	25.67	-	-	-	-	-	-	-	-
44	KT&G	30.7	98.16	32.6	79.18	31.6	89.19	29.5	173.16	25.6	332.15	29.0	253.58	28.6	292.44	30.7	217.70
45	한국GM	457.3	-1.11	415.1	8.02	307.4	-6.99	187.4	15.60	206.5	4.18	396.7	2.39	827.5	5.32	212.8	9.72
46	홈플러스	140.4	3.71	177.3	3.32	255.2	3.77	317.5	3.27	582.1	2.03	772.1	0.20	965.5	0.12	491.9	0.50
48	태광	52.9	4.30	64.0	4.19	62.9	4.88	61.4	14.63	47.0	15.21	51.8	6.90	73.8	18.14	62.6	11.36
50	세아	82.0	8.01	79.0	6.27	89.8	5.36	90.4	6.56	109.2	4.72	111.6	0.99	123.4	6.98	97.5	2.56
51	현대산업	169.3	2.60	207.1	-1.65	184.1	1.04	172.3	2.82	176.0	1.81	166.2	1.27	126.7	3.65	107.8	6.71
52	이랜드	344.9	2.84	398.6	2.33	369.9	1.86	408.8	2.11	-	-	-	-	-	-	-	-
53	태영	191.8	0.16	181.8	1.70	175.1	1.86	156.8	3.37	-	-	-	-	-	-	-	-
55	삼천리	93.5	15.50	83.8	30.16	255.2	3.77	255.2	3.77	-	-	-	-	-	-	-	-
56	아모레퍼시픽	29.9	227.85	25.9	149.60	24.3	195.43	26.7	220.08	-	-	-	-	-	-	-	-
57	대성	271.4	0.52	217.6	-0.28	217.8	0.57	176.4	0.69	183.8	3.69	125.3	1.72	129.1	2.23	154.0	2.36
58	하이트진로	267.2	1.24	244.2	1.69	260.5	1.43	276.6	1.52	277.7	2.40	190.3	2.76	216.6	3.03	195.1	2.15
61	한솔	373.8	0.72	246.1	1.34	250.5	1.02	249.4	1.00	-	-	-	-	-	-	-	-

주: 순위는 2015년 4월 공정위가 지정한 상호출자제한기업집단의 자산순위임. 굵은 글씨는 연결부채비율 200% 초과 또는 연결이자보상배율 1배 미만인 경우이고 어두운 바탕색은 이 두 가지 조건이 동시에 충족된 경우임.

자료: 이수정·이은정(2015) 및 이수정·이은정·채이배(2013)의 자료를 재구성함.

실(징후)그룹의 수가 크게 증가했다가 일시 진정되는 모습을 보였으나, 2010년 말 남유럽의 재정위기로 인해 세계경제가 장기침체 국면에 들어가면서 부실(징후)그룹의 수가 다시 증가해 2012년 이후에는 계속 10개 그룹 수준을 유지하고 있다. 주의할 것은, 2012년 이후의 10개 부실(징후)그룹에는 이미 워크아웃 등의 구조조정 절차에 들어가 사실상 그룹 해체 상태에 있는 STX, 동양, 웅진, 대한전선 그룹 등은 포함하지 않았다는 점이다. 결국 4대 재벌 및 그 친족 그룹을 제외한 나머지 중견·군소 재벌의 경우에는 세 곳 중 하나 꼴로 부실(징후)을 보이고 있다고 할 수 있다.

더욱 심각한 문제는 2014년 말 기준으로, 동부그룹은 2007년 이후 8년 연속, 한진그룹은 2008년 이후 7년 연속, 현대그룹과 한진중공업그룹은 2011년 이후 4년 연속, 동국제강그룹과 대성그룹은 2012년 이후 3년 연속 부실(징후)그룹에 포함되는 등 장기 부실 상태에 빠져 있는 그룹이 상당수에 달한다는 점이다. 미국의 기준금리 인상 및 트럼프 행정부 출범, 중국의 성장세 둔화, 영국의 EU 탈퇴(브렉시트) 등 해외 위험 요인에 더해 극심한 내수 침체 등 국내 요인까지 가중되면서 부실(징후)그룹들의 재무 상황이 개선될 가능성은 높지 않은 것으로 판단된다.

한편, 부실(징후)그룹의 선제적 구조조정을 위한 절차로서 주채무계열제도가 운용되고 있다. 주채무계열제도는 법령의 근거 없이 단지 은행업 감독 규정에서 주채권은행 지정에 관한 사항만을 규정하고 있을 뿐이며, 재무구조 평가 및 불합격 계열에 대한 재무구조 개선약정의 체결과 이행 점검 등 구조조정의 구체적인 내용은 은행연합회의 자율 협약 형식으로 되어 있다.

동양그룹 사태 이후 주채무계열 선정 기준을 총 신용공여액의 0.1%에서 0.075%로 하향 조정한 결과 주채무계열 수는 2013년 30개에서 2014년 42개로 증가했고, 2015년에는 41개 계열이 지정되었다. 〈표

은행명	개수	담당 주채무계열
우리	16	삼성, LG, 포스코, 두산, 한화, 효성, LS, CJ, 대림, 코오롱, 아주산업, 성동조선, 한라, 한국타이어, 이랜드, SPP
산업	14	한진, 대우조선해양, 금호아시아나, 동국제강, 동부, STX조선해양, 대우건설, 한진중공업, 현대, 장금상선, 현대산업개발, 하림, 한솔, 풍산
신한	4	롯데, OCI, S-Oil, 하이트진로
하나	3	SK, GS, 세아
외환	2	현대자동차, 현대중공업
국민	2	KT, 신세계

주: 밑줄은 2014년 재무구조개선약정 체결 대상 계열임. 14개 계열 중 산업은행 산하의 STX와 대성은 구조조정의
    결과 신용공여액 감소로 2015년 주채무계열 지정에서 제외됨.
자료: 금융감독원(2015).

7-2〉는 2015년 기준으로 각 주채권은행별 주채무계열을 나타낸 것인데, 우리은행이 16개 계열, 산업은행이 14개 계열 등 대부분의 주채무계열을 국유은행들이 담당하고 있다. 이는 한편으로는 민간은행들이 주채권은행으로서의 부담을 회피한 결과이기도 하지만, 다른 한편으로는 재무구조 개선약정을 체결한 부실 계열의 구조조정을 국유은행 주도하에 진행하려는 금융감독 당국의 의도를 반영한 결과로 보인다.

2014년의 경우 42개 주채무계열 중에서 3분의 1인 14개 계열(금호아시아나, 대성, 대우건설, 동국제강, 동부, 성동조선, 한라, 한진, 한진중공업, 현대, 현대산업개발, SPP조선, STX, STX조선해양 등)이 '재무구조 개선약정 체결 대상'으로 선정되었고, 그 외 2개 계열이 신설된 '관리 대상 계열'로 선정된 것으로 알려져 있다. 14개 약정 체결 대상 계열의 주채권은행을 보면, 3개 계열이 우리은행 담당이고, 나머지 11개 계열은 모두 산업은행이 담당하고 있다. 결국 주채무계열제도에 따른 구조조정 추진 부담을 전적으로 국유은행, 특히 그중에서도 산업은행이 지고 있음을 알 수 있다. 바로 이것이 주채무계열제도가 관치 금융의 통로로 작용하고 있다는 비판의 방증이라고 할 수 있다.

2) 도전 정신을 상실한 재벌 3세

재벌은 특정 가문이 지배하는 기업집단이다. 따라서 총수 일가의 지배권을 유지·강화하고, 더 나아가 다음 세대로 승계하는 것은 재벌에서 가장 중요한 과제일 수밖에 없다. 물론 그룹 지배권의 승계 과정은 '상속'이라는 단어의 통상적인 의미, 즉 부모의 재산을 물려받는 것과는 완전히 다르다. 많은 경우 불법·부당 행위와 관련되어 있다. 삼성그룹 이재용 부회장의 주식연계증권[전환사채(CB), 신주인수권부사채(BW) 등] 헐값 인수 방식, 현대자동차그룹 정의선 부회장과 SK그룹 최태원 회장의 회사기회 유용 및 일감 몰아주기 방식 등이 그 대표적인 사례라고 할 수 있다. 박근혜 정부하에서 이재용 부회장의 승계 작업을 끝내려고 삼성그룹이 무리하게 로비를 했던 것이 최근 최순실 국정농단 사태의 발단이 되기도 했다.

승계를 거치면서 재벌 총수 일가의 세대별 특성도 많이 달라졌다. 이병철·정주영 회장 등으로 대표되는 창업 1세대들은 (정경 유착과 노조 탄압의 어두운 면을 갖고 있기는 하지만, 어찌되었든) 슘페터(Joseph Schumpeter)적 의미의 기업가 정신, 즉 무에서 유를 창조하는 혁신 능력을 보여주었다. 한편, 2세 총수들에게는 공통의 콤플렉스가 있다. '아버지 잘 만나서 총수가 되었다'는 주변의 질시를 극복하기 위해 가장 확실한 방법은 '아버지가 하지 않은 새로운 사업에서 성공'하는 것이었다. 1980년대 후반부터 1990년대 초반에 상당수 그룹에서 2세 승계가 이루어졌는데, 이들 2세 총수가 차입 자금을 동원한 무리한 사업 확장을 시도한 결과 1997년 외환위기 때 부도가 난 그룹들이 많았지만, 살아남은 2세들은 재벌공화국의 주역이 되었다.

그런데 최근 승계 과정을 밟고 있는 3세들은 많이 다르다. 그들은 할아버지와 아버지가 건설한 왕국에서 황태자로 자랐다. CEO스코어

(2015. 1. 8)에 따르면, 30대 재벌의 총수 직계 자손 가운데 승계 기업에 입사한 3·4세 임원은 모두 44명이고, 이들 가운데 분석 대상 33명은 평균 28세에 입사해 3.5년만인 31.5세에 임원직에 오름으로써 일반 대학 졸업자 직원이 임원직에 오르는 데 평균 21년이 소요되는 것과는 비교할 수 없을 정도로 빠르게 오른 것으로 조사되었다.

결국 온실 속의 화초처럼 자란 이들 3세는 도전 정신을 상실했다. 더구나 고도성장기를 마감한 한국 경제의 현 상황에서는 새로운 사업은 성공의 확률에 못지않게 실패의 위험을 안고 있기 때문에, 3세들은 기업가 정신을 발휘하기보다는 회사기회 유용과 일감 몰아주기 등으로 안전하게 재산을 불리는 데만 몰두하게 되었다. 3세들의 재산 축적 과정은 그 자체로도 불법적인 것이지만, 이들이 진출한 사업 영역이 주로 중소 협력업체들과 영세 자영업자들이 밀집되어 있는 물류, 도소매, 건설, 시스템 통합(system integration: SI)[3], 광고 등의 서비스 업종이기 때문에 서민들의 생존 기반이 파괴되고 사회 양극화가 심화되었다는 점에서도 심각한 문제라고 할 수 있다. 또한, 3세들은 언제든지 정보를 왜곡할 준비가 되어 있는 참모 조직에 둘러싸여 있어서 세상의 변화를 알지 못하고 그들만의 성 안에서 점점 고립될 수밖에 없었다. 대한항공 조현아 부사장의 '땅콩회항 사건'은 그 극단적인 사례이지만, 대부분의 3세들이 이러한 잠재적 위험 요소를 안고 있다.

CEO의 경영 능력을 객관적으로 측정할 수 있는 지표를 찾기는 어렵다. 흔히 재벌 3세들이 경영 능력에 대한 검증 과정을 거치지 않았다고 비판하지만, 어떻게 검증할 거냐고 물으면 답이 궁해지는 것도 사실이

---

3 컴퓨터와 주변기기, 각종 소프트웨어와 통신망, 시스템을 개발하고 유지하는 업무를 말한다. 각 그룹마다 총수 일가가 주식을 보유한 SI 업체를 하나씩 두고 계열사들의 일감만으로 운영하는 경우가 많다. 그 결과 인터넷 강국이라는 한국에서 국제 경쟁력을 갖춘 SI 업체가 성장하지 못하는 원인이 되었다

다. 3세들에 대한 검증은 결국 그들의 성장·훈련 과정에 대한 조직 내외부의 주관적 기억과 대중적 평판에 상당 부분 의존할 수밖에 없다. 문제는 우리 사회가 재벌 3세들에 대해 아는 것이 별로 없다는 사실이다. 3세들은 열린 광장에 나와 대중과 함께 호흡한 적이 없다. 그들에 대한 가장 확실한 기억은 바로 그들의 재산이 불법적으로 증식된 것이라는 사실뿐이다. 이것이 3세들의 경영 능력에 대한 대중적 평판을 좌우하는 사실상 유일한 근거이고, 이는 3세 본인들은 물론 해당 그룹과 한국 경제의 미래를 위협하는 최대의 위험 요소가 되고 있다.

3. 재벌 개혁의 성공을 위한 전략

1) 환경 분석: 뉴 노멀 시대의 위험 요인

재벌 개혁이 경제개혁 또는 경제민주화의 모든 것이라고 할 수는 없지만, 그 출발점이 된다는 것은 분명하다. 그런데 앞서 살펴본 바와 같이, 재벌의 최근 상황은 상호 충돌하는 과제들을 제기하고 있다. 그 하나는 4대 재벌 또는 범4대 재벌을 중심으로 더욱더 심화되는 경제력 집중 현상을 억제하는 것이고, 다른 하나는 범4대 재벌을 제외한 나머지 민간 재벌의 3분의 1에 해당하는 부실(징후)그룹을 효율적으로 구조조정하는 것이며, 이 모두는 총수 일가의 전횡과 승계라는 전근대적 지배구조의 개선을 요구한다. 문제는 이들 과제를 동시에 수행하는 것이 결코 쉽지 않다는 점이다. 좀 더 솔직히 표현하면, 작금의 한국 사회의 지적·물적 능력으로는 해결하기가 거의 불가능할 정도로 어려운 과제라고 느껴지기도 한다. 2008년 이후 보수정부가 세계사적 흐름에 역행하면서 허송세월한 것이 너무나 안타까울 뿐이다.

따라서 재벌 개혁에 성공하기 위해서는 한국 경제를 둘러싼 국내외 환경을 정확하게 분석하고, 그에 맞는 신중한 전략을 수립할 필요가 있다. 무엇보다 우선, 2008년 이후 세계경제질서가 근본적으로 달라졌다. 저성장·불확실성이 고착화된 이른바 뉴 노멀의 시대이다. 세계사적 전환기에 한국 경제는 어떤 성장 전략 또는 생존 전략으로 임해야 하는가. 한국 경제의 성과에 영향을 미치는 세 가지 차원의 요인이 있다.

　첫째, 세계경제질서의 차원에서 보면, 비록 신자유주의 내지 시장 만능주의의 광기가 한풀 꺾였다고는 하지만, 한 세대를 휩쓴 세계화 및 정보화의 추세 자체가 후퇴할 것 같지는 않다. 나아가 세계경제의 패권이 미국과 중국으로 이원화되면서, 이들 G2 사이의 각축전은 더욱 격렬해질 것이다. 이는 국민국가 내지 국민경제의 자율성이 크게 제약되면서, 외부 충격과 내부 모순 사이의 방화벽(firewall)이 작동하지 않게 될 가능성이 매우 높음을 의미한다. 둘째, 동아시아 지역의 분업구조 역시 급변하고 있다. 세계에서 가장 다이내믹하게 성장하는 지역인 동아시아에 한국이 속해 있다는 사실은 매우 다행스러운 것이지만, 한국·일본·중국·아세안 간의 상호 의존 및 경쟁 심화는 기회이자 위기로 작용하고 있다. 특히 최근 중국이 내수 위주의 중속(中速) 성장 전략으로 전환하고 또 지난 30년간의 성장의 결과 산업·무역 구조가 고도화됨에 따라 한국에 산업별·기업규모별로 대단히 차별적인 영향을 미치면서, 기본적으로 한국 경제의 저성장과 양극화를 심화시킬 가능성이 높다. 셋째, 국내적으로도 낙수 효과에 의존한 과거 성장모델의 유효성은 이미 소멸했으며, 여기에 급격한 인구구조 변화가 새로운 경제적·사회적 갈등 요인으로 부각되고 있다.

　이상의 세 가지 요인은 모두 한국 경제의 미래에 어두운 그림자를 드리우고 있다. 한마디로 위기이다. 물론 과거에도 한국 경제가 위기에 처한 경우는 한두 번이 아니었으며, 그때마다 경제 전문가들의 비관적 전망을 비웃듯이 당면한 위기를 극복하고 새로운 성장을 이루었다는 것도 부정할 수 없는 사실이다. 그러나 이번의 위기는 그렇게 녹록치 않다. 일국적 위기 또는 지역적 위기가 아니라, 말 그대로 글로벌위기이기 때문이다. 따라서 우리의 위기 극복에 도움을 줄 새로운 해외시장과 새로운 성장산업의 출현을 기대하기가 그만큼 어렵다.

특히 세 가지 요인 중에서 앞의 두 요인은 우리의 노력만으로는 극복하기 어려운 사실상의 외생변수이다. 그런데 외부 환경이 불리한 방향으로 작용하고 있다는 차원을 넘어서, 그 외부 환경 자체가 급변하고 있는 상황에서 우리의 일국적 노력의 일관성을 제약한다는 점이 더 큰 문제이다. 새로운 성장모델을 착근시키기 위해서는 10년 또는 20년에 이르는 장기간의 일관된 노력이 필요한데, 뉴 노멀 시대의 불안정한 국제경제 환경은 우리의 일국적 선택의 지속가능성을 보장해주지 않기 때문이다.

이러한 어려움은 2012년 대선에서 누가 대통령이 되었다고 하더라도 피해갈 수 없는 환경적 변수이다. 설사 2012년에 정권 교체가 이루어졌다고 하더라도, 5년 단임의 대통령이 극복하기는 어려운 제약이다. 제19대 대통령도 마찬가지이다. 특히 세 가지 요인 중에서 마지막 세 번째의 국내적 요인, 즉 구래의 낙수 효과 모델의 한계와 급격한 인구구조 변화의 충격을 극복함으로써 새로운 성장모델을 확립하는 노력을 경제민주화라고 지칭한다면, 뉴 노멀의 새로운 경제 환경은 경제민주화의 전략과 과제를 설정하는 데에도 중대한 장애가 되고 있는 것이다.

환경 요인만이 문제가 되는 것도 아니다. 주체적 대응에도 심각한 문제가 있다. 한국의 보수와 진보는 '죄수의 딜레마'에 빠져 있다. 죄수의 딜레마는 협조적 행동을 위한 소통은 불가능한 반면 기회주의적 행동에 대해서는 아무런 벌칙이 주어지지 않는 게임의 규칙하에서 발생하는, 개인적으로나 사회적으로나 모두 바람직하지 못한 상황이다. 문제는, 상대방이 행동 전략을 바꾸지 않는 한 나의 행동 전략을 바꿀 유인이 없다는 데 있다. 따라서 죄수의 딜레마 상황을 벗어나기 위해서는 게임의 규칙 자체를 수정해야만 한다. 즉, 소통을 가능하게 함으로써 협조적 행동에 따른 편익의 실현 가능성을 신뢰하게 만들고, 기회주의적 행동에는 강한 벌칙이 부과된다는 것을 합리적으로 예측할 수 있게 만들어야 한다.

유감스럽게도, 경제학의 게임 이론이 제시하는 간명한 원칙을 현실의 법제도와 관행으로 착근시키는 것은 매우 어려운 일이다. 다수의 주체들이 새로운 게임의 규칙을 구속력 있는 것으로 받아들이기 위해서는 반복 게임(repeated game)을 통해 '협조적 행동에 따른 편익'과 '기회주의적 행동에 대한 벌칙'이라는 신상필벌(信賞必罰)의 경험을 누적하는 오랜 기간의 진화 과정이 필요하기 때문이다. 그러나 현실에서는 기득권 구조를 유지하고자 하는 세력들이 강한 영향력을 발휘한 결과 오히려 그 반대의 경험이 빈발하게 되고, 과거의 행동 전략을 수정할 유인을 갖지 못하며, 결국 사회 전체적으로 매우 불만족스러운 죄수의 딜레마 상황이 지속되는 것이다.

2008년 글로벌 금융위기 이후의 불확실한 국내외 경제 환경, 즉 뉴노멀의 시대 환경은 죄수의 딜레마 상황을 더욱 악화시키는 요인이 되고 있다. 협조적 행동을 통해 얻게 될 먼 미래의 편익은 더욱 불확실해지는 반면, 하루하루 생존을 이어가야 할 각박한 오늘의 상황에서 기회주의적 행동의 유혹은 더욱더 커지기 때문이다. 경제민주화의 당위성을 누구도 부인하지 않지만, 현실의 성과는 지지부진하기 짝이 없는 이유 또한 여기에 있다. 한국의 보수와 진보가 모두 실패를 거듭하는 이유가 여기에 있는 것이다.

탈출구를 찾아야 한다. 물론 지름길은 없다. 특히 하나의 근본적 원인을 지적하면서 이를 깨끗하게 제거할 수 있는 만병통치약을 제시하는 방식의 접근은 문제 해결을 더욱 어렵게 만들 뿐이다. 죄수의 딜레마, 근본주의적 접근, 진영 논리를 극복하기 위해서는 진영 간의 토론만이 아니라 진영 내부의 토론도 필요하다. 진영 내부의 금기에 도전하는 비판적 토론이 보수진영과 진보진영 모두에게 필요하다.

2) 재벌 개혁 전략: 규율 수단의 체계적 합리성 제고

서론에서 언급한 바와 같이, 5년 단임 대통령 중심제로 요약되는 현행 헌법 질서, 즉 87년체제는 고도성장기의 유산이다. 1987년 당시 한국 경제는 '단군 이래의 최대 호황'을 구가했다. 그러나 유감스럽게도, 87년체제의 경제적 토대는 매우 취약했다. 특히 1997년 외환위기 이후 본격화된 글로벌화와 정보화의 충격 속에서 87년체제의 경제적 토대, 즉 재벌 중심적 성장모델의 낙수 효과는 서서히 소멸했다. 2000년대의 '중국 효과(China effect)'는 그 붕괴를 지연시키는 일시적 환경이었을 뿐이다. 드디어 2008년 글로벌위기 이후 저성장·불확실성의 뉴 노멀 환경에서 87년체제는 작동 불가능하게 되었다. 최근 정치권에서 개헌 논의가 진행되고 있으나, 경제적으로 87년체제는 이미 붕괴했다. 수출은 침체를 넘어 절대규모가 줄고 있고, 중국은 우리의 시장이 아니라 생존을 위협하는 경쟁자가 되었으며, 성장의 엔진이던 조선·해운·철강·석유화학 등은 모두 구조불황 산업으로 전락했다. 그 결과 경제는 성장을 멈추었고, 상당수 재벌은 부실에 빠졌다. 금융 부문의 건전성이 악화되면서 급격하게 무너지는 형태의 위기가 발생할 가능성은 높지 않을지 모르나, 실물 부문의 경쟁력이 마모되어 '온탕 속 개구리'처럼 서서히 죽어가는 위기에 직면한 것이다.

2016년 겨울 수백만 개의 촛불로 대통령 탄핵소추안을 가결시킨 광장의 열기는 1987년 여름을 상기시킨다. 그러나 광장의 열기가 언제나 승리로 귀결되는 것은 아니다. 1996년 12월 26일 새벽에 당시 여당인 한나라당이 '안기부법'과 '노동관계법'을 날치기 처리했다. 이후 한겨울 두 달여 동안 종묘공원에서 총파업·총궐기 대회가 진행되었고, 결국 김영삼 대통령은 "날치기는 잘못된 것"이라며 항복 선언을 했다. 대중이 승리했다. 그러나 그 직후 한보그룹을 시작으로 재벌들의 연쇄 부도가 이어지면서 외환위기로 치달았다. 우리 모두가 패배했다.

지금 광장의 요구는 1987년 이상으로 고양되어 있다. 반면 국내외 경제 환경은 1997년이 무색할 정도로 최악이다. 이 양자 사이의 괴리 속에서 한국은 어디로 갈 것인가? 현재 우리는 1987년 승리와 1997년 위기 사이의 갈림길에 서 있다. 솔직히, 매우 비관적이다. 탄핵 이후 조기 대선이 치러지면서 대선 후보들은 변변한 정책공약집도 만들지 못했고, 인수위도 없이 출범하는 '준비 안 된 대통령'이 현실화되었다. 따라서 새 정부도 실패할 가능성이 높다.

이러한 한계를 극복하고, 개혁 과제를 성공적으로 수행하기 위한 전략과 수단은 무엇인가? 궁극적으로는, 국민을 통합하고 그 인내심을 제고하는 정치 리더십이 필요하다. 우선, 광장의 요구를 모두 수용하는 것은 현실적으로 불가능하므로, 상충하는 개혁 과제들의 우선순위를 유연하게 조정해야 한다. 또한, 악화된 경제 환경하에서 동원 가능한 정책 자원은 매우 제한되어 있으므로, 가용한 정책 수단들의 체계적 합리성을 제고해야 한다. 새 대통령, 새 정부가 성공할 수 있는 유일한 길이다. 결코 쉬운 일이 아니다. 그러나 이 길밖에 없다.

이러한 관점에서 다음은 협의의 재벌 개혁 과제에 집중해서 그 성공을 위한 전략과 수단의 기본 방향을 살펴보고자 한다. 무엇보다, 그 출발점에서 명심해야 할 것이 있다. 지금 정치권과 대중의 인식 속에 일반화되어 있는 재벌 개혁 수단의 대부분은 1987년에 형성된 것이라는 사실이다. 특히 1987년에 개정·시행된 '공정거래법' 제3장의 '기업결합의 제한 및 경제력집중의 억제'에 열거된 재벌 개혁 시책들이 그러하다. 선거 국면에서 재벌 개혁이 논란이 될 때마다 거론되는 대표적 재벌 개혁 시책들, 즉 제9조 상호출자 금지, (지금은 폐지된) 제10조 출자총액 제한, 제11조 금융·보험사 의결권 제한, 제14조 상호출자제한 기업집단 등의 지정 등이 모두 1987년에 도입된 것이다. 그 이후에 도입된 시책들, 즉 제8조의 2 지주회사 등의 행위 제한, 제9조의 2 순환출자 금지, 제10조의 2 채무보증 금지, 제11조의 2 대규모 내부거래의 이사회 의결 및 공시 등도 모두 유사한 취지에 입각한 조항들이다.

'공정거래법' 제3장으로 상징되는 기존의 재벌 개혁 시책들은 본질적으로 정부기관(특히 공정위)이 집행하는 행정규제이다. 과거에는 이러한 행정규제 조치가 유일한 또는 가장 효과적인 재벌 개혁 수단이었고, 지금도 그 필요성을 부정할 수는 없다.

그러나 재차 강조하건대, 행정규제를 통한 재벌 개혁은 87년체제의 산물이다. 당시 한국 경제는 빠르게 성장했고, 재벌은 돈을 벌었다. 그렇기 때문에 행정규제에 따른 비용을 감당할 물적 여력이 있었다. 그러나 행정규제는 편익에 못지않은 비용을 수반한다는 사실을 잊어서는 안 된다. 무엇보다, 일률적 규제 기준을 정하는 객관적 근거를 찾기 어렵다. 예컨대, 출자총액 제한제도의 경우, 순자산의 40%(1987년 도입 당시) 또는 25%(1994년 개정 당시)라는 규제 기준의 근거를 합리적으로 설명하기가 쉽지 않다. 어떤 의미에서는 자의적으로 규제 기준을 설정할 수밖에 없고, 그 결과 30개 또는 60개에 이르는 규제 대상 재벌 중에서 엄격하게 규제해야 할 상위 재벌들에는 규제의 실효성이 미치지 못하고 하위 재벌들에는 과잉 규제가 되는 문제가 나타나기 십상이다. 그렇기 때문에 규제 대상 재벌들이 규제를 준수하기보다는 규제를 회피하는 편법을 찾거나 규제를 완화·폐지하려는 로비에만 열중하는 인센티브 왜곡 현상이 심각하게 발생한다. 경제 상황이 어려워지면 재벌의 로

비는 더욱 강화되고, 정부와 국회는 이를 거부하기 어려워지며, 결국 규제 완화 내지 폐지의 악순환이 진행되면서, 결국 대통령의 개혁의지 실종에 대한 비난이 쏟아지게 된다. 출자총액 제한제도가 그 전형적인 사례이다. 출자총액 제한제도는 2009년 이명박 정부에서 공식 폐지되었으나, 그 이전인 노무현 정부와 열린우리당 시절에 사실상 무력화되었다는 사실을 잊어서는 안 된다. '공정거래법' 등 행정규제에 의한 재벌 개혁의 근원적 한계이다. 경제 환경이 더욱 악화될 것으로 예상되는 현 상황에서 새 정부 역시 이러한 함정에 빠지지 않으리라는 보장이 없다. 아니, 그럴 가능성이 농후하다.

그럼 어떻게 해야 하는가? 재벌 개혁의 대상·목표·수단이 매우 다양하다는 사실을 잊어서는 안 된다. 첫째, 개혁의 대상이 되는 재벌들도 그 규모, 업종, 조직 형태 등의 측면에서 매우 차별적이다. 예컨대, 2016년 4월에 지정된 65개의 상호출자제한 기업집단 중에서 1위인 삼성그룹의 자산(348조 2000억 원)은 65위인 카카오그룹의 자산(5조 1000억 원)에 비해 68배나 크다. 이처럼 큰 차이가 나는 재벌들을 하나의 기준으로 규제하는 것 자체가 난센스일 수 있다.

둘째, 재벌 개혁의 구체적인 목표도 매우 다양하며, 경우에 따라서는 충돌할 수 있다. 현행 '공정거래법'상 재벌 개혁 시책들의 목표도 경제력 집중 억제, 지배구조 개선, 불공정거래 방지, 사익 편취 방지, 정보 공시 강화 등으로 세분할 수 있다. 이처럼 목표는 다양한데, 자산 5조 원 또는 10조 원 등의 획일적 기준으로 규제 대상을 지정하고 그 전체에 대해 동일한 규제 기준을 적용하는 현행 방식은 효과적이지 않으며, 나아가 의도하지 않은 부작용을 낳을 수 있다.

셋째, 동일한 목표를 추구하는 수단들도 매우 다양하다. 기업(집단)에 대한 규율 수단을 그 특성에 따라 구분해보면, ① 사전적 규제와 사후적 감독, ② 규제 대상의 행위를 강제적으로 제한하는 강행 규정

(mandatory rule)과 이해관계자들의 권리를 강화하는 활성화 규정(enabling rule), ③ 민사적 수단과 행정적 수단과 형사적 수단 등이 있다. 사전적 규제, 강행 규정, 행정적 수단이 일견 선명하지만, 그것이 반드시 경제적으로 효율적이며 정치적으로 효과적인 결과를 낳는 것은 아니라는 사실을 명심해야 한다.

결론적으로, 규제 대상인 재벌의 특성에 따라 그리고 개혁의 목표에 따라 다양한 규율 수단을 유연하게 조정·결합(policy mix)함으로써 그 효과를 최적화하는 방향으로, 즉 규율 수단 전체의 체계적 합리성을 제고하는 방향으로 접근해야 한다. 나아가 저성장·불확실성의 뉴 노멀 상황에서는 최선을 추구하기보다는 실현 가능한 차선을 선택하는 유연성을 갖추어야 한다. 이것이 재벌 개혁을 성공으로 이끄는 전략이다.

또한, 당부할 것이 있다. 최순실 게이트 이후 박근혜 대통령에 대한 지지율이 4%로까지 떨어졌다. 대다수 국민이 헌법재판소의 탄핵 결정을 요구했다. 지난 1987년 이래로 대한민국 국민이 이처럼 통합된 적이 없다. 그러나 착각하지 말아야 한다. 탄핵 국면은 진보의 승리가 아니었다. 야당의 승리는 더더욱 아니었다. 여기서 생경한 이념적 슬로건, 경직적 주장을 '개혁'이라는 명분으로 조급하게 밀어붙이는 것은 국민을 다시 분열시키고 한국 사회를 다시 '52 대 48'의 대치 상황으로 퇴화시키는 불행한 결과를 가져올 것이다. 이는 죄수의 딜레마 게임의 악순환일 뿐이다. 재벌 개혁은 단기간에 이루어질 수 있는 과제가 아니다. 오랜 기간 동안의 일관된 노력이 요구되는 진화의 과제이다. 국민을 분열시키는 것이야말로 재벌 개혁의 최대 장애물임을 잊지 말아야 한다.

4. 재벌 개혁의 과제와 수단

이 절에서는 단기, 중기, 장기의 시계(視界, time horizon)에 따라 재벌 개혁의 과제를 구분하고, 그 각각에 대해 구체적 수단을 두 개씩 제시했다. 이러한 서술 방식은 경제력 집중 억제, 소유·지배 구조 개선, 사익 편취 규제, 불공정 하도급거래 방지 등의 영역별로 분석하는 통상적인 방식과는 다른 것이다. 영역별 분석은 그 과제와 수단을 논리적으로 배치할 수 있는 장점이 있겠으나, 좋은 정책을 많이 나열하는 방식이 꼭 좋은 결과를 가져오는 것은 아니다. 앞서 언급한 바와 같이, 대내외 경제 환경이 날로 악화되고 또한 진영 논리에 따른 국민 분열이 반복되는 제약 속에서, 개혁 과제와 수단의 우선순위 선택의 기준을 보여주고 그 실현 가능성을 설득하는 것이 더 중요할 수도 있다고 생각한다. 따라서 이 글이 재벌 개혁의 모든 과제와 수단을 포괄하는 것은 아니며, 여기서 언급하지 않았다고 해서 덜 중요한 것은 아님을 유의하기 바란다.

1) 단기 최우선 과제

우선, 새 정부 출범을 전후한 시기에 처리되어야 할 단기 최우선 과제로서 '상법' 개정과 자본시장법령 개정을 살펴보기로 한다. 이들 단기 최우선 과제의 선정 근거는, 과제 자체의 중요성은 물론이려니와, 최순실 국정농단 사태를 통해 개혁의 필요성에 대한 광범위한 공감대가 확인되었기 때문에, 그 어느 때보다도 입법 가능성이 높아졌다는 데 있다.

(1) '상법' 개정

한국을 대표하는 53개 기업이 미르재단과 K스포츠재단에 총 774억 원을 출연했다. 그러나 의사회 의결을 거친 기업은 2개뿐이며, 이사회 산하 하부 위원회(투명경영위원회 또는 윤리위원회)에 보고된 기업도 2개 뿐인데, 그나마도 형식적인 절차에 불과했다. 이는 한국 기업의 이사회, 특히 사외이사제도가 내부 통제 장치로서의 기능을 전혀 수행하지 못하고, 거수기에 머물고 있음을 단적으로 보여준 것이다. 해당 기업에서는 출연 금액이 이사회의 의무적 의결 기준에 미달했기 때문에 보고·의결 절차가 이루어지지 않았다고 항변하고 있으나, 금액의 다과와 관계없이 기업의 잠재적 위험 요소에 대한 내부 통제 장치를 구축·실행하는 것이 이사회의 본질적 의무라는 점을 감안한다면, 변명의 여지가 없다. 나아가 정경 유착을 근절하는 근원적인 해결책은 결국 투명성 및 책임성을 갖춘 기업 지배구조의 구축에 있으며, 이를 위해서는 '상법' 개정이 반드시 필요하다고 할 수 있다.

기업 지배구조 개선을 위해 '상법'을 개정하겠다는 것은 2012년 대선 과정에서 박근혜 후보의 공약이었다. 그 내용은 크게 세 가지로 첫째, 주주총회 활성화를 위한 전자·서면투표제 의무화, 둘째, 사외이사와 감사위원의 독립성 제고를 위한 집중투표제 의무화 및 감사위원 분리 선출, 셋째, 이사의 책임성 제고를 위한 다중대표 소송제도 도입 등이다. 2013년 박근혜 대통령 취임 첫해에 일감 몰아주기 규제, 신규 순환 출자 금지 등 '공정거래법' 관련 공약은 (그 실효성 여부는 논외로 하더라도) 상당 정도 이행되었으나, 경제민주화의 또 다른 한 축을 이루는 기업 지배구조 개선을 위한 '상법' 개정 논의는 실종되었고, 이것이 박근혜 정부의 경제민주화 공약이 실패했다는 비판을 받는 주된 요인이 되었다.

한편, 여야 의원들이 발의한 다양한 '상법' 개정안이 제출되어 있고 그 내용도 매우 다기하나, 조속한 입법에 이를 만큼 논의가 숙성된 사항은 많지 않은 것이 현실이다. '상법'은 재벌만이 아니라 모든 기업에 적용되는 일반법인 만큼 충분한 공감대가 확보되지 않은 사안은 입법화하기가 어렵고, 따라서 설익은 내용을 한꺼번에 다루는 것은 조속한 '상법' 개정에 오히려 장애가 될 뿐이다. 특히 김종인 의원이 대표 발의한 '상법' 개정안에 포함된 '사외이사·우리사주조합 추천 사외이사의 선임 의무화' 조항은 충분히 숙성되지 않았으므로, 장기 과제로 돌리는 것이 바람직하다. 따라서 이번 '상법' 개정 논의는 박근혜 대통령의 공약 사항 및 2013년 법무부의 입법예고안을 중심으로 그 범위를 좁히는 것이 합리적이다.

(2) 기관투자자의 주주권 행사 활성화를 위한 자본시장법령 개정

2015년 7월 삼성물산 합병 주총 당시 국민연금의 의결권 행사 방향이 주총 통과 여부를 좌우하는 상황이었다. '찬반을 결정하기 어려운 사안'이었음에도 불구하고, 지난 10년간의 의결권 행사 절차 및 관행과는 달리, 의결권 행사 전문위원회에 안건을 부의하지 않고, 투자위원회에서 독단적으로 찬성을 결정했다. 검찰 및 특검의 수사 결과 청와대 경제수석과 보건복지부 장관이 국민연금에 부당한 압력을 가한 사실이 확인되었고, 그 대가로 최순실 일가에게 부당한 특혜가 제공된 혐의가 제기되었다. 결국 국민의 노후 자금인 국민연금이 특정 기업과 비선실세의 사익을 위해 악용된 사실이 드러남으로써 개혁 요구가 분출했다.

한편, 2016년 말에 기관투자자의 주주권 행사 모범 규준인 스튜어드십 코드(stewardship code)가 제정·시행되었다. 정보력이 부족한 개인투자자들은 의결권을 행사하는 데 한계가 있으므로 기관투자자들이 선도적인 역할을 할 필요가 있으나, 한국의 기관투자자들은 의결권 행사에 매우 소극적일 뿐 아니라 의결권 행사 이외의 주주권 행사를 거의 하지 않고 있는 실정이다. 자산운용사 등 기관투자자의 상당수가 재벌의 계열사이고, 독립적 기관투자자의 경우에도 재벌과의 영업 관계로 인해 주주총회 안건에 대부분 찬성하는 경향을 보이기 때문이다. 비록 다른 나라에 비해서는 많이 늦었지만, 스튜어드십 코드의 시행은 이러한 문제점을 극복할 수 있는 계기를 마련했다는 점에서 긍정적이나, 개선해야 사항도 많이 있다. 특히 스튜어드십 코드의 실효성 확보를 위해서는 다수의 기관투자자들이 공동으로 의견을 제시할 수 있도록 하는 '기관투자자 간의 협력(collective engagement)' 원칙이 반드시 포함되어야 하나, 여타 선진국과는 달리 한국형 스튜어드십 코드에는 이 원칙이 포함되지 않았다. 따라서 기관투자자 간의 협력 원칙을 추가하는 등 스튜어드십 코드의 개선도 필요하며, 나아가 기관투자자들의 협력 행동이 '주식 등의 대량보유신고 규정'(이른바 5%룰) 및 '공동보유자 규정' 등과 같은 현행 자본시장법령에 저촉되지 않도록 명확히 가이드라인을 제시하는 등 법적 불확실성을 제거하는 노력도 필요하다.

2) 중기 과제

다음으로, 새 정부 출범 후 약 1년 정도의 기간에 걸쳐 논의·조정해야 할 중기 과제를 살펴본다. 이들 사안을 중기 과제로 선정한 이유는, 개혁의 필요성에 대한 공감대도 상당 정도 확보되어 있고, 이에 대한 다양한 대안들도 제시되어 있으나, 구체적인 실행 방안을 선택하고 나아가 규율 수단 전체의 체계적 합리성을 제고하는 측면에서 좀 더 신중하게 숙고할 필요가 있기 때문이다.

(1) 금산분리 규율 체계의 개선[4]
금산분리는 자본주의 시장경제의 가장 기본적인 원칙이라 할 수 있다. 감시자인 금융과 감시대상인 산업이 분리되어야 하기 때문이며, 더욱이 감시대상인 산업이 감시자인 금융을 지배해서는 안 되기 때문이다. 그러나 금산분리를 현실 관행으로 만들어가는 방식은 시대별·국가별·업종별로 매우 다양하며 또 변화한다는 사실도 잊지 말아야 한다. 금융제도가 제 기능을 발휘하기 위해서는 국민경제의 여타 부문의 제도와 상호보완관계를 형성해야 하기 때문이다.

이에 비추어본다면, 한국의 현행 금산분리 규제 체계는 너무나 경직적이다. '은행법', '자본시장법', '보험업법', '여신전문금융업법' 등에 의한 각 업종별 건전성 규제와 자산 운용 규제 이외에도, '금산법' 제24조의 소유 규제, '공정거래법' 제11조의 의결권 규제, 그리고 (금융)지주회사제도에서의 지주회사 행위 제한 규제 등 사전적 규제에 지나치게 의존하고 있다. 그 결과 심각한 부작용이 나타난다. 우선, 이미 금융산업에 진입한 산업 자본(특히 재벌)을 강하게 규제하지 못함으로써 결국 그 기득권을 인정하는 꼴이 되며, 반대로 새로운 사업자가 진입하지 못하도록 하는 진입 장벽의 역할을 하기도 한다. 또한, 경직적 규제의 결과 금융산업의 경제적·기술적 변화에 유연하게 대처하지 못함으로써 금융산업 자체의 경쟁력을 저하시키는 결과를 초래하기도 한다.

현행 금산분리 규제는 과거 자본이 절대적으로 부족했던 시절, 즉 산업자본이 금융산업에 진출해 사금고화할 유인이 강했던 상황을 배경으로 형성된 것이다. 그러나 지금은 금융 환경이 크게 변했다. 현재 한국은 자본이 부족한 나라라기보다는 노동이 부족한 나라가 되었고, 그만큼 사금고화의 유인 자체가 줄어들었다. 또한, 2008년 글로벌위기 이후 금융산업의 수익성이 크게 저하되면서 금융업에 새로 진출할 매력

---

4   비은행권 금산분리 규율 체계의 재설계에 대한 좀 더 자세한 내용은 김상조(2016)를 참조하기 바란다.

이 크지도 않다. 오히려 금융에 이미 진입한 재벌들 중에서도 금융계열사의 매각을 고려하는 경우도 나타나고 있다. 이처럼 급변한 금융산업 환경에서 과거의 경직적 규제 체계를 유지하는 것은 국민경제적 비용을 유발할 수 있음을 잊지 말아야 한다.

물론 현재의 사전적 규제를 일거에 폐지할 수는 없다. 다만, 이를 보완하는 사후적 감독·활성화 규정을 도입함으로써 현행 규제·감독의 사각지대를 메우고, 점진적으로 사전적 규제를 대체하는 방향으로, 즉 규율 수단 전체의 체계적 합리성을 제고하는 방향으로 개선해야 한다. 이러한 관점에서 은행권과 비은행권으로 나누어 금산분리 규율 체계의 재설계 방향을 검토해보면 다음과 같다.

먼저, 은행산업에서 금산분리, 즉 은산분리는 사전적 규제에 의거해 이루어지는 것이 일반적이다. 은산분리 규제, 특히 산업자본(비금융주력자)이 은행을 지배하지 못하게 하는 규제는 두 가지 요소로 이루어진다. 첫째, 산업자본의 정의, 둘째, 산업자본의 은행(지주회사) 지분 소유 상한이 그것이다.

현행 '은행법'은 산업자본의 정의에 이중 기준을 사용한다. 즉, 동일인 중 비금융회사의 자산규모가 2조 원을 초과하거나 또는 비금융회사의 자본 비중이 25%를 초과하는 경우 산업자본에 해당된다. 그런데 2002년 '은행법' 개정에 따라 상기 산업자본 정의가 도입된 이래 논란이 되었던 사례(예컨대, 론스타의 외환은행 인수와 최근의 인터넷전문은행 설립 등)는 모두 자산규모 2조원 초과 여부가 문제였다. 그러나 다른 나라에서는, 특히 한국만큼이나 은산분리 규제를 엄격하게 시행하고 있다고 하는 미국에서도 산업자본 여부를 판단할 때 단일 기준을 사용한다. 즉 자산규모를 기준으로 산업자본 여부를 판단하는 경우는 없고, 자산·자본·수익 중에서 비금융업이 차지하는 비중만을 기준으로 산업자본 여부를 정한다.

반면, 현행 '은행법'에서 산업자본의 은행(지주회사) 지분 소유 상한은 지나치게 경직적이다. 즉, 산업자본은 은행(지주회사) 지분을 4%를 초과해 보유할 수 없으며, 4% 초과분에 대해 의결권을 포기하는 조건으로만 10%까지 보유할 수 있다. 미국은 오히려 이 측면에서는 이중기준을 사용한다. 산업자본이 보유한 은행 지분이 5% 미만일 때에는 다른 반대 증거가 없는 한 지배하지 않는 것으로 간주하고, 25% 초과 지분을 보유할 때에는 역시 다른 반대 증거가 없는 한 지배하는 것으로 간주하는데, 현실적으로 문제가 되는 지분율 5~25% 구간에서는 감독당국의 재량적 판단을 인정하고 있다. 이에 비추어본다면, 한국의 은행(지주회사) 지분 소유 상한 규제는 결코 합리적이지 않다. 4% 소유 규제를 유지하자고 주장하면 개혁적이고, 이를 완화하자고 주장하면 반개혁적이라고 단정하는 것은 근거가 빈약하다.

　결론적으로, 현행 은산분리 규제는 결코 수정해서는 안 되는 금과옥조가 아니다. 오히려 매우 비합리적인 요소가 많다는 것을 인정하고, 새로운 규제체계를 모색할 필요가 있다. 무엇보다, 산업자본의 은행(지주회사) 지분 소유 상한 규제에 매몰되어 있는 현재의 논의 틀을 벗어나, 산업자본의 정의까지 포함해 좀 더 폭넓은 측면에서 은산분리 규제의 개선 방안을 논의해야 한다.

　다른 한편, 현행 비은행권 금산분리 규제의 가장 큰 문제점은 너무 넓은 규제 대상에 대해 너무 일률적이고 경직적인 규제 방식을 적용한다는 데 있다. 1997년 외환위기의 충격, 2003년 카드대란의 충격을 거치면서 상당수 재벌들이 아예 금융업에서 철수하거나 비중을 줄였으며, 2008년 글로벌위기 이후 금융업의 장기 침체가 이어짐에 따라 새롭게 제2금융권에 진출할 유인도 크게 저하되었다. 그 결과 세심하게 주의를 기울여 감독해야 할 대형 금융그룹은 10개 정도로 축소되었으며, 이들이 제2금융권 전체 자산 및 자본의 절반 정도를 차지하는 실정이다. 특히 삼성·한화 등의 금산결합그룹 및 미래에셋·교보·한국투자금융 등의 금융전업그룹이 금산분리 규제의 주요 대상이며, 나아가 삼성그룹이 금산분리 규제의 핵심 대상이라고 할 수 있다. 따라서 '금산법' 제24조, '공정거래법' 제11조, (금융)지주회사 행위제한 등 현재의 사전적 규제는 그 대상을 크게 좁히되 좀 더 엄격하게 시행하는 방향으로 개선하는 것이 필요하다.

물론 사전적 규제의 대상이 되는 소수의 대형 금산그룹 이외에 나머지 금융회사(그룹)에 대한 감독을 현행 감독체계가 적절히 수행할 것으로 기대하기는 어렵기 때문에 보완 대책이 필요하다. 한국의 현행 금융감독체계의 가장 심각한 문제점 중 하나는 금융그룹의 조직 형태에 따른 규제 격차가 매우 크다는 것이다. 금융지주회사 체제의 경우에는 그룹 전체를 대상으로 건전성 규제, 리스크 관리, 지배구조 규율 등을 시행하는 통합감독체계(group-wide supervision)가 어느 정도는 구축되어 있지만, 그 외 금융전업그룹 및 금산결합그룹의 경우에는 여전히 개별 금융계열사 단위로만 감독이 이루어지고 있는 실정이다. 이것이 금산결합그룹이 금융지주회사 체제로 전환하지 않는 중요한 이유 중 하나이다. 그 결과 금융그룹 전체의 리스크를 조기에 포착하고 대처하지 못하는 경우가 다수 발생했다. 부산저축은행 등 저축은행그룹의 부실화, 동양그룹의 사금고화, KB금융그룹의 지주사 회장 및 은행장 간 갈등 등이 그 대표적인 사례이다.

이에 2015년 IMF는 비은행권에도 그룹통합 감독체계를 도입할 것을 강력히 권고했고, 국내 금융 당국도 2015년 및 2016년 업무 계획에서 그룹통합 감독체계의 도입을 공언했으나, 여전히 그 시안조차 마련하지 못한 상태이다. 금융의 겸업화 추세를 감안할 때 그룹통합 감독체계의 시행은 더 이상 지체할 수 없는 시급한 과제이며, 이미 글로벌 스탠더드로 자리 잡았음에도 불구하고, 한국은 여전히 삼성 등 주요 금산결합그룹의 로비와 저항에 밀려 이를 시행하지 못하고 있다. 선진국에서는 한국과 같은 사전적 규제를 갖고 있지 않음에도 불구하고 금산분리가 현실 관행으로 정착된 가장 중요한 배경이 바로 그룹통합 감독체계의 시행을 통해 금산결합의 편익은 줄이고 그 부담은 늘리는 시스템이 구축되어 있는 것이라는 사실을 명심해야 할 것이다.

(2) 하도급거래 공정화 및 중소기업의 경쟁력 강화

이른바 갑을관계로 통칭되는 대기업과 중소기업 간의 관계를 수평적·협력적 관계로 전환하는 것은 한국 경제의 미래를 좌우하는 중요한 과제라고 할 수 있다. 그런데 대기업과 중소기업 간의 하도급거래는 '대등한 자들 간의 자유로운 사적 계약', 즉 사적자치 원칙에 일임되어 왔는데, 공정위가 불공정거래 규제의 관점에서 사후적으로 개입하는 것만으로는 근원적인 힘의 불균형 문제를 해소하기 어렵다. 따라서 대기업과 중소기업 간의 수직적 네트워크를 공정하게 만들기 위해서는 사적자치 원칙을 일정 정도 수정하는 공적 규율이 필요하다.

하도급거래 관계를 사적자치 원칙에 일임함에 따라 나타나는 현상 중 하나는 수급업체에 대한 정보가 전혀 공개되지 않는 것이다. 수급업체의 리스트조차 파악할 수 없는 상황에서 하도급거래의 공정성 여부를 조사하고 시정 조치를 내리는 것은 사실상 불가능한 일이다. 이러한 정보 부족 문제는 하도급거래 정책의 개선에도 지대한 장애 요소가 되었다. 따라서 일정 기준(거래 규모 및 거래 업체 수 등)을 초과하는 원사업자에 대해서는 수급업체의 리스트와 집계화된 거래 내역 등의 기본적인 정보를 사업보고서에 기재하도록 하는 것이 필요하다.

또한, 원사업자가 1차 수급업체만이 아니라 그 아래의 2차·3차 수급업체 등의 거래 조건도 사실상 결정하는 현실에도 불구하고, 외견상 사적자치 원칙에 따라 2차 이하 하도급거래의 조건에 대해서는 원사업자가 아무런 책임도 부담하지 않고 있다. 그동안 하도급거래 공정화 노력에 따라 1차 수급업체의 상황은 상대적으로 개선되었으나, 2차 이하 수급업체의 경영 조건 및 그에 고용된 노동자의 근로 조건은 여전히 열악한 상태를 벗어나지 못하고 있다. 이에 원사업자가 1차 수급업체와 계약을 맺을 때 2차 이하 수급업체와의 거래 조건에 대한 일정한 감독 책임을 부과하는 방향으로 '하도급법'을 개정할 필요가 있다. 원사업자가 감독 책임을 충실히 이행하지 않은 경우 2차 이하 수급업체가 원사업자에 대해 직접 배상을 요구할 수 있도록 해야 한다.

한편, 중소기업이 만족스러운 고용과 소득을 창출하는 원천이 되도록 하려면 중소기업 자체의 경쟁력을 제고해야 한다. 다만 중소기업이 개별적으로 모든 문제를 해결하기는 어려운 만큼 업종별·지역별로 유사한 위상을 갖는 사업자 간에 수평적 협력 네트워크를 구축하는 것이 반드시 필요하다. 그런데 중소기업들이 구매·판매 및 해외시장 개척, 연구·개발 및 디자인 개발 등 공동사업을 펼칠 경우 '공정거래법' 제19조의 '부당한 공동행위의 금지', 즉 담합 금지 규제에 저촉될 가능성이 높다. 따라서 가격 설정 및 납품 거절 등을 제외한 일정 범위 내의 중소기업 간 공동행위에 대해서는 담합 금지 규제의 예외를 적극적으로 인정할 필요가 있다. 중소기업의 공동행위에 대해서는 선진국도 예외를 인정해 유연하게 대처하고 있다. 특히 독일은 중소기업의 공동행위(Mittelstandskartelle)만큼은 EU '경쟁법'에도 불구하고 유일하게 카르텔 적용 제외 조항으로 존치하고 있다. 독일의 중소기업 카르텔은 구매공동체(Einkaufsgemeinschaft)와 판매공동체(Vertriebsgemeinschaft) 등으로 구분되는데, 중소기업은 컨소시엄을 구성해 공동으로 대기업에 납품함으로써 협상력을 높이고 있다. 한국의 현행 '공정거래법'도 중소기업에 대해서는 담합 금지의 예외를 인정하고 있으나, 그 요건이 너무 엄격해 실제 적용 사례가 거의 없는 실정이다.

3) 장기 과제

마지막으로, 제20대 국회의 남은 임기 또는 새 정부의 임기 동안 추진할 장기 과제에 대해 살펴본다. 장기 과제는 입법 기술적인 측면에서 아직 충분한 논의가 이루어지지 않은 것일 수도 있고, 개혁 필요성이나 여건 조성의 측면에서 사회적 공감대 형성을 위한 숙의 과정이 더 필요한 것일 수도 있다.

(1) 우리사주조합 또는 노동조합 추천 사외이사의 선임

사외이사 또는 이사회의 독립성이 확보되지 않는 현실에서 그 개선책의 하나로 노동이사제 또는 우리사주조합 추천 사외이사의 선임 방안이 제시되었다. 특히 2016년 김종인 의원이 대표 발의한 '상법' 개정안에 자산총액 2조 원 이상의 상장회사는 1% 이상 지분을 가진 소액주주 또는 우리사주조합이 사외이사 후보를 추천할 경우 주주총회에서 이 중 한 명을 반드시 선임해야 한다는 취지의 조항이 들어감으로써 논란의 대상이 되었다. 물론 독립적 사외이사가 선임될 수 있도록 하자는 취지는 이해되나, 이를 경제 일반법인 '상법'에 반영하는 것은 좀 더 신중한 검토가 필요하다고 본다. 이원적 이사회 제도를 택하고 있는 독일과 달리 한국은 미국식 일원적 이사회 제도를 채택하고 있는데, 특정 주주에게 사실상 사외이사 선임권을 특별히 부여하는 것은 법체계상 많은 논란의 소지를 안고 있다.

또한, 궁극적으로 노동자 경영 참여는 '상법'이 아니라 '노동관계법'의 특별법 제정으로 접근하는 것이 합리적이다. 더욱이 김종인 의원안의 동 조항이 비록 소액주주 내지 우리사주조합의 추천이라는 형식을 취하고는 있으나, 사실상 노동자 경영 참여의 취지로 제안된 것이라는 점을 감안하면, 노동조합에 대한 국민적 신뢰를 축적하는 과정이 선행되어야 할 것이다. 따라서 서울시가 산하 공공기관에 근로자 대표이사제도를 도입한 것처럼, 공공 부문 등 노동조합이 잘 조직되어 있는 특정 분야에 국한해 선도적 시험을 시행한 후, 그 성과에 대한 긍정적 평가가 확산되는 것을 조건으로 점진적으로 확대하는 것이 바람직할 것이다.

(2) '대기업집단법'(가칭) 제정[5]

재벌은 기업집단이다. 다수의 계열사가 공통의 지배권하에서 선단식으로 경영되고 있다. 기업집단은 다수 계열사 간의 시너지 효과를 내부화하면서 대규모 투자에 따른 위험은 분산하는 등 많은 장점을 가진 기업조직 형태이다. 문제는, 한국의 경제법은 기업집단의 존재를 인정하지 않고 오직 개별 기업만을 규율 대상으로 하고 있다는 것이다. 비유하자면, 선수는 기업집단인데 심판은 개별 기업만을 상대하는 격이다. 그 결과 재벌은 자신의 이익을 주장할 때는 기업집단을 전면에 내세우면서, 자신의 행동에 책임을 져야 할 때는 개별 기업 차원으로 도피해버리는 모순된 행태를 보인다. 바로 그렇기 때문에 기업집단(및 그 지배주주)의 권리와 의무 사이에 심각한 괴리가 발생하고, 수많은 이해관계자에게 부당한 피해가 발생함에도 불구하고 이를 신속하게 회복할 수 있는 합법적 수단이 존재하지 않는 것이다.

법인이 다른 법인의 주식을 소유함으로써 기업집단이 형성되기 시작한 것은 1890년대 이후의 일이다. 따라서 기업집단이 경제활동의 핵심 주체로 등장한 것은 이제 100여 년 정도밖에 되지 않은 새로운 현상이며, 이에 대한 규율 체계는 여전히 미완성이고 나라마다 다르다. 먼저, 영국·미국 등 관습법 국가들은 개별 법인을 단위로 하는 회사법 체

---

5   유럽의 기업집단법 논의 및 한국 재벌 개혁에의 시사점에 대해서는 김상조(2012)를 참조하기 바란다.

계를 유지하고 있다. 즉 지배회사와 종속회사가 원칙적으로는 별개의 법인으로 간주되지만, 지배회사의 '행위'가 사회적으로 용인될 수 있는 수준을 넘어 오·남용되었을 때에만 예외적인 구제 수단을 제공한다 (conduct-based approach). 법원의 판례를 통해 형성된 법인격 부인의 법리, 사실상의 이사 개념, 다중대표 소송제도 등이 그 대표적인 예이다. 반면, 독일·포르투갈 등 일부 유럽 대륙 국가에서는 아예 성문법을 통해 기업집단 자체를 법적 권리와 의무의 주체로 인정하고 있다. 즉, 두 회사 사이에 지배·종속의 관계가 형성된 '상황'이 확인되면, 지배회사 행위의 부당성과는 무관하게 종속회사의 이해관계자들을 보호하기 위한 책임을 자동적으로 부과하는 것이다(situation-based approach). 독일의 '콘체른(Konzern)법'(정확하게는 1965년 '주식회사법'의 제3장)이 성문 기업집단법의 대표적인 예이다.

기업집단법 논의는 주로 유럽을 중심으로 진행되었다. 애초에는 유럽 전체 차원에서 독일의 '콘체른법'과 유사한 성문법을 제정하려고 했으나, 영국의 반발과 프랑스의 비협조로 사실상 좌초되었다. 1990년대 말 이후에는 유럽 전체의 회사법을 조화시키려는 의욕적인 목표는 포기하는 대신, 각 회원국의 자율적 선택을 강조하는 흐름이 이어지고 있다. 특히 사전적 규제 위주의 독일 회사법에 대한 거부감이 팽배한 반면, 좀 더 유연하고 실용적인 영국·프랑스의 법규와 판례가 회사법 논의의 중심을 이루었고, 이러한 분위기가 기업집단법 논의에도 반영되었다. 즉 기업집단과 관련한 규율 체계를 하나의 성문법에 모두 포괄하는 것이 아니라, 그 핵심 요소만을 다양한 법 영역에서 부분적으로 도입하는 절충적 접근법으로 전환한 것이다. 이러한 절충적 접근은 다양한 법 영역에서 실현되고 있다. 지배회사와 종속회사의 재무 정보를 통합한 '회계법'상의 연결재무제표, 모회사와 자회사를 통합해 법인세를 부과하는 연결납세 제도, 동일그룹 소속 금융회사들을 하나로 묶어 감독하는 그룹통합 감독체계 등이 그 대표적인 예이다.

한국도 이러한 기업집단법적 요소를 각 법 영역에 적극 도입할 필요가 있다. 예컨대, 한국의 현행 '상법'에는 '지배', '지배주주', '기업집단' 등의 기본 개념조차 규정되어 있지 않기 때문에, 개별 회사를 규율하는 '상법'만으로는 재벌 개혁을 실효성 있게 추진할 수가 없었던 것이다. 2010년 '상법' 개정 시 도입된 회사기회 유용금지(일감 몰아주기 규제) 조항이나 최근 논의되는 다중대표 소송제도 도입 등도 모두 기업집단 법적 요소를 상법에 반영하고자 한 것이다. 그럼에도 불구하고 그 효과와 진행 속도가 매우 미흡하기 때문에, 재벌 개혁을 추진하는 부담이 주로 '공정거래법'에 집중되는 결과를 초래했던 것이다.

이러한 한계를 극복하는 하나의 대안으로서 '대기업집단법'(가칭) 제정을 신중하게 검토할 필요가 있다. 현행 '공정거래법' 제3장에 규정되어 있는 재벌 개혁 시책들은 협의의 경쟁법에는 잘 맞지 않는 내용들이다. 그 결과 재벌 개혁 시책을 경쟁법의 원리('부당성'뿐만 아니라 '경쟁제한성' 입증을 요구)에 따라 시행하려다 보니 그 실효성이 떨어지고, 이를 보완하기 위해서 더욱 경직적인 규제를 도입하고자 하는 악순환이 진행되었던 것이다. 한편, '상법' 개정이 기업 지배구조 개선의 지속가능한 방법이기는 하지만, 모든 기업을 대상으로 하는 일반법인 '상법'에 재벌 개혁에 필요한 정도로 강한 규정을 도입하는 데에도 한계가 있다. 따라서 현행 '공정거래법' 제3장과 '상법', '금융법', '세법' 중 재벌 개혁을 위해 필요한 일부 강화된 규정을 하나의 특별법으로 포괄해 제한된 범위의 대형 그룹에만 적용하자는 것이 '대기업집단법' 제정의 취지이다. 이처럼 재벌 개혁 조치들을 하나의 특별법에 담으면, 각 조항의 상호 연관성을 종합적으로 고려함으로써 과잉 규제 및 사각지대의 문제를 해결하는 동시에 규율 수단 전체의 체계적 합리성을 제고할 수 있을 것으로 기대된다.

5. 결론: '죄수의 딜레마'와 '안나 카레니나 법칙'

한국 사회는 '죄수의 딜레마'에 빠져 있다. 진영 논리가 횡행하고 근본주의적 접근이 판을 친다. 보수진영과 진보진영 모두가 그렇다. 그 결과는 오히려 악순환이다. 이미 수명을 다한 87년체제의 질곡에서 허우적거릴 뿐이다. 재벌 개혁 또는 경제민주화의 당위성을 누구도 부인하지 않지만, 현실의 성과는 지지부진하기 짝이 없는 이유도 여기에 있다.

대안은 무엇인가. 재레드 다이아몬드(Jared Diamond)의 베스트셀러 『총, 균, 쇠』에 인용된 '안나 카레니나 법칙'의 교훈을 명심할 필요가 있다. 즉 "행복한 가정은 다 엇비슷하지만, 불행한 가정은 그 이유가 제각각"이라는 것이다. 행복(성공)을 위한 요건은 여러 가지이다. 이 모든 조건을 다 갖추었을 때에만 행복해질 수 있고, 따라서 행복한 가정은 다 엇비슷해 보인다. 반대로 그중 어느 하나의 요건이라도 결여하면 불행(실패)해진다. 그런데 하나의 실패 요인을 제거하기 위한 노력이 다른 실패 요인(들)을 강화하는 경우가 많고, 그래서 악순환에 빠지기 십상이다. 만병통치약식 접근의 위험성이 여기에 있다.

재벌 개혁은 혁명(revolution)이 아닌 진화(evolution)의 결과물이다. 대통령(leader)의 일관성과 대중(followers)의 인내심이 요구되는 지난한 과정이다. 저성장·불확실성의 뉴 노멀 시대에는 특히 그렇다. 촛불 광장의 요구는 더없이 고양된 반면 현실 여건은 날로 악화되는 현 시점에서는 특히 더 그렇다. 재벌 개혁, 나아가 경제민주화가 아무리 절박한 과제일지라도 세심하고도 신중하게 접근하는 전략이 필요하다.

참고문헌

경제개혁연대. 2016. 「제20대 국회 개혁입법과제 제안: 경제민주화 과제를 중심으로」. ≪경제개혁이슈≫. 2016-6호(2016.6.27).

공정거래위원회. 1987~2015. "상호출자제한 기업집단 지정". 보도자료.

금융감독원. 2015. "2015년도 주채무계열(41개) 선정 결과". 보도자료, 3쪽.

김상조. 2012. 「유럽의 기업집단법 현황 및 한국 재벌개혁에의 시사점」. IDP네트워크 정책연구총서 2012-6호. 민주정책연구원.

_____. 2016. 「비은행권 금산분리 규율체제의 재설계」. 『금융과 기업지배구조』, 한국금융학회 주최 2016년 동계(II) 정책심포지엄 자료집(2016.2.25).

_____. 2017a. 「재벌개혁의 전략과 과제」. 『11월 촛불시민혁명과 경제민주주의: 재벌개혁 어떻게 할 것인가?』, 야3당 정책연구소 공동시국토론회 자료집(2017.1.23).

_____. 2017b. 「뉴노멀 시대의 경제민주화: 과제와 전략」. 충청남도 정책자문위원회·충남연구원 엮음. 『지역의 비전, 국가의 미래』. 한울.

이수정·이은정. 2015. 「상호출자제한기업집단의 연결재무비율분석(2012~2014년도 연결부채비율 및 연결이자보상배율)」, ≪경제개혁리포트≫, 2015-9호. 경제개혁연구소.

이수정·이은정·채이배. 2013. 「상호출자제한기업집단의 연결재무비율 분석(2011, 2012회계연도 연결부채비율 및 연결이자보상배율)」, ≪경제개혁리포트≫, 2013-14호. 경제개혁연구소.

CEO스코어. 2015.1.8. "30대 그룹 3~4세, 28세에 입사 3.5년 만에 임원승진". 보도자료.

8장

한국의 노동, 진단과 과제◆

김유선 | 한국노동사회연구소

1. 서론

2017년은 1987년 6월항쟁과 7~9월 노동자대투쟁으로 한국 사회에서 정치적 민주주의가 진전되고 노동운동이 활성화된 지 30년이 되는 해이자, 1997년 11월 외환위기 이후 신자유주의 물결이 한국 사회를 뒤덮은 지 20년이 되는 해이다. 연인원 1700만 명이 참여해 촛불시민의 힘으로 현직 대통령을 파면시킨 2017년 시민혁명의 원년이기도 하다.

1987년에는, 한국 사회가 민주화되고 노동운동이 활성화되면 노동자 대중의 삶의 질이 개선되고 노동 현장에 민주주의가 살아 숨 쉴 것이라는 명제를 의심하는 사람이 드물었다. 실제로 노동자들의 실질임금은 인상되고 노동시간은 단축되었다. 노동기본권을 침해하던 '노동법'에서 독소 조항은 개선되고, 민주노총과 산별노조가 건설되는 등 많은 성과도 있었다.

◆   이 글은 김유선(2007, 2015)에서 데이터를 업데이트하고 수정·보완한 것이다.

그러나 1997년 외환위기 이후 시장 근본주의와 성장 제일주의가 지배적 담론으로 자리 잡고, 노동시장 유연화와 구조조정의 물결이 밀어닥치자, 1987년 이후 노동운동의 성과는 하나하나 허물어지기 시작했다. 하청 업체와 비정규직이 급증하고, 고용의 질과 분배구조가 악화되고, 노동자 대중의 삶이 피폐해지기 시작했다. 노조 조직률은 1970년대 이래 가장 낮은 수준으로 떨어졌고, 노동 없는 민주주의, 민주정부의 실패, 노동의 위기에 대한 경고가 잇따랐다(최장집, 2005).

김대중, 노무현 정부로 이어지는 민주정부 10년이 지나가자, 이명박, 박근혜 정부로 이어지는 보수정부 9년 동안 정치적 민주주의는 빠른 속도로 후퇴하고, 노동에 대한 정부와 재계의 공세는 더 강해졌다. 노동자 대중의 삶은 더 피폐해지고, 젊은이들은 결혼해서 가정을 꾸리는 것조차 포기하고 헬조선을 얘기하며 미래에 대한 희망을 잃어가고 있다.

무엇이 잘못된 것인가? 무엇을 고쳐야 할 것인가? 2절 '현황과 추이'에서는 1980년대 이후 노동시장과 노사관계 추이를 살펴보고, 3절 '진단'에서는 각 시기별 주요 지표를 비교하면서 오늘의 상황을 진단한다. 4절에서는 앞으로 과제를 살펴본다.

2. 현황과 추이

1) 고용률과 실업률

한국의 고용률은 1984년(53.7%)부터 1997년(60.9%)까지 꾸준히 증가하다가, 외환위기 직후인 1998년(56.4%) 큰 폭으로 하락했고, 2002년(60.0%)부터 2015년(60.4%) 사이 같은 수준을 유지하고 있다. 15~64

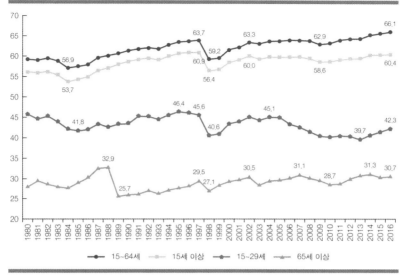

┃그림 8-1┃ 고용률 추이 (단위: %)

자료: 통계청 경제활동인구조사에서 재인용.

세 고용률은, 외환위기 직후인 1998년(59.2%)과 글로벌 금융위기 직후
인 2009년(62.9%) 두 해를 제외하면, 1984년(56.9%)부터 2016년(66.1%)
사이 꾸준히 증가하고 있다. 그러나 2016년에도 박근혜 정부가 공약한
'고용률 70%'에는 크게 못 미친다.

청년(15~29세) 고용률은 1995년(46.4%)을 정점으로 감소세로 돌아서
1998년에는 40.6%로 뚝 떨어졌다. 1999년부터 완만한 증가세로 돌아
섰지만 2004년(45.1%)을 정점으로 다시 감소세로 돌아서서 2013년
(39.7%)까지 계속 감소했다. 2014년부터 다시 완만한 증가세로 돌아섰
지만, 2016년에도 42.3%로 거의 개선되지 않고 있다.

노인(65세 이상) 고용률은 1989년(25.7%)부터 2002년(30.5%) 사이에
완만하게 증가했고, 그 뒤로는 2016년(30.7%)까지 같은 수준을 유지하
고 있다(〈그림 8-1〉 참조).

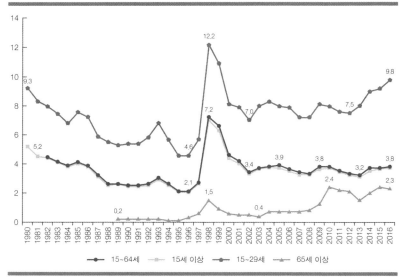

■ 그림 8-2 ■ 실업률 추이 (단위: %)

자료: 통계청 경제활동인구조사에서 재인용.

장년(55~64세) 고용률은 2003년(57.8%)부터 2016년(66.0%) 사이 꾸준히 증가하고 있다.

실업률은 1980년(5.2%)부터 1996년(2.1%)까지 계속 감소하다가 외환위기 직후인 1998년(7.2%)에 큰 폭으로 상승했다. 2002년(3.4%)부터 2016년(3.8%) 사이 실업률은 3%대에서 오르내리고 있다.

청년(15~29세) 실업률은 1980년(9.3%)부터 1996년(4.6%)까지 계속 감소하다가 외환위기 직후인 1998년(12.2%)에 큰 폭으로 증가했다. 2002년(7.0%)부터 2012년(7.5%)까지 청년 실업률은 7%대에서 오르내리다가, 2013년(8.0%)부터 2016년(9.8%) 사이 빠른 속도로 증가하고 있다. 0%대에 머물던 노인(65세 이상) 실업률도 2010년(2.4%)부터 2016년(2.3%) 사이 2%대로 높아졌다(〈그림 8-2〉 참조).

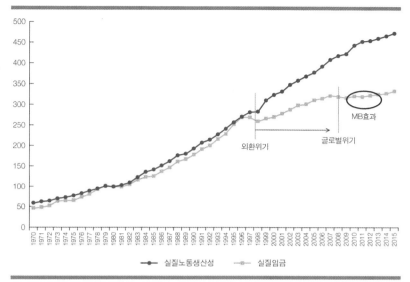

주: 1980년의 수치를 기준(100)으로 계산함.
자료: 한국은행 국민계정, 통계청 물가조사와 경제활동인구조사에서 계산함.

2) 성장에 못 미치는 임금 인상

1990년대 초반 노동운동이 활발하게 전개될 때 재계는 '생산성이 오른 만큼만 임금이 올라야 한다'고 주장했다. 하지만 1997년 외환위기 이전에도 실질임금인상률은 생산성 증가율에 조금 못 미쳤다. 외환위기 이후 저임금 비정규직이 양산되고, 정규직에서도 성장에 못 미치는 임금 인상이 이어지자, 실질임금인상률과 생산성 증가율 사이 격차가 크게 벌어지기 시작했다. 특히 이명박 정부 집권과 글로벌위기를 겪은 2008년 이후는 생산성은 증가해도 임금은 상승하지 않는 '임금 없는 성장'이 이루어졌다(〈그림 8-3〉 참조).

2000~2015년 연평균 경제성장률은 4.3%였다. 노동부가 조사한 10

인 이상 사업체 상용직의 실질임금인상률은 2.6%이고, 한국은행 국민소득통계에서 계산한 피용자 1인당 보수총액 인상률은 1.4%이다. 노동부에 따르면 매년 1.7%p, 한국은행에 따르면 매년 2.9%p만큼 성장에 못 미치는 임금 인상이 이루어진 것이다. 지난 15년 동안 실질임금 인상률이 경제성장률보다 높았던 해는 노동부에 따르면 2002년, 2003년, 2012년 세 해이고, 한국은행에 따르면 2003년 단 한 해뿐이다. 비정규직뿐 아니라 정규직에서도 성장에 못 미치는 임금 인상이 이루어진 것이다.

3) 노동소득분배율 하락

저임금 비정규직이 양산되고, 정규직에서도 성장에 못 미치는 임금 인상이 이루어지고, 골목상권 붕괴로 자영업자가 몰락하면서, 노동소득분배율이 빠른 속도로 하락하고 있다.

첫째, 한국은행이 공식 발표한 노동소득분배율(피용자보수총액)은 1996년 62.4%에서 2002년 58.2%로 4.2%p 감소했다가 2015년에는 62.9%로 외환위기 직전 수준을 회복했다. 하지만 이것은 노동자들의 상대적 지위가 회복되어서가 아니라, 임금노동자가 1996년 1320만 명(취업자의 63.3%)에서 2015년 1923만 명(취업자의 74.1%)으로 603만 명(10.8%p) 늘어났기 때문이다. 노동자들 머릿수는 절반 가까이 늘었는데, 가져가는 몫은 똑같은 것이다.

둘째, 한국은행 노동소득분배율은 자영업자 노동소득을 반영하지 않고 있다. 자영업자 노동소득을 노동자 임금과 동일하다고 가정하는 OECD 방식으로 노동소득분배율(피용자보수총액×취업자/노동자)을 계산하면, 1996년 98.6%에서 2015년 84.8%로 13.8%p 하락했다. 이는 취업자 대비 노동자 비중의 증가를 고려한 조정 노동소득분배율을 의미

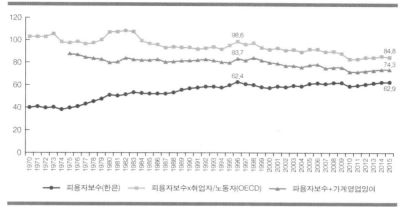

┃그림 8-4┃ 노동소득분배율 추이 (단위:%)

자료: 한국은행 국민계정, 통계청 경제활동인구조사에서 계산함.

하는데, 그만큼 노동자들의 상대적 지위가 하락했음을 보여준다.

셋째, 자영업자 노동소득은 노동자들의 임금에 못 미치기 때문에 OECD 방식은 한국의 노동소득분배율을 과대평가하게 된다. 따라서 가계영업잉여를 자영업자 노동소득으로 가정하고 노동소득분배율(피용자보수총액＋가계영업잉여)을 계산하면, 1996년 83.7%에서 2015년 74.3%로 9.4%p 하락했다.

넷째, 한국은행이 집계한 노동소득분배율은 시간이 갈수록 개선되고, OECD 방식 노동소득분배율은 시간이 갈수록 악화되며, 자영업자 가계영업잉여를 합친 노동소득분배율은 이명박 정부 때 가장 낮았다(〈그림 8-4〉 참조).

4) 임금 불평등 확대

노동소득분배율이 악화되면 노동자들 내부적으로 임금 불평등이 확대된다. 그나마 교섭력이 있는 노동자들은 자기 몫을 지키지만, 교섭력

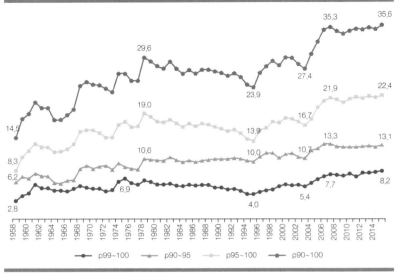

| 그림 8-5 | 상위 집단의 임금점유율 추이 (단위:%)

자료: 홍민기(2017).

이 없거나 취약한 노동자들은 속수무책으로 모든 부담을 떠안기 때문이다.

(1) 상위 집단의 임금점유율

상위 1% 집단의 임금점유율은 1975년(6.9%)을 정점으로 감소하다가, 1995년(4.0%)을 저점으로 2015년(8.2%)까지 증가했다. 상위 5% 집단의 임금점유율은 1978년(19.0%)을 정점으로 감소하다가, 1995년(13.9%)을 저점으로 2007년(21.9%)까지 증가했고, 그 뒤로는 2015년(22.4%)까지 같은 수준을 유지하고 있다. 상위 10% 집단의 임금점유율은 1978년(29.6%)을 정점으로 감소하다가, 1995년(23.9%)을 저점으로 2007년(35.3%)까지 증가했고, 그 뒤로는 2015년(35.6%)까지 같은 수준을 유지하고 있다(〈그림 8-5〉 참조).

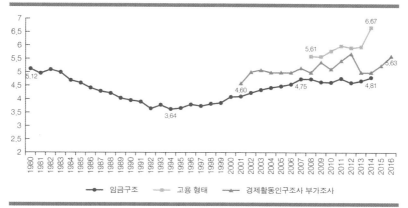

┃그림 8-6-1┃ 임금 불평등 추이: 임금 격차(P9010)

자료: 노동부 임금구조 기본통계조사와 고용형태별 근로실태조사, 통계청 경제활동인구조사 부가조사.

(2) 임금 10분위 배율(P9010)

노동부 임금구조 기본통계조사에서 10인 이상 사업체 상용직 노동자들의 임금 10분위 배율(P9010)은 1980년(5.12배)부터 계속 낮아지다가 1994년(3.64배)을 저점으로 2007년(4.75배)까지 증가했다. 2007년부터는 4.6~4.8배 안팎에서 비슷한 수준을 유지하고 있다.

노동부 고용형태별 근로실태조사에서 1인 이상 사업체 노동자들의 임금 격차가 2008년 5.61배에서 2014년 6.67배로 높아졌다. 통계청 경제활동인구조사 부가조사에서 전체 노동자들의 임금 격차는 2001년 4.60배에서 2012년 5.71배로 높아졌고, 2013년 5.00배에서 2016년 5.63배로 다시 높아졌다(〈그림 8-6-1〉 참조).

(3) 임금 불평등(지니계수)

노동부 임금구조 기본통계조사에서 10인 이상 사업체 상용직 노동자들의 지니계수는 1980년(0.375) 이후 계속 낮아지다가 1994년(0.277)을 저점으로 2008년(0.335)까지 계속 증가했다. 2008년 이후는 0.328~

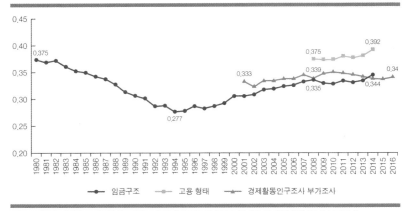

자료: 노동부 임금구조 기본통계조사와 고용형태별 근로실태조사, 통계청 경제활동인구조사 부가조사.

0.344 안팎에서 비슷한 수준을 유지하고 있다.

노동부 고용형태별 근로실태조사에서 1인 이상 사업체 노동자들의 지니계수는 2008년 0.375에서 2014년 0.392로 높아졌다. 통계청 경제활동인구조사 부가조사에서 전체 노동자들의 지니계수는 2001년 0.333에서 계속 높아지다가 2010년 0.352를 정점으로 2015년 0.338까지 계속 하락했다(〈그림 8-6-2〉 참조).

5) 노조 조직률

노조 조합원 수(조직률)는 1963년 22만 명(9.4%)에서 1979년 109만 명(16.9%)까지 꾸준히 증가했다. 1980년 전두환 군사정권이 지역노조를 해산하고 기업별 노조를 강제하자 95만 명(14.7%)으로 감소했다. 1980년대 초반에는 조합원 수 100만 명을 유지했지만 조직률은 계속 하락했다.

1987년 7~9월 노동자대투쟁 이후 조합원 수(조직률)는 빠른 속도로

‖그림 8-7-1‖ 노조 조합원 수 추이 (단위: 1000명)

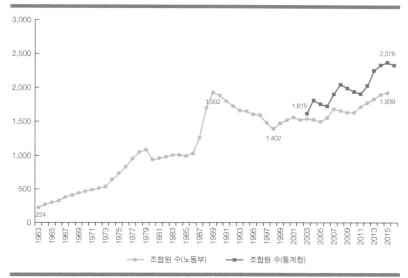

‖그림 8-7-1‖ 노조 조합원 수 추이 (단위: 1000명)

자료: 노동부 노동조합 조직 현황, 통계청 경제활동인구조사 부가조사.

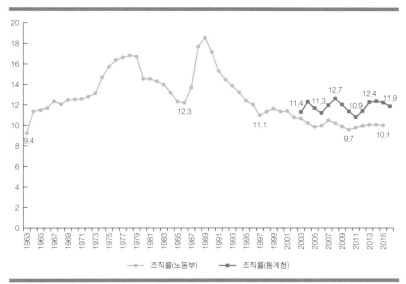

‖그림 8-7-2‖ 노조 조직률 추이 (단위: %)

자료: 노동부 노동조합 조직 현황, 통계청 경제활동인구조사 부가조사.

증가해 1989년에는 193만 명(18.6%)으로 최고치를 기록했다. 1990년 대는 계속 감소해 외환위기 직후인 1998년에는 140만 명(11.4%)까지 감소했다. 2000년대에는 조합원 수가 계속 늘어나 2015년에는 194만 명으로 증가했지만, 조직률은 10.1%로 같은 수준을 유지하고 있다. 통계청에 따르면 조합원 수가 2003년 162만 명에서 2015년 238만 명으로 증가했고, 조직률은 11%대에서 오르내리고 있다(〈그림 8-7〉 참조).

3. 진단

1) 시대적 배경

1974년 석유파동부터 2008년 글로벌 금융위기까지 30여 년은, 전 세계 곳곳에서 신자유주의가 맹렬하게 위세를 떨치고, 노동시장 유연화가 마치 글로벌 표준(global standard)이라도 되는 양 행세하던 시장 근본주의 시기였다. 2008년 글로벌 금융위기를 겪은 뒤 사정은 크게 달라져, 국제노동기구(ILO)와 주요 선진국을 중심으로 신자유주의와 노동시장 유연화에 대한 비판과 재검토가 활발하게 이루어지고 있다. 대표적 사례로 ILO의 임금주도 성장모델(wage-led growth model)과 피케티(Thomas Piketty)의 『21세기 자본(Capital in the Twenty-First Century)』 열풍을 들 수 있다. 하지만 아직까지 반전의 주체와 뚜렷한 계기를 마련하지 못하고 있다.

한국에서 신자유주의가 확산되고 노동시장 유연화가 추진된 것은 1994년 김영삼 정부부터이다. 그 뒤 20년 가까이 노동시장 유연화는 한국 사회에서 지배적 담론으로 자리 잡았다. 김영삼 정부에서 김대중 정부, 노무현 정부에서 이명박 정부로 정권이 바뀌어도, 노동시장 유연

화는 제1의 노동정책 과제로 흔들림 없이 추진되었고, 고용 불안정, 소
득 불평등 등 노동시장 양극화의 부정적 폐해는 갈수록 확대되었다.

2012년 총선과 대선 때는 재벌 개혁과 골목상권 보호 등 경제민주화
와 복지국가가 핵심 이슈로 떠올랐지만, 정작 그 뿌리인 노동시장과 노
사관계 개혁은 주요 이슈가 되지 못했다. 그러나 여야 모두 대선 공약
에서 노동시장 유연화라는 용어 자체를 찾아볼 수 없었고, 과거보다 전
향적인 노동시장(일자리) 공약을 제시했다. 이는 지난 20년 동안 추진
된 노동시장 유연화가 노동시장 양극화(고용 불안정, 소득 불평등)로 이
어지면서, 대중의 반감이 확산된 저간의 사정을 반영하는 것으로 해석
된다.

제18대 대통령에 당선된 박근혜 후보는 대선 때 고용률 70% 달성,
상시적·지속적 업무에 정규직 고용 관행 정착, 2020년까지 연평균 노
동시간 OECD 수준으로 단축, 최저임금 수준 개선과 근로 감독 강화,
정리해고 요건과 절차 강화 등을 공약했다. 그러나 얼마 안 가 고용률
70% 달성 이외의 공약은 사라졌고, 그 빈자리는 공약에도 없던 양질의
(?) 시간제 일자리 창출이 대신했다.

2014년 말에는 최경환 부총리의 정규직 과보호 발언을 시작으로, 노
동시장 유연화가 다시 노동정책 제1의 과제로 등장했다. 박근혜 정부
는 '2015년 경제정책 방향'과 '비정규직 종합대책'에서 정규직과 비정규
직의 하향평준화를 공식 천명했다. 2015년 9월 여당이 입법 발의한 '노
동법' 개정안은 '쉬운 해고, 평생 비정규직'으로 요약되듯이 재벌의 이
해관계를 노골적으로 대변하는 것이었다. 하지만 박근혜 정부와 재계
가 추진한 노동 개혁(?)은 노동계와 시민사회, 야당의 저항으로 좌절되
었다.

지난 20년 동안 역대 정부가 '노동시장 유연화'를 제1의 정책 과제로
추진하면서 정부와 노동계 간 갈등이 끊이지 않았다. 김대중, 노무현

정부으로 이어지는 민주정부 시기는 국제통화기금(IMF)이 구제금융 조건으로 내놓은 정리해고와 '파견법'을 도입하는 대신, 교원노조, 공무원노조, 민주노총을 합법화하고, 주 40시간 근무제와 '기간제보호법'을 도입하고, '국민기초생활보장법' 등 사회적 안전망을 구축하는 데 초점을 맞추었다. 따라서 이 시기 정부와 노동계 사이 갈등은 구조조정과 개혁 수위를 둘러싼 갈등이 대부분이었다. 그러나 이명박, 박근혜 정부로 이어지는 보수정부 시기의 정부와 노동계 사이 갈등은, 100만 고용대란설, 노동 개혁(?) 추진에서 알 수 있듯이, 개악 저지를 둘러싼 갈등이 주를 이루었다.

2) 시기별 진단

지난 30년 동안 노동자 대중의 삶의 질은 개선되고 노동기본권은 신장되었는가? 이러한 질문에 답하기 위해 〈표 8-1〉은 1980~2015년 사이 주요 노동 지표를 5년 단위로 요약·정리한 것이다. 1987년에는 6월 항쟁과 7~9월 노동자대투쟁이 있었고, 1997~1998년에는 외환위기와 민주정부 출범, 2007~2008년에는 글로벌 금융위기와 보수정부 출범이 있었다. 이러한 전환기적 사건이 미친 단기적이면서도 직접적인 영향을 배제하기 위해 1980년대 초반, 1990년대 초반, 2000년대 초반, 2010년대 초반을 비교하면서 그 특징을 살펴본다(〈표 8-1〉 참조).

(1) 1980년대 초반과 1990년대 초반

전두환 군사정권이 집권한 1980년대 초반과, 1987년 6월항쟁과 7~9월 노동자대투쟁 이후 노동운동이 활성화된 1990년대 초반을 비교하면, 경제성장률은 9.4%에서 8.4%로 조금 낮아지고, 물가상승률도 7.3%에서 6.2%로 조금 낮아졌다. 고용률은 55.1%에서 59.7%로 높아

‖ 표 8-1 ‖ 주요 지표의 시기별 추이(연평균)

		1980~1985년	1986~1990년	1991~1995년	1996~2000년	2001~2005년	2006~2010년	2011~2015년
주요 경제지표(%)	경제성장률	9.4	10.5	8.4	5.7	4.7	4.1	3.0
	물가상승률	7.3	5.4	6.2	4.0	3.3	3.0	1.9
고용률(%)	15세 이상	55.1	57.0	59.7	58.7	59.5	59.3	59.7
	15-29세	43.6	43.0	45.4	43.3	44.7	41.7	40.6
실업률(%)	15세 이상	4.2	2.9	2.5	4.5	3.7	3.4	3.4
	15-29세	7.6	5.9	5.7	8.3	7.8	7.7	8.3
근속 연수	정규직(노동부)	3.3	4.0	5.2	5.8	6.1	6.3	6.5
실질임금 (2015년 기준, 1000원)	정규직(노동부)	917	1,312	1,971	2,415	2,969	3,415	3,531
	피용자(한국은행)	1,032	1,428	1,969	2,411	2,670	2,880	2,941
실질임금 인상률(%)	정규직(노동부)	5.5	8.8	7.1	3.3	4.4	1.8	1.1
	피용자(한국은행)	4.9	7.3	7.1	1.4	2.8	0.6	0.8
성장률-임금 인상률	정규직(노동부)	3.9	1.7	1.3	2.3	0.3	2.4	1.9
	피용자(한국은행)	4.5	3.2	1.3	4.2	1.9	3.5	2.2
최저임금 인상률(%)	명목인상률			11.9	7.0	11.6	7.1	6.3
	실질인상률			5.3	2.9	8.0	3.9	4.3
제조업 경영 지표(%)	영업이익률	7.6	6.9	7.3	7.0	6.6	5.9	5.0
	인건비/매출액	10.2	12.1	13.5	10.7	10.0	9.3	9.3
노동시간	취업자	2,869	2,851	2,748	2,657	2,566	2,419	2,284
	노동자		2,873	2,699	2,606	2,527	2,374	2,240
상위 집단 임금 집중도(%)	p99~100	5.7	5.5	4.5	5.0	5.9	7.5	7.9
	p95~100	17.2	16.7	15.0	17.0	18.1	21.5	22.1
	p90~95	10.3	10.3	10.4	11.3	11.6	13.0	12.9
	p90~100	27.5	27.0	25.4	28.3	29.6	34.6	35.1
P9010 (배)	정규직(임금 구조)	4.87	4.19	3.73	3.86	4.32	4.67	4.73
	노동자(고용 형태)						5.67	6.13
	노동자(경활부가)					4.94	5.14	5.28
지니계수	정규직(임금 구조)	0.361	0.325	0.286	0.290	0.315	0.330	0.335
	노동자(고용 형태)						0.374	0.383
	노동자(경활부가)					0.333	0.345	0.344
조합원 수 (1000명)	노동부	995	1,566	1,696	1,498	1,540	1,639	1,839
	통계청					1,730	1,930	2,186
조직률(%)	노동부	13.7	15.9	14.0	11.5	10.7	10.1	10.1
	통계청					11.9	11.9	11.9
파업	발생 건수(건)	150	1,567	164	148	325	114	92
	손실 일수(천일)	27	4,652	1,597	1,210	1,202	737	620
구제 신청	부당해고(건)		920	1,457	2,990	4,649	7,584	10,068
	부당노동행위(건)	204	1,033	652	762	1,136	1,170	925

주: 정규직은 10인 이상 사업체 상용직을 의미함.
자료: 통계청 경제활동인구조사·경제활동인구조사 부가조사·물가조사, 한국은행 국민소득·기업경영분석, 노동부 임금구조기본통계조사·고용형태별 근로실태조사·사업체노동력조사·노동조합 조직현황·고용노동통계, 홍민기(2017).

지고, 실업률은 4.2%에서 2.5%로 낮아졌다. 청년 고용률은 43.6%에서 45.4%로 높아지고, 청년 실업률은 7.6%에서 5.7%로 낮아졌다. 정규직 근속 연수는 3.3년에서 5.2년으로 1.9년 길어졌다.

실질임금은 103만 원에서 197만 원으로 94만 원 높아지고, 실질임금 인상률은 4.9%에서 7.1%로 높아졌다. 정규직도 실질임금이 92만 원에서 197만 원으로 105만 원 높아지고, 실질임금인상률은 5.5%에서 7.1%로 높아졌다. 제조업에서 매출액 대비 영업이익률은 7.6%에서 7.3%로 조금 낮아지고, 인건비 비중은 10.2%에서 13.5%로 높아졌다. 연간 노동시간은 2869시간에서 2748시간으로 짧아졌다.

상위 1% 임금집중도는 5.7%에서 4.5%로 1.2%p 낮아지고, 상위 5%는 17.2%에서 15.0%로 2.2%p 낮아졌으며, 상위 10%는 27.5%에서 25.4%로 2.1%p 낮아졌다. 임금 격차(P9010)는 4.87배에서 3.73배로 낮아지고, 임금 불평등(지니계수)은 0.361에서 0.286으로 낮아졌다.

노조 조합원(조직률)은 100만 명(13.7%)에서 170만 명(14.0%)으로 증가했다. 파업 발생 건수는 150건에서 164건으로 늘어났고, 파업 손실 일수는 3만 일에서 160만 일로 크게 증가했다. 부당노동행위 구제 신청 건수는 204건에서 652건으로 증가했고, 부당해고 구제 신청 건수도 1457건으로 늘어났다.

(2) 1990년대 초반과 2000년대 초반

외환위기 이전인 1990년대 초반과 외환위기 이후인 2000년대 초반을 비교하면, 경제성장률은 8.4%에서 4.7%로 뚝 떨어지고, 물가상승률도 6.2%에서 3.3%로 낮아졌다. 고용률은 59.7%에서 59.5%로 조금 낮아지고, 실업률은 2.5%에서 3.7%로 높아졌다. 청년 고용률은 45.4%에서 44.7%로 낮아지고, 청년 실업률은 5.7%에서 7.8%로 높아졌다. 정규직 근속 연수는 5.2년에서 6.1년으로 길어졌다.

실질임금은 197만 원에서 267만 원으로 70만 원 높아지고, 실질임금 인상률은 7.1%에서 2.8%로 뚝 떨어졌다. 정규직 실질임금은 197만 원에서 297만 원으로 100만 원 높아지고, 실질임금인상률은 7.1%에서 4.4%로 떨어졌다. 제조업 매출액 대비 영업이익률은 7.3%에서 6.6%로 낮아지고, 인건비 비중은 13.5%에서 10.0%로 뚝 떨어졌다. 최저임금 인상률은 실질임금 기준으로 5.3%에서 8.0%로 높아지고, 연간 노동시간은 2748시간에서 2566시간으로 짧아졌다.

상위 1% 임금집중도는 4.5%에서 5.9%로 1.4%p 높아지고, 상위 5%는 15.0%에서 18.1%로 3.1%p 높아졌으며, 상위 10%는 25.4%에서 29.6%로 4.2%p 높아졌다. 정규직 임금 격차(P9010)는 3.73배에서 4.32배로 높아지고, 임금 불평등(지니계수)은 0.286에서 0.315로 높아졌다.

노조 조합원 수(조직률)는 170만 명(14.0%)에서 154만 명(10.7%)으로 감소했다. 파업 발생은 164건에서 325건으로 증가했지만, 파업 손실 일수는 160만 일에서 120만 일로 감소했다. 부당노동행위 구제 신청 건수는 652건에서 1136건으로 증가했고, 부당해고 구제 신청 건수는 1457건에서 4649건으로 급증했다.

(3) 2000년대 초반과 2010년대 초반

외환위기 이후 민주정부가 집권한 2000년대 초반과 보수정부가 집권한 2010년대 초반을 비교하면, 경제성장률은 4.7%에서 3.0%로 더 낮아지고, 물가상승률은 3.3%에서 1.9%로 더 낮아졌다. 고용률은 59.5%에서 59.7%로 조금 높아지고, 실업률은 3.7%에서 3.4%로 조금 낮아졌다. 청년 고용률은 44.7%에서 40.6%로 떨어지고, 청년 실업률은 7.8%에서 8.3%로 높아졌다. 정규직 근속 연수는 6.1년에서 6.5년으로 조금 길어졌다.

실질임금은 267만 원에서 294만 원으로 27만 원 높아지고, 실질임금

인상률은 2.8%에서 0.8%로 뚝 떨어졌다. 정규직의 실질임금은 297만 원에서 353만 원으로 56만 원 높아지고, 실질임금인상률은 4.4%에서 1.1%로 뚝 떨어졌다. 제조업 매출액 대비 영업이익률은 6.6%에서 5.0%로 낮아지고, 인건비 비중도 10.0%에서 9.3%로 낮아졌다. 최저임금인상률은 실질임금 기준으로 8.0%에서 4.3%로 낮아지고, 연간 노동시간은 2566시간에서 2284시간으로 짧아졌다.

상위 1% 임금집중도는 5.9%에서 7.9%로 2.0%p 높아지고, 상위 5%는 18.1%에서 22.1%로 4.0%p 높아졌으며, 상위 10%는 29.6%에서 35.1%로 5.5%p 높아졌다. 임금 격차(P9010)는 4.32배에서 4.73배로 높아지고, 임금 불평등(지니계수)은 0.315에서 0.335로 높아졌다.

노조 조합원(조직률)은 154만 명(10.7%)에서 184만 명(10.1%)으로 조합원 수는 증가하고 조직률은 감소했다. 그러나 통계청에 따르면 173만 명(11.9%)에서 219만 명(11.9%)으로 조합원 수는 증가하고 조직률은 변함이 없다. 파업 발생 건수는 325건에서 92건으로 감소했고, 파업 손실 일수는 120만 일에서 62만 일로 감소했다. 부당노동행위 구제 신청 건수는 1136건에서 925건으로 감소했지만, 부당해고 구제 신청 건수는 4649건에서 1만 건 이상으로 급증했다.

(4) 1980년대 초반과 2010년대 초반

1987년 6월항쟁과 7~8월 노동자대투쟁이 있기 전인 1980년대 초반과 외환위기 이후 보수정부가 집권한 2010년대 초반을 비교하면, 경제성장률은 9.4%에서 3.0%로 뚝 떨어지고, 물가상승률은 7.3%에서 1.9%로 뚝 떨어졌다. 고용률은 55.1%에서 59.7%로 높아지고, 실업률은 4.2%에서 3.4%로 낮아졌다. 하지만 청년 고용률은 43.6%에서 40.6%로 떨어지고, 청년 실업률은 7.6%에서 8.3%로 높아졌다. 정규직 근속 연수는 3.3년에서 6.5년으로 조금 길어졌다.

실질임금은 103만 원에서 294만 원으로 높아졌지만, 실질임금인상률은 4.9%에서 0.8%로 뚝 떨어졌다. 정규직 실질임금도 92만 원에서 353만 원으로 높아졌지만, 실질임금인상률은 5.5%에서 1.1%로 뚝 떨어졌다. 제조업 매출액 대비 영업이익률은 7.6%에서 5.0%로 낮아지고, 인건비 비중은 10.2%에서 9.3%로 낮아졌다. 연간 노동시간은 2869시간에서 2284시간으로 짧아졌다.

상위 1% 임금집중도는 5.7%에서 7.9%로 2.2%p 높아지고, 상위 5%는 17.2%에서 22.1%로 4.9%p 높아졌으며, 상위 10%는 27.5%에서 35.1%로 7.6%p 높아졌다. 임금 격차(P9010)는 4.87배에서 4.73배로 조금 낮아지고, 임금 불평등(지니계수)은 0.361에서 0.335로 낮아졌다.

노조 조합원(조직률)은 100만 명(13.7%)에서 184만 명(10.1%)으로 조합원 수는 증가하고 조직률은 감소했다. 파업 발생 건수는 150건에서 92건으로 감소했고, 파업 손실 일수는 3만 일에서 62만 일로 증가했다. 부당노동행위 구제 신청 건수는 204건에서 925건으로 증가했고, 부당해고 구제 신청 건수는 1만 건 이상으로 급증했다.

(5) 요약

지금까지 분석한 결과를 요약하면 다음과 같다. 첫째, 지난 30년 동안 실질임금은 상승하고, 노동시간은 단축되고, 근속 연수는 길어졌다. 그러나 1990년대 초반에는 성장에 상응하던 실질임금 인상이, 2000년대 초반에는 성장에 크게 못 미치는 수준으로 낮아졌고, 2010년대 초반에는 '임금 없는 성장'으로 더 낮아졌다. 두 차례에 걸친 법정 노동시간 단축으로 연간 노동시간은 2800시간대에서 2200시간대로 600시간 단축되었지만, 여전히 OECD 국가 중 멕시코 다음으로 길다. 근속 연수도 3.3년에서 6.5년으로 길어졌지만 OECD 국가 중 한국이 가장 짧고, 전체 노동자의 3분의 1은 근속 연수가 1년이 안 되는 초단기 근속의 나라이다.

둘째, 고성장이 지속되는 가운데 정치적 민주주의가 진전되고 노동운동이 활성화된 1990년대 초반에는, 고용 사정이 개선되고 임금 불평등이 축소되고 노조 조직률이 증가했다. 당시 노동자들은 지속적인 성장과 미래에 대한 희망을 가질 수 있었다. 그러나 외환위기 이후 2000년대 초반에는 고성장이 저성장 체제로 전환되고, 청년 고용이 악화되고 비정규직 문제가 심화되었다. 임금 불평등이 확대되고, 노조 조직률이 하락하거나 제자리걸음을 했다. 2010년대 초반에는 이들 지표가 더 악화되고 고착화되면서, 많은 청년과 노동자들이 미래에 대한 희망을 포기하는 상황으로 내몰리고 있다.

3) 사회경제적 폐해

이처럼 고용의 질과 노동소득 분배구조가 악화된 것은 일차적으로, 지난 20년 동안 정부가 노동정책 제1의 과제로 추진한 노동시장 유연화 정책과, 외환위기 이후 확대된 기업의 인건비 절감에 기초한 단기 수익 극대화 전략에서 원인을 찾을 수 있다. 그러나 이러한 정부 정책과 기업 전략은 우리 사회가 참고 견딜 수 있는 수준을 넘어선 지 오래이다.

양질의 일자리가 파괴되고 저임금 비정규직 일자리가 증가하면서 저임금 계층의 생활난이 가중되고 노동소득 분배구조가 악화되고 있다. 이것은 저소득층의 소비 부진과 내수 기반 잠식, 가계 부채 증가로 이어지고, 노사 갈등과 사회 갈등을 불러일으키고, 성장 잠재력과 민주주의 지지 기반 잠식으로 이어져, 정치적·경제적·사회적으로 많은 부정적 폐해를 낳고 있다. 최근 사회문제가 되고 있는 출산율 저하와 자살 급증도 이와 무관하지 않다. 선행 연구들을 토대로 구체적 경로를

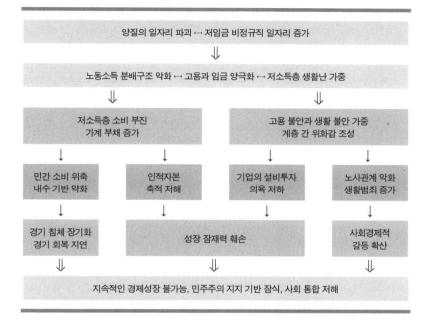

┃그림 8-8┃ 비정규직-저임금 일자리 증가의 사회경제적 영향

양질의 일자리 파괴 ↔ 저임금 비정규직 일자리 증가

⇩

노동소득 분배구조 악화 ↔ 고용과 임금 양극화 ↔ 저소득층 생활난 가중

⇩

저소득층 소비 부진
가계 부채 증가

고용 불안과 생활 불안 가중
계층 간 위화감 조성

민간 소비 위축
내수 기반 약화

인적자본
축적 저해

기업의 설비투자
의욕 저하

노사관계 악화
생활범죄 증가

경기 침체 장기화
경기 회복 지연

성장 잠재력 훼손

사회경제적
갈등 확산

⇩

지속적인 경제성장 불가능, 민주주의 지지 기반 잠식, 사회 통합 저해

살펴보면 〈그림 8-8〉과 같다.

한국의 노사관계는 10%대의 낮은 노조 조직률과 협약 적용률, 대기업·정규직 중심의 기업별 노조·교섭 체계 등 극도로 분권화된 노사관계를 특징으로 한다. 70년에 걸친 남북분단과 30년에 걸친 군사독재정권, 저임금에 기초한 수출지향형 공업화 정책, 경제성장 제일주의 등으로, 한국에는 다른 어느 나라보다 노조에 적대적인 문화가 형성되었고, 사용자들의 적대감도 매우 크다.

이처럼 분권화된 노사관계와 반노조 사회문화, 사용자들의 적대감은 한국 노동시장의 특징인 중층적으로 분단된 노동시장과 맞물려, 노동시장의 수량적 유연성과 불평등을 극단으로 치닫게 하고, 대립적·배제적 노사관계를 확대 재생산하고 있다.

▐그림 8-9▐ 한국의 노동시장과 노사관계 불일치

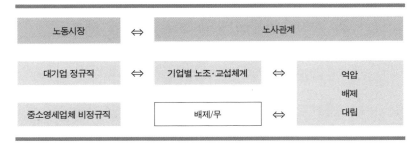

▐그림 8-9▐ 한국의 노동시장과 노사관계 불일치

　　현행 노사관계 체제에서는 노동조합 조직률이 10%대를 넘어서기 어려울 것으로 보인다. 1987~1989년처럼 노동운동이 폭발적으로 고양된 정치적·사회적 격변기에도 10%대의 벽을 넘어서지 못했고, 그때와 같은 정치적·사회적 격변기가 다시 찾아오기도 쉽지 않기 때문이다. 현행 노사관계 체제에서는 앞으로도 전체 노동자의 80~90%가 노조 가입조차 배제된 노동인권의 사각지대에 방치될 가능성이 높다.

4. 과제

1) 기본 관점

세계인권선언 제23조는 다음과 같이 말한다.

① 모든 사람은 근로의 권리, 자유로운 직업 선택권, 공정하고 유리한 근로 조건에 관한 권리 및 실업으로부터 보호받을 권리를 가진다.
② 모든 사람은 어떠한 차별도 받지 않고 동등한 노동에 대하여 동등한 보수를 받을 권리를 가진다.

③ 모든 근로자는 자신과 가족에게 인간적 존엄에 합당한 생활을 보장하여 주며, 필요할 경우 다른 사회적 보호의 수단에 의하여 보완되는, 정당하고 유리한 보수를 받을 권리를 가진다.

④ 모든 사람은 자신의 이익을 보호하기 위하여 노동조합을 결성하고, 가입할 권리를 가진다.

헌법은 다음과 같이 규정한다.

제32조 ① 모든 국민은 근로의 권리를 가진다. 국가는 사회적·경제적 방법으로 근로자의 고용의 증진과 적정임금의 보장에 노력하여야 하며, 법률이 정하는 바에 의하여 최저임금제를 시행하여야 한다. ③ 근로 조건의 기준은 인간의 존엄성을 보장하도록 법률로 정한다. ④ 여자의 근로는 특별한 보호를 받으며, 고용·임금 및 근로 조건에 있어서 부당한 차별을 받지 아니한다.

제33조 ① 근로자는 근로 조건의 향상을 위하여 자주적인 단결권·단체교섭권 및 단체행동권을 가진다.

2005년에 서거한 교황 요한 바오로 2세는 1981년 칙령(Laborem Excercens)에서 다음과 같이 국가의 책임을 강조한다.

인간을 위한 노동이지, 노동을 위한 인간이 아니다(Work is 'for man' and not man 'for work'). 노동의 존엄성은 객관적 차원이 아닌 주체적 차원에서 그 근원을 찾아야 한다. 사람들이 수행하는 노동의 종류가 얼마간 객관적 가치를 달리 하더라도, 노동의 주체인 인간의 존엄성을 최우선 척도로 판단해야 한다. 사람들이 수행하는 노동의 종류가 무엇이든, 아무리 단조롭고 단순한 서비스일지라도, 노동을 수행하는 목적은 항상 인간이다. …… 노동인권에 대한 존중은 현대 사회에서 평화를 실현하기 위한 근본 조건이다. 국가와 국제기구는 간접 사용자로서 노동자들의 요구를 충족시킬 조건을 만들어낼 책임을 다해야 한다.

또한 교황 요한 바오로 2세는 1981년 칙령에서 노동조합과 노동자의 연대(solidarity)를 강조하고 있다.

노동조합은 현대 산업사회에서 사회적 삶의 필수불가결한 요소이다. 노동조합은 사회정의, 즉 노동자들의 권리 실현을 위한 투쟁의 대변자이자, 사회질서와 연대를 건설하는 힘이며, 노동자들을 교육하고 인간성을 실현해야 한다. 노동조합은 집단 또는 계급 이기주의적이어서는 아니된다.

2) 과제

(1) 수량적 유연성은 낮추고 기능적 유연성과 안정성을 높이자

노동시장 유연성을 수량적 유연성과 기능적 유연성으로 구분하면, 지금까지 정부 정책은 수량적 유연화(고용조정, 비정규직 확대, 아웃소싱)로 요약할 수 있다. 노동시장의 수량적 유연성은 '경제 환경이 변동할 때 고용, 임금, 노동시간이 얼마나 빠른 속도로 변화하는가'를 의미하는바 기업에게는 경제적 효율성을 의미할 수 있지만, 노동자에게는 그만큼 고용 불안과 생활 불안을 의미한다. 수량적 유연성이 노동자들이 참고 견딜 수 있는 수준을 넘어서면 경제적 효율성과 형평성을 가로막고 사회불안마저 조장한다.

기능적 유연성은 노동자가 교육훈련, 작업조직 재편 등을 통해 변화하는 상황에 대처하는 능력을 키워나가는 것을 의미하는바 노동자에게는 고용 안정과 생활 안정을 가져다주고, 기업에게는 지속가능한 경쟁 우위의 원천을 가져다줄 수 있다. 한국 경제가 장기적으로 경쟁력을 확보하려면 고성과·참여적 작업시스템으로 전환해야 하고, '수량적 유연성을 추구하는 기업일수록 기능적 유연성을 높일 능력이 제약된다'(Atkinson, 1987)는 점을 감안할 때, 앞으로 노동시장 정책을 수량적 유연성은 낮추고 기능적 유연성과 안정성은 높이는 방향으로 추진해야 한다.

지금까지 한국의 노동운동은 수량적 유연성은 물론 기능적 유연성도 부정적으로 평가해왔다. 여기에는 나름대로 이유가 있다. 일반적으로 기능적(동태적) 유연성은 노동자와 노동조합에게 유리한 여건을 조성하는 것으로 평가되지만, 반드시 그런 것은 아니다. 한국을 비롯한 동아시아 지역에서는 동태적 유연성을 추구하는 고부가가치 산업의 기업조차 노동자와 노동조합의 의사결정 참여를 허용하지 않고, 집단적·공식적 참여보다 개별적·비공식적 참여를 선호하는 등 선진국에 비해 훨씬 전제적(autocratic)으로 운영되기 때문이다(Deyo, 1997).

기업은 '사람이 경쟁력의 원천'이라는 전제 아래, '비용 절감을 통한 단기 수익 극대화'에서 '사람을 중시하는 장기 수익 극대화'로 경영 전략을 전환하고, 노동조합은 사람 중시 경영철학, 경영 투명성 보장, 노동조합 의사결정 참여 등을 전제로 기능적 유연성을 적극적으로 평가하고 고용과 생활의 안정성을 제고해야 할 것이다.

(2) 저임금 비정규직 일자리가 아닌 양질의 일자리를 만들자

2015년 한국의 고용률(15~64세)은 65.7%로 OECD 평균(66.3%)보다 0.6%p 낮다. OECD 평균에 비해 남성은 75.7%로 1.5%p 높고, 여성은 55.7%로 2.9%p 낮다. 청년(15~24세)은 26.9%로 13.6%p 낮고, 장년(25~54세)은 75.9%로 0.6%p 낮으며, 고령자(55~64세)는 65.9%로

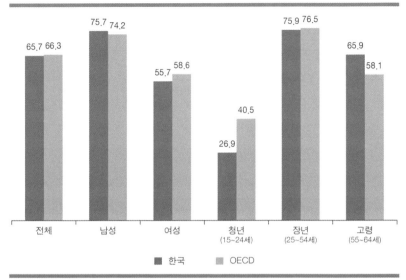

┃그림 8-10┃ 성별 연령별 고용률 국제 비교

전체: 한국 65.7, OECD 66.3
남성: 한국 75.7, OECD 74.2
여성: 한국 55.7, OECD 58.6
청년(15~24세): 한국 26.9, OECD 40.5
장년(25~54세): 한국 75.9, OECD 76.5
고령(55~64세): 한국 65.9, OECD 58.1

■ 한국　■ OECD

자료: OECD(2016).

7.8%p 높다(〈그림 8-10〉 참조).

한국에서 고령자 고용률이 OECD 평균보다 높고 노인 빈곤율이 높은 것은 사회보장제도의 미비로 노후생활이 보장되지 않기 때문이다. 청년 고용률이 OECD 평균보다 낮은 것은 저임금 비정규직 일자리가 부족해서가 아니라, 청년들이 꿈과 희망을 갖고 일할 양질의 일자리(decent work)가 지속적으로 파괴되고, 기업의 고용 관행이 경력자를 선호하는 방향으로 변화했기 때문이다. 청년들이 눈높이를 낮추어 저임금 비정규직 일자리를 갖는다고 해서 더 나은 일자리가 보장되는 것도 아니다. 저임금 비정규직 일자리는 정규직으로 옮아가는 징검다리 노릇을 하기보다는 한번 빠지면 헤어나기 힘든 덫으로 작용하고(남재량·김태기, 2000), 비정규직 취업 경험은 비정규직으로 재취업할 가능성을 높이고 임금 수준에 부정적인 영향을 미치기 때문이다(이병희, 2002;

전용석·김준영, 2004).

성별·학력별로 살펴보면 남성은 한국과 OECD 평균 모두 학력이 높을수록 고용률이 높다. 한국의 남성 고용률은 OECD 평균보다 중졸 이하는 13.0%p, 고졸은 4.1%p, 대졸은 1.7%p 높다. OECD 평균은 남녀 모두 학력이 높을수록 고용률이 높지만, 한국의 여성 고용률은 학력에 관계없이 거의 동일하다. 한국의 여성 고용률은 OECD 평균보다 중졸 이하는 12.4%p 높고, 고졸은 6.9%p, 대졸은 16.3%p 낮다(〈그림 8-10〉 참조).

한국에서 고학력 여성 고용률이 낮은 것은, 자녀 출산과 양육 등으로 경력 단절을 경험한 여성이 노동시장에 다시 진입하려 할 때 주어지는 일자리가 대부분 저임금 비정규직이어서 취업을 포기하기 때문이다. 저학력 여성 고용률이 높은 것은 본인과 가족의 생계를 위해서는 저임금 비정규직 일자리라도 감수할 수밖에 없기 때문이다.

이상으로부터 우리는 다음과 같은 함의를 끌어낼 수 있다. '한국 사회에서 고용률을 높이려면 청년과 고학력 여성의 고용률을 높여야 하며, 이를 위해서는 눈높이에 걸맞은 양질의 일자리를 제공해야 한다. 고용의 양과 질은 서로 밀접하게 연결되어 있고, 고용의 양을 늘리려면 고용의 질을 개선해야 한다. 비정규직이라도 일자리를 늘려야 한다는 식으로는 청년 실업 문제와 중소영세업체 인력난을 해소할 수 없다. 비정규직 남용과 차별을 막고 저임금을 일소하고 양질의 일자리를 창출할 때만이 문제를 해결할 수 있다.'

이를 실현하기 위한 정책 수단으로는 ① 상시적·지속적 일자리는 정규직으로 직접 고용, ② 실노동시간 단축을 통한 일자리 나누기, ③ 최저임금 수준 현실화와 근로 감독 강화, ④ 성장에 상응하는 임금 인상, ⑤ 노조 조직률 제고와 단체협약 효력 확장, ⑥ 여성의 경력 단절 해소 등이 있다. 그러나 지금까지 정부 정책은 청년 인턴 확대, 시간제 일자

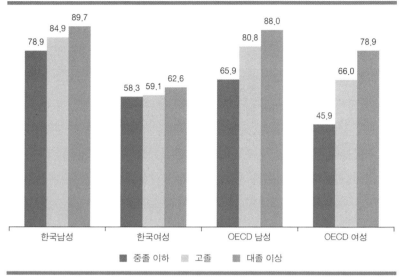

자료: OECD(2016).

리 확대, 직업교육훈련에 집중되어왔다.

(3) 노동시장 불평등을 줄이고 형평성을 높이자

외환위기 이후 성장률이 낮아졌다 해도 2000년부터 2015년 사이 연평균 경제성장률은 4.3%였다. 하지만 저임금 비정규직이 양산되고, 정규직도 성장에 못 미치는 임금 인상이 이루어지면서, 노동소득분배율이 빠른 속도로 하락하고, 임금불평등이 확대되고 있다. 여기에 골목상권 붕괴, 하도급 단가 후려치기, 부자 감세 등으로 막대한 초과 이윤이 몇몇 거대 재벌에게 빨려 들어가면서 최상위층에 소득이 집중되고 있다. 이는 노동시장 양극화(고용 불안정, 소득 불평등)가 정규직 과보호에서 비롯된 것이 아니라 재벌 과보호에서 비롯된 것임을 말해준다.

그뿐만 아니라 경제성장이 파이는 키울 수 있지만 곧바로 소득분배구조 개선으로 이어지는 것은 아니며, 한국 사회는 성장과 분배의 선순환 구조가 깨어져 있음도 말해준다. 외환위기 이후 정부는 노동시장에서 발생하는 불평등과 그에 따른 소득분배구조 악화를 기정 사실(또는 '시장'이라는 불가항력적 힘에 의한 결과)로 받아들인 채 사후적 보완책(재분배정책) 마련에 초점을 맞추어왔다. 그러나 이러한 정책은 첫째, 사회 안전망 구축 등 사후적 보완책이 실효성을 가지려면 막대한 재정이 소요되고 단기적으로 효과가 가시화되기 어려우며, 둘째, 현재 빠른 속도로 악화되고 있는 노동소득 분배구조를 방치한다면 수많은 노동자가 저임금과 빈곤의 덫에 빠져 설령 사회 안전망을 구축하더라도 그 수요를 감당하기 어려우며, 셋째, 노동소득은 요소국민소득(노동소득+사업소득+자산소득)의 60%를 차지하고 개인 또는 가구소득의 주요 원천이라는 점에서 분명한 한계가 있다.

비정규직 남용과 차별 제어, 최저임금 수준 현실화, 연대임금정책, 연대복지정책, 산업별 단체교섭 촉진과 단체협약 효력 확장 등의 노동정책을 통해, 노동시장 불평등을 해소하고 노동자들 내부적으로 형평성을 제고할 때만이, 성장과 분배의 선순환 구조를 확립하고 소득분배구조를 개선할 수 있다.

(4) 중소영세업체 비정규직을 조직하고 산별 체제로 전환하자

기업별 노조 체제에서 중소영세업체는 노동조합이 결성되더라도 조합원 수가 적어 조직의 정상적인 유지·운영이 어렵고, 비정규직은 단체협약이나 규약으로 노조 가입 대상에서 제외되기 쉽다. 조합원 구성이 특정 산업, 대기업, 남성, 정규직에 편중됨에 따라 전체 노동자의 요구와 이해를 대변하지 못하고, 노조 활동은 기업 울타리 내에서 임금인상 등 노동조건 개선으로 한정되기 쉽다. 노조 조직률은 10%대를 벗어나지 못하고, 노동운동은 경제주의, 실리주의로 내몰려 사회적 고립이 심화되고 있다.

　이러한 한계를 극복하기 위해 한국의 노동운동은 외환위기 이후 20년 동안 기업별 노조 극복과 산별노조 건설을 조직적 과제로 추진해왔다. 교원노조, 보건의료노조, 금속노조, 금융노조, 공무원노조 등 산별노조가 잇달아 건설되고, 2015년 말에는 초기업 노조 조합원 수가 110만 명(56.7%)에 이르고 있다. 그러나 아직까지 기업별 체제를 고수하는 대기업 노조가 많고, 산별교섭이 진척되지 않음에 따라 정상적으로 작동하지 않는 경우가 많다. 산별노조로 조직 형태를 전환했더라도 기업 단위 가입 방식을 유지함에 따라, 중소영세업체 비정규직이 노조 가입에서 배제되는 경우도 있다.

　한국의 노동운동이 계급적 연대와 사회적 연대에 충실하려면, 기업별 체제를 극복하고 산업별 체제로 전환해야 한다. 중소영세업체 비정규직 조직화는 전국 단위 산별노조나 총연합단체 주관 아래 초기업 단위(지역, 직종, 업종 등)로 조직하고, '중소영세업체 비정규직에게 노동인권을!'이라는 슬로건 아래 시민사회운동과 연대를 강화하고 자원 동원을 극대화해야 한다. 기업 노조(또는 지부)는 노조 가입 자격을 확대하고, '공장(직장)에서 사회로!'를 슬로건으로 기업 울타리에 갇혀 있는 현장 활동가들의 역량을 지역사회로 재배치하고, 지역사회와 네트워크를 강화해야 한다. 양대 노총과 산별노조는 공동사업과 공동투쟁을 활성화하고 산업별 동질성에 기초해서 중소산별을 통합하며 상급 단체의 지도 집행력을 강화해야 한다.

　1987년 노동자대투쟁 이후 '노동법'에서 독소 조항은 많이 개정되었다. 하지만 2017년에도 전교조와 전공노가 법외노조로 내몰리고 있다. 한국 정부가 ILO에 가입한지 25년이 지났음에도 ILO 헌장의 기본정신을 담은 협약 87호와 98호조차 비준하지 않고 있다. 노동자들은 매년 수백 명씩 구속되지만, 사용자가 구속된 사례는 찾아보기 어렵다. ILO

협약 87호와 98호를 비준함과 동시에 '노동조합법'에서 각종 독소 조항을 개정해야 할 것이다.

(5) 산별교섭과 사회적 대화, 경영 참가를 잇는 중층적 노사관계를 구축하자

전국 단위 산별노조 내지 총연맹의 주관 아래 중소영세업체 비정규직 조직화를 추진해도, 조직률은 그다지 개선되지 않을 수 있다. 우리보다 앞서 조직화 모델(organizing model)을 채택한 미국과 영국의 노동조합운동이 많은 인적 자원과 물적 자원을 투자했음에도 아직까지 조합원 수 감소 추세를 반전시키지 못한 것은, 노동운동 활성화에 유리한 제도적 장치를 확보하고 있지 못하기 때문이다(Baccaro, Hamann and Turner, 2003).

산별노조를 건설했다고 곧바로 정착되는 것도 아니다. 산별교섭을 통해 노사 쌍방이 체결한 단체협약의 성과가 단체협약 효력확장제도를 통해 미조직 노동자에게 확대 적용될 때 산별노조 건설은 그 의의를 다할 수 있고, 산별노조는 정착되고 강화될 수 있다. 금융노조, 보건의료노조, 금속노조가 산별교섭을 진행하고 있지만 아직 걸음마 단계를 벗어나지 못하고 있고, 한국의 노동운동은 산업별 단체협약 효력확장제도조차 확보하고 있지 못하다. 산업 등 초기업 수준에서 단체교섭을 촉진함과 더불어, 산업별·지역별·업종별 단체협약 효력확장제도를 마련해야 한다.

박근혜 정부와 재계, 새누리당이 노동개혁(?)을 추진하는 과정에서 무리수를 남발한 나머지 2017년 현재 노사정위원회는 기능이 마비된 상태이다. 하지만 앞으로도 중앙 수준에서 사회적 대화와 협의의 필요성이 계속 제기될 것인바, 산업별·부문별·의제별·지역별 노사정 협의체를 활성화하고, 중앙 수준에서 사회적 대화·협의 기구를 전면 재구성할 필요가 있다. 기업 수준에서 근로자 대표의 선발 절차와 활동을

보장함으로써 종업원 대표 기구와 노사협의회를 강화하고, 근로자대표
이사제도를 도입할 필요가 있다.

5. 결론

　　1987년 6월항쟁과 7~9월 노동자대투쟁으로 한국 사회에서 정치적
민주주의가 진전되고 노동운동이 활성화된 지 30년의 세월이 흘렀다.
1997년 11월 외환위기 이후 신자유주의 물결이 한국 사회를 뒤덮은 지
도 20년의 세월이 흘렀다. 1987년 당시에는 '한국 사회가 민주화되고
노동운동이 활성화되면, 노동자 대중의 삶의 질이 개선되고, 노동 현장
에 민주주의가 살아 숨 쉴 것이다'는 명제를 의심하는 사람은 드물었
다. 실제로 지난 30년 동안 실질임금이 인상되고 노동시간이 단축되고,
민주노총과 산별노조가 건설되는 등의 성과도 있었다. 그러나 고용의
질과 소득분배구조는 갈수록 악화되고, 노동자 대중의 삶은 피폐해지
고 있다. 노조 조직률은 1970년대 이래 가장 낮은 수준이고, 많은 사람
이 '노동의 위기'를 경고하고 '헬조선'을 얘기한다.
　　무엇이 잘못된 것인가? 지난 30년 동안 구속, 수배, 해고를 두려워하
지 않으면서, 전 세계 노동운동이 부러워하는 전투성과 헌신성을 갖고
열심히 싸워왔는데, 왜 오늘날 한국의 노동운동은 '노동의 위기'가 경고
되는 상황에 직면하게 되었는가? 그것은 '국가는 간접 사용자로서 노동
인권을 신장할 책무가 있다'는 사실조차 자각하지 못한 채, '노동시장
유연화'를 신주(神主) 단지처럼 모시어온 '정부의 무능'에서 비롯되었
다. 또한 기존의 노사관계 패러다임을 전환하기 위한 '전략적 선택'과
이를 실현할 '리더십'이 부재한 상태에서, 변화하는 상황에 수세적 대응
으로 일관해온 '노동운동의 무능'에서 비롯되었다. '비정규직이 전체 노

동자의 절반을 넘어서고, 노동 현장에서 각종 차별이 이루어지고 있으며, 전체 노동자의 90%가 미조직 상태로 '결사의 자유'를 향유하고 있지 못하다'는 몇 가지 사실만 놓고 보더라도, 정부는 '노동인권을 신장해야 할 책무를 다하지 않았다'는 비판으로부터 자유로울 수 없고, 노동운동도 '연대의 정신에 충실하지 못했다'는 비판으로부터 자유로울 수 없다.

앞으로 한국 노동운동은 계급적·사회적 연대(solidarity)를 강화하고, 사회협약 정치를 활성화해 기존의 노동시장 정책과 노사관계 패러다임을 바꾸고, 노동시장 불평등을 해소하고 중층적 노사관계를 구축하는 데 총력을 기울여야 할 것이다. 정부는 '노동인권을 신장할 책무가 있다'는 사실을 분명히 인식하고, 기존의 노동정책을 전면 재검토해야 할 것이다.

참고문헌

김유선. 2007. 『한국의 노동 2007』. 한국노동사회연구소.
____. 2015. 『한국의 노동 2016』. 한국노동사회연구소.
남재량·김태기. 2000. 「비정규직, 가교(bridge)인가 함정(trap)인가?」. ≪노동경제논집≫, 23권 4집.
이병희. 2002. 「노동시장 이행 초기 경험의 지속성에 관한 연구」. ≪노동정책연구≫, 2권 1호.
전용석·김준영. 2004. 「청년층의 노동이동과 노동시장 성과-초기 노동시장 경험이 노동시장 성과에 미치는 영향분석」. 중앙고용정보원 청년패널 심포지엄 발표문.
최장집 엮음. 2005. 『위기의 노동』. 후마니타스.
토마 피케티(Thomas Piketty). 2014. 『21세기 자본』. 장경덕 옮김. 글항아리.

Atkinson, John. 1987. "Flexibility or Fragmentation? The United Kingdom Labour Market in the Eighties." *Labour and Society*, Vol. 12, No. 1, pp. 87~105.
Baccaro, L., K. Hamann and L. Turner. 2003. "The Politics of Labour Movement

Revitalization: The Need for a Revitalized Perspective." *European Journal of Industrial Relations*, Vol. 9, No. 1, pp. 119~133.

Deyo, Frederic C. 1997. "Labor and Post-Fordist Industrial Restructuring in East and Southeast Asia." *Work and Occupations*, Vol. 24, No. 1, pp. 97~118.

OECD. 2016. *Emplyment Outlook 2016*. Paris: OECD Publishing.

Piketty, Thomas. 2014. *Capital in the Twenty-First Century*. Cambridge, MA: Harvard University Press.

9장

사회혁신과 사회적경제

정태인 | 칼폴라니사회경제연구소

1. 사회적경제와 공동생산

1) 경제민주주의와 사회적경제[1]

전 세계적 불평등 심화는 시애틀투쟁부터 시작해서 오큐파이운동, 아랍의 봄 등으로 이어졌고 급기야 브렉시트나 트럼프 당선, 유럽의 극우보수화 등 퇴영적 결과까지 낳았다. 이런 움직임들 속에서 2016년 가을부터 시작해서 2017년 봄의 대선으로 일단락된 한국의 '촛불운동'은 아직 현재진행형인 '세계사적 사건'이다.

이들 운동을 폴라니(Karl Polanyi)식으로 해석하자면, 세계화에 따른 사회의 붕괴에 대한 여러 유형의 '대응운동'이 나타났다고 할 수 있을 것이다. '촛불운동'은 대통령을 탄핵해서 정권을 무너뜨리고 새로운 민주주의의 싹을 틔웠다는 점에서 주목할 만하다. 하지만 보수 후보까지

---

[1] 이 글은 정태인(2015)을 극도로 요약한 것이다.

도 '경제민주화'와 '보편 복지'를 내세웠던 2012년 대선에 비해 2017년 대선의 의제는 그리 뚜렷하지 않은 채, 선거 구도상 보수 경쟁을 하는 양상마저 보였다.

하지만 '헬조선', '금수저, 흙수저'라는 유행어가 정확히 상징하듯, 절망 상태에 이른 한국 사회의 불평등을 시정하라고 촛불이 요구한 것은 분명하다. 이 글은 지난 10여 년 폭발적으로 성장한 '사회적경제(social economy)'가 경제민주화의 일환이며 동시에 복지를 보완하는 역할을 할 것이라고 주장한다.

미국의 정치학자 달(Robert Dahl)은 정치에서는 "'1인 1표'라는 (형식적) 민주주의가 규범인데, 경제에서는 왜 '기업 괴물(corporate leviathan)'의 전제주의가 규범인가"라는 핵심 질문을 하고, 정치와 경제가 대칭적이기 위해서는 '작업장 민주주의(workplace democracy)'가 필수적이라고 답한다. 이러한 문제의식은 1980년대 진보적 경제학자들에게도 나타나는데 보울스(Samuel Bowles) 등의 '민주적 기업'(Bowles and Gintis, 1993)이 그것이고 프리먼(Richrd Freeman)은 30년이 넘게 이 문제에 천착해서 '공유자본주의론'을 완성했다(Kruse, Freeman and Blasi, 2010).

기업 내 민주주의를 넘어 롤스(John Rawls)는 경제에도 자신의 정의론을 적용한 결과 '재산소유 민주주의(property-owning democracy)'를 이상적 사회로 내세우기에 이르렀다(또 하나의 대안은 '자유주의적 사회주의'이다). 이 기준에 따르면 스웨덴의 복지국가도 자산 소유〔생산 자산(production assets)〕의 양극화를 용인해서 정의의 원칙인 '기회 평등의 원칙', '차등의 원칙'을 위반한 것이 된다. 결국 롤스는 자산 및 자본의 재분배를 주장한 것이다.

대한민국 헌법은 사실상 독점(즉 산업구조상의 문제)의 시정을 중심으로 '경제주체 간의 조화'를 국가가 추구해야 한다는 것이고, 달과 프리먼은 기업의 민주화를, 그리고 롤스는 재산 소유의 민주화까지 주장한 것이다. 이 모두를 일반화한다면 시민들이 경제적 의사결정을 하는 상황이 경제민주주의라 할 수 있을 것이다.

노동조합은 자본주의적 기업 안에서 그런 역할을 하는 조직이다. 노동조합의 네트워크인 산별노조나 전국노조는, 일부 유럽의 경우 노동자 정당과 결합해 복지국가의 형성에 결정적으로 기여했다. 즉 전국적 노조와 사민주의 정당은 경제민주주의를 달성하는 유력한 수단이 될 수 있다.

한편 이 글의 주제인 사회적경제는 자본주의적 기업 바깥에서 태동해 스페인 몬드라곤이나 이탈리아의 에밀리아 로마냐, 캐나다의 퀘벡 등에서 강력한 영향력을 발휘하고 있다.[2] 말하자면 협동조합을 포함한 사회적경제는 자본주의 시장경제 바깥에 존재하는 경제민주주의의 보루라고 할 수 있다. 협동조합 등 사회적경제조직은 1원(1주) 1표가 아닌 1인 1표의 원칙에 의해서 중요한 의사결정을 하기 때문에 경제민주주의를 처음부터 내장하고 있는 조직이다. 그뿐만 아니라 사회적경제가 자아내는 사회적자본은 사회적 딜레마를 협동해(解)로 해결함으로써 효율성을 높일 뿐 아니라 공동체의 자치를 가능하게 한다(Ostrom, 2009; 정태인·이수연, 2013).

2) 사회혁신과 사회적경제, 그리고 공동생산

〈표 9-1〉은 폴라니의 사회 통합의 양식(교환, 재분배, 상호성)을 인간 본성, 상호작용 메커니즘, 가치의 차원에서 재배열한 것이다(Jung,

---

2   몬드라곤 모델, 에밀리아 로마냐 모델, 퀘벡 모델에 관한 설명은 정태인(2013)을 참조하기 바란다.

┃표 9-1┃ 시장경제, 공공경제, 사회적경제의 특징

	인간 본성	상호작용 메커니즘	가치	단점
시장경제	이기성 (Homo economicus)	경쟁 (교환)	효율성	불평등, 생태 문제, '시장 심성'
공공경제	공공성 (Homo publicus)	재분배	평등 (공정성)	리바이어던, 관료화
사회적경제	상호성 (Homo reciprocan)	협동	연대	가부장성, 배제성
생태경제	공생 (Homo symblous)	공존?	지속가능성	세대 간 정의의 불가능성

자료: Jung(2014).

2014). 시장경제는 인간의 본성 중 하나인 이기성에 기초해서 경쟁을 통해 효율성을 달성하는 경제이며, 공공경제는 기본적으로 재분배를 통해 평등이라는 가치를 추구한다. 한편 사회적경제는 상호성에 입각한 협동을 통해 연대를 도모한다. 하지만 시장경제는 불평등과 생태문제, 그리고 '시장 심성(market mentality)'이라는 부작용을 낳고 공공경제는 정부 부문의 과대 팽창과 관료화에 의한 비효율을 낳을 수 있다. 한편 사회적경제는 내부적으로 민주주의의 원리가 관철되지 못하는 경우 공동체에서 흔히 관찰할 수 있는 가부장성이 나타날 수 있고, 공동체 외부에 대한 배제 경향을 띨 수 있다.[3] "태초에 시장이 있었다"라는 명제를 기본으로 삼는 경제학에서 이들 부작용은 각각 시장실패, 정부실패, '자선실패' 등으로 표현된다.[4]

---

3 협동의 5가지 규칙(Nowak, 2006) 중 하나인 집단 경쟁은 내부의 협동을 촉진하지만 외부에 대해서는 자연적으로 배제성을 드러내게 된다. 이러한 문제점을 막기 위해서 협동조합들은 자신의 첫 번째 규범으로 개방성을 올려놓고 있다.

4 하지만 오스트롬(Elinor Ostrom)의 2009년 노벨상 수상 연설 제목, "시장과 국가를 넘어서: 다중심성 접근"이 말해주듯 이러한 이론들은 기본적으로 인간의 이기성과 합리적 행위를 전제하므로 사회적 딜레마를 해결하지 못한다. 예컨대 시장실패를 정부가 해결한다면 바로 정부실패의 문제가 발생할 것이다. 또한 오스트롬 학파가 계속 증거를 내놓고 있는 협동해, 즉 인류가 실제로 역사 속에서 해결해온 방식〔공유지 관리(governing the commons)〕을 놓치고 만다.

폴라니는 시장의 원리로 사회를 조직할 때의 문제를 조명했지만 공공의 원리로 사회를 조직하는 경우 역시 사회는 붕괴한다. 1980년대 말 이후 역사가 증명한 국가사회주의의 몰락이 그것이다. 즉 각각의 경제 범주가 조화를 이룬 상태를 상상할 수 있는데, 그것이 폴라니의 '다원적 경제'에 해당할 것이다.

시장경제(시장)와 공공경제(국가), 그리고 사회적경제(공동체)가 어떠한 원리로 결합해야 하는가는 거의 해명되지 않았다. 이런 의미에서 최근의 '사회혁신' 논의는 이러한 결합 원리에 대한 시사점을 던지고 있다. 멀건 등(Mulgan, 2006; Mulgan et.al., 2007; Moulaert et al., 2007; Bouchard ed., 2013)은 시장과 정부가 충족시키지 못한 필요(needs)를, 공급 거버넌스의 변화와 숙의민주주의를 통해 공급하는 것을 사회혁신이라고 정의한다.

즉 시장실패와 '시장의 근원적 한계'(정태인·이수연, 2013)[5]뿐 아니라 정부실패까지 교정하는 수단이 사회혁신이라는 것이다. 이는 곧 사회적경제라는 영역이 사회혁신과 밀접한 관계를 맺는다는 것을 짐작하게 한다. 예컨대 캐나다 퀘벡 지역의 사회적경제, 즉 퀘벡 모델을 개관한 책(Bouchard ed., 2013)의 제목이 "혁신과 사회적경제: 퀘벡의 경험"이며 서론은 "퀘벡의 사회적경제: 사회혁신의 실험장"이다. 이 책에서는 퀘벡 사회혁신의 핵심이 정책의 공동수립(co-construction)과 공동생산(co-production)이라고 주장한다. 퀘벡주 정부와 사회적경제조직(샹티에 등)의 정책 공동수립과 실행이 곧 사회혁신인 것이다. 즉 진정한 사회혁신이란 단순히 사회적경제의 확대가 아니라 시장경제, 공공경제,

---

5 '시장의 근원적 한계'는 균형가격 밑에 있는 수요곡선 부분에 해당한다. 예컨대 식량이 남아도는데도 아프리카에서 기아자가 속출하거나 치료약이 개발되었는데도 에이즈로 사망하는 것은 곡물 값이나 약품 값을 치를 돈이 이들에게 없기 때문이다. 이 경우 시장이 '성공'한다 하더라도 문제를 해결하지 못한다.

사회적경제(그리고 생태경제)가 조화를 이루는 다원적 경제(plural econ-
omy)를 만들어나가고 경제에서도 참여(직접)민주주의가 관철되는 것
을 의미한다.[6]

우리는 특히 사회적경제와 공공경제의 관계에 주목하는데 전 세계
의 사회혁신 논의가 공공서비스의 생산 및 전달의 혁신에 집중되고 있
기 때문이다. 요즘 서울 등 지방자치단체의 정책 원리로 부각된 '협치'[7]
와 '사회혁신'에 대한 강조 역시 이런 맥락에 있다.

그렇다면 사회혁신, 또는 협치는 어떻게 이론적으로 해명될 수 있을
까? 오스트롬(Elinor Ostrom, 2008, 2009 등)의 '다중심성'과 '공동생산' 개
념, 그리고 공유지 관리의 8원칙은, 현실의 이러한 움직임을 설명해 주
는 중요한 이론적 자원이 될 수 있다.[8] 오스트롬 부부(Vincent Ostrom
and Elinor Ostrom)의 다중심성과 공동생산 개념은 1960년대의 공공서
비스 논쟁에서 비롯되었다. 당시 미국에서는 행정의 광역화, 일원화가
주류였는데, 오스트롬 부부는 실증을 통해서 모든 공공서비스의 중심
은 여러 수준에 걸쳐 존재하며 각 수준의 공동생산 없이는 공공서비스
의 효율성이 달성될 수 없다고 주장했다. 예컨대 경찰서비스에서도 범
죄의 유형 분류나 과학수사는 광역 수준에서 하는 것이 효율적이지만

---

6   오스트롬의 공유지 관리 8원칙은 500여 개의 지역공동체를 조사해서 추출한 것이지만 오스
    트롬은 집단행동의 문제를 해결하는 마술적 공식, 또는 만병통치약은 존재하지 않는다고 단
    언한다. 단지 8원칙이라는 일반적 설계 원리가 존재하지만 이것이 설계도의 역할을 할 수는
    없다는 것이다(Ostrom, 2007).

7   아마도 'governance'의 번역일 텐데, 정치학에서는 협력적 거버넌스(collaborative gover-
    nance)라는 용어를 사용한다. 협력적 거버넌스란 공공기관이 정책을 만들고 실행하기 위해
    서 집합적 의사결정 과정에 민간의 이해관계자를 직접 참여시키는 제도이다. 안셀(Chris
    Ansell)과 개시(Alison Gash)의 글(Ansell and Gash, 2008)을 참조하라.

8   전 세계의 사회경제적 위기, 생태 위기를 극복하기 위한 노력은 사회과학의 흐름에도 변화
    를 일으키고 있는데, 행동·실험경제학의 상호성과 협동에 관한 이론들이나 행정학의 '신거
    버넌스론', 정치학의 '협력적 거버넌스론' 등이 그것이다. 학문 분과는 다르지만 이들 논의
    모두 오스트롬의 두 개념에 주목하고 있다.

순찰은 군·구 단위가 중심이라는 것이다. 예컨대 범인의 검거 역시 주민이 얼마나 적극적으로 신고를 하는가, 즉 경찰과 시민이 치안 서비스를 공동생산하는 정도에 달려 있는데 이러한 공동생산은 군·구 단위에서 훨씬 효율적으로 일어난다는 것이다.

오스트롬(2007)에 따르면 기후변화에 대한 대처 역시 국제 협약, 국가의 정책, 기업과 지역공동체의 행동 원리 등이 어떻게 조화를 이루는가에 달려 있고, 공유지 관리의 규칙 7번은 하위 수준에 이미 존재하는 규칙을 상위 수준이 인정해야 한다는 것이다.

유럽의 사회적경제 이론가들은 공동생산 개념을 발전시켜 공공서비스와 사회적경제의 관계를 설명하고 있다(Pestoff, 2012, 2014; Bovaird, 2007; Brandsen and Pestoff, 2006; Evers and Laville, 2005). 특히 사회서비스 또는 친밀서비스는 사회적경제와 친화성이 매우 높다(Zamagni, 2005). 이들의 논의를 종합하면 공공서비스나 사회서비스의 생산과정을 따라서 광의의 공동생산 개념은 각각 공동설계(co-design, 퀘벡 학자들은 co-construction으로 표현), 좁은 의미의 공동생산(정책의 실행), 그리고 공동평가(co-evaluation)로 이루어진다고 할 수 있다.

오스트롬의 다중심성 시각이 그리는 사회는 '다수준 둥지구조(nested multi-layered structure)' 등의 용어로 표현되는데, 사회적경제 영역을 도식화하면 〈그림 9-1〉과 같은 모습이 될 것이다.

즉 가장 작은 단위인 동·면 수준의 둥지는 군·구 수준의 더 큰 단위의 둥지 안에 들어 있고, 광역과 국가의 둥지가 그 바깥에 존재하는 구조이다. 각 둥지는 사회적경제기업이나 협의체, 지방정부 등의 요소들로 구성된 네트워크를 이루고 다시 그 둥지들의 네트워크가 상위의 구조를 이루게 된다. 이 둥지들은 각각 자기 수준에 걸맞은 사회적경제 정책을 수립하고 사회적경제조직(기업 및 협의체)들과 지방정부의 공동생산으로 공공서비스를 공급하는 것이다. 또한 수준이 다른 둥지들은

┃그림 9-1┃ 다수준 둥지구조

| 동·면 수준 | 군·구 수준 | 광역 수준 | 나라 수준 |

● 사회적경제기업　▲ 협의체 또는 센터　■ 동사무소, 지방정부

자료: 서울 사회적경제 지원센터(2014).

┃그림 9-2┃ 서울의 사회적경제 지원망

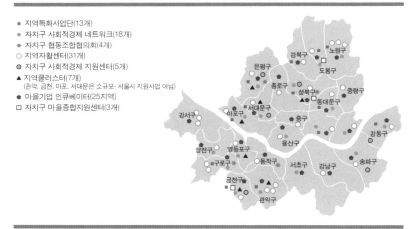

- ■ 지역특화사업단(13개)
- ● 자치구 사회적경제 네트워크(18개)
- ✱ 자치구 협동조합협의회(4개)
- ○ 지역자활센터(31개)
- ◎ 자치구 사회적경제 지원센터(5개)
- ▲ 지역클러스터(7개)
  (관악, 금천, 마포, 서대문은 소규모- 서울시 지원사업 아님)
- ⬠ 마을기업 인큐베이터(25지역)
- ☐ 자치구 마을종합지원센터(3개)

자료: 서울 사회적경제 지원센터(2014).

다중심성 개념에 의해 일정 부분은 분업을 하고 일정 부분은 협업을 하는데, 이 역시 양 수준에서의 공동생산 결과에 따르게 된다.

〈그림 9-1〉을, 예컨대 서울지역을 대상으로 지원 체계에 초점을 맞춰 위에서 내려다보면 〈그림 9-2〉와 같이 나타날 것이다.

2. 한국의 사회적경제: 역사와 현황

1) 한국 사회적경제의 역사

〈표 9-1〉에 따라 생각하면 각 경제는 생태경제, 사회적경제, 공공경제, 시장경제 순으로 오랜 역사를 지녔을 것이다. 시장이라고 하는 제도는 서유럽에서도 400년 전부터 일반화하기 시작했고 국가는 농업의 발전 이후에 생겨났으며 그 이전의 장구한 수렵·채취 시대의 경제는 사회적경제의 원리로 움직였을 것이기 때문이다. 물론 자연과 인간의 관계를 의미하는 생태경제의 역사는 더 오래되었을 것이다.

하지만 최근의 사회적경제에 대한 관심은 1980년대 신자유주의 이래 사회적 양극화가 급진전되면서 드러났다. 특히 2008년 이래 세계 금융위기는 협동조합 등 '사회적경제'에 대한 관심을 더욱 고조시키고 있다. 이탈리아 등 협동조합이 활발한 나라의 역사를 보더라도 경제위기 시에 협동조합의 숫자나 규모가 증가했던 것이 사실이다.

EU가 1990년대부터 사회적경제에 관심을 집중한 직접적인 이유는 복지국가의 한계에 있다. 즉 세계화에 따른 압력과 경제의 서비스화에 따른 생산성 저하, 출산율 저하와 노인 인구의 증가로 인한 고령화, 이 모든 현실의 귀결로서 전후 사회시스템의 위기는 사회·사회적경제의 '부활'과 밀접한 연관이 있다.

첫째로 가난과 사회적 배제 문제를 해결해야 하고 둘째로 시장과 국가가 아닌 영역에서 새로운 기회를 창출해야 한다는 점에서 사회적경제는 각광을 받고 있다.

특히 사회서비스에 초점을 맞추는 '신사회적경제'(유럽의 사회적협동조합 또는 연대협동조합, 영미의 사회적기업)가 비약적으로 발전하고 있다. 인구고령화와 가족의 해체, 세계화 등으로 사회서비스(또는 친밀서비스)의 중요성이 증대되었기 때문이다. 이들 서비스의 성격상 국가보다는 공동체(decentralization)가, 금융자본보다는 사회적자본(Dasgupta, 2005)이 중요하게 부각되고 사회서비스의 공급자로서 사회적경제가 부각되고 있다.[9]

안데르센(Gøsta Esping-Andersen)의 사회복지국가 모델들은 1980년대 재정위기 이후 신자유주의 모델을 수용하면서 변용이 일어나고 있다. 그러나 각 모델이 일방적으로 영미형으로 수렴하는 것은 아니며 국가 필터(national filter)를 통해서 다양한 모습을 보이고 있다(자본주의 다양성론). 특히 조합주의형과 사회민주주의형 모델에서 사회적경제는 사회서비스를 공급하는 유력한 수단으로 등장했다. 이들 모델에서 시민의 정책 참여는 3자 협상(tripartite)의 지역적 부활이라는 의미도 지니고 있다. 남유럽형(잔여복지+가족)의 일부 지역(예컨대 스페인이나 이탈리아)에서는 지역공동체의 사회적경제 네트워크가 처음부터 복지의 상당 부분을 담당했다.

또한 사회적경제는 1980년대 이후 활발해진 시민 주도 운동과도 연관이 있을 것이다. 공동체운동, 여성운동, 환경운동, 문화 및 지역공동체 운동을 이끄는 다양한 결사체가 국가 및 시장에 새로운 관계 정립을 요구했다. 밑으로부터의 자조적(bottom-up, self-help) 발전이 새롭게 추구되었다(Chantier De L'économie Sociale, 2005 참조).

특히 최근의 금융위기는 폴라니의 진단을 돌아보게 만든다. 시장만능 정책으로 사회가 분열되면 이에 대응하는 운동이 발생한다. 결국 21세기 들어 더욱 활발해진 사회적경제(운동)는 신자유주의로 인한 '완전한 파괴'에 대한 대응이라고 볼 수 있을 것이다.

---

9   이러한 발전과 함께 사회적경제의 정의와 관련해 유럽형 전통적 사회적경제(협동조합, 신용조합, 공제조합 등)와 신사회적경제(미국의 사회적기업과 유럽의 사회적협동조합)의 경계는 점점 사라지고 사회서비스 공급에 초점을 맞춘 사회적경제로 수렴되고 있다.

한국의 사회적경제 역시 경제위기와 밀접한 연관을 맺고 있다. 한국은 실업과 재정 적자라는 면에서는 서구보다 낮지만 기본적인 복지도 갖춰지지 못한 상황에서 불평등이 세계에서 가장 빠른 속도로 진행되었고 그 결과 세계 최저의 출산율을 보이고 있다는 점에서 서구와 마찬가지 처지에 놓여 있다.

샐러먼(Lester Salamon)과 아나이어(Helmut Anheier)의 분류에서 한국의 사회적경제는 국가주의 모델에 속한다(Salamon, Sokolowsky and Anheier, 2000, 정태인·이수연, 2013). 일제 강점기에 자발적으로 형성된 무수한 지역별·영역별 조합들은 일제의 탄압으로 숨을 죽였고 해방 후의 부활도 짧은 기간에 그쳤다. 가장 큰 규모를 자랑하던 농업협동조합은 박정희 시대에 자율성이라는 핵심 요소를 결여한 채 국가의 농업정책을 수행하는 수단으로 전락했고, 1960년대에 탄생한 신용협동조합운동도 1980년대에 시장 논리에 따라 움직이면서 1997년 경제위기 때 구조조정을 겪었다. 현재는 논골신협 등 아래로부터의 운동과 밀접하게 결합하고 있는 몇 곳을 제외하고는 사회적경제라고 부르기 어려운 처지가 되었다.

현재의 사회적경제는 1997년의 위기에 대응하며 새롭게 형성되었다(김신양 외, 2016). 1970년대의 빈민운동, 철거반대투쟁, 노동자(생산자)협동조합운동을 끈질기게 벌여온 주민운동은 1997년 위기 때 자활공동체로 거듭났다. 이들은 정부의 정책 형성 과정에 적극적으로 참여해 '국민기초생활보장법'을 제정하고 실업극복 국민운동, 자활공동체운동을 벌이면서 결국 자활공동체로 제도화되어, 2012년 '국민기초생활보장법'의 개정과 함께 오늘의 자활기업에 이르렀다.

정부는 자활사업의 제도화를 수행하기 위해 지역자활센터를 설립했는데, 이 센터들은 후일 점점 더 정부의 지휘와 통제를 받으면서 자율성을 상실하게 된다. 하지만 외환위기 당시 실업극복운동을 수행하기 위해 만들어졌던 실업극복 국민운동위원회(현 '함께 일하는 재단'), 사회연대금고 등과 함께 지역자활센터는 정책 설계 및 실행 경험을 바탕으로 훗날 사회적기업, 협동조합 등 우후죽순으로 솟아난 사회적경제기업 중간지원조직의 산파가 되었다.

또 당시에 만들어진 '자활정책 연구모임'은 이들 중간지원조직의 원형에 제3섹터형 일자리, 사회적 일자리, 사회적기업, 사회적경제 등의 개념과 이론 틀을 제공했다. "한국에서 사회적기업이라는 개념은 외환위기 시절에 빈곤과 실업 극복을 위한 시민사회 진영의 실천 속에서 제3섹터형 일자리라는 개념을 빌려서 일종의 '정책적 대안'으로 등장했다"(김정원·황덕순, 2016: 166).

2006년 '사회적기업법'의 제정은 한국 사회적경제의 발전에 또 하나의 획을 그었다. 지역자활센터가 조직한 자활기업, 그리고 이들이 엮은 대안기업연합회, 신나는조합과 사회연대은행 등 사회연대금융, 함께 일하는 재단과 같은 중간지원조직은 '사회적 일자리 및 사회적기업 관련 시민사회단체 대책 회의'를 만들어서 정부의 정책 방향(2003년 사회적 일자리 시범 사업, 사회적 일자리 10대 사업, 각 부처의 독립적 사회서비스 사업)을 구체화했다. 이들과 국책연구원의 사회적경제 이론가들은[10] '사회적기업법'을 제정하게 된다.

2008년 세계 금융위기에 대응하기 위해서 각 부처는 경쟁적으로 일자리 창출 정책을 내놓았고 다양한 형태의 사회적경제기업을 만들어내는 것도 그중 하나의 흐름이었다. 안전행정부의 마을기업, 농림축산식품부의 농촌공동체회사 등이 그러하다. 정부의 다양한 지원 정책과 지역 문제를 해결하려는 시민사회의 노력이 결합한 결과, 사회서비스를

---

10 '사회적기업법'상의 기업 유형은 이탈리아의 사회적협동조합과 거의 동일하다. 한국에서 2000년대 초에 이미 이탈리아 레가코프(LegaCoop)에 대한 연구가 이루어졌다는 것을 의미한다.

제공하는 사회적경제기업도 획기적으로 늘어났다. 지역 재생과 사회적경제, 그리고 사회운동과 사회적경제의 결합도 시도되었다. 햇빛발전소 등 환경 관련 기업과 문화예술인들이 결합한 문화 관련 기업이 다채롭게 출현했고 지역화폐, 공정무역, 공정여행, 로컬푸드 운동 등 사회운동 역시 사회적경제기업으로 재탄생했다.

2012년 12월 '협동조합기본법'의 시행은 또 하나의 전환점이다. 사회적기업은 일반 주식회사나 비영리기관의 법적 지위를 지녔지만 이제는 협동조합이라는 사회적경제에 걸맞은 법적 지위를 가질 수 있게 되었다. 또한 '협동조합기본법'상의 협동조합은 사회적기업과 정부의 인증을 받지 않기 때문에 숫자상으로 비약적인 증가를 보이고 있다.

이상 한국 사회적경제의 역사는 시장경제와 마찬가지로 '위로부터의 성장'이라고 부를 수 있다. 협동조합의 역사가 오래되었고 1980년대까지 한국 협동조합운동의 모델이었던 일본의 사회적경제는 아직 '협동조합기본법'도 만들지 못했고, 1990년대에 세계 최초로 도입된 이탈리아의 '사회적협동조합법'은 1970년대 말부터 레가코프(LegaCoop)가 시작한 사회적협동조합의 경험에 기초한 것이다. 이에 비하면 한국의 경우는 변변한 사회적경제의 물질적 토대가 없는 가운데, 법이 먼저 만들어졌다고 해도 과언이 아니다. 〈그림 9-1〉의 둥지구조에서 맨 밑에 있는 국가 수준에서 공동생산, 특히 정책의 공동설계가 이뤄졌다고 할 수 있다.

하지만 경제적·사회적 위기를 계기로 자활기업, 사회적기업, 협동조합과 관련한 법을 만들 때 지역운동가나 민간의 이론가들이 주도했다는 사실은 한국의 사회적경제를 단순히 정부가 주도했다고 말하기 어렵게 만든다. 뒤에서도 확인하듯이 현재 한국의 사회적경제는 중앙정부의 입법과 지방자치단체의 조례와 같은 법적 근거, 그리고 이에 따른 정부의 재정적 지원에 의해 성장하고 있다. 그러나 퀘벡의 샹티에와 같은 중간조직(함께 일하는 재단, 사회적기업진흥원, 사회투자재단 등)에서 많은 경험을 쌓은 활동가와 이론가들이 장기적인 설계를 하고 구체적인 정책까지 만들었다는 점은 주목할 만하다.

2) 한국 사회적경제의 현황과 성격

(1) 현황

한국 경제는 압축 성장으로 유명하지만 1990년대 중반 이후 불평등도 압축적으로 나타났다. 사회적경제는 정의상 상호성에 입각해서 연대라는 가치를 달성하는 경제이며 따라서 오랜 실천 속에서 신뢰와 협동의 규범, 또는 사회적 자본이 축적되어야 비로소 발전한다. 에밀리아 로마냐나 몬드라곤, 퀘벡은 아주 오랜 협동조합의 역사를 지니고 있다. 하지만 한국의 사회적경제는 일반 경제와 마찬가지로 압축 성장하는 모습을 보이고 있다. 이렇게 급속하게 성장하고 있는 사회적경제를 정확한 수치로 보여주는 것은 현재로선 불가능하다. 각 부처가 관장하는 사회적경제기업의 통계는 있지만, 중복 계산이 많이 되었고(예컨대 사회적기업은 보통 주식회사나 협동조합의 형태를 지니고 있다) 또한 비영리 재단이나 임의 단체의 형태를 지닌 중간지원조직이나 사회적경제조직은 이런 통계에서 제외되어 있다. 나아가 농협·수협·축협처럼 국제협동조합연맹(International Cooperative Alliance: ICA)의 회원이지만 자율성을 결여한 거대 협동조합들을 어떻게 처리할 것인가 하는 문제도 남는다[11].

---

11 현재 국회에 계류 중인 유승민 의원 발의 '사회적경제기본법(안)'은 모든 사회적경제조직을 포괄하고 있다. 즉 사회적기업, 협동조합 및 연합회, 광역자활센터, 지역자활센터와 자활기업, 마을기업, 농어촌법인, 농어촌조합, 회사, 농업법인 및 단체, 농협·수협·축협, 산림조합, 신용협동조합, 새마을금고, 중소기업협동조합, 장애인 표준사업장, 장애인 직업재활시설, 사회복지법인, "그 밖에 사회적경제를 실현하거나 사회적경제조직을 지원하기 위해 설립한

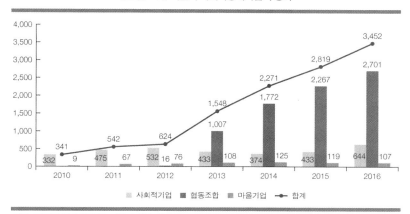

자료: 김연아·정태인(2017, 서울시 내부 자료).

따라서 여기서는 사회적경제기업의 숫자와 고용 인원이 폭발적으로 늘어나고 있다는 통계를 확인하고, 중복의 문제를 해결해서 상대적으로 더 정확한 서울의 통계로 증가의 속도를 짐작하는 데 그치기로 한다. 우선 한국의 사회적기업은 인증 기업과 예비 기업을 합쳐서 2007년 55개에서 2015년 2914개로, 고용은 2539명에서 4만 7532명으로 급증했다. 마을기업은 2011년 550개에서 2015년 1342개로, 고용은 3145명에서 1만 1513명으로 증가했다. 협동조합은 일반협동조합과 사회적협동조합을 합쳐서 2012년 55개에서 2015년 8522개로 폭발적으로 증가했다. 한편 정부의 예산으로 운영되는 자활기업은 2011년 1370개에서 2015년 1339개로, 참여자 수는 1만 182명에서 7511명으로 다소 감소했다.[12]

법인 또는 단체"가 모두 포함된다. 가장 넓은 범위의 외연적 정의인 셈인데 앞으로 이 법에 따라 항목별 통계가 작성되면 정책 수립자나 연구자, 활동가들은 자신의 필요에 따라 적절한 통계를 추출할 수 있을 것이다.

12   사회적기업은 고용노동부 사회적기업팀, 마을기업은 행정자치부 지역경제과, 협동조합은

〈그림 9-3〉는 통계상의 여러 문제 중 중복 문제를 해결한 서울시 사회적경제기업의 증가 추이인데 빠른 증가 속도를 볼 수 있다. 사회적경제기업은 약 6년 만에 10배 이상 증가했고 2013년부터는 설립이 용이한 협동조합이 증가세를 주도하고 있다. 고용과 매출 역시 일반 경제에 비해서 빠른 속도로 증가하고 있지만 지역총생산(GRDP)로 따지면 여전히 전체 경제의 0.4%를 차지하는 데 불과하다(서울 사회적경제 지원센터, 2016)[13].

(2) 성격

가히 압축 성장이라고 할 만한 이런 현상을 어떻게 평가해야 할까? '사회적기업법'이 통과된 때부터 따지면 이제 10년, 거대 도시 서울의 실험이 시작된 지 불과 5년 만에 한국 사회적경제의 성격을 지금 논하는 것은 언어도단에 속할 것이다.

이제 막 통계가 정리되기 시작하고, 사례 연구도 쏟아져 나오고 있지만 사회적경제의 특성을 반영해 아주 다양한 모습이 나타나고 있다. 예컨대 농촌 지역을 보더라도, 오랜 주민운동과 협동조합운동의 역사를 바탕으로 거의 민간의 힘만으로 사회적경제 네트워크를 튼튼히 갖춘 원주시, 그리고 오랜 시민운동의 힘으로 "기존 관 주도의 농정심의회를 대체해" "면내 최고의사결정기구"(지역발전위원회)를 만들어낸 옥천군의 사례(류동규, 2016)가 하나의 범주가 될 수 있을 것이다.

반면 농촌지역에서 거의 전적으로 군수의 주도로 사회적경제를 일궈낸 완주군의 사례도 있다. 완주군는 중간지원조직인 희망제작소에

기획재정부 협동조합팀, 자활기업은 보건복지부 자립지원과의 자료에서 확인한 수치이다.

13   하지만 유럽의 사회적경제 연구네트워크인 EMES 방식으로 추계하면 한국의 사회적경제가 보통 유럽 국가 수준일 것이라는 주장도 있다. 농협·수협·축협과 비영리재단을 합하면 그 정도가 될 수 있다.

의뢰해 군의 자산을 조사한 뒤, 고령 농민들을 일일이 설득해서 '대한 민국 로컬푸드 1번지'를 달성했다. 이런 하향식 조직은 상층의 변화에 의해 쉽게 무너져 내릴 것이라고 예측하기 쉽지만 2016년 군수가 바뀐 뒤에도 완주의 사회적경제는 건재하다. 처음에는 소극적이었던 주민들이 직판장에서 직접 경제적 수익을 올리고 운영에도 참여하면서 민주적으로 자기 규범을 만들어내는 과정은 오스트롬의 '자치'가 실현되는 모습을 여실히 보여준다. 하향식으로 사회적경제를 만들었지만 농촌지역 고유의 공동체 의식에 민주주의적 의사결정이 결합해서 튼튼한 주민네트워크로 자리 잡은 것이다.

그뿐만 아니라 기존의 협동조합이 한 지역의 경제를 활성화한 사례(정태인, 2015)도 있다. 아이쿱은 구례군과 협약을 맺고 700억 원의 투자로 '자연드림파크'를 건설했다. 제조, 물류, 공방 및 커뮤니티 센터가 464명의 고용을 창출했고 2015년에는 매출 625억 원을 달성했다. 구례군은 2011년 9억 9000만 원어치의 농자재를 공급했지만 2015년에는 41억 원 수준으로 증가했으며 질적으로도 친환경 농업으로 전환했다. 자연드림파크에는 극장, 숙박 시설, 체험관, 식당 등이 있어 지역 주민들의 문화 중심지가 되었다. 현재의 '수매선수금운동'이나 '농지트러스트운동'에 '생산·소비의 상생협력체제 강화', '공동체지원농업'을 결합한다면 사회적경제기업이 농촌공동체의 활성화에 기여한 성공적 사례가 될 수 있을 것이다. 이 경우는 사회적경제기업과 농촌공동체가 결합한 사례이지만 서울의 성동구에서는 재벌 기업의 사회적 책임 투자로 '소셜 벤처'의 클러스터가 만들어졌다. 기업과 사회적경제가 결합하는 모델은 앞으로도 얼마든지 나올 수 있을 것이다.

칼폴라니연구소가 2016년에 집중적으로 연구(김연아·정태인, 2016; 김연아·정태인, 2017; 정태인·김연아·홍기빈, 2017)한 서울을 보더라도 25개 자치구가 25개의 모델을 가졌다고 할 만큼 상이한 모습을 보이고 있다. 서울시의 사회적경제 정책은 다른 어떤 지역보다 대규모이고 과거 '국민기초생활보장법'과 자활기업, '사회적기업법'과 사회적기업을 만들어냈던 활동가 및 이론가들이 대거 참여해서 한국의 사회적경제운동의 경험이 응축된 것이라고 할 수 있다. 따라서 통계와 자료가 상대적으로 체계적으로 확보되어 있는 서울을 들여다보면 한국 사회적경제의 현재와 미래를 엿볼 수 있을 것이다.

서울의 사회적경제 역시 정책 입안 단계부터 공동생산이 일어났다. 2012년 초 박원순 시장의 인수위원회 시절부터 서울의 사회적기업, 마을공동체, 민간 중간지원조직이 참여하는 '서울 사회적민간협의체'(이후 서울 사회적경제 네트워크로 확대 개편)가 24개 사업으로 구성된 사회적경제 지원정책을 제안했고 서울시가 이 중 일부를 수용해 '서울시 사회적기업·마을기업 활성화 계획'을 짜서 이후 정책의 기조로 삼았다.

2013년 사회적기업 개발센터(현 사회적경제 지원센터)가 설립되고 정기적인 사회적경제 정책협의회를 통해 정책의 공동생산이 거버넌스의 일부로 자리를 잡았다. 현재 서울시 사회적경제과의 정책과 예산은 민관이 공동으로 수립한다고 해도 과언이 아니다. 이 과정에서 서울시는 협동경제의 기반 확충, 사회적경제의 지역화, 지속가능한 생태계 조성, 굿거버넌스 정착을 전략으로 삼았다. 요약하자면 서울시의 전략은 사회적경제의 인프라(기반 확충)와 자치구별 민간 네트워크(지역화, 생태계 조성)를 동시에 추구한 것이다. 이는 과거 중앙정부의 일자리 창출과 인건비 보조, 사회적기업 만들기 정책으로부터 일대 도약을 이룬 것이라고 할 수 있다. 이후 5년간 서울 사회적경제의 성과는 〈그림 9-4〉[14]와 〈표 9-2〉로 요약할 수 있다.

---

14 각 둥지의 사회적경제 사업을 활성화하면서 동시에 사업서비스, 기금 및 금융, 인재 양성 및 교육, 시장 형성 등 인프라(공유 자원)를 갖춰야 한다는 사고는 명백하게 퀘벡 모델을 응용한 것이다. 정태인(2013: 190)의 그림 '퀘벡 사회적경제 지원 체계'에 서울의 시장 형성을 더

시장 형성
• 사회적경제 지원센터 → 사회적경제기업 제품 공공구매 2012~2015년 누적 구매 2601억 원 → 상설 장터 운용 및 박람회 개최 2013~2015년 누적 매출 1324억 원 • 온라인쇼핑몰 '함께누리몰' 서울산업통상진흥원(위탁) → 2013~2015년 누적 매출 8억 6000만 원

사업서비스
• 사회적경제 지원센터 (사)서울 사회적경제 네트워크(위탁) → 부문별·업종별 네트워크 구축 지원 → 지역 생태계조성사업 지원 및 특구 육성 → 경영 컨설팅, 마케팅, 법률, 회계 등 일반 사업 서비스 → 지역 허브 공간 조성(11개 자치구) • 협동조합 지원센터 서울지역 협동조합 협의회(위탁) → 협동조합 설립 상담 및 운영 멘토링 →홍보 및 대외 협력 지원 • 신나는조합 고용노동부 지정 서울 권역 중간지원조직 → 사회적기업·협동조합 설립 상담 및 운영 멘토링, 교육 프로그램 진행 → 혁신형 사회적경제기업 지원

서울시 사회적경제 민관 정책협의회 (사회적경제조직, 자치정부, 시민사회 민관 거버넌스)	
서울시 사회적경제과	• 사회적경제 지원센터(위탁) • 협동조합 지원센터(위탁)
자치구 사회적경제 담당 부서	• 20개 자치구 사회적경제 협의회 • 6개 자치구 지역 생태계사업단(선정) • 8개 자치구 통합지원센터(선정)
지역별·부문별·업종별 민간 네트워크	

인재양성 및 교육
• 서울 사회적경제 지원센터 → 인재 육성 로드맵 구축 → 교육 교재 개발 → 성장 단계별 경영 지원 → 사회적경제 아카데미 등 교육 지원 • 협동조합 지원 센터 → 협동조합 설립 필수 교육 및 전문 교육 • 각 대학 학과 개설 및 산학 협력: 성공회 대, 한신대, 이화여대, 서울대, 한양대 등

기금
• (재)한국사회투자(위탁) → 사회투자기금 조성 557억 원(시 526억 원, 민간 31억 원) 사회적경제기업 융자 사업 • 자치구 사회적경제 기금 조성 → 성동구, 성북구, 은평구

자료: 김연아·정태인(2017).

하면 정확히 〈그림 9-4〉가 된다. 새로운 사회를 여는 연구원(2014)의 「서울시 사회적경제 발전 5개년 계획」은 네트워크화와 공동체에 뿌리내리기, 중앙정부의 정책 활용과 공기업과의 협력을 전략으로 제시했다.

표 9-2

┃표 9-2┃ 서울시 생태계조성사업단 지역 의제 네트워크 현황(2015년 12월 기준)

자치구	생태계조성사업단명	지역 의제 수	참여 기관 수	지역 의제명
관악구	관악 사회적경제 생태계조성사업단	5	18	의료 복지, 햇빛발전, 아이 돌봄, 청년 주거, 어르신 돌봄
금천구	금천구 사회적경제 지역특화사업단	3	37	건축, 봉제, 돌봄
성북구	성북구 사회적경제 지원단	3	22	공동체 기금, 도시 재생, 돌봄
은평구	은평 사회적경제 생태계조성사업단	4	22	마을 관광, 상상학교, 자유학기제, 소셜하우징
강북구	강북구 사회적경제 지원단	4	27	자원 순환, 먹을거리, 주거 복지, 교복 생산
구로구	구로 사회적경제 특화사업단	2	15	학교협동조합, 도시 재생
노원구	노원 사회적경제 활성화 추진단	4	29	되살림, 청소년, 어르신 돌봄, 먹을거리
성동구	성동 협동사회경제추진단	4	18	안심 돌봄, 의료복지, 봉제·패션, 시장 활성화
강동구	강동구 사회적경제 생태계조성 지역특화사업단	3	48	도시 재생, 문화예술, 학교협동조합
마포구	마포 사회적경제 생태계조성사업단	4	52	문화예술, 마을 카페, 돌봄, 클러스터
광진구	광진구 사회적경제 생태계조성사업단	4	44	돌봄, 교육, 마을화폐, 문화예술
동작구	동작구 협동경제지원단사업단	2	7	공동체 금융, 청년
양천구	양천 사회적경제 생태계조성사업단	2	11	먹을거리, 영유아 돌봄
영등포구	영등포 사회적경제 생태계조성사업단	7	33	노인 돌봄, 문화예술, 장애인 일자리, 영유아 돌봄, 방과후 마을 돌봄, 청소년, 도시 농업
	합계	51	383	

자료: 서울시 사회적경제 지원센터(2016).

　　서울시는 지난 5년간의 사업을 통해서 모든 사회적경제기업이나 중
간조직이 언제나 이용할 수 있는 인프라(공유 자원)를 만들어내는 데 어
느 정도 성공했다. 또 하나의 눈부신 성과는 자치구별로 만들어진 사회
적경제 네트워크이다. 즉 서울의 '사회적경제 지원센터'가 지역화사업,
특구사업 등을 통해 자치구에 복제된 것이다. 국가 차원의 지원 조직을

만들었던 경험이 광역 수준과 자치구 수준에서 재현된 것이다.

서울시의 공모 사업에 따라 각 자치구는 구내 사회적경제기업, 중간지원조직, 이론가들로 구성된 생태계 조성사업단, 즉 자치구별 사회적경제 네트워크를 조직해서 구청과의 협의를 통해 지역 의제와 특화 사업을 제출했고 선정된 자치구부터 이 정책을 실행하고 있다. 이것은 자치구 수준에서 상위 둥지와의 협의하에 정책의 공동수립과 공동생산이 이뤄지는 것을 의미한다.

서울시에서는 동 단위 수준의 사업도 실행하고 있다. 주민참여예산제, 동 단위의 청책(정책 듣기), 찾아가는 동사무소 사업이 그것이다. 아직 자치구별 사회적경제 네트워크가 주민의 의견을 수렴해서 새로운 동 단위 수준의 사업을 공동생산하거나 기존의 동 단위의 사업을 네트워크로 조직하는 사례는 그리 많지 않다.[15]

결론적으로 서울의 사회적경제는 광역 수준의 지방정부와 네트워크가 전략과 정책을 공동생산하고 이것이 공모 사업을 통해 자치구 수준의 지방정부의 네트워크가 더 구체적인 지역 정책을 공동으로 수립하고 실행하는 단계에 이르렀다. 공공구매를 빼고는 아직 획기적인 성과가 나오지는 않았지만 인프라와 네트워크가 형성되어 발전하고 있는 것은 확실하다[16]. 앞으로 공동생산의 경험이 축적되면 미래의 발전 전망은 더 밝아질 것이다.

15　하나의 자치구 수준의 사회적경제 네트워크는 직접 찾동사업 공모에 지원하여 선정되었으며 어떤 자치구에서는 센터장을 하던 인물이 찾동사업으로 이전했다. 이렇게 사람이나 일부 조직 상위 조직에서 분화하여(spin off) 새로운 사업을 일으키는 일은 한국의 사회적경제 전 수준에서 일어나고 있다. 예컨대 자활사업의 정책 네트워크에서 '함께 일하는 재단'이 생기고 여기에서 다시 '씨닷'과 같은 사회적기업이 분화해서 한 자치구의 사회적경제 네트워크를 조직하고 있다. 한 자치구의 사회적경제 공무를 담당했던 민간 전문가가 다른 자치구로 이전해 자신의 경험을 전파하는 사례도 있다.

16　일부 자치구에서는 민간 네트워크를 다중 이해관계자 사회적협동조합(일종의 지역개발 협동조합)으로 재탄생시켰다. 이는 영국의 공동체기업이나 퀘벡의 지역개발 협동조합을 모델로 한 것이다.

3. 결론: 발전 전망과 의미

한국은 발전국가로서 세계적으로도 손꼽히는 압축 성장을 이뤄냈다. 스티글리츠(Joseph Stiglitz)와 세계은행의 연구에 따르면 1990년대 이전까지 한국 자본주의는 자율적이고 강력한 국가·산업정책에 의해 육성된 재벌, 기업별 노동조합, 그리고 약한 시민사회로 구성되었다. 이러한 특징과 더불어 다수대표제와 소선거구제라는 선거제도는 '재분배의 정치'에 매우 불리하게 작용했다.

1987년의 6월 투쟁과 7~8월 노동자대투쟁을 거치면서 정규직 노동자를 대상으로 한 부분적 의료보험제도, 국민연금 제도가 도입되었고 1997년 발전국가가 위기를 맞자 정부는 IMF의 요구에 따라 유사 사회적 합의(노사정위원회)를 통해 구조조정을 하는 동시에 최소한의 사회안전망으로 '국민기초생활보장법'을 제정하고 의료보험을 통합했으며 고용보험을 확대했다.

2000년대 이후에도 한국 사회는 지속적 저성장과 압축적 양극화에 허덕이고 있다. 1997년 이후에는 재벌의 상대적 우위 속에서 규제 완화와 민영화의 경제정책 기조를 통해 과거의 수출 주도 대기업 중심 발전전략을 지속했지만 이제 '수출 증가 → 설비 투자 증가 → 고용 증가 → 내수 증가'라는 성장 전략은 더 이상 작동하지 않는다.

민주정부 10년 동안 도입된 사회복지는 저부담·저급여의 '작은 복지(small welfare)'였으며, 당시에 제기되었던 '복지(분배)를 통한 성장', 또는 '동반성장'은 정책 기조가 되지 못했다. 참여정부와 이명박 정부, 박근혜 정부 시기 중앙정부의 사회적경제 정책 역시 '작은 복지'를 보완하고 동시에 일자리를 제공하는 데 그쳤다.

또 한국의 주요 복지제도는 주로 바우처나 각종 수당으로 정부가 수요를 확보해주면 이에 맞춰 민간이 공급하는 방법을 택했다. 의료보험

제도, 장기요양제도, 보육제도, 교육제도가 모두 그런 유형에 속하며 이에 따라 민간 복지시설의 양극화에 따라 복지서비스 역시 고급과 저급으로 나뉘는 현상이 벌어지고 있다. 더구나 공동체와 가족의 해체, 고령화와 인구 감소로 인해 남유럽형 가족 복지마저 불가능해졌다. 한국의 사회적경제는 이런 상황에서 탈출구가 될 수 있을까?

한국의 사회적경제는 이렇듯 발전국가의 위기와 빠른 속도로 진행된 양극화, 취약한 사회복지, 고령화와 공동체의 해체라는 상황에서 탄생했다. 정부가 사회적경제를 위기 대책으로 발전시킨 것은 사실이지만, 1970~1980년대 학생운동에서 출발해 극도의 열악한 상황 속에서도 꾸준히 명맥을 이어온 지역운동, 1990년대에 폭발적으로 확대된 시민운동, '실업극복 국민운동본부'와 '자활공동체운동'이 한국 사회적경제 정책의 실제 내용을 만들어냈다. 정부의 일자리 만들기나 사회서비스 공급정책의 내용을 채운 것은 오랜 운동이었다.

서울의 사회적경제 발전 양상을 보면 퀘벡과 마찬가지로 그 이전부터 꾸준히 성장한 지역운동, 시민운동, 지역운동, 여성운동, 정당운동, 환경운동 등이 서울 각 자치구 수준에서 결합되고 있다. 과거 정책에 대한 비판과 반대를 주도했던 운동이 상당한 시행착오를 거쳐 이제 정책 공동생산의 주역이 된 것이다.

앞에서 보았듯이 서울, 그리고 이를 모델로 한 몇몇 자치단체에서는 의식적으로 사회적경제를 하나의 독자적 경제 범주로 인정해서 독자적인 생태계를 형성하려고 했다. 이 과정에서 현재 35개 기초자치단체로 구성된 '전국 사회연대경제 지방정부협의회'는 결정적인 역할을 했다. 전국의 자치단체에서 일어난 성공적인 사업은 지방정부협의회를 통해 전국으로 전파되었다. 이들은 해외 연수와 워크숍, 사회적경제 아카데미, 사회적경제 연구포럼 등을 통해 국내외의 성공 사례를 전국 각지에서 실험하고 있다. 적어도 이들 자치단체에서 사회적경제는 시민이 직접 정책에 참여하고 실행하는 장이 되었다.

몬드라곤이나 에밀리아 로마냐에서는 오랜 역사 속에 사회적경제 네트워크가 금융과 인력 양성, 경영 컨설팅의 인프라를 스스로 갖춰나 갔지만 한국에서는 인프라와 네트워크도 정부와 공동으로 생산하고 있다. 한국의 사회적경제 활동가들이나 이론가들은 퀘벡 모델을 의도적으로 학습했다. 단기간에 인프라와 네트워크 양면에서 성취를 거둔 이 모델을 사회적경제의 '한국 모델'(또는 서울 모델)이라고 부를 수 있을 지도 모른다. 정부가 정책을 최종 결정하고 대부분의 재정을 조달한다는 점에서 이 모델은 동아시아 고유의 하향식 발전 모델이지만 그 과정에 사회적경제 주체들이 적극적으로 참여해 사실상 정책 방향과 내용을 결정한다는 점에서는 상향식, 또는 '옆으로부터의 발전'이라고 부를 수도 있을 것이다.

비록 하향식이라고 해도 사회적경제기업과 활동가, 이론가들이 적극적으로 공동생산에 참여하고 있다는 점에서 시장이나 구청장이 바뀐 다고 바로 현재의 성과가 무너져 내리지는 않을 것이다. 완주군의 경험에서 볼 수 있듯이 촌로들도 사회적경제 활동 안에서 민주주의적으로 규범을 형성하는 자치를 발전시켰다.

하지만 각 자치구에 사회적경제 네트워크가 형성되어 사회적경제의 공동생산에 활발한 참여가 이루어지고 있지만 아직 일반 시민이 사회적경제 네트워크를 활용해서 자신의 필요를 충족하려는 움직임이 활발하다거나 자치구별 조직이 시민의 뜻을 직접 모아서 사업을 만드는 것은 아니다. 또한 정부의 재정이 끊기면 바로 위기에 빠질 사회적경제기업이나 조직도 다수 나올 것이다.[17] 서울의 사회투자기금과 일부 자치

---

17   상당히 성숙한 퀘벡에서도 주지사가 정부보조금을 끊자 많은 지역개발 협동조합이 어려움을 겪고 있다.

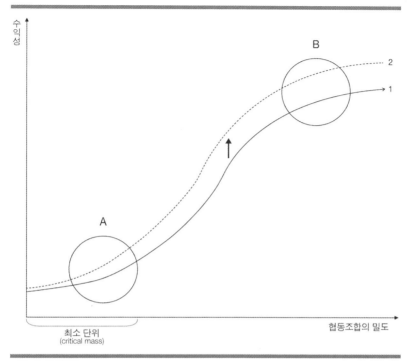

┃그림 9-5┃ 협동조합의 밀도와 수익성

수익성

B

2

1

A

최소 단위
(critical mass)

협동조합의 밀도

자료: Smith(2001).

구의 사회적 기금은 위기 시에 중요한 역할을 할 수 있어야 할 것이다.
또한 세계의 다른 사례와 같이 사회적경제 내부에 자본과 자원을 축적
하는 길도 모색해야 한다.

이론가들은 네트워크와 신뢰의 밀도가 높아짐에 따라, 즉 네트워크
외부성에 따라 사회적경제가 비약적으로 발전하는 시기가 온다고 예견
한다(〈그림 9-5〉). 또한 중간지원조직의 활동은 그래프를 상향 이동시
켜 같은 밀도에서 더 높은 수익을 올릴 수 있도록 한다. 한국에서도 아
이쿱과 같은 생협은 2007년경 최소 단위를 벗어나서 비약적 성장을 거
듭하고 있다.

과연 한국과 서울의 사회적경제는 이 그래프의 어느 지점에 도달한 것일까? 다른 나라의 경험에 비추어볼 때 한국의 사회적경제가 최소 단위를 넘어 도약기에 도달했다고 보기에는 역사가 너무 짧다. 앞에서 제시한 서울의 사회적경제기업의 증가는 이런 모양을 보여주지만 여전히 최소 단위를 벗어나지 못했을 가능성이 높다.

앞으로 주민들이 능동적으로 참여하고 각종 인프라가 더욱 충실해진 뒤, 특히 중앙정부의 정책에 따라 금융 문제가 어느 정도 해결된다면 머지않아 비약을 이룰 수 있을 것이다. 지금 사회적경제에서 일어나고 있는 공동생산은 그 자체로 민주주의의 확대이다. 지방공동체의 정체성이 강화되고 내부 신뢰가 더 높아진다면 지방자치도 더욱 내실을 갖추게 될 것이다. 어쩌면 양적으로 얼마 안 되는 사회적경제에서 한국 민주주의의 새로운 도약이 일어날지도 모른다.

참고문헌

김신양·신명호·김기섭·김정원·황덕순·박승옥·노대명. 2016. 『한국 사회적경제의 역사』. 한울.
김연아·정태인. 2016. 「서울시 25개 자치구 사회적경제 정책실태 조사연구」. Global Social Economy Forum(GSEF).
_____. 2017. 「서울시 사회적경제 지역화 현황과 과제」. 서울연구원.
김정원·황덕순. 2016. 「한국 사회적기업의 역사와 현실」. 김신양·신명호·김기섭·김정원·황덕순·박승옥·노대명 지음. 『한국 사회적경제의 역사』. 한울.
류동규. 2016. 「사회적경제는 도덕경제다: 충북 옥천의 지역공동체 실험」. 김의영 외. 『동네 안의 시민경제』. 푸른 길.
새로운 사회를 여는 연구원(새사연). 2014. 「서울사회적경제 발전 5개년 계획」. 서울 사회적경제센터.
서울 사회적경제 지원센터. 2016. 「서울시 사회적경제 활성화정책 5년 성과 및 향후 과제」.
정태인. 2013. 「경제민주화와 사회적경제」. 『사회민주주의의 경제학』. 돌베개.
_____. 2015. 「혁신적 협동조합과 지역만들기: 구례 자연드림파크의 사례」. ≪생협평론≫, 20

호(가을).

정태인·김연아·홍기빈. 2017. 「서울 모델의 가능성: 캐나다 퀘벡모델과의 비교」. 서울 사회적 경제 지원센터.

정태인·이수연. 2013. 『협동의 경제학』. 레디앙.

Ansell, C. and A. Gash. 2008. "Collaborative governance in theory and practice." *Journal of public administration research and theory.* Vol. 18, pp. 543~571.

Bouchard, M.(ed.). 2013. *Innovation and the Social Economy: The Quebec Experience.* Toronto: University of Toronto Press.

Bovaird, V. 2007. "Beyond engagement and participation: User and community coproduction of public services." *Public administration review.* Vol. 67, No. 5.

Chantier De L'économie Sociale. 2005. "Social Economy and Community Economic Development in Canada: Next Step for Public Policy."

Dasgupta, P. 2005. "Economics of Social Capital." *Economic Recore.* Vol. 81, Issue Supplement s1.

Evers, A. and J.-L. Laville(eds.). 2005. *The third sector in Europe.* Cheltenham: Elgar.

Jung, taein. 2014. "Plural Economy on Polanyian Perspective." Karl Polanyi International Conference.

Kruse, D. L., Richard B. Freeman and Joseph R. Blasi. 2010. *Shared Capitalism at Work: Employee Ownership, Profit and Gain Sharing and Broad-based Stock Options.* Chicago, IL: Universitiy of Chicago Press

Moulaert, F., F. Martinelli, S. González and E. Swyngedouw. 2007, "Introduction: Social Innovation and Governance in European Cities." *European Urban and Regional Studies.* Vol. 14, Issue 3. 창간호.

Mulgan, G. 2006. "The process of social innovation." *Innovations*, Vol. 1, No. 2.

Mulgan, G., S. Tucker, A. Rushanara and B. Sanders. 2007. "Social Innovation: What it is, why it matters and how it can be accelerated." Skoll Centre for Social Entrepreneurship.

Nowak, M. 2006. "Five Rules for the Evolution of Cooperation." *Science*, Vol. 314(December).

Ostrom, E. 2007. "A diagnostic approach for going beyond panaceas." *PNSA*, Vol. 104, No. 39.

_____. 2008. "Polycentric system as one approach for solving collective-acrion problems." *Working paper*, 8-6.

_____. 2009. "Beyond markets and states: polycentric governance of complex economic systems." Nobel lecture.

Pestoff, V. 2012. "Co-production and third sector social services in Europe: Some concepts and evidence." *Voluntas*, Vol. 23, Issue 4.

_____. 2014. "Collective action and the sustainability of co-production." *Public Management Review*, Vol. 3, Issue 3.

Salamon, L., S. Sokolowsky and H. Anheier. 2000. "Social Origins of Civil Society: Explaining the Nonprofit Sector Cross-Nationally." presented at the ARNOVA Conference Nov.

Smith, S. 2001. "Blooming together or Wilting Alone? Network Externalities and Mondragon and La Lega Co-operative Networks." WIDER *Discussion Paper*, No. 27.

Zamagni, S. 2005. *Civil Economic Theory of the Cooperative Firm*, Bologna: University of Bologna.

3부

공존과 살핌의 사회

10장

한국 시민사회의 발전 전망

이시재 | 가톨릭대학교

1. 1987년 6월 민주항쟁과 한국의 시민운동

한국의 시민사회는 1987년 6월 민주항쟁 이후 등장한 다양한 시민운동을 기점으로 발전하기 시작했다. 1987년의 6월항쟁과 뒤이은 민주화 조치들은 현대 한국의 시민사회 발전에서 토대를 이루고 있는 부분이다. 이 글에서는 한국의 시민사회가 1987년 이후 어떻게 성장하고 발전했으며, 앞으로는 어떠한 방향으로 발전해나갈 것인지 전망하고자 한다.

1987년 민주항쟁의 핵심 요구 사항은 대통령 직선제의 부활이었다. 전 국민의 저항에 더 이상 버틸 수 없었던 당시의 권력은 대통령 직선제를 비롯한 여러 민주적인 조치를 수용했다. 1987년 6월 29일 당시 여당의 대통령 후보로 내정된 노태우가 발표한 '6·29 선언'에는 대통령 직선제 외에 기본 인권의 신장, 자유 언론의 보장, 지방자치 및 교육자치의 실시, 정당 활동의 보장 등이 포함되어 있었다. 이러한 조치들로 시민운동이 태동할 수 있는 새로운 정치적 기회구조(political opportunity structure)를 제공했다.

1987년 7~8월, 그동안 억눌려 있었던 노동자, 시민들의 요구가 한꺼번에 분출되었다. 그해 7~9월, 전국에서 3300여 건의 파업, 1200여 개의 신규 노동조합 결성 등 노동자대투쟁이 전개되었다. 이로서 노동조합과 조합원 수 그리고 노동조합 조직률도 크게 증가했다. 1987년 6월 말 2742개였던 단위 노조의 수는 1989년 7883개, 즉 거의 세 배나 증가했고, 조합원 수도 1986년 103만 명에서 1989년 193만 명으로, 거의 두 배가 되었다. 노동조합 조직률은 동 기간 12.3%에서 18.6%로 증가했다(노중기, 2013: 97). 이러한 노동운동을 바탕으로 1990년 2월에는 전국노동조합협의회(민노협)가 결성되었고, 이것이 민주적인 노동운동의 출발점이 되었다. 1990년대의 치열한 노동운동을 거치면서 그 세력이 크게 확장해 1999년에는 전국민주노동조합총연맹(민노총)이 발족해, 전국교직원노동조합과 함께 노동조합으로 법적 지위를 얻게 되었다.

'6·29 선언'이 발표된 1987년은 그동안 치열하게 싸워온 민주화운동이 정점에 도달한 시기였으며, 국내적으로 정권 이양기여서 정치적으로 매우 유동적이었다. 동시에 이 시기는 개방화와 세계화의 물결이 한국의 경제와 사회에 큰 영향을 미치기 시작한 시기이기도 했다. 이미 한국의 대기업은 해외로 자본을 수출했고, 노동자들의 해외 취업이 크게 증가했다. 1986년에는 서울에서 아시안게임이 열려 중화인민공화국과 같은 공산국가들도 이에 참가했다. 한중 간의 스포츠 교류가 이루어지기 시작한 시점이다. 1988년 하계 올림픽 개최를 앞두고 억압 체제를 유지하기는 쉽지 않았다.

1988년 하계 올림픽 이후 한국인들의 해외여행 자유화가 전면적으로 실시되었다. 누구나 자유롭게 해외여행을 할 수 있었고 다양한 정보를 접할 수 있었다. 그즈음에 해외와의 통신에 팩시밀리가 사용되기 시작했다.

언론의 자유도 크게 확대되었다. 1988년 5월에는 시민 주주 방식으로 '한겨레신문'이 창간되었다. 한겨레신문은 창간 당시부터 자본의 지배를 배제하기 위해 어떤 주주도 1% 이상의 주식을 갖지 못하게 했다. 이후 홍성신문, 부천시민신문 등 지역신문이 시민 주도 방식으로 다수 창간되었다. 이렇게 언론의 자유가 폭넓게 허용되었다.

1991년 12월 소련의 붕괴를 끝으로 유럽의 냉전시대는 마감했다. 1980년대 중반부터 러시아는 변화하기 시작했다. 민주화·자유화·개방화의 길을 걷기 시작한 것이다. 당시의 대통령 고르바초프(Mikhail Gorbachyev)는 페레스트로이카(개혁)·글라스노스트(개방) 정책을 내세워 구체제의 변화를 시도했다. 이러한 국제 정세의 변화는 한국의 시민사회운동에도 큰 영향을 미쳤다. 명시적으로 혹은 잠재적으로 사회주의 국가 건설을 목표로 했던 급진적 사회운동 세력은 소비에트러시아의 붕괴에 큰 타격을 입게 되었다. 1980년대 후반에는 민주화 이후 어떤 사회를 지향할 것인가라는 문제에 대해 운동권 내에서도 심한 논쟁과 갈등이 있었다. 그러나 소련의 붕괴로 이러한 논쟁이 급속하게 사라졌다.

한국의 시민운동[1]은 이러한 정치적 공간에서 탄생했다. 1987년 이전에는 민주화운동이라는 단일 대오에 모두 모여서 운동을 전개했지만, 1987년 이후 각 부문에서 시민운동이 등장한 것이다. 여성·환경·소비자·인권 운동이 각자 나름의 영역에서 운동을 시작했다.

1987년 2월에는 전국 21개 지역 및 부문별 여성단체들이 모여 한국여성단체연합(여연)이 정식으로 발족했고, 그해 9월에는 여성민우회가 결성되어 1990년대 이후 성차별과 여성의 지위 향상을 위해 광범위한

---

1   우리 시민사회 발전의 지표 중 하나로 시민운동을 말할 때, 시민운동단체는 비정부·비정당·비영리의 특성을 갖고 있으며, 자발성·자율성·공공성(공익성)을 가진 열린 단체이다. 여기에 관변단체는 물론 직능단체, 이익집단, 노동조합은 제외된다.

시민운동을 전개해 큰 성과를 거두었다. 이에 따라 여성의 지위와 성평등과 관련된 법이 차례차례로 제정되었다. '성폭력특별법'(1993), '가정폭력 방지법'(1996), '남녀차별금지 및 구제에 관한 법'(2000), '성매매방지법'(2004), 그리고 가부장제의 핵심을 이루는 호주제 폐지(2005) 등 성평등 관련 법의 제정 혹은 개정에 여성운동이 큰 공헌을 했다.

1988년에는 '민주화를 위한 변호사모임(민변)', '민주화를 위한 전국교수협의회', '한국민족예술인총연합', '공해추방운동연합', 1989년에는 '전국빈민연합', '경제정의실천시민연합' 등이 출범했다. 시민사회의 성장을 견인할 시민운동단체가 6월 민주화 이후 급속하게 결성되었다. 1990년대 초에는 '인권운동사랑방'(1993), '환경운동연합'(1993)[2], '참여연대'(1994) 등 다양한 시민단체들이 전국에서 결성되었다. 이와 같이 1987년 6월항쟁 이후 열리기 시작한 '정치적 기회구조'(McAdam, 1982: 40~41)를 틈타 다수의 시민단체가 결성되었다.

1970년대 이래의 한국의 민주화운동은 민주화라는 단일한 목표하에서 연대하고 있었으나, 1987년 이후에는 여성, 환경, 인권, 권력 감시 등 다양한 주제를 내건 운동이 새롭게 등장했다. 1989에 창립한 '경제정의실천시민연합(경실련)'은 1987년 이후의 시민운동의 성격을 새롭게 규정하는 신호였다. 경실련은 종래 노동운동, 농민운동 등 이른바 계급운동과는 거리를 둔 시민운동을 지향한다고 선포했다. 87년체제를 분석한 김정훈은 경실련의 등장을 시민사회운동이 민중운동과 시민운동으로 나누어지는 1차적인 분화[3]라고 불렀다(김정훈, 2010: 72). 당

---

2 1988년 창립한 공해추방운동연합은 서울 및 수도권지역의 운동이었다. 1992년 유엔환경개발회의(브라질 리우데자네이루)에 참가한 8개의 지방 환경단체를 포함해서 전국적인 환경단체를 만들 것을 결의했고, 1993년 4월 공추련이 발전적으로 해체하고 전국운동조직으로서 환경운동연합이 출범했다.

3 "민주화로 인한 국가와 시민사회의 분화는 새로운 자율성의 공간을 만들어 냈고, 이 공간을 통해 사회운동 세력은 시민권을 활용해 진지를 구축할 수 있었다. …… 이 공간의 핵심적인

시 경실련 사무총장이었던 서경석은 시민운동은 계급운동이 아니며, 절차적 민주주의를 적극 활용하고 제도적인 틀 속에서 운동해야 한다고 주장했다[4].

1990년 이후에는 민중적 담론이 주변화되고, 시민적 담론이 부상했다(조희연, 1993: 233). 조희연은 민중적 담론이 주변화된 원인으로 첫째, 사회주의의 붕괴와 그 부정적 영향, 둘째, 국내적 조건상 비혁명적 변혁의 경로가 지배적으로 바뀐 점, 셋째, 한국의 계급구조 분화로 비혁명적·시민적 담론의 수용계급의 주류화, 넷째, 민중적 담론의 폐쇄성을 지적하고 있다(조희연, 1993)[5]. 이러한 분화로 한국의 시민사회운동은 시민운동과 민중운동이라는 양 진영을 형성하여 지금까지도 명칭을 구분해 사용한다.

1990년대 이후 지방에서도 시민운동이 전개되었다. '6·29 선언'의 또 하나의 약속인 지방자치가 1991년 지방의회 구성, 1995년 이후 단체장 선거를 통해 실시되어 지역사회에도 큰 변화가 일어나기 시작했다.[6] 지방자치단체가 정치적 결정의 중요한 거점이 되어, 지방 단위의 시민단체들이 다수 활동하기 시작했다. 특히 1992년 유엔환경개발회의의 결과로 지방자치단체가 환경 보전에 중요한 행위자라는 인식이

갈등은 계급갈등이고, 따라서 이 공간을 통해 사회경제적 의미의 좌·우, 혹은 보수·진보의 갈등이 형성되었다."(김정훈, 2010: 71). 또 김정훈은 2002년 이후 등장한 촛불집회를 계기로 시민사회운동이 촛불집회와 유리된 상황을 제2차 분화로 불렀다.

4   당시 경제정의실천연합 사무총장 서경석은 "민중운동의 시대가 지나가고, 시민운동의 시대가 왔다"라고 시민운동을 종래의 민중운동과 구분 짓는 발언을 했다.

5   조희연과 박원순은 1994년 참여연대의 창립에 주도적인 역할을 했다. 참여연대는 경실련에 비해 좀 더 '변혁적 시민운동'을 지향했다. 참여연대의 창립기에는 인권운동사랑방(대표 서준석)과 함께 했고 따라서 그 명칭도 '참여민주사회와 인권을 위한 시민연대'였다. 그러나 그 영어 명칭은 "People's Solidarity for Participatory Democracy(PSPD)"로 하여 민중을 의미하는 'people'이라는 단어를 사용했다.

6   각 지역에 환경단체가 조직되었고, 1995년 이후에는 환경부의 지침도 있어서 지방자치단체와 지역의 시민단체들이 공동으로 지속가능사회를 건설하는 협의회(각 지방마다 명칭은 다르다)를 구성했다.

심어졌고, 지방에 맞는 의제를 작성하고 이를 실천하라는 유엔의 권고 등이 있어서 지역의 시민단체들과 지방자치와의 협력 체제를 구축하는 지방의제 작성과 그 실천운동이 전국에서 일어났다. 이러한 운동으로 종래 정부에 저항하고 변화를 요구한 지역의 시민단체들이 민주화된 정치 공간에서 지방정부와 협력하는 '공동생산'에 참여하게 되었다.

　1997년에 발간된 『한국민간단체총람 1997』에 따르면 한국의 민간단체 총수는 3900개였으며, 2000년에 발간된 『한국민간단체총람 2000』에서는 그것이 6169개로 증가했다. 학술단체나, 해외동포단체, 각 단체의 지부까지 합하면 무려 2만여 개의 민간단체가 조사되었다. 물론 여기에 등장하는 민간단체가 모두 시민운동단체만을 의미하는 것은 아니다. 다양한 이익집단, 관변단체, 직능단체도 포함되어 있어서 이것을 시민운동을 나타내는 지표로 보기는 어렵다. 2000년 총람의 분류에 따르면 시민단체는 전체의 24.3%, 사회서비스단체가 18.8%, 문화단체가 15.5%이다.

　한국의 시민운동은 2000년 총선시민연대의 낙천·낙선운동을 정점으로 그 영향력이 확대되지 않았고 상대적으로 축소되었다(김동노, 2013: 23). 1987년 이후의 민주화가 보수적인 정치계의 농간으로 결실을 맺지 못했고, 1997년의 IMF 경제위기를 통해 대량 실업, 소득 감소, 빈부 격차 확대로 시민들의 불만은 극도로 높았으나 정치계는 이러한 경제위기는 물론 시민들의 고통을 나누고자하는 각고의 노력을 하지 않았다. 한편 시민단체는 그 규모가 커지고 영향력이 강해졌지만 선거 때만 되면 공명선거 감시활동과 같은 소극적인 활동을 하는 데 그쳐 정치 개혁을 추동해내지 못했다. 1999년에는 시민단체들이 국정감사를 모니터링하겠다고 각 당에 제안했으나 각 당에서 이를 거부해 실현되지 않았다. 그래서 2000년 초에는 부패한 인사, '선거법' 위반자, 헌정 질서 파괴자, 반인권적 인사 등 낙천 대상자 112명을 선정해 각 당에 통보했지만, 각 당은 이를 받아주지 않았다. 그래서 다시 낙선 대상자 86명을 선정해 언론에 공개하고, 각 지역에서 시민단체들이 이들의 낙선운동을 전개했다. 당시는 '선거법'이 엄해 여러 가지 제한이 있었지만, 위법을 무릅쓰고 낙선운동을 전개해 86명 중 56명을 낙선시키는 성과를 거두었다.[7] 특히 수도권에서는 20명을 낙선 대상자로 선정해 그중 19명이 낙선했다. 낙선운동은 지역주의가 강한 영남지역과 호남지역에서는 큰 힘을 발휘하지 못했지만 낙선운동의 성과에 대해서 시민들로부터 큰 호응을 얻었다. 당시 여론조사에서는 가장 신뢰할 수 있는 집단으로 시민단체가 항상 상위를 차지하고 있었다. 정치가 할 수 없었던 일을 시민단체가 해냈다는 의미에서 이를 두고 '대의의 대행'이라고 평가했다(조희연, 1993).

2000년 총선시민연대의 활동은 시민운동단체와 시민들이 호응해 큰 결실을 거둔 운동이었다. 이 운동을 통해 여러 명의 시민단체 활동가들이 실정법 위반으로 벌금형을 받았다.

2. 2000년대의 사회변동

2000년 총선시민연대의 낙천·낙선운동은 한국 시민운동의 정점이었다. 동시에 2000년을 전후해 한국 및 세계 사회는 큰 전환점을 맞이했다. 2000년 이후의 한국 시민사회운동을 논의하기 위해 2000년 전후의 한국 사회의 변화를 먼저 논해야 한다.

---

7 낙천·낙선운동의 중심에는 참여연대, 환경연합, 여성연합 등 큰 단체들이 참여했으나 경실련은 독자적으로 운동을 전개하며 이에 참여하지 않았다. 낙천·낙선운동의 주요 리더들은 '선거법' 위반으로 재판을 거쳐 벌금형을 받았다.

1) IMF 금융위기와 불확실성의 증대

1997년 IMF 금융위기를 거치면서 한국 사회에 큰 변화가 일어났다. 외환위기에 빠진 한국에 대해 IMF는 구제금융을 제공하는 조건으로 고금리, 구조조정, 그리고 공공재의 영리화를 요구했다. 또한 뒤이어 IMF의 요구에 따라 국내의 금융시장을 전면적으로 개방했다.

시중 금리는 최고 연 29.5%에 달해, 부채율이 높은 대기업들이 하루 아침에 도산하고, 기업들에게 자금을 빌려준 은행들도 줄도산하는 사태가 벌어졌다. 그 결과 노동자 대량 해고가 발생하고, 특히 공기업 민영화의 일환으로 한국중공업, 한국전력, 한국통신, 담배인삼공사, 한국가스공사 등의 공기업에서 14만 명의 인원이 감축되었다. 금융시장이 전면적으로 개방되어 외국자본이 한국의 주요 기업에 투자했고, 그 과실을 해외로 가져가는 사태가 전개되어 국내에서는 노사 갈등을 야기하는 사례도 많았다.

IMF 금융위기는 결국 기업과 은행의 도산, 노동자의 대량 해고, 혹은 고용 불안정과 임금 삭감, 그리고 국내 자산의 해외 매도 등의 희생을 통해서 극복되었다.

IMF 금융위기와 그 극복 과정에서 국가는 국민들에게 사회적 안전망을 제공하지 못했다. 구조조정, 대량 실업 발생과 노동의 유연화 등을 통해서 드러난 사실은 국가도 공동체도 국민들 한 사람 한 사람을 돌볼 수 없었다는 것이다.

그 여파는 생활세계에 큰 상처와 고통으로 나타났다. 가장이 직장을 잃고, 온 가족이 일터로 내몰리고, 이혼이 증가했으며, 학생은 학업을 포기하고 일자리를 찾아 나섰다. 2000년 이후의 이른바 N포세대, 저출산, 청년 실업 등의 사회문제의 발원은 IMF 금융위기였다. 금융위기라는 국가적 위기와 애국주의 앞에 개인의 고통이나 실업, 가족의 해체에 저항하는 목소리는 크지 않았다. 그 대신 이 위기에서 벗어나는 과정에서 경제성장에 대한 전망이 불투명해졌다.

나라 전체의 경제적 전망이 불투명하기 때문에, 개인은 생애 계획도 세우기 어려웠다. 그 결과 청년들은 공무원 시험, 사회복지사 시험, 경찰관 시험 등에 몰리며 좀 더 안정적인 직장을 구하려는 경향이 강해졌다. 대학에서도 취업이 잘될 수 있는 학과에 학생들이 몰리고 취업률을 가장 중요한 성과 지표로 강조했다.

개인은 노동시장에 투입되어 각자 살아남기 위한 전략에 몰두해, 노동자 간의 단결이나 연대보다는 노동시장 내에서의 격심한 경쟁에 내몰리게 된다. '각자도생'이 이러한 불안과 불확실한 상황을 타개하기 위한 개개인의 전략이 되기도 했다.

교육과 사회이동 간의 상관관계에 대한 연구에 따르면, 한국 사회에서 교육은 사회적 상승 이동의 가장 중요한 사다리이다. 좀 더 자세하게 한 걸음 더 들어가 보면, 계층상의 상위 그룹과 하위 그룹에서 부모의 경제적 지위가 자녀들의 경제적 지위에 가장 큰 영향을 미치고 있으며, 특히 교육이라는 매개 변수를 통해서 자녀의 경제적 지위에 영향을 주는 정도가 크다는 것이다(여유진, 2008). 말하자면 교육을 매개로 부가 대물림되고, 하층에서는 교육을 시킬 수 없기 때문에 빈곤이 대물림된다는 것이다. 그러나 부와 빈곤의 대물림은 40대보다는 30대와 20대 응답자들에서 더욱 심하게 나타난다. 국가와 공동체에 대한 신뢰가 무너진 곳에 가족만이 신뢰의 보루가 되어, 부유층에서는 사교육에 집중적으로 '투자'하는 경향이 강화되고 있는 것이다.

우리가 경험한 경제성장기에는 여러 차례의 5개년 계획과 그때그때의 목표가 있었다. 수출·생산·소득의 목표를 세워, 계획 기간 내에 그것을 실현했다. 이에 맞추어 개인들의 삶에서도 장래가 현재보다 좋아지리라는 예측이 가능했고, 돈을 빌려 주택을 사고 저축을 해서 이를 갚아나가는 미래 설계가 가능한 시대였다. 2000년 이후에는 저성장이 고착되었고, 정부도 5개년 계획과 같은 구체적인 목표를 세울 수가 없었으며, 개인 생활에서도 IMF 금융위기 이후 실업의 증가, 노동시장의 불안정, 소득의 불안정으로 장기 계획을 세우기 어렵게 되었다. 신규 고용의 태반이 비정규직, 계약직이기 때문에 평생 계획을 세울 수가 없는 것이다. 고도성장에 중독된 국민과 정부는 인위적인 경기 부양을 위해 토목공사를 일으키고, 주택 경기를 일으켜 세우려 하지만, 그 효과는 미미하고 후유증만 커지고 있다. 그래서 불확실성은 21세기 한국을 특징짓는 가장 기본적인 특성이다.

2) 인터넷으로 연결된 인간과 사물

한국에서는 1994년 한국통신이 인터넷 상용망 코넷(Kornet)을 제공해 인터넷 시대를 열었다. 그 이후 1995년경부터는 일반인들도 전자메일, 파일 전송, 원격지 접속, 정보 검색 등을 위해 인터넷을 사용하기 시작했다. 김대중 정부 때부터 광대역 통신망이 전국에 설치되어 인터넷이 급속하게 보급되었다. 사람들은 이메일, SNS, 메시지 등을 통해 서로서로를 연결하고 있다. 30년 전에는 상상도 할 수 없는 새로운 정보통신 공간이 생겨난 것이다. 이렇게 사람과 사람, 사람과 기계, 기계와 기계를 다양한 정보통신 수단을 사용해 연결하는 접속과 초연결(hyper-connectivity)의 통신 하부구조가 우리의 삶을 지탱하는 가장 중요한 기반이 되고 있다. 우리는 이메일과 무선통신기기를 이용해 서로 소통하고, 정보를 검색하고, 사진을 찍고, SNS를 통해 이를 서로 공유하는 경험을 하고 있다. 사람들은 대부분의 정보를 작은 통신기기(스마트폰이나 태블릿PC)를 통해서 통신하고, 공유하고, 검색한다.

이 초연결성은 2000년 이후 세계의 새로운 환경(virtual habitat) 혹은 우리 사회의 새로운 작동 메커니즘(Operation System: OS), 인프라가 되고 있다. 생산, 소비, 여가, 놀이, 학습 등 대부분의 활동이 이 새로운 공간에서 전개된다. 우리가 주목하고 있는 한국의 시민사회운동도 이 정보공간 위에서 전개되고 있다.

이 초연결성은 여러 가지 특징을 갖고 있다. 첫째, 이미 우리가 체험하고 있듯이 시간과 공간을 압축해 그 비용을 크게 낮춘다. 각종 데이터베이스, 포털, 검색엔진, 인터넷 쇼핑 등은 우리에게 공간적 거리감과 시간적 비용을 줄여준다. 둘째, 초연결성을 위한 비용이 점차 줄어들어 누구나 이에 참여할 수 있다(리프킨, 2014). 특히 오픈 소스가 확대되어 초연결성의 구축 비용도 많지 않다. 자본의 독점적 영역이었던 미디어, 정부의 정보 통제(검열, 감청) 등은 별로 중요한 문제가 되지 않는다. 셋째, 비용이 들지 않고 대부분 열린 공간이기 때문에 참여자가 늘어나고, 그렇게 되면 초연결성은 그 자체로서 진화해 누군가가 통제할 수 없는 독자적인 구조와 메커니즘을 발생시킨다. 넷째, 초연결성은 국경을 넘어 전 지구적인 환경 속에서 작동하기 때문에 그 위에는 금융자본, 상품, 서비스가 이동하거나 공급된다. 그래서 종래의 국민국가에서 정보 통제를 통해 국민들을 관리할 수가 없다는 한계가 있다. 다섯째는 이 열림이 사람들에게 자유로운 활동 공간을 제공한다는 것이다. 정보와 소통의 밀도가 높아져, 사람들 간의 상호작용도 증가한다.

초연결 시스템 속에서 인간은 어떤 모습일까? 장래 어떤 방식으로 인간이 살아가야 하는지에 대해 상상도 하기 어려운 상황이 전개될 것이다. 인간과 기계의 융합 시스템은 많은 정보와 연결을 집적하고 있는 스마트폰에서 이미 경험하고 있다. 스마트폰은 우리가 사용하고 있는 단말기이지만 동시에 거대한 연결망에 접속하고 있는 단말기이다. 그리고 인간은 그 단말기를 통해서 초연결 시스템에 연결되어 있다. 인간은 초인격적인 연결 시스템의 부품의 하나로 간주된다.

인간과 기계의 융합은 신체의 무한 가변성을 예고한다. 로봇 기술, 그리고 '알파고'와의 바둑 대결이 예고하듯이 인간의 육체와 지능의 대부분을 기계가 대신하는 시대가 이미 진행 중이다.

3) 위험의 세계화

울리히 벡(Ulrich Beck, 2000)은 위험사회를 근대화 그 자체가 야기한 위험과 불안전성을 체계적으로 다루는 방법이라고 정의하고 있다. 우리는 정보통신의 세계화와 더불어 물적인 체계의 세계화도 경험한다. 우리가 먹는 대부분의 식재료가 해외에서 들어오고, 메르스나 지카바이러스와 같은 전염병도 사람과 물건의 세계적인 이동을 통해서 순식간에 세계 곳곳으로 전달된다. 한국의 식량 자급률은 24%이며 쌀을 제외하면 콩, 밀, 옥수수 등 거의 모든 곡물은 해외 수입에 의존하고 있다. 따라서 우리의 식생활은 생산자도 생산과정도 잘 알 수 없는 식재료로 구성되어 있어 잠재적으로 대단한 리스크를 포함하고 있다. 2008년 쇠고기 수입 반대운동은 이러한 위험의 세계화 현상에 대한 저항이었다. 가습기 살균제에 의한 대량 피해도 화학물질의 국제 이동을 통해서 발생한, 위험의 세계화 가운데 하나이다. 지구화 현상과 초연결성으로 정보의 흐름뿐만 아니라, 물적인 흐름도 그 속도와 범위가 매우 빠르고 넓어졌다. 이렇게 만들어진 물적 세계의 네트워킹으로 새로운 인간관계가 설정된다. 대면적 인간관계보다는 물질적 네트워크를 매개로 하는 간접적 인간관계로 생활세계의 성격이 변하는 것이다. '인간-인간' 관계에서 '인간-물질-인간' 관계로 그 구조가 바뀌어 우리는 물질을 매개로 타인과 접하는 관계 속에서 살게 된 것이다. 사람과 사람의 관계를 제어하는 윤리가 작동하기 어렵게 된다. 따라서 우리는 '투명하지 않은' 물적 관계 속에서 발생하는 리스크와 대면하지 않으면 안 된다. 우리가 소비하고 있는 물건을 누가 생산하고 공급하는지 알 수 없다. 위험은 이러한 불투명성, 추상성에 내재하고 있는 것이다.

기후변화와 생태 위기는 국경을 넘어 지구적인 위험이다. 20세기의 석유문명이 여전히 강하게 진행하고 있는 가운데, 기후변화를 가져올 지구온난화 문제를 해결할 방법을 찾기란 현재로서는 절망적이다. 기후변화에 관한 파리협정은 지구온난화의 속도를 약간 늦출 수는 있어도 이를 해결하는 방법은 되지 못한다. 온실가스의 증가에 따른 지구온난화와 기후변화가 가져올 상상하기 어려울 정도의 피해는 물론이고 세계적인 물 부족 현상, 사막화, 토양 유실, 해양 오염, 전염병의 발생 등 지구적인 위기 상황 속에서 우리는 살고 있다.

따라서 상호의존체제로서의 세계체제하에서 우리의 삶이 이러한 위험에서 벗어날 수 없다는 것이 자명하다. 우리의 삶이 지구적 위험에 그대로 노출되어 있으며, 혹은 그러한 위험에 봉착할 가능성이 상존한다고 볼 수밖에 없다.

4) 공동체의 위기

IMF 금융위기 이후 우리 사회는 무한 경쟁과 배제(exclusion)의 함정에 빠졌다. IMF 금융위기를 벗어나는 과정에서 많은 기업이 퇴출되었다. 살아남은 기업들도 격심한 경쟁을 이겨내야만 했다. 그 과정에서 노동자들은 무한 경쟁과 퇴출을 강요당했다. 무한 경쟁과 퇴출이 기업과 노동자들에게 한정되는 것만은 아니었다. 교육기관을 비롯한 모든 공공기관에서는 평가 시스템을 만들어 경비 절감과 경쟁력 강화를 위해 사람들을 무한 경쟁으로 몰아갔다.

이러한 과정에서 연고 집단의 연대가 현저하게 약화되어갔다. 향우회, 동창회, 문중 모임, 동네·지역 모임 등 전통적인 지연·학연·혈연

모임은 점차 쇠퇴해갔다. 직장 내 동호회도 운영이 어렵다고 한다. 무한 경쟁 체제에서 전통적인 사회적 관계를 유지하기가 쉽지 않기 때문이다. 반상회, 자치회와 같은 반(半)행정집단도 운영되기 어려운 상황으로 변했다. 이러한 중간집단의 약화 또는 소멸을 사회적 자본의 약화로 파악하는 사회학자도 있으며 이러한 현상은 보편적인 경향인 것 같다(퍼트넘, 2016).

종교단체는 많은 도시민에게 중간집단으로 기능하고 있다. 그러나 1960년대 중반 이래 급성장한 기독교(개신교)의 신자 수는 1995년을 정점으로 점차 줄어들거나 혹은 정체 상태에 빠졌다. 가톨릭 신자가 급격하게 증가하기는 했으나, 불교 신자를 포함한 종교인구 전체가 총인구에서 차지하는 비율은 1985년 42.5%, 1995년 50.4%, 2005년 52.9%로 증가하다가 2015년에는 43.9%로 감소했다(각 연도 인구주택총조사). 종교활동은 아직도 생활 영역에서 중요한 중간집단으로 기능하고 있지만, 젊은 사람들의 참가가 줄어들고 있다는 점을 고려하면, 그 실질적인 영향력은 점차 줄어들 것으로 보인다. 도시에서 전통적인 공동체는 찾아보기 어렵고, 따라서 사람들 간의 연대와 집단 귀속도 크게 약화되어 가고 있다.

5) 노동, 생산, 소비의 미래

제4차 산업혁명이라는 기술·사회시스템의 변화는 우리의 노동, 생산, 소비에도 전면적인 변화를 가져왔다. 리프킨(Jeremy Rifkin)은 '노동의 종말'을 이미 1990년대부터 주장했다(리프킨, 2005). 정보화에 기초한 기술 발전으로 기계(로봇)가 인간의 노동을 대체하게 되어, 수천만 개의 직장이 사라진다는 것이다. 가장 심각하게 영향을 받는 직종은 육체노동자, 소매업 종사자, 서비스업 종사자일 것이다. 그는 노동을 로

봇이 대체함으로써 기업은 큰 이익을 얻게 되고 소수의 지식노동자만
이 그 혜택을 입게 되어, 중산층이 줄어들고 빈부의 격차가 커져, 사회
의 양극화가 극심하게 될 것이라고 주장했다. 또한 장기적인 실업 현상
은 정보기술의 발전이 진행되면서 더욱더 고착되고 확대될 것이라고
전망했다. 그래서 그는 '제3의 부문'으로서 지역사회의 재건을 위한 자
원적 노동을 제시한다. 말하자면 지역 사회를 살리는 일에 국가재정을
투입해 일자리를 만들어나간다는 것이다.

이미 이러한 경향은 우리 주변에서도 지금 급속하게 진행되고 있다.
물질 생산뿐만 아니라, 서비스산업 전반에 로봇화가 진행되고 있다. 로
봇이 할 수 없고 인간만이 할 수 있는 노동이란 얼마나 남아 있을까 상
상조차 어려운 상황이 앞으로 닥칠 것이다. 생산과 노동, 노동과 소비
가 연결된 산업사회가 정보통신혁명에 의해 급하게 변하고 있다. 그동
안은 노동을 통해 임금을 얻고 그 임금으로 소비생활을 영위함으로써
자본주의 생산시스템을 유지해왔다. 지금처럼 노동 없는 생산이 확대·
지속되면, 어떻게 소득을 얻을 수 있으며, 누가 소비를 해줄 것인가? 지
금 우리 사회에서도 논의되고 있고 일부 서구사회에서는 이미 실행하
고 있는 기본소득 개념은 이러한 생산·소비체제에 대해 소비함수를 인
위적으로 지탱하기 위한 것이다.

자본주의 생산시스템은 생산을 유지·확대하기 위한 소비이며, 삶의
욕구를 충족시키기 위한 소비는 아니다. 현재의 소비는 생산시스템의
한 변수이며, 삶의 체계와 반드시 일치하는 것은 아니다. 자본주의 시
스템은 우리의 욕구체계마저도 변용하는 힘을 갖고 있기 때문에 변화
된 생산체제는 또다시 노동과 소비의 형태를 바꾸어나갈 것이다. 이것
이 가져올 인간성의 변용, 자원 고갈과 생태계 변화에 대응하기 위한
사회시스템의 재설계가 필요하다.

3. 2000년 이후 한국의 시민사회와 시민운동의 변화

1990년대 이래 한국의 주요 시민단체는 규모도 커지고, 사업의 영역도 확대되었다. 주요 시민단체들은 독자적으로 건물과 토지를 소유해 시민운동의 물적인 토대를 어느 정도 갖추게 되었다. 자원 동원 능력에서도 회원의 증가, 언론 미디어의 지지, 전문가들의 결합, 기업 및 정부와의 협력관계 구축을 통해서 인적·물적 자원을 확보할 수 있었다. 1990년대의 시민운동가들은 대개 민주화운동의 연장선상에서 인권·소비자·여성·환경·권력 감시·생활 운동을 개척했기 때문에 사명감도 투철하고 도덕적인 우월성을 인정받았다. 그렇게 하여 시민운동은 적지 않는 성과를 거두었다.

그러나 시민운동은 여러 가지 난관에 봉착할 수밖에 없었다. 우선 무엇보다도 시민들의 참여가 크게 늘지 않았다. 한국의 대표적인 시민단체인 참여연대의 경우, 1994년 창립 당시에는 245명에 불과했으나, 2000년까지 급속한 성장을 보여 1만 명을 넘어섰고, 2001년에는 회원 수가 1만 4479명이다. 그러나 이때부터 회원은 점차 줄어들기 시작해, 2005년에는 9519명으로 내려앉았고, 2010년에는 1만 2419명으로 증가했지만, 2014년에야 비로소 1만 5000명을 넘어섰다. 2017년 현재 1만 5292명으로 최근의 촛불집회 이후 약간 늘어났기는 했지만, 전반적으로 회원 증가는 둔화되었다(참여연대 홈페이지). 환경운동연합의 사정도 마찬가지였다. 2000년 초기의 총회 자료에 드러난 중앙환경연합의 회비 수입은 연 6억 원 전후였으나, 지금도 그것을 크게 벗어나지 못하고 있다(환경운동연합 홈페이지). 대중적인 시민운동단체이지만, 회원 동원에는 큰 어려움이 있었다.

한국의 시민단체는 기본적으로 회원의 회비와 후원금으로 유지되고 있다. 이명박 정부가 들어선 2008년 이후 참여연대, 경실련, 환경연합

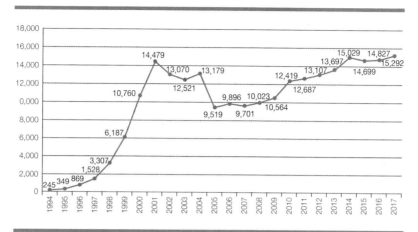

자료: 참여연대 홈페이지(http://www.peoplepower21.org/index.php?mid=about_PSPD&document_srl=1329
490&listStyle=%24listStyle).

등 주요 단체들은 정부의 프로젝트 사업에 참여하지 않았다. 회원들의
회비, 후원회 등을 통한 기부금, 그리고 사업 활동을 통해 재원을 조달
했다. 그러나 시민단체의 규모가 커지며 사무 공간 등의 시설 확보, 활
동가들의 생활비 마련 등으로 시민단체들은 항상 재정적인 어려움에서
벗어나지 못하고 있다. 상근 활동가들에게 충분한 생활비를 제공하지
못하니 활동가들이 이직하는 경우도 많다.

　시민단체에 참여하는 활동가들의 의식에도 큰 변화가 있었다. 1990
년대의 초기 활동가들은 민주화운동에 참여한 경험도 있었고, 사회운
동을 위해 시민단체에 들어온 사람들이 많았다. 그래서 초기에는 저임
금에도 불구하고 헌신적으로 운동에 참여했다. 그러나 2000년대 이후
시민단체에 참가한 활동가들은 시민단체를 '직장'으로 생각하게 되었
고, 따라서 이전 활동가들이 지니고 있는 헌신성을 찾아보기 어렵게 되
었다.

시민운동의 영향력의 상대적 저하는 여러 가지 요인으로 설명되어야 한다. 2000년 이후에는 인터넷 보급 등으로 이를 기반으로 하는 비조직 시민운동이 크게 성장했다. 사람들은 시민단체를 통하지 않고도, 또 시민사회단체 속하는 비용(회비 납부, 연락처 제공, 동원 요청에 응하는 것 등)을 지불하지 않고도 사회 참가가 가능하게 되었다.

조대엽은 2000년대의 시민운동에서 나타난 특징적인 변화로서 새로운 형태의 동원구조에 주목했다(조대엽, 2013). 그는 1990년대 시민운동이 경실련, 참여연대, 환경연합, 녹색연합과 같이 회원 조직을 가진 조직 형태인 반면, 2000년대에는 2002년 미군 장갑차에 의한 중학생 사망 사건으로 발생한 효순·미선 추모 촛불집회, 2004년 노무현 대통령 탄핵반대 촛불집회, 2008년 미국산 쇠고기 수입반대 촛불집회와 같이 조직 동원에 의하지 않은 시민운동이 몇십만 명씩이나 참가자를 모았다고 지적했다. 그는 이러한 집단을 '유연자발집단'이라고 불렀다.[8]

이런 유연자발집단은 인터넷을 매개로 특정한 시점과 특정한 주제에서 큰 영향력을 발휘하지만 그렇다고 시민운동단체를 대체할 수 있는 것은 아니다. 그렇지만, 사회와 정치를 움직이는 힘이 시민단체 외부에서도 등장해, 시민운동단체의 영향력이 상대적으로 줄어든 것은 사실이다.

두 번째로 2000년 이후에는 언론 미디어가 시민운동에 대해 비판적인 입장으로 돌아섰다. 1990년대에 각 언론기관은 시민사회와 공동으로 캠페인을 함으로써 언론의 '시민성'을 획득하려고 했으나, 2000년 이후 그럴 필요가 없게 되었다.[9] 2000년대 초 여러 언론에서는 '시민 없

---

8   조대엽은 현대사회의 결사체를 2차집단이나, '우편리스트'의 회원을 기반으로 하는 시민운동조직과 같은 제3의 결사체(Putnam, 1995)로 보았고, 또 조직화되어 있지 않지만 이슈에 따라 이합집산하는 '유연자발집단'을 제4의 결사체로 명명했다(조대엽, 2013).
9   1990년대의 환경운동에서는 언론과의 공동캠페인이 많았다. 특히 리우 유엔환경개발회의의

는 시민운동'이라고 시민운동단체를 비판했다. 이러한 비판은 반드시 정당하다고는 말할 수 없지만(하승수, 2003), 언론과 보수단체에서 시민운동을 비판할 때 사용하는 상투어였다. 한국의 시민운동은 회원들의 회비와 기부금으로 재정의 60% 이상을 충당하고 있다. 이것은 실질적으로 '진성' 당원이 매우 적은 정당이나, 정부의 보조금에 의존하고 있는 보수단체들에 비할 바가 아니다. 시민운동은 그 자체가 갖고 있는 힘만으로 운동을 하는 것이 아니다. 언론이 시민운동을 다루어주고, 시민들이 이에 호응해야만 시민운동의 세력화가 가능한 것이다. 2000년 이후의 시민운동을 둘러싼 언론 환경은 매우 부정적이다.

세 번째는 2005년 전후로 시민운동을 반대하는 '시민운동'이 등장했다는 것이다. 그 대부분이 정부의 공개적 혹은 은밀한 지원, 기업의 지원을 받고 동원된 반시민운동이지만, 언론은 이를 근거로 찬반 논리와 양비론, 양시론을 펼치며 시민운동이 상대적인 한 부분이라는 것을 강조하고 있다. 이것이 '종북' 프레임, 좌파 프레임을 만들어내는 근거의 중요한 일부가 되고 있다.

2000년대에는 시민운동단체와 별도로 시민들의 운동이 시작되었다. 인터넷의 보급으로 매스미디어나 시민단체의 매개 없이도 시민들이 광장에 나오고 발언을 할 수 있었다. 그리고 그러한 시민들이 만들어내는 광장에서 2000년대의 중요한 이슈가 다루어지고, 큰 힘을 발휘하게 되었다.

이후에는 각 언론사마다 환경캠페인을 장기간에 걸쳐 진행했고 대개는 환경단체와 공동으로 추진했다. 참여연대의 소액주주운동도 언론의 대대적인 보도로 큰 영향력을 발휘할 수 있었다.

4. 촛불집회와 '시민'의 탄생

2002년 월드컵 경기 기간 중 수많은 대중이 광장에 나와 집단적 응원을 펼쳤다. 이 집단현상이 한국의 사회운동에 갖는 의미는 매우 크다고 생각한다. 준결승전이 열렸던 날에는 전국에 700만 명이 모였다고 보도되었다. 여섯 번의 응원집회에는 연인원 2000만 명이 넘게 참가했다. 이 응원집회에 참가하는 사람들은 태극기 혹은 태극 모양을 장식으로 사용하고 '대한민국!'을 외치며, 스스로 붉은 악마라 불렀다. 붉은 악마는 1995년 PC통신 하이텔을 매개로 모인 축구 국가대표팀 서포터스 모임에서 기원했다. 붉은 악마라는 작은 조직이 배경에 있었고 이들이 사용한 상징을 모두가 공유하기는 했지만, 붉은 악마가 응원 군중을 지도하고 견인한 것은 아니었다. 이 응원에 참여한 사람들을 'W(월드컵) 세대'라고 부르고 있다.

사람들은 왜 광장으로 나왔을까? W세대론을 분석한 김정운은 W세대의 행태를 다음과 같이 묘사하고 있다(김정운, 2002).

> 도대체 무엇을 응원한단 말인가? 선수들은 그렇게 멀리 떨어져 있는데, 말만 응원이지 응원이 아닌 것이다. 선수들이 응원을 통해 힘을 얻어 축구경기를 이기는 것이 목적이 아니다. 응원 그 자체가 목적이다. 응원하면서 즐기는 것이 목적인 것이다. 이 때 전광판에 보여지는 축구는 이 재미를 매개해주는 수단일 따름이다. …… 함께 '대한민국'을 외치며 즐길 수 있다면 축구경기는 어찌 되었던 그리 큰 상관이 없었다.

여기에서 응원 군중은 자기 표출을 위해 광장에 모였고, 그것을 즐겼다. 혼자가 아니라는 점, 익명성이 보장된다는 점, 공감할 수 있는 상징들이 모두 축제성을 띠고 있다. 축구는 이들의 자기 표출의 도구에 지나지 않는다. 이 광장에서는 기존의 질서도 뒤집혀진다.

그들이 사용한 태극기와 붉은 색은 모두 기존의 엄숙함과 경계감을 뒤집어놓았다. 금기시되어왔던 붉은 색이 사용되고, '악마'라는 표현이 애칭같이 사용되었으며, 태극기의 엄숙한 상징성을 뒤집어놓았다. 응원을 통해 애국심을 표현했지만 그것은 배타적인 것은 아니었다. 우리나라를 이긴 타국의 축구팀에 대해 적개심을 보인 일도 없었다. 다른 나라의 훌리건처럼 무질서, 파괴, 폭력, 괴성 같은 것은 없었다. 사람들은 자유롭게 자신을 표현했지만 남에게 피해를 주지 않으려 배려했고, 집회가 끝난 다음에는 청소를 하고 광장을 떠났다.

국가나 사회단체가 동원한 것도 아니며 삼삼오오 친구들과 모여서 거대한 집회를 만들어갔다. 사람들은 기존의 조직을 매개로 하지 않고 광장에 나와서 '대(大)사회'의 일원이 되었다. 거기에는 누구도 동원하지 않았고, 태극기와 자발적 내셔널리즘의 에너지도 분출되었지만, 국가 동원으로서의 내셔널리즘과는 달랐다. 2002년 여름, '광장'의 집단적 경험은 21세기 한국 사회의 집합행동의 '형태'와 '도구'가 되었다.

광장의 집합행동은 곧바로 다른 내용으로 채워졌다. 2002년 가을, 효순·미선의 참사를 항의하는 추모집회(특히 2002년 12월 대통령 선거 직전)가 촛불집회로 열렸다. 이 운동은 뚜렷한 지향점을 갖고 있었다. 인권과 반미 정서라는 선명한 지향성이었다.

지난 6월 광화문 네거리를 뜨겁게 달궜던 월드컵 응원 신화가 재현될 것인가. 한 네티즌이 인터넷 게시판을 통해 제안한 '광화문 촛불집회' 열기가 서서히 달아오르고 있다. 네티즌 한 명의 '절절한 호소'가 네티즌의 입과 손을 타고 인터넷 곳곳에 퍼진 결과다. 온라인상의 호소가 오프라인상의 집회로까지 이어진 것이다(≪오마이뉴스≫, 2002년 11월 29일 자).

이 보도에서 우리는 광화문 네거리와 월드컵 응원의 기억이 2002년 가을의 효순·미선 추모 촛불집회에서 다시 연상되었다는 점과 한 사람의 무명의 네티즌의 호소가 인터넷을 타고 사람들을 동원할 수 있었다는 점을 지적할 수 있다. 11월 30일 민중대회와 겹치기도 했지만 1만명 정도가 광화문에서 집회를 가졌다. 또 12월 14일, 대통령 선거를 일주일 앞두고 열린 광화문 촛불집회는 10만 명이 참가한 가운데 진행되었다. 대형 성조기를 사람들이 사지를 찢듯이 찢어버린 사진을 담은 뉴스가 외신을 타고 전 세계에 전달되었다. 이 촛불집회에는 진보진영의 여러 인사들이 참여했고, 일부 국회의원들도 나왔다.

그 후 2004년 노무현 대통령 탄핵반대 촛불집회에는 광화문광장, 서울광장, 종로 1가에 걸쳐 20만 명이 운집했다. 여러 시민단체들이 깃발을 들고 나갔지만, 일반 시민들의 참가에 압도당해 시민단체의 존재감은 약했다. 노무현 대통령을 적극 지지했던 '노사모'만의 집회도 아니었다. 헌법재판소의 탄핵소추안 기각으로 촛불은 더 이상 켜지지 않았지만, 그 여세를 몰아 국회의원 선거에서 여당이 압승했다.

촛불집회는 이제 한국 사회에서 가장 인기 있는 사회운동의 레퍼토리 중 하나이다. 촛불집회는 평화시위이고, 조직을 경유하지 않고도 누구든지 참가할 수 있으며, 이를 통해 나와 같은 생각을 가진 사람들이 얼마나 많은지 체험하며 큰 사회의 일원이 되었다는 것을 실감하게 한다.

2008년 미국산 쇠고기 수입반대 촛불집회에는 새로운 현상이 나타났다. 인터넷 게시판 '아고라'가 중심이 되어 여론을 상당히 주도한 측면도 있고, 촛불시민들이 좀 더 적극적으로 발언을 했다. 참여연대, 민주노총 등 1700여 개의 단체들이 광우병대책위를 만들었지만, 촛불시민들의 주장과 대립하는 양상까지 나타났다. 기존 시민단체들이 깃발을 들고 나왔지만, 집회를 주도한다고 말할 수는 없었다. 시민단체들로 구성된 광우병대책위가 없었더라면 집회의 준비와 진행을 할 수 없었지만, 그렇다고 대책위가 촛불집회의 '지도부'가 될 수는 없었다(홍일표, 2017). 그러나 촛불시민들은 시민단체의 등단을 비판해 '깃발을 내려라'고 요구했다. 촛불집회가 끝난 후, 광우병대책위의 주요 간부들(참여연대, 진보연대, 흥사단 등)은 '집회와 시위에 관한 법률' 위반으로 구속되었다.

2008년 촛불집회는 미국산 쇠고기 수입반대 운동에서 출발했지만, 당시 이명박 정권에 대한 심판의 의미도 컸다. 미국산 쇠고기 수입반대 이외에도 교육 정책, 대운하사업, 공기업 민영화에 반대하고 정권 퇴진까지 요구하는 상황으로 확대되었다. 결국 이명박 대통령은 미국산 쇠고기 수입에서 일정한 후퇴를 했고, 대운하사업을 철회[10]했다.

2008년 촛불집회는 주로 문화제 형식을 취해 다수의 연예인, 음악가들이 참가했다. 이명박 정부는 촛불집회를 막기 위해 컨테이너박스를 이용한 차단벽을 만들어, 촛불시민의 행진을 막았다. 그 과정에서 폭력적 진압이 있었다.

2008년 미국산 쇠고기 수입반대 운동에서 또 하나 특기할 만한 것은 인터넷방송이 현장 중계를 했던 점이다. '아프리카방송' 등을 통해서 내보낸 현장 중계는 커뮤니케이션 역사의 중요한 한 페이지가 될 것이다. 개인이 인터넷을 통해서 영상과 메시지를 발신한다는 점은 기존의 미디어의 정보 독점을 허무는 중요한 계기가 될 것이다.

미국산 쇠고기 수입반대 운동에서 미디어의 역할은 매우 컸다. 당시 MBC가 4월 29일 〈PD수첩〉 "미국산 소고기, 과연 광우병에서 안전한가" 편을 내보냈다. 그 내용은 충격적이었다. 미국은 소의 0.1%만 광우병 검사를 하고 있다는 점이 밝혀져 '미국산 소고기가 안전하다'고 단정하는 정부의 주장은 믿기 어려워진 것이다. 공영방송이 〈PD수첩〉을

---

10 이명박 정부는 대운하사업을 철회했지만, 4대강사업으로 탈바꿈해 개발 사업을 진행했다.

통해 충격적인 정보를 내보내자 인터넷 카페가 뜨거워졌다. 5월 2일에 첫 촛불집회가 열려 100여 일 동안 수십만의 시민이 참가했다. 여기에서 이미 광장과 미디어, 그리고 인터넷 공간과의 네트워크의 상호작용이 작동했다.

촛불집회는 한국 사회에서 가장 중요한 운동 수단이 되었다. 2014년 4월 16일 세월호 참사로 미수습자를 포함해 304명이 사망하는 사건이 발생하자, 광화문에는 세월호 사건의 원인을 밝히고 책임자를 처벌하라는 항의의 촛불이 지금까지 지속되고 있다.

이상과 같이 사회운동단체를 매개로 하지 않는 촛불집회와 인터넷 기반 사회운동은 또 한 번의 시민운동 영역의 분화를 가져왔다. 김정훈은 시민운동과 민중운동이라는 제1차 분화에 이어 촛불집회 및 인터넷 기반 운동의 등장을 제2차 분화로 불렀다(김정훈, 2010).

5. 2016~2017년 촛불집회의 의미

2016년 촛불집회에서는 2008년 경험의 학습 효과가 있었다. 촛불시민들은 경찰과의 폭력적 충돌을 피하려고 극도로 노력했다. 실제로 촛불집회로 인해 체포되거나 재판에 넘겨진 사례는 없다. 경찰도 평화적 시위를 보장했다. 시민단체들도 촛불시민운동을 지원하고 집행하는 일에 그 역할을 한정했다.

2016년 겨울 촛불집회는 한국 사회의 미래, 한국 시민운동의 미래 전망에서 매우 중요한 사건이다.

2016년 11월의 촛불집회는 '박근혜·최순실 국정농단'이라고 표현되는, 헌법 질서의 문란과 정치적 일탈이 세상에 폭로되어 촉발되었다. 2016년 10월 24일 종합편성채널 JTBC가 국가 주요 문건을 외부로 유출한 사실을 담고 있는 태블릿PC를 공개해 박근혜 대통령의 비선실세의 존재를 폭로했다. 대통령은 다음 날, 일부 그 내용을 시인하고 사과했지만 국민의 분노는 수그러들지 않았고 그 주말 10월 29일, 대규모 촛불집회로 이어졌다. 12월 3일에 열린 6차 촛불집회에서는 전국에 232만 명(주최 측 발표)이 모였고, 국회의 대통령 탄핵소추 결정(12월9일)에 결정적인 영향을 주었다.

이러한 정치적인 이슈가 촛불집회의 직접적인 원인이었지만, 촛불집회의 심층에는 우리 사회의 구조적 경제위기, 정치적 정당성의 위기, 국제정치적·군사적인 위기(사드 배치에 따른 미중 간의 갈등)가 자리 잡고 있으며, 이것이 사회적 안정과 개인적인 삶의 안정을 위협하고 있었다. 우리 사회에는 널리 퍼진 잠재적인 공포감, 불안, 불행감, 억울함 등 감정적인 불만이 가득했다. 12% 이상이나 되는 청년 실업, 턱없이 높은 주거비, 불안정한 직장, 그 결과인 저출산, 노인 빈곤과 자살, 사회적 약자에게 가해진 억압감은 최근 들어 한층 증대되었고, 그런 것을 표현하는 '헬조선', 사회적 불평등과 소득 격차 등을 의미하는 '흙수저, 금수저'가 실감 있는 유행어가 되었다.

사회적 갈등이나 항쟁은 항상 그것이 일어날 만한 이유가 있다. 그러나 그것이 어떤 규모로 일어나고, 어떤 사람들이 운동에 참여하는가는 다른 문제이다. 2016년 11월 촛불집회는 2002년 이후 발생한 다른 촛불집회와 마찬가지로 새로운 정보통신 환경 속에서 전개되었다.

1) 복합적 연결망

2016년 겨울의 촛불집회는 인터넷 기반 네트워크가 널리 활용되었다는 점에서 '사회운동의 클라우드화(Cloudization)'라고 말할 수 있다(Gonoi, 2014). 네트워크에는 오프라인 사회적 연결망도 있다. 2016년 촛불집회운동의 네트워크화는 온라인과 오프라인을 연결하는 하이브리드 네트워크가 그 중심이었다. 가장 중요한 역할을 한 것은 무선통신(스마트폰)을 이용한 네트워킹이다. 인터넷과 무선통신은 자율 공간이다. 누구나 정보를 발신할 수 있고, 또한 정보를 선택할 수 있다. 정부와 기업으로부터 자유로우며, 그 활동은 자율적이다. 소통 수단을 독점해서 권력을 유지해온 과거의 정치권력에게 인터넷은 큰 위협이다. 중국은 인터넷이 광범하게 보급되어, 외부로부터 정보를 차단하기 위해 국가 차원의 거대한 정보 차단벽을 만들고, 국내의 정보는 지속적으로 감시하고 있다. 그러나 그 차단벽을 넘어 정보가 유입되고, 또 감시하에서도 이에 아랑곳하지 않고 대량의 정보가 생산·유통되고 있다. 따라서 중국 정부에게 인터넷 기반, 모바일 기반 정보 소통은 사회불안을 야기하는 중대한 위협이라고 말할 수 있다.

온라인 소통은 기존의 사회적 관계망의 보조적인 수단으로 사용된 경우도 있고(각 단체의 단톡방), 혹은 다른 목적으로 만들어진 온라인 소통(동창회 단톡방, '분당맘' 밴드 등)이 운동을 위한 소통구조로 용도가 바뀐 경우도 있다. 혹은 순수하게 박근혜 대통령의 퇴진운동을 위한 네트워크도 만들어졌다(박근혜정권퇴진 비상국민행동). 그렇게 하여 네트워크의 네트워크로서 운동을 위한 소통망의 생태계가 만들어진다.

2) 광장과 온라인

온라인 소통은 도시 공간을 점령해 직접적인 접촉점을 갖게 된다. 2016년 11월의 촛불집회에서 광화문광장, 청계광장, 광주의 구 도청앞 거리 등은 상징성을 갖는 도시 공간이다. '월스트리트를 점령하라(Occupy the Wall Street)' 운동의 경우에도 도시 공간의 점령을 전략 포인트로 삼았다. 촛불집회는 사이버 공간과 오프라인 공간의 상호작용을 통해서 진행되었다. 도시 공간에서의 상호작용, 접촉은 그것이 온라인으로 전달되면서 다시 상승 작용을 하고 운동의 규모를 확대시킨다. 광장과 클라우드의 상호작용을 통해서, 또 광장 내부에서의 상호작용을 통해서 운동은 자기내부소통(self-communication) 구조를 확대시켜 간다. 집회는 대규모의 자기소통구조를 갖고 있었다(Castells, 2012). 촛불집회에서는 참가자들이 갖고 있는 정보의 동질성과 밀도의 정도가 매우 높았다.

광장과 오프라인 소통은 운동의 프로그램을 만들어간다. 운동 과정에서 목표가 정해지고, 방향이 바뀌며 어떤 주장은 거부된다. 운동은 자체의 동력으로 진행되고, 프로그램을 바꾸어낸다(reprogramming). 이것들은 광장과 오프라인 소통과 네트워킹하면서 공명한다.

3) 미디어와 광장 및 SNS

2016년 겨울 한국의 촛불집회는 매스미디어와 온라인 소통, 광장운동이 상호작용해 더욱 상승했다. 종합편성채널의 하나인 JTBC가 국정농단 사건을 폭로하자, SNS와 광장이 이에 호응했다. 다른 방송도 이러한 삼각 소통구조에 참가하기 시작했다. 미디어·광장·SNS의 삼각소통은 2011년 튀니지의 이른바 재스민 혁명 때도 중요한 기능을 담당했다. 2010년 12월 10일에 한 청소년의 분신자살에서 기인한 반정부 데모는 현장의 영상이 스마트폰을 통해서 널리 알려지고 이를 알자지라 방송이 받아서 전 세계에 내보냈다. 사람들은 광장의 정보를 서로서로에게 전달하고 또 국제적인 미디어에 보내 혁명을 고조시켰다(Castells, 2012).

4) 2016년의 한국의 촛불집회에서 기존 시민단체의 역할

'박근혜정권퇴진 비상국민행동(퇴진행동)'은 2016년 촛불집회를 위한 시민단체의 전국적인 네트워크이다. 2017년 5월에 해산한 '퇴진행동'은 아직 870명 이상의 참가자들이 소통기구를 유지하고 있다. 퇴진행동은 시민단체 스텝이 중심이 되고 다수의 자원봉사자들을 모집해서 집회 신고를 하고, 행사를 기획하고, 무대를 설치하고, 발언자 및 공연자를 섭외하는 등 불상사가 생기지 않고 원만하게 행사가 진행되도록 집회의 관리에 전념했다. 또한 경찰에서 결정한 집회 조건을 바꾸기 위해 법원에 긴급 결정을 요청하는 등 사법적·행정적 조치도 이 퇴진행동에서 주관했다. 퇴진행동이 없었더라면 촛불집회는 실제로 진행상 큰 어려움이 있을 것이다. 2008년 광우병대책위에서는 정당, 노조, 사회단체가 모두 참가했으나 2017년의 퇴진행동에서는 정치인은 배제되었다.

시민사회단체는 2016년 촛불집회를 적극 지원하고 유지하는 일에 그 역할을 한정해 촛불집회를 위한 지도부나 집행기구로서 기능하지 않았다.

시민단체 이외에 노동조합, 농민조직, 교원단체 등이 조직을 동원할 때도 있었다. 11월 12일 집회는 연례의 민중총궐기대회였고 노동조합, 농민단체 등이 전국적으로 동원을 걸어 집회를 진행했다.

5) 새로운 자원 동원 형식

촛불집회는 퇴진행동의 '동원력'과는 무관한 것처럼 보인다. 노동조합, 사회단체들이 연례적인 민중총궐기대회도 많은 사람들을 동원했다. 그러나 그것은 민중총궐기대회 날에 한정된 것이었다. 사람들은

SNS 등 기존의 사이버 소통망을 통해서 집회 참가와 관련된 정보를 얻고, 삼삼오오 친구들을 모아 집회에 참가했다. 시민단체 소속 혹은 연관성 때문에 참여하는 것만이 아니었다. 수많은 크고 작은 소통 네트워크가 동원의 기본이 되었다. 따라서 기본적으로는 삼삼오오 모여서 참가하는 미시 동원(micro-mobilization)의 형태가 주류를 이루었다. 또한 다양한 자발적인 집단이 참가해 네트워크 방식의 동원이 이루어졌다. 자발적으로 수만 장의 대자보를 만들어 오는 단체들도 있었으며 개인들이 자기 목소리를 담은 전단지를 만들어 오기도 했다. 2008년에는 '깃발을 내려라'고 외치던 시민들이 각자 자기의 깃발을 들고 나타났다. 시민의 목소리를 직접 광장에 가져온 것이다. 여성단체 가운데는 음식을 준비해서 나누어 주는 곳도 있었다. 그리고 집회에 필요한 재정은 현장 모금으로 충당했다.

6) 촛불시민의 특성

촛불시민은 "나는 나를 대표한다"고 말한다. 촛불시민은 '대의의 대행'을 요구하지 않는다. 자기들이 의사를 표시하고 스스로를 대표함으로써 직접 참가를 요구한다. 그들은 또한 "이게 나라인가"라고 팻말을 만들어 들고 있다. 개인들에게 국가란 무엇이며, 민주주의 국가에서 주권재민이라는 것이 무엇인지 근본적인 물음을 제기한다. 촛불시민은 "이 나라가 창피하고 부끄럽다"고 말한다. 그들은 어떤 이익을 추구하기 위해 운동에 참가하는 것이 아니다. 자기의 정체성과 배치되기 때문에 촛불집회에 나선다는 것이다. 또 자기 자신과 미래세대를 위해서 촛불을 든다는 것이다. 그래서 가족 단위로 참가하는 사람들이 많았다. 한 시민은 "가족과 함께 참가하는 것은 내 인생을 건다는 것을 의미합니다"라고 발언했다. 1987년 6월항쟁, 2002년 효순·미선 추모집회,

2004년 탄핵반대 촛불집회, 2008년 미국산 쇠고기 수입반대 촛불집회가 모두 기억되고, 그 자리에서 재현되었다. 그래서 촛불시민들은 이제 대의를 자청한 정당에 신뢰를 주지 않으며, 지도자나 대중매체, 공식조직, 중간 매개자를 좋아하지 않는다. 반면 인터넷과 집단 토론을 선호한다. 자유발언대에는 고등학생이나 직장인 등 다양한 '아마추어' 연사들이 등장해 자기 목소리로 자기가 처한 상황에서 자신의 입장을 발언했다.

7) 자율 공간과 광장의 규범 생성

촛불은 비폭력의 상징이며, 작은 힘으로 큰 힘을 만드는 기적이다. 참가자들은 모두 폭력을 극도로 경계했다. 누군가가 폭력을 사용할 것 같은 상태가 되면 모두 일제히 "내려와, 내려와"라고 말렸다. 폭력 시위가 더 큰 국가 폭력을 불러일으킨 경험이 있었기 때문이었다. 촛불은 비폭력의 무기이며, 비폭력 촛불 앞에 국가가 독점한 '폭력장치'(Max Weber)는 힘을 쓸 수가 없었다. 자율 공간의 특징은 하버머스(Jurgen Habermas)적인 소통 행위와 의사결정에 있어서 헤게모니적인 존재를 인정하지 않는다는 특징이 있다. 여기에서는 헤게모니적 지배구조의 부재와 동시에 의사소통을 통해서 새로운 규범을 만들어내고 적용하는 발현적 속성(emergent property)도 등장했다. 새로운 시민사회의 규범이 광장에서 만들어졌다. 누구의 지시 없이도 폭력을 극도로 배제했고, 거리를 청소하고, 남에게 방해가 되지 않도록 배려하고, 서로가 서로를 존중했다. 새로운 사회는 촛불집회 현장이라는 일시적 자율 공간에서 그 맹아를 보여주었다.

6. 미래전망: 한국 시민사회의 발전 방향

2016~2017년의 촛불시민운동은 평화적 방법을 동원하여 민주적 절차에 의해 독재 권력을 몰아내고 새로운 정부를 구성하는 데 기여한 무혈 시민혁명이다. 이 촛불시민운동은 새로운 시대에 걸맞게 많은 시사점을 제공했다. 한국 시민사회의 발전은 이 촛불시민운동에서 보여준 다양한 요구를 어떻게 실현하는가에 달려 있다. 촛불집회는 2008년 미국산 쇠고기 수입반대 운동에서 보여준 바와 같이 그들의 요구를 제도 속에서 실현하는 데는 어려움이 있었다. 촛불을 통해서 항의와 저항은 가능했지만, 대안을 만들어내는 데 한계가 있었던 것이다. 이러한 경향은 2016~2017년의 촛불집회에서도 이어져, 목적하는 바인 대통령 탄핵은 실현되었지만, 촛불시민운동은 그 이상을 것을 요구했다. 이에 한국 시민사회의 발전을 위해 정부, 시민운동, 촛불시민이 취해야 할 정책과 방향을 제시하고자 한다.

1987년 6월항쟁 이후 새로운 정치적 기회구조를 맞아 한국의 시민운동은 발전했다. 시민운동의 발전 과정에서 부침이 있었지만, 2000년대 이후의 촛불집회를 통해 종래와 다른 새로운 시민이 등장한 것이다. 새로운 시민의 탄생을 기초로 한국 시민사회의 발전 방향을 제시하고자 한다.

1) 촛불시민운동의 직접민주주의 요구

2016~2017년 촛불집회는 대의제 민주주의의 한계에 대한 강한 비판을 담고 있다.

촛불시민들은 "내가 나를 대표한다"라는 말로 대의제에 강한 의문을 제기했다. 누구도 나를 대표할 수 없고, 어떤 권위도 인정하지 않겠다는 것이다. 극소수의 예외를 제외하고는 많은 발언자가 일반 시민, 노동자, 사회적 피해자와 약자들이었다. 정당정치인, 지식인과 같은 사회지도층 사람들이 발언대에 서는 일은 적었다.

촛불집회를 거치면서 직접민주주의가 가능하다는 시민들의 믿음이 강해졌다. 스위스나 독일에서는 대의제와 나란히 시민들이 직접 입법청구를 할 수 있는 방법이 열려 있다. 실제로 우리는 국민제안, 국민투표, 국민소환 등 시민들이 직접 정치에 참여할 수 있는 제도에 큰 제약이 있다. 새 정부는 직접민주주의가 폭넓게 가능하도록 법과 제도를 바꾸어야 한다.

아일랜드와 아이슬란드에서 제도화되어가는 시민의회(The Citizen's Assembly) 혹은 헌법의회도 참고할 만하다. 시민의회는 추첨으로 구성된 시민들의 의회로서 주요한 문제에 대해 의견을 모으고 이것을 대의기관을 통해서 결정해가는 방식이다. 기존의 대의제와의 정합성을 어떻게 맞출 것인가라는 과제가 있기는 하지만, 대의제의 한계가 명백하고, 촛불시민들이 직접민주주의를 요구하는 가운데 생각해볼 수 있는 가장 현실적인 제도로서 가능성이 있다.

지금 유럽에서는 아마추어 정치인들이 대거 등장하고 있다. 프랑스에서는 의회의 의석을 갖지 못한 대통령이 당선되어, 의회 선거에서 60% 넘는 의석을 차지했다. 의원 후보자의 대부분이 아마추어 정치가들이다. 우리 사회에도 프로 정치가보다는 시민적 감성과 안목을 가진 아마추어 정치가가 많이 등장하고 있다.

오늘날은 전자통신이 발전해 대규모 직접 참가가 가능한 시대가 되었다. 서울시와 같은 대도시에서도 주민참여예산제도 등을 시민들의 직접 참가로 실시하고 있다. 지난 5월에는 서울시가 광화문광장에서 시민 3000명이 모인 집회를 열어 미세먼지 대책에 대한 의견을 수렴했다. 서울시장은 주민참여예산제도와 마찬가지로 이를 시의 정책으로 수용하겠다고 약속했다.

소통이 정치의 가장 중요한 덕목이 되어가고 있다. 이제는 지도자들이 대의기관, 중단집단을 거치지 않고 개인과 직접 커뮤니케이션하는 것이 하나의 트렌드이다. 종래의 지도자들은 중간집단 지도자를 통해서 개인과 간접적으로 소통하는 방식을 취했다. 그러나 전자민주주의에 의해 여론 형성과 소통, 시민들의 직접투표도 적은 비용으로 가능하게 되었다.

2) 생활 영역의 공공화

대통령 탄핵을 주제로 시민들이 모였지만, 한발 더 들어가 보면 생활상의 다양한 문제와 요구가 그 안에 들어 있다. 사회적 배제, 차별과 사회적 격차 등 다양한 요구와 불만이 탄핵집회의 에너지로 작용했다. 그동안 참가자들의 생활의 문제가 공공의 영역에서 제대로 다루어지지 않았기 때문이다.

생활의 공공화는 지금도 진행 중이다. 예컨대 신임 대통령은 치매를 국가가 관리하겠다는 공약을 제시했다. 육아와 양로, 자녀 출산, 교육, 취업과 같은 '사적인 영역'으로 간주되어왔던 생활 영역이 공공정책의 중심에 자리 잡기 시작한 것이다.

생활 중심의 사회적 소통과 결합이 사회 구성의 중요한 원리로 설정될 필요가 있다. 2000년대 이후 신자본주의의 폐해를 극복하고자, 사회적경제, 협동조합이 강조되어왔고, 실제로 국내에서는 정부가 고용정책의 일환으로 이를 강력하게 추진하고 있다. 사회적경제와 협동조합은 사람의 결합(자본주의는 자본의 결합인 것과 대조적)을 구성 원리로 삼고 있다. 이러한 사람의 결합으로 이루는 사회적 연대를 사회 발전의 기본적인 축으로 삼아야 한다.

3) 참가형 체제의 구축

지방자치가 실시되어 시민 참가의 폭도 넓어졌다. 생활정치와 참가가 시대의 슬로건이 된 지 오래이다. 참가형 시스템은 의제의 설정, 의사결정 과정, 집행 과정, 평가 과정 그리고 그 결과에 대한 책임 등의 전 과정에 시민들이 참여할 수 있는 체계를 이상으로 본다. 정부뿐만 아니라, 노동 현장, 각종 사회단체, 교육기관, 가족 등 모든 중간집단에 이르기까지 광범위하게 참가형 시스템을 만들어 운용할 필요가 있다. 2000년대 이후 문제 해결의 주요 방식의 하나로 도입된 '거버넌스'도 시민과 이해당사자들이 참여할 수 있는 참가의 틀이다. 이와 같이 참가형 시스템이 각 영역에서 구축되는 것을 통해서 시민들이 정치와 경제 및 사회의 각 영역에서 발언하고 활동할 수 있도록 해야 한다.

4) 시민사회운동의 자기 혁신

시민사회운동은 자기 혁신을 통해 한국 시민사회발전에 기여해야 한다. 시민사회운동은 지금까지 전문화되어 있어서, 조사 활동, 정책 제안, 현장 행동, 소송 등 시민사회가 아니면 할 수 없는 다양한 활동을 해왔다. 이러한 시민운동의 활동은 일시적인 촛불집회가 해낼 수 있는 것은 아니다. 따라서 시민사회운동은 장래에도 여전히 중요하다.

시민들이 촛불을 들고 광장에 나타나기 전에 시민운동이 이러한 주제를 다루고 시민 참가를 견인해야 한다. 시민운동은 촛불시민이 요구하는 생활밀착형 의제를 선제적으로 다루어야 한다.

시민운동단체는 조직상의 '열린 공간'을 만들 필요가 있다. 현 상황에서 촛불시민은 '삼삼오오' 동원 패턴을 갖고 있다. 작은 동아리, 동네 모임, 인터넷 카페, 동호인 모임 등을 연결할 수 있는 열린 공간을 제공해 시민들이 개별적으로 혹은 작은 단위로 자유롭게 관계를 맺을 수 있도록 조직의 한 부분을 열어두어야 한다. 그렇게 할 때 촛불시민의 에너지와 감성을 공유하게 될 것이다.

시민운동의 힘은 시민들의 폭넓은 지지에서 나온다. 시민운동은 오프라인 활동에는 강하나, 온라인을 중심으로 전개되는 소통구조에는 능력을 발휘하고 있지 못하다. 말하자면 정보와 온라인 소통의 잠재력을 시민운동이 충분히 활용하지 못하고 있다. 시민운동단체는 전문성과 대안 제시 능력을 바탕으로 촛불시민이 공급하는 운동의 동력을 결합할 수 있다.

위험의 세계화, 세계시장의 지배, 지구적 환경문제 등이 우리의 생활세계와 직결되어 있다는 인식을 한국의 시민운동은 견지하고 지구시민의 입장에서 한국의 사회문제를 해결해 나가도록 노력해야 한다.

5) 촛불시민과 시민단체의 상호 진화

촛불시민운동에서 시민운동단체인 '퇴진행동'의 개입 방식은 많은 점을 시사하고 있다. 퇴진행동은 촛불집회를 도와주되, 주도하지 않는다는 원칙을 견지했다. 일부에서는 지도부를 구성해서 촛불집회를 이끌고 가야 한다는 주장도 있었지만, 의사결정은 촛불집회의 중론을 따라 이루어졌으며 그 과정에서 헤게모니를 행사하지 않았다.

시민운동단체는 촛불의 요구를 제도적인 여러 기관과의 소통을 통해서 해결해주었고, 그러한 역할이 앞으로도 매우 중요할 것이라고 생각한다. 촛불이 요구하는 바를 국회와 정부에 연결해 이를 제도화하는 일은 역시 시민운동단체의 몫이다. 앞서 논한 직접민주주의의 제도화를 견인해내는 것은 역시 시민운동단체의 역할이다.

시민단체는 상설조직을 갖고 있지만, 촛불시민운동은 조직화되어 있지 않고, 또 조직화 자체를 거부하는 경향이 있다. 촛불시민운동은 유연한 결합, 네트워크형 결합과 친화성이 있기 때문이다. 그럼에도 시민단체는 촛불시민운동에 다양한 방식으로 참가해왔다.

실제로 시민단체의 개입이 없었더라면 촛불시민운동은 성공하기 어려운 측면이 컸다. 촛불시민운동의 다양한 의제의 틀을 정리하고, 이를 효과적으로 표현하고 시민들에게 호소하는 데는 시민운동의 경험이 크게 도움이 되었다. 촛불집회의 행사 진행과 준비에도 시민운동단체의 참가가 필수 요소였다. 집회 허가를 둘러싼 긴급 상황의 발생 시, 경찰 및 사법기관과의 협상, 혹은 법적인 절차의 진행에서 참여연대, 시민사회연대회의 등 중요한 시민단체들이 적극 대응했다. 이런 과정에서 시민사회단체의 간부들이 법적인 책임을 지는 경우도 있었다. 2008년 촛불집회에서는 다수의 시민단체 간부들이 그 책임을 지고 사법 처리의 대상이 되었다.

6) '시민사회지원 기본법' 제정

정부는 촛불집회 이후 새롭게 탄생한 시민의 속성과 지향성을 정확하게 파악하고 이들의 지향에 맞추어 정치적인 제도 개혁을 추진해야 한다. 촛불시민의 대의제도에 대한 비판과 직접민주주의의 제도화를 어떻게 실현할 것인가는 궁극적으로 정부의 몫이다. 이 과정에서 정부와 촛불시민을 매개하는 시민사회단체의 역할이 매우 중요하다.

시민사회 발전을 위해서 시민사회를 우리 사회의 제도화된 한 부문으로 인정하고, 이의 발전을 통해서 한국 사회의 전반적인 발전을 추구한다는 인식을 가질 필요가 있다. 기업이 경제성장을 견인한다고 하여 정부는 지원을 아끼지 않았다. 마찬가지로 시민사회의 발전이 한국 사회 발전의 기반이라는 인식에 기초해 시민사회단체를 사회적 공공자본의 하나로 간주하고 이를 지원해야 한다. 이를 위해서 '시민사회지원 기본법'과 같은 것을 제정해, 시민사회 지원을 위한 법적인 근거를 만들 필요가 있다.

시민사회운동은 공익 활동이 그 중심이다. 물론 시민들의 지원과 지지를 바탕으로 시민운동단체는 운영되어야 한다. 그러나 시민운동의 공익성을 제도적으로 인정함으로써 열악한 재정을 해결하고, 시민운동가의 장래 전망을 세워주고 키워주며 한국의 시민사회와 공동체 전체의 발전을 도모할 필요가 있다. 시민운동가들의 위한 공제조합 설립과 특수 연금제도 도입, 시민운동가의 교육 지원이 절실하다.

7. 결론

우리는 '30년 후의 한국의 시민사회가 어떻게 발전해야 하는가'라는 물음에 답할 수 있을까? 지난 30년간의 사회변동, 시민운동의 변화, 그리고 정치적 변화를 예측하지 못했듯이 앞으로 30년도 우리가 예측할 수 있는 범위를 훨씬 넘어설 것이다. 또 촛불시대을 거치면서 새롭게 등장한 '시민'이 어떤 미래를 전개할지 흥미롭고 기대가 된다.

다만, 2016~2017년 촛불집회를 통해서 등장한 새로운 시민이 우리 사회의 주류로 자리 잡을 수 있도록 모든 지지와 지원이 필요하다. 20세기 한국에서는 민족이 해방되고 민주주의 제도가 도입되었다. 그리고 다양한 중간집단이 사람들의 생활을 매개했다. 이제는 시민들이 직접 나서서 누군가를 통하지 않고 투명한 상호 관계 속에서 미답의 길을 걸어갈 것이다.

참고문헌

김동노. 2013. 「한국의 사회운동과 국가: 국가개입과 사회운동의 정치지향성」. 김동노·노중기·조대엽 외 지음.『한국사회의 사회운동』. 다산.

김정운. 2002. 「W세대의 문화심리학」. http://www.lculture.net/_board/updata/thesis/kjw.pdf

김정훈. 2010. 『87년체제를 넘어서』. 한울.

김종철. 2017.3.23. "시민권력과 시민의회'. ≪한겨레신문≫.

노중기. 2013. 「민주노조운동의 역사적 동학과 그 한계」. 김동노·노중기·조대엽 외 지음.『한국사회의 사회운동』. 다산출판사.

리프킨, 제러미(Jeremy Rifkin). 2005. 『노동의 종말』. 이영호 옮김. 민음사.

_____. 2014. 『한계비용 제로 사회: 사물인터넷과 공유경제의 부상』. 안진한 옮김. 민음사.

시민의 신문 편집부. 1997. 『한국민간단체총람 1997』. 시민의 신문.

_____. 2000. 『한국민간단체총람 2000』. 시민의 신문.

기든스, 앤서니(Anthony Giddens). 1991. 『포스트 모더니티』. 이윤희·이현희 옮김. 민영사.

여유진. 2008. 「한국에서의 교육을 통한 사회이동경향에 대한 연구」. ≪보건사회연구≫, 28권 2호, 53~80쪽.

≪오마이뉴스≫. 2002.11.29. "월드컵 환호 광화문서 '촛불 시위' 효순·미선 '추모'…1만여 명 운집".

조대엽. 2007. 『한국의 사회운동과 NGO:새로운 운동주기의 도래』. 아르케.

_____. 2013. 「사회운동과 동원구조: 사회운동조직과 '유연자발집단'」. 김동노·노중기·조대엽 외 지음. 『한국사회의 사회운동』. 다산.

조희연. 1993. 「민중운동과 시민사회, 시민운동」. ≪실천문학≫, 32호.(겨울), 232~270쪽.

_____. 2006. 「'87년체제'와 민주개혁운동의 전환적 위기」. ≪시민과 세계≫, 8호, 139~181쪽.

조희연·박은홍 엮음. 2007. 『동아시아와 한국:민주화와 민주주의의 위기를 넘어』. 민주화운동기념사업회.

퍼트넘, 로버트(Robert Putnam). 2016. 『나홀로 볼링:사회적 커뮤니티의 붕괴와 소생』. 정승현 옮김. 페이퍼로드.

하승수. 2003. 「한국의 시민운동, 정말 '시민없는 시민운동'인가」. ≪시민과 세계≫, 3호.

홍일표. 2017. 「한국 시민운동과 '촛불시민'」. 민주화운동기념사업회. http://www.kdemo.or.kr/blog/610/post/1290

Bauman, Zygmunt. 2007. *Liquid Times: Living in an Age of Uncertainty*. Cambridge: Polity.

Beck, Ulrich. 2000. *What is Globalization?* Cambridge: Polity.

Castells, Manuel. 1996. *The Rise of the Network Society*, Malden, MA: Blackwell Publishers.

_____. 2012. *Networks of Outrage and Hope: Social Movement in the Internet Age*. Cambridge: Polity.

Gerbaudo, Paolo. 2012. *Tweets and the Street:Social Media and Contemporary Activism*. London: Pluto Press.

Gonoi, Ikuno. 2014. "The 'Cloudization' of Social Movement". *Japanese Political Science Review*, 2(2014), pp. 1~17. The Japan Political Science Association.

McAdam, Doug. 1982. *Political Process and the Development of Black Insurgency 1930-1970*. Chicago, IL: The University of Chicago Press.

11장

민주화의 맥락에서 본 한국 교육의 미래

이종태 | 21세기교육연구소

1. 서론

민주주의라는 시각으로 교육 분야의 미래를 전망하는 일은 쉽지 않다. 우선, 논의를 시작하려는 순간 교육 분야에서 민주주의를 어떻게 해석하고 적용할 것인가라는 문제가 앞을 가로막는다. 흔히 민주주의는 자유, 평등, 참여, 권리 등의 의미를 함축하는 정치적 맥락의 용어로 이해된다. 교육에서는 민주주의라는 말이 의미 있게 적용될 수도 있고 그렇지 않을 수도 있다. 그렇다면 교육에서 사용되는 민주주의의 의미는 정치적 맥락의 그것과 같은가, 다른가?

다른 어려움은 한국 교육의 미래를 가늠하고 또 이를 위한 과제를 도출하는 데 민주주의가 얼마나 타당한 또는 유용한 잣대일 수 있는가 하는 문제이다. 현재 우리 교육은 시대적 요구에 부응하지 못하고 낙후된 관행에 안주함으로써 심각한 위기에 직면하고 있다. 이런 상황에서 민주적 가치의 실현이라는 요구를 통해 어떤 희망적 교육 비전을 찾을 수 있을까? 많은 사람들은 민주적 가치가 교육이 구현해야 할 여러 목표가운데 하나라고 생각한다. 그렇다면 민주주의라는 시각에서 조명되는 교육의 과제들은 미래 교육이 추구해야 할 여러 과제들 중 단지 일부분에 해당한다고 보아야 하는가?

이 글은 이러한 의문들에 대해서 기존의 통념들과는 다른 답을 찾아보려고 한다. 우선, 민주주의의 의미에 관한 좀 더 깊은 이해를 통해 그것이 추구하는 바가 교육의 내재적 특성과 긴밀하게 연계되어 있음을 밝히고, 이로부터 도출되는 미래 교육의 과제들이 교육 분야에서 추구해온 것들과 사실상 동일한 지향점을 가지고 있음을 논증하고자 한다. 그러한 논의는 오늘날 국내외의 시대적 변화들에서 읽을 수 있는 민주주의와 교육에 관한 새로운 해석을 전제로 한다. 뒤에서 이러한 해석의 결과를 민주주의와 관련해서는 '새로운 민주주의', 교육에 관해서는 '전면적인 교육민주화'로 표현할 것이다.

이어서 논의할 내용들은 다음과 같다. 첫째, 교육과 민주주의의 관계에 대한 이론적 검토이다. 이 부분은 크게 두 가지 요소로 구성된다. 하나는 교육의 이해와 관련해 필요한 범위에서 민주주의의 의미를 새롭게 음미해보는 것이다. 다른 하나는 최근 교육에서 일어나는 다양한 변화들이 이런 민주주의의 의미와 긴밀하게 연결되고 있음을 보여주고 이를 통해 교육민주화의 의미를 새롭게 규정하는 것이다.

둘째, 우리의 교육 현실에서 요구되는 교육민주화의 내용을 네 가지 측면에서 조명해보려고 한다. 네 가지란 정치권력으로부터의 민주화, 교사권력으로부터의 민주화, 지식권력으로부터의 민주화, 그리고 운영 체제의 민주화(거버넌스)를 말한다.

셋째, 앞선 논의들을 바탕으로 미래 사회에서 우리가 추구해야 할 교육의 과제와 전략을 '전면적인 교육민주화'라는 관점에서 제시하고, 이어 이런 과제들을 실현하기 위한 전략을 제안하려고 한다.

마지막으로, 이상의 논의를 요약하고 그것이 우리의 교육 현실에서 가질 수 있는 의미를 생각해보는 것으로 결론을 맺고자 한다.

2. 교육과 민주주의, 그 내재적 연관성

1980년대 이후 국내 교육학자들에게 적지 않은 영향을 끼친 영국의 교육철학자 피터스(Richard Stanley Peters)는 『윤리학과 교육』(1980)이라는 책에서 교육은 본질적으로 민주주의 원칙이 적용되기 어려운 영역이라고 주장했다. 핵심적인 논지는 피교육자인 학생들이 아직 가치판단을 스스로 할 수 없는 미성숙자이기 때문에 부모나 교사의 판단을 따라야 한다는 것이다. 만일 그렇지 않다면 교육은 성립할 수 없다고 보았다. 교육 분야에서 이 생각은 당연한 것으로 받아들여져 왔다.

하지만, 시대가 변하면서 이런 통념이 여러 가지로 도전받고 있다. 최근 수년간 주요 쟁점이 되고 있는 학생인권조례 제정은 그 대표적 사례이다. 반대하는 사람들은 학생인권조례의 영향으로 학생들의 기초학력이 낮아졌다거나 교사 인권이 무너졌다고 주장하지만, 분명한 것은 이를 계기로 학생들의 목소리와 영향력이 커지고 있다는 사실이다. 탈학교 경향이나 대안학교의 증가 현상도 같은 흐름으로 해석된다. 이런 변화들은 수백 년 동안 지속되어온 근대 교육의 패러다임이 흔들리고 있음을 시사하며, 동시에 기존의 민주주의와 교육의 의미, 그리고 양자의 관계를 새롭게 인식할 것을 요구한다.

1) 민주주의란 무엇인가?

흔히 민주주의(democracy)는 '인민의 통치'로 이해된다. '소수가 아니라 다수가 지배하는 정부, 다수결에 의한 의사결정' 등이 민주주의에 관한 우리의 상식이다. 동시에 우리는 민주주의 사회에서 모든 사람이 평등하며 누구도 차별받지 않는다는 상식도 가지고 있다. 현실에서 이 둘은 때로 충돌한다. 실제로 다수에 의한 소수의 차별과 억압은 어느 사회에서나 볼 수 있는 현상이다. 성적 소수자나 난민이 겪는 어려움은 이러한 이율배반의 대표적 사례이다. 이러한 상황을 어떻게 받아들여야 할까? 그것을 감내해야 할 민주주의의 약점으로 볼 것인가, 아니면 낡은 민주주의를 대체할 무엇인가를 찾는 계기로 삼아야 할 것인가?

고병권의 『민주주의란 무엇인가』(2011)라는 작은 책자는 이에 관해 흥미로운 통찰을 제시한다. 고병권은 고대 그리스 정치철학에서 시작해 근대 정치사상에 이르러 완성되는 민주주의의 의미를 분석하는 과정에서 민주주의에 관한 우리의 통념들을 뒤집는다. 그는 민주주의가 완벽한 체제는 아니지만 그렇다고 더 좋은 체제를 상상할 수는 없다고 주장한다. 민주주의는 그 불완전함을 스스로의 원리에 의해 끊임없이 새롭게 만들어갈 수 있고 또 그래야 할 정체(polity)라는 것이다.

그의 논의는 고대 그리스의 민주 정체에서 출발한다. 당시 플라톤은 소피스테스들이 말하는 민주 정체가 '아르케'(올바름의 근거)도 없고 '형상'도 없는, 따라서 단지 어리석은 '데모스'(대중)에 의해 지배되는 중우정치라고 비판했다. 하지만 그는 같은 전제로부터 플라톤과는 반대되는 결론을 이끌어낸다. 그는 먼저 민주주의의 주체인 '데모스' 구성원이 동질적임을 환기시킨다. 지식인이든 무식자이든, 부자이든 빈민이든, 여자이든 남자이든, 흑인이든 백인이든, 기독교인이든 불교인이든 이들 사이에는 아무런 차별이 없다는 것이다. 민주주의는 본래 '아르케 없음'을 특징으로 하기 때문이다. 만일 아르케가 있다면 옳고 그름의 판단이 따르게 되고 결과적으로 차별을 피할 수 없다. 민주주의의 절대적 평등성은 이로부터 도출된다. 근대사회의 탈신분제나 보통선거권도 여기에 논거를 두고 있다.

　이러한 데모스가 어떻게 통치할 수 있을까? 근대 정치학자들은 '주권' 개념을 창안해 이를 설명한다. 주권이란 통치행위를 가능케 하는 권력이다. 이것을 누가 갖느냐에 따라 정체가 결정되는데, 한 사람이 주권을 가지면 군주 정체이고 소수의 사람이 주권을 가지면 과두 정체이다. 이와 달리 민주 정체는 다수 대중, 즉 데모스가 주권을 가지는 경우를 말한다.

　여기서 다음과 같은 의문들이 제기된다. 데모스가 동질적 구성원이라고 하지만 실제로는 이질적이거나 서로 적대적이기도 한 대중의 집합체가 아닌가? 이들이 어떻게 통일된 생각이나 의지를 필요로 하는 통치행위를 할 수 있다는 것인가? 데모스가 실제로 주권을 행사할 수 있는가?

　근대 초기의 정치사상가들(보댕(Jean Bodin), 홉스(Thomas Hobbes) 등)은 주권자가 스스로 통치 규율(법)을 정할 수도 있고 또 이를 폐지할 수도 있는 존재라는 이유로 주권이 피통치자(데모스)의 '밖'에 있어야 한다고 생각했다. 그러나 군주 정체를 부정하고 민주 정체를 지지한 루소(Jean Jacques Rousseau)는 이것을 뒤집었다. 민주체제에서 주권자는 데모스의 '안'에 있는 존재이며 따라서 스스로 정한 규율에서 자유로울 수 없다. 이로써 주권은 초월적 성격의 권력이 아니라 데모스가 갖는 집합적 권력으로 이해된다. 여기서 다시 주목해야 할 것이 데모스의 내적 통일성, 즉 원초적 동질성이다. 루소는 이로부터 인민주권의 바탕이 되는 '일반의지' 개념을 이끌어냈다. 여기서 '일반의지'란 주권자가 개별 존재의 집합체가 아닌 통일된 공동체로서 존재한다는 것을 의미한다(고병권, 2011: 54).

　인민주권이 실제로 행사되는 방식은 대의제도이다. 데모스의 구성원 모두가 통치 과정에 참여할 수는 없기 때문에 자신을 대표할 수 있는 누군가에게 자신의 주권 일부를 양도하고 그에게 자신의 생명과 재산을 보호하는 임무를 부여하는 것이다. 이것이 홉스나 루소가 말한 사회계약으로서 근대국가가 성립하는 논리적 근거가 된다. 따라서 근대국가의 기본 성격은 대의제 민주국가이다. 여기서 '인민=주권=국가'라는 등식이 성립하며, 이를 총합한 개념으로서 '국민(nation)'이라는 새로운 용어가 등장했다. 우리 헌법에 명시된 '공화국'은 이러한 대의제 민주국가를 지칭한다(고병권, 2011: 60~72).

이상의 내용은 민주주의에 관한 우리의 상식과 다르지 않아 보인다. 그러나 이 대목에서 고병권은 우리 상식을 뒤집는 질문과 주장을 내놓는다. 첫째, 민주주의란 흔히 이해되고 있는 것처럼 '다수의 지배' 체제인가? 그는 강하게 아니라고 부정한다. 그에 따르면, 민주주의에서 중요한 것은 다수가 아니라 소수이다. 소수에 대한 배려가 없다면 그것은 더 이상 민주주의가 아니라는 것이다.

> '다수성'과 '소수성'은 일차적으로 수적인 구분이라기보다는 '척도'나 '공리'에 따른 구분이다. (예컨대 유럽 사회에서 다수성의 척도는 백인, 기독교도, 중산층 남성, 이성애자 등이다) …… 그런데 민주주의가 '아르케 없음'이고 데모스의 형상이 '형상 없음'이라는 사실을 기억한다면, 민주주의는 무엇보다 '소수성'의 문제임을 알 수 있다. …… 다수결을 민주주의의 요체라고 한다면 민주주의 이념이란 기껏해야 사회를 지배하는 상식과 통념 이상이 아닐 것이다. 나는 이 경우 통념에 맞선 소수적 투쟁이야말로 민주화 투쟁에 합당한 이름이지, 다수의 의견을 이유로 그것을 제압하는 게 민주주의라고 생각지 않는다(고병권, 2011: 40~41).

둘째, 오늘날 사회에서 대의제의 핵심인 대표성이 제대로 발휘되고 있는가? 고병권은 다양한 소수자, 예컨대 비정규직 노동자, 이주노동자나 '네팔-한국인'과 같은 경계인, 성적 소수자 등의 출현을 예로 들면서 대표성의 원칙이 지켜지지 않는 영역이 늘고 있음을 지적한다. 민주주의 원칙에 비추어 엄격하게 해석하면 이들 소수자는 더 이상 주권자가 아니다(고병권, 2011: 77). 이는 데모스의 지배라는 민주주의 기본 원칙이 흔들리고 있음을 의미한다.

셋째, 많은 사람들이 말하는 것처럼 민주주의는 우리가 도달해야 할 최종 목표인가?(고병권, 2011: 80) 저자는 이에 대해서도 '아니'라고 한다. 그러면 우리가 달리 새로운 체제를 모색해야 하는가? 이에 대한 답 역시 '아니'다. 그가 제시하는 답은 '새로운 민주주의'이다. 그것은 기존의 민주주의 원칙들을 견지하되 새롭게 드러나는 문제들을 쟁점화함으로써 해결해나가는 민주주의이다. 달리 말하자면, '새로운 민주주의'는 인민주권 원칙이 좀 더 완벽한 형태로 지켜질 수 있도록 지속적으로 자신을 보완해가는 체제이다.

마지막으로, 그렇다면 이러한 새로운 민주주의를 만들어가는 힘 또는 그 원천은 무엇인가? 그는 평범한 대중의 일상적 삶 속에서 답을 찾고자 한다. 그가 주목한 것은 2008년 미국산 광우병 쇠고기 수입 관련 시위 양상이었다.

> 2008년 시위가 보여준 놀랄 만한 대목은 일상에서 만든 다양한 코뮌들(요리카페, 패션카페, 독서모임 등)이 시위를 주도했다는 사실이다. 이것은 일상의 네트워크(취미에서 경제활동까지)가 곧바로 정치적이라는 것을 보여주었다. …… 2008년 시위는 대중들이 자기 삶을 가꾸는 힘이 곧 체제의 무능을 고발하는 힘이고, 또 새로운 권리를 창안하는 힘이 된다는 것을 보여주었다(고병권, 2011: 108~109)

사람들은 스스로 자신의 취미나 절실한 필요에 따라 다양한 방식으로 삶을 꾸리고 때로는 작은 자치공동체(코뮌)를 만들어 운영하기도 한다. 그러다 보면 민주적 원칙에 의거해 자기들이 위임한 대표들(정부나 권력기관)의 방침과 어긋나는 행위가 일어날 수 있다. 권력자들은 이를 제재하고 통제하려고 한다. 자연스럽게 저항과 충돌 혹은 갈등이 일어난다. 바로 이러한 것들이 새로운 민주주의를 만드는 힘의 원천이 된다.

이런 상황에서 대중의 대표로 나선 정치 지도자들의 역할은 어떠해야 할까? 나아가 평범한 시민들은 어떠한 태도로 살아야 할까? 이에 관해 고병권은 대중의 주체적 삶을 강조한다. 마치 양떼가 목자를 따르듯이 좋은 곳으로 안내해주는 정치가를 바라기보다 스스로 자기 삶을 가꾸려는 태도를 가져야 한다는 것이다. 만일 그렇지 않고 대중이 지도자에게 의탁하는 태도를 갖는다면 민주주의는 엘리트의 힘에 의해 지배되는 체제가 된다(고병권, 2011: 109).

마찬가지로 정치지도자들 역시 대중에게 이래라 저래라 지시하거나 가르쳐서는 안 된다. 오로지 그들이 해야 할 일은 대중이 스스로 삶을 가꿀 수 있도록 지원하고 여건을 마련하는 것이어야 한다. 바로 이 지점에서 민주주의와 교육이 만난다. 대중이 스스로 삶을 가꿀 수 있도록 지원하는 일은 교육의 고유한 임무이기 때문이다.

2) 교육민주화의 의미

민주주의라는 시각에서 교육을 본다면 어떤 이야기들이 가능할까? 아마도 이에 관한 최초의 저술은 1915년에 출간된 듀이(John Dewey)의 『민주주의와 교육』(1987)이 아닐까 싶다. 저자 서문에서 듀이는 '민주사회의 이념을 교육의 실제 문제에 적용해보기 위해' 이 책을 저술했다고 했다.

이 책에서 듀이는 교육의 의미를 당시까지 지배적인 견해였던 '미래를 위한 준비'가 아니라 '지속적인 성장을 목표로 이루어지는 활동'으로 정의했다. 그는 성장을 위해서는 주체들(학습자들) 간의 풍부한 상호작용이 필요하다고 했고, 민주사회가 바로 그러한 상호작용을 가능하게 한다는 점에서 민주주의와 교육이 내적인 연관성을 갖는다고 보았다. 그러나 듀이는 추상적이고 개념적 차원에서 그러한 연관성을 언급했을 뿐 교사와 학생의 관계 또는 그들의 인권과 관련해서는 아무런 언급도 하지 않았다.

정확하게 50년 뒤 영국 교육철학자 피터스는 『윤리학과 교육』에서 듀이와 상반된 의견을 제시했다. 이 책 7장에서 그는 자유가 성인에게는 당연한 권리이지만, 아동에게는 세 가지 이유로 제한될 수밖에 없다고 주장했다. 첫째, 자유란 '하고 싶은 것이나 스스로 하고자 결정한 것이 있어야 하고, 그것에 대해 구속이 없는 상태'인데, 교육은 본질상 '아동이 하고 싶어 하는 것에 대한 구속이나 통제'가 불가피한 영역이다. 둘째, 교실 상황에서 아이들의 흥미나 학습 속도를 다 고려할 수 없고 질서정연한 학습이 가능하도록 규칙을 적용할 수밖에 없다. 셋째, 아이들의 자발성이 허용되어야 하지만, 교육사태란 본질적으로 계획되고 통제된 환경이기 때문에 그 자발성의 범위는 제한될 수밖에 없다(피터스, 1980: 201~203). 요컨대, 아이들은 아직 스스로 판단하고 책임질 수 있는 성숙 단계에 이르지 못했기 때문에 성인에 의한 제약과 통제가 불가피하다는 것이다.

이런 관점에서 보면 교육은 곧 '가르치는 것'이다. 교과서적 정의는 '가르치고 배우는 것'으로 표현되기도 하지만, 실제로는 '가르침'이 있을 뿐이고 '배움'은 거기에 종속된 행위에 지나지 않는다. 따라서 가르침이 없으면 배움도 없다.

그러나 수천 년 동안 교육의 실제를 지배해온 이러한 교육관은 여러 가지 도전에 직면하고 있다. 그 첫 도전은 근대 공교육제도에 정면으로 반기를 든 대안교육운동이었다. 1921년에 설립되어 대안학교로서 세계적 명성을 누리고 있는 서머힐(Summerhill)의 설립자 닐(Alexander Sutherland Neil)은 자신의 저서에서 다음과 같이 말하고 있다.

> 내가 부인과 함께 학교를 시작할 때 가지고 있던 생각은, 아이를 학교에 맞추려고 하지 말고 학교를 아이에게 맞추자는 것이었다. 나도 일반 학교에 여러 해 근무해봤기 때문에 학교에서 어떻게 해야 하는지 잘 알고 있었다. 하지만 그건 아이가 어떤 사람이 되어야 하고 어떻게 배워야 하는지에 대한 어른의 생각에 바탕을 둔 것이었기 때문에 틀렸다고 생각했다. 그런 방식은 아동심리에 대한 지식이 없을 때 만들어진 것이었다 (Neil, 1992: 9).

이러한 교육철학에 바탕을 둔 대안교육운동은 세계로 확산되었고, 1990년대에 이르러서는 한국에서도 시작되었다. 지금은 수백 개의 대안학교들이 설립되어 운영되고 있다. 대안학교의 교육 내용이나 방식은 천차만별이지만, 닐처럼 학생을 중심에 놓는 교육이 주류를 형성하고 있다.

두 번째 도전은 평생교육의 발전이다. 빠르게 변화하는 산업사회에 적응하도록 돕기 위해 성인교육이라는 이름으로 시작된 평생교육은 지식기반사회에 돌입하면서 새로운 양상을 띠게 된다. 기존의 지식과 기술을 습득해 활용하는 것보다는 스스로 지식과 정보의 바다에서 필요한 것들을 찾아내어 재구성하는 능력이 강조되었다. '가르침' 중심에서 '배움' 중심의 평생교육으로 전환된 것이다. 이것은 교육 일반에 대한 인식 변화로도 확산되었다. 김신일(2005)은 이러한 변화를 '교육주의'에서 '학습주의'로의 전환이라고 해석한다.

세 번째 도전은 지식관의 변화이다. 전통적으로 지식이란 오랜 인류 역사를 통해 다듬어진, 사물에 대한 체계적이고 객관적인 정보를 지칭하는 것으로 이해되었다. 그러나 이러한 지식관은 지식기반사회 이후 크게 달라지고 있다. 종래에는 지식의 가치가 보편성과 객관성으로 평가되었지만, 이제는 그것이 만들어낼 수 있는 부가가치의 양이 더 중요한 평가 기준이 되었다. 이에 따라 기존 지식을 단순히 이해하고 습득하는 일보다 그것들을 재구성해 새로운 부가가치를 만들어내는 일이 더 중요해졌다. 여기서 중요한 전환이 발생한다. 즉, 이제는 새로운 지식의 생산이 학자의 전유물이 아니라 누구든지 할 수 있는 일이 되었다는 것이다.

한편, 피터 버크(Peter Burke)는 지식의 변천사 연구를 통해 오늘날 학교에서 확고부동한 지위를 차지하고 있는 교과 지식들이 실은 중세에서 근대세계로 이행하는 과정에서 형성된 시대적 산물임을 밝히고 있다(버크, 2006). 이러한 시각으로 보면 학교에서 가르치는 내용은 시대에 따라 얼마든지 달라질 수 있는 것들이기 때문에 특정 교과 지식을 학생들에게 강제로 배우도록 하는 것이 정당성을 갖기 어렵다. 실제로 많은 대안학교는 현행 교과 체계와는 다른 방식으로 가르치고 있다.

지금까지 살펴본 세 가지 도전에서 읽을 수 있는 공통점은 무엇일까? 필자는 그것을 교육권력의 약화라고 본다. 교육권력은 국가기구의 한 요소로 편제된 학교 형태로 구조화되고, 교사와 학생 간의 비대칭적 권력관계로 현실화되었으며, 인위적으로 위계화된 지식체계를 통해 학습자들에게 내면화되었다. 이러한 권력이 약화된다는 것은 그것에 의해 억압받았던 대상, 즉 학생들이 더 많은 자유와 권리를 향유하게 된다는 것을 의미한다.

필자는 이 과정이 곧 교육민주화라고 본다. 즉, 교육민주화란, 데모스가 주권을 갖게 되는 과정이 민주화이듯이, '교육에서 데모스(학생)

의 주권이 확립되는 과정'인 것이다. 물론 실제의 교육민주화는 좀 더 광의로 이해될 수도 있다. 교육의 과정에서 제대로 목소리를 낼 수 없었던 교사나 학부모도 데모스의 일원으로 볼 여지가 있기 때문이다.

교육민주화는 교육 지배구조의 특성에서 비롯되는 네 가지 의미를 지닌다. 첫째, 교육에 대한 국가권력의 지배에서 벗어나기 위한 노력이다. 근대 공교육제도는 국가기구의 하나로서 기본적으로 국가권력의 지배하에 있다. 둘째, 학생에 대한 교사권력[1]의 지배에서 벗어나기 위한 노력이다. 피고용인으로서의 교사는 국가를 대신해서 학생에게 절대 권력을 행사한다. 셋째, 교육 내용을 규정해온 지식권력의 지배에서 벗어나기 위한 노력이다. 국가 교육과정은 배워야 할 지식의 내용과 범위를 정하고 이를 표준화함으로써 특정 지식을 습득하도록 강제한다. 넷째, 교육운영체제의 수직적 의사결정 구조를 바꾸기 위한 노력이다. 이것은 앞의 세 가지 민주화의 완성을 위해 필수적인 과정이다. '새로운 민주주의'의 교육적 해석은 네 가지 민주화의 전면적인 실현, 즉 '전면적인 교육민주화'라고 할 수 있다. 그런 상황이 될 때 학생들은 비로소 통제와 억압의 대상에서 벗어나 스스로 삶과 배움을 꾸려나가는 교육의 당당한 주체가 될 것이다.

여기서 한 가지 흥미로운 사실을 발견할 수 있다. 그것은 교육사상의 흐름과 민주화의 흐름이 동일한 지점을 향하고 있다는 점이다. 루소에서 페스탈로치(Johann Heinrich Pestalozzi) 등을 거쳐 듀이에 이르는 근대 교육사상의 핵심 의제는 '아동 중심 교육'이었다. 어른의 관점이나 기준을 강요하기보다 아이의 눈높이에서 그들의 관심과 흥미를 바

---

1   '교사권력'이라는 말이 어색할 수도 있다. 하지만, 한 고등학교 교사는 학생에 대해 불가항력적인 힘을 가진다는 의미에서 교권을 교사권력이라고 해석한다. 그는 서울시의 경우 2010년 11월 교육청이 체벌 전면금지령을 내림으로써 교사권력을 약화시키기는 했지만, 여전히 무시 못할 정도로 문제가 남아 있다고 진단한다(조영선, 2012).

탕으로 하는 교육이 되어야 한다는 것이다. 그럼에도 불구하고 근대 공교육제도를 통해 실제로 이루어진 교육은 국가의 의도를 관철시키기 위해 학생을 억압하고 순치의 대상으로 삼았다. 교육민주화가 지향하는 것은 이러한 상황을 변화시켜 학생을 교육의 주체로 세우는 것이다.

3. 한국 교육의 민주화 과정

이 절에서는 한국 교육의 민주화가 추진되어온 과정을 교육권력의 네 가지 의미에 비추어 살펴보려고 한다.

첫 번째 의미인 국가권력으로부터의 민주화는 1980년대 이후 진행된 교사들의 투쟁 과정이 대표적이다. 두 번째 의미인 교사권력으로부터의 민주화는 점차 뚜렷해지고 있는 학생들의 조직적 저항에서 읽을 수 있다. 세 번째 의미인 지식권력으로부터의 민주화는 탈학교 경향이나 대안학교들이 시도하는 교육 내용을 통해 그 징후를 읽을 수 있다. 네 번째 측면인 교육운영체제의 민주화는 새로운 교육 거버넌스를 정착시키기 위한 노력으로 추진되어왔다.

앞의 세 측면의 민주화는 시계열성을 갖는다. 아직 완성되었다고 하기는 어렵지만 국가권력으로부터의 민주화가 이미 진행된 과거형이라고 한다면, 교사권력으로부터의 민주화는 지금 진행되고 있는 현재형이라고 할 수 있다. 지식권력으로부터의 민주화는 실험적인 사례들을 통해 새로운 변화가 예시되고 있는 미래형 과제라고 할 수 있다. 반면 운영체제의 민주화는 각 측면들과의 관계 속에서 동시적으로 진전되는 통시적 과정이라고 할 수 있다.

1) 국가권력으로부터의 민주화

많은 사람들은 교육민주화라고 하면 1980년대에 수많은 교사들이 목이 터져라 외치다가 교직을 박탈당하고 옥살이까지 해야 했던 아픈 기억들을 떠올릴 것이다. 당시 교사들은 정치권력에 의한 교육활동의 억압과 통제의 완화를 요구했다. 1986년 5월 10일 서울 YMCA에서 있었던 교사들의 '교육민주화선언'(이하 '선언')은 오랜 준비 과정을 거쳐 공개적으로 천명된 교육민주화운동의 시발이었다. 이 선언문에서 교사들은 교육의 정치적 중립성 보장, 교사의 시민적 권리 보장, 교육자치제 실시, 교원단체 설립과 활동 자유 보장, 강요된 보충수업 및 심야학습 금지 등의 요구사항을 제시했다.

'선언'이 있은 지 3년 뒤(1989년 5월 28일)에 교사들은 국가권력의 불허에도 불구하고 전국교직원노동조합(이하 '전교조')을 결성했다. 그러나 조합 결성 직후 대대적인 탄압에 의해 대부분의 참여 교사들은 탈퇴했고 이를 끝내 거부한 1500여 명의 교사들은 파면 등의 중징계로 교단을 떠났으며 일부 주동 교사들은 구속되었다. 결성과 동시에 조직이 불법화되어 사실상 와해되다시피 한 것이다. 비합법 단체로서 정부의 탄압에 맞서던 전교조는 김대중 정부가 수립되면서 10년 만에 합법적인 노조 지위를 갖게 된다.

'선언'에 담긴 주요 요구사항들은 '교사의 시민적 권리 보장'을 제외하면 6월항쟁에 의해 추진된 정치적 민주화 과정에서 점진적으로 구현되었다. 교육 현장에 대한 정치권력의 직접 개입이 약화되고 교육자치제가 실시되었으며 교원단체의 설립이 한결 자유로워졌다. 보충수업이나 강제 자율학습은 여전히 편법적인 방식으로 이루어지고는 있지만, 이전보다 상당히 완화되었다. 이렇게 보면 교사들이 제기한 교육민주화 요구는 상당 부분 실현되었다고 할 수 있다.

학부모나 학생의 시각에서 보면 어떨까? 유감스럽게도 학생과 학부모는 교육 3주체라는 말이 무색하리만치 여전히 통제 대상이거나 국외자일 뿐이다. 이들의 처지에서 보면, 현재의 상황은 아직 교육민주화 요구조차 제기되지 않은 상태라고 해야 할지 모른다.

그렇다면 지난 20여 년의 교사 주도 교육민주화를 어떻게 이해해야 할까? 필자는 교사가 국가의 피고용인이라는 점과 '선언'에 담긴 요구가 주로 교사집단의 권익 확보를 겨냥하고 있다는 점에 비추어볼 때 교사 주도 교육민주화운동은 기본적으로 노사투쟁의 성격을 지닌다고 본다. 물론 이를 통해서 교육에 대한 국가권력의 개입을 완화시키고 그 성과가 학생이나 학부모에게 어느 정도 긍정적인 영향을 끼쳤음을 부정할 수는 없다. 그러나 그것이 학생과 학부모의 요구를 제대로 반영하지 못한 것은 분명하다. 이 점에서 필자는 지금까지의 교육민주화를 '반쪽짜리 교육민주화'라고 본다.

2) 교사권력으로부터의 민주화

'반쪽짜리 교육민주화'였다는 판단은 단지 교사 주도였다는 것만을 근거로 하지 않는다. 근대사회의 출발점이었던 보편적 인권 개념에서 또 다른 근거를 찾을 수 있다고 본다. 프랑스 혁명의회의 '인간의 권리와 시민의 권리에 대한 선언' 제1조에는 "인간은 자유롭고 평등하게 태어나서 생활할 권리를 가진다. 사회적 차별은 오로지 공동 이익을 위해서만 가능하다"라고 했다. 이 정신을 반영한 우리 헌법 제11조 1항은 "모든 국민은 법 앞에 평등하다. 누구든지 성별·종교 또는 사회적 신분에 의하여 정치적·경제적·사회적·문화적 생활의 모든 영역에 있어서 차별을 받지 아니한다"라고 규정하고 있다.

여기서 주목할 것은 '나이에 따른 차별'은 금지 대상에 포함되지 않았다는 점이다. 이는 민주주의가 정착된 이후에도 일반적인 관습이나 '민법', '교육관계법' 등에서 미성년자의 인권 제한을 당연시해온 배경이다. 그것은 차별이 아니라 청소년을 위해 불가피한 교육적 조치로 간주되었다. 전통적인 교육학 역시 이러한 입장을 기반으로 하고 있다. 그 결과 학생들은 민주주의 체제가 확립되었음에도 불구하고 그 주체인 '데모스'의 일원이 되지 못하고 있는 것이다. 그들에게는 민주화를 요구할 자격이 없는 셈이다.

하지만 시대 변화 속에서 청소년들은 근대화 초기에 설정된 이러한 가정들에 대해 조금씩 균열을 내기 시작했다. 처음으로 여기에 주목한 사람은 영국의 교육사회학자 윌리스(Paul Willis)였다. 그는 1975년에 처음 출간한 『학교와 계급 재생산(Learning to Labor)』이라는 책에서 노동계급 아이들이 수업을 방해하고 다른 아이들을 괴롭히는 행동을 '일탈'이 아니라 기존의 학교 문화에 대한 '저항'의 표현으로 해석했다 (Willis and Aronowitz, 1975).

1990년대 후반 이후 우리 사회에서는 이런 의미로 해석할 수 있는 청소년 세대의 행동이 다양하게 표출되기 시작했다. 첫 징후는 '학교 붕괴' 담론이었다. 1999년에 한 방송사는 몰래카메라로 포착한 난장판 수업 장면을 방영해 큰 사회적 반향을 불러일으켰다. 같은 해에 전교조가 '학교 붕괴, 어떻게 할 것인가'라는 토론회를 개최하면서 학교 붕괴는 주요 교육 담론으로 부상했다(전국교직원노동조합, 1999).

당시 교육 전문가들은 이러한 현상의 원인을 사회변화에서 찾으려고 했지만(이종태 외, 2000), 청소년 세대의 움직임을 가까이서 지켜본 사람들은 기존 체제에 대한 청소년들의 분노와 저항에서 기인한 것이라고 해석했다. 그 첫 계기로 꼽히는 것은 '1995년 최우주 헌법소원 사건'이다. 당시 춘천고 1학년생이었던 최 군은 강제 자율학습이나 보충수업이 학생의 인권을 부당하게 침해한다고 항의하고 헌법소원을 내고

자 했다. 실제로는 교육청과 학교에 민원을 내는 것으로 대체되었지만, 이를 계기로 하이텔 토론방이 열리면서 학생들의 열띤 호응을 유발했고 그 결과 '학생인권회복회'가 결성되었다.[2] 이러한 경험은 2000년을 전후한 시기에 온라인을 이용한 학생들의 두발제한 반대 서명운동을 촉발해 16만 명이 참여했고 '전국중고등학생연합'의 결성으로 이어졌다. 학생연합은 두발 문제 외에도 체벌 반대, 학교운영위원회의 학생 참여 보장, 고교 등급제 반대, 자립형사립고 반대 등을 주장하고 회원 세미나, 간행물 발간, 교칙 분석 작업, 학생회 운영 방안 연구 등의 활동을 추진했다. 이 단체는 비록 오래지 않아 해체되었지만, 학생들의 저항은 2003년 네이스(NEIS) 반대 투쟁, 2005년 두발자유화운동, 2006년 청소년인권활동가 네트워크 결성 등으로 이어졌다.[3] 또 청소년들은 2002년 월드컵 응원과 미군 장갑차에 치여 숨진 효순·미선 양에 대한 추모 항의 집회, 2004년 노무현 대통령 탄핵반대 집회, 2008년 광우병 쇠고기 수입 반대 집회 등을 거치면서 기성세대가 무시할 수 없는 정치적 영향력을 갖기에 이르렀다. 송호근(2003)은 이러한 현상의 분석을 통해 청소년 세대가 한국 사회변동의 가장 중요한 추동력이라고 해석했다.

이상의 과정을 통해 축적된 학생들의 저력은 2010년대에 전개된 학생인권조례(이하 '조례') 제정 운동으로 이어졌다. 조례 제정 운동은 처음으로 '민주교육감' 시대를 맞은 경기도 교육청에서 시작되었다. 2009년 하반기에 조례 제정 작업이 시작되어 1년여 만인 2010년 10월에 조례가 선포되었다. 조례 제정 100일째를 맞아 학생과 교사를 대상으로

---

2   유윤종, "기획-청소년인권운동, 길을 묻다 ① 사회를 흔든 "학생 인권" 함성: 새로운 청소년 인권운동의 발원지, 최우주씨 헌법소원 사건", ≪인권오름≫, 2호(2006), http://hr-oreum. net/article.php?id=20
3   "청소년인권운동의 지평을 넓히다", ≪민중의 소리≫, 2017년 1월 4일 자.

실시한 설문조사 결과는 대체로 긍정적이었다. 이를 계기로 그동안 학생들의 원성을 크게 샀던 두발과 복장, 강제 야간자율학습 등에 대한 학교의 일방적 통제는 점차 완화되는 조짐을 보이게 되었다(오혜원, 2012).

2010년 지방선거에서 민주교육감들이 대거 당선되면서 조례 제정 운동이 본격화했다. 이에 따라 2011년 광주광역시, 2012년 서울특별시, 2013년 전라북도에서 조례가 제정되었다. 그러나 아직도 찬반양론이 팽팽해 진척을 보지 못하는 교육청들도 여럿 있는 실정이다.

조례 제정 과정은 진보적인 어른들이 주도하고 청소년의 참여는 별로 없는 것처럼 보인다. 하지만 앞서 제시한 청소년들의 자각적 저항 행동이 그 배경을 이루고 있다는 점, 그리고 2011년의 서울시 조례 제정 운동에서 보듯이 청소년들의 참여가 실제적인 역할을 했다[4]는 점에서 청소년 권리 찾기 운동의 연속으로 볼 수 있다고 본다.

학생인권조례 제정 운동은 그 성격상 필연적으로 교사들과 부딪칠 수밖에 없다. 실제로도 조례 제정 운동 과정에서 학생인권에 우호적일 것으로 기대되었던 전교조 교사들조차 부정적인 반응을 보이는 경우가 많았다고 한다. 많은 교사들이 학생인권 신장을 교사 권위의 축소로 받아들였기 때문이다. 이러한 현상은 인권에 대한 교사들의 이해 부족으로 설명될 수도 있지만, 아직도 많은 교사들이 전통적인 교사권력에 의존해 교육하려는 경향을 보여주는 것이기도 하다.

---

4 당시 청소년들은 보수적인 세력이 조례 제정의 앞길을 막을 때마다 나서서 "학생답기보다 인간답고 싶어요", "민주네 진보네 하면서도 왜 우리의 인권은 그토록 외면하나요?" 등의 진정 어린 호소를 통해 어른들을 설득해나갔다고 한다(배경내, 2012).

3) 지식권력으로부터의 민주화

지식권력의 해체를 보여주는 징후들은 몇 가지로 나타나고 있다. 그 중 하나가 자퇴 현상이다. 대학 입시에서 유리한 조건을 만들기 위해 또는 집안 형편상 어쩔 수 없이 하는 자퇴와 확연하게 구분되는 새로운 성격의 자퇴 현상이 나타난 것은 1990년대 후반이었다. 특별한 이유 없이, 단지 입시 위주의 교육이나 따분한 학교생활이 싫어서, 또는 학생에게 군림하는 교사나 그런 시스템을 유지하고 있는 학교가 싫어서 자퇴하는 학생들이 생겼고(김현진, 1999), 한동안 이러한 경향이 유행처럼 번지기도 했다. 이들이 만든 '탈학교모임'은 스스로 다양한 활동을 통해 자발적인 학습을 하면서 『자퇴 일기』(1999)라는 책을 내기도 했다. 많이 알려진 대안학교 중 하나인 '하자스쿨'은 이들을 대상으로 만들어진 인문학 중심의 학습공동체이다.

자퇴는 학교와 교사에 의한 가르침을 전면 거부하는 행위로서 소극적으로는 기존 지식 자체 또는 지식의 습득 방식을 거부한다는 의미를 지니지만, 적극적으로는 지식권력으로부터의 해방이라는 의미를 가질 수도 있다. 자퇴생들의 활동에서 알 수 있듯이 자퇴는 배움의 종료가 아니라 새로운 배움의 시작이며, 이전까지 억지로 배웠던 것과는 질적으로 다른 종류의 지식을 습득하는 과정으로 인식된다.

고등학교 1학년을 마치고 자퇴한 후 8개월 동안 혼자서 인도를 비롯한 아시아 8개국을 여행한 한 여학생은 그 체험 내용을 정리해 『길은 학교다』(이보라, 2009)라는 책을 출간했다. 이 무렵 '로드 스쿨러(road-schooler)'라는 말은 자퇴생들 사이에서 회자되는 유행어였다. 그들은 누가 가르쳐주지 않아도 일상의 만남과 체험을 통해 세상을 배우고, 살아가는 데 필요한 지식들을 서로 나누어 갖는다. 이제 이들 청소년들에게는 탈학교가 소극적 도피가 아니라 더 넓고 흥미진진한 배움을 위한 해방의 의미를 갖는다.

대안학교의 증가 흐름 역시 지식권력의 해체 가능성을 보여주는 또 다른 징후이다. 1990년대 초부터 등장한 대안교육운동은 1998년에 대안교육 특성화학교로 제도화되었고, 2000년대에 들어서 비인가 대안학교들의 급격한 증가로 이어졌다. 2007년에는 설립과 운영 기준이 대폭 완화된 각종 학교 형태의 대안학교가 제도화되었다.

대안학교들 중 주류는 기존 학교의 양태를 모방하고 있지만, 일부 비인가 대안학교들은 형태나 운영 방식에서 기존 학교와 질적으로 다른 방식을 취하기도 한다. 기존 교과체제와 다른 방식으로 교육 내용을 조직하기도 하고, 학생들의 능동적인 기획과 실천을 바탕으로 하는 프로젝트 방식을 주된 학습 과정으로 삼기도 한다. 또 대부분의 대안학교들은 가르침을 학생 주도의 배움을 돕기 위한 과정으로 생각한다. 이런 흐름 속에서 기존의 교과 지식 체계는 별 힘을 쓸 수 없다. 이는 적어도 학교 밖에서는 지식권력이 현저하게 지배력을 잃고 있음을 보여주는 것이다.

이러한 징후들은 학교 안에서도 확산되리라고 예상할 수 있다. 그 증거로 '거꾸로 교실'이나 '배움의 공동체'와 같이 학생 주도의 배움이 강조되고 있다는 점, 지식기반사회에서 요구하는 개성과 창의성 또는 핵심 역량을 기르기 위한 학습자 중심의 배움이 대세로 인식되고 있다는 점 등을 들 수 있다.

4) 교육운영체제의 민주화

우리 사회에 편재된 권위주의 문화나 수직적 의사결정 구조를 문제 삼기 시작한 것은 정치 분야에서 시작된 민주화 열망이 어느 정도 가시적인 성과를 거두게 되면서부터였다. 국가권력의 직접적인 통제가 요지부동이었던 교육 분야에서는 이러한 논의가 다소 늦게 시작되었다. 하지만 후기산업사회의 파고가 몰려오면서 대통령을 정점으로 한 수직적 의사결정과 전달체계만으로는 급격하게 변화하는 사회에 유연하게 대처할 수 없으며 이로 인해 교육의 후진성을 극복하기 어렵다는 생각이 공감대를 얻기 시작했다. 사회가 다양해지면서 상의하달식 정책집행은 성공 가능성이 낮아질 수밖에 없다는 인식의 반영이었다.

교육운영체제에 대한 최초의 관심은 1995년 5월에 발표된 5·31 교육 개혁 방안에서 나타났다. 학교 구성원들이 학교 운영에 참여할 수 있도록 제도화한 학교운영위원회가 그것이었다. 이에 따라 1996년부터 모든 학교에서 학교운영위원회가 구성되었다. 하지만 학부모의 참여 저조, 학교장의 비협조 등으로 대다수의 학교에서는 기존의 육성회와 유사한, 형식적인 기구에 머물렀다. 다만 일부 학교에서는 교사와 학부모들이 갖은 방해 공작에도 불구하고 운영위원으로 진출해 수학여행, 학교 급식, 교복 공동구매 등의 수익자 부담 경비 사업들을 의미 있게 개선하는 성과를 거두기도 했다.

학교운영위원회가 유명무실하게 된 이유는 크게 두 가지로 볼 수 있다. 하나는 단위 학교가 강력한 중앙집권적 구조의 말단 기구라는 점, 그리고 학교가 교장 중심의 수직적 체제로 운영된다는 점이다. 다른 하나는 열성적인 학부모나 교사라 하더라도 일정 기간 후에는 학교를 떠나게 되기 때문에 모범적으로 운영되는 학교운영위원회라 하더라도 오래 지속되기 어렵다는 점이다.

'국민의 정부' 시절 구성된 대통령자문 새교육공동체위원회는 새로운 교육 거버넌스의 관점에서 볼 때 매우 의미 있는 시도를 했다. 이전 정부가 추진한 교육 개혁이 만족할 만한 성과를 내지 못한 원인이 지나친 '상의하달식(top down)' 추진 방식이라고 판단했던 '국민의 정부'는 새로운 개혁 의제를 개발하기보다 종래의 개혁 방안들을 계승하되 '하의상달식(bottom up)' 추진을 기본 방침으로 채택했다. 이를 위한 구체적 방안이 교육공동체 시민운동이었다. 당시 안내서에는 그 의미를 "교원과 학생, 학부모, 지역주민, 시민단체 등이 학교와 지역사회 교육에 참여해 공동체적 유대를 이루고, 이를 바탕으로 교육 현안들의 해결과 동시에 새로운 학교와 지역사회 공동체 문화를 창조해가는 교육시민운동"으로 규정하고 있다(대통령자문 새교육공동체위원회, 1998).

1998년 8월 새교육공동체위원회의 출범 직후부터 추진된 교육공동체 시민운동은 관 주도 시민운동이라는 비판에도 불구하고 빠르게 확산되었다. 전국 각지에서 자발적으로 구성된 시민모임은 3개월여 만인 12월 초에 60여 곳에서 결성되었고 이듬해 상반기 말경에는 100여 곳으로 늘어났다. 그러나 이듬해에 이 운동을 주창했던 새교육공동체위원회 핵심 인사가 교체되면서 추진력을 잃었고 시작 1년여 만에 막을 내리게 되었다(대통령자문교육혁신위원회, 2006). 하지만, 몇몇 지역의 시민모임들이 이후에도 상당 기간 존속하면서 지역 차원의 교육운동을 추진했다는 사실은 이러한 시도가 나름의 의미를 가지고 있었음을 보여준다.

4. 미래 교육의 과제와 추진 전략

한국 교육은 안팎의 도전들로 인해 큰 변화를 요구받고 있다. 하지만 한국 사회의 고유한 문화와 유착된 교육 문제들은 쉽사리 변화될 조짐을 보이지 않는다. 가속화되는 시대 변화 속에서 이러한 변화 지체는 심각한 위기로 이어질 수밖에 없다.

이런 상황에서 한국 교육의 미래 과제들을 어떻게 설정할 수 있을까? 여기서는 앞에서 말한 '전면적인 교육민주화'의 실현을 위해 세 가지 묶음의 과제들을 제시하고자 한다. 첫 번째는 비교적 단기 과제의 성격을 갖는 것으로 교육 주체의 권리를 확대하기 위한 방안들이다. 두 번째는 장기 과제의 성격을 갖는 것으로 학습자 중심 교육체제의 구축에 관한 것들이다. 세 번째는 단기와 중장기적 성격을 동시에 갖는 것으로 학생들이 교육 주체로서 목소리를 내는 것을 어렵게 만드는 제도와 억압 기제의 개편에 관한 것들이다.

미래 과제에 관한 논의가 좀 더 의미를 가지려면 그것들을 실현시킬 수 있는 방법이나 접근 전략이 함께 모색되어야 할 것이다. 이 글의 후반부에서는 이에 관한 필자의 생각을 제안해보려고 한다.

1) '전면적인 교육민주화'를 위한 세 가지 방향과 과제

(1) 방향 1: 교육 주체의 권리 확대

① 학생인권 보장과 정치시민교육의 확대

한국의 학생들은 세계에서 가장 오랜 시간 학습노동을 한다. 그런데 대부분의 학생들에게 그것은 강요된 노동이라는 점에서 본질적으로 인권침해의 성격을 갖는다. 게다가 아직도 교사권력이 학교 문화를 압도함으로써 학생들은 일상적 스트레스를 해소하지 못한 채 체념하거나 내면적 반발심만 키우고 있는 실정이다. 이런 상황을 개선하기 위해서는 다음과 같은 일들이 빠른 시일 안에 추진되어야 할 것이다.

우선, 모든 시도에서 학생인권조례가 제정되고 실효성 있게 실행되어야 한다. 이를 위해서는 교사나 학부모가 이를 이해하고 수용할 수 있도록 적극적인 연수 기회가 마련되어야 할 것이다. 아울러 조례와 연수 내용에 교육활동 과정에서 학생과 교사의 충돌 가능성을 최소화할 수 있는 방안을 마련해야 할 것이다.

다음으로, 학교교육 과정을 학생들이 자신의 진로나 적성에 따라 다양하게 선택할 수 있도록 개편해야 한다. 고등학교 과정에서는 이를 더욱 확대하고, 초·중등 과정에서도 실질적인 선택 과정을 도입해야 한다. 아울러 학교에서 실시하는 각종 체험학습이나 봉사활동도 학생 개인의 처지와 상황에 따라 자유롭게 선택할 수 있도록 자율성을 부여해야 한다.

마지막으로, 각급 학교에서 여전히 형식적으로 운영되고 있는 학생 자치활동을 활성화해야 한다. 이를 위해서는 학생들에게 학교 운영에 관한 정보를 최대한 공개해야 하며, 참여 기회와 공간을 대폭 확대해야 한다. 아울러 학교는 학생들의 다양한 봉사활동이나 방과후활동에 대해 더 많은 자유를 주고 또 필요한 지원을 확대해야 한다.

한편, 정치사회적 맥락에서 학생들의 참여를 확대하기 위한 노력도 필요하다. 최근 여러 경로로 제기되는 18세 선거권 부여는 모든 OECD 국가에서 이미 시행되고 있다는 점에서 별로 반대할 명분이 없어 보인다. 다만 그 시행의 전제 조건으로 고등학생 대상의 실질적인 민주시민 교육이 이루어져야 할 것이다. 지금처럼 현실 정치에 관한 교육을 금기시하는 상태에서는 아이들이 정치 문맹 상태를 탈피하지 못할 것이기 때문이다(홍윤기, 2017).

학교교육과 정치 현실을 격리하는 관행은 헌법에 규정된 교육의 정치적 중립성 규정에 토대를 두고 있다. 하지만 이 규정의 시발점인 '학생들의 미성숙'이 차별의 근거로서 정당하지 않다는 점에서 이 규정은 개정이 불가피해 보인다.

② 교사의 시민적 권리 보장

교직은 미성숙한 학생들을 상대한다는 점에서 더 많은 책임과 행동 제약이 뒤따른다고 할 수 있다. 하지만, 그렇다고 교사들이 누려야 할 일반 시민으로서의 권리를 제한하는 것은 헌법에서 보장하는 기본권을 침해하는 것이라 할 수 있다.

우선, 10년의 투쟁 끝에 확보했다가 수년 전 다시 무효화된 교사들의 노동권이 회복되어야 한다. 민주국가에서 교사 노동조합을 불법시하는 것은 시대착오적이다.

다음으로, 교사들의 '5·10선언'에 담긴 시민적 권리 보장 요구가 실현되어야 한다. 정부는 교육의 정치적 중립성을 근거로 교사들의 정당 가입이나 공직선거 출마, 노조활동 등을 금지하고 있다. 그러나 동일한 자격의 대학 교원들에게는 이러한 권리가 전면 허용되고 있다. 미성년자인 학생들에게 잘못된 영향을 줄 수 있다는 점을 근거로 내세우지만, 최근 학생들의 사회적·정치적 의식 성장에 비추어볼 때 아무런 설득력이 없다. 만일 어떤 교사가 법에 어긋날 정도의 비교육적 행위를 한다면 기존의 법령으로 이를 제지할 수 있다.

③ 민주적 운영체제(거버넌스)의 확대

한국 사회의 수직적 의사결정 구조와 관행은 매우 뿌리가 깊은, 일종의 문화적 특성이라는 점에서 그것의 변화는 장기간의 노력을 요한다. 그럼에도 불구하고 단기 과제로 설정한 이유는 그것의 변화를 꾀하는 노력이 지금부터 시작되어야 한다고 보기 때문이다.

우선적인 과제는 유명무실화된 학교운영위원회를 활성화하는 일이다. 이를 위해서는 답답하더라도 학교장을 비롯한 교원들의 인식을 개선하고 다른 한편으로는 학부모의 참여를 확대할 수 있는 다양한 방안이 모색되어야 할 것이다.

단위 학교의 거버넌스를 위해서는 학부모만이 아니라 평교사나 학생의 참여도 확대되어야 한다. 현행 법령의 "학생이 학교운영위원회에 참여하여 발언할 수 있다"는 조항이 실질적인 의미를 가질 수 있도록 학칙이나 생활 규정을 개선해야 하며, 학교장의 인식과 교직원회의의 풍토를 개선해 평교사들이 적극적으로 발언할 수 있는 교직 풍토를 만들어나가야 할 것이다.

민주적 운영체제는 단위 학교에서만 요구되는 것이 아니다. 오히려 상급 기관인 교육지원청이나 시도교육청이 지금과 같은 지시 위주의 행정 대신 일선 학교의 의견을 수렴해 교육정책이나 행정 업무를 결정하는 관행을 정착시켜야 한다. 이를 위해 현장 교사와 학부모, 지역사회 인사, 그리고 학생 대표들이 참여하는 상설 기구를 만들고 여기에 상당한 권한을 제도적으로 부여할 필요가 있다.

교육부 차원의 교육정책 입안과 결정 과정 역시 동일한 변화가 요청된다. 현재는 제한적인 방식으로 외부 전문가들의 참여가 이루어지고 있지만, 이들만이 아니라 현장교사나 학부모, 학생, 그 밖의 다양한 이해관계자들이 참여할 수 있는 길을 만들어야 할 것이다. 수년 전부터 국가 교육위원회를 설치해 교육부를 대체하자는 방안이 제시되고 있지만, 필자는 그것이 다양한 사람들의 의견을 수렴하는 유력한 기구가 되는 것이 바람직하다고 본다.

④ 대안교육 등 학교 밖 학습활동 지원 확대

1990년대 초부터 시작된 국내 대안교육운동은 교육 현실에 불만을 가지고 있던 학부모들의 적극적인 호응으로 빠르게 확산되었고 현재는 전국 각지에서 수백여 개의 인가 및 비인가 대안학교가 설립·운영되기에 이르렀다. 하지만 절대다수를 차지하고 있는 비인가 대안학교들은 아직 국가의 행정·재정 지원을 거의 받지 못해 전적으로 학부모의 부담으로 운영되고 있는 실정이다. 이들 교육기관에 다니고 있는 학생들은 행정적으로 '학교 밖 청소년'으로 분류되고 있다.

실제로 양질의 교육이 이루어지고 있고 학생이나 학부모의 만족도도 매우 높은 상황에서 이처럼 비인가 대안학교 학생들이 방치되고 있는 현실은 불합리하다. 이들이 스스로 공교육제도를 거부하고 다른 길을 선택했다는 이유로 백안시하는 것은 국민의 행복추구권이라는 헌법상 권리를 부정하는 것일 수 있다.

우선, 대안학교 학생들이 큰 곤란을 겪지 않고 학습활동을 펼쳐나갈 수 있도록 지원하는 길을 모색할 필요가 있다. 행정적으로는 법외 교육기관으로 신고를 받아 현황을 관리하고, 재정적으로는 교육비의 일부를 보조해주는 방식이 가능할 것이다. 대안교육 실천가들은 오래전부터 대안학교 학부모들도 세금을 내는 국민이기 때문에 정규학교 학생들이 국가로부터 받는 1인당 평균 공교육비에 상응하는 교육비 지원을 받을 권리가 있다고 주장해왔다. 또 여기에 준해 이미 적지 않은 아이들이 택하고 있는 홈스쿨링에 대한 지원 방안도 마련되어야 할 것이다.

한편, 이미 정부가 시도하고 있는 일이기는 하지만(교육부, 2016), 제 4차 산업혁명 등의 급격한 사회변화에 따른 다양한 학습 요구들에 부응하기 위해서도 학교 밖 학습활동을 적극 장려하고 그 결과들을 인정하는 제도를 확충해나갈 필요가 있다.

⑤ 교원 순환근무제 개선

한국의 교원제도는 양성, 임용, 승진, 전보 등 모든 측면에서 큰 문제를 안고 있다. 하지만 이것들을 개편하는 일은 교직사회의 근간을 바꾸기 위한 사회적 합의 과정을 거쳐야 한다는 점에서 대부분 장기적 추진 과제로 둘 수밖에 없다.

하지만 교원의 순환전보제도는 비교적 단기간에 개선이 가능한 사안이라고 생각된다. 순환전보란 교사들이 주기적으로 학교와 지역을 바꿔가면서 근무하도록 하는 것을 말하는데, 대략 한 학교에 4년(심할 경우 1~2년), 한 지역에 10년 정도를 머물 수 있다. 이 제도는 지역이나 학교의 근무 여건이 달라 이에 따른 교사들의 불만을 해소할 목적으로 도입되었지만, 학생들의 편에서 보면 말이 안 되는 제도이다. 교사들의 잦은 이동은 학교와 지역사회에 대한 소속감을 약화시키고 아이들에 대한 심층적 이해를 불가능하게 함으로써 결국 교육적 책임감과 교육력을 현저하게 떨어뜨리기 때문이다.

당장 전면적인 폐지는 어렵더라도 일본[5]처럼 순환 주기를 대폭 늘리고 일부 교사에 한해서는 평생 한 학교에 머물며 교육에 전념할 수 있도록 유연화할 필요가 있다. 또 일부 시도에서 시행하고 있듯이 교사들이 기피하는 지역에는 장기 근무를 조건으로 임용하고 이를 적극 확대할 필요가 있다.

(2) 방향 2: 학습자 중심 교육체제의 구축

앞서 교육 주체의 권리 확대를 위해 제시한 교육운영체제의 민주화나 학교 밖 학습의 인정, 교원제도 개편 등은 학습자 중심 교육체제 구축을 위해 필수불가결한 것들이다. 여기서 제시하는 과제들은 배움의 과정이 국가 또는 교사에 의해 일방적으로 제공되기보다 학습자를 중심으로 편제되도록 하는 것을 직접적인 목표로 삼는다.

① 단위 학교 중심의 자율운영체제 구축

흔히 학교를 교육기관이라고 생각하지만, 중앙집권적 관료체제의 말단 기구로 편제되어 있는 현행 구조에서는 오히려 행정기관의 성격이 더 강하다. 교육적 요구와 행정적 요구가 갈등을 일으킬 경우 학교 경영자나 교사들 대부분이 후자를 선택한다는 사실에서 이를 확인할

---

5   순환근무제는 일제 강점기에 시작되었으며, 일본에서도 존속되고 있다. 하지만 일본의 순환 근무제는 10년 동안 (혹은 그 이상) 한 학교에 머물 수 있을 정도로 매우 느슨하게 운영된다.

수 있다. 이런 상황에서 학생(학습자)들은 조작과 통제의 대상일 수밖에 없다. 이를 뒤집어 단위 학교 중심의 자율운영체제가 구축되기 위해서는 세 가지 변화가 필요하다.

첫째, 단위 학교의 인사권 확대이다. 궁극적으로는 학교 단위의 교원 임면이 이루어져야 한다. 서양의 많은 나라들은 오래전부터 이 방식을 따르고 있다. 학교운영위원회가 먼저 공모를 통해 유능한 교장을 뽑고 그에게 교사들의 선발권을 일임하는 방식이다. 그렇더라도 이들의 신분이나 처우는 국가 수준에서 보호된다. 다만 이들은 종신직이 아니라 일정 기간별로 학부모들에 책임을 지는 계약직이다.

둘째, 교육과정 편성과 운영권의 확대이다. 교육과정의 일반적 목표는 국가 수준에서 결정되지만, 그것을 실현할 수 있는 경로나 방법은 전적으로 단위 학교에 일임되어야 한다. 학교장이나 교사의 책임을 물을 수 있는 유일한 기준은 목표의 달성 여부, 즉 포괄적 의미의 학업 성취이다.

셋째, 교육재정 집행권 확대이다. 조세를 통해 이루어지는 교육재정 조달은 기본적으로 정부나 지방자치단체가 담당할 수밖에 없다. 하지만 학교 운영에 소요되는 예산은 전적으로 학교가 자율적으로 집행할 수 있게 해야 한다. 이를 위해서는 현행 항목별 예산 대신 총액예산제도가 필요하다.

② 국가 교육과정의 대강화·자율화·유연화

미래 사회의 교육과정은 무엇보다도 변화된 사회 및 학생들의 다양한 특성과 요구를 담아낼 수 있어야 한다. 이를 위해서는 다음과 같은 세 가지 방향이 필요하다.

첫째, 국가 교육과정의 대강화이다. 이것은 모든 국민이 도달해야 할 최종 목표와 이를 위한 최소 필수과목 및 과목별 성취 기준을 제시하는 방식으로 국가 교육과정을 간소화하는 것을 의미한다. 둘째, 교육과정의 자율화이다. 이는 국가가 설정한 교육 목표를 실현하는 데 필요한 구체적인 교육 내용이나 방식, 경로 등에 대해서는 학교와 교사가 자율적으로 정할 수 있도록 하는 것을 의미한다. 셋째, 교육과정의 유연화이다. 이는 필수과목을 최소화하고 다양한 선택과목을 확대함으로써 학생마다 혹은 지역이나 학교마다 자기들의 특성에 맞는 교육과정을 만들어갈 수 있게 하는 것을 의미한다.

이러한 변화에 따라 현행 국·검정교과서 제도도 자유발행제를 지향하는 방향으로 개편되어야 할 것이다.

③ 주민자치를 기반으로 한 교육자치 실현

교육자치가 '교육자 자치'가 아니라 학부모나 학생, 나아가 주민이 참여하는 실질적인 자치가 되기 위해서는 일차적으로 앞에서 제시한 단위 학교의 자율운영체제가 구축되어야 한다. 아마도 여기서 한 걸음 더 나아간다면 현행 교육자치와 일반 행정자치의 일원화 또는 유기적 연계가 될 것이다. 일원화란 교육에 관한 업무가 광역자치단체장의 업무에 포괄되는 것(도지사가 교육감 임명)을 의미하며, 유기적 연계란 광역자치단체장과 교육감을 러닝메이트로 선출하는 것을 의미한다.

여기서 한 걸음 더 나아간다면 광역 수준에서만 실시되는 교육자치를 기초단체 수준까지 확대하든가 아니면 아예 기초단체 중심으로 전환하는 것을 생각할 수 있다. 광역 수준에서는 현실적으로 주민의 요구를 실제 교육에 반영하기 어렵기 때문이다. 이것은 앞에서 제시한 '단위 학교 중심의 자율운영체제'와 함께 교육에서 비로소 풀뿌리 민주주의가 정착될 수 있는 실질적 기반이 될 것이다.

(3) 방향3: 학생 통제와 억압 기제의 개편

① 학생 평가의 탈표준화

학생들을 획일적인 잣대로 평가하는 표준화 시험은 학생들의 창의적이고 다양한 사고를 막을 뿐만 아니라 극단적인 경쟁을 강요한다. 이것은 평가의 정당성이나 효율성 차원에서 비판받기도 하지만, 학생들이 주체적인 인간으로 성장하는 것을 방해하고 스스로의 목소리를 내기 어렵도록 만든다는 점에서 강력한 통제와 억압의 기제로 볼 수도 있다. 이로부터 벗어나기 위해서는 다음과 같은 노력이 요구된다.

첫째, 선다형 시험을 바탕으로 하는 일제고사를 폐지해야 한다. 선다형 시험은 이미 그 폐해가 인정되어 서술 또는 논술 고사가 일부 도입되었으나 아직은 학생 평가의 주종을 이루고 있는 형편이다. 특히 선다형 방식을 고집하고 있는 대입 수능고사의 영향력은 지대하다.

둘째, 단순 성적에 의한 학생 서열화 또는 선발 방식을 폐기해야 한다. 대부분의 교육 선진국에서는 학생 석차가 존재하지 않는다고 한다. 특정 영역에서 서열이 매겨질 수 있지만 이를 그 학생의 전체적인 능력으로 해석해서 선발하는 것은 지양되어야 한다.

② 대입 경쟁의 완화

많은 사람들은 한국 교육의 핵심적인 문제로 극심한 대입 경쟁을 꼽고 있다. 실제로 그것은 낭비적인 사교육과 중등교육에서의 과도한 성적 경쟁, 그리고 여기에서 파생되는 다양한 비교육적 현상들을 낳고 있다. 그동안 이를 완화하기 위한 다양한 방안들이 제안 또는 시행되어 왔음에도 불구하고 별반 성과가 없었다.

대입 경쟁을 완화하기 위한 가장 근본적인 방안은 경쟁의 근원이 되는 학력 간 임금 격차를 줄이고 출신 대학에 따른 차별을 해소하는 것이다. 그러나 이것은 광범위한 사회개혁이 전제되어야 하는 만큼 오랜 시간을 요한다.

좀 더 실제적인 방안은 선다형 시험으로 산출되는 성적을 주된 기반으로 하는 현행 경쟁 기제(mechanism)를 바꾸는 것이다. 이미 시행되고 있는 논술이나 학생부 종합평가제도도 그런 의도로 도입된 것이다. 최근 호의적으로 검토되고 있는 개선 방안은 기존의 상대평가제도를 절대평가(성취 기준 평가)로 바꾸는 것이다. 이것은 경쟁을 완화할 수 있다는 장점을 지니지만, 다른 한편으로는 성적 부풀리기나 고교 등급제의 현실화와 같은 부작용이 예상되기도 한다. 실제로 도입되고 시행되기 위해서는 충분한 논의를 통한 사회적 합의가 필수적이다.

최근 대입 경쟁의 완화를 위한 유력한 방안으로 국공립대학 네트워크나 학부생 공동입학제와 같은 대학 평준화가 많이 거론되고 있다. 하지만 고등교육의 특성을 고려할 때 보통교육 단계의 원리를 그대로 적용하는 것이 바람직한 방법인지는 신중하게 검토할 필요가 있다.

③ 학교제도의 유연화

현행 헌법에 규정된 교육의 의무는 '교육기본법' 등의 하위 법률에서 취학의 의무로 좁혀져 있다. 이때 취학이라 함은 국가가 인정한 학교에 다니는 것을 뜻한다. 이 때문에 비인가 대안학교나 홈스쿨링 등을 통한 교육은 그것이 아무리 좋은 내용과 결과를 가지고 있더라고 인정되지 않는다.

현행 학교제도는 실제로 무엇을 얼마나 공부했는가보다는 단지 형식적인 출석 여부로 학력을 부여한다. 이러한 상황에서는 아무것도 배운 것이 없어도 고등학교 졸업 학력을 취득하는 것이 가능하다. 그 결과 앞의 경우와는 정반대로 교육의 질이 형편없이 낮아질 수 있다. 이러한 모순적 상황을 극복하기 위해서는 학교 인가 제도를 비롯한 형식적 요건은 유연화하되 학력의 인증은 많은 유럽 국가들에서 시행하고 있는 것처럼 고교 졸업 자격시험을 실시할 필요가 있다. 그렇게 할 경우 학생들은 더 많은 교육적 선택권을 가질 수 있고, 초등학교와 중학교 졸업장(학력)이 불필요하게 되어 훨씬 다양한 학습 경험을 쌓을 수 있을 것이다.

2) 추진 전략: '교육대개혁을 위한 15년 프로젝트'

앞에서 제시한 미래 교육 과제들은 어느 것 하나도 간단하게 실천되기 어려운 것들이다. 그 이유는 크게 세 가지이다. 첫째, 교육을 보는 시각이 사람마다 집단마다 달라 합의된 변화의 방향을 만들기 어렵다. 둘째, 현행 교육 구조에서 이득을 보는 기득권층이 너무 강고해 조그만 변화도 수용하지 않으려 한다. 셋째, 모든 문제나 과제들이 서로 얼키설키해 부분적으로 개선해나가는 것이 불가능한 상황이다.

대통령 선거를 치를 때마다 후보들이 발표하는 공약들은 우리 교육의 근본적인 재편보다는 당면한 문제의 해결에 치중한 것이 대부분이었다. 대통령 임기가 5년으로 제한되어 있는 상황에서는 그럴 수밖에 없기도 하다. 결과적으로 우리 교육은 오랜 기간 변화가 지체되었고 이제 한계 상황에 이르고 있다.

우리를 둘러싼 안팎의 사정은 우리 교육의 전면적인 변화를 요구하고 있다. 이를 위해서는 세 단계의 노력이 필요하다고 본다. 먼저 교육개혁 의제 설정을 위한 사회적 합의가 이루어져야 한다. 둘째, 이러한 합의에 바탕을 둔 구체적인 개혁 방안이 마련되어야 한다. 셋째, 마련된 개혁 방안을 성공적으로 적용해 새로운 교육체제를 만들어야 한다. 이 각각의 단계는 엄청난 사회적 에너지와 오랜 시간에 걸친 노력을 필요로 할 것이다. 이 때문에 많은 사람들은 과연 가능할까 하는 의구심을 가질 것이다. 하지만 지금의 교육 현실은 그것이 아무리 힘들더라도 우리 사회의 모든 역량을 투입해 추진하지 않으면 안 될 만큼 절박한 상황이라고 본다.

이런 생각을 바탕으로 필자는 가급적 빠른 시일 안에 우리 교육을 전면적으로 개편하기 위한 국가 차원의 대규모 프로젝트를 시작할 것을 제안한다. 이것을 '교육대개혁을 위한 15년 프로젝트'로 부르고자 한다. 그 골자는 다음과 같다.

(1) 예비적 단계: 개혁 추진 기구의 구성

국회의 특별입법으로 교육 개혁 추진 기구(가칭 '교육대개혁추진위원회')를 구성한다. 이 기구는 대규모 교육 개혁을 추진하기 위한 한시적 기구이며 독립적인 예산 편성과 집행 권한을 갖는다. 원칙적으로 국회 산하기관으로 두되 어떤 정치 세력으로부터도 독립성을 갖는다. 다만 어떤 형태와 규모로 할 것인지는 입법 과정을 통해 결정한다. 아울러 특별법은 추진 기구가 마련한 개혁 방안들의 시행 과정에서 발생할 수 있는 모든 문제의 해결 방안까지 담을 수 있어야 한다.

이 기구의 존속 기간은 15년으로 하며, 이 기간 동안 앞에서 말한 세 단계(각 단계별로 5년씩 소요)의 개혁 작업을 추진한다. 단, 이 기간 현재의 교육체제와 교육부는 유지하며, 부분적으로 필요한 개혁은 교육부가 주도해 추진한다.

(2) 국민대토론회를 통한 교육 개혁 의제 선정(5년)

우리 교육 문제에 대한 진단이나 처방은 천인천색이라 할 만큼 다양하다. 따라서 추진 가능한 변화의 방향이나 해법을 마련하기 위해서는 먼저 다양한 의견을 수렴하고 통합·절충하는 과정이 필수적으로 요구된다. 개혁 방안의 마련에 앞서 다양한 수준에서 교육에 관한 국민대토

론회를 거쳐야 한다는 말이다.[6]

토론의 주제들은 현재 거론되고 있는 다음의 쟁점들 우리 교육이 추구해야 할 중심 가치, 국가 교육과정, 학교체제(학제), 학생 평가와 상급학교 진학, 고등교육, 평생교육, 교원제도, 교육자치제 등을 모두 포괄해야 할 것이다.

토론 방식은 온라인과 오프라인을 병행하며, 전문가 토론, 교사·학부모·학생 토론, 기업가나 타 부문 전문가 토론 등이 별도 또는 혼합 방식으로 이루어져야 할 것이다. 초기에는 현장의 다양한 견해를 청취하되 점차 권역별, 분야별로 의견들을 정리해 통합하고, 최종적으로는 주요 쟁점별로 다수 국민들이 선호하는 개혁 의제를 선정한다.

(3) 개혁 의제를 실현할 구체적인 방안 마련(5년)

앞 단계에서 국민적 합의 과정을 통해 선정된 의제들을 바탕으로 구체적인 개혁 방안들을 마련한다. 이 과정에서는 주로 전문가들이 새로운 방안들을 제안하고 교육 주체들이 참여해 토론하는 방식을 취한다. 마련된 최종 방안에 대해서는 다시 일반적인 국민 여론을 수렴하는 절차를 거친다.

이러한 방안들이 마련되는 동안 국민들은 향후 몇 년 안에 우리 교육이 어떤 형태로 달라질 것인지 충분히 예상하고 준비할 수 있게 될 것이다. 아울러 그러한 방안들의 실현 가능성이나 소요 예산 등에 관해 위원회와 정부가 긴밀하게 협의한다.

---

6   프랑스는 1989년 교육법의 개정에 관한 각계의 의견을 수렴하기 위해 2003년 하반기에서 2004년 상반기까지 1년 동안 모든 국민이 참여하는 토론회를 개최한 적이 있다.

(4) 개혁 방안들의 현실 적용(5년)

5년에 걸쳐 마련된 개혁 방안들을 다시 5년에 걸쳐 순차적으로 실행에 옮겨 교육체제 전반을 개편해나간다. 대부분의 교육 개혁 과제들은 연쇄적으로 맞물려 있기 때문에 실제로는 순차적이 아니라 일시에 모든 것을 바꿔야 할지도 모른다. 그렇게 되면 개혁 방안들을 실행에 옮기는 기간은 1~2년에 마무리될 수도 있을 것이다. 하지만, 적용 과정에서 예기치 않은 문제들이 나타날 수 있기 때문에 수년간 과도기를 설정하고 이것들을 보완해나가야 할 것이다.

5. 결론

최순실 게이트로 불거진 희대의 국정농단 사건은 현직 대통령의 탄핵과 구속 수감을 정점으로 마무리 수순을 밟고 있다. 최고 권력자를 주연으로 한 밀실 거래들이 만천하에 민낯을 드러내도록 만든 일등 공신은 엄동설한 속에서도 지속된 민초들의 촛불시위일 것이다. 연인원 1700만 명으로 추산되는 촛불시민들의 분노와 압박이 없었다면 검찰과 사법기관, 언론들이 우리 사회에서 혼미해졌던 사필귀정 원칙들을 다시 일으켜 세우는 일을 외면했을지 모른다.

2016년 촛불시위의 영향력은 여기에 그치지 않는다. 수많은 시민들이 광장에서 외쳤던 '새로운 대한민국'은 무너졌던 절차적 민주주의의 회복을 넘어 질적으로 변화된 나라, 모두가 행복할 수 있는 나라에 대한 간절한 염원을 담고 있다. 한국 민주주의의 미래와 관련해 말한다면, '새로운 대한민국'은 곧 '새로운 민주주의'에 대한 요구라고 할 수 있다. 국정농단이 1987년 민주화 체제의 한계에서 비롯된 것이라고 볼 때, 그 척결과 수습의 궁극적인 목표는 당연히 질적으로 고양된 민주주의, 평범한 시민들의 일상적 삶 속에서 민주주의 원칙과 상식이 통용되는 사회를 향할 것이기 때문이다.

이 글에서 깊이 생각해보고자 했던 것은 '새로운 민주주의'에 부합하는 교육의 상(像)은 어떤 것일까 하는 것이었다. 2절과 3절에서 이를 '전면적인 교육민주화'라 표현하고 그 구체적인 내용들을 살펴보았다. 그리고 그것을 통해 도달하게 될 교육의 상은 바로 근대 교육사상가들이 일관되게 주장해온 학생(학습자) 중심의 교육으로 귀결된다는 점을 확인했다.

흔히 근대 공교육제도는 근대 교육사상에 바탕을 두고 형성된 것으로 간주되지만, 내가 보기에 양자는 거의 무관하다고까지 해야 할 정도로 거리가 멀다. 처음부터 국가기구의 하나로 만들어진 근대 공교육제도는 교육보다는 국가를 유지하기 위한 활동('국민'의 형성과 노동력 생산)을 중심적인 기능으로 삼았다(이종태, 2008). 이런 상황에서 학생들은 교육의 주체가 아니라 단지 통제와 억압 또는 순치의 대상일 뿐이었다. 더구나 '인권선언' 이후 모든 사람에게 어떠한 이유로도 차별받지 않을 권리가 주어졌지만, 학생은 지적으로나 신체적으로 미숙하다는 이유로 이 보편적 권리의 향유자에서 제외되었다. 민주주의 역사라는 맥락에서 볼 때 그들은 최후까지 남은 피압박자들이었던 셈이다.

'새로운 민주주의'의 교육적 반영인 '전면적인 교육민주화'는 바로 이들의 해방을 지향함과 동시에 새로운 교육 패러다임을 요청하는 것이기도 하다. 학생을 중심으로 하는 교육은, 서머힐을 비롯한 다양한 대안교육의 실제들에서 확인할 수 있듯이, 이전의 모든 교육 관행과 제도들, 나아가 교육의 의미나 내용 및 방법에 이르기까지 코페르니쿠스적 전환을 피할 수 없기 때문이다.

교육학의 맥락에서 볼 때 학습자 중심 교육은 매우 진부한 결론으로 보일 수도 있다. 하지만, 필자는 이러한 결론이 적어도 두 가지 점에서 의미를 가질 수 있다고 본다. 첫째, 민주주의에 관한 재해석과 '새로운 민주주의'의 요구들을 통해서 역사적으로 늘 소외되어왔던 '학생'이 교육의 주체임을 인정해야 하는 논리적 근거를 제시했다는 점이다. 그 핵심은 '학생'이 인간인 한 '인권선언'에서 천명된 보편적 인권을 향유할 권리를 가진다는 것이다. 둘째, 학습자 중심 교육의 정당성과 필연성을 새롭게 조명했다는 점이다. 지금까지 학습자 중심 교육은 당위론적으로는 누구나 인정하는 것 같으면서도 실제 교육 현장에서는 죽어 있는 명제였다. 그러나 학생들의 자각된 행동이나 시대 변화에 따른 요구들은 학습자 중심 교육이 실체화될 수 있고 또 되어야 함을 웅변적으로 보여주고 있다.

참고문헌

고병권. 2011. 『민주주의란 무엇인가』. 그린비.
교육부. 2016. 「지능정보사회에 대응한 중장기 교육정책의 방향과 전략(試案)」. 교육부 정책 문서.
김신일. 2005. 「'학습주의' 관점에서 본 현대교육제도의 문제」. 김신일·박부권 편저. 『학습사회
    의 교육학』. 학지사.
김현진. 1999. 『네 멋대로 해라』. 한겨레신문사.
대통령자문 교육혁신위원회. 2006. 「역대 정부 대통령위원회 교육개혁 보고서(IV): 국민의 정부
    99.9~02.11」.
대통령자문 새교육공동체위원회. 1998. 「교육공동체 시민운동: 시민모임 구성과 활동 안내서」.
듀이, 존(John Dewey). 『민주주의와 교육』. 이홍우 옮김. 교육과학사.
매일경제지식프로젝트팀. 1998. 『지식혁명보고서』. 매일경제신문사.
≪민중의 소리≫. 2017.1.4. "청소년인권운동의 지평을 넓히다".
배경내. 2012. 「학생인권조례는 우리에게 무엇이었나?」. 박복선 외. 『가장 인권적인, 가장 교육
    적인: 학생인권이 교육에 묻다』. 교육공동체벗.
버크, 피터(Peter Burke). 2006. 『지식: 그 탄생과 유통에 대한 모든 지식』. 박광식 옮김. 현실문
    화연구.
송호근. 2003. 『한국 무슨일이 일어나고 있나』. 삼성경제연구소.

오혜원. 2012. 「경기도 학생인권조례 시행 1년, 학교는 지금」. 박복선 외. 『가장 인권적인, 가장 교육적인: 학생인권이 교육에 묻다』. 교육공동체벗.

유윤종. 2006. "기획-청소년인권운동, 길을 묻다 ① 사회를 흔든 "학생 인권" 함성: 새로운 청소년인권운동의 발원지, 최우주씨 헌법소원 사건". ≪인권오름≫, 2호. http://hr-oreum. net/article.php?id=20

이보라. 2009. 『길은 학교다』. 한겨레출판.

이종태. 2008. 「학습자중심교육체제」. 연구보고서. 한국교육과정평가원.

이종태·김영화·김정원·류방란·윤종혁. 2000. 「학교교육 위기의 실태와 원인 분석」. 연구보고서. 한국교육개발원.

전국교직원노동조합. 1999. 『학교붕괴, 어떻게 할 것인가?』. 전교조 토론회 자료집.

조영선. 2012. 「체벌금지 이후, 학교에선 무슨 일이 일어났을까?」. 박복선 외. 『가장 인권적인, 가장 교육적인: 학생인권이 교육에 묻다』. 교육공동체벗.

탈학교모임친구들. 1999. 『자퇴일기』. 민들레.

피터스, 리처드 스탠리(Richard Stanley Peters). 1980. 『윤리학과 교육』. 이홍우 옮김. 서울:교육과학사.

홍윤기. 2017. 「없으면 안 되는 정치와 권력을 왜 안 가르치나」. ≪오늘의 교육≫, 36호. 교육공동체벗.

Neil, A. S. 1992. *The New Summer Hill*. Albert Lamb(ed.). London: Penguin Books

Willis, P. and Aronowitz, S. 1975. *Learning to Labor: How Working Class Kids Get Working Class Jobs*. New York: Columbia University Press.

12장

문화예술의 의의와 진흥 정책

김문환 | 서울대학교

1. 서론

1979년에 이루어진 공연 〈쿠크 박사의 정원〉은 시사하는 바가 적지 않다. 쿠크 박사는 한 마을을 전담하고 있는 의사인데, 그는 자신의 판단에 따라 지역사회를 위해 불필요하다고 생각되는 사람들을 차례로 마치 정원에서 보기 싫은 식물들을 제거하듯 독살한다. 결국 그의 조수였던 신출내기 의사에 의해 모든 일이 폭로되자, 그는 그 조수마저 독살하려다가 치명적인 심장발작을 일으켜 죽고 만다. 조수는 실상 그의 지병인 심장질환을 걱정해 의사 몰래 연락해준 간호사의 부탁 때문에 이곳을 다시 방문하게 된 것인데, 일이 이 지경에 이른 것이다. 조수와의 알력으로 인해 죽어간 독선적인 인물 쿠크 박사의 죽음과 유신정권의 종말 사이에는 일정한 유비관계가 느껴진다.

1961년부터 1979년까지 18년간 이어져온 박정희 정권은 기본적으로 개발독재정권이라고 할 수 있으나, 문화정책상 나름대로 기여했다고 자부할지도 모른다. 그 기간 '문화예술법'이 제정되고(1972) 이에 따라 문화예술진흥원이 설립되고, 이를 통해 각 지역에 종합문예회관이 속속 건립되었기 때문이다. 그러나 정권에 비판적일 수 있는 예술진흥은 억제한 채 이른바 민족중흥을 내세워 유형문화재 정책에 치중했고 그나마도 가시적인 효과를 과시하기 위해 유형문화재를 손쉬운 시멘트를 기본 재료로 서둘러 공사[1]함으로써 훗날 철거 내지 보수에 상당한 노력을 기울여야 했다. 물론 국악고등학교 설치 등이 이루어지긴 했어도 기조인 민족문화 진흥과 전통문화유산의 보존과 개발이 권위주의에 의해 주도되었던 만큼 앞에서도 말했듯이 그 진행은 과시적이고 억압적이었다. 문화예술 지원이 없었던 것은 아니나 앞의 연극공연에서처럼 그 시행은 정권의 잣대에 따라 무척이나 자의적이었다. 한마디로 문화공보행정 위주의 정책으로 본격적인 문화정책은 지극히 미흡했다 아니할 수 없다.

1979년 말 박정희 대통령은 자신의 부하 김재규가 쏜 총탄에 맞아 급서했고, 이어 1980년이 시작되었다. 이로써 1961년부터 시작된 군사정권이 종식되었다고 확신하는 인사들이 '서울의 봄'을 구가했지만, 실제 역사는 5월의 광주사태로 이어졌다. 지금은 5·18민주화운동으로 불리지만, 당시에는 불온세력의 준동으로 선전되면서 실질적인 군정 연장을 위한 구실에 머물렀다. 이른바 '국보위'로 약칭되는 국가보위비상대책위원회가 정권을 장악한 중에 실세인 전두환 보안사령관은 각계각층의 지지를 조작한바, 연극계를 대표해서 한 인사가 "단군 이래 언제 국가 최고지도자가 광대들의 노름을 손수 지켜본 적이 있었느냐"는 내용의 '용비어천가'를 신문지상에 실을 정도였다. 드디어 장충체육관에서 개최된 민주평화통일자문회의를 통한 간접선거를 거쳐 전두환 보안사령관은 대통령으로 등극했다. 이에 긴급조치 9호(1975.5.13)로 인

---

1   광화문이 대표적인 사례이다.

해 800여 명의 지식층 투옥자가 양산되던 사태는 근본적으로 달라지지 않았다. 정상적인 생활 현장에서 쫓겨난 이들이 문화운동 분야의 각층으로 들어가면서 민중문화가 자라날 수 있는 계기가 역설적으로 마련되기도 했지만, 당시의 상황은 작가 천승세의 행각이 웅변적으로 말해 준다.

> 그는 전두환 시절 표현의 자유가 보장될 때까지 절필하길 선언했다가 얼마 안 가서 신문연재 소설을 쓰는 등 태도를 바꿔 버린 문인들에 대해서 가차 없는 비판을 가했다. 또한 전두환 정권이 비판적인 문인들을 회유할 목적으로 1인당 4000달러를 주면서 해외여행을 권유했을 때 얼씨구나 하면서 비행기를 타고 떠나버린 문인들에 대해서도 배신감을 토로했다. 그 자신은 절필 선언을 지키느라 콩트만을 써서 자식들을 먹여 살렸다고 했다(≪신동아≫, 2000년 6월호).

물론 문화예술 진흥을 위한 법 제정 및 제도 마련이 이루어진 것은 인정받을 만하다. '박물관법'(1984), '전통건조물보존법'(1984), '저작권법'(1986)의 제정과 '영화법' 개정(1981), '문화재보호법' 개정(1982) 등이 이루어졌으나 기본적으로 검열과 통제 위주의 문화정책은 조금도 완화되지 않았다.

법제적·민주주의적 문화 발전, 특히 1987년 6·29선언 이후의 문화현상과 문화정책의 변화를 미래지향적 관점에서 정리해보고자 하며, 역사란 결코 특정 시기를 고립시켜서 고찰할 수 있는 성격의 대상이 아니기 때문에 잠시 그 이전을 고려 대상으로 삼아야 할 필요성을 느껴 이를 압축적으로 살펴보았다.

표현상의 차이는 있을망정 근대 식민문화와 아직도 지속 중인 분단체제가 한국 사회에서 건전한 중산층 문화의 창조를 가로막아 왔다는 사실은 아무도 부정하지 못할 것이다. 1960년대의 경제개발정책 이후 중산층의 대두가 새로운 문화 창조를 고무할 수 있는 경제적 기반은 조성했으나 정치사회적인 조건은 오히려 이를 억압하는 방향으로 나아갔다. 1970년대의 유신 통치와 긴급조치하에서 통속적인 하위문화의 속성인 통기타로 상징되었던 속칭 청년문화로 대표되는 소비문화를 정부가 은연중에 부추김으로써 대중문화가 본격화되기 시작했다. 이런 중에 1987년 6·29선언이 이루어지고 그 이후 자율화와 개방화의 추세가 돌이킬 수 없는 힘으로 우리 사회를 몰아갔다. 그중 눈에 띄는 분야의 하나로 문화정책을 들 수 있을 것이다.

2. 6·29 이후 30년

이 절에서는 6·29 이후의 문화정책에 대한 비판적 성찰을 시도한다. 성격상 비슷한 두 정부를 10년 단위로 한데 묶어보았다. 비판적 성찰이란 문화 나름의 표준적 가치에 대한 기대를 뜻하기 때문에 아무래도 시기적으로 앞선 정부의 상황이 이후의 상황을 예견하게 한다는 점에서 상대적으로 다소간 길게 다루어질 수밖에 없다. 또한 이후의 상황에 대해서도 구체적인 사실보다 평가적 기대에 중점을 두었다.

1) 과도적 단계

(1) '6공'의 문화정책

1988년에 출범한 노태우 대통령 주도하의 새로운 정부는 이른바 양김이라고 불리던 김영삼, 김대중 양대 세력의 협조가 실패한 덕으로 탄생된 태생적 한계를 지닐 수밖에 없었다. 노태우 정권은 여소 야대의 여건 속에서 앞선 정권이 시작해놓은 서울올림픽을 성공적으로 끝내야 할 상황에 직면했다. 5공 당시 초대 체육부장관을 역임했던 노태우 대통령에게는 더욱 절실한 과제였다. 일부에서는 '당신들의 축제'라는 야유가 없지 않았지만, 국제적인 신의를 가능한 한 성실하게 지켜야 한다는 국민적인 결의에 힘입어 서울올림픽은 누가 뭐라 해도 성공적으로 치러졌다. 서울올림픽에 앞선 로스앤젤레스와 모스크바 올림픽이 이념 갈등으로 인해 반쪽짜리로 끝났기 때문에 서울올림픽에 거는 기대는 더욱 배가될 수밖에 없었다. 여러 방면의 역량이 집결된 결과로 올림픽 개·폐회식을 비롯한 각종 문화행사가 서울올림픽의 성공을 크게 뒷받침했음은 의심의 여지가 없다. 그러나 이와 같은 결실을 위해 그야말로 최선을 다했던 예술계 인사들은 서울올림픽 잉여 자금을 바탕으로 한 문화재단 설립 건의가 무산된 채, 종전과 마찬가지로 빈약한 경제 기반으로 허덕여야 하는 상태가 계속되자 허탈감에 젖게 되었다. 아울러 서울올림픽이 그동안 금기시되었던 동구권과의 문화접촉에 적극적으로 기여한 바가 컸으나 남북의 문화 개방에는 크게 기여한 바가 없음은 실로 안타깝다.

물론 6·29선언 이후 제6공화국 초기에 이루어진 여러 조치들에서 새로운 변화가 읽혔다. 예컨대 출판 부문에서는 출판사 등록 전면 개방(1987.10.19)을 비롯해서, 판금도서 해제(1987.10.19; 650종의 판금 대상에서 431종 해제), 출판사 등록 절차와 간행물 납본제도 개선(1988.7.30), 월북 작가의 작품 출판과 공산권 자료 개방(1988) 등의 조치가 그것이다. 또한 공연예술 부문에서는 금지가요 해제(1987.8.18)를 비롯해서 동구권 미수교국 예술작품 국내 개방(1988.6), 월북음악가의 곡 해금(1988.10.27), '공연법' 시행령 개정(1989.1.1)에 따른 공연물 대본의 사전심의제 폐지 등의 조치가 있었다. 조금 더 자세히 살펴본다면, 정부는 문화운동에서 가장 중요한 고리인 정기간행물과 출판물 등에 관련되는 법이나 시행령 등을 상당 부분 손질함으로써 문화적 자유화의 분위기를 조성했다. 1986년경부터 선보였던 사회주의권의 작품 번역과 1987년경부터 궤도에 오른 해외 동포들의 작품 소개 등이 없었던 바는 아니나, 이념 지향적 학문과 출판, 문화예술운동은 여전히 엄격한 통제와 탄압의 대상이었다. 1987년 10월 19일 자 ≪동아일보≫에 따르면 그 개략은 이렇다. 당시까지의 판금 서적이었던 431종이 해금 조치되었는데, 이 목록에는 유신 때 출판된 서적도 포함되어 있다. 이때 해금 목록과 함께 미해금 목록 181종도 발표되었는데, '자본주의 체제를 부정하고 폭력혁명을 선동한 것'으로 간주된 서책들이다. 한편 출판문화운동협의회는 당시의 판금 종류를 1160여 종이라고 밝혀 당국이 아예 심의대상에도 안 올린 예가 상당수 있음을 시사하기도 했다. 1988년 서울올림픽을 앞두고 개방화정책이 당분간 지속되어 1988년 3월 31일에 납·월북 문학인 정지용, 김기림을 해금한 데 이어 7월 19일에는 홍명희, 이기영, 한설야, 조영출, 백인준 5명을 제외하고 8·15 이전에 등단한 납·월북 문학인 전원을 해금시켰다. 이어 1989년 2월 20일에 미해금 5명을 해금시킴으로써 8·15 이전의 문학은 사실상 회복된 셈이다. 그러나 6·29 이후에도 당국은 여전히 압수, 수색, 구속, 판금 등 각종 문화예술에 대한 직·간접적인 통제활동을 계속해왔으며, 5공이 끝난 1992년 9월에도 정도의 차이는 있지만 상황은 역시 비슷하다는 견해가 없지 않았다. 예컨대, 사회주의에 관한 연구는 이미 규제의 대상에서 제외되었으나 북한 관련 자료나 문화예술은 6·29 직후에서 큰 진전이 없었다는 것이다. 전반적으로 볼 때, 자율화와 개방화에 대응할 수 있는 대내적인 준비 태세와 체계적인 연구가 미비했기 때문에 혼미와 난맥이 드러났고, 북방 여러 나라와의 문화 교류도 상호주의적인 방법에 의한 일대일의 교류가 아니라 일방적인 유입 형태를 벗어나지 못했다는 지적과 함께 아직도 북한 문화예술에 대한 개방이 통제되고 있는 현실적인 문제점이 상존하고 있다는 점은 부정될 수 없다.

이와 같은 일련의 변화와 궤를 같이 하면서 문화정책상 가장 눈에 띄는 새로운 현상은 문화부 설립과 문화발전 10개년 계획이다. 1990년 1월 3일 국내에서 처음으로 문화정책을 전담하는 독립된 중앙정부 행정부서인 문화부가 탄생했다. 이전까지 문화공보부 체제 속에서 공보행정에 가려져 소홀히 취급되던 문화행정을 한 차원 올려놓게 되었다는 점에서 긍정적으로 평가될 수 있다. 1989년 한 해 동안 문화예술에 관계되는 많은 인사들이 문화부 신설과 관련된 각종 작업에 소매를 걷어붙였다. 또한 세계적인 조류에 발맞추어 문화발전 10개년 계획에 신바람을 올리기도 했다. 그 중심은 확대된 문화 개념, 곧 삶의 질 향상에의 의지를 살려야 한다는 것과, 발전의 문화적 차원에 대한 이해가 확대되어야 한다는 것이었다.

그러나 그러한 기대는 충족되지 못했다. 예컨대 정보화시대라고 하는 21세기를 맞이하고 가장 중요한 문화매체인 방송이 공보처 소관으로 독립하면서, 국민 생활에 직·간접적으로 지대한 영향을 끼치는 언론매체, 특히 방송매체가 문화매체로 되어야 한다는 여론이 야기되기도 했다. 이에 관한 논의와 제도적 개혁은 계속적으로 요구되는 과제라 생각한다. 한국의 방송이 단지 보도 혹은 홍보매체로, 더욱이 정권을 홍보하는 매체로 인식되고 있다고 지적되어왔고, 방송위원회의 설립·운영과 민간 종편방송의 허용 등은 건설적인 측면과 함께 대중문화의 왜곡에 절대적으로 기여하고 있다는 지적이 있어왔음도 간과할 수 없다. 이에서 보듯, 문화부는 마치 문부성의 분청에 불과한 일본의 문화청이 모델이 된 듯, 지극히 협소한 문화 개념에 입각한 조직 체제에 머물고 말았다. 고작 문교부의 공공도서관 행정 및 국립국어연구소가 이관되고, 사회체육과 연계되지 않은 상태에서 내용이 불분명한 생활문화가 행정 개념의 대상으로 편입되었다. 그 나머지는 대체로 종전과 다름없었다. 그러나 문화부의 독립과 더불어 문화행정의 폭이 넓어졌다는 점은 간과할 수 없다. 그동안 전문성과 예술성에 중점을 두었던 지원정책을 지양하고 생활문화의 개념을 도입해 국민 문화진흥 차원의 지원정책으로까지 넓히게 된 것이다. 아울러 체육, 관광, 문화산업 등이 문화정책의 주요 항목으로 포함되어 오히려 고유 영역인 문화예술 분야가 위축되기에 이르렀다. 풀이 죽을 수밖에 없는 상황에서 시인이자 문화공보부 장관이었던 정한모는 국고에서 300억 원의 문예진흥 예산을 끌어내는 데 성공해 일부에서는 문화재정의 확충에 대한 기대를 부풀리기도 했다.

1990년 1월을 기해 문화부는 초대 장관(이어령)을 선장으로 돛을 달았다. 신설 문화부는 궤도에 오르기 위한 여러 가지 시도와 함께 문화부의 존재를 알리려는 양 여러 행사를 펼쳐 보였다. 이러한 행사 또는 이벤트들은 잔치 마당의 흥과 함께 그것이 일상으로 연결되지 않을 때 오는 허탈감 또한 안겨주는 한편, '문화부는 예산이 없어도 뭔가 잘해 낸다'는 인상을 심어놓아 장기적인 안목에서 문화정책의 실현에 자칫 차질을 빚어낼 위험을 자아내기도 했다는 우려가 식자층에서는 없지 않았다.

두 명의 대통령과 일곱 명의 장관을 거치면서 10년에 걸쳐 완성된 복합문화공간 '예술의 전당'의 완성은 '5공' 문화행정의 상징처럼 여겨지면서, '빨리빨리'가 입에 붙은 우리로서는 실로 장한 성과였다. 1480억 원 정도를 소요한 건축 비용도 1년의 문화예산 전체가 한강다리 하나를 놓는 비용에 불과한 형편에서는 참으로 막대한 투자였다. 그러나 전두환 대통령 퇴임에 맞춰 개관하려는 요구에 밀려 개관 후 다시 휴관하고 노태우 대통령 취임 이후 재개관하는 무리를 빚기도 했다. 문제는 세계에서 열 손가락 안에 든다는 이 복합문화공간을 어떤 문화 내용으로 채울 것이며, 또 이에 필요한 비용은 어떻게 충당할 것인가였다. '마당은 닦아놓았고, 멍석은 펴놓았으니 이제부터는 문화예술인들이 알아서 해라'는 기분도 일리가 없지 않았으나 다국적기업에 의한 상업주의의 홍수 앞에 거의 무력한 이 나라의 문화예술인들에게 그와 같은 발언은 자칫 무책임하게 들리기도 했다.

신설 문화부는 1990년 6월 25일에 문화발전 10개년 계획안을 발표했다. 이 계획은 한국에서 처음으로 추진하게 되는 장기 문화발전계획이라는 점에서 큰 의미를 지녔다. 문화 창조력의 제고, 문화 매개 기능의 확충, 국민의 문화 향수 기회 확대, 국제 문화 교류의 증진 등이 포함된 이 계획은 수립 단계부터 문화예술계 인사를 비롯해 지역문화 행정기관까지 3300여 명의 의견을 수렴해 반영한 것으로서 관료주의와 중앙집권주의를 지양했다는 점에서 바람직한 계획이라고 하겠다. 그러나 이 계획이 추진되는 과정에서 과거와 마찬가지로 일회성의 행사나 전시 행정적인 면모가 엿보이고, 정부 당국의 투자 의지가 미약하다는 점을 지적하지 않을 수 없었다.

물론 문화부가 초기 단계부터 장기적인 정책 관련 사업을 완전히 외면한 것은 아니다. 이미 문화발전 10개년 계획 속에 포함되어 있던 것들이기는 해도, 한국예술종합학교 발족, '예술의 전당' 완공 추진, 국립영화촬영소 시공, 박물관(내지 미술관)법 개정, 국립국어연구원 사업의 확대, 국립중앙도서관의 문화부 이전 등이 그 예가 된다. 또한 '이달의 문화인물', 쌈지공원, 까치소리전화 등 많은 아이디어가 속출해 그런대로 성과를 거두기도 했는데도 적지 않은 사람들이 아쉬움을 느낀 것은 아마도 문화 발전을 위한 좀 더 획기적인 작업들이 부족했기 때문이 아니었을까? 장기적인 정책과의 연계가 실감되지 않은 채 행사만 풍성했던 연극·영화의 해나 무용의 해에 대한 감흥이 그 예가 될 것이다.

발족한 지 3년이 지난 시점에서 문화부의 조직이 새롭게 개편되었다. 이와 같은 변화가 국제화에 대비한 문화외교정책 및 통일정책 등과 연계하고 나아가 정보화에 대비한 문화산업정책과 연계해 제대로 자리 잡힌 문화정책을 가능케 하고, 지방화에 대비한 문화의 생활화 작업을 가능케 하는 계기가 되기를 기대하는 목소리가 높았다. 이와 같은 기대는 특히 청소년을 위한 문화 환경이 극도로 열악한 현재에 대한 절망적인 심정 때문이었다. 물론 입시지옥을 비롯해서 개혁되어야 할 근본적인 문제가 한두 가지가 아니지만, 예컨대 퇴폐와 자아 상실을 조장하는 상업주의가 이윤만을 목표로 무분별하게 도입한 외래문화의 범람에 근본적으로 대응하자면 아무래도 '살되 더 사람답게 사는 길'을 익히게 하는 문화적 발상이 적극화되어야 했기 때문이다.

신설 문화부는 모자라는 문화재정을 보충하기 위해 메세나(Mecenat) 협의회의 창설을 주도해 초대 회장을 위촉했으나, 이는 메세나의 기본 특징인 자발성에 위배되어 결과적으로 유명무실해지고 마는 결과를 초래했다.

이상 우리는 6·29 이후 문화현상과 문화정책에서 볼 수 있는 특징적 변화들과 문제들의 윤곽을 그려보았다. 그러나 좀 더 바람직한 대안을 마련하기 위해서는 그러한 현실적 변화에도 불구하고 문화 발전을 근원적으로 저해하는 요인들에 대한 좀 더 심화된 검토가 이루어지지 않으면 안 된다. 이러한 고찰은 문화 발전을 뒷받침할 여러 분야에서의 현실적 개선을 위한 일종의 지침이 있어야 한다는 관점과 상통한다.

우리의 문화 상황에서 지금 가장 난처한 문제는 개념적 또는 이념적 논의와 실제 문화 현장에서 이루어지는 문화 산물들의 내용이 심한 괴리 현상을 보이고 있다는 것이다. 논의의 차원에서는 문화예술의 어느 장르에서든 문화적 진전이 이루어지고 있는 것처럼 보인다. 단적인 예로 포스트모더니즘 관련 출판물은 상당한 양산(量産) 항목으로까지 부상했다. 그러나 실제 문화현상은 그 어느 때보다도 쇠잔해 있다. 일일이 상황을 점검하기보다 한 유력 언론의 보도기사 헤드라인만 보더라도 다음과 같은 문제가 언급되어 있었다.

- 문학: 유행 탄 외국 번역소설 범람, 고급 독자 잠식, 본격 문학 쇠잔
- 출판: 출판가(街) '광고전쟁' 돌입, 한 권에 사운(社運)건다
- 미술: 미술시장 침체, 양도소득세로 유통, 더 협소화 전망
- 연극: 관객 없는 사계절, 번역물 재탕 삼탕, 안이한 제작 태도 고착화, 연극마저 '벗기기 경쟁'
- 영화: 영화 유통 비디오업계까지 합세하여 저질물 과다 경쟁의 확대, 외국 영화수입가(價)까지 입도선매로 턱없이 올림

(2) 문민정부의 문화정책

문민정부라는 별칭으로 불린 김영삼 정권(1993~1998)의 성립이 3당 통합이라는 무리수에도 불구하고 문화 분야에서 여러 가지 진전을 가져왔다는 것은 숨김없는 사실이다. 그러나 그와 같은 변화가 과연 개혁이라고 할 만한 것이었는지에 대해서는 사람에 따라 다른 평가를 내릴 것이다. 심지어 문화 분야에서는 개혁이란 당연하지도, 가능하지도 않다고 할 사람들도 없지 않다. 예컨대 중국에서의 문화혁명이 결국 역사 단절을 초래해 문화 퇴보를 빚어내고 말았음은 부정할 수 없다는 것이 그 이유가 된다. 개혁이 뜻하는 점진적 성격과 혁명이 뜻하는 급진적 성격이 혼동되지 말아야 하겠지만, 이 같은 주장은 우리에게 문화 분야의 변화가 다른 분야와 비교할 때 극히 완만하게 이루어질 수밖에 없음을 의식하게 한다. 그러나 문화 분야 역시 항수(恒數)적 요소만큼이나 변수(變數)적 요소의 비중이 결코 작지 않다. 다시 말해서, 문화 역시 변수이지 결코 항수가 아니다. 바람직하지 못한 현상들은 그 원인들과 함께 변화시키지 않으면 안 된다. 그러자면 우선 그 틀을 바꾸지 않으면 안 된다.

최초의 문민정부라는 표현이 정확한 것인지는 의문의 여지가 없지 않으나, 김영삼 대통령의 취임과 함께 문민정부라는 단어가 자연스럽게 인구에 회자되었다. 문민(文民)이라는 단어가 문화와 상통한다고 본 까닭인지 정권 교체 초기에 특히 문화예술계에 종사하는 사람들이 많은 기대를 걸었던 것으로 보인다. 결과적으로 문민정부 마지막 해인 1997년도의 문화예산이 전체 예산의 0.62%에 머물고 말았지만, 대통령의 선거공약에 문화예산을 임기 내에 적어도 전체 예산의 1% 수준으로 끌어올린다는 항목이 있어서 기대를 건 것인지도 모른다. 아니면 21세기를 준비하는 문화정책 내지 행정이라면 마땅히 대중매체가 문화매체로서 활용될 수 있어야 한다는 주장이 먹혀들 것으로 기대했기 때문인지도 모른다. 그러나 현실적인 변화는 가장 중요한 대중매체인 방송매체를 문화매체로 간주하는 통합이 아니라, 문화부와 체육청소년부의 통합으로 나타났다. 원래 1986년의 아시안게임과 1988년의 서울올림픽을 위한 한시 조직으로 출범했던 체육부가 청소년 업무를 포괄하는 방식으로 오히려 확대되었다가, 문민정부의 출범과 더불어 문화와 접목된 것이다. 절대빈곤 상태에서 벗어나서 소득과 여가가 차츰 늘어나는 추세를 감안한다면, 「복지정책으로서의 문화와 체육의 접목 방안」 (한국문화예술진흥원 문화발전연구소, 1994)이라는 연구에서 보이듯이, 체육정책은 사회체육 내지 생활체육을 중시하는 방향으로 유도되면서 지역사회의 주민생활을 돌보는 방향으로 유도되어야 한다. 그러나 이를 위해서는 정치적·사회적 내지 경제적 효과에 주목해 이른바 엘리트 체육을 더욱 중시하는 분위기가 지배적인 상황을 변화시키지 않으면 안 된다. 국민 건강과 직결되는 생활체육의 진흥을 위해서는 아마도 보건체육부로 통합되는 것이 더 합리적일지도 모른다(그 경우 복지 업무는 노동복지부라는 형태로 통합될 수가 있을 것이다).

복지정책으로서의 문화정책은 그 함의가 다양한데, 정부는 1996년에 이를 '문화복지'라는 개념으로 정리한 바 있다. 1960년대부터 30여 년간 한국은 이른바 개발독재를 통해 절대적인 빈곤 상태에서 탈출하는 데 성공했고, 더러는 과분할 정도로 물질적인 풍요를 구가하기도 한다. 그러나 그와 같은 과정에서 정신적인 피폐 내지 빈곤 상태가 심화되는 부작용도 빚어졌다. 이에 실질적인 삶의 질을 향상하기 위한 정신적인 풍요를 확보할 수 있는 정책 방향이 요청되는바, 문화복지라는 이념은 이렇게 해서 개념화된다. 이를 실천하기 위해서는 자유권적 관점과 사회권적 관점에서 문화적 권리가 기본적 인권의 하나로 보장되도록 하는 시책들이 필요하다. 그것을 우리는 고급문화의 확산을 뜻하는 '문화의 민주화'와 부분문화의 격려를 뜻하는 '문화민주주의'로 구분하기도 한다. 문민정부는 후자까지도 염두에 두고 '문화의 집'을 세워나갈 계획을 실천해 보였거니와, 그와 같은 시설의 확충과 아울러 기존의 문화원을 비롯한 문화시설들을 좀 더 충실하게 운영할 수 있도록 하는 방안도 모색했다.

'문화의 집'이라 할 때, 우리는 프랑스의 앙드레 말로(André Malraux) 가 문화부 장관으로 재임하던 시절 프랑스 전국에 지어나간 같은 이름의 시설을 연상하기 쉽다. 그러나 그것은 우리의 지방문예회관과 같은 종합적이고 대규모인 시설이었다. 앙드레 말로가 문화유산의 보호와 활용, 현역 예술활동의 지원, 그리고 문화활동의 지방 분산화 노력과 '문화의 민주화'를 목표로 문화기반시설을 확충해나가고자 했던 것으로서, 이는 연극·음악·무용·영화의 공연을 위한 1000석 규모의 큰 홀과 300석 규모의 작은 홀, 전시실, 작은 규모의 비전문적 홀(회의실 등), 도서실, 음악감상실, 만남의 장소(카페) 등을 기본적인 구비 요건으로 제시하고 있다. 건설 비용과 건설 후의 운영비를 국가와 지방정부가 50 대 50으로 대등하게 부담하되, 업무 집행과 운영은 정관을 가진 자율적인 단체에 보장되어야 한다는 점도 못 박고 있다.

말로 장관이 재임한 지 10년이 지난 후 프랑스 안에 '문화의 집'이라는 명칭을 가진 시설 수는 모두 12개로, 그중 9개소는 인구 밀집 지역에 위치하고 있었다. 그러나 원래의 취지인 종합예술공간으로 기능하는 곳은 4개소에 불과했으며, 8개소는 각기 한 가지, 또는 두세 가지 장르에 초점을 맞춰 중점적으로 개성화 내지 전문화하고 있었다. 문화체육부가 설치해나간 '문화의 집'은 이런 의미에서 프랑스를 모델로 삼기에 무리가 있었다. 그보다는 오히려 독일의 '사회문화센터'가 좀 더 눈여겨볼 만하다. 그것은 대체로 민주적 결정 구조, 개방성과 투명성, 비상업성, 사회적·정치적 함의, '아래로부터의' 문화활동을 목표로 삼으면서 사용자 우선의 원칙을 살려나가고자 했다. 이른바 '모두를 위한 문화'에 머물지 않고 '모두로부터의 문화'까지 수용하려는 이와 같은 문화운동은 따라서 시설만큼이나 그 안에서 이루어지는 프로그램과 인간관계 형성을 중시한다. 전통적인 문화 이해의 확장으로도 이야기될 수 있을 이와 같은 사회문화운동은 자치행정과 맞물리면서 우리에게도 많은 것을 시사해준다. 이때 강조되는 사회문화란 좁은 의미의 문화를 뜻해왔던 예술뿐만 아니라, 삶의 질 향상과도 연결되는 공동체성 회복에 기여할 수 있는 활동들을 포괄한다.

틀 짜기에서 고려해야 할 만한 가장 중요한 변화는 지방자치제의 본격적인 출범과 연관된다. 김영삼 정부 후반기로 접어들면서 세계화가 마치 국정 지표처럼 강조되었지만, 세계화가 지방화와 조화를 이루지 못할 때 결국 문화 침탈을 면하지 못하게 된다는 인식 아래, 이른바 세방화(glocalization)라는 조어마저 생겨났다. 환경운동에 종사하는 사람들 사이에 "사고는 지구적으로, 행동은 지역적으로"라는 표어가 통용되듯이, 문화 영역에서도 그와 비슷한 접근 방식이 절실하게 요청되었다.

김영삼 정부가 내건 개혁과 연관해 우리는 "역사 바로 세우기"라는 구호를 외면할 수 없다. 문화정책은 중앙청이라고 불린 일제의 조선총

독부 청사의 철거로 가장 뚜렷하게 가시화되었다. 그것은 경복궁 복원이라는 명분과 함께 마무리될 수밖에 없는 상황이었다. 식자층에서는 일부 중앙부분만이라도 이전 복원해 독립기념관 서울분관으로 활용하는 방안이 회자되었으나, 결과는 완전 철거로 낙착되고 말았다. 국립중앙박물관의 신축 문제와 맞물리면서 철거 작업을 너무 서둘렀다는 평가도 없지 않았으나, '역사 바로 세우기'라는 의의 자체를 비판할 사람은 아무도 없을 것이다. 때마침 문화체육부는 1997년을 '문화유산의 해'로 선포했는데, 특히 언론기관들의 적극적인 호응으로 문화유산에 대한 인식이 높아진 것은 지극히 다행스러운 일이다. 그렇지 않아도 개발정책과 갈등을 일으키면서 문화유산들이 많이 훼손되었는데, 전 세계적으로 이른바 '지속가능한 발전'을 위한 여론이 비등하고 있는 만큼, 자연환경과 함께 역사환경의 보존 문제는 비단 우리 민족문화뿐만 아니라, 인류문화의 향상을 위해서도 크게 유의해야 할 사항이다.

이는 결국 고유문화와 보편문화의 조화 또는 상생이라는 문제로 귀착되는 한편, 문화정책적으로는 바람직한 문화외교를 위한 방안을 마련할 것을 요청한다. 아울러 문화산업을 위한 전략 개발과도 상통한다. 정부가 1994년에 문화산업국을 설립한 것은 미래를 위한 대응책이라는 관점에서 타당하나, 결단코 문화를 상업주의적인 관점에서 다루어 나가는 것을 정당화하지는 못한다. 그와는 반대로 인간적인 가치를 풍부하게 함축하고 있는 전통적인 문화 영역, 특히 예술의 진흥이 그 기초가 되면서 후기산업사회가 요청하는 다품종 소량생산 체제에 가장 적절하게 대응하려는 자세가 오히려 더욱 절실히 요청된다. 문화는 생존의 보장을 그 뿌리로 삼으면서도 이에서 멈추지 않고 개인적으로나 공동체적으로나 좀 더 향상된 생활을 위한 변신을 서슴지 않는다. 그러기에 그것은 정체를 허락하지 않고, 고립을 찬양하지 않는다. 이미 국가 단위보다 그것을 구성하는 지역을 비롯한 개별적인 단위의 역할이 더욱 고조되는 역사 단계에 서 있는 만큼 이에 대한 대응도 함께 모색하지 않으면 안 된다. 그런 의미에서라면 문화 분야에서도 개혁은 꾸준하게 이어져야 한다.

문화정책 내지 행정은 해당 국가의 역사 단계와 현실 상황, 그리고 미래 지향에 따라 다양할 수 있다. 세계적으로 통용되는 문화정책 내지 행정 영역을 참고로 하자면, 크게 보아 문화유산, 예술문화, 생활문화, 문화산업, 문화외교 분야가 문화국가 건설이라는 목표를 지탱해주는 주요 요소로 포괄될 수 있다. 이렇게 보면 문화행정은 과거에 각각 교육부, 통상산업부, 공보처, 외무부 등에 분산되어 있는 문화교육(평생교육의 핵심 부분), 문화산업(디자인 및 매체), 문화외교 분야를 통합해 좀 더 집중적이고 활력적으로 발전시키거나 좀 더 예술 중심적으로 편성해 프랑스처럼 예술 장르에 따라 국 단위의 부서를 둘 수도 있다. 그러나 프랑스의 경우에도 문화재, 언어와 문학, 조형예술, 공연예술, 그리고 영화를 비롯한 예술문화 분야뿐 아니라, 문서보관국, 인력개발 및 양성국, 국제업무국, 시설담당국, 지역문화담당국, 그리고 최근에 통합된 정보 및 통신 업무를 포괄하고 있어, 그 내용상 확충 지향적 방식과 크게 다르지 않다. 굳이 차별화하자면 예술 부분과 지역문화 부분의 비중이 상대적으로 크다는 정도이다.

(3) 소결

군사정권으로부터 진정한 민주정권에 이르는 과정은 그리 순탄하지 않을 수밖에 없었다. 그 과정에서 필수적이라 할 기본 구조와 재정, 법규와 외교 절차 등이 요청되었던바, 5공과 문민정부는 만족스럽지는 않으나 기초를 확립하기 위한 노력을 기울였다고 평가받을 수 있다. 특히 문민정부의 문화복지 개념은 세계적인 추세에도 어울리는 정책적 접근이라 할 만하다. 그러나 진정한 의미에서 삶의 질 향상에 도움이 되기 위해서는 모든 것이 합리적으로 조율되지 않으면 안 된다. 예컨대 관광을 포함한 문화산업의 진흥을 위해서는 하드웨어 못지않게 이른바 콘텐츠(내용) 또는 소프트웨어가 충실하지 않으면 안 된다. 방송 영역에 대해 우리가 그것을 단순히 홍보매체로 보던 관행에서 벗어나 국민의 문화 수용을 넓히고 문화예술의 기회를 증대시키며 문화 수준을 향상시키는 문화매체로 전화시켜야 한다고 생각하는 것도 같은 이유에서이다. 예컨대 체육행정도 국민들이 단순히 엘리트들의 성과를 구경하는 정도에 머물게 해서는 국민 건강 증진을 위한 능동적인 생활 태도를 북돋을 수 없다. 또한 청소년과 성인을 대상으로 학교 밖에서 이루어지는 사회문화활동의 진작을 중심으로 시설과 인력을 확충하고 연결망을 구축하는 데 관심을 집중해야 할 것이다.

2) 도약 실기(失機) 단계

(1) 국민의 정부 문화정책

이른바 IMF위기의 극복이라는 과제를 안고 출범한 김대중 정권 (1999~2004)은 문화정책에서도 경제 우선주의를 내세워 급기야 부서명칭도 문화관광부로 변경하고 말았다. 이제 문화 영역도 사회주의 정당이 보편적으로 지향하는 이념보다는 돈벌이에 나서지 않으면 안 되었다. 여기에서 말하는 사회주의 정당이란 소련을 비롯한 동구권이 아니라 예컨대 1981년에 집권한 프랑스 사회당의 초대 문화부 장관 자크 랑(Jacque Lang)이 표방한 메세나정책에서 엿보이는 기본 정신을 뜻한다. 이는 다음을 지향한다.

① 과거의 정권과는 달리 사회당 정권은 문화정책을 수행하기 위해 민간 기업에게 구걸하지 않고 자력을 구비한다.

② 그러나 문화계는 관이 아닌 자유로운 외부의 주도가 필요하다. 문화계는 다원성을 바탕으로 하기 때문이다. '창작의 산소'가 기업의 메세나에서 공급된다면, 이를 환영한다.

③ 기업은 무엇보다도 그 자체와 직원들에 대한 의무가 있으므로 직장의 문화적 환경 및 조건에 관심을 두어야 한다.

④ 문화를 피상적으로 인식하거나 관례에 따라 후원할 영역으로 보아서는 안 된다.

자크 랑 역시 문화가 경제 활성의 기본적인 주축임을 부정하지 않으나 경제적 효과는 우선 문화가 지닌 기본적인 가치에 충실할 때 뒤따르는 것이다. 당시 한국을 방문한 프랑스의 문화비평가 기 소르망(Guy Sorman)은 IMF가 요구하는 결함들의 치유책이 무엇이든지 간에 국가 경제의 회복에 위기를 겪고 있는 나라일수록 오히려 문화를 고양시키려는 노력을 기울여야 한다고 말한 바 있다. 경제적 담화와 정치적 토론이 전 국면을 지배하고 있지만, 나라의 얼굴을 제대로 알리지 못한다면, 그리고 상품 자체의 문화적 부가가치를 높이지 못한다면, 상품의 수출 경쟁력도 크게 떨어지고 말 것이라는 경고였다.

경제 난국을 맞고 있기에 모든 관심이 경제에 집중되면서 문화정책 분야가 자칫 소홀하게 다루어질지 모른다는 염려가 한낱 기우에 지나지 않으려면 정치계에서도 인간적인 가치의 구현이라는 본질적인 문화의식을 회복해, 오랜 고난의 시절을 독서와 문화활동에 대한 깊은 관심을 통해 극복해낸 김대중 대통령의 경험을 모든 국민이 공유할 수 있는 기회를 마련하는 데 힘을 모았으면 하는 기대가 컸다고 할 수 있다. 〈포세이돈 어드벤처〉라는 영화는 송구영신으로 떠들썩하던 호화 여객선이 갑자기 빙산과 충돌하면서 뒤집혀 대부분의 사람이 자포자기에 빠졌을 때, 위로 향한 고통의 행진을 마다하지 않은 사람들이 구원받는 모습을 생생하게 그려낸 바 있다. 그 길은 그러나 따지고 보면 밑을 향한 행로였다. 뒤집힌 호화여객선 같은 이 상황에서 살아남는 길은 결국 깊이를 찾는 고행일 뿐이다. 우리는 인간다움의 깊이를 탐색하는 작업을 문화라고 부르면서, 이 위기를 살릴 길은 문화밖에 없다고 주장하고, 이번 기회에 제대로 된 문화정책을 위한 작업이 체계적으로 이루어지기를 바라는 소망이 절실했다. 그러나 '국민의 정부'는 이와 같은 열망에 부응하지 못했을 뿐만 아니라, 오히려 역행해 후일을 위한 모범이 되는 데도 실패했다.

'국민의 정부'는 첫해에 새 문화정책을 발표(1998.10.19)해 자신의 문화 지향을 천명한 바 있으나, 다음 항목들은 립 서비스에 그치고 말았다.

① '문화의 힘'으로 이루는 제2의 건국: 문화는 국가 및 상품의 이미지를 제고하는 한편, 탈산업사회의 고부가가치 창출의 동인으로서 새로운 국부의 획득 및 무역수지의 개선에 돌파구를 열어줄 뿐만 아니라, 국민 모두에게 삶의 희망과 자긍심을 부여함으로써 침체된 사회 분위기에 새로운 활력이 될 것이다.

② '문화의 중심가치'가 되는 지식정보사회 추구: 21세기 사회는 지식·정보·문화가 중심이 되며 문화예술의 창조적 상상력, 혁신성과 실험정신, 다양성과 유연성이 국가 발전의 원동력이 될 것이다. 새 문화정책은 이러한 변화를 뒷받침해 문화를 사회의 '중심가치'로 자리 잡게 하고자 한다.

③ 문화주의를 통한 '성숙한 민족공동체' 형성: 문화주의를 통해 성숙한 민족공동체기반을 강화하여 갈등과 분단의 현실을 극복하고 조화와 상생의 발전적 시민문화사회를 이룩함으로써 명실상부한 통일국가를 형성한다.

④ 문화정체성과 보편성의 조화로 '열린 문화' 구현: 문화 개방의 시대에

적극 대응하기 위해 우리 문화의 세계적 보편성 획득의 근간인 한국 문
화의 자기 정체성을 확립함과 동시에 보편적 세계주의를 추구하는 '열린
문화'를 구현한다(문화관광부, 1998).

이와 같은 정책이 좀 더 본격화되기 위해서는 국민 개개인과 정책 당
국, 특히 예산을 담당하는 부처의 이해가 긴요하다 하지 않을 수 없다.
이런 의미에서 '국민의 정부' 최대의 실적은 국가예산 1%의 문화예산
확충이라고 할 수 있다. 이와 같은 문화 지향은 반드시 문화관광부에만
해당하는 것이 아니다. '행정의 문화화'라는 말이 있듯이 이는 국정 전
반에 걸쳐 하나의 공동 목표로서 추구하지 않으면 안 된다. 김대중 대
통령이 주창한 '제2의 건국'이 이미 내용적으로 그와 같은 필요를 제기
하고 있다. 김대중 대통령은 1998년 7월 20일 미국 시사 주간지 ≪타임
(TIME)≫과의 인터뷰에서 '제2의 건국' 방향에 대한 질문을 받고 여섯
가지로 정리해 답변한 것으로 알려져 있다. 즉, 기본 철학은 민주주의
와 시장경제의 병행 발전으로서, 구체적으로는 다음과 같다. 첫째, 권
위주의를 민주주의로 바꾼다. 둘째, 관치경제를 시장경제로 바꾼다.
셋째, 민족주의를 세계주의로 발전시킨다. 넷째, 중앙집권을 지방분권
으로 바꾼다. 다섯째, 공업중심산업을 지식중심산업으로 발전시킨다.
여섯째, 남북대결주의에서 벗어나 안보와 화해를 병행시키는 방향으로
변화시킨다.
　이와 같은 요지는 정부수립 50주년을 맞는 8·15 경축사에서 그대로
반복되었다. 다만 "중앙집권을 지방분권으로 바꾼다"라는 대목이 "분
열과 갈등에서 화해와 통합의 시대"로 바뀌었을 뿐이다. 사회적·지역
적 갈등 해소가 더욱 중요하다는 판단이 작용했다고 관계자들은 전하
고 있다. '제2의 건국'이라는 표현은 과거 정권에서도 언급되었고, 김대

중 대통령 취임사에서도 모습을 드러낸 바 있다. 대통령취임사 준비위원회에서 그와 같은 표현을 좀 더 부각시키려 했지만, 당시만 해도 기득권층을 지나치게 자극할 필요가 없다는 판단이 우세해 '화해와 도약'을 슬로건화하는 정도에서 멈추었다.

김대중 대통령은 단순히 IMF 위기 극복을 화두로 삼는 단계를 지나 국민의 자발적 참여에 따른 아래로부터의 개혁을 요청하기에 이르렀다. 이와 같은 이념과 기본 철학, 그리고 6대 과제를 뒷받침하기 위해서 좁은 의미의 문화정책은 앞에서 말한 여러 사항 중 특히 다음의 세 가지에 유의하지 않으면 안 되었다.

첫째, 권위주의를 민주주의로 바꾸어 나가는 데 기여하자면 문화정책 확립과 행정 과정에서 수요자 중심적 사고가 뿌리를 내려야 한다. 물론, 수요자 중심이 단순히 여론의 눈치를 본다는 것을 뜻할 수는 없다. 그보다 오히려 국민을 정책과 행정의 객체가 아니라 주체로서 존중해야 하고, 표면화된 욕구가 아니라 잠재적인 필요까지 읽어내야 한다는 것을 뜻한다.

둘째, 민족주의를 세계주의로 바꾸어나가는 데 기여하자면, 일단 민족주의가 세계주의와 대립적이 아니라는 인식으로부터 출발해야 한다. 미완의 통일을 완성함으로써 올바른 의미에서 근대 민족국가를 형성하는 단계에 이를 수밖에 없는 우리로서는 아직도 민족주의를 지켜나가야 한다는 주장을 전적으로 배제하기 어렵기 때문이다. 그러나 세계화의 물결 속에서 실종되지 않으려면 외부의 자극을 제대로 소화해 내지 않으면 안 된다. 이를 위해서는 자유·평등·박애 등 세계적으로 보편화된 가치 지향을 제대로 학습하는 한편, 우리 민족의 문화유산 속에서 이를 특색 있게 해석해낼 수 있는 요소들을 찾아낼 수 있어야 한다. 당시 월트디즈니사가 제작한 〈뮬란〉이라는 만화영화는 페미니즘적 해석을 통해 중국의 전통적인 소재를 보편적인 호소력이 있는 작품으로 소화해내는 데 성공한 것으로 평가된다. 그러나 우리의 예컨대 '바리데기 공주' 설화는 그보다 더 특색 있게 보편적인 인간 가치를 그려낼 수 있을뿐더러, 현대 문명이 상실한 가치를 새롭게 부각시킬 여지마저 지니고 있다. 이와 같은 작업을 위해서는 문화유산 전반에 대한 보존 노력뿐 아니라, 이에 대한 교육과 창조적인 해석을 통한 계승 노력이 좀 더 강화되어야 한다. 문화정책의 본령은 사실상 이와 같은 노력을 뒷받침하는 데 있다고 할 수 있을 정도이다.

셋째, 문화교육을 강화함으로써 창조적 지식과 정보 중심의 지식 기반 국가로 바꾸어 나가는 데 기여해야 한다. 모든 시민들이 평생교육 체제 속에서 문화예술이 함유한 보편적인 인간 가치를 몸에 지닐 수 있게 하자면 뉴미디어를 포함해 예술전문교육이나 교양교육의 강화를 위한 교육 내용 및 방법의 쇄신이 고안·실천·평가되지 않으면 안 된다. 이와 같은 노력들이 경주된 상태에서만 예컨대 문화산업의 획기적인 발전도 기대할 수 있을뿐더러, 남북 대결주의를 넘어선 교류협력의 시대도 제대로 준비할 수 있게 될 것이다.

후기산업사회는 산업사회와는 달리 개인의 취향을 존중하며 이에 따라 산업도 다품종 소량생산 체제로 전환된다. 이와 같은 전환은 바로 '상품의 문화화'를 뜻한다. 그러므로 문화와 결합되지 못한 경제는 필경 파탄에 이르고 말 것이라는 엄연한 사실에 대한 각성이 IMF체제를 극복하는 근본 철학이 되어야 했다. 이러한 전환이 이루어질 때에야 비로소 문화산업은 21세기의 나라살림을 떠받칠 기간산업으로 자라날 수 있을 것이다.

평화와 화해의 성취가 무엇보다도 우선적이다. 오랜 지역감정이 해소되기는커녕 오히려 증폭된다면, 그것처럼 불행한 일은 없을 것이다. 불행히도 '국민의 정부' 인사정책은 오랫동안 호남지역이 소외당해왔다는 사실을 빌미 삼아 지나치게 호남 위주였다. 국민의 정부는 한편 남북의 분단 상황을 극복할 수 있는 계기를 마련하기 위해 노력했는데, 이는 김대중 대통령이 주장해온 3단계 통일론을 반영했다고 본다. 곧 제1단계로 남북연합, 제2단계로 남과 북의 지역자치정부로 구성되는 연방제, 제3단계로 중앙집권제 또는 여러 개의 지역자치정부들을 포함하는 좀 더 세분화된 연방제를 채택하는 단계 설정이다. 이른바 JP연합의 공동 집권이라는 현실 속에서 그의 이와 같은 지론이 바르게 실현되었는지는 의문이지만, 10년 정도로 산정되어 있는 제1단계만을 놓고 본다면, 남과 북이 6·15 남북합의서를 기초로 상호 화해와 협력을 통해 평화와 번영을 추구함과 동시에 민족의 동질성 회복을 위해 노력하는 것을 구체적인 일감으로 인정하는 한, 별로 문제될 것이 없어 보였다. 이때 우리로서는 독일의 경우를 눈여겨보면서 넓은 의미의 사회문화적 통합이 갖는 비중을 결코 가볍게 여겨서는 안 된다는 것을 강조하고자 한다.

국민의 정부는 앞에서 말한 대로 관광을 중요한 항목으로 내세웠는데, 누차 말한 대로 올바른 관광 정책은 관광문화산업의 진흥을 위해 하드웨어 못지않게 이른바 콘텐츠(내용) 또는 소프트웨어가 충실하지 않으면 안 된다. 김대중 대통령이 강조한 대로, "문화관광으로 국가의 품격을 높이자"면 국가의 품격 제고를 위한 문화관광의 역할과 가능성을 살펴보고, 문화예술과 문화산업을 통한 국가 품격 제고, 그리고 한국관광의 품격 제고 방안을 논의하기에 앞서 문화관광을 통한 국격의 사회적 의미, 국가 품격을 위한 문화관광의 역할 및 제고 방안을 종합적으로 고찰해볼 필요가 있었는데, 실정은 그 결실인 재정수입의 확대에만 치우친 경향이 없지 않다. 문화부가 신설될 즈음, 필자는 한국의 관광정책이 문화관광으로 그 목표를 전환해야 하고, 그러기 위해서 신설 문화부에 편입되어야 한다는 주장을 강력히 내세웠다(김문환, 1990). 여기에는 관광을 외화 획득을 위한 수단 정도로 간주해 입에 담기조차 꺼려지는 '기생 관광'이라는 유형마저 정당화되던 세태에 대한 강한 저항의식도 작용하고 있었다. 아울러 국제 관광은 단순히 경제적 관점에서뿐만 아니라 사회적·교육적 내지 문화적 관점에서도 역시 중요하고, 민족들 간의 좀 더 나은 이해에 공헌해야 한다는 세계적 추세를 하나의 배경으로 내세웠다. 관광에 대한 초점 조준을 정당화할 요소들을 좀 더 자세하게 살핀다면, 다음과 같다.

무엇보다도 관광은 하나의 중요 국면에서 다른 잠재적인 수출 활동과 구별된다는 점이다. 이는 수출하는 나라 안에 외국인들이 실제로 나타난다는 사실로서, 관광이 생소하고 때로는 소화하기 힘든 생활양식과 가치를 보여줌으로써 의미심장한 사회적 효과를 발생시킨다는 것과 무관하지 않다. 한마디로, 관광객의 구미에 맞춰 자국 문화를 조작한다든지 하는 작태가 정당화될 수 없는 것과 마찬가지로, 이질적인 문화와의 교류를 거부하는 태도 역시 바람직하지 못하다는 것이다. 세계은행이 유네스코와 함께 개최한 '발전도상국가들에 미칠 관광의 사회적 및 문화적 효과들에 관한 전망들'에 관한 회의(1975)는 일찍이 이와 같은 문제들을 고려해 여러 가지 정책 건의안들을 채택했지만, 그 실행은 미진했다. 거기에는 다음과 같은 사항들이 포함되어 있다.

  – 관광과 더불어 음식 재료와 수공예품을 찾는 요구들이, 가능한 한 가난한 농촌 가정에 의해 충족되도록 특별한 노력이 경주되어야 한다.
  – 관광객들에게 그 국가와 주민들에 관한 일방적인 이미지만을 제공해서는 안 된다. 따라서 관광 계획에는 예외적인 것으로 간주되는 신기한 것뿐 아니라, 구경거리가 덜 되는 것까지 포함해, 모든 문화적 표현을 적절히 고려해야 한다(이는 브랜드 가치라는 개념이 함축하는 의미와 사뭇 대조적이다).
  – 주민들은 학교와 대중매체를 통해 자신들의 문화가 지닌 가치를 제대

로 인식하고 관광객들과의 접촉을 통해 다른 문화에 대한 식견을 강화할
수 있도록 도움을 받아야 한다.

— 각국 정부는 그 국가의 문화적·자연적 유산이 모든 사람에게 접근 가
능한 것이 되도록 해야 한다. 덧붙여서 동 시대의 문화 역시 관광객을 매
료시키는 중요한 자산일 수 있음을 인식해야 한다.

— 예술과 공예의 발전에서 높은 질의 생산이 격려되어야 한다.

눈에 띄는 대로 몇 가지만 적시했을 뿐이지만, 관광은 어느 곳에서나
인간을 서로에게 좀 더 가깝게 끌어당기며 이로써 모든 인류의 문화적
풍요를 성취케 하는 강력한 연대 수단으로 간주되어야 한다는 가치관
이 그 기초가 된다.

높아지는 생활수준과 수송의 근대화는 관광에 대한 욕구를 계속해
서 자극하고 있다. 그러나 교육의 보급과 개선을 통해 관광이 더 이상
'단순히 모든 것에서 멀어지고자 하는 충동', 즉 단순한 현실도피 욕구
에 의해 추구되지 않도록 여가를 문화적 성취를 위해 사용해야 할 필요
역시 그만큼 더 성장하고 있다. 역사적 유적들의 복구와 전시, 예술문
화의 진흥, 자연환경의 보존에 주목해야 하는 까닭이 여기에 있다. 그
러나 그것이 단순히 보여주기 위한, 그리고 돈을 벌어들이기 위한 수단
으로 머물게 해서는 안 된다. 그것은 무엇보다도 자국민의 삶의 질 향
상을 목표로 해야 한다. 그러기에 앞에서 지적한대로, 괄목할 만한, 이
른바 '일류 지향'에 의한 브랜드 가치에만 연연해서는 안 된다. 예컨대
예술은 흔히 꽃으로 비유되지만, 꽃이 피어나기 위해서는 토양과 기후
가 막대한 영향을 미치듯이, 예술은 우리의 일상에 좀 더 튼실하게 뿌
리내려야 한다. 꽃만을 탐해 뿌리로부터 잘라내어 장식하는 경우, 그것
은 이내 시들고 만다. 언젠가 린위탕(林語堂)이 자신은 "우리 학교 야구
팀이 세계 제일이라는 것보다 우리 학생 모두는 야구를 즐긴다는 말을

들고 싶다"라고 한 것처럼, 국민 모두가 품위 있는 존재가 되어 품위 있는 삶을 누릴 때, 비로소 우리는 품격 있는 나라에 살게 되고, 그럴 때에야 비로소 세계는 우리를 자발적으로 만나고 싶어 할 것이다.

거듭 강조하거니와 '국민의 정부'는 문화예산 1% 편성에 성공하고 문화 분야의 규제 완화 정책에 일정 정도 기여했으나, 한국게임산업개발원, 방송영상산업진흥원, 한국문화콘텐츠진흥원 등이 상징하듯이, 이윤 확대를 목표로 한 문화산업 진흥에 편중한 결과를 맺었다. 아울러 일본 대중문화의 개방을 통해 폐쇄적인 문화외교로부터 탈피한다는 인상을 강화했으나, 대중문화뿐 아니라 고급문화의 유입을 권장하는 계획이 부재함으로써 문화의 질적 저하를 초래했다는 비판을 면하지 못했다.

(2) 참여정부의 문화정책

대통령직 인수위원회는 2005년 2월 10일, 노무현 정부의 명칭과 국정 목표, 그리고 국정 원리를 발표했다. 즉, '참여정부'라는 명칭과 아울러, "국민과 함께 하는 민주주의", "더불어 사는 균형 발전 사회", "평화와 번영의 동북아 시대"가 목표로, "원칙과 신뢰", "공정과 투명", "대화와 타협", "분권과 자율"이 원리로 제시된 것이다. 앞으로 5년간 우리의 삶을 공적으로 규제할 수 있는 목표와 원리를 정해보고, 이의 실현을 위해 노력하고자 하는 것은 스스로의 입법에 스스로 따른다는 자율과 자유의 본래적 의의를 생각한다면, 오히려 기대와 함께 협력을 아끼지 않아야 할 덕목들이 아닐 수 없다.

그렇다면 이와 같은 덕목들이 문화정책 분야에서는 어떻게 반영될 수 있을까? 우선 참여에 대해 생각해볼 만하다. 네덜란드의 한 연구단체는 참여사다리를 발표한 적이 있다. '비참여 → 협의 → 토의 → 정부를 위한 참여 → 시민을 위한 참여 → 책임과 공동결정'이 그 단계이다.

그것은 곧 참여 수준이나 형식의 차이로 나타난다. 즉, '사후 참여(탄원서) 및 일방적인 정보 통지 → 쌍무적인 정보 정취 및 연구 → 자문 기구·압력 단체·정부 고위층 간의 토의 → 간접적인 영향(자문 기구에의 참여) → 직접적인 영향(참여 집단이 공공대표들에게 사항 보고) → 공동 결정 및 책임' 등등 단계가 높아갈수록 전문성이 높아질 수밖에 없는데, 이때 전문성은 표면에 분출되어 있는 욕구보다 더욱 절실하되 실상은 잠복 상태에 있는 필요를 발견해내야 할 과제와도 연관된다. 예컨대 '잘살아 보세'를 외치던 시절, 그것이 단순히 경제적인 풍요로만 해석되었지만, 실상은 '살되 좀 더 사람답게 살고 싶다'는 인간적인 가치에 대한 추구가 좀 더 근본적이었다. 물론 절대빈곤으로부터의 탈출이 그 출발점이 되겠지만, 경제는 인간적 가치의 실현을 위한 필요조건이지 결코 충분조건이 아니다. 그런 점에서 이 발표에서 "교육·문화·복지의 공공성 확대"라는 대목은 의미심장하다. 그러나 이는 앞선 '국민의 정부'가 이룬 문화 치적 중 평가받을 만한 부분이 없지 않음에도 불구하고, 문화를 경제의 종속변수 정도로 취급한 것이 아닌지 하는 지적이 좀체 누그러들지 않는 까닭과도 밀접한 연관이 있다.

젊은 세대에게는 실감이 안 나겠지만, 전쟁을 치르면서 자란 세대는 '나도 내일부터 학교 때려치우고 돈벌이에 나서겠다'는 충동에 사로잡혀 실제로 부모에게 그렇게 말씀드린 사람들도 적지 않을 것이다. 그러나 부모들의 응답은 대체로 단호했다. '쓸데없는 소리 말고 너는 공부나 열심히 해라.' 이것이 바로 문화의식이다. 그런데 어느 사이에 슬그머니 문화도 돈벌이에 나서지 않는다고 눈총을 받게 되었으니, 참으로 개탄할 만한 일이 아닐 수 없다. 참여정부의 문화정책에서는 그러기에 무엇보다도 문화유산, 현대예술, 종교, 어문, 청소년, 체육, 관광, 문화산업, 언론·방송 등 참으로 다종다기한 행정 영역 중 기초가 되는 부분을 든든하게 만듦으로써 응용을 통한 실리조차 제대로 실효를 거둘 수 있도록 하는 근본적인 자세의 확립이 우선시되어야 했다.

이를 위해서는 '문화생활에의 참여'가 시민들의 가장 구체적인 생활 영역인 지역사회 수준에서 이루어질 수 있도록 '분권'을 강조하는 '사회·문화정책'에 대한 연구와 실천이 병행되어야 한다. 같은 맥락에서 예컨대 현대 생활에 지대한 영향을 미치는 대중매체들의 상업주의가 견제될 수 있도록 국영방송의 존재 의의를 제대로 살려야 한다.

이러한 지적들을 포괄적으로 정리해본다면 대략 이러한 문화 현실을 말하는 것이 된다.

첫째, 문화수용 역량은 급속히 낮은 차원으로 전환되고 있다. 이 범위는 그동안 소규모로나마 있어왔던 순수예술(또는 본격예술)의 설 자리조차 흡수해가는 형국으로 보인다. 둘째, 그렇다고 이에 대한 대응책이 있는 것도 아니다. 오히려 시장의 수용 취향에 종속될 수밖에 없는 모든 문화유통이 낮은 차원의 내용물만을 더 잘 전달해주는 기능으로 바뀜에 따라 상황의 악화를 더욱 가속화시키고 있을 뿐이다. 셋째, 이렇게 됨으로써 창조 측면에서도 현실에 부응하는 변화를 보이고 있다. 문학, 연극, 영화는 특히 수용자의 취향에 더 빠르게 영합해가고 있다.

우리의 문화는 그러므로 지금 무엇보다 질적 완성도 논의를 제외하고, 양적 수용의 결과만이 평가 기준이 되는 상황에 놓여 있다는 가장 큰 맹점을 지니고 있다. 그리고 이 점은 이념적 또는 개념적 논의에서조차 전제되지 않는다. 더욱 난처한 것은 문화에 대한 정책적 접근마저 이 맹점을 벗어나 있지 않다는 점이다. 모든 국민의 평균적인 문화 향유, 그리고 좀 더 좋은 문화의 수용을 통한 문화적 삶의 증진을 목표로 문화부 창설이 이루어졌다는 것은 이미 말했으나, 실제 문화부의 문화 증진 정책은 여전히 기존 문화 체제의 문화창조자들을 도식적으로 부분 지원하는 형식에서 벗어나 있지 않다. 그 예가 문화부가 관장하기로 한 공공도서관의 현실이다. 공공도서관은 좀 더 광범위한 문화프로그램들로 이루어지는 문화센터로서의 역할을 위해 그 소관 부처를 옮겼던 것이지만, 가장 단순한 도서자료 구입비의 명목상 증액마저 1993년 예산에서조차 실현되지 않았다. 그런데 이러한 현실 앞에서 문화의 창조와 수용에 다 같이 급격한 변화를 일으킬 수 있는 매체의 조건이 바뀌고 있다. 뉴미디어의 진전은 CD-ROM을 뛰어넘어 CDI(Compact Disc Interactive) 단계로 넘어갔는데, CDI의 발전이 뜻하는 것은 무엇보다도 수용 차원에 혁명을 일으키는 것이다. 컴퓨터 정보를 찾아 들어가는 불편함을 완전히 건너뛰어 일상적으로 익숙한 TV 화면에 CD, CD-ROM, PC까지 함께 묶는 시스템이 기술적으로 이미 완성된 상태이다.

우리는 우리만이 사용할 국적 위성을 갖게 되었고 유선방송제도가 현실화되었다. 이러한 매체의 구조는 곧 정보사회가 만들어내는 '문화의 동시화(同時化)' 시대를 뜻한다. 문화의 동시화는 그러나 세계 속에서 문화의 향유가 공평하게 이루어지는 것을 말하는 것이 아니라, 오히려 문화에 대한 새로운 격차와 강한 문화에 대한 더욱 강한 문화 종속을 의미하기도 한다. 이 때문에 '문화의 동시화'는 새로운 '문화 전쟁'이라고도 지칭된다. 이러한 문화 속에서 우리의 문화 창조력과 문화 수용력, 그리고 우리 문화의 특수성을 통한 보편성 획득이라는 과제는 이제 더 미룰 수 없는 국가적 문화 과제가 되고 있다. 모든 국민의 평균적인 문화 감수성의 증진은 오늘날 이데올로기의 문제가 아니라, 변화하는 문화와 매체 환경 속에서 보통 사람으로 살아갈 수 있는 삶의 기초적인 조건일 수 있다.

예를 들어 보자. CD음반쯤은 인터넷만 사용할 줄 안다면, 이미 서울에 앉아서도 미국 구석구석의 맨 마지막 단계 산매점들과 목록 거래를 할 수 있다. 여행 스케줄을 짜고 비행기나 호텔 예약도 직접 할 수 있다. 여가 시간을 어떻게 보내는가의 문제와 나의 삶의 내용을 어떻게 조직하는가의 문제가 전부 자신의 독자적인 선택과 구성으로 이루어질 수 있는 여건 속에 있는 것이다. 그럼에도 우리의 문화 인식은 여전히 '건전한 문화'를 모범적으로 조직해서 특정한 공간에서 특정한 시간에 공급하고, 또 이를 수용하는 사람들도 이 교과서적 테두리 속에 들어 있어야 하는 것이라는 도식에서 벗어나 있지 않다. 그러나 이 변화의 구조 속에서 좀 더 좋은 문화의 생산은 어디까지나 평균적인 보통 사람들의 선택 능력에 달려 있다. 그리고 보통 사람의 선택의 질에 의해 문화 내용의 질도 결정된다.

세계의 흐름을 조감하는 문화정보의 수용에도 심각한 과제가 있다. 정보는 세계적으로 열려 있고 공유의 상태가 되고 있음에도 우리의 정보 수용 관심은 오히려 축소되고 있다. 신문, 잡지, 출판을 비롯해 TV, 라디오에 이르기까지 모든 기존 매체들은 국내적 수준의 현실적 화제들에만 종사하고 있다. 이것은 상업주의적 반응이라고 보기도 어렵다. 단지 게으른 것이며, 시야가 넓혀지지 않았을 뿐이다. 문화를 선도하는 문화 종사자 영역에 특히 문화 리뷰라는 역할이 우리 문화 속에는 거의 없다는 현실도 이 문제 타결에 어려움을 주고 있다.

참여정부의 문화 실적 중 그나마 지역문화 발전계획 및 실천을 손꼽을 수 있겠는데, 광주 문화중심도시, 전주 전통문화도시, 경주 역사문화도시, 안동 유교문화권 개발 같은 지역문화 발전전략 정책의 추진이 그것이다. 또한 문화예술진흥원을 위원회로 개편해 민간 의사결정기구로서의 성격을 강화하려 했으나, 관료적인 성격이 오히려 강화되었다는 비판이 멈추지 않았다.

(3) 소결

흔히 좌파 정부라고 일컬어지는 김대중 정부, 노무현 정부는 기본 예산 확충, 남북 교류 등에서 획기적인 전환을 마련한 것은 틀림없으나, 특히 남북 교류 관계는 좀 더 광범위한 국민적 참여를 바탕으로 하지 못해 퍼주기식이라느니, 대통령의 노벨상 수상을 위한 기획이라느니, 북핵 자금 제공이라느니 하는 비판에서 자유롭지 못했던 것이 사실이다. 또한 IMF위기 극복이라는 현실에 급급한 나머지 문화 역시 돈벌이 수단 정도로 치부하는 경향을 강화함으로써 문화정책은 전반적으로는 도약할 수 있는 기회를 상실했다는 평가를 감내할 수밖에 없게 된다. 그런 의미에서 도약 실기(失機) 단계라는 다소간 비아냥하는 소제목을 자초했다. 특히 참여정부는 결과적으로 앞선 '국민의 정부'의 문화 인식을 답습해 문화의 경제적 잠재력만을 중시하여 케이팝(K-pop)에 의해 점화된 한류의 확산에 급급해 한류문화진흥단의 출범을 업적으로 내세우는 지경에 이르렀다. 또한 참여도 그나마 '끼리끼리의 참여'에 멈춤으로써 후일, 좌파 척결을 정당화하는 구실이 되고 말았다. 따라서 문화 발전의 도약 단계로서 갖출 만한 내용을 상실하고 말았다는 평가를 모면할 도리가 없었다. 그리하여 집권 초기에 마련한 '창의 한국'을 표방한 문화정책은 그 빛을 잃는 단계에 머물고 말았다.

3) 민주문화 발전의 정체기

(1) 이명박 정부의 문화정책

이명박 정부는 인수위원회 단계부터 좌파 척결을 공공연히 내세운 유인촌을 문화부 장관에 임명해 이른바 좌파 인사들을 문화부 산하 단체에서 색출, 추방하기를 서슴지 않았다. 유인촌은 TV드라마에서 이명박 역을 맡은 인연으로 발탁되었다는 말이 떠돌기도 했으나 실상은 이와 같은 이념적 편향이 좀 더 부정할 수 없는 배경이 되었다고 볼 수 있다. 또한 북측에서 관광객 살해라는 빌미를 제공하지 않은 바 아니지만, 금강산 관광 금지 등 남북 교류에 폐쇄적인 조치를 서슴지 않았다. 아울러 서울시장 당시 청계천 복원사업이 성공적이었음을 내세워 대운하의 한반도 관통을 공약으로 내세웠으나 국민적 저항에 부딪치자 4대 강 치수 사업으로 이름을 바꾸기는 했지만, 막대한 예산을 토목사업에 쏟아 넣음으로써 처음부터 경제대통령을 자임한 대통령의 경제 의식에 회의를 느끼게끔 만들었다. 청계천 복원 사업도 실상 수돗물을 흘려보내는 정도에 그쳐 생태 복원에 미치지 못한다는 비판에 직면하자 남쪽 하천에서만 사는 물고기들을 몰래 이식하는 난센스를 빚어내기도 했다. 또한 서울시립교향악단의 경우에서 보듯이 이른바 일류 의식에 사로잡힌 문화의식으로 인해 균형 있는 문화정책의 수립과 시행에 실패했다는 비판을 자초하기도 했다. 물론 이른바 'C-KOREA 2010'이라 하여 글로벌시장 개척 지원을 통한 콘텐츠 수출 증대를 도모해 국산 게임의 글로벌 주도권을 확보했고, 한류의 지속 및 문화 향유 욕구를 반영해 대중문화 진흥사업을 추진했음을 업적으로 내세우기도 하나, 국가의 문화정책은 민간 부문에서 할 수 없는 분야의 지원을 원칙으로 해야 한다는 세계적인 합의에 비추어볼 때, 과연 정상적인 문화정책인지 의심스럽기도 하다. 이른바 국가 브랜드 제고라는 이름으로 한글박물관 건립, 대한민국역사박물관 개관, 국립현대미술관 서울관 건립, 대중음악 전문공연장 건립 등이 손꼽히기도 하고, 디자인문화 중장기 육성계획이 발표되기도 했지만, 문화국가 브랜드 사업이라는 목표 설정 자체가 문화정책 개념상 그 타당성을 인정받을 수 있을지 역시 의심스럽다. 그나마 국민이 생활 속에서 체감할 수 있도록 무료관람사업, 문화나눔 사업 및 문화바우처사업의 확대 정책을 추진한 것이 기존에 있었던 문화예술강사 파견을 통한 문화예술교육 활성화 사업의 확대와 함께 문화복지 개념의 적용 노력으로 손꼽힐 만하다.

(2) 박근혜 정부의 문화정책

2013년 12월 '문화기본법'의 제정과 함께 국민들의 문화적 권리를 문화권이라는 법률 용어로 정의함으로써 헌법상 미비한 문화권을 법으로 보장하고, 문화의 가치가 사회 영역 전반에 확산될 수 있는 법적·제도적 토대가 마련되었다는 안도와 함께 문화융성을 국민행복, 경제부흥, 평화통일 기반구축과 함께 4대 국정 운영 기조로 제시함으로써 많은 기대를 모았다. 그러나 결과적으로 경제는 재벌 중심에서 벗어나지 못함으로써 파탄 직전에 이르고, 평화통일 기반구축은 북측의 핵무기 개발을 계기로 개성공단 폐쇄 등으로 상징되듯 완전히 파괴되었으며, 문화융성은 최순실 게이트로 인해 단순히 개인적 사욕을 충족시키기 위한 국정농단의 수단으로 전락하고 말았다. 이는 개인적인 비리도 비리이지만 문화를 단순히 경제적 관점에서 보는 인식의 사필귀정이 아닐 수 없다. 문화예술을 통한 일자리 창출에서도 그러한 문화 인식이 그대로 드러난다. 이는 국정 전반에 문화 가치가 확산될 수 있는 기회를 제공한다는 명목으로 청와대 직속으로 '문화융성위원회'를 설치하는 과정에 위원 구성 등에서 이미 그 허점을 드러내고 말았다. 아울러 문화계 블랙리스트 소동에서 드러났듯이 이명박 정부의 좌파 척결을 노골화해 자칫 박정희 정부로의 회귀를 의심치 않을 수 없게 되었다.

(3) 소결

박근혜 정부의 문화정책은 정권 하나의 문제가 아니다. 그것은 역대 정부의 문화정책이 지닌 허점의 축적이라 할 부분도 없지 않은즉 특히 문화를 경제적 변수로 간주하는 관행의 폐해가 가장 두드러진다. 이에 우리는 새삼스럽지만 문화예술의 근본 의의를 되살펴보지 않으면 안 될 단계에 이르렀다.

3. 문화정책의 진로

1) 문화예술의 현실적 효능

우리가 오늘날 문화니 예술이니 하는 것을 중요하게 생각하는 것은 그것이 개인적인 차원에서나 사회적 차원에서나 현실 세계에서 결여되어 있는 것을 우리에게 제공하기 때문이다. 그러한 것은 물질세계와 무관한 것이 아니다. 이상(理想)을 가장 실감나게 우리의 감각세계를 자극하는 물질적인 재료를 통해서 우리 앞에 구현해주고 있기 때문에 미학자들은 이러한 예술과의 경험을 통해서 얻게 되는 장점을 여러 가지로 설명한다. 예를 들면, 현실적인 여러 가지 근심, 걱정을 완벽한 예술세계의 경험을 통해서 완화시키거나 순화시키는 이득을 준다. 그것은 긴장을 완화시키고 파괴적인 충동을 잠재운다고 말할 수 있다. 또한 우리의 세계 또는 개인적 심성 속에 있는 여러 가지 크고 작은 갈등을 해결할 수 있는 길을 암시해주고, 통일을 이루어내는 것을 도와주는 기능도 한다. 예술은 우리가 단순히 머리로 아는 데 그치지 않고 아는 것을 좀 더 실감할 수 있도록 우리의 상상력을 키워주고, 그것을 통해서 현실을 좀 더 뚜렷하게 인식할 수 있도록 인도해준다. 특히 요즘에 IQ 대신에 EQ란 말을 많이 하고 있지만, 상상력이라는 것은 상대방의 위치에 자기를 옮겨 놓음으로써 자기가 직접 경험하지 않은 세계까지 경험하게 하는 그런 놀라운 능력을 발휘하게 해준다. 만일 그런 예술작품이 없다고 하면, 가령 빅토르 위고의 『레 미제라블』같은 작품을 알지 못한다면, 우리 주변에서 우리가 알지 못하는 사이에 많은 고통을 겪고 있는 사람들과 나 자신을 동일시하기란 상당히 어려울 것이다. 그렇기 때문에 예술작품은, 의학적으로 말한다면, 정신 건강에 상당한 도움을 주기도 하지만 치료적인 측면보다는 예방적인 효과를 가지면서 폭력적인 사태를 미리 예방할 수 있는 효능을 발휘한다. 청소년들의 성장 과정에서 왜 예술적인 교육이 필요한지는 이와 같은 효능을 어려서부터 경험하고 차츰 강화시켜나감으로써 성인이 되었을 때에도 어떤 갈등 상황이 왔을 때 그것을 값싸게 협상해버리거나 폭력을 통해 해결하지 않는 관행을 길러갈 수 있도록 하기 때문이다. 다른 말로 하자면, 미적 경험이라고 하는 것은 개인적인 효능을 가지고 있을 뿐만 아니라 그러한 개인들의 품성을 통해 사회적인 장점을 우리에게 제공해주기 때문에 오늘날 문명국가에서는 모두 문화행정적인 조치를 아낌없이 강구하고 있다.

필자는 한국의 문화예술 분야에 관해 이러저러한 책들을 쓰는 가운데 '경제'와 '문화'가 대체 어떤 상관관계를 가져야 하는지에 관한 필자 자신의 글들을 모아 한 권의 책으로 묶은 적이 있다. 서울대 출판부에서 나온 『문화경제론』이라고 하는 책이 그것인데, 그중에 "정부는 왜 예술을 지원해야 하는가"라는 제목의 장이 있다.

미국에서는 자본주의의 근본이 되는 자유주의가 특히 존중되고 있는데, 종교라든지 문화예술의 영역은 인간의 가장 내밀한 자유와 긴밀하게 연결되어 있으므로 정부가 도움을 줌으로써 오히려 그 자유를 침해하는 것이 아닌가 하는 주장이 강하게 작용해 오랫동안 문화부라는 조직이 없었다. 그럼에도 불구하고 1960년대 케네디(John F. Kennedy)가 대통령이 되면서 '미국을 새롭게 바꾸어야 된다. 뉴 프론티어 정신을 새롭게 길러내지 않으면 미국은 세계적인 지도력을 상실하게 될 것이다'라는 판단 아래 국가가 문화예술을 지원하기로 결정했다. 그렇게 해서 전미인문학기금(National Endowment for the Humanities: NEH)과 전미예술기금(National Endowment for the Arts: NEA)이라는 두 개의 기관이 생겨났다. 인문학과 예술이 소멸할 때 미국의 정신은 쇠퇴하고 말 것이라는 확신 속에 여러 가지 반대에도 불구하고 이것들을 후원하는 기관을 창설하게 된 것이다. 그러한 기관의 창설을 뒷받침하는 몇 가지 이유를 우리는 이렇게 설명할 수 있다. 그것은 앞서 말한 대로 개인의 심성에 미치는 여러 가지 좋은 효과가 있을뿐더러 미래 세계를 위한 유산이 된다. 오늘 우리가 우리의 문화를 부지런히 가꾸고 창조해내지 않으면 우리의 후손들은 문화가 없는 세계에 살게 됨으로써 결국 세계로부터 손가락질 당하는 슬픈 경험을 하게 마련이다. 오늘날 일본이 부지런히 문화투자를 하고 있는데, 그것은 문화를 제쳐놓고 경제만 생각했던 지난 30년간의 또는 40년간의 역사에 대한 반성이다. '경제동물'이라고 손가락질을 당할 정도로 문화를 소홀히 함으로써 결과적으로는 전 세계적으로 문화민족으로 취급받지 못하는 상황에 이르게 되자 일본의 중앙정부나 지방정부, 기업들이 문화투자를 늘려갔던 것을 우리는 눈여겨보아야 한다. 문화예술이 결여되었을 때 국가적인 정체성이나 위신이 실추된다는 것이다.

오늘날 문화는 또한 하나의 경제 품목이 된다. 한국이 1000억 달러 무역 수출을 성취한 해에 통산산업부는 "기술로, 문화로, 21세기로"라는 표어를 내건 적이 있다. 우리가 살고 있는 지금 이 시대를 가리켜 '후기산업사회'라고 이야기한다. 이것은 '산업사회'라는 것과 대조되는 개념이다. 산업사회를 지배해왔던 것은, 특히 농경시대와 대비해서 본다면 기계라는 생산수단에 의한 시장경제이다. 사람들이 필요로 하는 여러 가지 욕구들을 살피는 것이 아니라, 인간을 대충 하나의 집합으로 이해하면서 기계를 통해서 그 욕구들을 충족시켜주는 소품종 대량생산 체제가 주도적이다. 후기산업사회는 물질적인 요구가 일정한 정도로 충족된 이후의 사회를 얘기하는 것인데, 거기서는 개인들의 취미나 개성을 존중하지 않으면 상품이 팔리지조차 않는다는 것이다. 한국 경제가 지금 곤경에 처해 있다면 거기에는 여러 가지 원인이 있겠지만, 문화적 측면에서 본다면, 바로 산업사회로부터 후기산업사회로 넘어가는 준비를 제대로 하지 못한 탓이 크다.

노동집약적인 산업이 아니라 기술집약적이고 지식집약적인 산업으로 넘어가야 되는데, 지식집약적인 산업을 뒷받침해주는 것이 바로 문화력이다. 문화는 예술작품에서 보듯이 상상력과 개성을 빼놓고서는 성장할 수 없는 분야이다. 이러한 예술에 대한 이해가 근원적으로 작용할 때에만 우리의 문화가 산업을 떠받치는 힘이 되는 것이다. 문화가 뒷받침해주지 않는 산업은 앞서 말한 대로 소품종 대량생산 체제에서는 어떻게 견뎌낼 수 있었는지 모르겠지만, 다품종 소량생산을 원하는 사회에서는 살아남을 수 없다. 오늘날 한국 경제가 어려움에 처한 여러 가지 이유 중의 하나는 아직도 우리가 경제를 단순히 노동집약적인 것으로 생각하거나 또는 기계생산적인 것으로만 생각할 뿐, 문화적인 요소라는 부가가치를 첨가해 좀 더 21세기다운 상품을 생산해내는 준비를 못 하기 때문이라고 볼 수도 있다.

그것은 국가적인 차원에서뿐만 아니라 지역적인 차원에서도 마찬가지이다. 각 지역마다 예컨대 바다축제라든지 단감축제라든지 하는 것들이 진행되지만, 그런 축제들은 뒤집어서 말한다면, 문화적인 행사를 통해서 지역경제를 좀 더 활성화시켜 보겠다는 의도와 맞물려 있다. 말하자면, 문화적인 배려를 다각도적으로 계속해나간다면, 그것이 결과적으로 지역경제에 도움을 준다는 것을 선진국의 사례를 통해 얼마든지 볼 수 있다.

오늘날의 현실은 결국 교육이 제대로 되지 못한 것과 밀접히 연관되어 있다는 비판이 제기되고 있다. 그래서 교육 개혁을 마땅히 해야 하는 과제 중의 하나로 보고 어려운 살림 중에서도 국민총생산(Gross National Product: GNP)의 5%를 교육을 위한 재정으로 상정하고 있지만, 그 교육은 어떤 교육을 뜻하는 것이어야 할까? 이제까지처럼 그저 대학 입시를 위주로 한 주지주의적인 교육을 계속하기 위해서 교육재정을 그렇게 많이 책정했다면, 그것은 국가를 망치는 배려일 것이다. 우리가 교육 개혁을 이야기하는 것은 학교들이 인성교육을 창출해낼 수 있는 그러한 기관이 되게 하겠다는 데 핵심이 있다. 그런 의미에서 인성교육에 크게 도움이 될 문화예술 영역도 투자가 원칙으로 적용되어야 하지, 함부로 그로부터 이익을 취하려는 태도는 시정되어야 마땅하다.

세계의 역사를 흔히 세 단계로 말하는데, 농업이 중심이 된 단계가 있는가 하면, 공업이 중심이 된 단계가 있다. 그다음 단계는 정보가 중심이 되는 단계이다. 지식과 정보가 중심이 된다는 것은 무엇일까? 지식의 핵심은 이제까지 우리가 관행적으로 생각해왔던 것처럼 단순히 암기를 통해서 얻어지는 것이 아니라 우리의 전인적인 경험을 살려낼 때 가능해진다. 오늘날 감성을 무시한 상품생산이라는 것이 막다른 골목에 이르렀다는 것은 특히 디자인의 발전을 통해서 전 세계적으로 이름을 얻고 있는 프랑스나 이탈리아의 산업들을 참고한다면 얼마든지 이해할 수 있다.

이와 같은 의미에서 가치적이고 공공적이기 때문에 우리는 문화예술을 소중하게 여기고 그것을 통해 우리 민족이나 지역이 발전된다는 명제를 당연한 것처럼 제시하는 것이다. 그래서 예컨대 IMF 체제 속에서 사람들이 흔히 문화비를 줄이고 지방자치단체에서는 '지방재정이 어려우니까 이 부분을 좀 잘라내야겠다' 하는 것이 당장에 보면 뭔가 잘하는 짓처럼 생각되었는지 모르지만, 먼눈으로 보면 상당히 우매한 대응이었다고밖에 말할 수 없다.

우리가 21세기를 제대로 살아가기 위해서는 문화에 대한 이해가 필수적이다. 그것이 뒷받침되지 못한다면, 지난 30~40년 동안 경제 발전 중심주의로 생각해왔던 것의 폐해를 확대 재생산할 우려가 크다. 지난 30~40년 동안 우리는 열심히 경제를 중심으로 발전해왔다. 그러나 무엇을 위해 경제 발전을 시작했던가에 대한 의식이 희미했기에 사치라든지 낭비라든지 또는 그런 것을 좀 더 획득하기 위해 부정과 부패를 서슴지 않았고, 또 그러한 안일한 정신적인 해이를 파고들면서 여러 가지 범죄가 늘어났던 것이다. 그렇기 때문에 앞으로의 발전은 단순히 물질적인 풍요가 아니라 정신적·전인적인 풍요를 위한 것이어야 한다. 그러한 기반이 없으면 우리가 2만 달러를 넘어 3만 달러의 소득은 얻었다 할 때, 더 많은 낭비, 더 많은 사치, 더 많은 부정과 부패를 저지르면서 다시는 재생할 수 없을 정도의 나락으로 떨어지고 말 것은 현재까지의 문화정책에 대한 반성을 통해 자명하다. 오히려 이러한 절박한 상황에 부딪치면서 우리가 이제까지 발전을 경제 일변도로만 생각했던 것에서 돌이켜서, 인간 전체적인 발전이라는 것이 무엇을 뜻해야 하는가, 그것을 위해서 우리는 어떤 조치를 취해야 하는가에 대한 새로운 의식을 불러일으켜야 한다는 취지에서 문화정책과 사회발전정책이 구상되어야 한다는 것이다. 그것이 바로 미래를 바로 살아갈 수 있는 길이기 때문이다.

2) 문화의 민주화, 문화민주주의: 문화 진흥 방향

이런 문화예술의 의의를 어떻게 우리의 현실 생활 속에 심어낼 수 있을 것인가? 그것이 이른바 문화정책이라는 말로 표현되고 있다. 쉽게 말하면, 두 가지의 큰 방향으로 나누어진다. 하나는 오랜 역사를 통해 인류에게 남겨진 유산을 좀 더 많은 사람이 감상할 수 있고, 접할 수 있도록 만들어주고자 하는 방향이 있을 수 있다. 그것을 전문적인 용어로 말한다면, '문화의 민주화(democratization of culture)'로 표현한다. 영국이나 프랑스같이 중앙집권적인 체제가 강했던 나라에서는 명작이나 공연을 지방에 순회시키거나, 공연을 파견하고, 교육을 통해서 많은 사람이 그러한 세계에 접할 수 있게 해주려고 애쓰고 있다.

그러나 1960년대 말 학생혁명을 겪은 서방세계는 그것이 전부가 아니라는 것을 깨닫게 된다. 문화는 물론 교육과 학습을 통해 습득되지만, 항상 일방적으로 중앙으로부터 공급받거나 더 좋다고 인정되는 것을 수동적으로 받아들이는 것만으로는 만족할 수 없다는 인식이 싹튼 것이다. 그래서 새로운 문화정책의 방향이 세워진다. 그것을 '문화민주주의(cultural democracy)'라고 한다. 말하자면, 사회 내부에서 주도문화와 하부문화가 있을 때, 이 하부문화의 영역들도 격려하여 그들의 의식과 정서를 모든 사람들이 공유할 수 있도록 가다듬게 해 때에 따라서는 주도문화를 수정하게 만드는 활동을 전개해야 한다는 것이다. 말하자면, 밑으로부터 위로 올라가는 방향선이 문화정책에서도 소중하게 여겨진 것이다. 이렇게 해서 청소년, 노동자, 노인, 여성 등이 갖고 있는 문화의식을 키우는 작업이 활발하게 진행되고 있다.

만일 어느 지역에서 '새로운 시대를 맞이해서 문화를 세우자'라고 할 때, 유명한 화가들이나 작가들, 음악가들을 초청해서 사람들에게 보여주는 것도 좋고, 전통적인 문화기법들을 교육을 통해서 가르쳐주는 것도 좋다. 하지만 그것의 참된 의의는 궁극적으로 개개인이 갖고 있는 의식과 정서를 다른 사람과 공유할 수 있도록 가다듬게 하자는 데 있게 마련이다.

이처럼 예술 감상의 기회만큼이나 예술활동을 통해 자기를 표현할 수 있도록 독려하는 활동을 통해 개인과 그가 속해 있는 지역사회는 윤기 있게 되고 개성을 갖게 될 것이다. 그리고 그런 개성이 있을 때에만 비로소 오늘날 흔히 입에 담는 세계화는 완성된다고 볼 때, 세계화와 지방화는 표리의 관계를 이루고 있다.

오늘날 발전된 나라들에서는 국가가 아니라 지역사회가 중심이 되어 여러 활동을 전개하고 있다는 점에서 문화와 교육의 상관관계 역시 지역사회의 문화작업과 사회교육적 접근의 상관관계라는 관점에서 논의되어야 한다.

한국의 경우 특히 김대중 정권이 표방하던 정책 지향에 따르자면 '문화민주주의'가 좀 더 유효하게 실천되었어야 한다. 그러나 IMF체제로부터의 해방이라는 절체절명의 과제를 이유로 문화 역시 인간적 가치보다는, 경제적 가치를 충족시키는 수단적 가치를 더욱 존중하는 지향을 드러내게 되고 그런 의미에서 문화관광부라는 부처 이름이 공공연히 사용되고 말았다. 그러나 과연 그래도 좋은가? 국가가 왜 문화예술진흥에 진력해야 하는가를 되묻지 않으면 안 되게끔 이르렀다. 우선 시장 실패의 원인들을 살펴보자.

(1) 독점

독점은 독점상인이 산출을 제약하고 경쟁에서 우세하게 될 한계비용 이상으로 가격을 올림으로써 가외의 이익을 얻을 수 있는 위치에 있기 때문에 시장 실패의 원인이 된다. 예술기관들은 지역 시장구조 안에서 종종 독점상인들처럼 작동한다. 그런데 대부분의 예술기관들은 비영리성을 기초로 해 조직되어 있기 때문에, 보통 시장 실패의 원인으로 취급받지 않는다. 만일 그것들이 한계비용 이상으로 가격을 올린다면, 이는 이윤을 최대화하기 위해서라기보다 체감하는 비용조건 아래 작동하기 때문이다. 사실상 한계비용은 항상 평균 총제작비용보다 낮게 마련이다.

(2) 외부성 또는 집합적 이익

한 회사 또는 개인의 활동이 아무런 보상 조건 없이 다른 회사들 또는 개인들에게 영향을 끼칠 때 외부성(externalities)이 존재하게 마련이다. 예컨대 만일 어떤 발전플랜트가 공기오염을 산출해낸다면, 그것은 인근 회사와 주민들에게 아무런 보상도 지불하지 않으면서 손해 비용을 강요하는 것이 된다. 공해는 외부비용의 고전적 사례이다. 그러나 외부성은 또한 이익으로 작용할 수 있다. 어떤 교외 주택 소유주가 아주 멋진 화원을 소유하고 있을 경우, 이웃들과 나그네들은 돈 한 푼 내지 않고 외부적 편익(external benefit)을 얻게 된다. 긍정적이든 부정적이든 외부성은 시장을 통해 매개되지 않으며, 그것의 생산에 사용된 자원들은 가격 체계를 합리화하는 데 영향을 받지 않는다. 이런 의미에서 시장실패의 주요 원인이 된다.

예술이 교육과 마찬가지로, 그것을 소비하는 사람들에게 개인적인 편익을 베풀어준다는 것은 분명하다. 이러한 편익은 즐거움, 활력, 그리고 개인들이 현장에서 공연되는 예술을 참관하거나 박물관 또는 화랑을 방문할 때 또는 그 밖의 방법으로 예술작품과 인연을 맺게 될 때 얻게 되는 계몽 등으로 구성된다. 그러나 이러한 개인적인 즐거움이 아무리 풍부하고 자극적이라 할지라도, 그 밖에 외부성 또는 집합적 이익이라고 분류되어야 할 부가적인 것이 존재하는지의 여부은 다분히 논쟁의 여지가 있다. 이러한 논쟁은 예술과 문화의 외부적 편익들이 분산되었고 관찰이 불가능하기 때문에 불가피할지도 모른다. 그럼에도 불구하고 예술을 연구하는 경제학자들이 인정하는 다음의 외부적 편익들은 참고할 만하다.

① 미래 세대를 위한 유산

유능한 경제학자들 중 많은 사람이 예술과 문화를 미래 세대들을 위한 유산으로서 보존하는 것이 집합적 이익에 해당한다는 의견을 제시한다. 이는 예술을 향유하는 사람이나 그렇지 않은 사람 모두가 그 문화와 예술이 오늘 여기에 있지 않아 자신들의 선호를 통제할 수 없는 미래 세대의 이익을 위해 보존할 만하다고 생각하며, 일정한 비용을 기꺼이 지불할 것이라는 점을 논증의 기초로 삼는다. 우리 중 누구도 과거로부터 물려받은 것보다 빈약한 문화를 후손들에게 넘겨주려는 위험한 짓을 원치 않을 것이다. 그러나 문화 전통의 전승이 순수한 외부적 이익이라 할지라도, 그 한계가치가 너무나 낮아서 보조를 받을 수 없는 '유산'이 얼마든지 많다고 말할 사람도 있다.

② 국가적 정체성과 위신

많은 사람은 예술가들 덕택에 자국이 국제적인 인정을 받는 데 자부심을 느낀다. 이른바 '국격(國格)'을 말한다. 그것은 분명히 집합적 이익에 속한다. 그러나 국가적 자부심을 이 시대의 죄악 중 하나로 보는 사람도 없지 않다. 또한 만일 국가적 위신이 지원받을 만한 것이라 할지라도, 예술을 지원하는 것과 재능 있는 스포츠 팀의 외국 원정여행을 지원하는 것 중 어느 것이 좀 더 효과적인지를 우리가 어떻게 알 수 있는가? 좀 더 일반화하자면, 그것이 타당한 목표에 도달하는 가능한 방법임을 증명하는 데 멈추지 않고, 가장 비용 효율적임을 또한 증명해야 한다.

③ 지역경제에 미치는 이익

앞에서 말했듯이 예술활동은 지역경제에서 다른 생산자들에게 파급효과를 제공할 수도 있다. 이는 두 가지 방법 중 하나로 가능해진다. 첫째, 예술은 타지방 소비자들을 끌어들일 수 있다. 이들은 그 지역의 공연을 위한 입장권을 사거나 박물관을 방문하는 것에 덧붙여서 지역 상점, 음식점, 호텔 등에서 돈을 지출한다. 이러한 지출은 무역 수출과 마찬가지로 지역경제를 자극한다. 둘째, 문화적 쾌적성(cultural amenities)의 존재가 한 도시로 하여금 새로운 회사들을 다른 곳에서 그곳으로 끌어들일 수 있도록 도움을 줄 수도 있다.

이러한 명제들은 둘 다 옳다. 그러나 '지역'적 경제 이익이 중앙정부에 의한 지불을 정당화할 수 있는 것처럼 보이지 않는다. 다시 말해서, 다른 도시가 아니라 바로 이 도시에 관광객이나 회사를 끌어들이기 위해 중앙정부가 지역 예술활동을 보조해야 한다는 이유를 찾기란 쉽지 않다. 국가 전체의 관점에서 본다면, 예술은 관광객이나 회사를 외국으로부터 끌어들이는 정도에서만 경제적인 자극을 제공하는 셈이 된다.

④ 인문교육의 기여

교육으로부터 얻는 집합적 이익들의 중요성은 널리 알려져 있기 때문에, 예술이 인문교육(liberal education)의 필수적인 요소라는 점에서, 예술의 외부적 편익을 주장하는 데 강력한 논거가 될 수 있을 것이다.

⑤ 예술 참여자들의 사회적 개선

예술에의 참여가 우리의 감성을 훈련하거나 동료 인간의 최고·최선의 성취에 자신을 노출시킴으로써 우리 자신을 좀 더 나은 인간으로 만들어준다는 말은 거의 상식화되어 있다. 만일 그렇다면, 개인 일반이 예술 참여를 통해 자기 자신의 개인적인 만족만을 추구하는 것이 아니기 때문에, 그것은 외부적 이익이 될 수 있다. 예술이 인문교육에 기여함으로써 집합적 이익을 마련한다는 견해와 연관시켜 종합적으로 고찰한다면, 시민들이 인문교육을 받음으로써 예술과 문화의 집합적 전통을 이해하는 것은 권장할 만하다.

⑥ 예술적 혁신의 격려

혁신, 또는 좀 더 광범하게 과학적·기술적·경영적 혁신이 경제적 진보의 주요 원천이 된다는 것은 일반적으로 인정된다. 또한 만일 혁신의 주도자들이 자신들의 위험과 노력에 대한 적절한 보상을 주장할 수 없을 경우 혁신은 억제된다는 이해도 보편적이다. 예술적 혁신은 '저작권법'에 의해 보호를 받고 있지만, 저작권이 적용되는 범위는 아직 상당히 제약되어 있다. 예술에 종사하는 개인 또는 비영리조직은 모든 비용을 부담해야 하는 어려움이 있고, 예술적 혁신이 성공을 거둔 경우에도 다른 사람이 그 새로운 기법을 무료로 사용하는 것을 막을 방도가 없다. 이렇게 해서, 사회적으로 바람직한 실험의 위축을 시장 실패의 한 형식으로 간주하면서, 예술 지원을 정당화하는 견해가 제기된다. 생산 현장에 예술가를 참여시킴으로써 예술적 상상력을 통해 생산성을 향상시킨 사례는 허다하다.

3) 미래 사회 전망

앞으로의 시대 상황에서는 정치·경제·산업 면에서 융합과 4차산업혁명이 운위되고 있는 현실을 주목하지 않을 수 없다. 과학기술 면에서는 전자과학과 반도체산업의 발달로 우주과학화 및 첨단기술시대가 예상된다. 사회 면에서는 고도정보화, 변모가속화, 기호화, 고학력화가 예상되며, 인구와 가정 면에서는 고령화, 핵가족화, 여성의 사회 참여 확대가 전망된다. 인간 생활의 환경 면에서는 여가 시간의 증대, 고소비시대, 개성화, 감각화, 자동화, 안정생활 지향화 등이 예상되며, 지역적으로는 도시화 현상이 가속되고 인구의 교외 이동과 지역산업의 확장 등으로 지방화시대가 필연적일 것으로 예상된다. 이러한 미래의 사회상은 따지고 보면 모두 문화와 관련이 있다. 국제화 또는 개방화 시대라는 것은 국가와 국가 간의 교류뿐 아니라 지역과 지역 간의 교류까지 의미하는 것이며, 그 교류 내용은 결국 문화이다. 정보시대의 과제는 일방적인 정보를 수입해서 그것을 관리하는 데 그쳐서는 안 된다. 정보화사회의 주체는 스스로 정보를 발신할 수 있어야 하고 또 발신하는 정보를 창출해내야 한다는 점에서 문화의 문제가 아닐 수 없다. 고령화사회는 단순히 노인 인구가 증대해간다는 것만이 아니라 바로 젊은 세대의 문제이며, 여가 시간이 증대하고 고령화되어 가는 시대에 대비해서 문화를 누리는 사회적인 장치를 마련하는 것이 과제이다. 생산과 능률이 목적이었던 산업사회로부터 정보화사회로 변할 때 문화 면에서도 변화가 예상된다. 이제까지 문화의 창조만을 중요시했던 시대로부터 문화를 어떻게 누리고 즐길 것인가 하는 것이 중요시되고, 문화를 즐기는 방법이 문제가 되는 시대가 되지 않겠는가 하는 생각에서, 미래 사회는 문화의 시대라고 해도 과언이 아닐 것이다.

이제 이와 같은 견해들을 대강 염두에 두면서, 우리는 예술로부터 얻을 수 있는 외부적 이익들을 운위했거니와 더 나아가 실제적 가치가 어떻게 결정될 수 있다는 것인지를 검토해볼 만하다.

문화정책 내지 행정은 해당 국가의 역사 단계와 현실 상황, 그리고 미래 지향에 따라 다양할 수 있다. 세계적으로 통용되는 문화정책 내지 행정 영역을 참고로 하자면, 크게 보아 문화유산, 예술문화, 생활문화, 문화산업, 문화외교 분야가 문화국가 건설이라는 목표를 지탱해주는 주요 요소로 포괄될 수 있다. 이렇게 보면 문화행정은 과거에 여러 부처들에 분산되어 있던 문화교육(평생교육의 핵심 부분), 문화산업(디자인 및 매체), 문화관광, 문화외교 분야를 통합해 좀 더 집중적이고 활력적으로 발전시켜야 할 것이다.

앞으로 우리는 각 부문으로 나누어, 사회·문화 생활구조가 가속적으로 변화될 미래 사회를 앞둔 문화정책의 과제를 검토해볼 것이거니와, 그에 앞서 전체적인 기조를 요약해보면 다음과 같다.

첫째, 국제화·개방화·지구촌 시대에 대처해 주체성과 세계성의 조화를 이루어 새로운 우리의 문화를 창달해야 한다. 둘째, 생활구조의 변화에 따른 개성화와 감각화를 극복하고 인간성 존중과 시민정신을 함양하는 대중문화의 개발로 새로운 한국인상(像)을 창출해나가야 한다. 셋째, 정보화시대와 과학기술시대에 대처하는 융합적인 새로운 예술창조의 노력이 필요하다. 넷째, 지역·세대·계층 간의 문화적 격차를 해소하고 다양한 계층문화를 개발해 문화적 복지를 확산해나가야 한다. 다섯째, 남북통일에 대비한 통일문화를 구축해야 한다.

이와 같은 문제를 좀 더 자세히 살피자면 우리가 처해 있는 상황을 좀 더 면밀하게 살펴보아야 한다. 이러한 일반적 상황들을 감안하면서 문화정책의 권역에 들어 있는 문화들 중 전통문화, 통일문화, 대중문화, 문화산업을 위한 정책을 집중적인 검토가 필요한 영역으로 설정해 다소간 중복되더라도 다시 한번 그것에 포함된 문제와 대안을 살펴보고자 한다. 그러나 이러한 부분적인 논의에 앞서 우리는 문화예술의 의의를 근본적으로 검토해야 할 필요성을 절감하고 있다.

이러한 기조 아래에서 앞으로의 문화정책이 대응해나가야 할 일반적인 문화 시책의 과제는 다음과 같이 요약해볼 수 있다.

① 민주시민 시대에 부응하는 시책

새로운 민주시민상(像)을 창출하기 위해서 지성적이고 성실한 인간성, 인간존중의 인간성, 조화와 융합의 인간성, 자주적 생활관, 건전한 비판정신 함양 등의 대중문화 시책이 필요하다. 이를 위해서는 학교교육과 사회교육의 혁신이 필요하다. 학교교육에서는 문화예술적인 감성교육을 강화하고, 공공윤리교육과 개성과 사회성의 조화를 함양해야 할 것이다. 사회교육 면에서는 평생교육을 확충해 이기적인 핵가족의 병폐를 극복하고 유아 및 어린이의 정서교육과 청소년에 대한 문화적 정서교육의 확충, 고령층·여성층의 사회참여 교육 확대, 직장·기업의 문화교육 확대, 사회교육 시설의 확충 등이 요망되고 이에 따른 다양한 프로그램을 개발해야 한다.

② 정보화·첨단과학 시대에 대응하는 시책

새로운 예술 장르의 개발과 연구가 필요하다. 전자매체를 활용하는 이른바 '텔레콤 아트'의 개발이다. 한편 감각적·시각적 예술현상에 대응하는 연구와 유선TV시대의 문예프로그램, 컴퓨터의 보급에 대응하는 문예소프트웨어의 개발, 문화예술 정보전달 체계의 확립, 문화예술 전용미디어의 확보 등이 과제가 된다.

③ 지방시대에 대응하는 문화 시책

무엇보다도 중요한 것은 문화행정의 중앙집권화를 지양하고 지방분권화를 도모해 지역문화의 자치화와 자립화, 지역문화의 개성화와 특성화, 지역문화의 다양화와 다원화를 지향해야 하겠다. 그러기 위해서 지역문화에 대한 투자가 확대되고, 부족한 지역문화 시설을 대폭 확충하고 지역 예술활동을 활성화할 수 있는 지원 시책의 강구, 지역문화 전문 인력의 확보와 자질 향상의 기회와 제도가 확립되어야 할 것이다.

④ 여가와 소비시대에 대응한 시책

여가의 문화적 선용을 위해서 늘어나는 자유 시간을 문화적으로 이용하는 문화프로그램의 개발과 보급, 문화적 서클활동의 권장, 고령자의 문화생활 환경 조성, 건전한 놀이문화의 보급이 필요하다. 또한 높은 소비생활의 문화적 기여 방안을 강구해 레저산업과 그것을 이용하는 사람들이 문화적인 역할을 할 수 있게 하는 생활문화 환경의 조성이 필요하다. 이런 점에서 여가에 관한 정책적 대응이 새로운 문화정책의 과제인 것이다.

⑤ 문화산업의 육성과 기업의 문화 역할 강화

문학·미술·음악·악보 등의 출판 육성과 영화·영상·음반 관련 시청

각 자료의 제작 산업, 다목적 전자서적의 개발과 전자서점 육성, 무대 미술 제작과 화구 및 악기류의 제작 산업을 육성·보호하고, 한글의 기계화와 문화예술과 관련된 컴퓨터 소프트웨어 제작을 지원·육성해 나가야 한다. 한편으로는 일반기업과 민간 차원의 문화적 역할을 확대하기 위한 기업의 예술 공간 운영, 전속 예술단체 구성 운영, 예술 후원 및 지원 분위기 조성과 기업활동에 문화예술인의 참여 방안 개발 등이 폭넓게 강구되어 기업메세나운동(기업의 문화예술 지원 및 후원)이 활성화되어야 할 것이다.

⑥ 창조 환경 조성과 문화 향수 기회 확산

문화적인 수요와 공급의 균형 발전이 필요하다. 문화의 공급자인 창작예술인에 대한 지원은 자율성의 보장이 기본이다. 따라서 순수예술의 창작 여건을 지속적으로 지원하고, 실험예술과 새로운 창작활동에도 눈을 돌려야 하겠으며 예술인들의 사회적 지위 향상과 복지 증진 시책이 강구되어 새로운 창작 풍토가 조성되어야 할 것이다. 다음은 문화의 수요자에게 문화 향수권을 확산시키는 것이다. 이 문제는 사회교육적인 측면과 밀접한 관련이 있으나, 특히 문화 시책 면에서 고려해야 할 일로 대중의 잠재력을 문화와 접목시키는 문화촉매운동의 필요성이 강조되지 않을 수 없다. 각급 문화시설과 문화기관의 사회문화 교육활동과 국민을 찾아가는 이동 문화프로그램, 문화가족운동으로 표현되는 소집단 문화활동의 확산과 활성화 시책이 여기에 포함되는 것이다.

⑦ 국제화시대에 부응하는 문화 교류 시책

우리의 전통·고유문화를 해외에 널리 알려서 인식을 넓히고 공감대를 형성하는 것이 바람직하다. 이를 위해서 우리 교포들이 밀집되어 거주하고 있는 해외지역에 한국문화권을 형성하기 위한 집중적인 배려와 시책이 필요하다. 외국과의 문화 교류에서는 철저한 상호주의에 입각한 고도화된 교류 활동이 전개되어야 하고 이렇게 되기 위해서는 해외 정보의 수집과 활용, 해외 진출을 위한 조사 연구, 전문적인 교류 기구의 육성과 교류 기금의 확보 등이 뒤따라야 할 것이다.

⑧ 통일문화 구축을 위한 시책

남북통일에 대비한 통일문화 구축을 위한 프로그램의 개발과 연구가 필요하다. 이를 위해서는 먼저 북한 문화예술의 실상을 연구하고 자료를 조사해야 할 것이며, 다음 단계로 분단시대를 문화적으로 극복하기 위한 교류 방안과 남북공동 연구과제의 설정과 연구 작업이 필요한 바, 이것들을 이념성이 약한 분야에서부터 점진적으로 추진해 민족의 문화적 동질성을 확인하는 것에서부터 시작해야 할 것이다.

앞에서 살펴본 바와 같이 다가오는 미래 사회에서 문화적인 욕구와 과제가 증대하면 이에 대응하는 일차적인 책임은 국가와 지방정부의 중요한 소임이다. 문화는 인간의 창조활동에 기초하는 것이기 때문에 항상 변모한다. 국가나 지방정부가 한 가지 입장에서 문화의 정통성을 인지하려고 한다면 그것은 문화의 동결을 의미하는 것이고, 인간의 창조성을 부정하는 것이 된다.

그러므로 국가나 지방정부는 국민들의 정신적 에너지를 발산하기 위한 각종 시설과 장치를 조성하고, 광범한 문화활동을 지원하는 제도를 구축하는 데 힘써야 할 것이며, 문화의 내용에 관해서는 그것을 창조하고 향수하는 국민 대중에게 맡겨야 한다는 원칙을 명확하게 인식해야 한다. 그러기 위해서 문화정책의 시각전환이 필요한 것이다. 다음과 같은, 미래를 지향하는 문화정책의 시각이 필요하다.

- 시민자치의 시각과 기초 자치단체 주도의 원칙
- 종합화의 시각으로 문화행정은 종합과 조정의 총체행정이 되어야 한다는 원칙
- 개성화·특성화의 시각
- 인간적인 감성의 시각
- 행정 자체의 개혁으로서 행정의 문화화 시각
- 문화 투자의 적극화
- 행정·제도의 시대적·사회적 변천에 적응하는 시각

이러한 시각 변화는 추상적인 이념만을 논하는 것에 그쳐서는 안 되고, 이념을 현실화하기 위한 기술을 개발해야 한다. 즉 문화 발전을 위해 무엇이 필요한가를 찾아내는 과제 발견과 발견된 과제를 실현하기 위한 수단을 개발하는 행정기술 개발이 뒤따라야 하므로 정책 연구가 필요한 것이다. 그리고 이러한 시각의 변화는 행정뿐만 아니라 문화예술인을 비롯한 전 시민, 전 국민에게도 필요하다.

우리는 앞서 살핀 여러 과제 중에 특히 통일문화와 관련된 분야에 주목하고자 한다. 북한은 지금 세계의 변화 속에서 유일하게 남은 정보 차단국이다. 그러나 우리도 사실은 북한에 대해서 아무것도 알지 못한다는 점에서는 마찬가지다. 문화의 교류와 통일의 회복은 문서에 의해서 이루어지는 것은 아니다. 그것은 문화 내용물의 실체를 만지고 보는 등 체감하며 갖게 되는 느낌의 감수성으로서 수용되어야 이루어진다. 이에 대한 어떤 과정과 단계가 있어야 하는지의 준비는 아직도 접근되어 있지 않다.

남북한에는 현행 법률적으로 보면 네 가지 형태의 문화가 존재하고 있다. 즉 ㉠ 남한에만 존재하는 문화, ㉡ 북한에만 있는 문화, ㉢ 남북한에 다 존재할 수 없는 문화, ㉣ 남북한이 함께 평가하는 문화가 그것

이다.

바람직한 남북한의 교류를 위해 이 네 가지 문화 형태를 그 역순으로 실시해나가는 것이 좋을 것이다. 즉 남북한이 두루 인정하며, 교과서에 게재하고 있는 작품부터 그 의미와 역사적 평가를 내리는 작업을 한 뒤에 이를 발판삼아 남북한에서 함께 매장시켰던 작품들을 연구·정리하는 것이 좋을 것이다. 이어 ⊙과 ⓛ은 똑같은 성질로, 이를 비판적인 시각으로 보면 분단체제의 남북한 어용문화가 되고, 긍정적으로 보면 자본주의와 사회주의의 서로 다른 장점들을 총화시킬 수 있는 요소도 지닌다.

그러니까 ⓔ은 이미 남북한이 공인할 수밖에 없는 문화로 어떤 형태로 통일이 되든 이미 민족문학으로 평가받은 것이며, 문제는 ⊙, ⓛ, ⓒ이다. 여기서 ⓒ은 이미 한국에서는 상당 부분 명목상으로는 해금된 상태이기 때문에 북한에서만 문제가 되는데, 최근 이광수를 비롯한 부르주아 문학까지 재평가하는 경향으로 미루어 볼 때 별 문제는 없을 것으로 전망된다. 문제는 ⊙, ⓛ에 대한 남북한의 견해 차이인데, 이 점은 통일 이후에도 그대로 많은 쟁점이 남을 수밖에 없는 미학적 본질에 관한 문제일 것이다. 따라서 쉽게 합의에 이를 수 없는 쟁점은 뒤로 미루고 이미 민족문화의 공감대를 이루고 있는 문화를 중심으로 그 확대·심화 작업을 해나가는 것이 남북 문화 교류의 방법이 되어야 할 것이다.

그런데 현실은 이와 반대로, 남북한은 서로 ⊙, ⓛ 계열의 문화를 상대편에게 먼저 전달시키려는 경향이 강하며, 이 때문에 교류는 사실상 열매를 맺지 못하고 있다. 문화에서 분단이란 정치나 경제와는 달리 정서적인 것이기 때문에 하루아침에 한국의 연애 소설 독자가 북한의 주체사상에 입각한 항일 빨치산 소설에 흠뻑 빠질 수는 없으며, 거꾸로 북한의 독자도 당장에 한국의 첨단적인 포스트모더니즘계 시나 소설을 이해하고 좋아할 수가 없다. 이런 극히 초보적·문화현상적인 사실을 무시한 채 남북한이 서로가 상대편의 이념적인 견고성을 격파하기 위해 자편의 첨단적인 작품을 강요하려 한다면 그 접점은 오히려 실망과 불신의 증가뿐일 것이다.

문화적 교류는 그 성격상 다음 몇 단계로 나눠진다. 1단계, 작품만의 교환, 2단계, 문화인 상호간의 만남, 3단계, 문화인 서로가 상대편 사회에서 창작활동을 할 수 있는 단계로 설정할 수 있다. 여기에서 우리는 아직 1단계에도 이르지 못하고 있음을 알 수 있다. 문화예술은 식품이나 상품처럼 당장 법률 하나만으로 유통구조가 열리는 것이 아니기 때문에 양쪽 체제의 사람들이 상대편을 익히는 적대감의 해소가 전제되어야 그 뒤에 작품 교환이 가능한데 지금 상황으로 남북한은 1단계조차 난망이다. 그러나 이미 1980년대보다는 훨씬 이해의 폭이 늘어난 만큼 남북한 당국이 방송, 언론매체, 문학예술을 합법적으로 공개하고 향수·평가할 수 있는 자유만 보장하면 급진전할 소지를 갖추고 있다.

문제는 2단계부터인데 현재까지 남북한은 공식적인 문화인의 접촉을 사실상 금지시켜오면서 형식적인 각종 회담 제의만 되풀이하고 있다. 사실 현재 상태로는 만나봤자 입씨름만 되풀이하거나 연회나 치르는 수준에 머물 가능성도 없지 않은데 그만큼 우리는 상대에 대해서 무지하다. 각종 심포지엄이나 학술회의가 추진되었지만 성사된다 해도 공통의 관심사가 될 수 있는 주제 선정은 미묘한 쟁점이 되었다. 따라서 이럴 경우에는 앞에서 쓴 것처럼 남북한이 공감할 수 있는 문제부터 접근해가는 것이 좋을 듯하다. 예컨대, 일제 피식민지 시대 때의 문화운동에 관한 문제부터 차츰 현대로 옮겨오는 방법도 좋을 것이다. 물론 현대적인 주제에서도 공해문제나 국토예찬문학, 발전사상 등 남북한이 절실한 쟁점을 내세우는 것이 좋을 것이다.

3단계에 이르면 이미 통일은 눈앞에 닥치게 된다. 궁극적으로 문화적 교류란 바로 이런 단계까지를 말하는 것으로 남한의 작가가 북한에 가서 자유로운 창작활동을 할 수 있음과 동시에 거꾸로 북한 작가도 한국에서 활동하는 데 지장이 없어야 할 것이다.

요컨대, 남북한 문화의 교류는 그 입장이 체제 경쟁에서 그 우위성을 선전하기 위한 방편이 아니라 민족적 공감대를 확보하기 위한 정서적인 범민족 주체성의 회복이라는 가치관이 확립되어야 할 것이다. 아울러 남북한은 현시점에서는 이상적인 민족문학의 창조에는 미흡하며, 좀 더 완결성에 이르고자 하는 민족문학의 창조를 위해서는 남북한이 그간 이룩한 성과들을 바탕 삼아 함께 그 장점을 살려나가는 자세가 요구된다 하겠다. 그러나 통일 문제는 결코 독립변수가 아니라 의존변수이다. 즉, 통일을 둘러싼 사회 전반의 분위기 형성이 좀 더 중요한 역할을 차지한다. 지금처럼 북한이 핵개발을 국가 목표로 내세우는 상태에서는 문화 교류는 꿈꿀 수조차 없을지도 모른다. 그러나 역설적이게도 문화 교류의 시도가 전반적인 교류의 물꼬를 터줄지도 모른다는 희망을 잃지 않는 자세가 더욱 요청될지도 모른다. 북한이 핵 개발에 매진하고 있는 현 단계에서는 모든 것이 무의미하다고 보는 것이 현실적일 수도 있지만, 그럴수록 작은 가능성이나마 찾아야 한다는 당위론도 완전히 무시할 수 없다. 북한이 1990년대에 개발한 민족가극이 그 좋은 예가 될 것이다.

4. 결론: 국가의 품격

우리 사회에서도 최근 들어 '국가의 품격' 또는 '국격'이라는 용어가 사람들 사이에서 떠돌고 있다. 혹자는 경제 발전만이 발전의 전부가 아니라는 목적적 의미로, 혹자는 경제 발전을 더욱 촉진하기 위한 수단적 의미로 쓰고 있어 의미상 혼란이 빚어지기도 한다. 그러나 적어도 내가 아는 범위에서 이 말의 진원지는 일본이었고, 좀 더 구체적으로 말한다면 후지와라 마사히코(藤原正彦; 오차노미즈여대 교수)가 쓴『국가의 품격(國家の品格)』이라는 작은 책자이다. 2005년에 출판되어 2년 후에 이미 40쇄가 나올 정도로 베스트셀러가 된 이 책은 사무라이 정신을 근간으로 다소간 국수주의적이라고 오해될 성향을 감추지 않고 있다. 미국에서 교수생활을 할 정도로 미국통이라 할 수 있는 저자는 그럼에도 불구하고 일본이 사회와 경제를 넘어서서 문화와 국민성에 이르기까지 깊숙이, 끊임없이 미국화되고 있음을 경계한다. 한마디로, 일본인이 전후에 조국에 대한 자랑과 자신을 잃게끔 교육되고, 세계에 자랑할 만한 자국의 오랜 '정서'와 '모양(形)'을 거의 잊어버린 채 금전 지상주의에 빠져들어 '국가의 품격'을 잃게 되었다는 것이다. 현재 진행 중인 글로벌화라는 것이 세계를 균질화하는 것이라면, 일본인은 이 세계적 추세에 대해 감연히 도전해 구미가 지배하는 '야비한' 세계에서 '고고한' 일본이 되지 않으면 안 되는바, 이로써 세계에 모범을 세우는 것만이 일본이 인류에 기여할 만한 세계사적 공헌이라는 것이다.『국가의 품격』의 저자는 천재와 그에 준하는 '진정한 엘리트'의 출현을 하나의 지표로 내세웠지만, 지표란 결국 모든 국민이 지향해야 할 목표의 뜻을 지닌 만큼, 우리로서는 오히려 그와 같은 수준이 하나의 보편적인 품성이 될 수 있도록 노력해야 한다는 주문을 덧붙일 수 있을 것이다. 수학자인 저자의 부모가 작가임을 감안한다 해도, 다분히 문학적인 향취를 풍기고 있는 이 책이 베스트셀러가 된 배경에는 일본 사회가 침체에 빠지게 된 사정이 작용했으리라고 생각되지만, 우리 사이에서도 '국격'을 이와 비슷하게 이해하는 사람들이 없지 않은 만큼, 그가 내세우는 '국격'의 내용을 좀 더 알아보는 것도 그리 불필요하게 여겨지지 않을 것이다. 앞에서 지적했듯이, 다소간 국수주의적이고 심지어는 시대착오적이라고 여겨질 수도 있는 그가 말하는 사례를 짐짓 눈감아 준다면, 그리고 지금의 일본이 그와 같지 못하다는 것이 저자의 주장에서 핵심이 된다는 것을 감안한다면, 그리 나무랄 바 없는 것 같기도 하다. 수학과 문학과 예술활동이 어느 정도 융성한지를 보면, 그 나라의 저력을 알 수 있다는 그의 지적은 일리가 없지 않기 때문이다. 그는 심지어 경제 성장을 희생시켜서라도 품격 있는 국가를 목표로 삼아야 하고, 그렇게 되는 것 자체가 최대의 국제 공헌이라고 말할 수 있다고 역설한다. 품격 있는 나라가 곧 모든 국가의 목표라면, 이를 앞서 실현하는 것이 바로 인류의 꿈을 앞서 안내하는 존재가 되는 것이라는 그의 주장은 국가의 품격이 그 자체로 방위력이기도 하다는 주장으로까지 이어진다.

저자 자신이 국익주의(내셔널리즘)와 조국애를 구별하고자 하는 데서 보듯이, 그것이 '자연에 대한 섬세하고 심미적인 감수성'을 강조하기 위한 방편이라는 점을 감안한다면, 그리고 우리 사이에서 높게 평가되는 '선비' 정신과 견주면서 이를 보편적 가치로 삼아 신자유주의가 횡행하는 현재의 세계화 추세에 창조적으로 대응하고자 하는 노력으로 이해한다면, 이를 우리 사이에서도 적지 않은 영향력을 발휘할 수 있는 주장이라고 보아도 무방할 것이다. 더구나 국가의 품격을 높이고자 하는 국가적 노력을 상징하는 국가브랜드위원회의 명칭이 보여주듯이, 우리 사회가 여전히 경제제일주의에 물들여져 있는 것과 비교한다면, 오히려 타산지석이 될 만하지 않은가? 김연아의 올림픽 금메달 획득이 돈으로 환산하면 얼마가 된다고 해야 수긍하는 식의 태도는 아름다운 정서와 높은 기준의 도덕을 진정한 국제인의 조건으로 간주하는 입장과 너무나도 차이가 있어 보이기에 더욱 그러하다.

다시 한번 강조하거니와, 결국 문화정책은 교육정책과 마찬가지로 미래를 위한 투자라는 관점에서 다시 출발하지 않으면 안 된다. 교육에 까지도 경제적 효율성을 따지는 폐단이 없는 것은 아니지만, 문화 영역

에 대해 돈벌이를 당연시하는 태도가 시정되지 않는 한, '국격 신장'이
란 도저히 바랄 수 없는 꿈이 되고 말 것이다.

참고문헌

김문환. 1990. 『문화입국론』. 느티나무.
_____. 1997. 『문화경제론』. 서울대 출판부.
문화관광부. 1998. '「2000년대를 준비하는 '국민의 정부' 새 문화정책: 문화의 힘으로 '제2의 건국'」.
한국문화관광연구원. 2014. 「문화진흥 기본계획 수립연구」.
한국문화예술진흥원 문화발전연구소 엮음. 1994. 「복지정책으로서의 문화와 체육의 접목 방안」.
    한국문화예술진흥원 문화발전연구소.

藤原正彦. 2005. 『國家の品格』. 新潮社.

13장

언론의 미래:
저널리즘 가치의 재발견과 민주적 소통

김서중 | 성공회대학교

1. 민주화에서 또 다시 민주화로

우리 역사에 자생적으로 발생한 신문 현상[1]이 없었던 것은 아니지만 일본의 영향 아래 개화파 지식인들이 고종의 양해와 지원을 받아 한성순보를 발행한 것이 근대식 인쇄신문의 시초다. 초기부터 일본의 영향을 받았기 때문에 일본 변수를 배제하고 우리 언론의 변천사를 설명하기 힘들다. 일본이 패망으로 물러난 이후 언론이 자율성을 가지고 성장할 수 있는 기회가 있었지만 미군정과 역대 정권을 거치면서 저널리즘 본연의 가치를 구현할 수 있을 만큼의 자유를 누리지는 못했다.

언론의 민주화는 사회민주화와 별도로 달성할 수 있는 목표가 아니기 때문이다. 1987년 민주화 투쟁과 성과는 언론에게도 자유를 누릴 수

---

[1] 조선시대 선조조에 국가에서 발행하던 조보의 내용을 압축해 목판으로 발행했던 민간 조보는 민간 영역에서도 신문 현상이 존재했다는 징표다.

있는 민주화 기회를 제공했지만, 당시 정치 민주화가 완전히 이루어진 것이 아닌 만큼 언론의 자유 역시 제한적이었다. 언론이 누릴 수 있는 자유는 투쟁을 통해서만 획득 가능한 대상이었다는 뜻이다. 반면 완벽하지는 않지만 김대중, 노무현 정권 시절에는 상대적으로 좀 더 많은 자유를 경험할 수 있었고, 그런 이유로 저널리즘을 구현할 수 있는 기회를 가졌다. 일정 정도 민주화가 이루어졌기 때문이고, 정부가 직간접으로 간섭할 수 있는 공영 언론에 직접적으로 개입하지 않았기 때문이다.

그런데 이명박 정권이 들어서면서 언론 상황은 회귀했다. 즉, 또다시 권력의 통제 아래로 들어갔다. 단지 유신정권이나 5공 정권 시기와 다른 것은 권력이 일방적으로 작용한 것이 아니라 언론권력으로 성장한 수구 보수 언론과 유착해 작동했다는 점이다. 따라서 언론 영역에서 민주주의를 구현하기 위한 고민은 언론의 장악 과정을 검토하고 그 근본 원인이 되는 지점을 파악해서 개선하고 제거해야 한다는 것이다.

동시에 최근 등장하고 있는 소셜 네트워크 서비스(SNS)를 비롯한 다양한 뉴미디어 플랫폼은 과거 공동체 사회에서처럼 사람들이 직접 소통하며 인터넷상의 네트워크를 형성할 수 있는 잠재력을 지닌다는 측면에서 매우 긍정적이다. 하지만 좀 더 진전된 민주주의를 가능하게 할 것으로 예측되는 기술적 잠재성과 실제 그것이 구현된 현실 사이에는 괴리가 존재한다. 정치적·경제적·사회적·문화적 이해관계가 작용해 바이럴 마케팅에서부터 가짜 뉴스에 이르기까지 상업적·정치적 왜곡이 발생한다. 따라서 이를 극복할 수 있는 힘은 그나마 저널리즘 가치의 실현에 있는데, 저널리즘 가치를 선도해야 할 신문이나 방송의 저널리즘이 이미 정치적·경제적 압력으로 붕괴되어버린 상태다.

따라서 언론에서 민주주의의 실현은 이명박, 박근혜 정부에서 왜곡된 언론 환경을 정상화시키고 저널리즘 실천을 위해 독립과 자유를 확보하며 정보 홍수의 시대에 신뢰할 수 있는 언론을 정착시키는 데 매우 필수적인 전제다. 이를 위해 권력의 언론 장악 과정과 저항 그리고 새로운 플랫폼의 잠재적 가능성과 위험성을 살펴보고 시민사회 진영에서 수용되고 있는 언론 개혁안을 제시함으로써 언론이 다시 민주화될 방법을 제안해보고자 한다.

2. 언론민주화를 향한 투쟁

1) 신군부, 5공 정권의 언론 탄압

한국 언론은 한국 민주주의의 운명처럼 통제와 저항의 역사였다. 물론 일시적으로 민주주의가 정착해 언론이 자유를 누리고 독립적인 시기가 있었지만 1987년 이전까지는 대체적으로 언론은 독재의 희생양이었다. 1970년대 초반 다수 언론에서 언론인들이 보여준 언론자유 수호투쟁, 언론자유 실천운동, 그리고 이를 탄압하려고 1975년 동아일보와 조선일보가 벌인 언론인 강제 해직은 가장 상징적인 사건이다. 유신의 암흑기가 지나고 1980년 '서울의 봄' 시기를 맞이하지만 언론의 관점에서 보면 계엄과 검열의 시기였을 뿐이다. 기자협회가 검열 거부 결의까지 하고, 계엄이 전국으로 확대된 5월 17일 이후에도 계속 저항했지만 결국 전두환 신군부의 광주민주화운동 진압 이후 언론은 다시 암흑기를 맞이했다(김서중, 2010a: 545).

5공 정권 시기 언론의 가장 중요한 과제는 권력의 통제로부터 벗어나 자유롭게 언론 본연의 비판 기능을 수행하는 것이었다고 볼 수 있다. 하지만 1987년 6월항쟁과 7~8월 노동자대투쟁 이전까지 외려 언론은 땡전[2] 뉴스를 내보내며 권력에 충성했다. 그럴 수밖에 없는 것이 1980년 신군부 정권은 언론인 강제 해직, 언론 통폐합, '언론기본법' 제정 등을 통해 저항의 싹을 없앴기 때문이다.

언론인 강제 해직은 일부 비리 언론인 명단을 끼워 넣었지만 결국 비판적인 언론인을 언론계에서 축출하기 위한 작업이었다. 한국신문협회, 한국방송협회 그리고 한국통신협회가 자율 정화 결의형식을 빌려 1980년 7월 29일과 31일 두 번에 걸쳐 언론인들을 해직했다. 이때 해직된 숫자는 정확히 알기 어렵다. 국시 부정 또는 반정부를 이유로 보안사가 전달한 명단에 언론사가 자체적으로 해직시킬 사람을 포함시켰기 때문이다. 국방부 과거사진상규명 위원회가 입수한 '언론 정화자 명단'에 따르면 정화 보류자 44명과 정화자 938명, 합계 982명이다.

언론 통폐합은 권력에 대해 비판적일 수 있는 언론의 절대 수를 줄이고 방송의 경우에는 공영 독점 체제를 통해 비판적인 방송을 시장에서 퇴출시키기 위한 조치였다. 이 역시 한국신문협회와 한국방송협회가 자율 정화를 결의하는 형식으로 이루어졌지만 청와대 비서관 허문도가 「언론창달계획(안)」을 만들어 대통령 전두환의 결재를 받고, 보안사가 1980년 11월 11일 45명의 언론사 사주들로부터 언론사 '포기 각서'를 받는 과정을 거쳐서 강요한 결과였다.

'언론기본법'은 언론계 재편을 법적으로 합리화하고 체제를 유지하기 위한 법적 조치였다. '언론기본법'의 12조가 규정하고 있던 신문방송통신의 상호겸영금지 조항은 언론 통폐합으로 이루어진 언론 현실을 합리화하기 위한 대표적 조치다.

5공 정권이 언론을 옥죈 또 하나의 수단은 보도지침이라 불리는 문화공보부 홍보조정실의 보도 협조 요청이었다. 당시 대통령과 정부 관련 보도는 그 제목과 크기까지 비슷했는데 이렇게 천편일률적인 것은

---

2   사람들은 9시 뉴스가 시작하면 시보 소리 '땡'과 함께 '전두환 대통령'으로 시작하는 동정 기사가 이어졌기 때문에 이를 '땡 전' 또는 '뚜뚜 전' 뉴스라고 비아냥거렸다.

보도지침 때문이었다.

홍보조정실은 주로 기자 출신으로 구성되어 언론기관의 보도 협조 및 지원에 관한 종합계획을 수립한다는 명분을 앞세웠지만, 실제로는 보도 통제 기구로서 협조 요청 사항은 곧 '보도지침'으로 작용했다. 홍보조정실 설치가 갖는 의미는 언론통제를 정부부처의 공식적인 업무 활동의 하나로 편입시켰다는 것이다. 한국일보 김주언 기자가 폭로한 보도지침은 크게 반민족성, 반민중성, 반민주성의 성격을 띠었다고 평가받는데 친미 반민주 독재세력을 비판하지 못하게 하는 내용들이었기 때문이다(김주언, 2009: 495~498).

2) 언론민주화 투쟁

당시까지 권력의 통제는 정치적 통제였다. 따라서 언론민주화의 관심은 정치적 독립과 자율성 확보였다. 언론민주화 투쟁은 6월항쟁과 7~8월 노동자대투쟁의 영향을 받아 방송사 구성원들이 노조와 직능단체를 결성하면서 시작되었다. 노조 결성 그 자체가 사회적 파급 효과를 일으켰던 서울MBC와 KBS에서의 노동조합 결성은 쉽지 않은 과정이었다(새언론포럼, 2008: 23~38). 서울MBC는 1987년 6월항쟁 이후 기자, PD, 아나운서들이 방송민주화 성명서를 발표하고, 황선필 사장 퇴진, 기관원 사내 출입 전면 금지, 1980년도 해직기자 전원 복직 등을 주장했다. 이어 12월 8일 노조도 설립했다. KBS에서도 7월 20일 PD협회를 필두로 각종 직능단체를 결성했고, 이 경험을 기반으로 1988년 5월 20일 노조를 결성했다.

한국의 언론노조는 경제투쟁보다는 '편집'이라는 정신 활동의 권리와 자유를 되찾겠다는 정치투쟁을 전개했다. 언론노조는 당시 진행된 사회·정치 민주화 과정에서 언론인으로서 독재 언론에 저항하고 이를 변혁하려는 의도로 시작했고, 그 활동의 궁극적 목표가 편집·편성권 독립이나 언론자유의 확대였다(방정배, 1990: 70~75).

MBC 방송민주화 투쟁의 가장 큰 성과는 MBC 위상의 변경이다. 서울MBC는 1988년 8월 25일 방송사 최초로 파업을 결의하고 투쟁했다. 기존 사장의 퇴진을 요구하고 이후 신임 사장을 거부하는 투쟁이었다. 이 투쟁의 결과 '방송문화진흥회법'이 12월 19일 통과되었다. 이 법은 진흥회가 주주권 행사 외에 문화방송의 편성·제작·운영에 간섭하지 못하게 함으로써 소유·운영의 분리 원칙을 명시했다(김서중, 2010a: 576~577).

한편 KBS 역시 민주화운동를 통해 변화를 모색했다. 1987년 10월 31일 1TV에서 '정치 발전을 위한 조건'이라는 주제로 처음 방송한 〈심야토론 전화를 받습니다〉와 '광주민주화운동특위 청문회', '5공비리특위 청문회' 등을 생중계한 것 등이 그 사례다. 1988년 5월 28일 결성한 노조는 사장 퇴진 요구는 달성하지 못했지만 사장 퇴진 이외의 요구는 관철시켰다. 그 결과 사장이 심야토론에 참여해 5공 시절의 왜곡 방송에 대해 사과하는 역사적인 방송이 이루어졌다. 하지만 이후 정부의 서영훈 사장 퇴출과 서기원 사장 임명, 그리고 직원들의 거부로 시작된 민주화 투쟁은 결국 안동수 노조위원장을 비롯해 김철수 비대위원장 등이 구속되면서 실패로 끝났다.

사회민주화와 더불어 시작된 방송민주화는 민주화에 역행하는 사회 분위기와 더불어 지속적인 민주화 투쟁에는 실패했지만 이를 통해 방송사 내부의 분위기와 방송에 대한 사회적 인식은 달라져갔다.

신문에서는 1987년 10월 29일 한국일보에서 노조가 결성되었다. 한국일보사에서의 노조 결성은 노동자대투쟁이 한창이던 1987년 8월 공무국, 수송국 노동자들의 임금 인상 투쟁이 촉발시켰지만 결성 취지문에서 "노동조합을 통해서만이 부당한 대우와 인사 조치 등이 사라지고 춘추필법을 담아내는 언론이 되살아날 것"이라고 밝혀, 노동조건 개선은 물론 사내 민주화를 통해 공정 보도를 확보하고 그럼으로써 사회민주화에 기여하는 것을 목표로 했다(김동민, 1990: 122~123). 이어 동아일보사에서도 노조가 결성되었다. 한국일보사와 달리 동아일보사에서의 노조 결성은 매우 공개적으로 이루어졌다. 1987년 9월 이후락 전 중앙정보부장 인터뷰 기사를 빌미로 안기부가 인쇄소를 점거한 이른바 '신동아 사태'에 적극적으로 대응해 승리하자, 동아일보사에서는 기자 조직을 중심으로 노조 결성 준비 작업이 진행되었다. 이러한 동아일보사에서의 공개적인 노조 결성 움직임이 한국일보노조를 자극해 먼저 조직을 띄우게 했다고 평가하기도 한다(새언론포럼, 2009: 21~22). 이어 12월 1일 중앙일보사에서, 12월 14일 코리아 헤럴드에서 뒤를 이어 노조가 결성되었고, 1988년 1월 부산일보사에서 노조가 설립되는 등 노조 설립은 대세가 되었다.

87년체제 속에서 언론노동운동의 성과는 첫째, 제도 언론 내의 민주 공간을 확보했다는 것이다. 그리고 그 합법적 틀 안에서 조직적으로 언론운동을 전개할 수 있었다. 둘째, 합법적 공간을 이용해 편집권 독립을 쟁취하려 했다는 것이다. 셋째, 그 결과가 언론노동조건의 향상으로 이어졌다는 것이다(손석춘, 1998). 특히, 편집·편성의 독립과 보호를 위한 각종 규정과 제도적 장치의 마련 같은 언론사의 조직 내 민주화는 언론노조의 활동 결과에 기인한다(강상현 1994).

3. 민주정권의 언론 개혁

1) 언론시장의 확대와 무한 경쟁

독재정권의 언론 탄압에서 벗어나려는 언론인의 시도로 외형적으로는 직접 통제가 줄었다. 그래서 언론민주화는 일정한 성과를 거뒀다고 할 수 있다. 반면 신문시장의 경우 국민주를 모아 창간한 한겨레와 같은 독립 신문이 등장하기는 했지만, 이미 신문시장을 과점하고 있던 조선·중앙·동아(조중동) 등이 스스로 언론권력화하면서 언론의 내적 자유는 더 악화되는 측면도 있었다. 상대적으로 노조가 더 활동력을 보인 방송은 그나마 언론으로서 일정한 기능을 수행했지만, 노조가 점차 언론민주화 활동을 접었던 조중동 등의 신문은 사주의 절대적 영향력 아래 편파 보도를 했다는 비판을 받았다. 노조의 활동이 미약해진 배경에는 무한 경쟁이라 불리는 신문시장의 과열 현상이 있었다. 즉 이 시기에는 정치적 요인보다 경제적 요인이 더 중요하게 작용한 것이다.

김은규(2003)는 자본이 언론에 개입하는 방식으로 광고주로서의 영향력, 언론사 소유와 더불어 언론의 기업화를 지적했다. 첫째는 광고주로서의 영향력이다. 한국의 언론은 수익 구조에서 많은 부분을 광고에 의존하고 그 비율도 증가세를 보였다. 이는 곧 언론의 상업화, 오락화로 연결되었다. 또한 광고를 매개로 압력을 가함으로써 직간접적으로 언론을 통제하기도 했다. 둘째는 자본의 언론사 소유다. 이는 독점자본이 자신의 기업 보호와 이미지 관리를 위해 적극적이고 방어적인 차원에서 신문과 방송을 소유·운영하며 언론에 개입하는 형태다. 1987년 언론 자율화 조치로 자본의 언론 소유가 급증했다.[3] 셋째는 언론기

---

3   1987년 언론 자율화 이후 한국화약(경향신문), 롯데(국제신문), 대우(부산매일신문), 대농

업의 자본 확대다. 한국의 언론기업은 권언 유착을 통해 경제적 혜택을 보장받으면서 스스로의 자본을 늘려왔다. 특히, 1980년대는 언론 통폐합, 언론시장 카르텔, 다각 경영을 통해 언론기업이 독점적 지위를 최대한 향유하는 시기였다. 1987년 이후 시장 경쟁이 치열해짐에 따라 언론시장의 독과점 구조가 일시적 동요를 보이기도 했으나, 곧바로 다시 과점 체제를 형성하면서 언론기업의 자본 확장은 지속적으로 이루어졌다. 이러한 현상은 1990년대에 들어서도 동일하게 나타났다.[4]

특히 언론 기업의 자본 확대는 무한 경쟁으로 나타났다. 수용자에게 더 많은 정보 제공이라는 명분을 내걸었던 신문사 간의 증면 경쟁은 막대한 자금을 필요로 하는 분공장 설립, 보수적으로 변신한 동아일보의 조간화 등으로 이어지면서 무한 경쟁 구조로 진행되었다. 이러한 경쟁 구조는 본질적으로는 광고 지면을 더 확보하기 위한 측면이 컸다. 광고 수입의 전제인 신규 독자를 확보하려고 덤핑 및 무가지를 배포하고, 가상의 독자 수를 유지하려 하루 300만 부를 즉시 파지 수입상에게 넘겨 1년에 600억 원 정도를 낭비했다(장낙인, 1994: 8). 따라서 무한 경쟁은 일간신문산업 전체의 안정 기반을 와해시키는 데 치명적인 역할을 했다. 신규 참여자의 대량 진입, 독과점 체제와 카르텔의 붕괴, 동일한 상품시장에서의 무한 경쟁이라는 사태의 진전 속에서 일간신문산업은 자본 수익률이 극도로 저하되고, 광고 수입 의존율이 높아져 안정성이 약

(내외경제, 코리아헤럴드), 갑을(영남신문) 그룹 등이 기존의 신문사를 인수하는 한편, 현대그룹이 문화일보를 창간했다. 또한 종교 자본의 언론 소유(국민일보, 세계일보, 평화방송, 불교방송)가 확대되었다. 이후, IMF의 경제위기하에 진행된 정부의 재벌 구조조정 촉구 속에서 1998년 초에 삼성(중앙일보), 현대(문화일보), 한국화약(경향신문)이 소유 신문사와 분리했으며, 1999년 9월에는 롯데그룹이 국제신문과 분리했다.

4 시장 집중도를 나타내는 상위 3개사의 누적 점유율(Concentration Ratio 3; CR3)은 1987년 이후 20년간 54.4~70.3%였는데, 2000년도 기준으로 제조업의 평균 CR3가 52.5%였던 것을 생각하면 신문시장의 집중도는 매우 높았다. 더군다나 일반 상품과 달리 신문시장의 집중도는 여론의 집중도를 의미하는 것이기 때문에 더욱 심각한 문제였다(이진영·박재영, 2010: 449).

해졌으며, 판매망 확보에 막대한 자본 투입을 함으로써 경영이 불안정해졌다(김남석, 1998: 49).

김택수(1990: 42~43)는 무한 경쟁을 종교재벌 등의 신문 소유 또는 사영방송의 등장, 방송사 노조의 탄압과 더불어 지배권력 유지·재편의 한 수단이었다고 평가한다. 무한 경쟁을 언론사끼리 경쟁을 통해 이언제언(以言制言)하는 전략이었다고 본 것이다. 그 과정에서 생존을 다투는 신문사의 경쟁 논리에 밀린 신문사 노조는 언론민주화라는 노조 설립 당시의 목표를 잃었다고 봐야 한다. 따라서 언론은 형식적으로 자유를 획득했지만 실질적으로 민주화되었다고 볼 수 없는 상황으로 전락하고 있었다.

1987년부터 대통령 만들기에 나섰다는 평가를 받았던 조선일보, 그리고 뒤늦게 대통령 만들기 경쟁에 뛰어들었다는 동아일보나 중앙일보의 언론권력화 현상과 더불어 이를 견제할 수 있는 내부 동력의 쇠락은 민주주의 기제로서 언론의 기능을 심각하게 약화시켰다.

신문시장에서 조중동의 독과점 심화는 정치적 통제와 달리 언론을 억압하는 새로운 기제, 즉 경제적 통제가 심화되었다는 것을 의미한다. 그리고 이 신문들의 보수적 논조도 더욱 심해졌다. 극심한 경쟁 상황에 놓인 신문들이 상업적 목적으로 당파성과 보수화 전략을 택했다고 볼 수도 있다(이진로, 2007). 매체 증가와 광고 경쟁이 심화되면서 광고주에 소구할 수 있는 중산층 독자를 확보하기 위함이었다. 반면 이러한 경제적 판단과 더불어 또 신문 자본 자신의 신념 때문에 보수 성향을 고수한 측면도 있다(김남석, 2001).

2) 민주정권의 언론 개혁 시도와 그 성과

이미 권력화한 신문들의 행태에 문제점을 느낀 언론노조와 시민언론운동단체 그리고 일반 시민단체들은 1992년부터 매번 선거 시기가 되면 선거보도 감시연대를 결성해 언론 감시에 나섰다. 하지만 선거 보도 감시만으로는 한계를 느낀 단체들은 1998년 8월 27일 민주언론운동 시민연합(민언련) 등 시민언론운동단체, 전국언론노동조합 등 현업 단체, 참여연대 등 시민단체 그리고 언론정보학회, 민주사회를 위한 변호사모임(민변) 같은 전문단체들이 모여 언론개혁시민연대(언개연)를 결성하고 언론 개혁을 추진했다. 마침 정권이 김대중 정권으로 교체되어 언론 개혁의 가능성은 열렸다(김서중, 2001). 언개연은 언론의 문제점을 부각하고 언론 개혁 입법운동을 벌여나갔다.

김대중 정권은 공익주의적 위원회를 구성해 사회 제반 부문의 이해를 결집시키는 방송개혁안을 제시하려 시도했다. 즉 방송개혁위원회를 출범시키고 여기서 얻은 결론으로 (통합)'방송법'을 제정했다. 이전 정권에 비해 민주적이었던 김대중 정권이 주도한 방송개혁위원회는 방송위원회의 독립성과 위상을 강화시키고 시청자의 권리를 확장시켰지만, 국가권력과 시장권력의 갈등을 야기할 만한 사안은 피해나가서 사회조합주의 모델이었다기보다는 의견 수렴 장치 정도였다는 평가도 있다(정용준, 2006).

한편 김대중 정권은 신문에는 초기에 유화적인 정책을 썼다. 비록 강한 신문 개혁 요구가 있었지만 IMF 체제를 극복해야 할 과제 수행을 위해서 언론의 협조가 불가피했기 때문으로 보인다. 반면 후반부 들어서는 세무조사를 통해 56개 언론사에 5056억 원이라는 과징금을 부과했고, 이 결과 6개 언론 법인과 3명의 사주가 검찰에 고발된 후 횡령 등의 혐의로 수감되었다. 또한 신문고시를 부활해 경품 제공이나 무가지 배포에 제동을 걸었다(김동규, 2002). 하지만 세무조사는 정치 공세라는 논리에 밀려 그 효과가 반감되었고, 신문고시는 그 적용이 철저히 이루어지지 않아 한계를 보였다.

노무현 정권은 언론 관행을 개선하는 조치와 더불어 국민과 직접 소통하는 방식을 추진하고 언론 개혁 입법 등을 통해 언론 개혁을 시도했다. 기자실 개방과 신문사 가판[5] 구독 금지 등은 기존 언론사로서는 못마땅한 것이었지만 새롭게 부각하고 있는 신흥 (주로 인터넷) 언론들에게는 취재보도의 민주화를 의미하는 정책이었다. 언론 개혁의 중요 과제였던 '정기간행물 등의 등록에 관한 법률(정간법)'을 폐지하고 '신문 등의 자유와 기능 보장에 관한 법률(신문법)'을 제정한 것이나 신문고시를 개정하고 포상금 제도를 도입한 것 등은 당시 독과점 신문들에 의해 혼돈 상태였던 신문시장에 민주적 질서를 부여하기 위한 것이었다. 하지만 이와 함께 시도했던 언론의 내적 자유를 보장하기 위한 노력은 실패로 끝났다.

참여정부의 언론 개혁 정책은 기존의 관언 유착 관행에 대한 개선과 신문시장 정상화를 위한 신문 개혁에 초점을 맞춘 것이었다. 그런데 '신문법'이 제정된 후 시민언론운동 진영이 이를 '절반의 성공, 절반의 실패'라 평가했듯이, 참여정부의 언론 개혁 정책은 일정 정도 성과를 거두었지만 언론 개혁의 밑그림에 대한 부재 속에서 정치 논리를 배제하지 못하고 소유 지분 및 편집 자율권 등 핵심 조항을 삭제하거나 완화하는 등 그 한계가 있었다(김서중, 2005).

반면 방송은 정권이 공영방송에 개입을 줄이고, 방송인들의 자율성을 보장해 본연의 비판·감시 기능이 활성화되었다. MBC는 참여정부 당시 정권이 신지식인 1호라 부르며 공을 들였던 황우석 논문 조작 보도를 했고, KBS는 〈KBS스페셜〉을 비롯한 시사 프로그램을 통해 정부가 적극 추진하는 한미 FTA를 우려하는 방송을 내보냈다. 방송 민주화

---

5   인쇄 시험을 위해 내놓는 초판이라서 판매가 불가한 것이기 때문에 신문사 앞에 놓고 배포한 것이다. 정식판이 아니라는 의미로 가(假)판이라고도 하고, 신문사 앞 가판대에 놓았다고 해서 가(街)판이라고도 한다.

의 필요성을 상징하는 사례들이다. 하지만 김대중 정권과 노무현 정권의 언론 개혁 노력은 정권의 선택이었을 뿐 제도화되지 못했다. 정권의 성격이 바뀌어도 이와 무관하게 방송의 독립성을 보장받을 수 있도록 제도화가 필요했지만 이를 만들어내지는 못했다. 이명박 정권 들어서 방송 장악이 가능했던 배경이다. 또 신문 개혁은 개혁의 대상인 독과점 언론 조중동의 강력한 반발로 성공적이지 못했다.

4. 이명박 정권의 미디어 관련 법 개악과 새로운 언론 질서

김대중, 노무현 정권 시절 불완전한 개혁은 이명박 정권으로 넘어오면서 편법·불법으로 공영방송의 경영진을 교체하고 장악해 공영방송의 비판·감시 기능을 억압하는 것으로 귀결되었다. 공영방송으로서 의제를 제시하고 사실과 진실에 기반을 둔 감시·견제 기능을 할 수 없게됨은 물론 심지어 국정 홍보 방송으로 전락했다는 평가를 받게 되었다.[6] 당시 이명박 정권으로 대표되는 지배권력은 신문시장에서 독과점적 지위를 누리고 있던 수구보수 언론 조중동의 존재에 더해 공영방송까지 장악함으로써 언론을 완벽하게 '기울어진 운동장'으로 만들었다. 여기에 그치지 않고 이명박 정권은 사영방송 영역에서도 우호적인 세력을 구축했다. 소위 미디어 관련 법을 날치기 통과시키고 이를 이용해 무려 네 개의 종합편성채널 사용 사업자(종편)를 승인했다. 지배권력에 우호적인 조선일보, 중앙일보, 동아일보, 매일경제가 대주주인 소위 조중동매 종편이다.

---

6   이명박 정권 당시 국정기획수석이었던 박재완 씨는 신동아(2008년 9월 18일 자)와 한 인터뷰에서 "한국방송 사장은 정부 산하 기관장으로서 새 정부의 국정 철학과 기조를 적극적으로 구현하려는 의지가 있어야 한다"라고 했다.

1) 정권의 방송 장악

참여정부 시절 한나라당은 끊임없이 '잃어버린 10년'을 강조했다. 그리고 대통령 선거나 총선에서 진 것을 방송 때문이라고 주장했다. 당연히 이명박 정권에 들어서 방송을 장악하는 것은 이명박 정부의 주요 과제였을 것이다.

정권은 2008년 8월에는 임기가 보장되어 있는 정연주 KBS 사장을 몰아내기 위해 뉴라이트 전국연합, KBS 이사회, KBS 노조, 감사원, 국세청, 교육과학기술부, 동의대, 검찰, 경찰, 방송통신위원회를 모두 동원했다(최영묵, 2012: 13).

이명박 정부는 방송을 장악한다는 온갖 비판에도 후보 시절 상임고문이자 측근 중의 측근인 최시중 씨를 방송통신위원장에 앉혔다. 그리고 최시중 씨의 첫 과제는 KBS 사장 교체였다. KBS 이사장을 만나 사장을 사퇴시키라는 압력을 넣고 이사장이 못 견디고 사퇴를 하자 이사진을 재구성해 사장 해임을 의결하도록 했다. 이 과정에서 교육과학기술부가 동의대에 압력을 넣어 KBS 이사인 동의대 신태섭 교수를 해직시켰고 이를 빌미로 KBS 이사에서 해임시켰다. 정권에 우호적인 이사 수를 늘리기 위한 편법과 불법이었다(정연우, 2009: 175).

또 검찰은 법원의 조정을 받은 세금환급소송 결과를 배임이라고 수사했고, 감사원은 '뉴라이트 전국연합'의 청원을 받아 감사를 진행하고 해임 요구 결론을 내렸다. 감사원은 경영 성과를 '당기순손익(각종 투자 및 재무 의사결정에 따른 성과를 포괄)으로 보지 않고 굳이 사업순익으로만 평가하는 새로운 회계 기준을 적용했고 경영 성과 부실이라 몰아세우기 위해 경영 평가의 기간을 임의로 정해 흑자 기간을 배제했다. 즉 이명박 정권은 공영방송 사장을 몰아내기 위해 공권력을 편법·불법 행위에 동원했다.

방송 장악은 KBS만의 문제가 아니다. 두 번이나 대통령이 사과를 할 정도로 심각한 광우병 촛불 정국의 한 틈에서 YTN, 스카이라이프, 아리랑 TV 등 방송사는 물론 지상파 방송사의 재원에 직접 영향을 줄 수 있는 한국방송광고공사 사장 자리에 특보 출신들을 앉혔다. '특보 사장단' 체제를 만든 것이다.

당시 국내 유일의 뉴스전문채널 YTN에도 이명박 정권 초기인 2008년 7월 특보 출신 구본홍 사장을 투입했다. YTN 노조는 사장의 출근 저지 투쟁을 벌이다 해직(6인), 정직(6인), 감봉(8인), 경고(13인) 등 33명이 징계를 당했다. 하지만 군사정권 때도 사장의 출근을 저지했다는 이유로 기자들을 대거 해고한 언론사는 없었다(최영묵, 2012: 13).

MBC도 예외는 아니었다. 또 다시 불법과 편법으로 사장을 교체할 수 없었던 정부는 검찰 수사로 압력을 넣었다. 농림수산식품부는 〈PD수첩〉을 명예훼손으로 수사 의뢰했고 검찰은 수사에 들어갔다. 그리고 비판적 클로징 멘트를 했던 9시 뉴스 진행자 신경민 앵커를 물러나게 했다. 더욱 중요한 것은 2009년 8월 MBC의 대주주인 방송문화진흥회의 이사를 방송의 전문성도 부족한 뉴라이트 계열 인사 중심으로 교체했다는 점이다. 이들은 결국 엄기영 사장이 압박을 못 이겨 자진 사퇴하도록 유도했다. 그리고 김재철 사장을 임명했다. 비록 불법·편법은 아니었으나 편파 방송이라 압박하며 경영진 교체를 성사시킨 것이다.

이런 과정을 통해 방송을 장악한 정권은 비판적인 출연자들을 프로그램에서 퇴출시키기도 했다. KBS는 김제동을 〈스타골든벨〉에서 하차시키고, 〈심야토론〉 진행자 정관용, 〈윤도현의 러브레터〉 진행자 윤도현 등을 하차시켰다. MBC는 신경민 앵커에 이어 2011년 4월 〈세계는 그리고 우리는〉 진행자 김미화를, 7월에는 손석희를 〈100분토론〉에서 퇴출시켰다. 이명박 정권 당시도 다양한 분야에서 블랙리스트가 언급되고 있었고, 방송계도 예외는 아니었음이 증명되었다(정연우,

2009: 176).

방송사 장악 특히 편법과 불법으로 YTN에 특보 사장을 내려 보내고 KBS 사장을 교체한 것, 그리고 여론에 영향을 줄 만한 출연자를 퇴출시킨 것은 원활한 언론구조 개편을 위해서였다. 언론구조 개편은 법 제도 변화를 필요로 하는 중대 사안이다. 법 개정은 국회 의결로 진행되는 것이지만 국회의원들의 의결은 여론에 영향을 받을 수밖에 없다. 따라서 여론을 호의적으로 유도할 언론 환경을 조성한 것이다.

2) 미디어 관련 법 개악

이명박 정권은 언론구조 개편을 위해 2008년 12월 3일 방송산업에 대한 규제 완화 내용을 담은 '신문법'과 '방송법' 등 미디어 관련 법 개정안을 제출했다. 방송을 신산업 성장 동력으로 활용하겠다는 명분이었다. 하지만 이는 방송의 공공성을 파괴하는 것이라는 비판에 직면하여 12월에 처리하지 못하고 국회 산하에 미디어발전 국민위원회(미발위)를 설치해 논의한 후 처리하기로 했다. 그런데 한나라당 쪽 미발위원들은 회의를 공전시키고, 결국 2009년 7월 22일 여당만 들어간 본회의장에서 미디어 관련 법들을 일방적으로 통과시켰다.

한나라당이 날치기 처리한 '방송법' 개정안의 주요 내용은 다음과 같다(유영주, 2011: 226).

- 1인(특수관계인 포함) 소유 지분 상한선 30% → 40%
- 방송뉴스채널(지상파 방송, 종합편성채널, 보도전문채널) 소유 대기업 기준 폐지
- 신문과 대기업의 지상파 방송 소유 10%까지 허용
- 신문과 대기업의 종합편성채널·보도전문채널 소유 30%까지 허용

- 외국자본의 지상파 방송 소유 금지, 종합편성채널 20%, 보도전문채널
  10% 소유 허용
- 지상파 방송과 케이블 방송의 교차 소유 및 겸영 허용

그런데 미디어 관련 법의 통과 과정에서 '국회법'을 어긴 것이 발견되었다. 헌법재판소에 제소가 되었고, 헌재는 법안 처리 과정에서 입법권한을 침해하는 대리투표, 재투표 등 위헌·위법한 절차가 있었다고 판결하고, 국회가 이를 시정하라 했다. 하지만 한나라당은 국회에서 재논의를 하지 않았다. 이렇게 확정된 법 개정에 근거해 신문사나 대기업이 지분을 갖는 종합편성채널(종편)이 가능해졌다(김서중, 2010b: 3~4).

미디어 관련 법 개정의 목표는 신문과 대기업이 뉴스를 할 수 있는 방송 영역에 진출할 수 있도록 하는 것이다. 특히 지상파와 달리 전파를 이용하지 않아 주파수의 제한이 없는 유료방송사업 영역에 종편으로 진출할 길을 열었다. 당연히 언론권력의 집중, 언론권력과 경제권력의 유착을 우려하는 의견들이 있었다. 물론 반대로 지상파 독과점의 해소, 유료TV시장 정상화에 기여, 다양한 장르의 방송 필요, 콘텐츠 산업의 활성화(정윤경, 2008) 등의 이점이 있어 찬성한다는 논리도 있었다. 종편에 대한 찬반 논의가 격렬하게 진행되는 가운데 2010년 12월 31일 방송통신위원회는 4개의 종편에 대해 승인 결정을 했다. 기존 방송시장이 포화 상태라 각 사의 경영이 어려울 것이라는 전망과 이것이 방송시장 전반에 미칠 악영향에 관해 방송계의 우려가 존재했다.

3) 종편의 도입과 특혜 그리고 현실

방송통신위원회의 승인에 따라 개국 준비를 시작한 종편 4사는 2011년 12월 1일 개국했다. 종편 4사는 조선일보, 동아일보, 중앙일보, 매일

경제가 대주주가 되어 컨소시엄을 구성한 방송사로 TV조선, 채널A, JTBC, MBN 등이다. MBN은 이전까지 보도전문채널이었으나 종편 사업자로 승인을 받은 후 보도전문채널을 종료하고 종편으로 새로 시작했다.

종편 도입 이후 사회적으로 큰 논란이 되었던 것은 종편이 지상파와 같은 형식의 종합편성을 하면서 공적 책임을 덜 지고 영업의 혜택을 받는다는 비대칭 규제 논란이었다. 당시 논란이 되었던 특혜 논란의 쟁점들은 지상파는 방송 권역이 구분되어 지역성을 보존하기 위한 책임이 있으나 종편은 없다는 것, 종편은 광고 시간 판매를 대행사를 거치지 않고 직접 할 수 있게 해준 점(광고 직접 영업), 중간 광고를 허용하고 있는 점, 국내 제작 프로그램, 영화, 애니메이션 등에서 의무 편성 비율이 적은 점, 방송발전기금 납부를 유예받은 점 등이었다. 비록 플랫폼은 다르지만 시청자의 관점에서 보면 지상파와 종편의 차이점을 느낄 수 없다. 따라서 지상파나 종편이나 시청자를 보호하기 위한 공적 규제에서 차이가 있을 수 없다. 그런데도 특혜를 제공한 것은 방송의 공적 가치를 실현하겠다는 정책 당국의 의지가 부족했다고 평가할 수 있는 부분이다. 더군다나 종편은 시청률에 대한 보장도 없는 상황에서 최시중 방송통신위원장이 유료방송들이 종편에게 낮은 순번들을 연번(황금채널 연번제)으로 부여할 필요가 있다는 발언을 하고 실제 그렇게 됨으로써 또 다른 특혜 논란이 일었다(유영주, 2011; 김서중, 2010b).

이런 특혜에도 불구하고 종편 4사는 비록 사업 시작 이후 매출이 꾸준히 늘고는 있으나 2014년 현재까지는 적자로 손익분기점을 넘지 못하고 있다. 2009년 당시 이명박 정부와 한나라당이 종편 설립에 따른 효과로 방송시장 규모가 1조 6000억 원 이상 성장할 것이며, 생산유발 효과와 취업유발 효과 역시 각각 2조 9000억 원, 2만 1000명에 달할 것이라고 제시했지만 예측대로 이루어지지 않았다. 종편채널 4사의 2012

년 당기 순손실액은 2760억 원에 달해, 2011년 459억 원 손실에 비해 6배가량 증가한 수치다(정인숙, 2013: 81).

각 사의 경영 상황에 대한 공시 자료를 보면 2014년 영업이익, 영업비용이 TV 조선은 883억, 1005억, 채널 A는 924억, 1062억, JTBC는 1305억, 2166억, MBN은 927억, 1092억 원이었다. 따라서 4사 모두 각각 122억, 138억, 861억, 165억 원의 적자를 기록했다. JTBC의 적자 폭이 다른 방송사에 비해 압도적으로 큰 것은 수치로 나타나듯이 JTBC가 투자를 많이 했기 때문이지만, JTBC의 적자 폭은 심각한 수준이며 종편 4사 모두 방송시장 상황이 더욱 치열해지고 있는 상황에서 매우 힘든 경영을 하고 있다.

종편은 경영 측면에서 보면 시장에서 퇴출되어야 마땅한 사업자다. 그런데도 시장에서 잔존하고 있는 것은 시장 외적인 측면, 즉 신문산업의 강자가 대주주인 측면과 무관하지 않다. 종편 시청률이 미약하나마 점진적으로 상승하고 있는 것은 사실이지만 종편은 자체 경쟁력에 비해 더 많은 광고 수입을 올리고 있다. 이는 시장의 논리로 설명할 수 없는 부분을 지니고 있는 것이다. 소위 n분의 1 광고니 약탈적 광고[7]니 하는 표현이 등장하는 것이 그런 이유다.

시장의 논리와 무관하게 생존하는 종편이 가능한 이유는 결국 비경제적인 측면 즉 이명박, 박근혜 정부의 언론구조 재편 구도 속에서 종편의 존재가 중요했기 때문이다. 공영방송 중심의 지상파 방송시장은 정권을 잡았을 시에는 조절 가능한 통제의 대상이지만 정권을 상실할 경우 또 다른 정권에게 유리할 것이라는 불안감이 작동했을 것이다. 소위 '잃어버린 10년'을 반복하지 않으려면 언론구조가 공공의 논리보다

---

7   n분의 1 광고는 광고주인 기업들이 한 종편에만 광고를 주기는 곤란해 종편 전체 광고비를 책정해놓고 시청률과 무관하게 동등하게 광고비를 나눠준다는 것을 의미한다. 약탈적 광고는 정상적인 광고 영업이 아니라 언론의 우위를 이용해 광고를 요구하는 제 관행을 의미한다.

는 (대)자본에 유리한 상업 논리로 작동하는 것이 필요했을 것이다. 이는 결국 광고주로서 자본이 자신의 이해를 관철시킬 수 있는 기제이기 때문이다. 즉 자본권력·정치권력·언론권력의 삼각동맹구도가 이념과 행동 원리를 일치시켜 지배구도를 영속화하고자 했다고 봐야 한다. 종편의 도입은 공영방송의 장악 이후 삼각동맹구도를 완성시키는 의미이며 동시에 지속적인 지배구조연합을 유지하기 위한 기반을 구축하는 것이었다. 그래서 정권은 도입 시점부터 시장의 현실에서는 과도하게 무려 4개 사업자를 승인했고, 특혜를 제공해가며 조기에 정착할 수 있도록 도왔으며, 콘텐츠의 낮은 질적 수준과 편향성을 비판하는 여론이 비등하고 경영이 부실했음에도 두 번에 걸쳐 재승인을 해주었다.

4) 이명박, 박근혜 정부의 언론 장악의 의미

우리 언론은 오랫동안 독재정권의 탄압으로 비판·감시·견제 기능을 제대로 펼친 적이 없었다. 당연히 민주적이고 공정한 저널리즘 체계가 적절한 관행으로 정착할 기회도 없었다. 독재정권이 물러난 이후에는 노조 결성이나 직능단체 결성을 통해 언론민주화를 요구했고, 형식적 민주주의 정도는 획득했다고 볼 수 있다. 하지만 공영방송의 경우 노태우, 김영삼 정권 시절에도 반민주적 성향의 사장을 낙하산 방식으로 내려 보내는 일이 반복되었으며 구성원들은 희생을 감수하며 저항을 해야만 했다. 민주주의는 완성된 것이 아니라 여전히 민주화 투쟁 과정을 겪고 있었던 것이다. 상대적으로 언론인들이 언론자유를 더 누릴 수 있고, 정권의 간섭을 적게 받았던 시기는 김대중, 노무현 정권이었다. 하지만 전술한 대로 당시의 민주적 운영이 제도적 뒷받침을 받은 것이거나 거역할 수 없는 관행으로 정착했음을 의미하지는 않는다.

이명박 정부가 편법·불법으로 공영방송이나 연합뉴스를 장악할 수 있었던 것은 우리 사회 그리고 언론이 충분히 민주화되지 못했기 때문이다. 한편 신문은 이미 1990년대에 무한 경쟁으로 불리는 과정을 통해 보수적 노선을 확립했으며, 언론권력 강화를 위해 '대통령 만들기'라는 정파적 행위를 했다. 생존을 앞세운 무한 경쟁의 압박 속에 구성원들의 민주화 요구도 자연스럽게 소멸했다. 따라서 이미 신문시장을 과점한 보수 세력, 정권의 공영언론의 장악에 이어 보수적인 신문시장의 과점세력에게 방송뉴스를 할 수 있는 종편 진출을 승인한 것은 자본·정치·언론의 기득권 삼각동맹구도 완성에 마침표를 찍는 작업이었다고 할 수 있다. 언론을 진정으로 민주화하려면 반저널리즘적인 이런 삼각동맹구도를 해체해야 한다. 언론은 특정한 자본 또는 정치권력이 지배하는 대상이거나 이들과 유착하는 주체가 아니라 사회 제 권력을 감시 비판하는 독립적 존재여야만 하기 때문이다.

5. 새로운 미디어 플랫폼의 등장과 소통 구조의 변화

전술한 바와 같이 독재정권의 탄압과 자본권력의 경쟁적 압박 속에서 전통적인 매체가 언론 본연의 기능을 적절하게 수행할 관행을 정착시키기도 전에 매체 환경은 변하고 있다. 인터넷의 빠른 보급으로 언론 수용의 무게중심이 포털로 옮겨간 지 얼마 되지 않았지만, 지금은 다시 모바일 플랫폼으로 이전하고 있는 상황이다. 이제 전통적 매체에서 굳이 저널리즘의 복원 또는 구현을 논의할 필요가 없다는 주장이 나올 정도로 빠르게 플랫폼 이전이 이루어지고 있다. 그런데 새로운 플랫폼이 새로운 소통의 수단으로 확산되는 것을 인위적으로 조절할 수는 없지만, 전체 저널리즘 차원에서 성찰을 통해 보완과 대책을 마련할 필요는 있다. 저널리즘의 관점에서 보면 전통적 매체의 중요성이 감소되는 것이 바람직하지만은 않다. 신뢰성·심층성·전문성 확보에서 전통적 매체의 취재보도가 지니는 강점이 분명 존재하기 때문이다. 또 민주주의가 원활하게 작동하기 위해서는 새로운 대세로 자리를 잡아가는 플랫폼들에서도 언론의 본질적 기능을 구현할 방책에 관해 고민해야 한다. SNS 등 새로운 플랫폼을 이용한 소통은 전통적 매체의 수용 경험과 달리 소통 주체가 상호 동등한 관계에서 행하는 자발적 소통이라 직접민주주의적이며 따라서 바람직하다. 하지만 그러한 소통이 정론으로서 여론을 형성하고 진지한 토론을 통해 사회적 합의를 이루어내는 숙의민주주의에 적합한 양상으로만 나타나리라 보장할 수 없다. 전통적 매체의 개혁안과 더불어 새로운 소통 플랫폼의 보완책을 고민해볼 필요가 있다.

1) 전통적 매체의 쇠락과 새로운 플랫폼의 확산

뉴스를 획득하는 1차 매체로 전통적 매체를 활용하는 비중이 점차 줄고 있다. 신문 산업이 위기라고 하던 시기는 오래되었지만, 이제 신문만이 아니라 방송도 위기 상황에 처한 것이다. 이는 기술의 발달에 따른 자연스런 현상으로 보인다. 인터넷의 발달은 모든 영역을 흡수하는 포털이라는 괴물을 등장시켰고, 수용자들은 뉴스 소비에서도 포털의 미디어 면을 주로 이용하기 때문이다.

그 결과 종이신문 구독률은 2002년 52.9%에서 2014년 20.2%로 12년 새 절반 이상 하락했다. 한국언론진흥재단이 2015년 발행한 『한국언론연감 2014』에 따르면, 29세 미만 수용자의 경우 종이신문을 이용하지 않는다는 응답률이 83.6%에 달했다. 시간이 흐름에 따라 종이신문을 이용한 경험이 없는 세대가 주를 이루면 종이신문은 사라질지도 모른다. 이에 대응하기 위해 언론사는 자사 홈페이지를 만들었지만 뉴스서비스 이용에서 네이버와 다음 등 주요 포털의 뉴스서비스 이용이 절대적으로 많을 뿐만 아니라, 언론사 홈페이지와 인터넷신문 이용자 트래픽의 상당 부분도 포털 뉴스서비스에 의지하는 것으로 나타났다. 뉴스를 접하게 되는 창구가 바뀌면서 시민들의 언론 개념에 대한 인식도 변화하고 있다. 2015년 10월 한국언론진흥재단이 20~50대 성인 1030명에 대해 실시한 설문조사 결과에 의하면, 응답자들은 전통적 매체뿐만 아니라 인터넷 뉴스사이트(77.9%), 인터넷포털(68.4%)도 언론매체라고 답했다. 또한 큐레이션 서비스(32.7%)와 팟캐스트(23.7%)를 언론매체로 여기는 응답자 비율이 SNS(12.1%)와 블로그(9%)의 2~3배에 달하는 것으로 나타났다. 즉 언론 개념에 대한 시민들의 인식도 미디어 테크놀로지의 변화와 함께 빠르게 변화하고 있으며 향후 뉴스 큐레이션과 팟캐스트도 언론으로 인식될 가능성이 매우 크다는 것을 알수 있다(박아란, 2015: 50). 미디어 소비 패턴이 종이신문에서 모바일로 넘어가는 기세를 거꾸로 돌릴 상황이 아닌 것이다. ≪뉴욕타임스(New York Times)≫, ≪가디언(The Guardian)≫ 등 해외 정론지가 종이신문 부수 경쟁에 목매지 않고 모바일 등 다른 미디어사업으로 수익 다각화에 나선 것도 이런 이유에서다(권만우·전용우·임하진, 2015: 1420).

방송도 그 상황이 예외는 아니다. 유료 방송 플랫폼, OTT(Over The Top)와 같은 신규 방송 플랫폼 등 시청 경로가 다양해지면서 방송 콘텐츠 종류와 이용 채널에 대한 시청자 선택의 폭이 넓어졌다. 이동통신사들은 미디어사업과 제휴 및 합병을 통해 영상 콘텐츠를 확보하고 가입자 유치에 나섰으며, 콘텐츠 소유자들은 OTT 서비스를 운영해 방송 콘텐츠의 제작에서 유통까지 역할을 확장하고 있다. 온라인 유통을 담당하던 OTT사업자가 직접 프로그램 제작에 참여하기도 한다. 이와 같이 방송사업자의 사업 다각화가 활발해지고, 방송의 범위가 온라인과 모바일 시장으로 확대되고 있다. '프로그램 제작 → TV → 유료 방송 채널

→ 온라인 서비스'의 일방향적인 방송 콘텐츠 흐름도 온라인 선공개, TV 동시 공개, 웹 전용 콘텐츠 등 유통 형태가 다양해지고 있다. 거대한 방송 콘텐츠 인프라를 보유한 기업들이 독자적인 온라인 유통 플랫폼을 구축하고, CJ E&M의 경우, OTT서비스인 티빙(Tving)을 통해 자사 계열의 콘텐츠만 제공하도록 전략을 변경했다. 방송사업자뿐 아니라 포털 사업자들은 웹 콘텐츠(웹 드라마, 웹 예능)를 제작하고 자사의 서비스를 통해 제공하고 있다. 기존의 방송 콘텐츠 제공 사업자〔지상파, PP(program provider)〕뿐 아니라 다양한 사업자들이 방송 콘텐츠를 자체적으로 제작하기 시작했다(이선희, 2016: 1~3).

전통적 매체의 관점에서 보면 더 이상 소위 '본방 사수'를 기대하기 힘든 상황으로 진전되고 있다. 수용자들이 경험하는 것은 콘텐츠이기 때문에 콘텐츠를 잘 만들면 된다는 주장도 있을 수 있지만 플랫폼은 수용자를 유지하는 힘이다. 따라서 경영의 측면에서 보면 플랫폼을 상실하는 것은 영향력을 잃는 것이다. 콘텐츠를 생산해도 플랫폼이 없으면 수용자에게 도달할 수 없기 때문이다. 또 플랫폼은 콘텐츠의 내용이나 형식을 강제하는 힘이 있다. 전통적 매체가 생산하던 콘텐츠 양식이 달라지게 할 수 있다. 최근 지상파도 웹 드라마를 활용하는 방안을 고민 중이다. 역으로 단순히 콘텐츠를 나르던 구실만 하던 플랫폼들이 생산에 직접 나설 수 있는 힘은 플랫폼이 수용자가 콘텐츠를 접촉하는 창구라는 점에서 나온다.

문제는 저널리즘이다. 우리 사회의 전통적 매체는 비록 정치·사회 요인으로 제대로 저널리즘을 구현하지 못했다는 비판을 받을 수 있지만, 여전히 저널리즘 가치를 부정하고는 존립할 수 없는 한계가 있었다. 하지만 새로운 플랫폼들은 저널리즘 가치를 고민할 필요가 없다는 점에 문제가 있다. 물론 새로운 소통 구조가 가지고 있는 소통의 잠재력에 기대를 걸기도 하지만, 새로운 플랫폼의 주체들은 그런 사회적·

도덕적 의무를 느낄 필요가 없다. 전통적 매체는 저널리즘의 가치를 지킬 수 없는 조건에 있고 새로운 플랫폼들은 그럴 필요가 없어, 저널리즘이 붕괴의 위험에 직면해 있다.

2) 점점 사라지는 저널리즘 가치

대부분의 언론은 사실 광고에 의존한다. 따라서 광고비의 이동은 곧 영향력의 이동을 의미할 수도 있다. 플랫폼으로 보면 드디어 모바일 광고비가 여타 플랫폼을 앞섰다. 모바일이 콘텐츠의 형식을 넘어 내용을 좌우할 수도 있는 상황이다. 모바일이 이런 힘을 가지게 된 주요 요인 중 하나는 SNS 때문이다. 민주적이고 평등하게 소통할 수 있는 SNS는 직접민주주의를 가능하게 할 수 있는 새로운 기술로 주목받고 있다.

SNS에 내재한 특성, 즉 지리적 경계를 초월하고 다양한 대상과 일상적으로 소통할 수 있는 기술적 잠재성으로 인해 SNS는 정치적 사회자본의 요소 중 특히 네트워크 크기의 확장에 최적화되어 있다(최지향, 2016: 127). 그렇기 때문에 SNS 사용은 또 다른 중요한 정치적 사회자본인 정치적 상호작용의 가능성을 높인다. 온라인상에서는 정치적 이슈를 둘러싼 상호작용이 활발한데 이는 이용자가 오프라인에서보다 정치적 상호작용에 따른 물리적·시간적·심리적 제약을 덜 느끼기 때문이다. 더불어 SNS는 정치적 식견이 높은 이용자와 더 많이 접촉할 수 있다는 장점이 있다. 오프라인에서는 일반 시민이 기자, 정치평론가, 정책전문가, 정치인 등 정치적 전문성이 높은 이들과 상호작용할 기회가 드물지만, SNS상에서는 이들과 온라인상의 친구가 됨으로써 일상적 소통 관계를 형성할 수 있다.

고도로 복잡한 사회에서 어쩔 수 없이 대의민주주의의 불가피성을 인정하던 정치적 주체에게는 직접민주주의에 근접해갈 수 있는 새로운 경로가 열린 것이다. 하지만 SNS는 바로 이런 특성으로 인해 민주주의에 역행할 수 있는 위험을 내포하고 있다.

3) 새로운 플랫폼의 한계와 저널리즘 가치의 재발견

(1) 상업적 요구의 침투

SNS는 네트워크를 형성하고 상호 소통이 원활하다는 가능성에서 폭발적으로 호응을 받아 팽창했다. 그러나 바로 그런 가능성은 잠재적 위험성을 내포하는 것이기도 하다. SNS 그리고 이를 쉽게 이용할 수 있게 만드는 새로운 플랫폼인 모바일로 이동하는 것은, 역으로 이용자들의 이용 행태에 맞는 새로운 수익 모델 창출을 전제 조건으로 한다. SNS가 수익 모델 없이 지속가능할 수 없고 수익 모델은 결국 이용자들로부터 나올 수밖에 없기 때문이다. 예로서 대표적인 수익 모델이 '바이럴 마케팅'이다. 적극적으로 정보를 검색하는 소비자들의 행동 패턴에 맞추어 검색 환경을 활용한 마케팅 방식이다. 소비자이자 다양한 플랫폼을 이용하는 이용자들이 검색하도록 유도해 상품에 관심을 갖게 만들어 상품생산자로부터 대가를 받는 방식이다. 바이럴 마케팅에는 다양한 종류가 있고, 그 안에서도 여러 방면으로 파생되어 변형되고 있다. 그중에서도 대표적인 바이럴 마케팅은 블로그 마케팅, 커뮤니티 마케팅, SNS 마케팅이다. 블로그 마케팅은 운영이 쉽고, 콘텐츠의 유입과 유출이 쉬우며 방문자와 댓글, 스크랩 서비스를 통해 즉각적인 타(他) 블로거들의 방문과 관심도 체크할 수 있다. 커뮤니티 마케팅은 취미를 공유하고 같은 생각을 가진 사람들의 모임인 커뮤니티를 활용한 마케팅이다. 블로그 마케팅에 비해 퍼지는 효과는 다소 떨어지나 실제로 상품의 구매를 유도하는 부분에서는 더 뛰어나다. 그 이유는 커뮤니티 구성원들 간에 신뢰가 존재하기 때문이다. SNS 마케팅은 '전자적 입소문'

즉, EWOM(Electronic Word Of Mouth) 전략이다. 파워 블로거(블로그), 공동체 구성원(SNS) 등의 신뢰를 바탕으로 하지만 바이럴 마케팅이 의미하듯 바이러스처럼 파고드는 것이다. 따라서 신뢰할 수 없는 정보의 피해자가 발생할 수도 있다.

(2) SNS의 정치적 효과의 한계

기존 매체를 뛰어 넘는 강력한 정치적인 여론 형성력을 지닌 것으로 인정받는 트위터는 네트워크를 형성해 상호작용이 이루어진다는 긍정적인 면에도 불구하고 여론 다양성을 보장한다고 볼 수 없다. 그러므로 다양한 여론을 접해 올바른 의견을 형성[8]하는 것을 전제로 하는 민주주의에 맞지 않는다는 평가도 가능하다. 선거캠페인(박창문·조재욱, 2013: 215)의 경우를 보면 트위터는 첫째, 정치 메시지의 확대만 추구했을 뿐 후보자와 유권자 사이의 상호작용을 볼 수는 없었다고 한다. 후보자가 직접 작성하는 게시물은 현저히 적고, 유권자의 질문이나 멘션에 대한 리플도 찾아보기가 어려웠다. 또한 내용적으로도 후보자와 캠프가 알리고 싶은 내용만 전달하는 정보 제공 중심의 일방향적 소통을 보여주고 있다. 그러므로 공급자 중심의 트위터 선거캠페인은 일반 유권자들을 선거에 관여시킬 수는 있겠지만, 그들의 메시지를 통해 지지자를 연대시키고 직접적인 행동으로 동원할 수는 없었을 것으로 보인다고 한다. 일반인들이 인식하는 잠재적 가능성과 달리 네트워킹이 이루어지는 것은 아니라는 뜻이다. 둘째, 트위터를 이용해 선거 정보를 생산하는 것에 참여하거나 기존의 메시지를 공유하는 실질적인 이용자

---

8   사실과 진실에 기초해 사회 제반의 현실을 전달할 것을 요구받는 전통적인 매체가 제 기능을 수행한다면 정확히 민주주의에 적합한 소통 기제라 할 수 있다. 하지만 언론은 기술적인 측면의 제한점과 더불어 언론을 둘러싼 정치, 경제, 사회 제 역관계가 언론의 저널리즘 가치 실현을 제약한다. 그래서 언론 개혁이 필요하다.

들의 규모가 트위터 가입자 수보다 대단히 작을 수 있다는 점이다. 트위터의 누적 가입자 수는 지속적으로 확대되어가고 있지만 신규 가입자의 증가 속도가 점차 느려지는 추세이며, 실제 사용자가 전체 가입자의 25%를 넘지 못한다면 정치적 사회자본은 기대보다 크지 않다는 점이다. 셋째, 트위터가 일부 파워 트위터리언들의 영향력 아래 놓여 있으며, 그로 인한 소수 세력의 여론 독점화가 심각한 수준이다. 이는 트위터를 통한 정치 참여의 활성화가 일부 이용자들만의 정치적 영향력 확대로 귀결될 수 있다는 우려를 낳는다. 즉 영향력이 큰 위치에 있는 개인들로 이루어진 소수 집단이 자신들의 뜻대로 전체 집단을 이끄는 것을 의미하는 소수세력 효과(minority power effect)가 나타날 가능성이 크다. 우리식으로 하면 우두머리 중심으로 모이는 집토끼들의 네트워크만이 형성되는 것이다. 상호 소통을 전제로 하는 민주주의와는 거리가 멀어진다.

(3) 가짜 뉴스와 저널리즘

더욱 심각한 문제는 2016년 미국 대통령 선거를 전후해서 화두로 떠오르고 있는 가짜 뉴스의 문제다. 마크 톰슨 뉴욕타임스 CEO는 그의 책 『이너프 세드(Enough Said)』에서 "우리의 디지털 생태계는 가짜 뉴스가 번성할 수 있는 최적의 환경이 되고 있다"라고 밝혔다(류동협, 2017: 62). ≪버즈피드 뉴스(BuzzFeed News)≫ 분석에 따르면 지난 미국 대선 기간에 교황이 도널드 트럼프(Donald Trump)를 지지한다거나 힐러리 클린턴(Hillary Clinton)이 이슬람국가에 무기를 팔았다는 가짜 뉴스가 진짜 뉴스보다 페이스북에서 더 많은 공유와 '좋아요'를 받았는데, 이런 현상이 일어난 것은 저널리즘 가치 실현이 기본 조건인 종이 신문보다 소셜 미디어의 뉴스를 더욱 신뢰하는 경향으로 나아가고 있기 때문이다. 특히 25세 이하 성인 4명 중 한 명은 소셜 미디어를 주요 뉴스원(原)으로 인식하고 있어서 소셜 미디어 속 가짜 뉴스가 끼치는 해악은 더욱 크다고 볼 수 있다.

실제로 진짜뉴스와 가짜뉴스를 식별하는 것은 쉽지 않다(오세욱·박아란, 2017: 12). 진짜와 가짜 뉴스의 일부 내용을 섞어서 제시한 결과 응답자 1084명 중 1.8%인 19명만 정확히 식별했다. 가짜 뉴스의 피해를 사전에 예방하기가 쉽지 않다는 것이다. 더군다나 가짜 뉴스가 사회적 혼란과 분열을 일으키므로 규제해야 한다는 의견에 대해 50대의 경우 59.6%가 규제 의견에 매우 동의한다고 답한 반면, 20대의 경우 35.0%만이 규제 의견에 매우 동의한다고 답했다. 가짜 뉴스를 규제하는 명분으로 자유로운 소통을 억압할 수 있다는 판단이 작용했을 수는 있지만 가짜 뉴스의 피해에 대한 인식이 젊을수록 작다고 해석할 수도 있다. 따라서 가짜 뉴스 그 자체를 규제하는 방식으로 대응하는 것에는 한계가 있다.

하지만 가짜뉴스가 심각한 사회문제로 대두하면서 가짜 뉴스 규제는 현실화되고 있다. 독일은 가짜 뉴스나 증오 표현을 방치하는 SNS기업에 최대 5000만 유로(약 609억 원)의 벌금을 부과하는 법안을 추진 중이라 한다(오세욱·박아란 2017: 1). 프랑스에서는 구글, 페이스북, 르몽드, AFP 등의 플랫폼과 언론사들이 공동으로 참여한 '크로스체크(CrossCheck)' 프로젝트를 통해 가짜로 의심되는 뉴스의 사실 여부를 확인하겠다고 나섰다. 하지만 개별 가짜 뉴스에 대응하는 방식은 유포되는 가짜 뉴스의 양을 볼 때 사실상 극복 가능한 수준을 넘어서고 있다고 봐야 한다. 궁극적으로는 신뢰할 수 있는 언론 소비가 대안이지 않을까? 언론에서 신뢰할 수 있는 소통을 늘려야 하지 않을까?

그렇다면 신뢰할 수 있는 전통적 매체의 저널리즘 강화가 그 답이다. 그런데 현실에서는 가짜 뉴스를 퇴출시켜야 할 소위 '진짜' 언론을 찾기 어렵다. 가짜 뉴스 그 자체로 대응이 필요하겠지만 사실 전술한 바와 같이 진짜와 가짜의 분류도 쉽지 않을뿐더러 진짜 뉴스의 개념을 둘러싸고도 논란이 있을 수 있다는 것은 또 하나의 장애다. 이런 혼돈의 상태를 야기한 원죄는 사실 전통적 매체에 있다고도 할 수 있다. 꼭 정파적 편파 왜곡을 논하지 않아도 이미 무한 경쟁에 쫓기고 있는 기존 매체들은 수입 증대를 위해서 진실성을 포기하고 있기 때문이다. 언론의 가장 중요한 자산인 신뢰성을 상실했다는 것은 가짜 뉴스에 대응할 힘을 상실했다는 것을 의미한다. 기존의 신문들은 이미 기사형 광고라는 형태로 독자들의 신뢰를 갉아먹고 있었다. 하지만 요즘에는 이를 넘어서 광고성 기사가 넘쳐나고 있다. 신문사들이 매주 1회 이상 발간하는 특집 섹션은 엄밀하게 보면 광고성 기사로 많은 부분을 채우고 있다(권만우·전용우·임하진, 2015: 1420). 전술한 대로 정치적 탄압 또는 정치권력·자본권력·언론권력의 유착(권경언 유착)으로 전통적인 언론들은 신뢰를 잃었다. 저널리즘 가치를 실현하려는 언론인들의 저항과 투쟁이 지속되었지만 군사독재정권은 물론 이명박, 박근혜 정권이 보여준 합법적 권력의 편법, 불법 사용을 극복하기는 불가능했다고 봐야 한다.

(4) 저널리즘 가치의 재발견

정치적 이유에 더해 한국의 기존 언론이 신뢰를 잃은 것은 1990년대 무한 경쟁에서 시작한 자본의 사적 이익과 상업적 이윤 추구가 언론 경영에 관철되었기 때문이다. 여기에 더해 신문의 경쟁력을 감소시킨 것은 인터넷과 인터넷을 기반으로 공룡이 된 포털의 존재다.

미국의 경우 야후, 구글, 페이스북 등 인터넷 매체들이 신문의 사업 기반을 차례로 무너트려왔다. '저널리즘을 염려하는 언론인 위원회(The Committee of Concerned Journalists: CCJ)'를 주도하는 톰 로젠스틸(Tom Rosenstiel)은 전통적 종이신문의 사업 모델(business model)은 수명이 다해간다고 진단한다. 그는 현실적 대안이 없으면 신문이 계속 살아 있기 어렵다고 예상했다(이재경, 2012: 3). 한국의 경우는 이 사업자들 대신 네이버나 다음을 대입할 수 있을 것이다. 하지만 최근에는 페이스북으로 무게중심이 옮겨가고 있다. 전술한 바이럴 마케팅이 가장 활발하게 이루어지는 공간은 페이스북이다. 이런 상황이다 보니 2010년 4월 퓨(Pew) 연구센터가 조사한 자료를 보면, 미국 전역의 신문 편집국장들과 방송사 보도국장들 가운데 자신들의 회사가 10년 후에도 존속하리라고 믿는 사람은 50%가 안 되었다. 30% 정도는 5년을 버티는 일도 쉽지 않다는 의견을 갖고 있는 것으로 조사되었다(News Leaders and the Future, 2010; 이재경, 2012: 3에서 재인용).

하지만 역으로 새로운 플랫폼들이 내재하고 있는 신뢰성 결핍이라는 한계는 전통적 매체의 저널리즘 가치를 복원할 필요성을 부각시킨다. 이를 강조하는 워싱턴포스트(The Washington Post)의 배런(Martin Baron) 편집국장은 2015년 6월 워싱턴 D.C.에서 열린 제67차 세계신문협회 총회에서 "집에 불이 난 사실을 보도하는 게 아니라 왜 불이 났는지를 묻는 게 저널리즘"이라고 했다(오선민, 2016: 100). 저널리즘의 기본 가치를 적절하게 표현했을 뿐만 아니라 새로운 플랫폼이 가지고 있는 한계를 극복할 수 있는 기본 방향을 제시하고 있다고도 볼 수 있다. 다른 강연에서 배런은 디지털 시대에도 "우리가 진실을 찾았을 때, 그리고 대중이 그것을 알아야 할 때 보도하는 것"이라는 가치가 중요하다고 강조했다(오선민, 2016: 100).

배런은 한발 더 나아가 '왜', 즉 사안이 발생한 저변의 이유를 취재하는 것이 곧 탐사 보도라고 강조했다(최진주. ≪한국일보≫, 2016년 9월 2일 자). 배런은 "언론사는 다시금 탐사 보도에 역량을 쏟아야 한다. 필요한 자원이 없다면 만들어서라도 해야 한다"라고 말했다. 그는 훌륭한 탐사 보도는 언론에게 세상 어떤 기관도 얻을 수 없는 엄청난 신뢰를 부여하기 때문에 가치가 있다고 했다. 진지한 뉴스와 거리가 먼 콘텐츠를 만들어 온 버즈피드(BuzzFeed)나 허핑턴포스트(The Huffington Post), 믹(Mic) 같은 뉴미디어도 최근 탐사 보도 기자를 영입해 보도를 하고 있으며, 이는 탐사 보도야말로 언론사가 남과 다른 차별점을 보여줄 수 있는 분야라는 사실을 뉴미디어도 깨닫기 시작했기 때문이라는 그의 주장은 울림이 있다. 이 모든 주장은 결국 전통적 매체의 신뢰성 확보로 이어진다. 새로운 플랫폼들의 다양한 가능성에도 불구하고 새로운 플랫폼이 본질적으로 가질 수 있는 한계인 신뢰성 결핍을 메꾸는 것이 전통적인 매체의 소임이고 생로라고 본 것이다.

6. 저널리즘 가치의 회복과 민주적 소통 강화를 위해[9]

한국의 언론은 저널리즘의 가치를 제대로 구현해본 적이 없고, 따라서 저널리즘의 본질을 경험해보지 못한 수용자들은 아쉬움 없이 새로운 플랫폼으로 급격히 이동하고 있다. 그런데 새로운 플랫폼들은 무엇보다도 유통되는 정보의 진실성 즉 플랫폼의 신뢰성에 한계가 있을 수밖에 없고 그런 취약점은 더욱 심화되고 있다.

초반에 살펴본 바와 같이 한국의 언론은 바람직한 저널리즘의 전통을 정착시킬 수 있는 초기에 이명박 정권의 등장으로 실패했다. 따라서 저널리즘에 반하는 내·외부 요소를 배제하고 개혁하는 것이 언론 앞에 놓인 최우선 과제이며, 동시에 실질적 민주주의를 위한 전제 조건이다.

---

9   이 절은 필자가 작성한 글(김서중, 2017; 민주언론시민연합, 2017)을 압축·요약한 것이다

1) 전통적 매체의 개혁 방안

민주주의는 헌법이 규정한 주권자가 주권을 제대로 행사할 수 있을 때 비로소 성립 가능한 제도다. 따라서 시민이 실질적인 주권자가 되려면, 공적 사안들을 숙지하고 그에 관해 토론할 수 있어야 하며, 그와 관련한 사회적 의사결정 과정에 참여할 수 있어야 한다. 이것이 구현되기 위한 장(forum)으로서 언론은 독립성(외적 자유), 자율성(내적 자유), 다양성을 지녀야 하며 수용자의 참여를 보장하는 것이어야 한다. 즉, 공론장을 강화하고 공론장에 직간접으로 수용자의 참여 가능성을 높여야 한다.

물론 독립성, 다양성이 보장된 언론이라고 해서 저널리즘 가치를 당연히 구현할 것이라 전제할 수는 없다. 그러나 독립성과 다양성이 보장되지 않은 언론에서 저널리즘 가치를 구현하기란 애초에 불가능하다.

독립성과 다양성을 보장하기 위한 첫 번째 방안은 방송에서 기존의 오도된 현실을 바로잡는 것부터 시작해야 한다. 정권의 방송 장악, 비판적 방송인과 프로그램 탄압, 인터넷 표현의 자유 억압, 언론자유와 공정언론을 요구하는 언론인에 대한 대규모 탄압 등의 진상을 규명하고 그 책임 여부를 밝혀 경고해서 정권에 의한 언론 장악이 재연되지 않도록 해야 한다.

다음으로는 방송사 경영진이 권력의 대리인 노릇을 했던 경험을 반면교사 삼아, 방송사의 경영진 선임 과정에서 대통령이나 여당의 영향을 최소화하고 가능한 중립적인 인물이 사장이 되도록 해야 한다.

경영진 선임 못지않게 중요한 것은 내적 자유의 확보다. 취재·보도·편성의 자유를 위해 노사 동수 편성위원회 구성하고, 편성위원회에서 방송 편성 책임자를 추천하며, 편성·보도·제작 간부 임명동의제(직선제·임명동의제·추천제 중 한 가지, 중간평가제·소환제 중 한 가지)를 통해 현장 언론인들이 부당하게 저널리즘 가치 실현을 억압당하지 않도록 해야 한다.

방송의 공적 가치를 보호하는 것은 방송규제기구의 사명이다. 그런데 방송통신위원회나 방송통신심의위원회 등은 대통령의 영향력으로 정파적이라는 평가를 받았다. 따라서 방송규제기구 역시 대통령의 영향을 벗어나 독립성을 확보할 수 있어야 한다.

그 외에도 방송이 자본권력으로부터 억압당하지 않기 위해 대기업의 방송뉴스 영역 진출을 막고 대주주의 소유 지분도 미디어 관련 법 개악 이전인 30%로 환원시켜야 한다. 방송의 다양성을 위해 여론 집중을 규제해야 하고, 약탈적 광고를 통해 정상적인 영업을 하지 않고 방송과 광고주인 자본이 유착하는 현상을 개선해야 한다.

비록 사양산업이라고 하지만 앞에서 살펴본 바와 같이 새로운 플랫폼에 오염되고 있는 현실을 개혁하는 출발은 저널리즘의 복원이고 저널리즘 복원의 핵심은 저널리즘 가치를 지키는 신문의 생존력을 높여주는 것이다. 유럽에서 국가가 나서서 신문의 사양화를 막는 것은 시장에 개입하기 위한 목적이 아니라 민주주의를 지키기 위한 것이다. 신문의 경향성을 훼손하지 않는 범위 내에서 저널리즘 가치를 구현하는 신문(산업)을 지원하기 위한 사회적 방안을 강구해야 한다.

2) 시민의 알 권리 보장 강화와 표현의 자유 확대

2016년 시작된 탄핵 정국은 대통령 파면으로 일단락되었다. 소위 촛불혁명이다. 그런데 촛불혁명의 가장 큰 소득은 대통령 파면이 아니라 직접민주주의의 경험이다. 대의민주주의가 불가피한 점이 있지만 소수 정치인들이 다수의 주권자를 대표하는 것이 아니라 군림[10]하는 맹점이 있다. 이를 극복하고 좋다수로 결정하는 다수결 원칙의 폐해를 줄이려면 수평적 시민 토론을 통한 집단적 의사결정을 제도화해야 한다(이진순 외, 2016: 17). 직접민주주의적 소통과 의사결정이 있어야 한다는 뜻이다.

이를 위해 시민의 알 권리를 보장하고 직접 소통에 참여하는 다양한 행위를 보호하고 권장해야 한다. 모든 정보는 공개되어야 하고 누구나 쉽게 찾아볼 수 있어야 한다. 또 적극적인 소통 참여자 즉 독립 미디어(저널리스트)는 그 활동을 활성화하기 위해 사회적 지원을 필요로 한다.

우선 이명박 정부 시 후퇴한 공공기관의 정보공개체계를 원상회복하고 더욱 강화해야 한다. 즉 국민의 알 권리를 실효적으로 보장하는 방향으로 '공공기관의 정보공개에 관한 법률'을 개정하고 공공기관이 능동적이고 적극적으로 정보공개에 나서도록 해야 한다. 또 자유로운 의사표현을 억제하는 인터넷상의 또는 오프라인상의 명예훼손 처벌 규정을 완화하고 인터넷의 정보를 임시 조치로 가리는 것을 신중하게 처리하도록 절차를 강화해야 한다. 민주주의는 여론의 정치이고 여론이 올바로 형성되려면 정보와 의견이 자유롭게 유통되어야 하기 때문이다.

또한 자본에 포획된 SNS를 비롯한 새로운 플랫폼이 상업 마케팅의 대상으로 전락하거나 가짜 뉴스로 범람하는 것을 막기 위해서는 바람직한 플랫폼 사용의 질서를 구축해야 한다. 현재 정치, 사회, 노동 등 특정 주제에 전문성을 가지고 주류 언론, 상업 언론과 차별화해 대안적 시각을 제시하려는 전업 언론인들이 독립 미디어, 독립 저널리스트로 활동하고 있다. 이 저널리스트들은 새로운 플랫폼이 지닌 취약점을 개선하기 위한 씨앗들이다. 따라서 독립 저널리스트들에게 취재증을 제공하고, 인터넷 상업 대중망에 저렴하고 쉽게 접근해 독립 저널리스트

---

10 대의민주주의에서 선거는 대표(representative)를 뽑는 것인데 대중은 지도자(leader)를 선출하는 것으로 인식한다. 이런 인식은 대중 독재의 가능성을 예비하는 것이다.

들이 생산한 콘텐츠를 대중에게 전달할 수 있게 하며, 전문성을 강화하기 위한 교육을 제공하고 독립 미디어(저널리스트)들이 부딪치는 제반 어려움을 해결해주는 제도적 장치(예로서 대안미디어 재단 같은)를 마련하는 것이 필요하다.

민주주의는 완성된 제도가 아니라 완성을 향해 나아가는 제도임을 전제로 하면 그것은 주권자들이 더 나은 질서를 위해 진지하게 토론하고 결정하는 과정(숙의민주주의)이라고 볼 수 있다. 이를 위해 가장 필요한 것이 의사결정을 돕는 언론 현상이다. 새로운 플랫폼이 직접민주주의의 가능성을 높이고 있지만 그렇다고 전통적인 매체의 저널리즘 가치가 축소될 수는 없다. 동시에 숙의민주주의를 위해 새로운 플랫폼을 활용하는 독립적인 전업 언론인들의 활동이 더 확대되어야 한다. 이것이 곧 언론이 민주화되는 것이고 동시에 사회가 민주화되는 길이다.

참고문헌

강상현. 1994. 「한국 언론의 조직내 민주화에 대한 일고찰」. ≪언론과 사회≫, 6호, 121~145쪽.
권만우·전용우·임하진. 2015. 「가짜뉴스(Fake News) 현황분석을 통해 본 디지털매체 시대의 쟁점과 뉴스콘텐츠 제작 가이드라인」. ≪멀티미디어학회논문지≫, 18권 11호, 1419~1426쪽.
김남석. 1998. 「신문 산업 구조조정의 방향」. ≪저널리즘 비평≫, 24권, 48~52쪽.
_____. 2001. 「80년대 후반 신문산업의 구조변화에 영향을 미친 사회경제적 요인들의 구조변수화를 위한 연구」. ≪한국언론학보≫, 45권 2호, 5~61쪽.
김동규. 2002. 「DJ정부의 언론정책: 딜레마와 패러독스」. ≪서강커뮤니케이션즈≫, 3권, 31~51쪽.
김동민. 1990. 「한국언론노동운동의 특성에 관한 연구」. 한양대학교 박사학위 논문.
김서중. 2001. 「시민언론운동의 현황과 전망」. 민주언론운동시민연합 주최 미디어운동 국제협력 증진을 위한 심포지엄 발표 자료.
_____. 2005. 「노무현 정부의 언론정책 평가: 법제적인 측면에서」. 한국언론정보학회 특별토론회.
_____. 2010a. 「언론·출판계의 민주화 운동」. 민주화운동기념사업회 한국민주주의연구소 엮

음. 『한국민주화운동사 3』, 542~587쪽. 돌베개.

_____. 2010b. 「종합편성방송채널 도입 정책목표의 허구성과 비대칭규제의 문제점」. 한국언론
정보학회 세미나, 종편채널 도입 정책: 진단과 모색.

_____. 2017. 「민주주의의 기반 언론: 공공성 강화하고 시민의 공론장 참여 확대해야」. 『2017 민
주·평등·공공성의 새 민주공화국을 위한 정치사회적 제안 보고대회 자료집』, 48~57쪽.

김은규. 2003. 『미디어와 시민참여』. 커뮤니케이션북스.

김주언. 2009. 『한국의 언론통제』. 리북.

김택수. 1990. 「6공 방송장악음모와 민족민주운동: 사영방송 도입을 중심으로」. ≪정세연구≫,
16호, 41~51쪽.

류동협. 2017. "주목! 팩트체킹·인공지능·챗봇·동영상 뉴스". ≪신문과 방송≫, 555호, 62~67
쪽. 언론진흥재단.

민주언론시민연합. 2017. 「2017 민언련이 제안하는 언론개혁과제」.

박아란. 2015. 「뉴미디어 시대 언론 개념의 특성 및 한계」. ≪언론과법≫, 14권 3호, 49~79호.

박창문·조재욱. 2013. 「SNS의 정치적 동원기능에 관한 비판적 고찰」. ≪한국정당학회보≫, 12
권 2호, 187~220호.

방정배. 1990. 「언론노조운동, 어디까지 왔나」. ≪저널리즘 비평≫, 2호, 70~75쪽. 한국언론학회.

새언론포럼. 2008. 『현장기록, 방송노조 민주화운동 20년』. 커뮤니케이션북스.

_____. 2009. 『현장기록, 신문노조 민주화운동 20년』. 커뮤니케이션북스.

손석춘. 1998. 「한국언론노동운동 10년의 성과와 과제」. 전국언론노동조합연맹 엮음. 『한국언
론의 독립과 내적 통제구조: 전국언론노동조합연맹 창립 10주년 기념 연구논문집』. 전
국언론노동조합연맹.

오선민. 2016. "진짜 기자가 더욱 필요한 세상." ≪신문과 방송≫, 541호, 98~100쪽. 언론진흥재단.

오세욱·박아란. 2017. 「일반 국민들의 '가짜 뉴스'에 대한 인식」. ≪미디어 이슈≫, 3권 3호. 언
론진흥재단

유영주. 2011. 「종편 도입과 특혜」, ≪진보평론≫, 49호, 224~238쪽.

이선희. 2016. 「방송시장 환경 변화에 따른 방송 콘텐츠 유통구조 현황과 전망」. ≪정보통신방
송정책≫, 622호, 1~17쪽. 정보통신정책연구원.

이재경. 2012. 「신문의 가치와 신뢰회복을 위한 한국형 저널리즘 모델의 성찰」. 한국언론학회
심포지엄 자료집. 1~19쪽.

이진로. 2007. 「언론 민주화 얼마나 진화했는가?」. ≪신문과 방송≫, 438호, 34~37쪽.

이진순 외. 2016. 『들도 보도 못한 정치』. 문학동네.

이진영·박재영. 2010. 「경쟁 신문의 등장에 따른 신문의 보도 차별화 전략: 한겨레 창간의 경우」.
≪한국언론학보≫, 54권 6호, 444~470쪽.

장낙인. 1994. 「무한경쟁시대의 신문산업의 미래」. ≪저널리즘 비평≫, 13권, 8~12쪽.

정연우. 2009. 「이명박 정부의 언론장악 기도와 시민사회의 대응」. ≪진보평론≫, 42호,
174~183쪽.

정용준. 2006. 「시민사회와 국가/시장의 관계 분석: 김대중/노무현 정부의 방송정책 갈등을 중심으로」. ≪언론과학연구≫, 6권 2호, 356~379쪽.

정윤경. 2008. 「종합편성채널의 콘텐츠 수급방안」. 정보통신정책연구원 워크숍(2008.11.13).

정인숙. 2013. 「새 정부의 진흥정책이 유료방송시장에 미치는 영향」. ≪방송문화연구≫, 25권 1호.

최영묵. 2012. 「이명박 정부 언론장악 실패 '전말기'」. ≪황해문화≫, 75호. 10~27쪽.

최지향. 2016. 「SNS 이용과 정치참여」. ≪한국언론학보≫, 60권 5호. 123~144쪽.

최진주. 2016.9.2. "'스포트라이트' 마틴 배런 "탐사보도는 언론의 사명"". ≪한국일보≫, http://www.hankookilbo.com/v/f6caf0130a5542c4aa2f9941c390202b

News Leaders and the Future. 2010. "A Project for Excellence in Journalism Report." www.journalism.org

14장

글로벌 시대의 여성과 미래

정현백 | 성균관대학교

1. 서론: 페미니즘과 민주주의

1987년 6월, 백만 명의 시민이 거리 시위에 참여해서 한국은 군부독
재를 축출하고 열망하던 정치적 민주주의를 실현할 수 있었다. 이러한
역사적 전환은 여성운동에도 하나의 전기를 마련했다. 그간 민주화운
동과 노동운동에 투신했던 여성들이 이제 '진보적 여성운동'으로 결집
하기 시작했다. 1987년 2월, 21개 여성단체가 연합 전선을 형성하고,
우산조직인 '한국여성단체연합'을 발족하면서 여성운동은 비약적인 발
전을 하게 되었다.[1]

---

1 1987년 이전에도 치열한 여성운동이 있었다. 구한말 여성들의 근대적 계몽운동, 일제시대
   신여성들의 여권운동과 여성 독립운동가들의 활동, 그리고 해방 후에서 1987년에 이르기까
   지 여성단체들의 활동이 있었다. 1945년 해방 이후에서 1960년대에 이르는 여성단체의 활
   동은 주로 보수적인 성향의 조직들을 중심으로 새마을운동이나 가족계획운동에서 여성을
   동원하거나 계몽하는 역할을 했다. 그러나 여권운동으로서 호주제 폐지운동이나 여성의 정
   치적 진출을 독려하는 활동도 했다. 오히려 1987년 이후에 일어나는 새 여성운동의 선구자
   적인 역할을 한 것은 1970~1980년대에 걸친 여성노동자운동이다. 군부독재의 탄압 속에서
   많은 고통을 감내해야 했던 여성노동자 운동은 초기에는 생존권 투쟁운동의 일환으로 시작

이때부터 여성운동이 정부나 다른 사회운동에 종속되기를 거부하고, 가부장제 타파를 통해 양성평등 사회를 실현하고자 했기 때문이다. 한국의 여성사에서 처음으로 여성들은 '자율성'을 표방했는데, 이는 '사회문제가 해결되어야 여성문제도 해결될 수 있다'는 오랜 담론을 공유하면서도 그 무게중심을 독자성에 두는 입장을 선택한 것이었다. 서구의 여성운동이 제반 사회운동으로부터 분리해 엄격하게 '따로'를 표방한 데 비해, 한국 여성운동은 '함께 그리고 따로'를 주창하면서, 시민·사회운동과 때로는 연대하고, 때로는 비판하는 관계를 유지했다. 이런 전략은 지난 30년 사이에 여성운동의 성공을 크게 도왔다(정현백 2006, 26~35).

새로이 등장한 진보적 여성운동의 중요한 역사적 공헌은 여성 관련 법의 제정과 개정에 크게 영향력을 행사한 것이다. 1993년 '성폭력특별법', 1996년 '가정폭력방지법', 2000년 '남녀차별금지 및 구제에 관한 법'에 이어, 2004년 3월에는 '성매매방지법' 제정에 성공했고,[2] 2005년 3월 2일에는 일제 식민지 이래 존속해온 호주제를 폐지하게 되었다.

2001년에는 여성부가 신설되었다. 또한 노동부, 법무부, 농림부, 교육부, 행정자치부, 보건복지부 등 6개 부처에 '여성정책담당관'을 두고, 여성 관련 정책의 부처 간 상호 협력과 조정의 통로를 마련했다. 이런 과정을 통해서 성 주류화를 실행하려는 여러 조처들이 시도되었고, 1세대 여성주의관료(femocrats)가 양성될 수 있었다.[3]

되었으나, 여성 의식의 싹을 틔우면서 새로운 여성운동의 시작을 알렸다(정현백 외 2016, 270~274).

2 분단과 오랜 군부독재를 거치면서, 한국 사회에 팽배한 군사주의는 성매매 산업의 엄청난 비대화를 가져왔고, 더불어서 인신매매 등을 통해 여성의 인권은 심각하게 침해되었다. 바로 이런 현실을 타개하기 위해서 여성운동의 격렬한 투쟁을 통해서 한국정부는 금지주의를 선택하게 되었다(정현백, 2006: 28~29; 한국여성단체연합, 2004: 87~94).

3 여성 관련 법과 제도의 정비는 성폭력을 포함한 여성인권 개선의 측면에서는 어느 정도 성과를 거두었지만, 여성의 생존권을 포함한 고용 차별 해소에는 큰 도움을 주지 못했다. 그뿐

결과적으로 볼 때 지난 30년 사이에 진보적 여성운동은 한국 사회에서 여성의 지위 향상이나 인권 개선과 관련해 많은 성과를 거두었다. 다시 말해 여성운동의 압박은 김대중 정부와 노무현 정부에 의한 적극적인 여성정책 실행의 동력이 되었다. 이를 통해서 여성운동과 국가가 긍정적으로 상호작용하면서, 여성정책을 유례없이 확대하는 시너지 효과를 일으켰다고 평가할 수 있다(정현백, 2006: 32~33; 정진성·안진 2004: 342). 또한 이러한 여성정책의 법적·제도적 정착 과정에서 진보적 여성운동의 압박 외에도, 성 주류화(Gender-Mainstreaming)전략을 표방한 1995년 베이징 세계여성대회의 영향력도 대단히 컸다. 그 결과 1980년대 말에서 노무현 정부 집권기인 2007년까지 한국 사회에서 일어난 여성정책의 발전과 이에 따른 여성 지위의 변화는 1995년 베이징 세계여성대회의 행동강령 이행에 대한 10년 후 평가에서 한국이 모범적인 사례로 평가받을 만큼 큰 진전을 가져왔다. 한국 여성운동의 발전과 여성 지위 향상은 한국의 민주화와 깊은 관련성을 지니고 있고, 페미니즘의 성공은 한국 민주주의의 또 다른 얼굴이라 할 수 있다.

　한국 여성의 지위 향상과 민주주의의 밀접한 연계성은 크게 보아 세 가지 측면에서 확인될 수 있다. 첫째로 군부독재의 타도와 (여전히 불완전하지만) 절차민주주의 달성은 여성운동가들이 그간 충분히 인지했으면서도 운동과 참여에서 우선순위를 둘 수 없었던 성차별 문제를 돌아보는 계기를 제공했다. 심각한 생존권 위기나 극악한 정치적 탄압이 일정 정도 해소된 현실이 민주화의 달성에도 불구하고 도처에 산재한 성차별에 대한 투쟁을 시작할 수 있게 했던 것이다. 둘째로는 민주화운동

만 아니라 단기간에 많은 법이 만들어지다 보니, 이를 실질적으로 현실화하는 데에는 한계가 있었다. 또한 많은 법률이 선거 국면이나 정당 간의 경쟁 속에서 정치적으로 타결된 경우가 많았다. 그리고 여성부는 그 설립 자체가 환영할 만한 일이지만, 미니 부서이어서 그 실행력이 약했고, 여성정책에서는 각 부처 간 조율이 중요한데, 이런 점에서 강한 조정력을 발휘하기 어려웠다(정진성·안진, 2004: 340~344).

에의 오랜 헌신과 가혹한 정치적 탄압에 대한 투쟁 속에서 단련된 유능한 여성 활동가들이 새로이 여성운동에 투신하면서, 그간 쌓아온 조직력과 전략적 탁월성이 발휘되었다. 이는 국제사회에서도 칭송할 만한 정도의 여성운동 성과로 나타났다. 셋째로는 수십 년을 걸쳐 싸워 쟁취한 민주주의가 여성정책의 실현을 추동하는 역할을 했다. 예를 들면 김대중 국민의 정부와 노무현 참여정부의 시기 동안 획기적인 여성정책을 통해서, 여성 지위 향상을 위한 법적·제도적 개선이 이루어진 것이 그 좋은 예이다. 이 과정에서 여성운동이 키워낸 페미니스트들이 공적 부분에 진입해 여성주의 관료로 활동하면서, 정부와 여성운동 사이에 대화와 토론을 통한 협치를 이루어낼 수 있었다. 혹은 여성운동이 '함께 그리고 따로'의 전략을 표방하면서 다른 시민사회운동과 연대하면서, 시민사회와 협력하거나 폭넓은 지지를 받은 점도 여성 지위 향상을 크게 도왔다(정현백, 2006: 37).

그러나 지난 10여 년간의 보수정권 아래에서 민주주의의 퇴행과 더불어 여성의 지위는 현저하게 하락했고, 이는 통계 수치상으로도 명료하게 드러난다. 민주정부하에서도 여성의 지위가 월등히 향상된 것은 아니었지만, 최소한 성평등을 위한 법적·제도적 장치나 정책 수단의 마련과 젠더 관점을 정부 정책에 도입하려는 진지한 노력을 보여주었다. 이제 우리는 87년체제를 마감하면서, 다시 좀 더 큰 질문(big questions)을 던져보아야 한다. 글로벌 시대 한국 여성의 현실은 어떠한가? 시민이 만들어낸 민주정부하에서 어떤 미래 전망을 열어가야 할 것인가? 여기에서 페미니스트들은 어떤 역할을 해야 하는가? 민주주의와 페미니즘은 서로 어떤 방식으로 조응해야 하는가? 뒤이은 글에서 필자는 체계적일 수도 없고 다소 조야하더라도, 페미니즘의 입장에서 미래를 향한 좀 더 통합적인 전망을 제시하고자 한다. 또한 여성이 겪는 현재의 질곡을 다시 물어보아야 한다. 성평등과 성 주류화를 위한 현실적 전략을 토론해야 하고, 나아가 여성이 바라는 미래 비전을 말해야 한다. 다음 절에서는 결코 용이하지 않는 질문에 대한 대답들을 조심스럽게 찾아갈 것이다.

2. 글로벌 시대의 여성 현실

민주주의의 승리와 더불어 87년체제가 이어진 지 30년이 흐른 지금 우리는 다시 민주주의의 위기를 논하고 있다. 지난 10년간의 보수정부 아래에서 정치적 민주주의는 후퇴했다. 또한 삶의 제반 영역을 시장화·상품화하고 있는 신자유주의적 자본주의가 국민을 상품의 소비자로 전락시키면서, 우리를 신자유주의적 환상으로 현혹하고 있다. 다음 항에서는 글로벌 시대의 여성이 처한 현실을 '젠더 없는 민주주의', 여성의 경제적 위기, 가족이나 사생활 영역에서 드러나는 여러 질곡을 중심으로 구명하고자 한다.

1) '젠더 없는 민주주의'

한국 사회는 여전히 여성의 정치적 과소 대표성과 남성의 정치적 과잉 대표성으로 특징지어지는 '여성 없는 민주주의' 혹은 '젠더 없는 민주주의'에 머물고 있다(안숙영, 2016: 122~123). 2013년 세계경제포럼(World Economic Forum)이 밝힌 성 격차 지수(Gender Gap Index)에서 한국은 전체 136개 조사 대상국 중 111위를 차지했다. 이는 남녀의 경제 참여, 정치적 권한, 건강, 교육 수준 등의 격차를 분석한 것이다. 노무현 정부 말기인 2006년 92위를 차지한 이후 계속 하락의 길을 걸어왔다. 또한 여성 국회의원 숫자, 공·사 영역의 주요 직책 비중, 전문 기술직에서의 여성 참여, 임금 수준을 중심으로 분석하는 유엔개발계획 (United Nations Development Programme: UNDP)의 여성 권한 척도 (gender empowerment measure)는 2009년에 109개 국가 중 61위였다. 이런 통계치들은 그간 한국이 이루어낸 민주주의와 경제성장의 수치나 명성과는 부합하지 않는 젠더 불평등의 현실을 드러내는 것이다. 그런 점에서 한국인은 여전히 젠더 없는 불완전한 민주주의 속에 살고 있는 것이다(이나영, 2015: 23~24).

지난 2012년의 제19대 국회의원 선거에서 여성은 300석 중 47석, 겨우 15.7%를, 2016년 제20대 국회의원 선거에서는 17%를 차지했다. 물론 군부독재의 말년인 1985년 선거에서 여성이 276석 중 8석, 2.9%를 차지한 것에 비하자면, 크게 발전한 것이지만, 여전히 여성의 정치적 대표성은 만족할 만한 수준도 아니고, 국제적인 기준에 비추어도 크게 뒤떨어져 있다. '최초의 여성대통령 시대'임에도 불구하고, 2017년 3월 을 기준으로 보자면, 정부 부처 17개 가운데 여성 장관은 단 1명, 여성 가족부 장관뿐이다. 국회의장이나 부의장이 여성인 적은 한 번도 없었다. 여기에서는 여성의 수적인 과소 대표성 뿐 아니라, 그나마 확보한 여성 의원의 수적 대표성이 실질적 대표성으로 확장되지 못하고 있음을 읽을 수 있다(안숙영, 2016: 131, 133; 이나영, 2015: 25). 여전히 한국의 민주주의 정치는 젠더화(gendering)에 실패하고 있다.

2) 글로벌 경제위기와 여성의 빈곤화

한국 사회는 지금 청산되지 못한 식민지적 악폐의 잔재와 더불어, 비민주적 권력과 자본의 강력한 카르텔이 작동하고 있다. 이는 불완전한 정치적 민주주의 외에도 경제적 불평등 및 사회 양극화와 더불어 '불안정성과 예측 불가능성의 심화'로 시민에게 비치고 있다. 이제 앞에서

| 표 14-1 | 여성 취업 인구의 산업별 분포 (단위: %)

	1차 산업	2차 산업	3차 산업
1963년	68.7	6.9	24.4
1970년	59.7	14.7	25.5
1980년	46.5	21.9	31.6
1990년	20.4	28.0	51.6
2004년	9.2	15.9	74.8

주: 강이수(2006: 49)에서 인용함.
자료: 통계청, 『경제활동인구연보』, 각 년도.

언급한 사회적 위기들을 젠더라는 렌즈를 통해 들여다보자.

지난 10여 년간의 한국 사회 위기를 진단하는 학자들은 한국 사회는 '구 사회위험'과 '신 사회위험'이 중층적으로 뒤얽힌 '이중의 위기'를 겪고 있다고 주장한다. 전자가 전통적으로 존재해온 실업, 노령, 산재, 질병 등으로 인한 소득 중단이 초래하는 개인들의 위기이자 빈곤의 문제라면, 후자는 저출산, 고령화, 여성의 경제활동 참가로 인한 돌봄서비스의 부재나 노동시장의 유연화에 따른 비정규직의 과잉 양산의 문제이다. 특히 개인화 경향의 확대로 경제적 독립의 필요성이 증대되지만, 이 과정에서 효율성을 내세우는 시장 담론은 기존의 성차별 기제를 강화하고, 그 결과로 여성의 빈곤율은 더 높아지고 있다. 즉 '시장화된 개인화' 사회에서 가난은 전 생애 동안 저소득 여성의 운명이 되었다(이나영, 2015: 14~15).

1980년대에 들어오면서 한국의 경제구조는 섬유·식품 등의 경공업 중심에서 기계·자동차·화학산업 등의 중화학과, 반도체를 중심으로 하는 전자산업으로 이동하게 되었다. 아울러 이 시기에는 금융·보험·유통산업 등의 3차 산업이 확대되면서 여성 사무직이 현저히 늘어났다. 또한 유흥산업이 비정상적으로 비대해지면서, 개인 서비스나 상업 분야로도 여성이 대거 유입되었다. 1990년대 이후 전 지구적 차원에서 이루어진 급속한 정보화 역시 서비스 경제로의 전환을 가속화하면서,

여성 노동력을 끌어들였다.

1990년대 이후 세계적으로 신자유주의적 경제 질서로의 개편이 신속하게 이루어지면서, 이는 한국 여성의 노동과 삶에도 큰 영향력을 끼쳤다. 1997년 한국이 경제위기를 맞이해 IMF의 관리하에 들어가면서, 여성의 경제활동참가율은 1997년 49.8%에서 1998년에는 47.1%로 급격하게 하락했다. 경제위기의 책임을 여성에게 전가하는 가부장적 성별 분업 이데올로기에 따라, 여성들은 대량 해고되는 상황을 겪게 되었다. 1998년 이후 여성의 경제활동참가율은 다시 상승했지만, 그사이 여성 노동력의 구조는 개편되어, 여성은 임시·파트타임·용역·가내노동 등의 비정규직 일자리로 가게 되었다. 또한 빈약한 공공복지제도는 여성이 져야 할 재생산 비용, 즉 건강이나 보육 등의 재생산 노동을 증가시켰다. 2004년과 2013년 여성의 경제활동참가율은 각각 49.7%와 50.2%인데, 이는 남성에 비해 현저히 낮으며 OECD 국가 평균의 70~80%에 이를 뿐이다.

1963년 전체 취업자 756만 명 중 여성은 34.8%인 263만 명이었으나, 2004년에는 전체 취업자 중 41.5%인 936만 명이었다. 이를 통해서 세계 노동시장의 일반적인 추세인 '노동력의 여성화'를 확인할 수 있다. 그러나 여성 취업의 양적 증가가 질적 지위 상승으로 이어지는 것은 아니다. 이미 언급한 대로 여성 노동력의 비정규직화와 고용 불안정은 더 심각해졌기 때문이다. 1995년 여성노동자 중 상용고가 42.8%, 비정규직에 해당하는 임시고, 일용고가 57.3%인데 비해, 2003년에 이르면, 상용고 35.3%, 임시고 및 일용고는 각각 47.3%, 17.4%인데, 이는 비정규직의 규모가 거의 65%에 이르렀음을 보여준다(강이수, 2006: 51~57). 2014년 3월 통계에 따르자면 여성 임금근로자 796만 8000명 중 비정규직은 442만 8000명으로 55.6%이고, 전체 비정규직 중 여성 비율은 53.8%에 이른다. 특히 여성의 경우 40대를 넘기면서, 즉 고령일수록 비정규직 비율이 더 증가한다(이나영, 2015: 27~28).

또한 1960년대 산업화 초기에는 미혼·저학력 여성으로 대표되었던 여성 노동력 구성은 1980년대 이후 기혼·고학력 여성으로 재편되고 있다. 취업 여성 중 미혼 대 기혼 비율은 1981년에 86.2 대 13.8이었다면, 2004년에는 25.9 대 74.0이 되었다. 이제 기혼 여성의 비율이 절대적으로 높아졌는데, 이는 여성의 교육 기간이 길어져서 젊은 여성의 노동력 공급이 감소되고, 이에 따라 기혼 여성 노동력에 대한 수요가 늘어나기 때문이다. 1960~1970년대 나이 어린 미혼 여성의 취업 직종이었던 생산직에서 이제 미혼 여성이 차지하는 비율은 2004년에 7.3%에 불과했다. 실제 기혼 여성의 60.3%가 비정규직으로 일하고 있고, 이를 통해서 결혼은 여성의 노동 지위에 큰 영향을 미치고 있음을 알 수 있다. 여성 비정규직의 4분의 1은 최저임금에 미달하는 임금을 받았다. 2013년의 OECD 조사에서 한국의 남성 대 여성 임금은 100 대 63으로, 회원국 중 성별 임금 격차가 가장 높았다(이나영, 2015: 28). 기혼 여성의 생산직 진출과 더불어 나타나는 사회현상은 극단적인 출산율 저하인데, 2005년에 출산율은 1.16명으로 하락했고, 이는 세계에서 최하위 수준에 해당한다(강이수, 2006: 54).

1945년 이후 한국 사회의 중요한 변화 중 하나는 고학력화가 빠르게 진행된다는 점인데, 이는 여성에게도 예외가 아니다. 1980년에 21.6%이던 여성 대학 진학률은 2000년에는 65.5%로 증가했다. 대학 입학자 중 여성의 비율은 2000년 46.6%에 도달했다. 그러나 여성의 고학력화에도 불구하고, 이들의 취업률은 낮은 편이다. 대졸 여성의 경제활동참가율은 OECD 평균이 83%인데 비해, 우리는 56%에 불과하다. 2012년에 이르러서야 대학교 졸업 여성의 63.1%가 경제활동에 참가하게 되었다(이나영, 2015: 30). 이는 여전히 '여성의 일차적인 책임은 가정'이라는 사회적 인식과 더불어 고학력 여성의 주된 일자리인 전문직이나 경영 분야에서 여성 참여를 배제하는 메커니즘이 함께 작용하기 때문이다(강이수, 2006: 57~58).

2013년 3월 ≪이코노미스트(Economist)≫가 26개국을 대상으로 여성의 고등교육 비율, 남녀 간 임금 격차, 여성 관리직 비율, 여성의 경제활동참가율, 임금 대비 육아 비용을 기준으로 한 조사에서 한국은 일하는 여성이 가장 살기 힘든 나라로 선정되었다. 또한 기업의 여성 임원 비율은 1.9%로, 45개국을 대상으로 한 조사에서 꼴찌에서 두 번째를 차지했다.

여성의 빈곤율도 심각한 수준인데, 2010년 조사에 따르면 전체적으로 4가구 중 1가구 이상이 여성 가구주 가구이고, 이들의 3분의 1 이상이 한국적인 빈곤 상태에 놓여 있다고 한다. 특히 여성 노인 단독가구 중 70%는 이미 빈곤 상태에 있다고 한다(이나영, 2015: 31).

배은경에 따르자면, 2008년 미국에서 출발한 금융위기가 한국을 강타하면서, '남성 1인 생계 부양자 모델'에 의해 지탱되었던 우리의 근대적 젠더보상시스템에 변화를 만들어냈는데, 이 과정에서 여성의 취업이 늘어났지만, 동시에 여성 내부의 차이가 심화되었다고 한다. 여성 우선 해고, 여성 노동조건 악화, 여성의 비정규직화 등이 차이를 심화시키지만, 특히 이 과정에서 20~30대 젊은 여성들이 집중적으로 피해 대상자가 되고 있다. 그래서 신자유주의 지구화의 광풍이 초래한 위기가 약탈적 자본주의와 성차별주의를 공고하게 재결합시키면서, 빈곤의 세대 차가 고착되어갔다고 보았다(배은경, 2009: 39~82).

3) 개인화와 가족의 강화 사이에서

20세기 초 근대의 여명기에 해당하는 식민지 조선에서 서구적인 근대가족의 모델은 많은 지식인에게 선망의 대상이 되었다. 전통적인 대가족제도하에서의 중매를 통한 구식 결혼을 탈피하고, 선택을 통한 자율적인 사랑을 실현하고자 했다. 신문지상에는 사랑 없이 강요된 구식 결혼을 반대하는 여학생의 야반도주 사건이 종종 등장했다. 개성의 발전을 짓누르는 가족제도로부터 벗어난 낭만적 사랑과 부부 중심 결혼 생활이라는 이상은 급격한 산업화를 경험하는 1970년대 한국 사회에서 외견상으로는 일반 규범으로 정착해갔다. 또한 부부와 미혼 자녀로 이루어진 소가족제도가 전통적인 대가족제도를 대체해갔다. 1960년대 이후 가속화된 경제개발 과정에서 '평생직장에 몸 바친 남성 가장과 묵묵히 남편을 뒷바라지하며 자녀를 성공적으로 교육하는 주부'라는 근대가정이 양산되었다. 이는 '직장과 결혼한 남편'이라는 전후 일본사회의 모델과 그리 다르지 않았다. 또한 학력 경쟁이 치열해진 한국 사회에서 아내의 능력은 자녀를 일류 대학에 보내고 성공시킨 결과로 인정을 받게 되었다(한국여성연구소, 2005: 201; 김수영, 2004: 162~164).

신자유주의적 세계경제가 가속화되면서, 1990년대 이래 한국에서도 고용의 불안정성이 높아졌다. 더불어서 가장의 개별 임금으로는 가족의 생계를 유지할 수 없는 상황이 도래했다. 여성의 취업이 현저히 늘어났다. 후기 근대 한국 가족의 특징이라 할 수 있는 미혼율과 이혼율 증가 현상도 나타나서, 2000년에 이르면 20대 후반 여성의 40%, 남성의 71%가 미혼이다. 또한 인구 1000명 당 이혼은 1970년 0.4건에서 2001년에는 2.8건으로 증가했다. 최근 결혼 연령이 높아지는 현상은 청년 실업의 장기화라는 경제적 현실과 밀접히 관련되어 있다. 이는 미취업집단의 결혼 계획이 취업집단에 비해 훨씬 낮게 나타나는 데서 잘 드러난다. 이제 젊은 남성들은 생계 부양자로서의 역할, 가장으로서의 책임에 대한 부담감을 표출하고 있고, 이를 통해서 이제 한국에서도 근대적인 결혼모델은 서서히 퇴조하고 있음을 알 수 있다(한국여성연구소, 2005: 202~203)

포스트근대적인 가족모델이 등장하면서, 한국 사회에서 가사노동의 분담을 둘러싼 갈등도 증가하고 있다. 주부의 평일 가사노동시간은 5.48시간인데, 이는 주말에도 그리 다르지 않았다. 가사노동의 성별 분업은 여전해, 취업을 한 기혼 여성의 경우에도 그 92%가 가사노동의 책임을 전담했다(한국여성연구소, 2005: 204). 한국여성개발원의 2003년 조사에 따르자면, 배우자가 있는 가구의 약 36%가 맞벌이인데, 그 가사노동의 부담이 그대로 여성에게 전가되면서, 자연히 가정과 직장 간 갈등이 증대되고 있다. 더불어 회사 중심적 태도를 보이던 한국 남성들의 일에 대한 가치관이 서서히 바뀌고 있고, 점차 가정과 자녀에 대한 애착이 늘어나고 있다.

그러나 한국 기업에서 가족친화제도(family-friendly policy)는 제대로 정착하지 않았고, 이미 만들어진 곳에서도 그 이용률은 낮은 실정이다. 직장 내 보육시설 설치와 보육비용지원제도가 있으나, 아직은 실질적인 도움을 주는 정도에 이르지 못하고 있다. 2003년 한국여성개발원의 조사에 따르면, 직장 보육시설이 있는 경우는 10.8%로 나타났지만, 그 이용률은 1.1%에 불과했다. 또한 육아휴직제와 가족간호휴가제도가 있지만, 그 이용률은 대단히 낮은 편이다. 자신이 불이익을 받을 것이라는 우려가 이런 제도를 제대로 이용하지 못하는 결과를 낳고 있다(한국여성연구소, 2005: 208~209).

한국전쟁과 뒤이은 군부독재를 겪은 한국 사회는 도처에 군사주의가 내면화되어 있다. 지난 30년 사이 페미니즘 의식의 확산과 여성 지위의 법적·제도적 개선 장치에도 불구하고, 가정폭력이나 성폭력의 수치는 여전히 높은 편이다. 1990년대 이래 남편에 의한 폭력은 대체로 30%를 넘는 것으로 나타나고 있다.[4] 이미 앞에서 언급한 대로 이혼율

---

4   성매매의 수치를 둘러싸고는 논란의 여지가 있지만, '성매매방지법' 제정 이전에는 수십만

이 증가했는데, 그 사유로는 남녀 모두에게 배우자의 부정행위가 가장 높고, 그 다음으로 여성의 경우는 남편의 폭력이나 학대가 높은 비율로 나타났다. 남성의 경우는 아내의 늦은 귀가나 음주, '아내 본연의 역할'의 경시 등을 들었다. 이를 통해서 여전히 대다수의 사람들이 전통적 부부역할모델을 벗어나지 못하고 있고, 양성 간의 성별 역할에 대한 기대치는 여권 의식의 확장이라는 시대적 변화의 속도를 따라가지 못하고 있다는 것을 알 수 있다. 이혼 후에 (절대다수를 차지하는) 여성 가구주 가정의 경우 경제적 문제로 고통을 겪게 되는데, 2002년 조사에 따르자면 이혼한 아내 중 자녀 양육비를 받지 못하는 경우가 78%에 이르렀다. 이 경우 남편의 경제적 무능보다는 의도적인 유기가 더 큰 사유가 되었다(한국여성연구소, 2005: 208~209).

전 지구적인 자본주의화와 더불어 발생하는 위험은 공적 책임의 많은 부분이 사적 영역으로 전가된 점이다. 국가가 보장하거나 지원하던 지지대가 떨어져 나간 상황에서 이제 시민은 시장의 일탈 행동에 무방비 상태로 놓이게 되었다. 닥쳐오는 불안과 불확실성 속에서 이제 시민들은 무능한 국가의 지원보다는 개인적 해결에 의존하게 되었다. 젊은 세대의 높은 실업률이나 비정규직화 그리고 부동산 가격의 폭등 속에서 사회적·경제적 조건이 개인화를 촉진하고 있는데, 이는 가족의 개인화이기도 하다(홍찬숙, 2012: 7). 단독가구의 증가나 저출산은 거의 개인과 가족만이 기능하는 신자유주의적 사회에서 개인이 선택하는 의도적 혹은 비의도적 생존 전략이다. 특히 저출산은 젠더 불평등이 지속

명 이상의 성매매 여성이 존재했고, 그들에 대한 엄청난 인권침해가 가해졌던 것은 이미 알려진 사실이다. 성매매여성의 실질적인 규모에 대해서는 논란의 여지가 있다. 정부의 공식적인 통계로는 20만 명 전후이지만, 실질적인 조사에서는 그것의 2~3배 이상인 경우도 나타났다. YMCA의 경우에는 100만 명 이상이라는 주장도 제기했다. 1986년 접객업소에 종사하는 여성이 95만 명에 이르고, 이들 중 상당수가 실질적으로 성매매에 종사할 것이라는 견해도 제기되었다(조순경, 1989: 124; 박정미, 2011: 308~309).

되고 있는 상황 속에서 일과 가족을 병행하려는 20~30대 여성들이 선택할 수 있는 합리적 행위일 수 있다. 이는 전통적 가족의 해체이다. 더불어서 개인화는 안정적인 이성애 부부관계와 핵가족, 다시 말해 1인 생계 부양자 모델에 근거한 가부장적 가족관과 어쩔 수 없이 충돌하게 된다. 이는 가족해체 현상으로, 혹은 '중산층 재생산의 위기'로 비친다 (이나영, 2015: 32~34).

그러나 개인화를 둘러싼 여성학자들 간의 논쟁이 있다. 개인화는 동시에 공적 서비스가 빠져나간 한국적 현실 속에서 가족을 통한 보완이나 지원시스템으로부터 자유로울 수 없다는 것이다. 그런 점에서 한국 사회는 개인화의 증대와 전통적인 가족체계가 병존하면서 상호작용하는 이중 체계라 말할 수 있다. 이런 면에서 한국 사회에서는 전통적 가족주의와 서구적 개인주의가 모순적으로 결합하면서 공존하고 있다.

4) 가부장제 문화, 소비자본주의, 그리고 격화되는 여성 혐오

1954년부터 시행된 의무교육은 취학률이 90% 이상을 상회하면서, 여성의 교육 기회도 높였다. 1990년대에 들어와 특히 두 자녀 가정이 대다수를 이루면서, 여성의 교육 기회는 남성과 거의 비슷한 수준에 이르렀다. 그러나 여성을 향한 사회적 의식과 관련해서는 학교교육뿐 아니라 학교 바깥의 여러 교육과정을 통해 공·사 영역의 엄격히 분리를 강조하는 성 역할 사회화가 여전하다. 특히 학교교육과 더불어 여성이 성 역할 정체성을 만들어가는 데 크게 영향을 준 것은 분단과 군부독재라는 정치적·사회적 환경이었다. 국가 안보를 최고의 과제로 내세우는 교육 방침은 학교 조직의 병영화를 가져왔고, 남녀 학생들은 군사주의적 학교문화에 익숙해졌다. 이는 가부장적 사회질서를 유지하는 수단으로 기능했다. 이러한 구조 속에서 여성은 여자다운 여자가 되고 남성을 위해 희생하는 것을 당연한 것으로 여기고, 자식을 위해 자신을 바치는 어머니가 되어야 했다(전경옥 외, 2011: 323~325; 강이수, 2006: 57).

분단사회에서 진행된 급속한 산업화와 병행해 성장 중심주의적 사고가 한국 사회를 지배하면서, 교육열은 국가 발전의 원동력으로 평가되었다. 이는 학교에서의 극심한 경쟁구조와 더불어 사교육시장의 기형적 성장을 가져왔다. 한국의 교육열은 한국의 신속한 경제 발전에 적지 않은 기여를 했지만, 청소년의 높은 자살률에서 드러나듯이, 그들을 비인간적인 삶으로 떠밀어 넣었다. 더불어 입시 위주의 교육제도는 가족의 사회화 기능을 왜곡시켰다. 여기에서 어머니는 과도한 교육열 현상, 즉 '치맛바람'을 이끌어온 핵심 주체로 비난받게 되었다. 그러나 자식의 출세를 위해서 수단과 방법을 가리지 않는 어머니의 모습은 개인적 이기주의로 폄하되기에 앞서, 공·사 영역의 분리 속에서 사회적 노동에서 퇴출된 여성들이 사적 영역에 매달리는 것을 통해 삶의 의미를 찾으려는 몸부림이라는 점을 간과하지 말아야 할 것이다(전경옥 외, 2011: 325~326; 함인희, 2006: 96).

2000년 이후에는 성 인지나 성 주류화 등의 개념이 국가의 정책 문서에도 등장했고, 양성평등은 주요한 정책 목표가 되었다. 이에 따라 공무원 교육이나 학교교육에서 양성평등의식 교육이 권장되었다. 사회적으로 습득된 성 역할은 바뀔 수 있다는 인식이 사회적으로 확산되었다. 그렇다면 이를 통해서 여성 자신뿐 아니라 사회 일반의 양성평등의식이 한 단계 발전되었는가? 대중매체에 대한 일련의 연구에 따르면 양성평등정책이 성 역할 고정관념을 평등의식으로 전환시키는 데에 큰 영향력을 미치지 못했다. 양성평등지표의 개발로 양성평등에 대한 인식 전환이 상당히 이루어졌고, 성차별적 관념의 해소도 진행되었으나, 성 역할 고정관념의 획기적인 변화는 없었다는 것이다. 2000년대 이후 등장한 미디어의 다양성과 인터넷 매체의 확산이 아직까지 양성평등정책의 현실화에 크게 도움을 주지 못했다.

또한 성폭력, 성희롱, 성매매 비율도 여전히 높다. 이에 2000년에 성희롱 관련 법안이, 2004년 9월에 '성매매방지 특별법'이 제정되는 것과 병행해, 젊은 여성들은 성적 자율성을 요구하면서 순결이데올로기에 문제를 제기하고, 성적 소수자들도 정당한 권리를 요구하기 시작한다. 대략 1990년대 초반부터 한국 사회에서 여성들은 성 해방과 성적 쾌락을 거론하기 시작했다. 이렇게 여성이나 성적 소수자들의 자기 목소리 내기는 억압적인 성 담론을 조금씩 해체하는 역할을 하고 있다. 이제 한국의 섹슈얼리티와 성 문화는 전통적인 것과 새로운 것 사이에서 충돌하면서 조금씩 변화하고 있다(한국여성연구소, 2005: 178~190).

여성운동이 활발해지고 여성정책이 활성화된 지난 30년 사이 한국 사회에서 다양한 미디어를 통해 오히려 가부장제에 기초한 소비자본주의가 확산되고 있고, 여기에서 여성은 그 일차적인 대상이 되고 있다. 다이어트, 피부 관리, 화장, 성형 시술, 몸매 교정과 같은 새로운 육체산업이 엄청난 규모로 늘어나고 있다. 텔레비전이나 광고 등 대중매체는 끊임없이 새로운 화장법, 패션, 미용법을 소개하고 있고, 여성 소비자들은 이를 따라잡기 위해 많은 시간과 돈을 투자해야 한다. 한 연구 결과에 따르면, 여대생의 절반 이상이 미용 성형을 한 경험이 있고, 또한 그 80%가 성형을 원하고 있다(≪동아일보≫, 2004년 4월 29일 자). 한편으로 몸은 여성이 스스로의 욕망을 발견하고, 여성주체의 능동성을 찾는 곳이다. 그러나 다른 한편으로 여성의 몸에 작용하는 이데올로기나 자본의 이윤 추구가 여성의 몸을 억압하고 식민화하는 것이 오늘의 현실이고, 한국 사회에서 작동하는 이러한 메커니즘의 과도함은 세계에서 그 유례를 찾을 수 없을 정도이다. 2001년 한국에서 미용산업과 다이어트산업의 규모는 각각 1조 원에 달하는 것으로 추정된다(≪조선일보≫, 2001년 8월 1일 자).

과도한 육체산업의 발달이 심각한 문제인 이유는 '여성은 아름다워야 한다는 성 역할'에 충실한 여성에게 사회가 보상을 해준다는 점 때문이다. 즉 아름다운 외모를 구비한 여성은 좋은 조건의 배우자를 만나거나 좀 더 좋은 직장을 구할 수 있다는 것이다. 이런 현실은 여성들에게 몸을 관리하기 위한 엄청난 경제적·심리적·육체적 고통을 경험하게 하고, 또한 여성의 삶과 자아정체성에서 외모가 차지하는 비중을 지나치게 커지게 한다. 이는 아름다운 몸이나 외모를 가지지 못한 여성들을 타자화하는 부정적인 결과를 낳게 되고, 나아가 가부장적 의식을 강화하게 될 것이다.[5] 달리 말하면 이런 강박적인 외모 가꾸기와 몸매 관리는 몸이 계급이 되고 자본화되는 사회 속에서 자기계발이라는 담론으로 포장된 채, 자본의 이익에 충실한 방식으로 개인이 사회에 통합되도록 하는 것이다(이나영, 2015: 36).

마찬가지로 개인화된 사회에서는 독자적인 삶의 요구와 함께 친밀성이 빠져나가는 기능적 가족주의에 대한 대안으로 여가산업의 엄청난 발달과 더불어 '소비자본주의와 결합된 친밀성의 상품화 현상'이 확대된다. 성매매를 위시한 각종 성 산업의 확산이 그 좋은 예이다(이나영, 2015: 37; 홍찬숙, 2013: 265~270).

물론 한국 사회 내에서 페미니스트들은 안티 다이어트운동, '노(No) 다이어트, 노(No) 성형' 운동, 혹은 안티 미스코리아 페스티벌(미인대회), 라지 사이즈 의상 판매 사이트 개설 등의 다양한 방식을 통해 저항을 전개하지만, 가부장제와 소비자본주의의 거대한 힘 앞에서 이런 노력들은 작은 에피소드에 지나지 않는 것이 지금의 현실이다(한국여성연구소, 2005: 141~142). 이런 점에서 한국 사회에서 여성 지위의 발전은

---

5 그뿐만 아니라 이러한 외모 꾸미기는 남성에게도 억압적으로 작용하기 시작했다. 지난 10여 년 사이에 후줄근한 차림의 남성들은 환영받지 못하게 되었고, 몸 관리에 소홀한 것은 신체적·정신적 무능력이나 나태함으로 여겨지게 되었다(한국여성연구소 2005, 135~140).

양면적이고 자기모순적이다. 한편에서는 여성 지위와 여성 의식의 발전이 이루어지고, 다른 한편에서는 소비자본주의와 경쟁체제에 의해 여성의 삶이 포획당하고 있기 때문이다.

최근 한국 사회에서 일어나고 있는 또 다른 심각한 성차별 현상은 지난 3~4년 사이에 온라인 공간에서 '여성 혐오' 발언이 폭발적으로 늘어난 것이다. 이런 정서나 담론이 최근의 현상만은 아니다. 이미 인터넷 문화의 확산 과정에서 2000년대 중반부터 안티 페미니즘 모임이 등장하기 시작해 2008년 남성연대가 설립되었다. 또한 2009년 설립된 '일간베스트' 사이트의 자극적인 발언이 횡행하고, 날로 확장되고 있는 소셜 네트워크 서비스(SNS)와 더불어 온라인 공간에서 혐오 발언은 폭증하고 있다. 디지털 세계에서는 특정한 장소나 시간에 얽매이지 않고 누구나 접근 가능한 방식으로 혐오 발언이 생산되고 폭넓게 유통될 수 있어서, 이는 여성들에게 큰 불안과 공포감으로 다가오고 있다(김수아, 2015: 286~290).[6] 여성 혐오의 결과로 간주할 수 있는 강남역 살인사건, 혹은 학내 문제와 관련해 이화여대 학생들이 모두 마스크나 가면을 쓰고 교내 시위에 나온 장면에서도 우리는 젊은 여성들이 한국 사회에서 매일매일 느끼는 여성 혐오와 공포감을 추체험할 수 있다.

일부 남성들의 원초적이면서도 폭력적인 공격과 여성들이 느끼는 불안감은 모두 우리 사회가 겪는 심각한 사회구조적인 위기와 떼어놓을 수 없다. 온라인상에서 표출되는 여성 혐오 정서는 신자유주의하에서 밀어닥치는 경제위기나 여기에서 남성들이 가지는 불안감 등과 연결해 해석할 수 있을 것이다. 지난 3~4년 사이에 여성 혐오가 강화되는

6 　그 외에도 우리는 여성 혐오가 인터넷이라는 사이버 공간을 통해서 작동한다는 점에 주목할 필요가 있다. 사이버 공간은 "남성적 환상에 기반한 왜곡된 표상을 현실과 구별되는 독자적인 세계로 구축하는 것"을 가능하게 했고, 이는 가상 세계에 한정되지 않고 매일 온라인으로 접속하는 현실 속의 사람들의 사고나 언어에 영향을 미치기 때문이다(정인경, 2016: 212~213).

사실에서 우리는 이러한 현상의 깊은 사회적 뿌리를 보게 된다. 그뿐만 아니라 젊은 남성들에게 직장을 구하거나 결혼을 할 비용을 마련할 길이 없는 현실 속에서 가부장제적 생애 기획이 불가능해진 청년 세대에게 이러한 '젠더 질서의 재구성에서 일어나는 파열음'이 남녀 대립 구도를 더욱 자극하고 있는 것이다. 그래서 청년 남성세대의 분노가 위로 향하기보다는 동일한 처지에 처한 여성에게 수평적으로 향하는 현상이 현재 우리가 겪고 있는 여성 혐오인 것이다.[7]

또한 지난 20여 년 사이에 한국 사회에서 의사나 변호사, 경영인 등의 전통적인 남성 영역에 진출하는 엘리트 여성이 증가하고, 성평등을 향한 적극적인 조치를 통해 정치나 행정 분야에 여성 진입이 늘어나면서, 성평등이 달성되었다는 착시 현상이 생겨났다. 이에 남성은 여성을 자신의 파이를 잠식하는 위협 요인으로 간주하면서, 역차별 정서가 늘어나기도 했다(김경희, 2017: 20).

'김치녀', '된장녀', '보슬아치'로 표현되는 여성 혐오 언어들에는 성적 도구화와 대상화가 숨어 있다. 단지 언어상의 폭력으로 그치는 것이 아니라 여성들에게 심리적 해악과 같은 고통을 주고, 여성들은 실생활에서 피해를 보고 있으며, 이는 사회적 갈등의 원인이 된다. 즉 여성 혐오는 담론적 효과를 발휘한다(김수아, 2015; 302~303). 이는 여성들에게 자기 혐오나 자기 규율을 강화하는 우울한 결과를 가져오기도 한다(정인경, 2016: 200).

온라인을 통한 비방은 익명성 탓에 더 용이하게 진행될 뿐 아니라 순식간에 불특정 다수에게로 확산될 수 있다. 이렇게 유포된 내용은 돌이키기도 어렵기에 일반적인 규제만으로는 해결이 어렵다. 혐오 표현이

---

[7]　특히 이 과정에서 젊은 청년 세대에게 '데이트 비용'이나 '혼수 비용' 등을 둘러싸고 젊은 여성들이 극심한 혐오의 대상이 되고 있다(김수아, 2015: 298).

나 비방이 특정인을 대상으로 한 것이 아닐 경우에는 처벌이나 규제와 같은 사법적인 대응이 쉽지 않다. 또한 인터넷에서 벌어지는 비방이나 야유 혹은 모욕 주기가 성별로 비대칭적이라는 점도 간과되기 쉽다. 남성보다는 여성이 훨씬 더 많이, 익명성을 이용한 명예 훼손이나 사생활 침해에 노출되어 있고, 이는 결과적으로 성차별을 강화하는 방향으로 작용한다(정인경, 2016: 206).

이러한 혐오 현상은 여성을 향해서 집중적으로 나타나고 있지만, 동성애자, 외국인 노동자 장애자 등의 소수자도 그 피해자가 되고 있다. 이제 우리는 타자와의 윤리적 관계를 모색하는 시도를 시작해야 한다. 혼자의 문화가 아닌 둘이 됨을 통해 더 현실적이고 공정하며 보편적인 문화 만들기가 가능하다는 믿음을 가져야 한다. '상호 환원 불가능한 차이를 지닌 두 성이 주체로서 마주하고 소통할 수 있는 문화를 만드는 것'이 시급한데, 여기에서 페미니즘의 역할이 중차대하다. 우에노 치즈코(上野千鶴子)의 말대로 이는 여성이 자신과 화해하는 길이고 동시에 남성도 자기 자신과 화해하는 길을 찾아가는 것이다(우에노 치즈코, 2012; 320).

3. 여성의 미래와 대안 찾기

2016년 1월에 개최된 제46회 다보스포럼은 세계가 인공지능 등이 주도하는 4차 산업혁명의 시대에 진입했다고 천명했다(안상희·이민화, 2016: 2046; 최은수, 2016: 22). 이제 지구화된 자본주의의 불평등과 불확실성 속에 살아가게 된 우리는 다가오는 사회에 대해 기대보다는 큰 공포에 빠져 있다. 무엇보다도 이미 일자리 부족과 실업으로 고통을 받고 있는 사람들은, 인공지능의 범람과 자동화가 제일 먼저 일자리의 엄청난 축소를 가져올 것을 염려하고 있다. 세계경제포럼은 '미래 일자리 보고서'에서 4차 산업혁명으로 2020년까지 710만 개의 일자리가 소멸하고 200만 개가 새로이 생겨날 것으로 예측했다. 결국 500만 개의 일자리가 감소한다는 것이다(최은수, 2016: 22).

그러나 반론도 있다. 매 산업혁명 시기마다 일자리 상실에 대한 공포가 엄청나게 컸지만, 실제로는 기존 일자리를 상실해도 일자리 형태만 바꿔놓았을 뿐 일자리 수를 줄이지는 않았다는 주장이 제기된다. 기술혁신으로 생산성이 폭발적으로 늘어나면서 소득 증대를 불러왔고, 일자리는 개인의 소비 변화와 연동되었다. 그래서 1차·2차·3차 산업혁명에서 생산력 증대가 기존 일자리를 축소했지만, 인간의 새로운 욕망이 새로운 수요를 만들어냈다는 것이다(안상희·이민화, 2016: 2047). 이런 맥락에서 4차 산업혁명 담론을 기술결정론의 시각에서 사고하는 태도에 대한 비판적인 성찰이 필요한 것 같다.[8]

이제 4차 산업혁명 이후에 다가올 사회는 여성에게도 새로운 도전장을 던졌다. 새로운 산업혁명은 고부가 서비스, 맞춤형 소비, 체험 경제, 감성적인 소비, 개인기업이나 소기업의 증가를 수반할 것이다. 특히 소비자들의 감성을 자극하는 직업이 늘어날 것인데, 여기에서 여성에게 새로운 직업 세계를 열어갈 수 있는 더 유리한 특성이 잠재해 있을 수도 있다. 문제의 쟁점은 여성이 이런 변화에 어떻게 주도적으로 대응할 것인지, 또한 이런 노력들이 어떻게 사회구조의 변혁과 유효적절하게 결합할 것인지이다. 동시에 로봇화·자동화·인공지능화로 치닫는 경로 위에서 어떻게 인간 고유의 가치를 잃지 않을 수 있는가의 문제에 대해

---

[8] 기술 요인이 단일하게 영향력을 행사해 사회변동을 유발하는 것은 아니고, 4차 산업혁명은 기술과 사회의 상호작용 속에서 진행되는 사회혁명이며, 그래서 국가와 법체계 등 제반 요소가 변화하는 과정이라는 점을 지적한 이일영의 분석은 의미하는 바가 크다. 그래서 그는 거버넌스의 중요성을 강조하면서, 경제주체들의 새로운 협력 속에서 새로운 협약을 만들어 내고, 이를 통해서 부를 분할하는 새 규칙을 만들 것을 주장한다(이일영, 2017: 103).

서도 여성은 그간 해온 돌봄의 정신과 노동을 통해 획득한 직관력과 함께 좀 더 적극적으로 대응해야 한다. 이런 맥락에서 고려되어야 할 점은 한국이 심각한 저출산·고령화 사회로 가고 있기 때문에, 여성 노동력의 최적화된 활용이 중요해진 점을 적극 이용해야 한다는 것이다.

여성의 미래를 예측하고 여성정책의 중장기적 전망을 열어가는 데 키잡이 역할을 하는 것은 유엔일 것이다. 이는 유엔이 좀 더 글로벌적 시각에서 다양한 지역과 많은 국가에 속한 여성 간의 토론을 통해 모아진 집단 지성을 대변하기 때문일 것이다. 베이징 행동강령은 향후 몇십 년 동안에도 성평등의 중요한 목표이자 미래 비전이 되어, 모든 국가에 그 이행을 압박하고 있다. 유엔의 주도하에 5년마다 전 세계에서 베이징 행동강령에 대한 이행평가가 동시에 이루어지고 있고, 국가별·대륙별·글로벌 차원의 회의가 개최된다. 여기에서는 성평등과 여성의 세력화를 위해 기획된 여성정책의 성과와 한계, 이행 과정에서 직면하는 난관을 분석하며, 여성정책의 미래 과제를 점검하고 대안을 모색하는 문제가 논의되었다.

국제사회에서 빈곤 퇴치와 인권 향상 노력 속에 지난 15년간 추진된 유엔의 새천년개발목표(MDGs)와 관련해 글로벌 양극화와 빈곤의 여성화가 심화된 현실을 비판하면서, 국제 시민사회는 좀 더 근원적인 변화가 수반되는 개발 프레임의 필요성을 제기하기 시작했다. 이러한 문제의식 속에서 진행되는 '포스트 2015 지속가능 발전목표' 논의 과정에서는 '불평등'을 핵심 주제로 다룰 것이 요구되고 있다. 이 과정에서 성차별이야말로 불평등 문제의 핵심이라고 주장해오고 있는 전 세계의 여성운동단체들은 유엔여성(UN Women)과 여성주요그룹(Women's Major Group: WMG)을 중심으로 '포스트 2015' 논의에 젠더를 통합시키기 위해 노력하고 있다. 다시 말해 이는 구체적으로 성평등의 관점에서 향후 15년 동안의 국가 발전 패러다임을 논의하고 이를 각 국가에 압박하는

것이다. 이는 여성그룹들이 '포스트 2015' 논의에 적극적으로 개입하면
서 동시에 성평등을 독자 목표로 강조하는 '쌍둥이 전략(twin-track ap-
proach)'이라 할 수 있다(조영숙, 2014: 7~8). 이러한 유엔 여성그룹의 목
표나 전략이 좀 더 빈곤한 제3세계 국가들의 여성 문제에 더 집중하고
있지만, 한국 여성의 문제도 이러한 미래 비전의 실천 대상에서 크게
벗어나고 있지 않아서 이런 글로벌적 접근과 함께 가야 한다.

   2013년에 발표한 유엔여성의 입장 문서는 향후 과제를 〈표 14-2〉와
같이 정리하고 있다. 전체적으로 보아 유엔여성이 정리한 문서는 여성
지위 향상을 위한 과제를 포괄적이고 종합적으로 정리한 것이어서, 한
국의 미래 여성정책과 여성운동의 과제를 가늠하게 한다(조영숙, 2014:
10~11; UN Women, 2013; UN Women, 2015; UN Women, 2016: 20~29).
한국 사회에서도 여성의 미래 과제는 크게 보아 여성을 향한 폭력으로
부터의 자유, 여성의 빈곤화 극복과 경제적 권한 확대 그리고 여성의
역량 강화와 대표성 제고일 것이다. 이런 과제는 향후 몇십 년간의 한
국 사회에서도 여전히 주요한 의제로 남게 될 것이다. 폭력으로부터의
자유라는 첫 번째 과제와 관련해서는 강남역 사건에서 드러났던 여성
을 향한 폭력이나 여성 혐오의 의제화 및 관련 투쟁이 끈질기게 진행되
어야 할 것이고, 정부에 의해서도 여성인권 증진을 위한 한층 더 효과
적인 수단이 제공되어야 할 것이다. 둘째로 여성의 미래 비전과 관련해
주요한 과제는 여성의 빈곤화 극복일 것이다. 좀 더 구체적으로는 여성
의 비정규직화 증대나 성차별적 노동조건의 해소일 것이고, 이를 위해
서 여성이 괜찮은 일자리를 가질 수 있는 기회를 확대하는 문제이다.
물론 이 과정에서 여성의 일·가정 양립 모색에서 한 걸음 더 나아가 돌
봄민주주의의 가치 확산과 그것의 실질적인 현실화가 수반되어야 할
것이다. 최근 우리 사회에서 출산 및 피임, 외모 지상주의, 다이어트,
성형 등과 관련해 여성의 건강 문제에 대한 관심이 높아지고 있는데,

▌표 14-2▐ 유엔여성의 입장 문서

폭력으로부터 자유 **(Freedom from violence)**	여성과 소녀에 대한 폭력 방지와 대응 여성과 소녀에 대한 안전, 지원 서비스, 정의의 보장
역량과 자원 **(capabilities and** **resources)**	여성 빈곤 철폐 여성을 위한 괜찮은 일자리 생산적 자산에 대한 여성의 접근권과 통제권 확보 여성의 시간 부담 감소 여성과 소녀에 대한 교육과 기술 향상 여성과 소녀의 건강 증진 모성사망 감소와 여성과 소녀의 성적, 재생산 건강 및 재생산 권리의 보장 에너지에 대한 여성의 지속가능한 접근 보장 식수와 위생에 대한 여성의 지속가능한 접근 보장
목소리, 지도력과 참여 **(voice, leadership and** **participation)**	가정에서의 동등한 의사결정 향상 공적 기구에 대한 참여 향상 민간 기업에서의 여성의 지도력 향상 여성의 집단적 행동 강화

이에 대한 효과적인 대응도 필요하다. 셋째로는 가정, 공적 기구, 민간 기업에서 여성의 참여권과 대표성을 높이는 방안이 더 진척되어야 한다. 여전히 우리 사회에서 여성의 참여가 증가하고 지도력 향상이 이루어지고 있지만, 이 역시 아직은 많은 제한을 안고 있다. 새로이 들어선 민주정부 아래에서 여성 참여의 수적·질적 확대를 모색하는 적극적인 노력이 요청된다.

　1980년대 후반에서 1990년대에 이르기까지 진행된 제3물결 페미니스트 논쟁은 여성들 안의 차이를 강조하고, 여성을 하나의 일관된 정체성을 가진 집단으로 바라보는 것에 대해 이의를 제기했다. 이는 페미니즘의 주체가 지닌 인종적·계급적·성적 성격을 폭로한 점에서는 페미니즘 이론의 발전에 큰 공헌을 했지만, 페미니즘의 정치적 영향력을 약화시키는 결과를 가져왔다. 최근에 이르러 페미니즘의 제4물결을 연 것으로 평가되고 있는 제를리(Linda M. G. Zerilli)는 "우리가 여성이라는 단일한 집단이 존재하지 않는다는 것을 '알지만', 정치적 목적을 위해 마치 그런 집단이 존재하는 것처럼 행동하자는 것"을 제안한다(제를

리, 2016: 10). 즉 "페미니즘의 정치적 주체인 '여성'은 그 이름으로 정치적 주장을 하는 실천을 통해 존재"하게 된다는 것이다. 이제 여성은 '공론의 장에서 정치적 주장하기의 실천'으로 나아갈 것을 제안하는 것인데, 달리 말해서 이는 '다양성에 기반한 자유의 페미니즘적 실천들'을 의미한다.[9] 이제 향후 수십 년의 미래를 결정하는 데에 여성과 페미니즘의 정치적 실천이 다시 중요한 의미를 갖게 되었다.

더불어 여성의 미래와 관련해 최근 한국에서 새롭게 제기되는 쟁점은 페미니즘의 운동 방식을 둘러싼 전략 문제이다. 그간 페미니즘은 젠더를 매개로 한 여러 차별과 불평등에 저항하는 대응적 방식을 선택해 왔다. 그러나 이제는 선제적 의제를 제기하는 역할로 페미니즘의 초점이 이전되어야 한다는 주장이 제기되고 있다. 그러나 이런 주장은 기왕에 진행되어온 대응적 방식의 포기를 의미하기보다는 대응적 방식과 선제적 방식의 균형 잡힌 운동이 필요하다는 의미이다(한국여성단체연합·프리드리히 에버트재단, 2016: 151~154, 165). 특히 대선이나 총선과 같은 고도의 정치화 단계에서는 후자의 방식을 강력하게 구사해야 한다는 주장이다.

선제적 방식의 일환으로 제기될 가장 큰 이슈는 돌봄민주주의의 실행이다. 이는 낮은 임금과 불안정한 고용에 시달리거나 돌봄의 의무가 여성에게 집중되고 있는 한국의 현실 속에서 돌봄의 공공성 강화를 통한 일·가족 양립을 주장하는 단계에서 더 나아가 돌봄의 가치 혹은 돌봄의 패러다임 자체를 바꾸어나가는 돌봄민주주의가 새로운 담론으로 선도적으로 제기되어야 한다는 의미를 담고 있다. 여성, 남성을 막론하고 돌봄을 평등하게 나눌 수 있는 사회로의 전환은 '여성에게 방점을 찍는 방식이기보다는 시민으로서의 기본 권리인 적정 생활의 보장'을

---

9   제릴리(2016: 10, 15, 23; Zerilli, 2005)를 참조하기 바란다.

누리는 것이다(한국여성단체연합·프리드리히 에버트재단, 2016: 156~158; 마경희, 2017: 52-55). 특히 저출산·고령화 문제로 한국의 미래가 위협받고 있는 현실 속에서 여성 노동력 확보를 위해서도 이런 대안의 모색은 불가피한 것처럼 보인다.

유엔의 여성주요그룹도 2014년에 제기한 요구안에서 돌봄민주주의에 대해 특별히 언급하고 있는데, 이를 유의해 볼 필요가 있다.

> 2030년까지, 모든 국가는 부부 돌봄노동과 가사노동을 줄이고 재분배를 하기 위해 국가, 민간 기업, 지역사회, 남성과 여성 간의 책임 분담을 시행한다. 돌봄에는 여성의 자율성, 권리 보장, 존엄성, 안녕 그리고 자유 시간의 향유를 극대화할 수 있는 보조금, 서비스와 혜택, 사회보장제도 등 필요한 모든 조치가 함께 제공되어야 한다. 이는 여성과 남성이 특히 재정과 환경 분야를 포함한 모든 의사결정 공간에서 동등하게 의견을 제기할 수 있도록 제도가 수반되어야 함을 의미한다.[10]

특히 돌봄노동은 여성노동에 대한 이중적 착취나 저임금화, 공적 서비스의 민영화 등과 착종된 주요 이슈이어서, 앞으로 해결해야 할 핵심적인 미래 과제라 할 수 있다. 그뿐만 아니라 돌봄민주주의의 실현은 우리가 당면한 심각한 실업을 해소하고 일자리 창출의 블루오션이 될 수도 있다. 글로벌 차원에서 혹은 국가 차원에서 돌봄노동과 서비스에 대한 지속적인 관심과 치열한 토론이 필요한 실정이다.

선제적 의제 제기는 또한 당면한 열악한 여성 현실의 개선에 초점을 두면서, 여성노동과 여성복지 문제가 차별을 줄이거나 해소하는 문제로 집중했던 제한성을 넘어서서, 시민권의 확보라는 관점에서 접근해

---

10   조영숙(2014: 11)에서 재인용.

가야 한다는 의미이기도 하다. 이런 문제의식에서 한국여성단체연합은 미래 전망과 관련해 최저임금과 기본소득이 합해진 모델을 주창하는데, 이는 여성의 재생산 노동이 배우자의 고용주에 의해 종속적으로 보상받는 것이 아니라, 사회 구성원으로서의 여성이 사회권의 일환으로 보상받는 대안을 제시하는 것이다(한국여성단체연합·프리드리히 에버트재단, 2016: 160).

최근에 드러나는 심각한 양상은 15~34세 연령집단의 여성에서 노동시장 지위가 하락했고, 특히 10대 말, 20대 초반 여성들의 노동시장 조건이 하향 이동하고 있는 점이다. 이런 심각한 여성 청년 실업은 저출산의 원인일 뿐 아니라 중대한 사회문제가 되고 있다. 여성의 비정규직화와 저임금 문제와 더불어 여성 일자리 문제를 해결하기 위해서는 분리된 여성고용정책에서 '성평등한 노동정책'으로의 전환이 필수적이고, 노동정책의 성 주류화와 함께 통합적인 정책을 담당할 국가기구가 필요하다(신경아, 2017: 34~38). 이런 현실들 때문에 페미니스트들이 제안하는 선도적인 의제 제시는 자본을 적극적인 투쟁 대상으로 삼고, 이런 맥락 속에서 기업을 향해서도 구체적인 문제의식과 더불어 사회적 책임을 공론화하는 단계로까지 나아가야 하는 것이다(한국여성단체연합·프리드리히 에버트재단, 2016: 166).

유엔여성도 여성의 미래 청사진과 관련해 유사한 문제의식을 표현하고 있어서, 한국 여성운동의 대안 모색은 글로벌 흐름과 맥을 같이 하는 것이다. 최근 새 정치적 흐름, 즉 좋은 협치(governance), 포괄적인 발전, 사회정의가 글로벌 사회를 관통하는 의제가 되고, 이런 맥락에서 북아프리카와 중동의 민주화를 향한 대중적 움직임이 일어났다. 또한 북반구에서는 여러 형태의 점거운동이 일어났다. 이렇게 세계 도처에서 일어나는 저항과 행동주의는 우리에서 새로운 프레임 속에서 전체론적인(holistic) 접근을 요구하고 있다.

이런 상황에서 유엔여성은 세계 정치의 새로운 규범 틀 안에서 전체론적이고 포괄적인(comprehensive) 접근이 필요하고, 그 안에서 성평등과 여성의 세력화가 중심적인 위치를 점해야 한다는 점을 강조하고 있다. 이는 그간 분리되어 제기된 성평등 목표가 유엔이 표방하는 '포스트 2015' 발전 프레임과 지속가능발전 모델 안에서 핵심 요소가 되어야 하는 것인데, 달리 말하면 성평등이 사회구조의 변혁과 연계되어야 한다는 의미이다(UN WOMEN, 2013: 7~8). 이런 맥락에서 위에서 언급한 쌍둥이전략은 한국 여성운동의 입장에서는 이중적인 과제로 표현할 수 있을 것이지만, 이것이 전체 사회의 미래 청사진과 관련된 지속가능발전 패러다임의 틀 안에서 성평등과 여성 세력화의 중심성을 명시적으로 상정해야 한다는 의미와 상충되는 것은 아닐 것이다(UN WOMEN, 2016: 9).

그러나 위의 문제의식 속에서, 오늘날의 서구국가 혹은 김대중 정부와 노무현 정부하의 한국에서 나타난 대로, 성 주류화 전략으로의 진입이나 구조문제를 고려한 다른 부문과의 교차적인 프로젝트의 참여에서 오는 여러 위험 요소들도 간과할 수 없다. 페미니스트 프로젝트의 스펙트럼이 확대되는 과정에서 제도화의 위험이 나타나는데, 예를 들면 페미니스트의 활동이 거대 권력의 하부 단위로 편입되면서, 여성정책이나 여성이슈 자체가 비가시화되는 점이다. 혹은 정부 주도의 성 주류화 전략 속에서 프로젝트를 통한 재정적인 지원에 매달리면서, 페미니즘이 지닌 의제의 급진성을 상실할 위험도 있다(Walby, 2011: 147~149). 최근에는 환경 파괴, 예산 감축, 민주주의 후퇴의 위기 속에서 신자유주의적 위협이 거세어지면서, 페미니즘의 목표 달성에 심각한 장애가 나타나고 있다. 또한 그간의 민주적인 국가가 시장이나 자본에 종속되고 시민적 자유가 약화되는 현실은 최근 경제위기를 겪고 있는 유럽국가에서도 나타나고 있다(Walby, 2011: 160~162).

그렇더라도 권력 핵심부의 여성 참여 증대와 특화된 여성주의적 조직의 유지라는 동시적인 접근은 우리 시대의 변화를 유도하는 데에 가장 효과적인 방안이다. 여전히 명백한 진리는 미래 사회의 형성에 페미니즘이 중요한 역할을 할 것이라는 점이다. 달리 말해서 페미니즘은 성불평등뿐 아니라, 전체 사회 구성에서 민주주의와 평등을 향한 강력한 추진력을 제공할 수 있다는 점이다. 예를 들면 여성은 녹색 프로젝트의 확대에 훨씬 친화적이다. 지난 몇 년 사이에 한국에서 일어나고 있는 원전반대운동 혹은 핵 없는 세상을 위한 국민행동 등에서 여성은 조직의 핵심적인 기반이 되고 있다. 혹은 풀뿌리 차원에서 보통 여성들의 행동주의가 확대되고 있는 것이 그 좋은 예이다.

월비(Sylvia Walby)는 지구의 미래와 관련해 미국적인 신자유주의와 EU가 주도하는 사회민주주의 프로젝트 사이의 양자택일 기로에서, 사회민주주의 강화에 여성이 주요한 행동 주체가 될 수 있음을 지적하고 있다. 트랜스내셔널 관계의 확대와 세계화 속에서 젠더 관계의 변화도 진행되고 있는데, 특히 여성노동에 속하던 돌봄노동의 시장·자본주의 관계로의 편입이 여성 다수를 시장 관계 속에 종속되도록 하면서 긴장을 유도할 것이라고 보았다. 이 과정에서 의사, 변호사, 교수 등 전문직에서의 성별 구조도 바뀌어 여성의 비중이 높아지면서, 사실상 공·사 영역의 재젠더화가 진행되고, 이 과정에서 정치에서의 젠더 구성 변화도 진행된다는 것이다. 가정을 중심으로 작동하던 젠더 관계가 국가 정책의 주요 과제가 되는 공적 젠더 레짐(public gender regime)으로 바뀌면서, 돌봄노동의 책임을 고스란히 부담해야 했던 여성 사이에서 공공서비스에 대한 요구가 더 높아지고, 결국 사회민주주의 체제에 대한 지향성이 점점 더 높아질 수 있다고 보았다. 여성이 더 조직되고, 더 단단한 동맹 세력을 구축한다면, 노동조합이나 사회민주당의 여성 구성원을 늘여갈 수 있을 것이고, 이는 스칸디나비아 국가들에서 사회민주주의의 젠더화(gendering of social democracy)가 진행되고 있는 것에서 잘 드러나고 있다. 이런 점은 앞서 제를리가 말한 대로 여성의 정치적 연대를 통해 해결의 전망을 여는 것이다(Walby, 2011: 156~157; Porter, 2011: 123~124).

4. 결론: 끝나지 않는 의식 혁명

이미 앞에서 언급한 대로 2017년을 사는 우리는 엄청난 변화의 회오리 앞에 서 있다. 이미 우리 삶 속으로 밀어닥치고 있는 4차 산업혁명, SNS를 중심으로 형성되는 새로운 사회 담론과 여론 형성, 대중의 각성과 자각 및 실천 행동 등이 그것이다. 마찬가지로 급속한 생태계의 파괴나 동북아를 둘러싼 안보 각축전과 평화의 위협은 우리의 삶을 위협하고 있다. 이러한 사회구조적인 위기와 불확실성, 경제 불평등의 심화 속에서 성차별도 새로운 국면을 맞이하고 있다.

국제적으로나 국내적으로 대전환기의 위기의식과 모두가 불안한 불안사회 속에서, 경제민주화와 국민의 삶을 개선하는 일상적 민주주의를 향한 시민의 절실한 요구와 목소리가 높아지고 있다(신광영 2017: 56~58). 이런 상황 속에서 사회적 합의에 기초한 구조 개혁의 필요성이 강조되고, 이미 언급한 대로 유엔여성의 입장에서도 성평등과 지속가능발전의 실현을 위한 '전체론적 접근'을 주창하고 있다. 물론 이 과정에서 성평등이 전체론적 접근의 핵심 의제가 되어야 할 것이다. 이는 성평등 사회야말로 민주적이고, 민주적인 사회야말로 성평등이 실현되는 공간일 것이기 때문이다. 성평등은 민주주의를 더욱 완전하게 만들 것이다.

그러나 우리는 지난 20여 년간의 경험을 통해 법적·제도적 성평등이 실질적인 성평등을 담보할 수 없는 현실을 충분히 보아왔다. 특히 여성 혐오 현상이 도처에서 출몰하는 요즈음은 더욱 그러하다. 비교적 단시간에 진행된 성차별 해소를 위한 법적·제도적 장치에 비해 그에 부응하는 의식의 변화가 조응하지 못했기 때문이다. 이에 성평등한 사회를 만들어가기 위해서는 좀 더 구조적이고 거시적인 의식 혁명이 영구히 계속되어야 한다. 이런 과정에서 중요한 점은 현재 진행되고 있는 양성평등 교육에 못지않게 좀 더 광범위한 민주시민교육이 병행되는 것이다. 이는 물론 다양한 시민단체를 통해서 진행될 수 있겠지만, 좀 더 적극적으로는 공교육의 과정에서 집중적으로 다루어지는 것이 더 효과적일 것이다. 최근에 늘어나고 있는 민주시민교육 과정에 젠더 관점을 결합하려는 시도가 있어야 한다.

다행히도 지난 2년여 사이에 (그간 소강 상태에 있었던) 페미니즘운동이, 특히 젊은 여성들 사이에서 되살아나고 있는 것은 고무적이다. 운동 주체로서 여성의 등장, 특히 청년 세대의 부상은 매우 반가운 장면이다. 2017년 박근혜 대통령 탄핵과 관련해 깨어나는 시민 민주주의의 물결 속에서, 여성 주체를 통한 여성운동의 확산에도 기대를 걸어볼 만하다. 당사자인 여성에 의한 실천 행동과 담론 투쟁을 통해서 성평등에 대한 감수성이 높아진다면, 30년 후의 한국 사회는 한층 더 민주적이고 좀 더 성평등한 사회를 만들 수 있을 것이고, 여성들은 지금보다 더 행복해질 것이다. 이제 페미니즘과 여성의 실천 행동이 우리의 미래이다.

참고문헌

강이수. 2006. 「해방 후 한국경제의 변화와 여성의 노동경험-차별과 주변화의 지속」. ≪여성과 역사≫, 4집, 43~76쪽.

김경희. 2017. 「시대정신으로서 성평등과 추진기구」. 여성학회. 『민주주의 실현을 위한 차기 정부 성평등정책 토론회 자료집』, 19~29쪽.

김수아. 2015. 「온라인상의 여성혐오 표현」. ≪페미니즘 연구≫, 15권 2호, 279~320쪽.

김수영. 2004. 「근대화와 가족의 변화」. 정진성·안진 외. 『한국현대여성사』. 한울. 141~169쪽.

≪동아일보≫. 2004.4.29. "여대생 절반 미용·성형… 80%는 수술희망".

마경희. 2017. 「돌봄철학과 사회적 돌봄 정책 개혁」. 『민주주의 실현을 위한 차기 정부 성평등 정책 토론회 자료집』. 42~56쪽. 한국여성학회.

박정미. 2011. 「한국 성매매정책에 관한 연구: 묵인관리 체제 변동과 성판매여성의 역사적 구성, 1945~2005」. 서울대학교 대학원 박사논문.

배은경. 2009. 「'경제위기'와 한국여성: 여성의 생애전망과 젠더/계급의 교차」. ≪페미니즘연구≫, 9권 2호, 39~82쪽.

신경아. 2017. 「일터민주주의와 성평등: 노동정책에서 성평등관점의 구현을 위한 프레임 전환과 정책과제」. 『민주주의 실현을 위한 차기 정부 성평등 정책 토론회 자료집』. 30~41쪽. 한국여성학회.

신광영. 2017. 「21세기 한국 어디로 가나」. ≪씨알의 소리≫, 54~58쪽.

안상희·이민화. 2016. 「제4차 산업혁명이 일자리에 미치는 영향」. 『한국경영학회 2016년 제 18회 경영관련학회 통합학술대회 자료집』. 2044~2053쪽.

안숙영. 2016. 「민주화 이후 민주주의와 여성의 정치적 대표성」. ≪페미니즘 연구≫. 16권 1호. 121~147쪽.

우에노 치즈코(上野千鶴子). 2012. 『여성혐오를 혐오한다』. 나일등 옮김. 은행나무.

이나영. 2015. 「젠더관점에서 본 한국사회의 중층적 위험: 불/변하는 여성들의 위치성과 성평등의 '신화'」. 『베이징+20과 post 2015, 젠더관점에서 본 한국사회의 변화』, 한국여성단체 연합 자료집, 13~44쪽.

이일영. 2017. 「대선 쟁점으로 떠오른 '4차 산업혁명'」. 『창비주간논평』. 2017. 2. 8. 1~3.

전경옥·유숙란·신희선·김은실. 2011. 『한국근현대여성사: 정치·사회 3, 1980년~현재』. 모티브북.

정인경. 2016. 「포스트페미니즘 시대 인터넷 여성혐오」. ≪페미니즘연구≫, 16권 1호, 185~220쪽.

정진성·안진. 2004. 『한국현대여성사』. 한울.

정현백. 2006. 「한국의 여성운동 60년 -분단과 근대성 사이에서」. ≪여성과 역사≫, 4집, 26~35쪽.

정현백·김선주·권순형·정해은·신영숙·이임하. 2016. 『글로벌시대에 읽는 한국여성사: 통제와 '주체되기' 사이에서』. 사람의 무늬.

제릴리, 린다 M. G.(Linda M. G. Zerilli). 2016. 「자유의 정치적 실천으로서 페미니즘」. ≪젠더와 문화≫, 9권 2호, 7~26쪽.

조순경. 1989. 「한국 여성노동시장 분석을 위한 시론. 생산직 여성노동력 부족현상을 중심으로」. ≪여성≫, 3집, 98~130쪽. 창작과 비평사.

조영숙. 2014. 「베이징+20 이행평가의 배경과 의미」. 『한국의 여성정책 10년 돌아보며 내다보며(Beijing+10 기념 심포지엄) 자료집』. 3~11쪽. 한국여성단체연합.

≪조선일보≫. 2001.8.1. "성형보험·경품까지 등장 미용성형 거대산업화?".

최은수. 2016. 「핵폭탄급 제4차 산업혁명이 몰려온다. 고용절벽 올까 vs 일자리 늘어날까」. ≪HRD: human resource development monthly magazine≫, 307호, 20~25쪽.

한국여성단체연합. 2004. 『한국의 여성정책 10년 돌아보며 내다보며(Beijing+10 기념 심포지엄) 자료집』. 1~42쪽.

한국여성단체연합·프리드리히 에버트재단. 2016. 『여성사회권 운동의 과거와 현재, 미래를 보는 허브 자료집』.

한국여성연구소. 2005. 『새 여성학 강의』. 동녘

함인희. 2006. 「광복 60년, 가족제도와 여성 삶의 변화」. ≪여성과 역사≫, 4집, 77~117쪽.

홍찬숙. 2013. 「개인화와 '젠더사회'」. ≪한국사회학≫. 47집 1호. 255~276쪽.

_____. 2012. 「한국사회의 압축적 개인화와 젠더범주의 민주주의적 함의」. ≪여성과 역사≫. 17집. 1~25쪽.

Porter, Marilyn. 2011. "Book Review: The Future of Feminism." *AJWS*, Vol. 17. No. 4. pp. 120~124.

UN WOMEN. 2013. "A Transformative Stand-Alone Goal on Achieving Gender Equality. Women's Right and Wpmen's Empowerment: Imperatives and Key Components. New York.

_____. 2015. "Monitoring Gender Equality and The Empowerment of Women and Girls in the 2030 Agenda for Sustainable Development: Opportunities and Challenges." New York.

_____. 2016. "Driving the Gender-Responsive Implementation of the 2030 Agenda for Sustainable Development." New York.

Walby, Sylvia. 2011. *The Future of Feminism*. Cambridge: Plity Press.

Zerilli, Linda M. G. 2005. *Feminism and the Abyss of Freedom*. Chicago: Chicago University Press.

민주화운동기념사업회

민주화운동기념사업회는 한국의 민주화운동을 기념하고 그 정신을 계승하기 위해 '민주화운동기념사업회법'에 의해 2001년 설립된 공공법인이다. 민주화운동 기념, 민주화운동에 관한 사료 수집과 관리, 민주화운동과 민주주의 연구·교육, 기념관 건립 등의 사업을 추진하고 있다. 이러한 활동을 통해 민주화운동의 올바른 역사 정립과 민주주의 지평을 확대하고, 나아가 한국 민주화운동의 역사와 성과를 세계에 알려 지구촌 민주주의 발전에 기여하고자 한다.

신형식 | 한국민주주의연구소 소장
이영제 | 한국민주주의연구소 연구원

엮은이

이삼열 | 유네스코 한국위원회 전 사무총장
이정우 | 경북대학교 명예교수
강원택 | 서울대학교 정치외교학부 교수

집필진(가나다순)

가상준 | 단국대학교 정치외교학과 교수
강원택 | 서울대학교 정치외교학부 교수
김문환 | 서울대학교 명예교수
김상조 | 한성대학교 무역학과 교수
김서중 | 성공회대학교 신문방송학과 교수
김유선 | 한국노동사회연구소 선임연구위원
박원호 | 서울대학교 정치외교학부 교수
이삼열 | 유네스코 한국위원회 전 사무총장
이시재 | 가톨릭대학교 명예교수
이정우 | 경북대학교 명예교수
이종태 | 21세기교육연구소 소장
임성학 | 서울시립대학교 국제관계학과 교수
정태인 | 칼폴라니사회경제연구소 소장
정현백 | 성균관대학교 사학과 교수
한정훈 | 서울대학교 국제대학원 교수

한울아카데미 2009

한국 민주주의의 미래와 과제

ⓒ 민주화운동기념사업회, 2017

기획 ┃ 민주화운동기념사업회
엮은이 ┃ 이삼열·이정우·강원택
펴낸이 ┃ 김종수
펴낸곳 ┃ 한울엠플러스(주)
편집 ┃ 김다정

초판 1쇄 인쇄 ┃ 2017년 9월 29일
초판 1쇄 발행 ┃ 2017년 10월 16일

주소 ┃ 10881 경기도 파주시 광인사길 153 한울시소빌딩 3층
전화 ┃ 031-955-0655
팩스 ┃ 031-955-0656
홈페이지 ┃ www.hanulmplus.kr
등록번호 ┃ 제406-2015-000143호

Printed in Korea.
ISBN 978-89-460-7009-7 93300(양장)
      978-89-460-6377-8 93300(반양장)

※ 책값은 겉표지에 표시되어 있습니다.